New Wun Ching Developmental Publishing Co., Ltd.

New Age · New Choice · The Best Selected Educational Publications — NEW WCDP

黃源謀──編著

第四版

台灣通史

Talwan
General
History

　　歷史是人類過去所有活動的紀錄，含括各種生活方式的文化。歷史真相只有一個，但官方說法及各說各話的羅生門版本，讓人無所適從，因而有人戲謔的說：「歷史與文學最大的差異」是－歷史除了人名是真的，所載的內容多是假的；文學則是人名是假的，可是內容卻多是真的。偏偏歷史是民族的精神、智慧的寶庫，汲取歷史的教訓，方能開展人類更光明的未來。個人熱愛台灣，可說親友皆知，自期編寫一本真實豐富且貼近生活的台灣通史，為台灣盡一份微薄之力。

　　感恩新文京開發出版股份有限公司在 2006 年給我機會及鼓勵，讓我能以一年多的努力不懈，將在課堂教授台灣史的內容和以往所學及研讀國內外歷史學者之著作，在 2007 年付梓《台灣通史》一書，一目瞭然的台灣歷史簡表，加上與生活實用結合的豐富資料，獲得海峽兩岸部分學術研究機構典藏。2011 年二版增修，美編團隊以台北 101 意象，讓書更加親近可讀，感謝國立臺南藝術大學、首府大學、國立金門大學部分班級的採用，尤其嘉藥觀光系給我最大支持，不但有助學生領隊、導遊之考照，更讓本書得以配合六都升格而及時改版，在 2015 年三版再大修。

　　《台灣通史》是我畢生 18 本著作（含合著）中，著力最深、最重要、最代表性的一本，這本書曾在二版修正時，翁碧瑜老師用鉛筆逐字劃記看過，此次四版從臺南市解說員發展協會的夥伴提供封面設計照片、幫忙校稿並經讀書會討論，同時此次還加入了兒子法翊（弟）逐字對照看過，女兒詩芹（姊）和妻子秋鈴都幫忙打資料和校稿，甚至還有用本書當教科書的好朋友魏健峰老師等人提供修正的寶貴意見，在眾人的幫助下，我肩負太多的期許和恩情，所以我要在這「第四版」用最好的章節結構、最實用的補充資料、最嚴謹正確的內容、最佳的〈台灣歷史簡表〉、最客觀中立的政治立場，加上最新及完整的資料、最為實用的〈一鄉鎮市區一特色〉。

　　本版在最好的章節結構下，增補與更新至 2021 年出版前當月，有〈台灣歷史簡表〉、〈兩岸統治者〉和〈日本天皇〉、〈台灣原住民（人口數）〉、〈台灣工業發展簡史〉、〈台灣大事年表〉等，「COVID-19」疫情全球肆虐和台灣時代大戲公視〈斯卡羅〉等關鍵大事及熱門時事議題也都網羅加以寫入，只盼能全方位的提供一本清楚、客觀、方便，讓普羅大眾能認識台灣的最好史書（詩）。

黃源謀　謹書

教師祈禱文

　　請讓我隨時保持熱忱衝勁，為教育下一代而努力。請讓我一視同仁對待學生，而不要受其外在影響，不管聰明才智或平庸愚劣，更不分族群、立場及階層，我要讓他們都能得到我的關懷。

　　請提醒我要以鼓勵代替懲罰，以愛心取代苛責，使他們也知道以愛心去對待他人。請隨時提醒我愛是不夠的，不要吝於付出自己對學生的關愛與鼓勵。請讓我瞭解知識是永無止境的，讓我虛心謙沖，隨時進修，充實自我。請不要讓我成為一個教師匠，而要努力做一個循循善誘的引導者。

　　我不希望我的學生只是一架考試與背書的機器，我要讓他們知道，讀書只是途徑，不是目的，其終極目標在於使自己成為一個充滿善良人性，能真心關懷自己成長的土地和周遭的人群，並覺知自己對全人類所負責任的世界公民。

　　請讓我有一顆清明的心，能堅持追求真理的原則並接納別人的建言，請培養我淡泊名利的心，不要迷失在物慾之中，並讓我堅定信念，不要見異思遷，最後請讓我有終生獻身教育的決心與恆心。使台灣的薪火能代代相傳，讓歷史經驗得以記取，文化可以發光發熱，讓師生咸能知止思誠，修己安人，所學知識能開花結果，造福人群。

瞭解過去、珍惜現在、迎向未來

台灣荷治及明鄭時期統治者年表

荷治時期－大員歷任長官

主管澎湖	雷約茲（萊爾森）(Cornelis Reijersz.)	1622～1624 年
第一（首）任大員長官	**宋克**(Martinus Sonck)	1624～1625 年
第二任大員長官	德‧韋特（**德威特**）(Gerard Frederiksz. De With)	1625～1627 年
第三任大員長官	**納茨**（諾伊茲）（訥茨）(Pieter Nuyts)	1627～1629 年
第四任大員長官	**普特曼斯**（蒲特曼斯）(Hans Putmans)	1629～1636 年
第五任大員長官	范‧代‧勃爾格(Johan Van Der Burg)	1636～1640 年
第六任大員長官	**德老典**（特羅德尼斯）(Paulus Traudenius)	1640～1643 年
第七任大員長官	拉‧麥爾(Maximilian Le Maire)	1643～1644 年
第八任大員長官	卡隆（卡侖）(Francois Caron)	1644～1646 年
第九任大員長官	歐沃特瓦特(Pieter Anthonisz. Overwater)	1646～1649 年
第十任大員長官	**富爾堡**（費爾勃格）（費爾堡）(Nicolas Verburg)	1649～1653 年
第十一任大員長官	西撒爾（凱撒）(Cornelis Caesar)	1653～1656 年
第十二（末）任大員長官	**揆一**(Frederick Coyett)	1656～1662 年

● 依據：福爾摩沙(Ilha Formosa)－十七世紀的台灣‧荷蘭與東亞，p.164 鄭永昌製表，修正增補。

明鄭時期（東寧王國）－延平王

第一代	鄭成功	…1661～1662 年	＊ 永曆7年(1653)鄭成功被明朝桂王（永曆帝）爵封為「延平王」（清稱郡王）。桂王於永曆15年 (1661) 被吳三桂所殺，鄭成功仍續崇奉明正朔「永曆」，同年東渡台灣，寓兵於農，籌策中興。
第二代	鄭經（v.s.鄭襲）	1662～1681 年	＊ 永曆18年(1664)鄭經帶領兵將及其家屬遷台，倚重陳永華經營當時稱「東寧王國」的台灣。
第三代	鄭克塽（v.s.鄭克臧【監國】）	1681～1683 年	＊ 永曆37年(1683)鄭克塽向清朝康熙帝投降，被遷往京師看管，像三國時代魏滅蜀之對待劉禪（阿斗）模式。

近現代台海兩岸統治者一覽表

清 朝 皇 帝 一 覽 表

年 號	廟 號	帝 名	在位年數	公元起迄	備 註
天 命	太 祖	努爾哈赤	11	1616~1626	未入關前
天 聰	太 宗	皇太極	9	1627~1635	未入關前
崇 德			8	1636~1643	
順 治	世 祖	福 臨	18	1644~1661	6歲在北京即位，由多爾袞攝政至1651年
康 熙	聖 祖	玄 燁	61	1662~1722	8歲即位，四大臣輔政
雍 正	世 宗	胤 禛	13	1723~1735	
乾 隆	高 宗	弘 曆	60	1736~1795	
嘉 慶	仁 宗	顒 琰	25	1796~1820	
道 光	宣 宗	旻 寧	30	1821~1850	
咸 豐	文 宗	奕 詝	11	1851~1861	
同 治	穆 宗	載 淳	13	1862~1874	6歲即位，西太后掌權
光 緒	德 宗	載 湉	34	1875~1908	4歲即位，西太后掌權
宣 統		溥 儀	3	1909~1911	3歲即位，載灃攝政

（左側欄：明思宗 福王 唐王 桂王）

中 華 民 國 元 首 一 覽 表

開 國 統 一 時 期

姓 名	職 稱	時間起迄	首都	
孫中山	（第一任）臨時大總統	1.1.1~1.4.1	南京	附註：宣統帝於民國元年2月12日宣布退位
袁世凱	（第二任）臨時大總統	1.3.10~2.10.9	北京	
	（第一任）正式大總統	2.10.10~5.6.6	北京	
黎元洪	（繼任）大總統	5.6.6~6.7.2	北京	

南 北 分 裂 時 期

北 方 政 府				南 方 政 府			
馮國璋	（代理）大總統	6.7.14~7.10.9	北京	孫中山	（中華民國軍政府）海陸大元帥	6.9.10~7.5.4	廣州
徐世昌	（第二任）正式大總統	7.10.10~11.6.2	北京	岑春煊	（中華民國軍政府）主席總裁	7.5.20~9.10.24	廣州
黎元洪	（過渡）大總統	11.6.11~12.6.13	北京	孫中山	（中華民國軍政府）大元帥	9.12.29~10.5.4	廣州
曹錕	（第三任）正式大總統	12.10.10~13.11.12	北京		（中華民國政府）非常大總統	10.5.5~11.6.16	廣州
段祺瑞	臨時執政	13.11.24~15.4.30	北京	陳炯明	（叛變 11.1.16）	11.6.16~12.1.6	廣州
張作霖	安國軍總司令	15.12.1~16.6.17	北京	孫中山	（中華民國政府）大元帥	12.3.2~14.3.12	廣州
	軍政府大元帥	16.6.18~17.6.2	北京	汪精衛	國民政府主席	14.7.1~15.3.22	廣州
				譚延闓	同 上	15.7.17~17.10.9	廣州

北 伐 後 統 一 時 期

蔣中正	國民政府主席	17.10.10~20.10.15	南京	附註：
林 森	同 上	21.1.1~32.8.1	南京 重慶	(1)林森於民國32年8月1日逝。 (2)林森擔任國民政府主席期間，蔣中正以軍事委員會委員長之身分，領導抗日戰爭。
蔣中正	同 上	32.10.10~37.5.19	重慶 南京	(3)台灣的行政長官公署：行政長官—陳儀；第一任省主席—魏道明；第二任省主席—陳誠；第三任省主席—吳國楨

抗 日 勝 利 後 分 裂 時 期

中 華 民 國（在台、澎、金、馬）				中 華 人 民 共 和 國			
蔣中正	（行憲）第1~5任總統	37.5.20~64.4.5	南京 台北	毛澤東（劉少奇）	(1)中央人民政府主席 (2)人民革命軍事委員會主席	1949.10.1~1976.9.9	北京
嚴家淦	（繼任）第5任總統	64.4.6~67.5.20	台北				
蔣經國	第6~7任總統	67.5.20~77.1.13	台北	華國鋒	中委會主席、軍事委會主席	1976.10.7~1981.6.29	北京
李登輝	（繼任）第7任總統	77.1.13~79.5.20	台北	㊣鄧小平	中央軍事委員會主席	1981.6.29~1989.11.9	北京
	第8任總統	79.5.20~85.5.20					
	第9任總統（直接民選）	85.5.20~89.5.20					
陳水扁	第10任總統	89.5.20~93.5.20	台北	江澤民	(1)國家主席(2)總書記(3)軍委會主席	1989.11.9~2004.9.19 （以軍委會主席任期為主）	北京
	第11任總統	93.5.20~97.5.20					
馬英九	第12任總統	97.5.20~101.5.20	台北	胡錦濤	(1)國家主席(2)總書記(3)軍委會主席	2004.9.19~2012.11.15 （以軍委會主席任期為主）	北京
	第13任總統	101.5.20~105.5.20	台北	習近平	(1)國家主席(2013.3.14) (2)總書記(2012.11.15) (3)軍委會主席(2012.11.15)	2012.11.15~迄今	北京
蔡英文	第14任總統	105.5.20~109.5.20	台北				
	第15任總統	109.5.20~	台北				

（左側欄：1895~1945 台灣受日本統治）

※根據：陳世昌，中國近現代史精要—中華民國元首一覽表 修正增補。㊣鄧小平：因名義上國家主席是李先念和楊尚昆

日治時期歷任天皇、總督及民政長官一覽表

天皇時代	總　督	任　期	民政長官 （＊1919.8.19後 改稱總務長官）	任　期
・ 明 治 時 代 1868~1912 （45 年）	樺山資紀（海軍）	1895.05.10~1896.06.02	水野遵	1895.05.21~1897.07.20
	桂太郎（陸軍）	1896.06.02~1896.10.14		
	乃木希典（陸軍）	1896.10.14~1898.02.26	曾根靜夫	1897.07.20~1898.03.02
	兒玉源太郎（陸軍）	1898.02.26~1906.04.11	後藤新平	1898.03.02~1906.11.13
	佐久間左馬太 （陸軍）	1906.04.11~1915.05.01	祝辰巳	1906.11.13~1908.05.22
			大島久滿次	1908.05.30~1910.07.27
			宮尾舜治(代理)	1910.07.27~1910.08.22
			內田嘉吉	1910.08.22~1915.10.20
大 正 時 代 1912~1926 （民國元年） （15 年）	安東貞美（陸軍）	1915.05.01~1918.06.06	下村宏	1915.10.20~1921.07.11
	明石元二郎（陸軍）	1918.06.01~1919.10.26		
	田健治郎（東大）	1919.10.29~1923.09.02	賀來佐賀太郎	1921.07.11~1926.09.19
	內田嘉吉（東大）	1923.09.06~1924.09.01		
	伊澤多喜男（東大）	1924.09.01~1926.07.16		
昭 和 時 代 1926~1989 ・ ・ ・ （64 年）	上山滿之進（東大）	1926.07.16~1928.06.16	後藤文夫	1926.09.22~1928.06.26
	川村竹治（東大）	1928.06.16~1929.07.30	河原田稼吉	1928.06.26~1929.08.03
	石塚英藏（東大）	1929.07.30~1931.01.16	人見次郎	1929.08.03~1931.01.16
	太田政弘（東大）	1931.01.16~1932.03.02	高橋守雄	1931.01.17~1931.04.14
			木下信	1931.04.15~1932.01.12
	南弘（東大）	1932.03.02~1932.05.26	平塚廣義	1932.01.13~1936.09.02
	中川健藏（東大）	1932.05.27~1936.09.02		
	小林躋造（海軍）	1936.09.02~1940.11.27	森岡二郎	1936.09.02~1940.11.26
	長谷川清（海軍）	1940.11.27~1944.12.30	齋藤樹	1940.11.27~1945.01.05
	安藤利吉（陸軍）	1944.12.30~1945.08	成田一郎	1945.01.06~1945.08
平成時代 1989~2019 （31 年）				
令和時代 2019~				

備註：1. 西元 2021 年：民國 110 年，令和 3 年。
　　　2. 東大：東京帝國大學。
　　　3. 從首任總督樺山資紀到末任總督安藤利吉，共計 19 任。

日治時期台灣行政區劃變遷表

時期及所採之制度	縣 制 時 期　1895~1900				廳 制 時 期　1901~1919		州 制 時 期　1920~1945	
行政區劃層級	明治28年 (1895) 8月6日	明治29年 (1896) 4月1日	明治30年 (1897) 6月10日	明治31年 (1898) 6月20日	明治34年 (1901) 11月11日	明治42年 (1909) 10月25日	大正9年 (1920) 9月1日	昭和元年 (1926) 7月1日
臺北縣	淡水出張所 宜蘭出張所 新竹出張所	臺北縣 淡水支廳 基隆支廳 宜蘭支廳	臺北縣 宜蘭縣 新竹縣	臺北縣 宜蘭廳 ……	臺北廳 基隆廳 深坑廳 宜蘭廳 桃仔園廳 新竹廳 苗栗廳	臺北廳 宜蘭廳 桃園廳 新竹廳	臺北州 新竹州	臺北州 新竹州
臺灣民政支部	苗栗出張所 鹿港出張所 彰化出張所 埔里社出張所 雲林出張所	臺中縣 苗栗支廳 鹿港支廳 雲林支廳 埔里社支廳	臺中縣	臺中縣	臺中廳 彰化廳 南投廳 斗六廳	臺中廳 南投廳	臺中州	臺中州
臺南民政支部	嘉義出張所 安平出張所 鳳山出張所 恆春出張所 臺東出張所	臺南縣 嘉義支廳 鳳山支廳 恆春支廳 臺東支廳	嘉義縣 臺南縣 鳳山縣 (臺南縣)(鳳山縣) 恆春 臺東廳	嘉義縣 …… 臺南縣 …… 臺東廳	嘉義廳 鹽水港廳 臺南廳 蕃薯藔廳 鳳山廳 阿猴廳 恆春廳(1901.3升廳) 臺東廳	嘉義廳 臺南廳 阿猴廳 臺東廳 花蓮港廳	臺南州 高雄州 臺東廳 花蓮港廳	臺南州 高雄州 臺東廳 花蓮港廳
澎湖島廳	澎湖島廳	澎湖廳	澎湖廳	澎湖廳	澎湖廳	澎湖廳	澎湖廳	澎湖廳
			【二十縣】	【十二廳】	【二十廳】	【十二廳】	【五州三廳】	【五州三廳】

資料來源：依【簡後聰等編：《福爾摩沙——臺灣的歷史源流》，文建會中部辦公室，2000】修訂。

明鄭、清代臺灣行政區劃變遷表

1661~1663 (永曆15年)		1664~1683 (永曆18年)		1684~1722 (康熙23年)		1723~1811 (雍正元年)		1812~1874 (嘉慶17年)		1875~1886 (光緒元年)		1887~1895 (光緒13年) （臺灣省）	
東都承天府	天興縣 萬年縣	東寧承天府	天興州 萬年州 澎湖安撫使 北路安撫使 南路安撫使	臺灣府	臺灣縣 鳳山縣 諸羅縣	臺灣府	臺灣縣 澎湖廳 （雍正5年設） 鳳山縣 諸羅縣 （乾隆52年改嘉義） 彰化縣 淡水廳	臺灣府	臺灣縣 澎湖廳 鳳山縣 嘉義縣 彰化縣 淡水廳 噶瑪蘭廳	臺灣府	臺灣縣 澎湖廳 鳳山縣 恆春縣 嘉義縣 彰化縣 埔里社廳 卑南廳	臺南府	安平縣 澎湖廳 嘉義縣 鳳山縣 恆春縣
										臺北府	新竹縣 淡水縣 基隆廳 宜蘭縣	臺灣府	臺灣縣 彰化縣 雲林縣 苗栗縣 埔里社廳
												臺東 直隸州	
												臺北府	新竹縣 淡水縣 基隆廳 宜蘭縣 南雅廳(光緒20年)

【鄭經即位】　　　　　　　【朱一貴事件後】　【蔡牽、朱濆海盜侵擾】　沈葆楨【牡丹社事件】　劉銘傳【中法戰爭】

臺灣（省）行政區劃變遷表—1945年迄今

年代	分類																						
民國34年 1945.12	八縣 九省轄市 一局	臺北縣	基隆市	臺北市	草山管理局	新竹縣	新竹市	臺中市	臺中縣	彰化市	嘉義市	臺南縣	臺南市	高雄縣	高雄市	屏東市	花蓮縣	臺東縣	澎湖縣				
民國39年 1950.9.8	十六縣 五省轄市 一局	宜蘭縣	臺北縣	基隆市	臺北市	陽明山管理局	桃園縣	新竹縣	苗栗縣	臺中市	臺中縣	南投縣	彰化縣	雲林縣	嘉義縣	臺南縣	臺南市	高雄縣	高雄市	屏東縣	花蓮縣	臺東縣	澎湖縣
民國56年 1967.7.1	十六縣 四省轄市	宜蘭縣	基隆市	臺北縣 （臺北市升為院轄市）	桃園縣	新竹縣	苗栗縣	臺中市	臺中縣	南投縣	彰化縣	雲林縣	嘉義縣	臺南縣	臺南市	高雄縣	高雄市	屏東縣	花蓮縣	臺東縣	澎湖縣		
民國68年 1979.7.1	十六縣 三省轄市	宜蘭縣	基隆市	臺北縣	桃園縣	新竹縣	苗栗縣	臺中市	臺中縣	南投縣	彰化縣	雲林縣	嘉義縣	臺南縣	臺南市	高雄縣 （高雄市升為院轄市）	屏東縣	花蓮縣	臺東縣	澎湖縣		
民國71年 1982.7.1	十六縣 五省轄市	宜蘭縣	基隆市	臺北縣	桃園縣	新竹市	新竹縣	苗栗縣	臺中市	臺中縣	南投縣	彰化縣	雲林縣	嘉義市	嘉義縣	臺南縣	臺南市	高雄縣	屏東縣	花蓮縣	臺東縣	澎湖縣	
民國99年 2010.12.25	十二縣 三省轄市	宜蘭縣	基隆市	桃園縣	新竹縣	新竹市	苗栗縣	南投縣	彰化縣	雲林縣	嘉義縣	嘉義市	屏東縣	花蓮縣	臺東縣	澎湖縣							
民國103年 2014.12	十一縣 三省轄市	宜蘭縣	基隆市	新竹縣	新竹市	苗栗縣	南投縣	彰化縣	雲林縣	嘉義縣	嘉義市	屏東縣	花蓮縣	臺東縣	澎湖縣								

資料來源：依據【許雪姬總策畫：《臺灣歷史辭典》，文建會，2004（製表者：蔡說麗）】修訂。

＊ 六都：臺北市、新北市、桃園市、臺中市、臺南市、高雄市。

福建省二縣：金門縣、連江縣（馬祖）。

目次 ——————————————— Contents ——

台灣的武裝抗日－武士刀下的黃虎

台灣的社會運動抗日時期－愛爾蘭反抗模式

日人在台的建設與皇民化運動－反射利益之果實

緒論：台灣－福爾摩沙

CHAPTER
01

引論

一個人何時誕生於何地，甚至出生在哪一個朝代、哪一個國家，乃至哪一個族群、哪一個家庭，似乎已大致決定一個人的一生命運；然而從大地的觀點，個人只是達達馬蹄的短暫過客。有道大江東去浪淘盡，千古風流人物；青山依舊在，幾度夕陽紅（斜）。而屹立不搖，正若無私化育的家中菩薩，永遠包容庇護的慈母，對生於斯長於斯的我們長久眷顧、永遠呼喚的這塊土地，祂的名字叫台灣。

大地所供養的眾生有生老病死，不但生、滅可謂無常，而為這些遊子，劬勞奉獻、歷盡滄桑的台灣，其容顏因朝暉夕映而變化萬千，形貌更是橫看成嶺側成峰，遠近高低皆不同，台灣不斷在改變，有史記載的四百年來，有如滄海桑田，近年來更是百年銳於千載，這一羣人及其後代連綿不絕的子子孫孫，如何將這一塊土地，透過不同世代的努力開發，而呈現今日的面貌，這羣人的共同名字叫祖先，把祖先在台灣共同活動的紀錄研究透澈，用「真」的方法；「善」的觀點；「美」的目標來瞭解過去，俾以珍惜現在，更能迎向光明未來。

第一節　史觀與觀史

夫史者，民族之精神，而人羣之龜鑑也；代之興衰、俗之文野、政之得失、物之盈虛，均於是乎在。故凡文化之國，未有不重其史者也。然而如何把歷史研究好呢？中研院院士曹永和教授說：歷史是由「**人、時間、空間**」三個因素互動、交織形成。有各種人物，在歷史舞臺上輪番扮演；於不同年代，歷史不斷呈現階段性的變化；空間的特性，更對一地人群與外界的接觸程度，產生關鍵性的影響。我們在做歷史研究時，應該周全的考慮這三個因素的各個層面，儘量擴大面向，不要侷限在某個單一的觀點上。當我們能夠循序漸進，由點而線、而面的去逐一探討，同時毫不忽略人、時、地的因素，最後一定能夠架構出全面、全球的史觀來。

觀察歷史，理性(Reason)很重要，黑格爾(Hegel)的歷史哲學，從截然新穎的觀點來論列「歷史」上各種主要事實，將研究歷史方法區分為三大類：1.原始的歷史(Original History)－瞭解真相，欣賞史詩；2.反省的歷史(Reflective History)－引為殷鑑，不再重蹈；3.哲學的歷史(Philosophical History)－發揮理性，得到啟發。平心而論，因為歷史是過去與現在不斷的對話，**不同史觀產生不同觀點**，在史觀中**唯心**或**唯物**史觀都失之偏頗，同樣的大中國與大台灣亦失之過激，如何客觀、超然、公正且有深度的來研究台灣歷史，有賴無私的心，價值中立(Value Free)的素養。用正確的史觀來觀史，方能使讀歷史除了知識的獲得，更能增長智慧。最終能用空觀、假觀及中觀的方法，找到一以貫之的「**中和位育**」之道。

一、歷史是什麼(What)？

　　人類過去所有活動之紀錄，稱為歷史。主要是用文字加以記載，如過去的政治、經濟、社會、法律、文化、教育、宗教…等制度；無文字以前，主要則靠出土之遺跡、化石、文物…等加以了解，稱為**史前史**，也就是文字記載之前的歷史。另外每與歷史孟不離焦，經常聯用的是文化，其實**文化**是**一種生活方式**(a way of life)，雖然有主流文化、次文化、偏差文化之別，卻共同形塑一個國家之地方特色。歷史強調的是過去，即時間之縱座標；文化重視的是當下，即空間的橫座標，當然歷史不斷發生，文化也會成為過去，故二者相輔相成。歷史學科自古存在，但春秋之作實為瑰寶、董狐之筆畢竟少數，秉筆太監之錄失之偏狹，御用文人之言多屬鄉愿，因此當較具信度(reliability)和效度(validity)的社會科學(Social Science)興起，歷史學研究漸趨向之，且已成功改變其人文學科的屬性。

二、為何讀歷史(Why)？

　　歷史的學習是透過對人類過往經驗的了解，培養對事件的邏輯分析與解釋的能力；進而理解社會變遷與文明演進的歷程，訓練批判性思考與解決問題的能力。因此歷史教育，不僅是古代帝王之學，更是一門博雅的全人教育，經由社會學習，使個人能成熟成長。所以司馬遷曾說，其目的在「究天人之際、通古今之變、成一家之言」；唐太宗人生三鏡，其中「以古為鏡，可以知興替」，即指讀史之功，《臺灣通史》序中，連雅堂先生亦引述其父訓勉之：「汝為臺灣人，不可不知臺灣事」。更直陳讀史之重要，尤其要亡其國，先滅其史之至理名言，更讓人深感國可滅而史不可滅。但感性熱情之餘，千萬勿忘其最大的功能在於運用。英國大史學家湯恩比(Toynbee)曾言及「歷史若不被利用，就沒啥價值，因為一切知識生活都是行動」。故認真研讀歷史，將學問生活化，生活學問化，提高個人生活品質，並以服務社會造福人臺，微斯學，吾何與歸。

三、如何讀歷史(How)？

　　要讀好歷史，觀念要正確、方法須掌握，如能再有好的環境，加上本身的用功，或能稍有成就，其中觀念上應知，誰掌握歷史的**記錄權**和**解釋權**，排除「官方說法」，也必須瞭解歷史的「**相對性**」，當你在沉醉慶功時，他方可能在痛苦哀號。另外**個人記憶**與**集體記憶**影響層面差異非常大；此外史地不分家、文史哲相關連、古今中外之縱橫座標、人事時地物之確實掌握、利用對稱【金門－廈門；馬祖－馬尾】排序【廣島→長崎（台語）；一心二聖三多四維五福六合七賢八德九如十全；一命二運三風水四積陰德五讀書】、漸呈【至聖、四配十二哲、先賢先儒、名宦鄉賢節孝孝子；母法、基本法、根本大法、國家構成法、人民權利保障書】、諧音【俄德法美日奧義英、韓趙齊魏楚燕秦（台語）】與圖形【青木－東、白金－西、赤火－南、黑水－北、黃土－中；水金地火木土天海（冥）；界門綱目科屬種】記憶等技巧。歷史學科最獨特的，尤其歷史的**必然性**與**偶然性**，透過原因－經過－影響的主軸脈絡，認知無風

不起浪，事出必有因，種什麼因，得什麼果，且凡走過必留下痕跡，也會產生影響，雖然對於歷史事件，說法版本多所不同，但**歷史的真相永遠只有一個**。

四、歷史的教訓：

歷史給人們最大的教訓，就是人類沒有辦法完全記取歷史的教訓，<u>鄭成功</u>沒有記取<u>楚平王</u>的教訓，因而<u>施琅</u>成了<u>伍子胥</u>；<u>陳永華</u>未能記取<u>李斯</u>的教訓，以致<u>馮錫範</u>重施了<u>趙高</u>的故技，使一代英雄賢臣有志難伸。因此我們只能衷心期盼，藉著二二八和平紀念碑、南京大屠殺紀念館、廣島原子彈爆炸殘蹟、珍珠港亞歷桑納號沉船，讓人們自我省思之餘不再鑄成大錯，畢竟「歷史不能遺忘，經驗必須記取」，愛(Love)與和平(Peace)才是人類真正的渴望，也是最大多數人的最大幸福。

五、歷史的遺產：

先人的智慧要珍惜、要學習，但萬萬不可阻礙新知的吸收，更不能食古不化，其中祖先的智慧箴言【礎潤而雨、月暈而風；買田看田底，娶某看娘禮】、歷史故事【成功試劍、吳沙開蘭、切膚之愛、馬偕拔牙】、文物古蹟【碑碣、對聯、壁畫、雕刻】等，都值得我們細細品味。由增進生活品質帶給人們幸福，古今中外先人智慧存在歷史遺產寶庫，取之不盡，用之不竭。

六、恰如其分－終極目標：

從見山是山，見水是水，提昇到見山不是山，見水不是水，又進一步見山又是山，見水又是水，最終而能修養到不顯山，不露水。也就是能深刻體會「木以不材生；雞以不鳴死」之道理。透過格物、致知、誠意、正心、修身、齊家、治國、平天下之內聖外王的能力培養，再以權變理論和市場區隔的模式，作出最恰如其分的表現。敬天、惜地、愛人，把握天時地利人和，兼顧天理國法人情，最終能天人合一、止於至善。

第二節　台灣的誕生

考古推測：台灣隨地球生成而誕生，即一億多年前，混沌天地初開，到 6500 萬～2000 萬年前，世界最大的歐亞板塊和太平洋板塊一部分的菲律賓板塊發生擠壓碰撞，2000 多萬～1000 多萬年前澎湖群島隆起，600 萬年前，更發生蓬萊造山運動；200 萬年前形成中央山脈；100 萬年前進入冰河時期；50 萬年前，板塊再度擠壓，形成海岸山脈。

考古推斷：五萬年前開始有人類活動（長濱文化），一萬年前冰河期結束，冰原溶化海水水位上升，台灣海峽形成，台灣與華南之陸橋中斷，台灣變成物種學上之

孤島。由於山夠高且呈垂直分布（**每升高 100 公尺，氣溫下降攝氏 0.6 度**），故從熱帶、副熱帶、溫帶到寒帶之各種生物相，歷歷在目；地形多元豐富，除高山外，盆地、丘陵、平原、峽谷、河階、斷崖、沙灘、海階等讓蓄積的物種和突變的生物都能活得逍遙自在；故台灣就有如花菓山福地，水濂洞洞天，彷彿人間仙境。台灣位在歐亞大陸板塊與太平洋（菲律賓）海洋板塊之交會地，亦是寒、溫帶與熱帶立體呈現之櫥窗，高聳的中央山脈，銜接大陸與海洋，包含寒、溫、副熱帶，造成地理環境複雜，生態種類繁多，加以長期做為一個人口移入的社會，歷經不同的統治階段，使人文上呈現更多元。因此台灣有如一大自然的教室，人文社會的寶庫，值得我們由晨曦、晚霞、月光、春暉、夏蔭、秋光、冬影，用觀日、聽濤、觸土、聞花、品茗，甚至打開心裡的門窗，用心去感受，「台灣是寶島」，絕非虛言。

台灣雖然是大自然的寵兒，可是大自然也帶給它相對的災難。每年夏天的颱風，為台灣引來洪水和暴風。地震更是不定時炸彈，常為島嶼帶來巨大的劫毀和崩裂，讓地形地貌產生結構性的改變。但也因為天災的影響，島上進進出出的人們逐漸磨練出一種堅韌的生命特質，他們不為逆境所屈，永遠為自己開創新的可能。

毀滅和建造交替，讓台灣成為奇蹟之島，打拚－也成就了台灣人民的歷史。

台灣人民的歷史，述說著人類歷史洪流裡，一個共存又獨特、分支再匯流的故事，充滿著悲歡離合又不斷打拚、創造奇蹟的多元化發展。

然而，台灣的形象和在世界上之地位及角色又如何呢？有人說台灣像一條蕃薯；台灣像一條鯨魚；台灣像一葉扁舟；台灣像一個紡錘；台灣像一片樹葉；台灣像一隻鱷魚；台灣像一隻小鳥。各式各樣描述台灣的圖像，可謂不一而足，其中以**台灣像一條蕃薯**是一種較為通俗，而且有文化深層含意的講法。

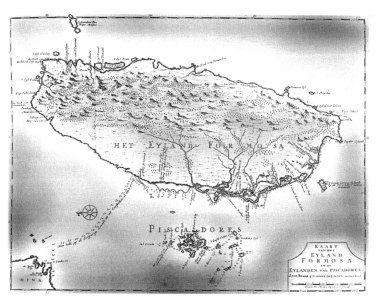

圖 1-1

● 資料來源：湯錦台《大航海時代的台灣》。

第三節　台灣名稱的源流

　　現今世人觀點，Taiwan、Formosa、R.O.C.(Republic Of China)，指的都是台灣[*]，歷史上台灣的名字更是多，從中國歷史來看，島夷、岱員、雕（彫）題、瀛洲、東鯷、夷洲（三國）、流求（隋）、毗舍耶（宋）、瑠求（元）、小流求（明）、小東、淡水、雞籠山、東番（明）、笨港、大員、東都、東寧等古稱，早期多非信史而屬推斷臆測，但後人追附，影響亦不容小覷，如為紀念隋煬帝大業六年（西元 610）派武賁郎將陳稜率兵萬餘，自義安（廣東潮州）出海對流求國征討，俘虜近千人而還的歷史傳說，因而台南市有配祀陳稜的開山宮（民生路）；另彰化市小吃聚集的陳稜路更是名聞遐邇。從時間觀點來看，不同階段有不同稱呼；由空間的角度看來，以淡水、雞籠山、笨港、大員等，更是有如瞎子摸象般的以偏概全來代表全台灣。若由日本歷史來看，高山國（西元 1593 年豐臣招貢）到高砂（國），日本從早期來台活動的倭寇，經朱印船海商，豐臣秀吉和德川家康皆與台灣失之交臂，而讓荷蘭人捷足先登，**建立台灣第一個近代政權**。等到西元 1895 年，日本終於占有覬覦已久的台灣，然此時台灣早已從西元 1684 年滿清收歸版圖，設台灣府而為世人所慣稱，但最關鍵之台灣名稱來源依據，究竟為何？從真正名字的來源說法有東番（其閩南音之轉音）、台窩灣（當時居住安平的平埔族部落名－Tayoun）、埋冤（埋客死者之所）、崇臺下之灣（荷人建城，制若崇臺，海濱水曲曰灣），個人以為以**台窩灣**（部落答客問）→**大員**（在外告何來）（台語）→**臺灣**(Taiwan)最合理。福爾摩沙是葡萄牙人由澳門前往日本做生意，途經台灣，見樟樹林一片青蒼翠綠，發自內心的讚嘆自然喊出 Ilha Formosa（美麗之島）。台灣站上國際舞臺，從 Formosa 到台灣(Taiwan)的膾炙人口，也見證了這美麗島上人民的歷史。如今**台灣**就是咱母親的名，Formosa 更是世人讚美母親的名。

第四節　台灣史的特色

　　台灣可說是一群文化多元的人，因緣際會來到一個獨特的空間，歷經多個不同統治階段，共同締造出來的悲歡離合台灣開拓史。這一部豐富歷史，我個人認為有以下幾個特色：

註譯：

[*]臺灣古地名表

朝代	夏禹	商	周	秦	西漢	三國	隋	宋	明嘉靖	
									前	後
名稱	島夷	岱嶼、員嶠	彫題	瀛洲	東鯷	夷洲	流求	毗舍耶	東番	大員

資料來源：參考葉振輝《臺灣開發史》修訂。

一、地理上的隔離

　　台灣是個海島，隔離了絕大多數不會飛翔、飄蕩和不善游泳、漂流的生物，加以台灣本身地形之複雜，尤其山岳、河流之阻隔，形成地形零碎而多元。

二、政權更迭頻仍

　　台灣原為原住民的樂園；亦曾淪為海盜和倭寇的基地；自荷蘭在大員（今安平）建熱蘭遮城；又經鄭氏三代東寧王國之經營；滿清更統治長達 212 年之久；1895 年清廷割台予日本，日治時代於焉開始；直到 1945 年日本二次大戰投降而結束；台灣被國民政府統治。每當政權更迭，社會結構與階層便大幅變動，故台灣常變，因此對於變的承受力也較強。

三、移入社會的特性

　　從荷蘭人引進的農業人力或鄭芝龍招墾的廣、福饑民，乃至鄭成功帶來的兩萬五千名軍隊，滿清渡台三禁下的偷渡客，至國民政府撤退來台的 60 萬大軍，一致性的長期呈現**男多於女**，正因性別失衡促成族群通婚，也加速了台灣的族群融合。由於荷蘭和明鄭皆以南部為中心，加上台灣的地形結構，南部多平原，北部多台地，中央山脈相當高聳，故而台灣開發方向大致是**由南向北，由西向東**。

四、國際貿易發達

　　荷蘭時期台灣的大員，是其東方貿易最大的轉運站，就像一頭好乳牛；鄭氏時期為了維持國力以抗清廷，陳永華更殫精竭慮以拓展貿易，主要為對日貿易和對大陸走私貿易；滿清末年台灣開港通商，外商與舶來品蜂擁而至，台灣之茶葉和樟腦亦大量外銷，不僅國際貿易發達，甚至造成台灣經濟重心之**北升南降**及國民政府的經濟奇蹟，更是舉世稱羨，引以為傲之「**台灣經驗**」，成為開發中國家借鏡之對象。

五、豐富的文化資產

　　原住民加上各統治階段的不同移民移入，帶來豐富的文化內涵，經過濡化的結果，產生更加多元優質的成果，致使文化資產特別豐富，如美食（原住民、歐美、中國八大菜系、日本、越、泰、印…等）、建築（杆欄式、石板屋、閩南式、北方宮殿式、唐破風、巴洛克式、哥德式、希臘神殿式、埃及列柱式…等）等文化，在美麗寶島匯流激盪，產生完美的結合。

六、特殊的歷史命運

　　台灣歷經不同的統治階段，不同背景的先民，先後在此以血淚灌溉、用雙手打拚，開拓出目前的台灣現況。歷史是累積的，歷史是延續的，歷史也是不能重來的，不管是時勢造英雄，還是英雄創時勢。明鄭東寧總制使陳永華、滿清台灣首任巡撫

劉銘傳、日治民政長官後藤新平、國民政府行政院長蔣經國，他們是對台灣貢獻較大的四名先賢。不論台灣是原住民樂園、海盜的天堂、季節性工作場域、國際貿易基地、延續正朔的復興基地、移民尋夢的新天地，台灣要能走出自我。冀從**亞細亞的孤兒**變成**壓不扁的玫瑰**，更期待扮演世界一家的**紅毛土**。

由於先民從篳路藍縷以啟山林，即不斷面對大自然挑戰和社會衝突，就如同李喬在《寒夜》書中所作深刻描述，因此台灣人的韌性和生命力，令人十分驚嘆佩服。故當台灣在 1970 年代，面臨能源危機和 1999 年九二一大地震時，都能突破困境，展現堅強競爭力及生命力。其實台灣最珍貴的資產與憑藉，就是台灣人打拚的真精神，也是台灣的最大特色。

第五節　珍惜台灣

充分應用您的感官，以視覺、聽覺、觸覺、嗅覺及味覺，加上心靈的感受，去欣賞、發掘台灣的美，賞晨曦、觀晚霞、遊夜景，從日出夕照、雲霧山水、鳥叫蟲鳴、溫泉瑞雪、芳草花香、美食水果，隨四季呈現不同的風貌。更可貴的是那恆久不變的人情味，這變與不變之間，讓人對台灣產生一分莫名的感動，直覺台灣就像一首偉大的詩，一幅美麗的畫，一曲不朽的樂章，更是一座大自然的教室及人文社會的寶庫。

飲水思源頭，食果子拜樹頭，龍應台曾說：台灣像生了梅毒瘡的母親，生了梅毒瘡的母親，仍是我們的母親，我們應盡心盡力治好她，而非嫌棄她。何況多樣性台灣，是族群文化的大拼盤，是當今世界上文化資產非常豐富的所在。台灣的歷史，是由所有曾在這裡生活過的人共同經營與締造出來的。除了原住民，漢人在十七、十八世紀時大量自中國大陸的福建、廣東兩省移民而來，雖然泛稱漢族，但根據他們使用的語言來看，主要是閩南、粵東講福佬話和客家話的人群，並且有漢人社會的文化特性。再一次的大移民發生在 1949 年前後，由於國民政府播遷來台，來自中國各省、大江南北的人群，帶著差異更大的語言、文化，落腳紮根成為台灣的「新住民」。二十一世紀的今天，台灣更成為越南、泰國、菲律賓、印尼、中國大陸等地外籍配偶或勞工移入的地方，增添台灣人口的多樣性。

台灣位在世界最大海洋（太平洋）與世界最大陸地（歐亞大陸）之交接上最具樞紐地位的地方，是整個大陸文化與海洋文化世界性互動的關鍵焦點。台灣的經濟奇蹟舉世矚目，台灣的政治轉型隱然成形，台灣的特殊文化資產特色要充分的發揮，藉著**一鄉鎮一特產**(One Town One Product)的形成，同時打造最安全最友善的文化觀光環境。台灣的地位和角色是獨特的，有特殊的世界能見度，我們不能也不會被邊緣化。天佑台灣，寶島長青。

關於台灣的主要著作彙編

年　號	西　元	作　者	書　名	備註
明萬曆 31 年	1603 年	陳第	**東番記**	
明末（永曆 15 年）	1661（約）	盧若騰	島噫詩	
康熙 14 年	1675	揆一(Coyett)	**被遺誤的台灣**	
康熙 23 年	1684	季騏光	台灣雜記	
康熙 24 年	1685	蔣毓英	臺灣府志	
康熙 24 年	1685	林謙光	台灣紀略	
康熙 33 年	1694	高拱乾	**臺灣府志**	
康熙 34 年	1695	徐懷祖	台灣隨筆	
康熙 36 年	1697	郁永河	**裨海紀遊**	
康熙 43 年	1704	江日昇	台灣外記	
康熙 48 年	1709	施琅	**靖海紀事**	
雍正元年	1723	藍鼎元	**平臺紀略**	
乾隆 2 年	1737	黃叔璥	**台海使槎錄**	
乾隆 9 年	1744	六十七	**番社采風圖考**	
乾隆 30 年	1765	陳璸	陳清端公文選	
乾隆 41 年~光緒 21 年	1776-1895	戴炎輝	淡新檔案	
乾隆 42 年	1777	蔣元樞	重修台灣各建築圖說	
乾隆 58 年~嘉慶 10 年	1793-1805	翟灝	臺陽筆記	
嘉慶 12 年	1807	謝金鑾	續修臺灣縣志	
道光元年	1821	林占梅	潛園琴餘草簡編	
道光元年	1821	丁宗洛	陳清端（陳璸）公年譜	
道光 8 年	1828	川口長孺	台灣鄭氏記事	
道光 16 年	1836	沈雲	台灣鄭氏始末	
同治 9 年	1870	陳培桂	淡水廳志	
同治 10 年	1871	李仙得(Le Gendre)	台灣番地事務與商務	
光緒元年	1875	Edward H. House 愛德華.豪士	The Japanese Expedition to Formosa（日本征台）	
光緒 10 年~17 年	1884-1891	劉銘傳	劉壯肅公奏議	
光緒 11 年	1885	劉璈	巡台退思錄	
大正 2 年（民國 2 年）	1913	丘逢甲	嶺雲海日樓詩鈔	
大正 5 年	1916	東鄉實、佐藤四郎	台灣殖（植）民發達史	
大正 8 年	1919	丸井圭治郎	臺灣宗教調查報告書	
大正 9 年	1920	連橫	**臺灣通史**	
大正 10 年	1921	片岡巖	臺灣風俗誌	
昭和 3 年	1928	伊能嘉矩	**台灣文化志**	
昭和 4 年	1929	矢內原忠雄	**帝國主義下的台灣**	
昭和 12 年	1937 刊行	張之洞	張文襄公選集	
昭和 14 年	1939	增田福太郎	**臺灣的宗教**	
昭和 17 年	1942	東方孝義	**台灣習俗**	
民國 49 年	1960 刊出	馬偕(Mackay)著；周學普譯	《From Far Formosa》《台灣六記》	
民國 57 年（約）	1968（約）	國分直一	台灣的歷史與民俗	
民國 88 年	1999	薛化元	臺灣開發史	
民國 91 年	2002	黃秀政、張勝彥、吳文星	臺灣史	
民國 96 年	2007	黃源謀	台灣通史	
民國 99 年	2010	胡浩德、羅雪柔著；郭郁君譯	真情台灣	

參考資料

曹永和：《臺灣早期歷史研究續集》，台北：聯經，2001 年 8 月初版二刷。（台灣史研究的另一個途徑－「台灣島史」概念，中研院台灣史田野研究通訊第 15 期，1990 年 6 月。）

戴文鋒：＜臺灣鄉土地名之今昔與問題＞，載於《台灣文化研究學報》，台南大學台灣文化研究所編印，2004 年 12 月。

G. L. Mackay 著、J. A. Macdonald 編、周學普譯：《臺灣六記》，台北：臺灣銀行經濟研究室編印。

李弘祺：《讀史的樂趣》，台北：允晨文化，1991。

李紀祥：《時間‧歷史‧敘事－史學傳統與歷史理論再思》，台北：麥田，2001。

杜正勝：《古典與現實之間》，台北：三民，1996。

林衡道主編：《臺灣使槎錄等九篇－雅堂叢刊之二》，台中：臺灣省文獻委員會，1975。

張炎憲：＜台灣歷史研究的特色＞，《台灣歷史系列演講專集》，國立中央圖書館台灣分館印，1995。

許倬雲：《從歷史看時代轉移》，台北：洪建全基金會，2000。

郭廷以：《台灣史事概說》，台北：正中書局，1970。

黃富三、曹永和編：《台灣史論叢第一輯》，台北：眾文出版社，1980。

黑格爾著、謝詒徵譯：《歷史哲學》，台北：水牛，1989 初版、1997 再版。

增田涉等著、李永熾譯：《歷史與思想》，台北：水牛圖書，1990。

戴國輝：《台灣史探微：現實與史實的相互往還》，台北：南天，1999。

詹素娟：《清代台灣平埔族與漢人關係之研究》，台北：國立台灣師範大學歷史研究所碩士論文，1986。

李國祁：＜由歷史演變論台灣鄉土文化的成長特徵＞，第一屆台灣本土文化學術研討會論文集，國立台灣師大人文教育研究中心，1994。

黃富三：＜台灣歷史發展的特質＞，收入東海大學通識教育中心編《台灣歷史與文化》，1999。

劉妮玲：＜連橫民族史觀的價值與限制－以清代台灣民變為例說明＞，台灣史蹟源流研究會 71 年會友年會論文集，1982。

田博元總編纂，汪中文編纂，劉燕儷主編，王淑端、李巧雯、吳逗功、王耀德、邱重銘、王俊傑編著：《台灣歷史與文化》，新北市：新文京，2008.9.23 一版、2011.2.21 二版、2015.5.10 三版。

胡浩德、羅雪柔作，郭郁君譯：《真情台灣：荷蘭駐台代表胡浩德的台灣遊記》，台北：玉山社，2010。

台灣的考古

CHAPTER

02

引論

　　就歷史的分期而言，有文字記載的時代稱爲**歷史時代**，反之則稱爲**史前時代**。文字紀錄之要訣在辨眞僞；史前時代則在於應用各種科學方法，讓出土骨頭和文物訴說當時歷史。

　　考古就像<u>福爾摩斯</u>、<u>柯南</u>在做偵探；就像法醫<u>楊日松</u>、<u>方中民</u>在解剖；就像<u>李昌鈺</u>、<u>侯友宜</u>在辦案。國內考古大師<u>宋文薰</u>、<u>劉益昌</u>在做考古，大多是透過**田野工作**(Field work)尋找**失落的環節**(Missing links)，利用方格法加以挖掘，儘量保存完整、再應用碳十四(Carbon14)年代法和年輪定年法，以及氟和錳計量測定法等，以做出越明確的推論。其中**碳十四年代法**係以遺物中的碳素標本測定碳所經過的半衰期，以得到年代。適用於火燒炭、骨類，限制是炭不能受到汙染，且碳量要充足。而**年輪定年法**則是利用遺址出土帶有年輪的木柱等木質遺物，製成年輪表，對照該地區依氣候變化所製成的年輪主表，即可測知年代。一般以**打製**的石器辨識舊石器時代；用**磨製**石器標識新石器時代；鐵和青銅器等的出現，更宣告**金屬器時代**的來臨。另外，河流的侵蝕、沖刷，常讓親水的古人遺址或遺骨出土；一般越下層的文化層越古老，除非該地區有強烈之地殼變動。

　　考古學家、偵探、法醫、刑事鑑識專家，他們有一個共同相當吸引人的特徵和本事，就是從有限的資料訊息中，建構原貌之場景與推測其關係，一葉知秋、見微知著，如臨現場，令人佩服稱羨，希望藉著考古的研究，讓您具有這樣的能力或專長。台灣由舊石器到金屬器時代的發展，建構了這塊土地上的史前史，隨著考古的努力而重大開發工程進行之新發現，不斷補強失落的環節，不僅內容越豐富，亦讓吾人更加貼近土地和先人的足跡與脈動。

第一節　台灣考古簡史

一、台灣考古的源流

　　有關台灣地下出土文化遺物的最早紀錄，可以追溯到明鄭時代。但是以現代考古學的方法來研究地下出土資料的，則是始於日本治台後的第二年。1896 年，一位日本總督府國語學校的教師<u>粟野傳之丞</u>，在台北市郊的芝山岩發現了一件石器，使得人們開始注意到，台灣在遠古時代，可能已經有人類居住，同時也開啟台灣**科學考古**的大門。

　　有關史前時代人類的遺址，在台灣各地不斷地被發現，吸引了許多的日本學者投入台灣考古學的研究，包括<u>鳥居龍藏</u>、<u>森丑之助</u>和<u>鹿野忠雄</u>等。到了 1928 年，台

灣大學人類學系的前身－**台北帝國大學土俗人種學教室**設立，一些考古家為了收集資料，在台灣各地又發現了許多重要的史前遺址，並且展開了考古發掘工作，墾丁遺址就是當時所發掘的遺址之一。以迄台灣光復初期，以<u>國分直一</u>為首的日本學者繼續在台灣各地進行考古調查和發掘，獲得了相當豐碩的成果。1943 年<u>鹿野忠雄</u>所發表的〈台灣先史時代之文化層〉一文，可以說是日治時代台灣考古成果的總結。

　　台灣光復以後，日本考古學者逐漸離開台灣，在大陸以發掘安陽殷代都城遺址聞名的一批考古學者，包括<u>董作賓</u>、<u>李濟</u>、<u>石璋如</u>等，於此時隨中央研究院歷史語言研究所來台灣。他們的到來，使得因為日人撤離而瀕臨中斷的台灣考古重新啟動，對爾後這門學問的存在和成長，發揮了關鍵性的作用。

　　民國 38 年，當時擔任中研院歷史語言所考古組主任的<u>李濟</u>先生，即首先擘劃在台灣大學內設立考古人類學系（71 年改稱人類學系），仿美國哈佛大學分四大領域：**文化人類學**(Cultural anthropology)、**考古學**(Archaeology)、**語言（人類）學**(Linguistic anthropology)、**體質人類學**(physical anthropology)。當初本應稱人類學系，但考古較為世人所熟知，故以考古領銜，可見考古之專業及獨特性。該系成立後的台灣考古工作，主要是由<u>石璋如</u>先生所領導。

二、台灣考古的發展

　　民國 53 年至 54 年，<u>宋文薰</u>和<u>張光直</u>兩位先生分別代表台灣大學和美國耶魯大學合作進行了一個台灣史前史的研究計畫，是台灣考古學上規模空前的研究計畫，其結果不但給台灣史前文化的內涵、年代和類緣關係等方面增加了許多重要的新資料，並且也把若干西方先進的考古學研究概念和科學方法引入台灣，如聚落型態、放射性碳素年代測定、花粉分析，和陶器質地分析等。

　　民國五〇年代，台灣考古的另一項重要的成就，是首次發現了「**先陶文化**」，證明了台灣早在更新世的時候就已經有人類住居，把台灣的人類歷史推早到一萬年以上。民國六〇年代，台灣考古學的研究又有了新的進展，其中最重要的是「**濁大計畫**」的進行，「濁大計畫」的全名是「台灣省濁水溪與大肚溪流域自然史與文化史科際研究計畫」，由<u>張光直</u>教授主持，行政院國家科學委員會、美國國家科學基金會和美國哈佛燕京學社資助，中央研究院、國立台灣大學和美國耶魯大學共同合作的研究計畫；其目標是要應用**科際綜合研究**的方法，在自然環境種類繁多、資源豐富、古今文化頗為複雜的濁水和大肚兩溪流域進行**古今人地關係**的研究。

　　民國七〇年代迄今，伴隨台灣重大公共工程的進行，台灣各地陸續有遺址出土，其中以建南迴鐵路之卑南文化遺址最重要，在<u>宋文薰</u>與<u>連照美</u>兩名教授所帶領的台大考古隊，辛苦田野挖掘下，已經發表不少成果，成為台灣截至目前發現之最大遺址，更進一步成立**國立台灣史前文化博物館**及台東卑南文化公園，其中<u>連照美</u>教授投入最多心力，至今仍為台灣保存不少珍貴的出土文物，考古知識和成果透過社教展示，能夠紮根及推廣。

台南科學園區（南科）所掀起之南瀛考古熱，第一個道爺遺址出土後，有名之三抱竹、南關里等遺址先後出土，在劉益昌、臧振華、李匡悌等教授及朱正宜主任的努力下，結合科學與考古，對南台灣歷史文化的研究、保存及教育產生極大成果。

第二節　舊石器時代

舊石器時代的特色，以**打製**石器為主要的工具，過著狩獵、採集為生的經濟生活。1896 年日人粟野傳之丞發現台北芝山岩遺址，乃台灣的科學考古之源起，隨後日人伊能嘉矩和宮村榮一又發現圓山遺址，但屬新石器時代中期。直到日治結束，考古家發現的遺址皆屬新石器文化，未見舊石器文化的蹤影。1968 年東部發現長濱文化後，舊石器文化遺址在南部、中北部也漸有發現，其存在的時間，約在二、三萬年至五千年間，最早不超過五萬年。

一、長濱文化

1968 年台大地質系教授林朝棨在台東縣長濱鄉八仙洞進行海蝕洞穴的調查，在洞內發現若干新石器文化的遺物，推測其下可能有更早的文化層。後來與考古學家宋文薰在乾元、海雷、潮音、崑崙等洞發現舊石器遺物，其中以乾元洞遺址時間較早，潮音洞較晚，其存在時間在五萬年至一萬五千年之間。雖然不同洞穴內文化遺址的時間差距甚大，但都沒發現磨製的石器、種作以及飼養牲畜的情形。著名考古學家李濟以**長濱鄉之地名**，將此八仙洞發現的舊石器文化命名為「**長濱文化**」，這是台灣目前發現之最早的舊石器文化遺址，政府並將八仙洞遺址列為一級古蹟。

二、左鎮人

左鎮人是在台南市左鎮區菜寮溪一帶發現的人類化石，前後發現三批。第一批是潘常武在臭屈發現的三件頭頂骨的殘片，第二批是陳春木（化石爺爺）在岡仔林發現的四件頭骨化石，第三批也是潘常武在臭屈發現的兩顆臼齒。就化石的時間推斷，臭屈發現的比岡仔林早，約在二至三萬年，可能是長濱時代的人類。

1974 年日本古生物學家鹿間時夫教授也在另一位左鎮化石收藏家潘常武先生的藏品中，找到一片採自同一地區的人類左頂骨化石，這兩片人類頭骨化石經鹿間教授帶回日本研究後，認定是屬於現在人種的，經過氟和錳的測定，推知約有 2 萬至 3 萬年，學者們把這些頭骨所代表當時居住生活在此地的人類，稱為「**左鎮人**」。現建有「左鎮菜寮化石館」。

歷經台南市政府文化局整修，於 2019 年 10 月 9 日重新開園，台南左鎮化石園區變身更重要的史前社教場域，雖有年代鑑定減少的不同認定，但這個有遺骨無遺址的經典先民遺跡，獲得更多的關注，也正發揮更大的史前教育功能。

三、鵝鑾鼻遺址

1983 年考古學家<u>李光周</u>在屏東縣鵝鑾鼻遺址第二地點發現舊石器時代遺址，這是繼長濱文化後第二處發現的舊石器時代遺址。1985 年又在附近發現龍坑舊石器時代遺址。

四、台東小馬洞穴遺址

1987 年考古學家<u>黃士強</u>與<u>吳敦善</u>在台東縣成功鎮馬武窟溪北岸發現遺址有石器、貝類、魚骨、獸骨，其中石片器與砍器都是利用礫石打剝而成，與長濱文化遺址中潮音洞內石器相似，年代約在 5800 年前左右。

五、苗栗網形伯公壠遺址

遺址分布在西海岸中北部丘陵地區，鯉魚潭水庫區域為主，發現者為考古學家<u>劉益昌</u>。出土遺物有尖器、刮削器、砍器，就遺物相貌觀察，應屬舊石器晚期，至於年代約 3700 年前到 1 萬年前。

第三節　新石器時代

新石器時代人類生活與社會有了大改變，人類對自然依賴度減少（不用看天吃飯），也就是發生**產食革命(Food-producing revolution)**，人類已學會**磨製**石器、作物栽培，甚至豢養牲畜，而**陶器**的使用，成為這個時代的重要特徵。

一、新石器初期文化

又稱**粗繩紋陶文化**或**大坌坑文化**，這是台灣目前所發現的最早的新石器文化，其存在年代約在 7000 至 4500 年間，分布在西岸之河口與海岸台階地區。遺址以新北市八里區大坌坑發現的最早，故以大坌坑文化代表早期的文化，此外台南市歸仁區八甲里、高雄市林園區鳳鼻頭、台東縣卑南遺址下層，以及台灣島外的澎湖縣果葉也發現這層文化。發現的陶器形制簡單，有罐與缽，陶器含砂，質地鬆軟，陶面呈暗紅或深褐色，大多數陶器腹部有繩紋，紋路粗且深，故又稱粗繩紋陶。有打製的石斧、磨製的石斧、石錛、石簇、網墜等。從遺物推測，此時人類過著狩獵、漁撈、採集植物與貝類，也可能有以芋薯為主的園藝式的農作。

台灣海峽約在**一萬年前**形成，此型文化與早期的長濱文化又無承繼關係，所以此型文化的主人應是乘船來台的，他們可能是南島語族的祖先，也可能是若干原住民的祖先型文化。至於此文化與後來台灣新石器文化的關聯性，學者看法不一，不過如北部的芝山岩文化、圓山文化、中部的牛罵頭文化、南部的牛稠子文化，皆含有大坌坑文化陶器的要素。

二、新石器中期文化

又稱**細繩紋陶文化**或**繩紋陶文化**。遺址的分布，主要在海岸低地與溪流台地，存在的期間距今約 7000 至 4000 年，因學者看法不一，年代的劃分亦不盡相同。這期陶器的特色是質地為細砂或泥質，陶面為紅褐色，上面施以細繩紋。經濟生活以「農作」為主，除原有的根莖作物外，已發現**稻米栽培**的考古證據。

(一)芝山岩文化

1896 年粟野傳之丞所發現之台灣第一個科學考古遺址，後經陸續研究發掘，1981 年在台北市芝山岩遺址底層發現的，該文化層為**貝塚**，遺物甚豐，存在年代約 4000 年前左右，異於早期的大坌坑文化和同時或較晚的圓山文化。陶器的特徵為：製作方式以手製為主，可能有輪修者，質地不含砂；形制有罐、缽、碗，可能還有鼎；顏色有灰黑、褐、紅等色，紋飾以彩繪為主，亦有大坌坑式的繩紋，數量不多，但與大坌坑、鳳鼻頭二遺址出土者完全一樣。陶器、石器外，較值得注意的是骨角製尖狀器數量多，也有木器與木製裝飾品，以及草編、藤編、繩索等編織物。考古家對芝山岩文化的研究，從遺址、遺物的分析，認為芝山岩文化屬小型聚落的性質，居民過著漁撈、狩獵，以及種植稻米、蔬菜的生活。從彩陶、黑陶，以及使用慢輪整修陶器等技術觀察，其製陶業很發達。

(二)圓山文化

此文化與芝山岩文化同時或稍晚，代表遺址發現於台北市圓山，亦以**貝塚**為其特色。在新店溪、淡水河以及基隆河之河岸台階地，或台北盆地周圍的山丘上，常可發現文化遺址，其存在年代約 4000 至 2000 年左右。陶器的特徵為：製作方式為手製的，質地含砂，形制有罐、缽、瓶，其中多口罐、雙把罐較特殊；顏色大多為淺棕色，紋飾為紅彩，線條粗陋。石器方面有肩石斧與有段石錛，為芝山岩文化所無。骨器以魚叉的數量最多。玉製的玦、環、玨等飾品，最具特色，其形制與東海岸卑南文化遺址所發現的並無差別。從墓葬中觀察，其埋葬方式為**仰身直肢葬**，從上顎骨觀察，推測其有拔牙（缺齒）風俗，與北部後來的十三行文化之屈肢葬顯然不同。

(三)洞角文化

此文化可能是中部地區最早的新石器文化，代表的遺址發現於南投縣濁水溪中游北岸集集大山西南，其底層文化可歸為新石器中期文化，距今約 4000 年。在此層之上有約 3000 年前的黑陶文化層，以及 2000 多年前的素面紅陶文化。

(四)牛罵頭文化

以台中市清水區靈泉里牛罵頭發現為代表，是目前台中地區所發現最早的新石器文化遺址。陶器的特徵為質地含砂與細泥，形制有缽、杯、豆，顏色為紅色或橘紅色，紋飾為細繩紋。石器有石鋤、石刀、石箭頭。【清水古早叫「牛罵頭」】

（五）牛稠子文化

以台南市仁德區成功里車路墘發現的遺址為代表，距今約 3500 至 5000 年前。陶器的特徵：紋飾以繩紋最多，也有素面紅陶、籃紋紅陶；形制有壺、陶環、陶紡錘。石器方面種類多，有石斧、石刀、石鑿、小石盤、石簇、矛頭等，製造方法有打製與磨製。值得注意的是石器的材料，除砂岩、板岩外，有來自澎湖的**玄武岩**、**橄欖石**，說明澎湖與台灣島間已有來往。

（六）墾丁文化

本文化以恆春半島西側墾丁一帶為代表，遺址分布在海岸低地與河口台地，存在年代約 4500 至 4000 年前。陶器以紅繩紋陶為其重要特徵，石器種類甚多，此外也有貝器、骨器，發現的石板棺墓葬，有集中分布現象，長方形石板棺的形制尤為特別。從若干頭骨中發現有拔齒的習俗。整體而言，墾丁文化以農作為主，打獵、捕魚、採貝為輔，**留在陶片上的穀痕，為目前台灣所見最早的稻米栽培證據**。

三、新石器晚期文化

（一）營埔文化

台中市大肚區營埔里發現為代表，年代距今約 3000 年。陶器的特徵：製作方式為手製，質地為夾砂與細泥的灰陶，也發現表面磨光的黑陶；形制有鼎、鬲、豆、罐、缽；紋飾以櫛紋、圈印紋為主。石器種類多，有打製與磨製的。最值得注意的是宋文薰院士在陶片中發現稻穀遺痕，顯示稻作已傳至台灣中部。

（二）大湖文化

為南部新石器晚期代表，主要遺址發現於高雄市湖內區湖內里，距今約 2000 至 3500 年前。陶器的特徵最值得注意，以黑色薄陶為主，亦有褐色素面陶，紋飾纖細有櫛目紋、壓紋、波狀刻紋。石器均為磨製的，許多石器一面磨平，一面磨成刃，與牛稠子文化不同。

（三）卑南文化

分布於東部海岸山脈、花東縱谷南段的河階，以台東縣卑南遺址最著名，1928 年日人鹿野忠雄即曾在此調查，對板岩石柱特別注意，1930 年有正式成果發表。1980 年南迴鐵路的修築，發現遼闊的墓葬區，後由**宋文薰**與**連照美**兩位教授率台大考古察隊進行挖掘。遺物中除板岩石柱、石棺外，石棺墓葬中的陪葬品與埋葬方式可觀察此文化的重要內容。陶器質地夾砂，以素面紅陶為主，有「**覆臉陶**」覆於死者頭部的習俗。就牙齒觀察，有拔齒的習俗。石棺已出土超過 1500 具，埋葬在建築物底部，座向與建築物相同，並與都蘭山（聖山）方位相關，應具有某種宗教意義。石器中的石刀、石鐮、石杵與農作有關；石矛、石鏃、石針與狩獵有關。此文化的主人，連照美教授認為與**阿美族**文化接近；劉益昌研究員認為此文化後來分兩方面發展：一支往山地遷移，成為後來**排灣族**的祖先，一支留在平原與海岸台地，成為**阿美族**祖先。

(四)麒麟文化

此文化主要分布於東部海岸山脈中段東面的山麓，以台東縣成功鎮忠孝里上麒麟遺址為代表。遺物以出土的大型石製品為著，因此又稱**巨石文化**。岩棺、石壁、巨石石柱、單石、有孔石盤、石像等常常同時出現在一遺址中，這種組合可能與祭祀有關。此文化與卑南文化最大的差別是，此文化有卑南文化中少見的石鋤，反映了兩文化因環境之差異，造成經濟生活的不同。

(五)花岡山文化

此文化分布於東部海岸山脈、花東縱谷之北段，以及奇萊平原。陶器以塗有紅色外表的夾砂陶為主，偶有繩紋陶。此文化位於整個東部的北方，可能因地緣的因素與北部的圓山文化有來往，甕棺葬的埋葬方式與圓山文化相同。

第四節　金屬器時代

一、十三行文化

本文化代表台灣北部鐵器文化的開始，以新北市八里區頂罟里十三行遺址最著名，主要分布在靠海的沙丘地區。考古家<u>劉益昌</u>將此文化分成十三行、番社後、普洛灣、埤島、舊社等類型，存在時間約 1500 年前。除鐵器外，陶器的特徵以赤褐色網紋硬陶為主，亦有幾何形印紋陶，遺址也發現**瓷器**，以及「**五銖錢**」、「**開元通寶**」等錢幣，說明其與中國間的來往關係。十三行遺址的**煉鐵作坊**，為台灣鐵器文化最重大的發現。墓葬內，埋葬方式為**側身屈肢葬**，深具文化特色。

二、番仔園文化

本文化為中部最早的鐵器文化，代表遺址為台中市大甲區頂店里鐵砧山山麓，年代距今約 1500 年。除發現鐵刀外，陶器的特徵：就製作上較營埔文化精緻，大都為手製，也有輪製；質地較硬；形制有盆、罐、豆；紋飾有櫛紋、方格紋。石器粗糙，種類少。墓葬為**俯身葬**（近年南科三抱竹遺址出土一男、一女、一小孩，由出土時肩胛骨在上，判斷也採取此種埋葬方式），與十三行之側身屈肢葬不同，頭向東南，頭蓋有陶罐，與卑南文化類似。

三、蔦松文化

本文化為南部最早的鐵器文化，代表遺址為今台南市永康區蔦松里，發現於 1939 年。除鐵器外，陶器的質地大多數為高硬度，紋飾為素面陶，偶有貝紋，顏色為棕色，亦有黑色，形制有陶環、**陶支腳**、**鳥形陶**。

四、阿美文化

分布在東部海岸地帶，<u>鹿野忠雄</u>認為此文化係受菲律賓鐵器文化晚期之影響，傳入台灣約有 1000 至 1400 年。遺址中之紅陶、**玻璃手鐲、倒勾鎗**、金製品等，顯現出兩地間的關連性。

一、古蹟活化

王城再現在台南府城推出，引起國人對歷史的關注，熱蘭遮城是台灣 17 世紀最重要的建築之一，是建構台灣歷史的基本素材，也是台灣少數具有國際關聯性的文化遺產，現以「台灣城殘蹟」列為一級古蹟。在「安平港國家歷史風景區的整體計畫中」，由中研院<u>劉益昌</u>研究員及成功大學<u>傅朝卿</u>教授與<u>李德河</u>教授共同執行的「第一級古蹟台灣城殘蹟（原熱蘭遮城）城址初步研究計畫」，是台灣古蹟中一項重要的歷史考古工作，值得大家共同來關注，因為這個計畫的目的之一，乃是要讓熱蘭遮城呈現更多的歷史真相，使它成為軟硬體兼具的好地方。

對熱蘭遮城這座跨越三百多年時空的古蹟而言，不同年代的遺蹟代表著不同的意義。適度保存不同時期的遺構，會更加彰顯其跨越時空的特性，陳述更豐富多樣的內涵。另一方面，文物殘片將可幫助我們重新檢視荷蘭時期安平地區生活紋理與生活歷史。以實物或展示說故事，已成為世界文化遺產共同的特點。

熱蘭遮城博物館委託學者專家規劃，從入口意象，仿棒球九宮格主題（情境重現、固若金湯、官署故事、片麟半爪）時光隧道，到安平古堡絕對不能錯過，民眾可透過解說員現場導覽，見證台灣歷史源頭。

二、考古嘉猷

再將時間向早前推移，台灣的考古工作如同前台大校長<u>傅斯年</u>所言，上窮碧落下黃泉，動手動腳找東西，在國內外學者的辛勞努力下，成果相當豐碩，目前以<u>宋文薰</u>、<u>連照美</u>和<u>黃士強</u>、<u>劉益昌</u>、<u>臧振華</u>等多年成果遍布全台，<u>陳有貝</u>、<u>李匡悌</u>、<u>李坤修</u>等繼之，從不斷的成果中，使人更加的親近先人，更認同土地。國際上對台灣的研究，亦有多國發表研究成果，概述如下：

1984 年，美國夏威夷大學語言學系教授<u>白樂思(Robert Blust)</u>透過語料的蒐集和分析，發現台灣土著的語言分岐最多，具有最多古南島語的特徵，因而推測南島民族的起源地應該在台灣或台灣附近，台灣是南島語言的原鄉。

　　1998 年 8 月，紐西蘭維多利亞大學生物科學院講師詹伯斯使用人類 DNA（去氧核糖核酸）分析技術所做的研究結果指出，居住在夏威夷、紐西蘭等南太平洋大部分島嶼的玻里尼西亞人，當初從台灣以跳島方式，沿途經菲律賓、印尼、西玻里尼西亞、東玻里尼西亞移居南太平洋諸島，最後到達紐西蘭。

　　1998 年 12 月，台南科學園區開發時，發現有大量黑陶貝塚出土，立刻被南科籌備處要求暫時停工，由考古人員進行探勘工作，由於有文化資產保存法為前提，於是決定延遲開發，先行搶救，並正式進駐開挖文物，南科開發與考古發掘兼容並蓄、相輔相成，已發現大大小小 50 餘處考古遺址，進行發掘超過 15 處，如三抱竹文化遺址及南關里文化遺址等。

　　1999 年 8 月，日本鹿兒島大學馬場悠男和日本科學博物館大塚裕之兩位學者推測發現的「大崗山人」約在 5 萬年前，但仍未獲普遍承認。2011 年 8 月 27 日兩位學者並應財團法人樹谷文化基金會之邀，在「2011 國際考古學術交流工作坊」，傳授其對哺乳類牙齒的研究成果。2012 年宜蘭蘇花公路改善工程也挖掘到距今 1200~1600 年之金屬器時代遺址，命名「漢本遺址」，由劉益昌教授（研究員）負責考古保存。2015 年更有澎湖原人的新發現，尚待更深入的考究。台灣的考古在學者專家的奉獻心力下，不斷有新發現。

　　綜合上述語言學和遺傳學研究的結論，6,500 年至 5,000 年前出現在台灣的「大坌坑文化」的這群人，有證據顯示是「南島民族」的祖先，台灣是「南島民族」的發源地。此外，隨著東華大學原住民民族學院和台東大學南島文化研究所的成立，台灣先民研究光明前景，已如東部第一道曙光般展露於世人面前。

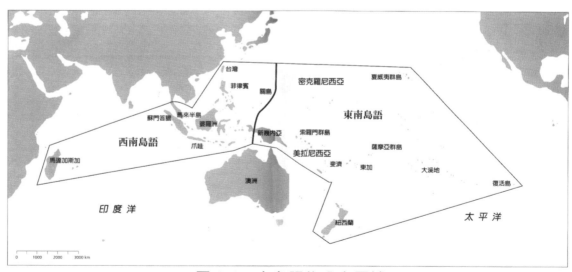

圖 2-1　南島語族分布區域

● 資料來源：周婉窈《台灣歷史圖說（史前至一九四五年）》。

台灣史前時代遺址簡表

時代			名稱	出現年代（約）	文化層	重要挖掘時間/人物	挖掘地點
舊石器時代	打製石器	晚期	1.長濱文化遺址	50000~15000 年前	礫石器、石片器	1968-1970 年台大考古隊	台東縣長濱鄉八仙洞（海蝕洞穴）
			2.左鎮文化人	30000~20000 年前	先陶文化	潘常武、陳春木（化石命名）	台南市左鎮區菜寮溪河床
			3.苗栗網形伯公壟文化遺址	10000~7000 年前	先陶文化		苗栗縣大湖鄉新開村
			4.小馬洞穴遺址	5800 年前	先陶文化，或稱先農耕文化	1989 年黃士強	台東縣東河鄉（或成功鎮）小馬
			5.鵝鑾鼻第二遺址		先陶文化	1982 年李光周	屏東縣恆春鎮鵝鑾鼻
新石器時代	磨製石器 農作物栽培稻米蔬菜 開始有陶器	初期	1.大坌坑文化遺址	7000~5000 年前	粗繩紋陶文化（有根栽作物）	1958 年盛清沂 1964 年張光直	新北市八里區大坌坑（觀音山山腰）
			※南科：南關里遺址	4500 年前	發現最早台灣穀物栽培遺址及第一隻狗	2006 年南科考古	台南市善化區南科園區東北角
			2.牛罵頭文化遺址	5000~4000 年前	細繩紋陶文化	1974 年 Dewer	台中市清水區
			3.牛稠子文化遺址	5000~3500 年前	繩紋紅陶文化	1976 年黃士強	台南市仁德區鎮港（車路墘）
		中期	4.墾丁文化	4500~4000 年前	陶片上穀痕：最早稻米栽培證據		恆春半島西側
			5.東部繩紋紅陶文化遺址	4400~3300 年前	繩紋紅陶文化、細繩紋陶文化		東海岸花蓮、台東一帶及新北市八里區舊城遺址
			6.芝山岩文化遺址	3600~3000 年前	彩陶、黑皮陶，有六個文化層	1896 年日本人栗野傳之丞	台北市芝山岩（全台第一個被發現的遺址）
			7.圓山文化遺址（仰身直肢葬）	4500~2000 年前	圓山文化層有段石斧文化	1897 年 3 月伊能嘉矩、宮村榮一	台北市圓山貝塚（台北市兒童育樂中心所在地）
			8.訊塘埔文化遺址	4300~3500 年前			新北市八里訊塘埔（廖添丁廟旁）
			9.洞角文化	4000~2000 年前		（屬以壯台大碩士論文）	南投集集大山西南
		晚期	10.營埔文化遺址	3700~2000 年前		1964 年宋文薰	台中市大肚區營埔
			11.植物園文化遺址	2700~2000 年前	方格印紋厚陶	1900 年日本人佐藤傳藏	台北市植物園
			12.大湖文化遺址	3500~2000 年前		1938 年 金關丈夫	高雄市湖內區
			13.鳳鼻頭文化遺址	3200~2000 年前	黑色劃紋陶	1965 年 張光直	高雄市林園區鳳鼻頭
			14.卑南文化遺址	3500~2000 年前	板岩石柱、石板棺、素面陶	1896 年鳥居龍藏 1930 年鹿野忠雄	台東縣卑南鄉南王村（台灣最大考古遺址）
			15.麒麟文化遺址（又稱巨石文化）	3200~2000 年前	巨石文化層、岩棺、石壁、單石		台東縣成功鎮麒麟
			16.花岡山文化遺址	3100~2000 年前	巨石文化層（有大型陶製甕棺）		花蓮市花岡山
			17.大瑪璘文化遺址	3500~2000 年前	劃紋陶、印紋陶	1949 年李濟、石璋如	南投縣埔里鎮烏牛欄（愛蘭台地）
			※惠來遺址	3600~1000 年前		2002 年陳聖明	台中市西屯區惠來路
金屬器時代	已使用鐵器		1.十三行文化遺址（中國、東南亞）（屈肢葬）	2300~400 年前	幾何型印紋陶、瓷器、五銖錢、開元通寶，已使用金銀銅鐵器、玻璃製品、煉鐵作坊	1957 年台大林朝棨教授	新北市八里區十三行，可能是平埔族凱達格蘭和噶瑪蘭族的祖先居住地
			2.番仔園文化遺址（俯身葬）	2000~400 年前	棕色印紋陶、灰黑色劃紋陶		台中市大甲區頂居里番仔園貝塚（鐵砧山山麓）
			3.大邱園文化遺址	1800~800 年前			濁水溪中游，南投縣集集鎮
			4.蔦松文化遺址	2000~400 年前	紅褐色陶為主	1939 年	台南市永康區蔦松貝塚
			5.北葉文化遺址	1600~400 年前	石棺、房基	1987 年劉益昌	屏東縣瑪家鄉
			6.阿美文化－菲律賓	1400~1000 年前	紅陶、玻璃手鐲、倒勾槍（受菲律賓影響）	鹿野忠雄	東部海岸地帶
			7.靜浦文化遺址	1300~400 年前	有鐵器、青銅器		花蓮縣豐濱鄉靜浦
			8.龜山文化遺址	1200~400 年前			屏東縣車城鄉射寮村龜山
			9.淇武蘭遺址	1000~400 年前	陶罐、鐵刀、珠飾、魚型雕版	2001 年邱水金	宜蘭縣礁溪鄉

資料來源：參考「台灣教師聯盟教材研究組」資料增修。
※從 1896 年第一個史前遺址芝山岩遺址被發現以來，台灣全島被發現的文化遺址，已有 1500 多處。
※台灣考古，劉益昌教授歸納以下幾個階段：
　　1.日治前期(1896~1927)：殖民地知識體系建構。　　2.日治後期(1928~1945)：學術研究的黎明。
　　3.戰後初期(1945~1949)：傳承與轉變。　　　　　　4.戰後前期(1949~1986)：民族主義式的學術思考。
　　5.當代(1986~　　)：多元思維的研究。

行政區域暨史前文化分布圖

連江縣馬祖

金門縣

澎湖縣

舊石器時代
新石器時代
金屬器時代

臺灣

十三行文化
圓山文化
植物園文化
芝山岩文化
大坌坑文化
訊塘埔文化
基隆市
台北市
桃園市
新北市
25°N
新竹市
新竹縣
淇武蘭遺址
苗栗縣
宜蘭縣
網形文化
台中市
花蓮縣
牛罵頭文化
營埔文化
惠來遺址
番仔園文化
南投縣
大瑪璘文化
花岡山文化
彰化縣
洞角文化
大邱園文化
東部繩紋紅陶文化
24°N
雲林縣
靜埔文化
嘉義市
阿美文化
嘉義縣
長濱文化
北回歸線
台南市
左鎮文化人
南關里遺址
蔦松文化
台東縣
麒麟文化
東部繩紋紅陶文化
牛稠子文化
高雄市
小馬洞穴
23°N
大湖文化
北葉文化
卑南文化
綠島鄉
太平洋
鳳鼻頭文化
琉球鄉
屏東縣
龜山文化
墾丁文化
蘭嶼鄉
鵝鑾鼻第二遺址
22°N

台灣海峽

吳春燕 繪製
20150601

120°E
121°E

圖 2-2

參考資料

臧振華：《台灣考古》，台北：文建會，1995。

劉益昌：《台灣的考古遺址》，台北縣立文化中心，1992。

台南縣立文化中心編印：《台南縣左鎮菜寮溪化石研究專輯》（南瀛文化叢書 15），台南縣立文化中心，1996 再版。

何傳坤譯：《北京人的知己－魏敦瑞(F. Weidenreich)》，台北：允晨，1982。

何傳坤：《台灣史前文化三論》，台北：稻鄉出版社，1996。

何傳坤：《台灣的史前文化》，台北：遠足文化，2003。

宋文薰、連照美：《卑南考古(1986~87)》，台北：南天書局，1987。

宋文薰：<由考古學看台灣>，見陳奇祿等《中國的台灣》，台北：中央文物供應社，1980。

李光周：《墾丁國家公園的史前文化》，台北，行政院文化建設委員會，1987。

李光周著、尹建中編：《墾丁史前住民與文化》，台北：稻鄉出版社，1996。

李匡悌：《恆春半島的人文史蹟》，內政部營建署墾丁國家公園管理處，2002。

科塔克(Conrand Phillip Kottak)著；徐雨村譯：《文化人類學－文化多樣性的探索》，台北：桂冠圖書，2005。

范勝雄：《咱兮土地咱兮人》，台南市政府，2000 年 9 月。

鹿野忠雄著、宋文薰譯：《台灣考古民族學概觀》，台中：台灣省文獻會，1988。

搶救十三行文化遺址行動聯盟：《重構台灣歷史圖像－十三行遺址調查報告》，台北：該聯盟，1991 甲、會，1988。

漢聲雜誌社：《八里十三行史前文化－搶救台灣考古遺址》，台北：漢聲雜誌社，1994。

劉益昌：《史前文化》，台東：交通部觀光局東海岸風景特定區管理處，1993。

劉益昌：《台灣的史前文化與遺址》，南投：台灣省文獻會，1996。

錦繡編輯群：《人類大史蹟 1～3 冊》，台北：大華風采，1997 出版、2001 再版。

薛化元、劉燕儷編譯：《台灣先民的遺跡》，台北：稻香出版社，1997。

大地地理雜誌 191 期，大地地理出版事業股份有限公司，2004 年 2 月。

邱水金指導：《海角一樂園：2005 宜蘭綠色博覽會「噶瑪蘭館」解說手冊》，宜蘭縣政府文化局，2005 年 3 月。

財團法人樹谷文化基金會：《2011 考古巡禮「西港聚落探索」研習手冊》，2011。

財團法人樹谷文化基金會：《2011「認識『泥岩的世界』地科研習營」研習手冊》，2011。

江明珊、蕭軒竹、趙小菁編輯，吳姿萱翻譯：《斯土斯民：臺灣的故事：國立臺灣歷史博物館導覽手冊》，台南市：臺灣史博館，2013。

漢本遺址不影響通車時程，人間福報要聞版，2015 年 8 月 4 日。

MEMO
IlhaFormosa

台灣的原住民

CHAPTER 03

引 論

　　台灣原住民族大部分屬於**南島語系**，在人種上屬於**馬來人**，他們是台灣最早的住民。隨著新移民的到來，尤其 1661 年<u>鄭成功</u>帶來的兩萬五千名軍隊，漢人的人口數首度超過原住民，由於「**量變**」變「**質變**」，使得原在荷蘭統治下便已屈居弱勢的原住民更加邊緣化。長期以來歷經不同的統治階段，新移民與原住民長期陷於土地**零和(Zero sum)** 的緊張關係中，若以**撞球理論**來看，原住民原住在平地河海之濱，因受外來移入族群擠壓而往山上遷移，例如：漢人移入，平埔族往內陸移，高山族最後居住區越往山區移動。強勢的統治者從來都是從山下看山上，而非從山上看山上，像日治時期，彰化文壇菁英<u>謝春木</u>的「讚美番王」，也只是少數具有文化相對性觀念的權力邊緣人，對原住民的理解與欣賞。原住民的稱呼從**番仔**，終於提昇到**山地同胞**、**先住民**，甚至**原住民**，一直到行政院原住民委員會的設立，行政區域上，從山地鄉的設置到目前自治區的爭取，原住民幾百年的命運隨不同統治者和統治階段而不斷變動，原住民本身並不能改變什麼，唯一不變的是他們真誠、爽朗、樂天的個性，讓我們更進一步貼近他們，了解他們的風俗習慣，和豐富的文化內涵，從中學得如何與大自然和諧相處且能生活得更自在愉快。

第一節　原住民的正名

　　在漢人大量移民來台之前，原住民是台灣歷史的主體，目前關於台灣原住民族的起源說法有兩種，一是主張原住民族的發源地在島外。一是主張台灣是南島語族的祖居地。雖然原住民被後來統治者分類為高山族和平埔族，但他們多數屬於南島語系(Austronesian Language Family)，歸屬於馬來玻利尼西亞文化的族群。某些原住民族的祖型文化，已經在台灣史前史的金屬器時代出現；如十三行遺址的十三行晚期文化，便有可能是馬賽人八里坌社的遺留。

　　在滿清統治期間，從民間到官府，將台灣的原住民主要分為所謂的**生番**、**熟番**兩種；而就官府的角度來看，接受教化歸附與納餉的稱為熟番，反之則稱為生番。一般又常從分布空間的角度，將原住民區別為**平埔番／族**，**高山番／族**兩種。此種分類自日治時期開始廣泛採用，並且系統化，成為日治時代到今天一直在沿用的學術分類。

　　平埔族，一般又被分為凱達格蘭(Ketagalan)、噶瑪蘭(Kavalan)、道卡斯(Taokas)、拍瀑拉(Papora)、巴則海(Pazeh)、貓霧捒(Babuza)、洪安雅(Hoanya)、西拉雅(Siraya)、邵(Thao)等九族。**高山族**則有泰雅(Atayal)、賽夏(Saisiat)、布農(Bunun)、魯凱(Rukai)、

排灣(Paiwan)、鄒(Tsou)、阿美(Amis)、卑南(Puyuma)、雅美(Yami)（達悟 Dao）等九族。

　　民國 38 年（1949 年）國民政府方給與「山地同胞」之名，簡稱「山胞」；1994年改「山地同胞」為「原住民」；2000 年憲法第六次增修，正式改稱「原住民族」。近年來，政府基於保障原住民，頒布一些優惠照顧措施，故無論平埔或高山原住民多希望能列入台灣地區原住民族。台灣地區原住民族原來共有泰雅、賽夏、布農、魯凱、排灣、鄒族、阿美、卑南、達悟（原雅美）等九族，在民國 90 年九二一大地震滿兩周年，**邵族**成為原住民族第十族，隔年**噶瑪蘭族**成為第十一族。嗣後**太魯閣族**也由泰雅族中正名分出，成為原住民族第十二族；**撒奇萊雅族**於 2007 年 1 月 17行政院院會通過，由阿美族中分出正名，成為原住民族第十三族；2008 年 4 月 23日**賽德克族(Seediq)**由泰雅族中獨立出來成為原住民第十四族；2014 年 6 月 26 日行政院核定正名，**拉阿魯哇族(Hla'alua)**及**卡那卡那富族(Kanakanavu)**分別由鄒族中分出成為原住民第十五族與第十六族。

第二節　社會組織

一、平埔族

(一) 分類與分布

　　1603 年（明萬曆 31 年）<u>陳第</u>來台，所著之**《東番記》**可謂為最早、最詳實的平埔族文獻。其次是十七世紀中葉荷蘭人統治期間的檔案資料或傳教士見聞之紀錄，對部分的平埔族有較多的敘述，也開始了以社為單位的人口統計資料。清雍正 2 年<u>黃叔璥</u>之**《臺海使槎錄》**中之〈番俗六考〉，對平埔族依其生活、禮俗加以分類，是為最早對平埔族分類的人，他的分類與後來的分類有些相同。目前之分類主要奠基於日治時代日本學者的研究分類。在此根據一般分法，平埔族分為：凱達格蘭、噶瑪蘭、道卡斯、巴則海、拍瀑拉、貓霧捒、洪安雅、西拉雅、邵族等九族。

1. **凱達格蘭族**：原分布於今台北市、新北市、桃園市一帶，其部落如三貂、大小雞籠、**金包里**、大屯、北投、里族、武勝灣、秀朗、擺接、霄裡等社。

2. **噶瑪蘭族**：原分布於宜蘭平原地區，有三十六社，以蘭陽溪為界，以北有二十社，如哆囉美遠、打馬煙等社；以南十六社，如加禮宛、里荖等社，現以花蓮北部較多。已於民國 91 年底成為原住民族之第十一族。

3. **道卡斯族**：分布於新竹、苗栗及台中市一部分，部落如**竹塹**、吞霄、大甲等社。

4. **巴則海族**：原分布於台中市北部，即今豐原、神岡、后里一帶為主，後漸及石岡、東勢、新社，主要部落如**岸裡**、烏牛欄、朴仔籬等社。

5. **拍瀑拉族**：原分布於台中市大肚山麓平原一帶，共有**牛罵頭**、沙轆、水裡、大肚等四社。

6. **貓霧捒族**：分布於台中平原南部、彰化平原、雲林縣北部。部落如貓霧捒、**半線**、阿束、東西螺等社。【**彰化舊名是「半線」**】

7. **洪安雅族**：主要分布於嘉義、雲林、南投、彰化等縣內，部落如**諸羅山**、打貓、他里霧、北投、南投等社。【**民雄舊稱「打貓」**】

8. **西拉雅族**：一般又分為西拉雅本族，原分布台南的平原西部一帶，主要四大社為**新港、麻豆、蕭壟、目加溜灣等**；其次為大武壟亞族，也有重要的四社，即頭社、霄裡、茄菝、芒仔芒等社；再其次是馬卡道亞族，分布於屏東縣，有鳳山八社之稱，即**阿猴**、塔樓、力力、茄藤、放索、下淡水、上淡水、大澤機等社。【**蕭壟在今之「佳里」**】【**古早屏東是「阿猴」**】

9. **邵族**：原居南投縣日月潭附近拉魯島（白鹿傳奇），部落如頭社、卜吉社等。90年9月九二一大地震兩週年時列入為原住民之第十族。【**德化社**】

(二) 親屬制度

由於資料有限，對於平埔族傳統社會的瞭解有其侷限性。就一些記載，平埔族**母系社會**的情形常被提及。在婚姻上男子贅於妻家，隨妻而居。初有陳第《東番記》述及雞籠、淡水北部一帶有「男子惟女所悅，女合之延之宿，不謁女父母」。荷蘭時代牧師甘地第伍斯(Georgius Candidius)也記載西拉雅族女子結婚後仍住娘家，丈夫僅能夜來晨去。黃叔璥在〈番俗六考〉中亦多處提及有男歸女家之情形。較晚的《彰化縣志》也載中部地方「重生女，贅婿於家，不附其父，故生女謂之有賺，則喜，生男出贅，謂之無賺」。

(三) 部落事務

部落之公共事務是男子的職責。

1. **長老會議**：十七世紀初陳第的《東番記》記載西南沿海一帶的平埔族沒有酋長制。荷蘭統治期間有較詳細的描述。部落有十二人組成的**長老會議**，為最高的權力機構，長老由部落成員選舉，一任兩年，年齡約在四十歲左右，其任務主要有二：一為提供意見，供部落大會的參考，一為懲罰違背部落禁忌的成員，維持部落的秩序。

2. **年齡組織**：長老會議常與年齡組織配合。日人**伊能嘉矩**調查的巴則海族年齡階級，將男子分成兒童級（出生至 14 歲）、青年級（14 至 20 歲）、成年級（21 至 30 歲）、中年級（31 至 40 歲）、老年級（40 歲以上）。**青年級**男子須住於**公廨**，接受訓練。**老年級**的男子，是部落最有經驗者，才可參與部落公共事務。【**台灣原住民領導人稱頭目而不叫酋長**】

二、高山族

(一) 分類與分布

有系統的分類，始於日治時代日本學者。目前分成泰雅、賽夏、布農、魯凱、排灣、鄒、阿美、卑南、達悟（原雅美）等九族。

1. **泰雅族**：由南投縣往北遷移，分布於今新北市之**烏來區**、桃園市**復興區**、新竹縣尖石、五峰鄉、台中市和平區、南投縣之仁愛鄉、花蓮縣之秀林鄉、宜蘭縣之大同鄉（太平山）、南澳鄉，是原住民中**分布面積最廣**的。

2. **賽夏族**：人數較少，分布在今新竹縣**五峰鄉**與苗栗縣**南庄鄉**。

3. **布農族**：分布遼闊，移動頻繁，居於 500 至 2000 公尺高山之間，是居住地最高的族群，由今南投縣往東、南遷移。除南投縣**仁愛鄉**、**信義鄉**，尚有高雄市那瑪夏區、桃源區、花蓮之萬榮鄉、卓溪鄉、台東縣之海端鄉、延平鄉。

4. **鄒（曹）族**：分南北兩部，北部以阿里山區為中心，在今南投縣信義鄉與嘉義縣**阿里山鄉**（原吳鳳鄉）；南部以荖濃溪、楠梓仙溪上游為中心，在今高雄市那瑪夏區、桃源區。

5. **魯凱族**：分布於屏東縣三地門鄉、霧臺鄉、高雄市**茂林區**、台東縣卑南鄉大南村。

6. **排灣族**：北起大武山，南至屏東，在今屏東三地門、霧臺、瑪家、泰武、來義、春日、獅子、牡丹等鄉，台東縣之金峰鄉、達仁鄉、太麻里鄉。

7. **阿美族**：分布在東部海岸與縱谷，北起花蓮縣新城鄉，南至台東縣太麻里鄉。

8. **卑南族**：分布在今台東縣卑南鄉。

9. **達悟族**（原雅美）：分布在台東縣蘭嶼鄉。

(二) 人口

日本統治時代，高山族的人口有較確切的調查統計。當時九族中**人口以阿美族最多**，其次是排灣族、泰雅族、布農族、卑南族、魯凱族、鄒族、達悟（雅美）族，賽夏族人數最少。部落的平均人口，以卑南族與阿美族最多。每戶的平均人口，以鄒族與布農族最多。

(三) 社會組織

1. **阿美族、卑南族**：兩族屬**母系氏族社會**，財產與家系的承繼是母女相承。部落的公共事務與男子年齡組織、男子會所有關。**會所**是部落的政治與防禦中心，部落的領袖會議是部落的領導中心，由年齡組織中較高年齡級的成員中選舉擔任，部落首長由部落領袖中推選，為整個部落最高的領導人。

2. **賽夏族、布農族、鄒族**：三族均屬父系氏族社會，部落內有完整的氏族組織系統。氏族是部落政治、經濟、宗教活動的基礎。部落的公共事務由**氏族族長會議**領導，族長會議之上有部落頭目，執行族長會議決定之事務。

3. **排灣族、魯凱族**：二族為**貴族社會**，為高山族中較特殊者，其形成的過程無法知悉。土地為貴族所有，佃民在園地種作、溪河捕魚，或山林狩獵，都要繳納租稅。貴族的繼嗣，**排灣族是長嗣制男女皆可**，女性較有地位，例如在民國 88 年排灣族三地門的一個部落頭目<u>呂裕</u>嫁女，還曾全村總動員。魯凱族長嗣制則男子優先。

圖 3-1　好茶魯凱族人生活錄

● 資料來源：繪者／王建國 · 大地地理雜誌

4. **泰雅族**：親族組織較鬆散，代替親族團體的是**祭團**（gaga 或 gaya）。祭團以部落的近親為核心，加上遠親以及一些沒有系譜關係的友人所組成的。祭團不僅取代親族團體的功能，兼有地域團體的作用。部落的公共事務由部落首長與部落長老會議處理，部落首長常由部落內主要祭團領袖推舉擔任，不過也有世襲的情形。

5. **達悟族**（雅美族）：社會中沒有氏族組織或階級組織，最重要的組織是與經濟生活關係最為密切的**漁團**組織。漁團的組成與漁船的建造是同時的，成員有造船、修船以及共同漁撈的義務，也有平分漁獲物的權利。捕魚時喪生之成員的遺眷，亦得分享漁獲，有如一小型社會保險制度，具風險分擔和人道關懷的精神。【達悟乃「人」的意思】＊影片：等待飛魚

第三節　經濟生活

一、平埔族

　　南北各族社存有差異，由於資料有限，對於其經濟生活之描述，很難明確指出係某族某社之方式，僅能概括性的介紹。

(一)粗放農作

1. 主要由女人從事農作,母系社會特性顯明。

2. 農作方式:整修農地,或放火焚燒草木,因無日曆,以**山花開花**作為種作時節之根據。作物以小米、薯、芋為主。種植先以尖棒挖掘土塊,接著播種等待成熟。作物成熟時以手摘取,不用鐮刀。收取的穀物,食用時才以舂脫殼。生產目的僅在消費,以為一歲之口糧,餘糧用以釀酒。由於人少土廣,採**游耕方式**,耕地一年一易。

(二) 狩獵:

獵物以鹿與山豬為主,尤以獵**鹿**較重要。獵鹿是集體的活動,獵鹿的方法有焚獵,或以陷阱、弓箭、標槍逐殺。廣大的鹿場是鹿隻生活之必要條件,成為平埔族生存的重要依據,當時梅花鹿數量與原住民人口數呈現正相關;現今梅花鹿群只在墾丁社頂公園及綠島復見。

(三) 捕魚:

以標槍、弓箭射魚,技術常令人驚嘆。

二、高山族

(一)粗作農作

除達悟族外,各族大同小異,以泰雅族為例,作較詳細的說明:該族種作方式,以焚墾輪耕為主,主要的作物為粟、陸稻、黍、稷、甘藷。除開墾、播種、收穫時男女共作以外,平時除草工作由女子擔任。詳細之**焚耕**過程如下:先砍伐大樹,移置他處,去其藤蔓,斬去茅草。劃出一墾作範圍,闢除其周圍草木以隔火,防止蔓延燒及整座山林,然後放火燒山,燒後的土質較鬆軟,草木灰燼成為灰肥。焚墾後,待數日清理木枝樹根,堆置於墾地四週,用手鍬把田弄鬆弄平,接著播種,待苗長出三、四吋時,由婦女至田間除草,然後等待收成,收成後,放置穀場乾燥後,貯於穀倉。

(二)狩獵

傳統以弓箭狩獵,獵物以**鹿**(量)、羌、山羊、**山豬**(質)為主。狩獵有集團與個人兩種。集團**狩獵過程**如下:狩獵集團於出發前先行**鳥占**,占吉後出發。至獵場,先搭寮住宿,翌晨出發前先搜索獸跡,派人分守各重要路口,然後放火焚山追逐跑出山林之野獸,獵人自各路口用弓箭射擊之。獲得獵獸後,通常即在山中宰殺剝皮,取出內臟,就地發火煮熟共食之。**頭部取下歸獵主**取得外,其餘部分加鹽煮熟;至半熟後,分配給出獵者,各人將自己分得的部分負荷而歸。

第四節　宗教信仰

　　部落社會的人類，大部分相信靈魂的存在，所以發生靈魂的崇拜，以**祖靈的崇拜**最發達。人們相信人死後靈魂會降禍福於子孫，故每年舉行祭祀，祈求庇佑。

一、平埔族

(一)神靈觀念

　　荷蘭時代<u>甘地第伍斯</u>曾對西拉雅族信仰有些描述，認為他們信仰的神與方向有關。南方之神為男神，管理雨水。東方之神為南方神之妻，當她覺得應降雨時，便用雷聲叱責其夫（南方之神），使其下雨。北方之神為惡神，使人變醜、長痘瘡，或使人有缺陷，人們祈求祂不要傷害他們。除方向神外，另有**戰神**，男人作戰時，祈求能得庇佑獲勝。對於人靈魂的看法，認為人死後，靈魂要走過狹窄的**竹橋**到天堂。生前有善行則會安然通過，否則會落入汙穢的河裡，飽受煎熬。人們相信人死後靈魂會悠遊人間，乃建小屋作遊魂休息處所，屋內放置一碗清水、一湯匙，以供遊魂洗去塵汙。

(二)祖靈祭

　　祖靈祭之儀式，主要可分為**迎靈、祀靈、送靈**三階段。噶瑪蘭族在農曆 12 月中舉行，祭司在社內一定場所吹笛，迎請祖靈用餐，祭畢跳舞、歌唱、宴飲至深夜。貓霧捒族祭祀在農曆六月三十日至七月一日兩天，祭者先至**祖靈地**迎祖靈歸村中，設靈位供奉；次日舉行送祖賽跑，參加者為未婚少年，跑至祖靈地折回，社民在村口迎接。巴則海族祭祖在農曆十一月十五日，其祭儀是先有少年級的賽跑，比賽結束後攜帶祭品於祭祀場所，主祭者口唸祭詞請祖靈用餐，祭畢飲宴歌舞。洪安雅族的資料較多，祭祖儀式由未婚少年負責，第一日有賽跑至祖靈地後折回，第二日至

圖 3-2　台南市東山區吉貝耍平埔族哮海祭
（當時擔任祭司的尪姨<u>李仁記</u>已辭世）

● 資料來源：自由時報 88.10.14 台南縣市焦點版，<u>蘇巧莉</u>攝

祖靈地祭祀，第三日為少年及壯丁出獵，分配獵物，第四日全村飲宴。西拉雅族之祖靈祭，以台南市東山區**吉貝耍**（哮海祭－海祖）和大內區**頭社**（**阿立祖**夜祭）最有名。其祖靈以盛水的壺罐供於**公廨**中，**祀壺**的個數不一，各族社間之祭期不一。大武壠社群稱農曆九月十五日為祭祖「開向」，祈求祖靈庇佑，同時為獵鹿之開始，有祈求獵物豐收之意。是日也有賽跑儀式，夜間飲宴歌舞。次年三月十五日為「收向」的祭典，是狩獵季節之結束，宣示農作即將開始。【祀壺崇拜：平埔族特徵】

二、高山族

(一)神靈觀念

學者<u>衛惠林</u>認為高山族的神靈觀念，大體屬於**精靈崇拜**。認為宇宙由無數的靈魂支配著，對於這些靈魂的屬類，各族之觀念不一。泰雅族、賽夏族、達悟族只有靈魂的觀念而無神的觀念。鄒族、布農族有專業神，乃至創造神的觀念與靈魂的觀念相混合，但神靈尚未人格化。排灣、卑南、阿美等族，已有多神的傾向，神靈已系統化、人格化，甚至有雕刻的神像。

(二)生命禮儀

從出生、成長到死亡，人類不斷面對生理、心理的轉變，以及在整個家庭、社會中的角色也不斷調整，因此趨吉避凶，祈求平安，而有各種禮俗。各族對於生命、命名、成長、年齡及進昇、結婚、喪葬等皆有禮俗，只是重視程度與禮俗簡繁不一。如布農族的**打（射）耳祭**、卑南族的**猴祭**是較著名之少年禮。

(三)歲時祭儀

與人類的經濟生活息息相關，祭儀之目的在向神靈、祖靈祈求狩獵、漁撈、農作之豐收。如達悟族的**飛魚祭**、賽夏族的**矮靈祭**、阿美族的**豐年祭**（基本上每一族都有，阿美族的最有名）、排灣族的**五年祭**為較著名的。

第五節 原住民的成就

原住民在台灣歷史上的表現，可說是相當突出，從**卑南王國**和**大肚王國**以降，原住民表現的是一種藏富於大自然，與大自然和諧的天人合一之道。當面對外來移民生存空間挑戰時，他們越退往內陸乃至山上，卻仍然樂天知命，隨著漢人社學的設置，過去「鵝筒慣寫紅夷字」的土著孩童，開始「琅琅音誦關雎」＊，他們不僅能讀四書，也能背毛詩，清光緒 2 年（1876 年），<u>丁日昌</u>任內，臺灣府淡水廳即出現第一位原住民秀才－<u>陳寶華</u>。1909 年（日明治 42 年）3 月，台東卑南族人<u>南志信</u>自總督府醫學校畢業，他一生在家鄉行醫，同時也活躍於地方政壇，是原住民參政第一人，到後來的國民政府時代，依舊活躍曾任省政府委員及顧問。而在霧社事件中，

以莫那魯道為首的賽德克勇士，讓世人見識到台灣原住民的氣節，尤其族群的團結及凝聚力，花崗一郎與花崗二郎的面對態度，不僅充滿感性且有情有義，其犧牲精神更讓人敬佩。後來面對白色恐怖的鄒族高山船長、音樂哲人、詩人－高一生，才華洋溢，表現傑出，特別在他的墓誌銘，留下「**有愛、有恨、無悔**」的令人動容註腳，原住民的代表精神，正在此。

隨著亞洲鐵人楊傳廣的走入歷史，讓國人再度回顧傑出阿美族原住民楊傳廣在羅馬奧運，為國爭光的一段光榮史。已逝的阿美族郭英男夫婦，有如天籟的高山之歌－《老人飲酒歌》（飲酒歡樂歌），亦曾在 1996 年美國亞特蘭大奧運會場上悠揚不絕，為世人所欣賞。近年原住民歌喉也在歌壇上發光發熱，萬沙浪的高山青是台灣人的共同記憶；張惠妹－古歷來‧阿密特的牽手，不僅使人忍不住隨之搖擺，更已紅遍華人社會，登上國際舞臺。球場上更出類拔萃，如郭源治（阿美）、林英傑（阿美）、陳義信（阿美）、曹錦輝（阿美）、陳鏞基（阿美）、黃忠義（阿美）、張泰山（阿美）、余賢明（布農）、陳致遠（阿美）、林智勝（阿美）、錢薇娟（阿美）、鄭志龍（阿美）；學術界如伊凡‧諾幹（泰雅）、浦忠成－巴蘇亞‧博伊哲努（鄒）等；藝術領域如撒古流（許坤信）（排灣）、賴安淋－安力‧給怒（泰雅）、黃清文－傑勒吉藍（達悟）、陳正瑞(Zanum)（噶瑪蘭＋阿美）、卡拉瓦與杜古夫婦（魯凱）、珅珅瑪邵（太魯閣）、Awhai（賽夏）等；演藝圈（含歌壇）有湯蘭花（鄒）、高慧君（鄒）、田麗（鄒）、胡德夫（父卑南母排灣）、沈文程（魯凱）、紀曉君（卑南）、陳建年（卑南）、高勝美（布農）、秀蘭瑪雅（布農）、王宏恩（布農）、動力火車（排灣）、北原山貓（泰雅－吳廷宏＆卑南－陳明仁）等；文壇則有孫大川（卑南）、莫那能（排灣）、亞榮隆‧撒可努（排灣）、瓦歷斯‧諾幹（泰雅）、夏曼‧藍波安（達悟）、拓拔斯‧塔瑪匹瑪（布農）等；至於政界，如尤哈尼‧依斯卡卡夫特（布農）、高金素梅（泰雅）、瓦歷斯‧貝林（泰雅）、夏錦春（賽夏）等，都表現十分亮眼，尤其孫大川由文壇轉戰政壇，歷經原住民委員會主委、監察院副院長。

原住民是驕傲而不是汙名，他們不僅是台灣的主人，更是台灣最珍貴的資產，發掘天賦異秉者，支持苦練成功者，原住民將為台灣譜出比祖先更傑出的光榮樂章。

* 范咸：《重修臺灣府志》，頁 768。

張湄〈番俗〉詩之一：「鵝筒慣寫紅夷字，鴃舌能通先聖書；何物兒童真拔俗，琅琅音韻誦關雎。」

台灣原住民

*台灣地區現有 30 個山地原住民鄉鎮；25 個平地原住民鄉鎮市。

	族群	分布區域	人口數 (2021.07)	社會特徵	代表性活動	其他
原住民族	泰雅族(Atayal)	北部至中部都有（ex:烏來、復興、東部山區）	93,335	**紋面**（成年男女）男：獵首、編藤；女：織布技術；口簧琴	祖靈祭(ma hou) 祭團(gaga) 感恩祭（8 月最後一個星期五）	**分布最廣**、望樓-瞭望臺 ＊北原山貓(大貓)
	賽夏族(Saisiat)	新竹五峰、苗栗南庄、獅潭	6,817	父系氏族社會 紋面	**矮靈祭**(Pas-ta'ai)（兩年一次）（迎靈－娛靈－送靈），地點：五峰鄉大隘村、南庄鄉向天湖	趙家-番王 長老-朱仁貴 ＊結芒草避邪 ＊特殊姓氏:風、日、賽
	布農族(Bunun)	南投、高雄、花東	60,405	父系氏族社會 有長老、無頭目	雜糧祭、正名禮、誇功宴、**射(打)耳祭**(鹿耳)、嬰兒祭 ※布農族八部合音(pasibutbut)：祈禱小米豐收歌	居住地區最高 石板屋 ＊高勝美、王宏恩、秀蘭瑪雅
	鄒（曹）族(Tsou)	阿里山（特富野、達邦）茖濃溪 南投信義鄉	6,694	父系氏族社會	小米收成祭(homeyaya)－（粟女神、土地神、氏族互訪）；鯝魚祭（達娜伊谷）、戰祭(Mayasvi)	阿里山之子，聖山－塔山，**庫巴**(kuba)、赤榕樹（神樹）、木檞蘭（神花）、高一生（湯蘭花）
	魯凱族(Rukai)	屏東霧臺（舊好茶部落－發源地）、三地門鄉、高雄茂林區	13,612	**雲豹的後代** 貴族社會（長子繼承）、頭目 貴族：太陽之子 平民：百步蛇之子	小米祭、百步蛇（菱形）、屋內"親柱"崇拜、黑米祭（茂林多納西魯凱）、萬山岩雕	百合花飾、琉璃珠、百步蛇的子孫、石板屋 ＊沈文程
	排灣族(Paiwan)	屏東至大武山（發祥靈地－聖山）	104,237 （屏東來義鄉最多）	貴族社會 頭目世襲（第一子）階級分明 ＊男女平權	五年祭（竹竿祭）、百步蛇（菱形）、人頭雕刻、祖靈屋（信仰）、木雕最出色、連杯	紋面（貴族）、鼻笛、琉璃珠、藍黑衣飾 ＊動力火車 ＊貴族三寶：古陶壺、琉璃珠、青銅刀
	卑南族(Puyuma)	台東卑南鄉（卑南王國）（分居 8 個部落，有「八社番」之名）（現 10 聚落）	14,803	母系社會、會所、花環、婦女除草團	年祭（猴祭－少年、大獵祭－青年、除喪祭－喪家、收穫祭、海祭）、盾牌舞、勇士舞、女巫最盛、宗家靈屋	張惠妹、陳建年、紀曉君、萬沙浪、北原山貓（陳明仁）、胡德夫（卑南＋排灣）※台灣山地人祖先發祥地
	阿美族(Amis)	東部海岸與縱谷（台東、花蓮）	216,257	母系社會 會所（ex:太巴塱）多神信仰 族長	**豐年祭**、**捕魚祭**、**海祭**；人口最多（台東市比例最高）；居住平地；歌舞最佳	＊郭英男夫婦、胡金耀（109 歲，最高齡）、楊傳廣（亞洲鐵人）、陳義信、郭源治、張泰山、黃忠義、鄭志龍、錢薇娟
	達悟族(Tao)（原雅美族 Yami）	台東蘭嶼鄉	4,794	兩三百年前來自菲律賓巴丹島 住屋-半地下坑 唯一不喝「酒」唯一的海洋民族	**漁團**、丁字褲、銀盔、甩髮舞、獨木舟（拼板船）、**飛魚祭**、小米收穫祭（6~7 月）	改名為「達悟族（達悟－人的意思）

族群	分布區域	人口數 (2021.07)	社會特徵	代表性活動	其他
邵族(Thao)（原住民第 10 族）	南投魚池、水里鄉 ※日月潭【發源地：拉魯島＝光華島(Lalu)】	832	白鹿 父系外婚氏族 漢化較深 頭目（長子世襲）公媽籃（祖靈籃）	播種祭（3 月）、狩獵祭（7 月）、祖靈祭（8 月）、**杵歌（音）**、迎賓舞、歡樂歌	先生媽（女祭司）、七代頭目－袁福田、日月盾牌 日月潭八景之一：「湖上杵聲」
噶瑪蘭族(Kavalan)（原住民第 11 族）	蘭陽平原（目前多南徙至花蓮、台東）	1,540 蛤仔難（平地之人）	噶瑪蘭三十六社	香蕉絲布、豐年祭（7 月 10 日至 8 月 10 日期間）、海祭	吳沙開台（蘭陽平原）、偕萬來、朱阿比（歌謠）
太魯閣族(Truku)（原住民第 12 族）	花蓮縣秀林、萬榮鄉	33,028	頭目（推舉）紋面（巴大斯克拉斯）、木琴（族語：打庫茲）	祖靈祭、狩獵、編織、製刀匠、巫術 祭團(Gaya)	由泰雅族分出
撒奇萊雅族(Sakizaya)（原住民第 13 族）	花蓮奇萊平原	1,026	母系社會、會所 神靈信仰 漁業、狩獵	火神祭 歲時祭儀：以小米為祭祀中心	水稻的種植歷史甚早，由阿美族分出
賽德克族(Sediq)（原住民第 14 族）	花蓮山區（東賽德克）南投仁愛鄉（西賽德克）	10,727	祖靈信仰 紋面	祖靈祭	泰雅族分出，2010 電影〈賽德克-巴萊〉：莫那魯道（霧社事件）
拉阿魯哇族(Hla`alua)（原住民第 15 族）	高雄市桃源區(排剪、美壠、塔蠟、雁爾等 4 社)	429	父系氏族社會 部落首長（長子世襲）、長老會議	歲時祭儀、**聖貝祭(miatungusu)**、敵首祭、揉皮技術	由鄒族分出
卡那卡那富族(Kanakanavu)（原住民第 16 族）	高雄市那瑪夏區（達卡努瓦里及瑪雅里）	385	父系氏族社會 頭目	米貢祭(Kannaiara) 河祭(Kaisisi Cakuran) 揉皮與製革	由鄒族分出，少數每年舉辦河祭（楠梓仙溪）的原住民族群，人口最少
凱達格蘭族(Ketagalan)	台北、北台灣	金包里	淡水十八社	艋舺（萬華）	凱達格蘭大道
道卡斯族(Taokas)	新竹、苗栗	竹塹			
巴則海族(Pazeh)	豐原、東勢	葫蘆墩（豐原）			
拍瀑拉族(Papora)	梧棲、沙鹿、清水	牛罵頭（清水）			大肚王國（甘仔轄王最著名）
貓霧捒族(Babuza)	彰化、西螺	半線（彰化）			
洪安雅族(Hoanya)	嘉義、草屯、南投、斗六	貓羅（芬園）、諸羅山（嘉義）			
西拉雅族(Siraya)	台南及南部平原	新港社（新市）大目降（新化）阿猴（緱）（屏東）蕭壠社（佳里）－立長宮（大本營）	母系社會	祀壺信仰〔祭阿立(Alid)祖〕、哮海祭（夜祭）、阿立母祭（東山吉貝耍，農曆 9 月 4 日）、頭社太祖夜祭（大內，農曆 10 月 14-15 日）＊吉貝耍文史工作召集人－段洪坤	尪姨－李仁記（已逝）左鎮：70% 人口平埔族 羅來受紀念館－平埔文化，**公廨**、牽曲

（平埔族（尚未納入原住民族）——涵蓋上方凱達格蘭族至西拉雅族各列）

※ 原住民族人口數係依據內政部戶政司（2021 年 7 月）統計資料。

補充說明：

1. 原住民族約占台灣總人口數 2.46%（依據 2021 年 7 月內政部戶政司統計資料：579,169 人/23,470,633 人）。
2. 平埔族大部份是母系社會—男漁獵、女下田；平埔族聖樹－莿桐樹。月夜愁、牛犁歌、台東調、思想起，都源自平埔族歌謠。
3. 稱自己妻子為「牽手」（羅曼蒂克）亦源自平埔文化，比叫老婆好聽多了。客家人稱妻子－「餔娘」。
4. cf：福佬人－地基主、客家人－土地龍神、平埔族－阿立祖(Alid)（母）。
5. 田野工作 (Fieldwork)。
6. 文化叢結 (Culture Complex)。
7. 價值中立 (Value Free)。
8. 文化相對性 (cultural relativism)v.s 種族中心主義(ethnocentrism)：Ex－蘭嶼國民住宅之失敗。
9. 文化的活化：Ex－原住民紋飾應用於現代流行服裝；原住民用具應用於現代人體工學設計。

原住民重要慶典年曆表

時間	祭典名稱	族別	舉辦地點
1 月	聯合豐年祭、除喪祭	卑南族	台東縣
2 月	戰祭(2.15)	鄒族	嘉義縣阿里山鄉特富野部落
3 月	飛魚祭	達悟（雅美）族	台東縣蘭嶼鄉
	打耳祭	布農族	南投縣信義鄉
4 月	飛魚祭	達悟（雅美）族	台東縣蘭嶼鄉
	除草祭	卑南族	台東縣卑南鄉下賓朗部落
	打耳祭	布農族	台東縣延平鄉、高雄市那瑪夏區
	傳統民俗活動	布農族	台東縣海端鄉
5 月	聯合豐年祭	布農族	台東縣延平鄉
	海祭	阿美族	花蓮縣豐濱鄉大港口村
6 月	捕魚節（海祭）	阿美族	花蓮縣
7 月	豐年祭	卑南族	台東縣
	海祭	卑南族	台東縣
	祖靈祭	泰雅族	新北市烏來區
	小米收穫祭	鄒族	嘉義縣阿里山鄉
	收穫節、迎賓節	達悟（雅美）族	台東縣蘭嶼鄉
	豐年祭	阿美族	東海岸國家風景區、台東縣政府
8 月	豐年祭(8.15)	排灣族	屏東縣
	海祭	卑南族	台東縣
	豐年祭(8.15)	魯凱族	台東縣
	豐年祭	阿美族	東海岸國家風景區、花蓮縣瑞穗鄉奇美村
	戰祭	鄒族	阿里山鄉達邦部落
9 月	豐年祭	排灣族	屏東縣
	生命豆祭（傳統婚禮儀式）	鄒族	阿里山鄉達邦村
	豐年祭	邵族	南投縣日月潭
10 月	五年祭(10.25)	排灣族	屏東縣來義鄉、台東縣達仁鄉
11 月	矮靈祭（農曆10.15前後）（二年一次小祭，十年一大祭）	賽夏族	苗栗縣南庄鄉向天湖
	聯合豐年祭	泰雅族	苗栗縣泰安鄉
12 月	猴祭	卑南族	台東縣卑南鄉、台東市南王里
	跨年祭（12.24～次年1.1）	卑南族	台東縣卑南鄉、台東市南王里

參考資料

Michael C. Howard 著；李茂興、藍美華譯：《文化人類學》，台北：弘智文化，1997。

中國地方文獻學會：《譜系與宗親組織（一）、（二）冊》，台北：成文出版社，1985。

伊能嘉矩著、楊南郡譯註：《平埔族調查旅行》，台北：遠流出版社，1996。

伊能嘉矩著、溫吉編譯：《台灣番政志》，南投：台灣省文獻會，1957。

呂理政：《人類學家的博物館》，台北：中研院民族所，1988。

宋光宇、黃維憲合譯：《文化形貌的導師－克魯伯(A. Kroeber)》，台北：允晨，1982。

李壬癸：《台灣平埔族的歷史與互動》，台北：常民出版社，1997。

李壬癸：《台灣南島民族的族群與遷徙》，台北：常民出版社，1997。

李亦園：《文化的圖像（上冊）－文化發展的人類學探討》，台北：允晨，1992 初版。

李亦園：《文化的圖像（下冊）－宗教與族群的文化觀察》，台北：允晨，1992 初版。

李亦園：《台灣土著民族的社會與文化》，台北：聯經出版社，1982。

范純甫主編：《台灣傳奇－原住民風情（上）（下）》，台北：華嚴出版社，1998 二版。

宮本延人著、魏桂邦譯：《台灣的原住民族》，台北：晨星出版社，1992。

基辛(R. Keesing)著；張恭啓、于嘉雲譯：《文化人類學》，台北：巨流，1989。

陳奇祿：《台灣土著文化研究》，台北：聯經出版社，1992。

陳奇祿：《民族與文化》，台北：黎明文化，1984 四版。

陸傳傑總編輯：《大地手繪精選》，台北：秋雨文化事業，2002。

鳥居龍藏著、楊南郡譯註：《探索台灣－鳥居龍藏的台灣人類學之旅》，台北：遠流出版社，1996。

蘭伯特(Lambert van der Aalsvoort)著、林金源譯：《風中之葉－福爾摩沙見聞錄》，台北：經典雜誌，2002。

劉其偉編譯：《文化人類學》，台北：藝術家，1991 初版、1994 再版。

劉還月：《尋訪台灣平埔族》，台北：常民出版社，1995。

蕭瓊瑞：《島民‧風俗‧畫－十八世紀臺灣原住民生活圖像》，台北：東大，1999。

謝世忠：《族群人類學的宏觀探索－臺灣原住民論集》，台北：台大出版中心，2004。

呂理政主編、黃金田繪圖：《臺灣生活圖曆》，新北市：遠足文化，2014。

杜正勝：〈番社采風圖題解－以台灣歷史初期平埔族之社會文化中心〉，大陸雜誌 96 卷第 1-6 期，1998。

段洪坤：《南瀛之母－西拉雅族的歷史與文化》，嘉南藥理科技大學：台南縣風景區解說員訓練計畫，2006 年。

曾國棟等著：《走讀先民跤跡‧西拉雅文化資產特展圖錄》，台南市：南市文資協會，2013.12。

排灣族頭目嫁女兒，全村總動員，中國時報，88.10.10。

吉貝耍哮海祭，自由時報台南縣市焦點版，88.10.14。

大航海時代荷西治下
的台灣

伴隨著西方地理大發現，歐洲國家踏循著麥哲倫(Magellan)、達伽瑪(Da Gama)的腳步，紛紛來到東方尋找其經濟的出路，尤其原料之供應及東方物資之進口，於是帝國主義興起，其中最早到東方來的葡萄牙人，在十六世紀即佔澳門，而且在前往日本貿易途中，意外的替台灣取了個「美麗之島」(Ilha Formosa)的美名，而且將台灣帶進國際舞臺。嗣後，西班牙人來占菲律賓馬尼拉，荷蘭人則占印尼巴達維亞（今雅加達），於是在東亞、東南亞展開一場以貿易為主的殖民競逐，1624年荷蘭人前來台灣**大員**（今安平）建立台灣第一個政權。在菲律賓的西班牙人，在兩年後有如打籃球卡位般的順著黑潮（洋流）繞過三貂角佔領了台灣北部，故而台灣從1626年至1642年期間，南北兩端分屬荷、西，直到後來荷蘭人趁西班牙人因菲律賓內亂而削弱在台兵力之際，把西班牙人又趕離北台灣，荷蘭人也因此更肆無忌憚的加強控制，提高稅金，也為鄭成功的來台，帶來了契機。

回顧荷、西在台的競逐，可說十分激烈，除了彼此的征伐，更曾結盟互鬥，荷蘭聯合英國，西班牙和葡萄牙合一，彼此爭鬥不休，可說是歐洲戰火在遠東延燒。荷蘭人也曾與鄭芝龍海商集團合作，不料最後荷蘭在台的統治，竟被鄭芝龍之子鄭成功給結束掉，其中充滿令人感慨的歷史偶然。台灣的命運亦因而產生了極大的變化。

第一節　大航海時代

一、中國人在台灣的活動

有些學者認為自古以來漢人曾以「島夷」、「**蓬萊**」、「方丈」、「瀛州」、「東鯷」、「**夷州**」等稱呼台灣，但大多數學者不以為然，認為附會者居多。隋唐時代的漢人也許把台灣和琉球混稱為「流求」，也有學者認為「流求」僅指台灣或僅指琉球。元代文獻的**瑠求**指今日的台灣殆無爭議。明代以後，漢人以「琉球」專指今日的琉球，以**小琉球**、雞籠、東番、笨港、大員和台灣等名稱來稱台灣。

宋代以來就有漢人居住在**澎湖**，並到台灣本島活動。明太祖為防備倭寇破壞其東南沿海的治安，乃行海禁，澎湖、台灣等島嶼成為漢人捕魚、貿易、走私和海盜活動的場所，甚至成為海盜結集的地方。在台灣、澎湖活躍的海盜中，文獻明確記載的有明嘉靖中葉的陳老、嘉靖末葉的林道乾和林鳳，此外尚有萬曆末年和天啟初年的顏思齊和鄭芝龍。萬曆中葉以降，國際貿易中途站由澎湖轉到台灣，中國漁民和商人到台灣活動比以前更多，且與原住民關係不錯，彼此進行小額貿易。

　　荷蘭人由澎湖轉進台灣後，中國漁船的到來，除了為荷蘭人帶來貿易之利和需用物品外，也成為他們的一項稅收來源，這漁船搭載的物品有絲綢、瓷器、鹽、米、茶葉、砂糖，甚至磚頭等，回程則常攜帶鹿肉、鹽烏魚和烏魚子等。漁船進港後須先向荷蘭當局領取執照才能前往各漁場捕魚，捕完魚後再回到大員繳納什一稅。不過，漁民到台灣是屬季節性活動居多，魚季過後，又多回到大陸，定居者可能屬少數。

二、日本人在台灣的活動

　　日本學者尾崎秀真認為日本文獻的「常世國」即「蓬萊山」，係包括台灣在內的地名，但姑且聽之。日本室町時代以來就有商人和海盜來到台灣活動，是以高沙、高砂國（タカサゴ）、塔伽沙古、高山國等稱呼台灣。

　　元、明之際倭寇和日本商人到台灣活動者更多，主要是自十四世紀末期前後，就有一群日本人在高麗（今南北韓）、中國山東沿海當海盜，這些日本海盜被稱為**倭寇**。元末明初，倭寇的劫掠地區漸往南移，浙江、福建、廣東乃常遭倭寇剽掠騷擾。明太祖朱元璋為了防備倭寇破壞明朝沿海的治安，乃嚴禁沿海居民出海活動，迫於明人與日本人間貿易的需要，明朝東南沿海島嶼遂成為明人與日本人走私貿易的據點，澎湖和台灣本島自然形成當時最佳之商品轉運站。明代以來就有許多日本人來澎湖和台灣，這中間不乏有倭寇、商人，而日人活動的主要地區是雞籠（今基隆）和打狗（今高雄）。

　　此外，日本官方也派人到台灣活動，**豐臣秀吉**統一日本後，積極向海外發展，台灣也成為他要發展的目標之一。明萬曆 21 年（西元 1593 年），豐臣秀吉派原田孫七郎往呂宋島勸據其地的西班牙人到日本朝貢，並命原田孫七郎順道到台灣，諭令「高山國」向日本納貢。豐臣秀吉逝世後，統治日本的大權落入德川家康手中，其對海外貿易採積極的獎勵政策。萬曆 44 年（1616 年），**德川家康**又命村山等安負責侵台事務，村山氏乃命其子村山秋安率船十三艘，三、四千人向台灣出發，艦隊行抵琉球海面遭遇颱風而被沖散，結果僅一艘船抵達台灣，抵台的日軍被台灣的原住民殲滅，此次征台的規模雖大，但告失敗。日本德川幕府侵略台灣的野心，經過此次挫敗後，似稍為收斂，不過日本人在台灣的活動仍相當活躍。迨明崇禎 9 年（1636 年）德川（家光）幕府實行**鎖國政策**後，1853 年，美國提督培里(Perry)率「黑船」進入江戶灣到浦賀，脅迫日本訂立神奈川（橫濱）條約，強迫開港通商，才終結二百多年來在國際政治上完全處於孤立狀態的鎖國，日人在台灣的活動因此告消逝，故**鎖國令**是台灣二百多年未受日本侵擾之關鍵所在。

三、荷蘭人在台灣的活動

(一)「福爾摩沙」的出現

　　自西元十五世紀末葉，歐洲人發現到遠東的新航路後，歐洲各國船艦紛紛繞經南非的**好望角**到太平洋和印度洋一帶尋覓殖民地，以葡萄牙人和西班牙人搶得先機而占優勢地位。

當葡萄牙人在明嘉靖 22 年（1543 年）到達日本以後，葡萄牙人在亞洲大陸沿海的活動更加活躍。當葡萄牙人的船隻駛近台灣西海岸時，遙望台灣，但見台灣內陸山林一片青蔥翠麗，宛如長在太平洋上的一塊翡翠，驚嘆之餘，脫口將台灣稱為「**福爾摩沙**」（Ilha Formosa，意為**美麗之島**）。明嘉靖 33 年（1554 年），<u>羅伯·歐蒙</u>(Lopo Homem)所繪「世界輿圖」中，琉球群島之南，已繪有 I. Formosa，可見遲至在西元 1554 年，已有不少葡人稱台灣為福爾摩沙島。自此以後，西洋人常以福爾摩沙島稱呼台灣，時至今日，仍有不少西洋人稱台灣為**福爾摩沙**。

(二)荷蘭人佔領澎湖

明嘉靖 36 年（1557 年），葡萄牙人取得**澳門**做為對明朝貿易的據點。明隆慶 5 年(1571 年)西班牙人佔領菲律賓的**馬尼拉**，馬尼拉成為其對東亞大陸貿易的據點。10 年後，1581 年（明萬曆 9 年）荷蘭人宣布脫離西班牙的統治而獨立。西元 1588 年英國在海上擊敗西班牙的無敵艦隊。從此以後，荷蘭與英國在海上的發展突飛猛進，在十七世紀初葉，荷蘭、英國已漸與世界各國建立通商關係。在遠東地區，荷蘭、英國自然成為葡、西二國的勁敵。

明萬曆 30 年（1602 年）荷蘭成立**聯合東印度公司**(VOC)，此一公司除擁有巨大資本和種種特權外，而且獨占海上貿易，並可用國家的名義設置軍隊、對外宣戰或媾和，可任命官吏統治其殖民地。荷蘭東印度公司成立之後，**韋麻郎**(Wijbrant van Waerwijck)奉派到遠東拓展貿易。皇氏在西元 1604 年親率艦隊佔領澎湖，開始作貿易的交涉，後來為明都司<u>沈有容</u>所逼退，當時並以花岡石立碑為記，碑文為【沈有容諭退紅毛番韋麻郎等碑】，現該長條石碑,保存於澎湖縣馬公市之一級古蹟天后宮，民國 92 年故宮**福爾摩沙**、台南社教館**王城再現**特展，該碑曾從澎湖運來現場參展，我個人因而得以目睹，將來若能再一遊澎湖，定到天后宮後殿親臨原史蹟地，印證該大航海時代的歷史關鍵。

明萬曆 37 年（西元 1609 年）荷蘭在日本平戶設立商館，於是更加覺得與明朝有通商的必要，但在十七世紀初葉，荷蘭若想要拓展東亞大陸的貿易，其所採的途徑之一是奪取葡萄牙或西班牙的遠東貿易據點；另一途徑是自行另闢新據點。萬曆 47 年（1619 年）荷蘭在印尼**巴達維亞城**（今**雅加達**）建立總督府，同年荷蘭與英國訂立防守同盟。荷蘭並獲知西班牙有攻取台灣之意，於是荷蘭的巴達維亞當局先發制人，派<u>雷爾生</u>(Cornelis Reyersen)率船十二艘，兵 1024 名，先襲擊西班牙同盟葡萄牙佔領之澳門，並訓令如無法攻下澳門，則轉攻澎湖和小琉球（即指台灣），此次係荷、英聯合作戰。西元 1622 年（明天啟 2 年）6 月下旬荷蘭人先攻擊澳門，結果為葡人所敗，荷、英死傷頗多，而未成功，是年 7 月 11 日轉進澎湖，荷蘭人再度佔領澎湖。

(三)荷蘭人佔領台灣

荷蘭人佔領澎湖後，明朝方面，一面積極修戰備，一面於天啟 3 年（1623 年）9 月 5 日實施海禁。翌年正月明官軍守備<u>王夢熊</u>等率船隊攻澎湖島，5 月明朝船隊續至，準備一舉攻下澎湖，最後在<u>李旦</u>斡旋下，荷蘭在明朝官軍，暗示可佔領未建立

統治權的台灣，並保證其通商權利後，荷蘭遂於是年 7 月 13 日（1624 年 8 月 26 日）拆毀城堡，自澎湖撤退，轉往大員（今台南市安平）。台灣遂在無心插柳柳成蔭的情況下為荷蘭人所佔領。

第二節 **荷蘭的治台**

一、築城而治與勢力的擴張

　　荷蘭人佔領大員後，乃於明天啟 4 年（西元 1624 年）在該地築城堡，起初稱為奧倫治城(Orange)，後來改稱**熱蘭遮城(Zeelandia)**，此城分為內城和外城，前後共費 8 年 4 個月才告全部完工。另荷蘭在佔領台灣的次年（1625 年）以康甘(Cangan)布十五匹，向新港社原住民換得赤崁(Saccam)之地，在該處建築荷蘭東印度公司的宿舍、醫院和倉庫等，並鼓勵漢人遷往該地區，以期成為繁榮的市街，而荷蘭人稱之為**普羅民遮(Provintia)**，熱蘭遮城旁形成的延平街和普羅民遮城旁形成的民權路迄今仍在爭誰是「台灣第一街」。明天啟 7 年（1627 年）荷蘭人還在鹿耳門附近的北汕（線）尾築砦，稱為海堡(Zeeburg)。

　　荷蘭人在築城堡、建市街的同時，不忘擴張其佔領的範圍。當時荷蘭人最想攻占的地方就是西班牙於天啟 6 年（1626 年）佔領的北台灣，雖經幾次的攻擊都沒有成功，直到西元 1642 年（明崇禎 15 年）才將西班牙逐出台灣。荷蘭人除攻占台灣北部外，也不斷討伐原住民部落。明永曆 4 年（1650 年），服從台灣荷蘭當局統治的原住民，據統計有兩百七十社以上。由此可見十七世紀中荷蘭人幾乎已控制全台，連東台灣也難以倖免。

二、荷蘭人與日本人的衝突

　　遠在荷蘭人佔領台灣之前，中國人與日本人早就在台灣從事走私貿易，荷蘭人佔領台灣之後，日本商人與荷蘭商人在台灣競逐漢人貨物，他們之間遂處於利害衝突的地位。明天啟 5 年（1625 年）台灣的荷蘭當局開始向來台灣的日本商人課貨物輸出稅，是年，日本人所購得的一批生絲，因拒絕納稅而遭台灣的荷蘭當局沒收，荷蘭人與日本人間的關係更形惡化。明崇禎元年（1628 年），荷、日間終於發生「**濱田彌兵衛事件**」。

　　明天啟 6 年（1626 年）日人濱田彌兵衛帶領日本長崎代官末次平藏的船隻到台灣買生絲，並擬向荷蘭當局借用帆船到福建運回訂貨（生絲兩萬斤），均不得要領。這時濱田氏得知新港社原住民不堪荷蘭人的虐待，對荷蘭人心有不滿，乃於天啟 7 年引誘 16 名該社原住民一同到日本，準備回日策動江戶幕府採取反荷措施。崇禎元年（1628 年）3 月濱田氏又率商船兩艘來台，同行者共 470 人，其中包含先前 16

名新港社原住民。此時荷蘭駐台長官納茨(P. Nuyts)以為濱田來意不善，乃派員登船檢查，果然查出大量武器和火藥，荷蘭當局就將武器和火藥全部扣留，並軟禁濱田氏五、六天，同時還將 16 名新港社原住民逮捕下獄。後來濱田氏提出發還武器和火藥、釋放 16 名原住民、提供船隻赴福建取貨、准其回日本等要求，但均為納茨所拒絕，濱田氏遂採暴力措施因應，經雙方磋商，濱田氏在安全無虞下回到日本。濱田氏回到日本後，荷日雙方關係更形惡化，平戶的荷蘭商館遭日本江戶幕府封館。其後荷蘭幾經派人赴日磋商，希望恢復通商事宜都未成功。明崇禎 5 年（1632 年）荷蘭將當年負責處理濱田事件直接相關的荷蘭長官引渡給日本，荷蘭在日本的貿易方獲得恢復。此後，日本在寬永 13 年（1636 年）施行鎖國政策，日本就絕少到台灣活動，荷蘭人與日本人在台的糾紛就自然不再發生了。

圖 4-1　濱田彌兵衛

● 資料來源：吳西華畫集《早期臺灣歷史、古蹟、鄉情》

濱田彌兵衛事件主因是荷、日在台貿易利益發生衝突而引起，日人以班超「不入虎穴焉得虎子」之膽識，先挾納茨，再以其子為人質，平安返日後，更得官方支持，以荷蘭在日商業利益為挾，逼荷蘭當局引渡納茨至日受審及監禁，此案可充國際政治之典範，也難怪當日本在 1895 年取得台灣的統治權後，為提高其統治之正當性及合法性，要在原荷蘭熱蘭遮城之安平古堡，為其約 300 年前，在台勇抗荷人的民族英雄立碑，其碑文在現今「安平古堡」碑上，因政權改變而磨掉重刻，根據老照片，碑文是【贈從五位濱田彌兵衛武勇之趾】，日人藉以提高其統治正當性的用意不言而喻。當您下次到安平古堡，心情愉悅地在安平古堡高聳碑文前照相留念時，請細看是否有該碑原文之遺跡。

三、荷蘭人對原住民的控制與教化

(一) 控制

明崇禎 9 年（1636 年）起，荷蘭人所征服的原住民各社選出**長老**，每年需集會一次，會上除宣達台灣荷蘭當局的施政措施外，各長老需向台灣當局宣誓效忠。崇禎 14 年後，此項集會稱為地方會議(Landdag)。崇禎 17 年**卡隆**(F. Carron)擔任台灣長官時，**地方會議**的組合內容更加完備。此時長老由台灣荷蘭當局授給刻有荷蘭東印度公司標幟的藤杖，以示其合法性，平時在社內得行使司法權。

荷據時代除了設有地方議會外，荷蘭在其勢力所及的地方劃分七個行政區，台灣荷蘭當局在各地設有傳教士兼任之**政務員**，各社長老需向其報告各該社中所發生的事情，可見此等政務員為荷蘭人控制原住民的行政工具。

(二) 教化

荷蘭人對付原住民的辦法，先是武力征服，繼之以行政控制和宗教洗腦，因此，隨著荷蘭人以武力征服原住民，荷蘭傳教士的傳教範圍也隨之擴大。為了宗教的傳播，荷蘭人除了在各地建教堂，還在各地設學校。

明天啟 7 年（1627 年）和崇禎 2 年（1629 年）傳教士<u>甘地第伍斯</u>(Candidius)和<u>尤尼伍斯</u>(Robertus Junius)先後來台傳教，在他們兩人努力下，傳教順利且成果頗佳。崇禎 9 年(1636 年)在新港、蕭壟、麻豆等地，不僅已有相當規模的教堂，且開始在新港社設學校。新港社初設學校時，招收新港少年 70 人入學，繼之收婦女 60 人入學，教以羅馬字的讀法和寫法，並授以教理大要。

從台灣在荷據末年，教化成果佳的地區，其居民的百分之八十均受過基督教教育，其中百分之四十對教義有相當程度的了解之情形，以及由傳教士為了傳教之便而替原住民用**羅馬文字**所拼成的原住民文字「**新港文書**」（俗稱**番仔契**），一直到十九世紀初葉嘉慶年間，仍出現在台灣的地契文書上而言，荷蘭人對台灣原住民具有相當程度的影響，殆無庸置疑。

四、荷蘭人在台的主要經濟活動

(一) 利用漢人開墾土地發展農業

荷蘭人佔領台灣時需要一大批勞動者去從事糧食生產，但當時台灣原住民的生產力遠低於漢人，又值中國大陸動亂不安，想移居海外的漢人頗多，荷蘭人乃設法吸引他們移民來台。起初荷人或以東印度公司的船隻運送漢人來台，並予以免稅、提供土地和生產工具等優惠條件來吸引漢人，使得移民來台者愈來愈多，如此一來，漢人在台南一帶的人口由荷據初期的五千人迅速增加為西元 1638 年（明崇禎 11 年）時的一萬乃至一萬一千人，據 1638 年 11 月 18 日巴達維亞總督**狄門**(Antonio van Diemen)向公司 17 人董事會提出的報告書說：「在台灣的荷蘭人支配地區內，約有一萬至一萬一千名的漢人，從事捕鹿、種植稻穀和蔗糖以及捕魚等活動。

　　荷蘭人利用漢人在台大肆開墾土地，其辦法是由荷蘭東印度公司提供土地、牛隻、農具和水利設施，讓漢人以佃農身分向該公司租用土地，土地所有權屬荷蘭王所有，故稱「**王田**」。或說當時漢人的墾拓組織，類似「**結首制**」。所謂「結首制」是指漢佃租地時，由數十佃合組一結，通力合作墾耕，並共舉一曉事者為首領，稱為「小結首」，再由數十「小結首」中，共舉一有力、公正、服眾者為彼等的首領，稱為「大結首」，有事時，由行政當局查問「大結首」，再由「大結首」查問「小結首」的墾拓組織。

　　在荷蘭人利用漢人的勞力大肆開發土地及發展農業的結果，台灣農產日增，**蔗糖**為最重要經濟作物，且稻米增產已解決其糧食不足之危機。起初在台灣的荷蘭人，糧食是靠日本與東南亞地區的供應，後來由於漢人的大肆生產，不僅可供給荷蘭人的需要，甚至可以大量外銷。當時台灣的主要農作物為蔗糖和稻米。盛產的稻米和蔗糖大量外銷，**稻米**輸往中國大陸，**蔗糖**銷到日本、波斯（今伊朗）等地，為荷蘭人增加一大筆農業收入。

（二）貿易和稅捐

　　荷蘭佔領台灣當初的主要目的是要以台灣做為**國際貿易的轉運站**，其主要貿易對象是中國、日本和南洋。荷蘭在台的貿易方式和內容是：自中國大陸購進生絲、絲綢、瓷器和藥材等，經由台灣轉售日本、波斯、荷蘭或歐洲其他地方；由日本或歐洲運到台灣的銀及由南洋購進的香料、胡椒、琥珀、鉛和錫等，集散後經由台灣往中國大陸購物及販售；將台灣的土產蔗糖銷售到日本、波斯等地，稻米、鹿角、鹿脯和籐也賣到東亞大陸，鹿皮販售到日本，台灣北部的硫磺曾銷售到東亞大陸和柬埔寨等戰亂頻仍的國度。可見荷蘭佔領台灣後，以台灣為國際貿易的轉運站，從中獲取極大的利潤，從永曆3年（1649年）荷蘭東印度公司的報告中說，荷蘭在亞洲的19處商館中，有盈餘的只有日本和台灣等10處，而台灣的利潤是僅次於日本，此一段報告內容可以證實。

　　荷蘭人為了獎勵漢人移民來台，雖給予漢人開墾上許多優惠條件，但漢人需向荷蘭當局繳納賦稅，其賦額約為後來清初的兩倍。荷蘭人在台的稅收，除向漢人抽賦稅外，尚抽人頭稅、漁業稅、狩獵稅、釀酒稅、海關稅和臨時捐等，其收入相當可觀，由於台灣的熱蘭遮城，有如其亞太轉運、倉儲中心，稅收亦多，其領導階層曾在計算治台利潤時，有感而發的說，台灣真是**一頭好乳牛**。

第三節　抗荷事件迭起

一、荷蘭人與漢人的特殊關係

　　荷蘭人佔領台灣的主要目的在於獲取經濟利益，基於此一前提，荷蘭人遂獎勵中國大陸漢人移民來台，其獎勵初衷並非濟助貧困的漢人，而是藉機榨取漢人的智

力與勞力，藉漢人的農業生產技術和勤勞精神來為荷蘭人犧牲奉獻。此外荷蘭人佔領台灣之前，已有一大批漢人移居在台灣，單就大員（今安平）而言就有五千人。這批漢人深知荷蘭人一旦佔領台灣，對他們的生計一定會造成嚴重的損害和威脅，早就不歡迎荷蘭人來統治台灣。此一背景下荷蘭人與台灣漢人的關係，打從一開始就處於既合作又對立的矛盾情境。荷蘭人為了達到其經濟目的，不得不以種種優惠條件來吸引中國大陸的漢人移民來台，來台的漢人為了生存也不得不屈從荷蘭人的安排。

荷蘭人對付漢人的策略是一方面控制漢人的生產手段，一方面限制漢人的政治社會活動，其具體辦法是只給漢人生產工具、不給土地所有權、可隨意遷徙漢人離開其耕地、嚴禁漢人與原住民私相交易、將苛捐重稅加諸漢人、嚴禁漢人私藏武器、嚴禁漢人自由集會、強迫娶原住民為妻的漢人改信基督教，否則強制離異等。由此可見荷據時代台灣的漢人幾乎無人權可言，受荷蘭人嚴重剝削和迫害，像這樣的情形，持續一段時間，直到人們忍無可忍，終迫使漢人走向武裝反抗一途。

二、荷蘭時期最大反抗事件－郭懷一事件

就在上述背景下，西元 1652 年 9 月 7 日（明永曆 6 年 8 月 5 日）漢人就在郭懷一的領導下，發動大規模反抗荷蘭的行動。郭氏係赤崁以南二層行（今二仁溪下游）一帶漢人的大結首，原擬在是年陰曆八月十五日起事，但因其弟向台灣荷蘭當局告密，郭氏乃提前十日起事。當時荷蘭駐台長官富爾堡(Nicholas Verburgh)獲悉郭氏舉事蓄勢待發，若不先發制人將不可收拾，乃迅速派兵 120 名赴援赤崁，郭氏不幸在陣前戰死，荷軍趁勢動員原住民士兵二千人，一同追擊郭氏餘眾。由於荷蘭軍隊武器精良，且訓練有素，加上原住民士兵性情強悍；反觀漢人部隊成員多農民，除少數備槍，餘皆持棍棒竹竿，所持武器難敵荷人先進裝備，平日既無訓練，形同烏合之眾，因此戰爭只進行十四日，漢人反荷行動就被荷蘭當局平定。此次戰爭荷方死傷有限，漢人被殺者男人四千，婦女及小孩被殺者更多。漢人經此事件後，對荷蘭人的痛恨更加難以言喻，難怪西元 1661 年（明永曆 15 年）鄭成功攻台時，居台漢人紛紛響應，終於在次年 2 月共同將荷蘭人驅逐出台灣。

第四節　西班牙在北台灣的經營

一、西班牙人佔領台灣

西班牙人為確保東亞貿易順暢和馬尼拉的安全，早就想攻取台灣，只是尚未行動而已。等到荷蘭人在明天啟 4 年 7 月（西元 1624 年 8 月）佔領台灣後，馬尼拉的西班牙人更深感威脅。天啟 6 年西班牙駐馬尼拉總督施爾瓦(Fernando de Silva)派卡黎尼奧(Antonio Carreno de Valdes)率大划船(Galera)兩艘、舢板船十二艘、士兵三百

名到台灣。卡氏一行人於是年 5 月 5 日由菲律賓出發，沿台灣東海岸北上，於 11 日先到**三貂角**(Santiago)，然後在 12 日進入雞籠港（今基隆港），把它命名為「Santisima Trinidad」，16 日在雞籠港內**社寮島**（今稱和平島）舉行佔領儀式，並開始築城堡，命名為**聖薩爾瓦多**(San Salvador)城，至此西班牙正式佔領台灣北部，有如荷蘭人在貿易籃球賽上，進行籃下卡位。

二、西班牙人在台灣北部的擴張

西班牙人佔領雞籠後不久，荷蘭人知道西班牙人已佔領雞籠，荷人深覺其與明朝及日本間的貿易必受阻礙，於是在明崇禎元年（西元 1628 年）分水陸兩路，陸路由新竹北上，水路則搭船北上，擬進攻淡水。此時西班牙人已先佔領淡水，並建城堡，命名為**聖多明哥城**（Santo Domingo，即**今淡水紅毛城**）。崇禎 2 年（1629 年）7 月下旬，荷軍以破竹之勢逼近淡水，並攻擊西班牙軍隊的要塞，西軍防禦工事堅固，荷軍不僅未攻下西軍要塞，且潰不成軍退返南部。

宜蘭位居馬尼拉北上沿台灣東海岸至北部台灣必經之地，相傳有金、銀等礦與稻穀、鳥獸、魚貝之利，西班牙對此早有侵入的野心。1634 年（崇禎 7 年）西班牙雞籠守將**羅米洛**(Alonso Garcia Romero)派兵六百名（西班牙人二百名，原住民四百人）攻打蛤仔難（今宜蘭），結果西人大勝，從此宜蘭一帶落入西班牙人的控制，整個北台灣為西班牙人所佔領。

三、西班牙人在台灣北部的傳教

西班牙人佔領台灣北部之目的，起初是為**通商**及**防禦日本南侵**，另一目的乃西班牙是天主教國家，積極在海外傳教，因而想以台灣為跳板，進一步地前往明朝與日本**傳教**。西班牙人佔領北台灣之後，由於日本對外漸採保守政策，西班牙人來自日本的威脅漸減，對日貿易中斷，西班牙人又無法將荷蘭人驅逐出台灣，幸而傳教也是西班牙海外發展的重要目標，因此西班牙人在台灣的最大施展空間就是傳教。在此情況下，就西班牙人的立場來說，在台灣北部所獲得的最大成果就是傳教，只要西班牙人的勢力伸展到那裡，其傳教事業就推展到那裡。

第五節　荷西的決戰

● 西班牙人被荷蘭人逐出台灣

由於西班牙人想引誘漢人和日本人來台灣北部從事交易活動，使雞籠和淡水成為國際貿易中心的目的，一直未能實現；到日本傳教的機會同樣也遙遙無期，所以西班牙人對台灣的興趣漸趨低落，其殖民政策轉回重視菲律賓方面的經營。西元 1635 年（明崇禎 8 年）6 月**哥爾奎拉**(S.H. de Corcuera)任菲律賓總督。此時菲律賓

南部回教徒，反西班牙的活動尚未停止，亟需兵力支援，哥氏乃於西元 1638 年下令拆毀淡水城堡，調淡水城守軍回菲律賓，並減少雞籠的守軍，截至 1640 年雞籠的守軍僅剩四百名。

荷蘭人打從西班牙人佔領台灣北部時，就想將之逐出台灣，雖曾出兵攻擊西班牙，但都未能成功。後來因為**濱田彌兵衛事件**和原住民反抗未息，所以荷蘭人沒有餘力繼續攻擊西班牙人。西元 1636 年反荷蘭人的原住民各社大都為荷蘭人所平定之後，荷蘭就不斷偵察西班牙人的動靜，後來知道在台灣北部的西班牙人兵力很少，就想要把西班牙人逐出台灣。

西元 1642 年（明崇禎 15 年）8 月台灣的荷蘭長官德老典(Paulus Traudenius)派哈勞哲(Henrick Herrousee)為指揮官率艦七艘，兵士及水手等 670 人向雞籠出發。是年 8 月 21 日荷軍向雞籠發動攻擊，當時西班牙軍隊配置在前線作戰的兵員只有 250 名，守在城內的更只有 80 名，西班牙守將眼見寡不敵眾，乃於當月 26 日向荷蘭投降，荷蘭人終於將西班牙人勢力逐出台灣，成為獨霸全台之局面。正因無西班牙之威脅，使荷蘭當局肆無忌憚的加稅，終於導致漢人的反抗，強力鎮壓的結果，醫得眼前瘡，種下萬世仇。台灣的命運，將隨國姓爺的到來，揭開歷史新頁。

● 表 4-1　17 世紀上半葉與聯合東印度公司大員商館進行貿易的地點與商品

貿易地	商品名稱
中國	**中國→台灣**：生絲、紗綾、縮緬、緞子、綸子、康甘布、麻布、衣服、砂糖、瓷器、黃金、白蠟、土茯苓、生薑、糖薑、茶、米、小麥、麵粉、酒、明礬、水銀、錫、板、柱、壺、鐵鍋、砂糖桶、木器等。 **台灣→中國**：白銀、胡椒、蘇木、丁香、沒藥、阿仙藥、白檀、安息、豆蔻、紅色檀香木、沉香、犀角、象牙、琥珀、珊瑚、帶羽毛的鳥皮、鉛、銅、硫磺、鹿肉、鹿脯、鹹烏魚、鹹魚、魚卵、紫薪、米、砂糖、其他雜貨。
日本	**台灣→日本**：生絲、縮緬、綸子、緞子、毛織品、麻布、康甘布、鹿皮、大鹿皮、砂糖、錫、珊瑚、胡椒等。 **日本→台灣**：丁銀、蠟、木材、棉、硫磺、米、乾鰈、銅。
巴達維亞 （印尼 雅加達）	**台灣→巴城**：生絲、絹、綸子、緞子、絹鈕扣、絹襪、金襴、寬幅交織、康甘布、絲棉、中國靴、砂糖、冰糖、砂糖漬、糖、薑、人參、麝香、安息香、土茯苓、草藥、蜜、茶、米、小麥、麵粉、蕎麥、酒、烏魚卵、肉豆蔻、大茴香、赤膠、日本樟腦、日本木、堅木、禁木、杉木、板、煤炭、鐵鍋、傘、釜、扇子、粗紙、信箋、茶碗、日本紙。 **巴城→台灣**：胡椒、紅色檀香木、沉香、龍血、豆蔻、椰子油、椰粉米、米、藤、琥珀、錫、棉、棉紗、幾內亞棉布。
暹羅 （泰國）	**台灣→暹羅**：生絲、絹絲品、瓷器、砂糖、白蠟、土茯苓、雄黃、水銀、金、鐵、大鐵鍋、衣料。 **暹羅→台灣**：米、船、沉香、蘇枋木、燕窩、椰子油、豬油、鹿皮、鮫皮、犀角、帶羽毛的鳥皮、象牙、梁木、板、方材。
東京	**台灣→東京**：硫磺、康甘布、Lanckin、紡織品、瓷器、砂糖。 **東京→台灣**：生絲、絹織品。
廣南 （越南）	**台灣→廣南**：日本銅錢、鉛、瓷器、Lanckin。 **廣南→台灣**：生絲、黑砂糖。
柬埔寨	**台灣→柬埔寨**：硫磺。 **柬埔寨→台灣**：胡椒、安息香、麝香、赤膠、鹿皮、帶羽毛的鳥皮、水牛角。

● 參考資料：陳憲明等編撰、吳進喜執筆《台灣的地理》。

何處尋「紅毛」

藍眼赤髮的歐洲人，在 17 世紀海權興起的時代渡海東來，將台灣捲入了新海權世紀中，也開啟了台灣近代發展的初始。荷蘭人和西班牙人為了經略和傳教，逐漸擴大在台的足跡，留下了許多以「紅毛」為名的地名和史蹟：為統治而興建的「紅毛城」（淡水、澎湖）、「紅毛樓」（台南赤崁樓）；為控制海上貿易的紅毛港（高雄、新竹新豐鄉）；與農業開墾和灌溉築壩相關的「紅毛田」（新竹竹北）、「紅毛埤」（嘉義蘭潭水庫）；為飲用水開鑿的「紅毛井」（彰化南壇、嘉義市蘭井里）等。

有趣的是，在遺留的「紅毛」地名中，亦有些與荷蘭人屯墾並無關係：今彰化縣田中鎮和田尾鄉的大、小「紅毛社」，原為洪雅平埔族阿里坤之族的聚落，此族人為馬來人種，髮色呈棕色，與一般漢人不同，遂也以紅毛稱之。

地名由來千奇百怪，漢人以單純的外觀判定，產生了「紅毛」一詞，區隔了漢民族與其他民族間的不同，也得以窺見歐洲人在台留下的蛛絲馬跡。

圖 4-2　何處尋紅毛

● 資料來源：《大地地理雜誌》177 期，P17，2002 年 12 月出版

安平追想曲與安平金小姐

 安平追想曲

曲：許石
詞：陳達儒

身穿花紅長洋裝　　　　風吹金髮思情郎
想郎船何往　　　　　　音信全無通
伊是行船仔逐風浪　　　放阮情難忘
心情無塊講　　　　　　相思寄著海邊風
海風無情笑阮憨　　　　啊……不知初戀心茫茫
相思情郎想自己　　　　不知爹親二十年
想念想要見　　　　　　只有金十字
給阮母親仔做為記　　　放阮私生兒
聽母初講起　　　　　　愈想不幸愈哀悲
到底現在生也死　　　　啊……伊是荷蘭的船醫
想起母子的運命　　　　心肝想爹也怨爹
別人有爹痛　　　　　　我是母親晟
今日青春孤單影　　　　全望多情兄
望兄的船隻　　　　　　早日回歸安平城
安平純情金小姐　　　　啊……等你入港銅鑼聲

圖 4-3　安平金小姐母女塑像

● 資料來源：攝於安平東興洋行前（塑像正後方為和記洋行舊址）

參考資料

石守謙主編（曹永和、杜正勝等）：《福爾摩沙－十七世紀的臺灣－荷蘭與東亞》，台北：國立故宮博物院，2003。

湯錦台：《大航海時代的台灣》，台北：果實，2004 年 1 月初版 10 刷。

村上直次郎（日譯）、程大學（中譯）：《巴達維亞城日記第一、二冊》，台中：台灣省文獻會，1970。

村上直次郎（日譯）、程大學（中譯）：《巴達維亞城日記第三冊》，台中：台灣省文獻會，1990。

天下雜誌社編輯：《發現臺灣（上下冊）》，臺北：天下雜誌，1992。

中村孝志著、吳密察、翁佳音編：《荷蘭時代臺灣史研究上卷－概說、產業》，臺北：稻鄉出版社，1997。

方豪：《臺灣早期史綱》，台北：臺灣學生書局，1994。

江樹生譯註：《熱蘭遮城日誌第一、二冊》，台南市政府，1999。

吳西華：《早期臺灣歷史、古蹟、鄉情－名畫家吳西華畫集》，台南：作者自版，1999。

周憲文：《台灣經濟史》，台北：台灣開明書局，1980。

林明德：《日本史》，台北：三民，2005 二版一刷。

范勝雄：《安平追想曲》，台南市政府，2001。

郁永河：《裨海紀遊》，台北：眾文，1979。

曹永和：《台灣早期歷史研究》，台北：聯經出版社，1981。

曹永和：《明鄭時期以前的臺灣，臺灣史論叢第一期》，眾文出版社，1980。

陳憲明等編撰、吳進喜執筆：《台灣的地理》，台北：玉山社，2004。

湯錦台：《開啓台灣第一人－鄭芝龍》，台北：果實，2002。

漢聲雜誌社主編（45 期）：《鄭成功和荷蘭人在台灣的最後一戰及換文締和》，台北：漢聲雜誌社，1992。

漢聲雜誌社主編、江樹生譯註：＜梅氏日記－荷蘭土地測量師看鄭成功＞，漢聲雜誌 132 期，2003。

漢聲雜誌社主編：《十七世紀荷蘭人繪製的台灣老地圖上、下冊》，台北：漢聲雜誌社，1997。

戴天昭著、李明峻譯：《台灣國際政治史》，台北：前衛出版社，1996。

江樹生：《清領以前台灣之中國移民》，台北：文化大學史研所碩士論文，1966。

曹永和：＜荷蘭佔領下兮臺灣＞，收錄於《臺灣省立台南社會教育館－認識南臺灣系列專題講座專輯（第一輯）》，台南社教館等編印，1984 年 10 月。

辛徑農：＜郭懷一抗荷事蹟考略＞，台灣風物 1 卷 1 期。

達帕爾著，施博爾、黃典權譯：＜郭懷一事件＞，台灣風物 26 卷 3 期。

偏安在台延明正朔的
鄭氏王國

　　沒有鄭芝龍奠下之基業，便沒有鄭成功之事功，就像沒有張作霖，就不可能造就張學良，故從鄭芝龍崛起開頭。鄭芝龍在吳三桂引清兵入山海關後，清兵來勢洶洶的壓力，又使他「見風轉舵」的海盜性格浮現，投降滿清，不過此次政治掮客洪承疇的支票並未兌現，鄭芝龍及家人被滿清誘捕入京軟禁，到康熙即位舉家被殺於柴市。幸而，令他驕傲的中日混血長子鄭成功，選擇移孝作忠，不但重建父親的勢力，更在因緣際會下，在台灣開創出一片萬世不朽的基業。鄭成功驅荷開台，建立官制及施行兵屯等政策為台灣奠下基礎，他死後更成為台人的精神寄託，艱苦拓荒時代的凝聚力量，成為開台聖王，其遺留給兒子鄭經的諮議參軍陳永華，對台灣之漁鹽、文教等貢獻極大，尤其延續山五商和海五商之嚴密制度，更不惜以走私貿易突破滿清的經濟封鎖，維持國力以抗清廷，直到後來因鄭經參加三藩之亂，盡耗國力，明鄭終於走入歷史。隨著靖海將軍施琅的到來，台灣成為滿清版圖，命運又有了極大轉折，角色從國際貿易變成區域互補貿易，終由絢爛歸平淡，從彩色變黑白，頗令後人扼腕。

第一節　鄭芝龍的崛起

一、鄭芝龍之誕生

　　究竟是英雄造時勢？還是時勢造英雄？或是兩者兼具？因緣俱足方能成事，希望藉由首位最適合擔任外語系主任的通譯鼻祖鄭芝龍成敗功過之探討，作為學習反思案例。

　　明朝末年，閩南濱海之地出了一位名叫鄭芝龍的海上豪雄人物。他就是後來趕走荷蘭人領有台灣之南明著名將領鄭成功的父親，也是打破台灣原始面貌使它成為漢人主體社會的一位先驅人物。鄭芝龍的祖輩原來是住在河南光州固始縣，可能唐朝末年黃巢之亂，移民南遷到福建。

　　鄭芝龍是鄭士表家的長子，也是鄭瑢家的長孫，由於是第一個小孩，而且是男孩，便取了「一官」(Iquan)的小名。鄭芝龍的本名，則顯然是按西庭公鄭瑢派下十一世子孫採「芝」字的排法，將「龍」、「虎」、「鳳」（鴻逵）、「豹」等飛禽走獸的名稱嵌入他們這一房男孩姓名的方式命名。

　　鄭芝龍在西力東漸的特殊時代背景下，度過了幼年時期，整個閩南地區青年已經大量邁出家門，走向海洋，他同一輩的鄭氏子弟也紛紛前往澳門謀生，他已經不可能像上代人一樣，畢生終老鄉里，也不可能再走中國人傳統的老路，只靠讀書一途進入仕途，光宗耀祖。一代傳奇人物，也就在時代給他創造的不同路上，風雲際

會，以個人闖蕩四海的草莽本事和家族力量，在中國東南海域成就了前所未有的民間海上霸業。

二、鄭芝龍之歷練

鄭芝龍前往澳門投靠他的繼母黃氏的兄弟黃程，他就在澳門經商，鄭氏族人和同一鄉里的人在當地謀生的也不少，鄭芝龍停留澳門期間曾**受洗加入天主教信仰**，在適應新的環境和工作的期間，顯然受到了天主教會的吸引，他不但入了教，並取了 Nicolas（尼古拉斯）的教名，同時在九個月內，也**學會了葡萄牙語**。從信教開始，他接觸了西洋文明當中，中國人極少了解和碰觸到的部分，他接受了這一信仰後，終身都沒有放棄。他在澳門停留期間，正值適婚年齡，他在當地娶了一位陳姓女子為妻，不久因在澳門實無發展，又隻身前往呂宋另謀發展。

到了馬尼拉，發展也不大，他只能重操舊業，再度從事粗賤的工作，過著最窮困的日子，他的時運比在澳門時更不濟，他因犯下了罪行被西班牙當局判處極刑，但在最後關頭，或許是時來運轉，在當地華商求情下，竟然逃脫了這次的處刑，被西班牙人釋放。事件後他離開呂宋，開始踏上新的人生旅途，從蘇門答臘的三佛齊（巨港）、爪哇的萬丹到日本的長崎，在海外眾多的閩籍華人聚集地當中，**他選擇了地處九州西陲的平戶**，作為他的下一個歸宿地，這個選擇，使他擺脫了年輕時期的困境，並徹底改變了他一生的命運。

三、鄭芝龍之機運

抵達平戶後，他居住在川內浦區，與那些同樣在生活上掙扎的鄉人為鄰，一直到結識李旦才否極泰來，走出逆境。**李旦賞識他的「機靈和本事」**，開始得到重用。他受到李旦的提拔，鄭芝龍在李旦集團當中開始施展所長。

鄭芝龍加入李旦集團，是他海上生涯的開端，並為他奠定日後從事海上武裝活動的基礎，他**不畏風浪的強梁本色和駕馭海上群雄的本事**，應當都是在這一時期養成的。加入李旦集團後，鄭芝龍擴大了他的活動圈子，結識了荷蘭商館館長斯佩克斯(Specx)等人，更大的收穫是他在李旦的安排下，有了第二度的婚姻，對象是一位叫**田川氏**的平戶本地人。

田川氏與鄭芝龍雖是政治婚姻性質卻也兩情相悅，在川內浦度過了短暫的新婚歡愉時光，婚後，田川氏很快就有了身孕，這是 1623 年年底的事，命運之神已經對鄭芝龍做出了另外的安排,此時李旦已經決定介入中國與荷蘭之間爭奪澎湖的爭執。李旦的中、日、台三角貿易將受到波及，正好**荷蘭人需要一名譯員，李旦也需要有人實際掌握事態的發展**，在李旦的要求下，鄭芝龍成為最佳人選，由荷蘭人聘僱，前往澎湖任事。天啟 4 年（1624 年）1 月下旬，在明朝水師將對澎湖正式發動軍事進攻前，還在期待田川氏給他產下第一個小孩的鄭芝龍，告別了他生命中的另一女人，坐著荷蘭帆船來到他故國邊上的澎湖島。

在荷蘭與中國官方交涉的過程當中，鄭芝龍作為李旦身邊唯一可以信賴的人，無疑是李旦應付中、荷雙方的主要智囊,同時又成為荷蘭人與中國官員溝通的角色。隨著荷蘭人的撤離，鄭芝龍的人生舞臺又從澎湖被拉到台灣本島,等待他的是可供他施展抱負的廣闊天地。他可能不知道,就在他來台灣的日子裡,遠在平戶的田川氏,農曆 7 月 14 日（陽曆 8 月 27 日）辰時,在**千里濱**的海邊為他產下了第一個麟兒,這個兒子的及時來到世間,預示著他們父子兩代圍繞著台灣及荷蘭人譜寫的生命篇章,即將正式展開。

鄭芝龍是李旦這一武裝力量中的一個重要組成部分,他或許看出台灣作為中國商人與荷蘭人和日本人貿易據點的巨大潛力,以及從這些商人當中可能獲取的巨大利益,讓鄭芝龍開始生出異心,有意擺脫李旦自立。他背著李旦,私自向來到大員的中國商人收取錢財。他又**將李旦交給他的一艘船貨吞沒了**,這艘船隻裝載了滿船的貨物和白銀,是要運回中國進行交易的。這次的事件,使鄭芝龍一生蒙上了汙點,也使得李旦積累一生的財富損失慘重。李旦他受到自己親信背叛後,於 1625 年 7 月 3 日黯然離開了台灣,返回平戶,處理留在日本的剩餘財產。他回去不到一個月,在 8 月 12 日病逝了。巧的是,在李旦病逝不久,另一相傳與鄭芝龍有結拜情誼,由日本來台在笨港登陸的海商梟雄顏思齊,也因為打獵感染風寒而以三十七歲之齡,在台灣去世了。兩個月內,兩位開台傳奇人物的先後逝世,給鄭芝龍的崛起帶來了前所未有的機遇。**由於李旦和顏思齊的相繼去世**,魍港和北港兩地的漢人立即面臨權力真空的問題,鄭芝龍從李旦手中奪過來的財富,顯然在這場權力爭奪中發揮了關鍵作用,李旦與顏思齊原來的人馬很快歸他掌控。

鄭芝龍悄然崛起的同時,**恰逢福建發生大旱**,他趁勢率眾返回老家一帶活動,招兵買馬。這年農曆 3 月 3 日,他率眾進攻漳浦鎮,10 日犯金門,18 日進攻廈門,4 月底下犯粵東的靖海、甲子地方。鄭芝龍的進犯引起了福建官兵很大的震憾,即使荷蘭人與中國官方聯手,也對他束手無策。於是荷蘭人第一次對鄭芝龍的圍剿以失敗收場。

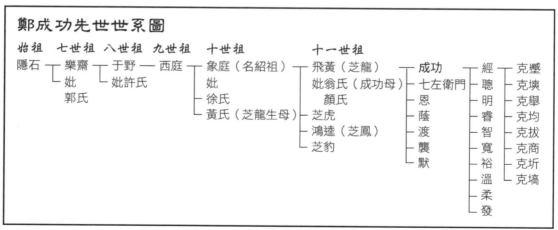

圖 5-1　鄭成功先世世系圖

● 資料來源：謝進炎、何世忠編著《鄭成功傳奇性的一生》。

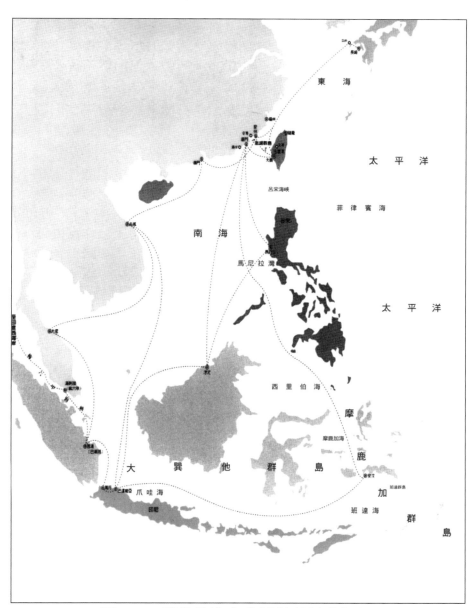

圖 5-2　鄭芝龍海商集團航船活動版圖

● 資料來源：湯錦台《開啟台灣第一人－鄭芝龍》。

四、接受招安之角色轉換

　　鄭芝龍畢竟是中國傳統封建文化下的產物。他雖得風氣之先，受西洋商業文化的薰陶，仍舊擺脫不掉功名利祿的引誘。同時雄霸海上雖可逞英雄意氣風發於一時，但陸地才是可享受榮華富貴的真正歸宿。崇禎元年（1628 年）七月左右，新任巡撫<u>熊文燦</u>透過曾經被<u>鄭芝龍</u>俘虜而後釋放的金門游擊<u>盧毓英</u>，說服了他接受這次的招

安，委以**廈門海防游擊**之職，負責掃平海上盜寇。<u>鄭芝龍</u>認為實至名歸，兼可繼續掌控閩台海域，欣然率眾投降，堂堂皇皇穿起了明朝的軍服。接受**招安**之後，<u>鄭芝龍</u>脫離他經營三年的台灣根據地，即魍港和北港一帶，但顯然還留下了部分人馬繼續留守。在此同時，荷蘭人也開始將管轄權力擴張到魍港一帶。

掃<u>許心素</u>；滅<u>李魁奇</u>；除<u>鍾斌</u>；縱橫四海；抑<u>國助</u>；鎮荷夷；剷<u>劉香</u>；揚威八閩。一代海商，擎起東南一隅江山，創山五商、海五商，為一代梟雄。（<u>李國助</u>—<u>李旦</u>之子）

清順治 18 年（1661 年）春正月，<u>順治</u>駕崩，幼小的<u>康熙</u>即位，<u>鄭芝龍</u>失去長期免他死罪的保護人（<u>順治</u>計誘降將，自覺不光明磊落，即使群臣勸殺，也不肯殺害）。三月，<u>鄭成功</u>從金門料羅灣整軍攻台，四月入台。這年冬十月，因<u>鄭成功</u>已立足台灣，清、鄭長期對抗的局面形成，<u>鄭芝龍</u>做為人質的政治作用降低，加上<u>康熙</u>新即位，四個輔政大臣中的<u>蘇克薩哈</u>與<u>鄭芝龍</u>有過節，在鄭、清對抗的夾縫中生存的<u>鄭</u>氏家人，終於走到了生命的盡頭。因人舉發其與<u>鄭成功</u>有書信相通，初三日，<u>鄭芝龍</u>及其子孫家眷<u>鄭世恩</u>、<u>鄭世蔭</u>、<u>鄭世默</u>等 11 人，「**照謀叛律族誅**」，被斬殺於柴市，曾經叱吒風雲、威鎮閩台海域的一代海商，就這樣悽慘地離開了人間，如按明萬曆 23 年（1595 年）生年計算，實際享年 66 歲。

五、鄭芝龍之歷史地位與評價

不以個人的結局論英雄，綜觀他的一生，<u>鄭芝龍</u>不愧是一個開創格局、塑造歷史和成就偉大功業的豪傑人物。他給後世留下的並不只是海盜生涯的傳奇，或是降清問題上在與<u>鄭成功</u>之間的父子反目悲劇而已。<u>鄭芝龍</u>一生最大的功業是推動了台灣對海外世界的接觸和為台灣漢人社會的形成奠定了基礎。在他的支持和庇護下，漢人農民開始對台大規模移民，據稱「人給銀三兩，三人給一牛（三金一牛），用船舶載至台灣，令其芟舍開墾荒土為田」。

世界史的意義上，<u>鄭芝龍</u>更是可以和歐洲海權擴張史上建立海上版圖的英雄們媲美的傑出人物。荷蘭的<u>科恩</u>(Coen)總督和英國的<u>德拉克</u>(Drake)公爵一直是激勵他們後代國人的傳奇英豪。相較<u>鄭芝龍</u>在料羅灣海戰中擊敗了氣勢銳不可當的荷蘭人，建立了從日本到巴達維亞的海上商業王國，所以他在世界海洋史上更應該占有一席重要的地位。

概括論之，<u>鄭芝龍</u>所代表的絕不只是一個著名「海盜」人物傳奇而已，更不能以他的投明降清而單純對他做二臣之蓋棺論定。他一生的事蹟，體現了他在所處的時代，與歐洲人在東亞的商業和軍事競逐，並涵蓋了閩南漢人對台灣的開拓，和由此帶來的一系列改變。從這些意義說，<u>鄭芝龍</u>留給後世的，除了不斷被傳述的浪漫傳說和傳奇外，更多的是可供思索和探索的歷史空間。

<table>
<tr><td>第二節</td><td>鄭成功的驅荷開台</td></tr>
</table>

一、鄭成功轉進台灣驅逐荷蘭人

鄭成功為鄭芝龍之子。弘光（福王）元年（1645 年）5 月滿清攻下南京，弘光朝亡。是年 6 月明唐王即皇位於福州，改元為隆武元年，是為明隆武帝。隆武元年 9 月鄭芝龍帶其子鄭成功（原名森，字大木）晉見隆武帝。鄭成功相貌非凡，反應機敏，頗受隆武帝的器重，獲隆武帝賜姓朱名成功，拜為宗人府宗正，封為御營中軍都督，儀同駙馬，此後人們稱鄭成功為「**國姓**」或「**國姓爺**」。

滿清軍隊渡過長江以後，作戰不如在北方順利，清廷以鄭芝龍手中握有重兵，乃藉高官顯位誘鄭氏投降，以閩粵總督為餌誘降，果然打動了鄭芝龍的心，鄭氏遂於隆武 2 年 11 月向清朝投降，但遭軟禁，做為招降人質。

鄭成功與其父的想法和做法大為不同，他以為隆武帝對他有隆恩，不敢一日或忘。當鄭芝龍準備投降，招鄭成功議論時，鄭成功乃分析當時的局勢，力諫其父不要投降異族，並想盡力挽回頹局，以求貫徹其愛國忠君的理念，但鄭芝龍不聽鄭成功之諫，父子兩人因此分道揚鑣。至此，鄭成功不得已逃往金門，在小金門聚義招募，自行另謀發展。不久鄭成功獲知隆武帝及皇后遇難，旋令軍民掛孝以示哀悼；繼又聽說其父被挾往北京，並驚聞母親翁（田川）氏被清軍淫辱殉難，鄭成功大為憤怒，立即揮軍回安平（今安海）。鄭成功回安平，先發母喪，之後往孔廟祭拜先師孔子，焚儒服，以示決心抗滿清到底。他隨即以「**忠孝伯招討大將軍罪臣國姓**」名義號召天下，明永曆元年（1647 年，清順治 4 年）即鄭成功 24 歲的那一年年初，在南澳廣招兵馬正式步入抗（反）清復明運動的生涯。後來又接受南明桂王永曆之冊封為**延平王**，故鄭成功一直奉明正朔，就是在 1661 年獲知桂王已被吳三桂所害，甚至已驅荷領台，仍沿用永曆年號，以作反清復明之號召。由於鄭成功最終集民族英雄、漢人祖先、神明、傳奇人物於一身（生），因此從成功路、延平街到國姓鄉、延平鄉，從成功幼稚園、成功國小、成功國中到成功高中、延平中學而成功大學。總之，成功、延平、國姓再加開山及開台系列，道路橋樑、學校廟宇、地名勝景，可說如影隨形。只能說鄭成功實是歷史幸運兒，除了其個人英雄特質外，真乃時勢造英雄。

台灣自十六世紀末十七世紀初以來，已為東亞貿易的據點，有可觀的經貿利益，在此等前提下，鄭成功乃決意轉進台灣。基於鄭成功的立場而言，台灣的確最適合做為鄭氏反清的新基地，另外由於台灣的何（廷）斌來歸鄭氏，並詳告當時台灣荷蘭當局的虛實，令鄭成功推估台灣荷蘭當局的實力有限，更助長鄭成功取台的決心。鄭氏曾與諸將討論進取台灣事宜，終於在永曆 15 年（西元 1661 年）正月決定東征台灣。

永曆 15 年三月十日<u>鄭成功</u>率兵進駐料羅灣，派其子<u>鄭經</u>留守廈門。是年三月二十三日（西元 1661 年 4 月 21 日，清順治 18 年）鄭氏率戰艦四百餘艘，官兵二萬五千人自料羅灣啟程，二十四日抵澎湖，至此<u>鄭成功</u>已正式踏入東征台灣之途了。鄭軍抵澎湖後，發現澎湖幾乎無糧可徵，無法讓軍隊停滯澎湖過久，乃決定迅速東進台灣。四月一日（國曆 4 月 29 日）鄭軍離澎湖，倏往台灣，<u>國姓爺</u>拈香祝禱：「望皇天垂憐，列祖默祐，助我潮水…」，四月二日上午鄭軍開始由<u>鹿耳門</u>水道陸續魚貫進入台江內海，正式為台灣史揭開新頁。

永曆 15 年四月二日鄭軍艦隊登陸台灣，與荷蘭雙方海陸大戰，四月六日赤崁之普羅民遮城（今赤崁樓）守將<u>萬倫坦</u>(Jacobus Valentyn)舉城率其眾向<u>鄭成功</u>投降。萬氏投降後，守在熱蘭遮城的荷蘭人雖聞風喪膽，但仍想作困獸之鬥，先派使者與<u>鄭成功</u>談判，由於雙方條件相去太大，即鄭氏要求荷蘭人退出台灣，而荷蘭人只願增加每年的輸貢額，因之談判破裂，雙方繼續對峙。其後巴達維亞城雖曾派軍增援台灣，但仍無法擊退鄭軍。到了 1662 年 1 月，熱蘭遮城的荷蘭守軍已陷於糧缺彈盡援絕的極端困境中。此情況下，<u>鄭成功</u>就於是年 1 月下旬再發動攻擊，經一番戰鬥，荷軍頗有損失，此時熱蘭遮城內能戰的守軍僅剩六百人，作戰士氣低落，<u>鄭氏</u>乃再派人（荷蘭傳教士）入城諭令投降，否則後果將不堪設想。**揆一**此時知已無法繼續與鄭軍對敵，同意有條件投降。於此雙方經五天的談判，於西元 1662 年 2 月 1 日（明永曆 15 年十二月十三日）和約成立，經鄭、荷雙方核准後生效，<u>鄭成功</u>終於將荷蘭人驅逐出台灣，總計荷蘭人自西元 1624 年至西元 1662 年共統治台灣 38 年。

二、漢人王國在台灣之出現及其政制之初建

<u>鄭成功</u>本對東征台灣充滿信心，永曆 15 年（1661 年）四月開始登陸台灣後，即著手台灣的全盤規劃。首先區劃行政區，改赤崁地區為東都明京，設承天府及天興和萬年兩縣，後以東都稱全台，改赤崁城（即普羅民遮城）為承天府治。天興縣轄區包括今之嘉義、雲林、彰化、南投、苗栗、新竹、桃園等七縣市及台中、新北、台北、台南、台中、基隆六市，縣治設在佳里興（今台南市佳里區）；萬年縣轄區包括今之台南、高雄兩市及屏東一縣，縣治設於**二層行**（今台南市仁德區二行里）。是年 12 月熱蘭遮城之荷蘭人投降，鄭氏為紀念其福建故里安平，將之改名為**安平鎮**。澎湖也於此時改設為安撫司，並屯戌重兵以捍衛台灣本島的安全。

<u>鄭氏</u>將行政區劃定後，派**楊朝棟**為承天府尹、<u>莊文烈</u>為天興縣知縣、<u>祝敬</u>為萬年縣知縣，自是郡縣制度初建於台灣。鄭氏王國中央行政組織於永曆 9 年就始設於廈門，即中央設吏官、戶官、禮官、兵官、刑官、工官六官，其地位等於明朝之侍郎，負責掌理六部事務。六官之下設司務（後改稱都事）、協理各一名，負責佐理六官處理事務。

三、鄭經繼延平王位與政制之變革

<u>鄭成功</u>占領台灣不久，因國仇家恨（<u>崇禎帝</u>殉國、祖墳被掘、母親遇難、父親被殺、兒子不肖）齊湧心頭鬱悶難解，於永曆 16 年 5 月初，因病去世。<u>鄭成功</u>去世時，其子**鄭經**尚留守廈門，因私通其弟之乳母產子事件所影響，台灣方面<u>黃昭</u>和<u>蕭</u>

拱辰聯合擁立鄭成功之弟鄭襲繼王位，欲以兄終弟及替代父死子繼。鄭經獲悉台灣生變，迅速率軍東征台灣，大軍抵台後黃昭和蕭拱辰以清君側模式遭斬，鄭經繼延平王位。鄭經平內亂後，將台灣交給顏望忠鎮守，台灣南北部之軍事交給黃安指揮，而自行率領周全斌、陳永華和馮錫範等一批人回廈門加強防務，以為清軍之來襲預做籌防。永曆 17 年（1663 年）9 月滿清與荷蘭聯合出擊金門和廈門，結果雙方損失慘重，鄭氏之金、廈淪陷，退守銅山。翌年春鄭經退守東都。

鄭經退守台灣後，對政制有所變革，即於永曆 18 年改東都為**東寧**，東寧成為全台之稱呼。同時改天興、萬年兩縣為州，各置知州，並於澎湖及南北二路各設安撫使。至於中央官制，在鄭經繼位之後也略有變革。除了再設諮議參軍外，又置察言司、承宣司、審理司、賞勳司和中書科等職官。永曆 28 年 5 月鄭經率軍西征滿清東南沿海，鄭氏以陳永華為「總制」留守東寧，負責總領全台事務，其地位之高如同丞相。永曆 34 年 4 月，陳永華乃請鄭經立鄭克　為「**監國**」，負責決斷政事。從上述中央官制之變革，顯見鄭經繼位後之延平王國，已是一個獨立自主的王國。

第三節　鄭成功的文教與兵屯

一、文教發展

鄭成功出身儒生，對人才培育相當重視，在攻取台灣之前，曾於永曆 8 年（1654 年）設立**儲賢館**和**育胄館**培養人才。到了永曆 15 年，鄭氏占領台灣後，由於兵馬倥傯，未及積極從事文教建設，就於來台隔年永曆 16 年初去世。故鄭成功在台文教建設主要成就，呈現在文教制度的移植與延續和對來台明末文人的照顧上，加上後來陳永華的承繼發揚，讓漢文化在台開花結果。鄭成功啟之，陳永華營之而文教興焉。

（一）官方之推動

永曆 18 年（1664 年）春鄭經退守台灣，軍國大事大多委由諮議參軍陳永華。次年鄭經在台局面漸趨安穩，乃著手積極從事各項措施，有關人才培養之文教措施亦為陳永華所相當重視。是年 8 月陳氏向鄭經提議「**建聖廟，立學校**」，鄭經以為「荒服所創，不但地方侷促，而且人民稀少，姑暫待之將來」，陳氏乃進一步向鄭經說明，內容大致是說：立國最重要的是能培養人才為國所用，而不在國土之大小與人民之眾寡；現在台灣土地肥沃，人民俗醇，又地處海外，只要三十年生聚教訓，國中有人才可用，國本自然鞏固，就能與中原抗衡。鄭氏經陳氏的說明後，同意陳氏的建議，乃擇承天府之鬼仔埔（魁斗山，今台南市南門路）興建先師聖廟（臺南孔子廟前身），其旁置**明倫堂**。永曆 19 年（西元 1665 年）建聖廟、立學校，成為台灣史上第一座孔廟，即【全臺首學】，為當時最早的學校，也是最高學府，意義非凡，由陳永華主持。

當時設學校最主要的目的在於培育國家公務員,即培育為官的人才,因此入學是進入宦途途徑。台灣此時的學校是知識傳播場所,並非教育行政機構,加上出仕又必須透過學校教育,因此學校在<u>鄭</u>氏王國時代,的確對當時的文教發展有相當大的作用,這對漢文化在台灣的發展也打下了基礎,伴隨漢文化成為主流文化,相對於原住民文化而言,鄭氏時代的學校成為原住民文化發展的新障礙。

(二)文人之耕耘

鄭氏王國時代,台灣漢族之文教發展,除上述官方推動外,尚有民間文人的自力耕耘。約在鄭成功占領台灣前後,就有一些漢人孤臣宿儒,或飽學之士也相繼移民來台灣。這些移民來台之文人,以華北人最多,甚少在鄭氏王國中為官。這些文人包括<u>沈光文</u>(善化)、<u>王忠孝</u>、<u>辜朝薦</u>、<u>李茂春</u>(夢蝶園➜法華寺)、<u>沈佺期</u>、<u>張灝</u>、<u>郭貞一</u>、<u>黃驤陛</u>等人。漢族文化在鄭氏王國時代強行侵入台灣社會時,這批文人也發揮了力量,對漢族文教發展是有所耕耘的,其中<u>沈光文</u>在1650年代漂流來台,不僅在高雄內門、台南善化全心教化,更創東吟詩社,開文學之風氣,他不僅有台南市善化區慶安宮第六文昌之尊奉,更有「台灣孔子」的美譽。

二、寓兵於農

(一)拓墾之背景

在<u>鄭成功</u>抗清生涯,他所面臨最大問題可以說是**軍糧問題**。鄭氏的經驗中,號召動員十萬大軍以抗清,並非難事,但要籌集十數萬大軍之糧食,實難如登天。

迨<u>鄭成功</u>在永曆15年(1661年)登陸台灣後,其軍糧、眷糧問題更為嚴重。鄭氏面臨其所率二萬五千軍民的糧食匱乏問題,當時解決乏糧的治本辦法是盡速開發台灣,將大批土地積極有效的拓墾。永曆18年(1664年)<u>鄭經</u>放棄閩粵沿海緊鄰大清版圖諸島嶼,全面退守台灣和澎湖,<u>鄭經</u>率數千軍民到台灣,糧食問題依然為當務之急,拓墾良田仍為必然途徑,**拓墾**成為鄭氏王國時代的重大政務。

(二)鄭成功頒布拓墾準則

<u>鄭成功</u>來台後,為了解決軍民的糧食問題,在登陸台灣不久,即於永曆15年(1661年)5月18日向所率之軍民宣諭拓墾時應守準則。

<u>鄭</u>氏所頒**拓墾準則**共八大條款,明白揭示寓兵於農是拓墾台灣的重要手段,對於如何推展寓兵於農政策,也做了原則的規定。為使寓兵於農之政策能順利推展,並於八大條款中,一再強調不可侵占原住民及在住漢人(指鄭氏軍民未來前即已移民來台的漢人)的耕地和漁區。

(三)寓兵於農之實施

永曆15年(1661年)12月,<u>鄭成功</u>進一步說明**寓兵於農**的理論和實施的辦法。其辦法:留勇衛和侍衛守安平鎮和承天府,其餘諸鎮,按鎮分地,按地開墾,鄉仍稱社,土地面積單位仍用甲;地墾三年後,依地之肥瘠,定為上、中、下三則,用以立賦稅;地墾三年內,有收成者,官府借其十分之三,以供正用;農隙時,則從

事軍訓；有警訊時，則武裝以備應戰；無警訊時，則操農具以事耕作；平日以十分之一人力為瞭望，以便相互接應。

　　永曆 16 年（西元 1662 年）鄭成功去世，其子鄭經繼續推行寓兵於農政策，做為拓墾台灣的主要手段。鄭氏王國所推行之寓兵於農政策，從其實行辦法看來，它具有三大功能，其一是**解決軍糧問題**：鄭氏占領台灣之前，台灣雖有農業發展，但僅限於台南等地，絕大部分人煙稀少，甚多荒地無人耕作，因此無法在短期間提供鄭氏龐大軍隊所需之軍糧。實行寓兵於農，遣軍屯墾軍隊可自耕自食，解決軍糧問題；其二是**保障漢人安全**：昔日鄭氏軍民除了面對大清外敵外，尚需面對島內原住民的反抗，實施寓兵於農，遣軍於各地屯墾，可就近監視原住民動靜，以防原住民突襲，有利保障漢人安全；其三是**促進農業發展**：台灣在荷據時期，雖已有漢人移民來台從事農耕，但為數不多，且侷限於台南等地。鄭成功率軍民二萬五千人來台，實施兵屯等於將一大批少壯勞動力，有組織有計畫的投入農業行列，自然對農業發展產生促進作用。

（四）勞動力之增加

　　提高糧食生產量是鄭氏王國在台灣亟需解決的問題。欲提高糧食生產量，就需增拓生產地面積，欲增拓生產地面積，其重要方法之一即是增加勞動力，因此鄭氏乃有寓兵於農之實施。但單憑軍隊之投入生產，以當時的情況而言，仍嫌勞力不足，難以因應。

　　鄭氏王國為了解決勞力尚嫌不足的問題，不論鄭成功或鄭經，都曾採取強迫其軍人搬眷來台及招納大批漢人流民來台等方策。所謂強迫其軍人搬眷來台，指的是鄭成功取台之初，及鄭經西征大清東南沿海時，尚有軍人留眷在東亞大陸，而鄭氏父子強令其軍眷搬遷來台之謂。至於招納大批漢人流民來台一項是指永曆 15 年鄭成功轉進台灣後，滿清為了要凍結鄭氏的資源和兵源，行堅壁清野之策，曾下遷界令，造成大清東南沿海流民四起，鄭氏趁機招納之謂。除此之外，鄭氏王國也曾將其占領東亞大陸時的罪犯放逐到淡水，從事拓墾工作。【流浪到淡水】

（五）水利設施

　　拓墾的重要工作之一為水利建設，鄭氏王國時代所築之水利設施，根據清朝初領台灣時所編纂之台灣諸方志的記載，約有二十處，與明鄭早期土地的開發與聚落的發展有密切關係，例如：

　　陂仔頭陂：在文賢里，今台南市仁德區。

　　大湖陂：在長治里，今高雄市湖內區大湖附近。

　　這些水利設施，以工程規模不大之築堤以儲積雨水的為多，而工程規模較大之截流引水的則較少。

(六)拓墾範圍

永曆 15 年（1661 年）<u>鄭成功</u>轉進台灣後，在台灣建立獨立的漢人王國，迨清康熙 22 年（1683 年）消滅鄭氏王國，鄭氏共在台統治 21 年。歷經<u>鄭</u>氏三代的大力拓墾台灣，究竟鄭氏時代在台拓墾的範圍有多大，目前無法一一陳述。大體而言，其時拓墾的範圍始自承天府、安平鎮，以其南北附近的文賢、仁和、永寧、新昌、**仁德**、依仁、崇德、長治、維新、嘉祥、仁壽、武定、廣儲、保大、新豐、**歸仁**、長興、**永康**、永豐、**新化**、永定、善化、感化和開化等二十四里為中心，漸次向外開展，南至鳳山、恆春，北及嘉義、雲林、彰化、埔里、苗栗、新竹、淡水和基隆等地。以上除承天府、安平鎮和另二十四里外，其餘南北各地之拓墾，大多呈點狀的分布。至於鄭氏王國時代究竟在台拓墾多少田園，目前雖無可考，但有文獻記載清朝領台時，經清廷清查得知滿清領台初年全台已拓墾的田有 7,534 甲 5 分 7 釐 7 毫，園有 10,919 甲 2 分 8 釐 6 毫，合計田園面積為 18,453 甲 8 分 6 釐 3 毫。

鄭氏王國末期，因抽壯丁作戰，勞動力較前減少，田園耕作面積自然也有所減少，到了清軍侵入台灣，田園拋荒者不少，因之滿清領台初年清查所得之田園面積，理應比鄭氏王國時代已拓墾的面積還少。換言之，鄭氏王國時代所拓墾的田園面積，推估當超過 18,454 甲以上才是。鄭氏時代的田園依所有權歸屬而分，可分為三大類：一為荷據時代的「**王田**」，屬鄭氏王國政府所有的叫「**官田**」；一為由鄭氏王國之宗室、文武官員、士庶有力人士招佃開墾而成的私有田園叫「**私田**」；一為駐防各地營兵，就所駐之地，開墾而成的田園叫「**營盤田**」。其中營盤田是一大特色，現今地名如新營、下營、柳營（查畝營）、左營、左鎮、前鎮、旗山、旗後、後勁、燕巢（援勤）、右昌（右衝）、林圯埔（今竹山），皆為部隊兵屯之遺跡。

<u>鄭成功</u>轉進台灣，在台灣首建漢族王國，由於漢人是一農耕文化高度發展的民族，加上面對大清帝國的併吞危機，亟需壯大其國力，拓墾乃成為必然手段，而漢人在此前提下透過有組織有計畫的拓墾活動，相對於原住民而言，其生存空間在荷蘭退出台灣之後不僅沒有恢復，反而迅速的縮小。因此，鄭氏王國的出現，就原住民的立場而言，毋寧說又面臨一次生存發展的危機。拓墾的成果牽動土地的零和，有如蝴蝶效應般影響原住民對<u>鄭成功</u>的負面評價和對漢人的認知，據說原住民不分族羣的稱漢人為「壞人」（台語），此與強勢拓墾有相關性。

第四節　東寧王國的經營

一、鄭成功轉進台灣後所面對的經濟困境

由於<u>鄭成功</u>在滿清東南沿海從事反清運動，滿清在軍事上又一直無法打敗鄭軍，滿清政府於清順治 13 年（1656 年，明永曆 10 年）實施**海禁**，對<u>鄭</u>氏實施經濟封鎖。此項海禁政策行之有年，但未能獲得預期的成果，清廷乃於順治 18 年採<u>鄭</u>氏叛將<u>黃梧</u>所獻的**遷界政策**，將山東、江浙、閩粵海邊居民，向內地遷徙，企圖堅壁清野，

對鄭氏做徹底的經濟封鎖。滿清這二項政策，並沒有達到封鎖鄭氏經濟的目的，也就是說滿清政府對鄭氏的經濟封鎖並沒有成功。鄭氏之所以能突破滿清的經濟封鎖，其原因之一是鄭氏透過厚賂滿清守口官兵，以取得貨品；其二是鄭氏有一嚴密的商業組織，即五商【＊分為山路五商、海路五商。**山路五商（五行）**為金、木、水、火、土五行，收購各地特產輸往廈門；**海路五商（五常）**為仁、義、禮、智、信五行，將東亞大陸物資運銷東北亞和東南亞各國】透過此一組織，可突破種種貿易障礙。

　　滿清政府對鄭氏所採的**海禁**和**遷界**辦法，不僅沒有達到封鎖鄭氏經濟的目的，甚至於反而助長了鄭氏的經濟力量,蓋由於東亞大陸東南沿海居民,被禁出海通商,使鄭成功反而得以操縱壟斷中外貿易，從中獲取更多利潤。

　　鄭成功於永曆 15 年（西元 1661 年）轉進台灣，當時由於台灣漢人有限，台灣原住民的經濟活動又非以農業為主，台灣一時難以供應鄭氏所率軍民所需糧食，鄭氏乃積極於拓墾事業,對國際貿易之經營,自然無法如以前積極,加上永曆 18 年（西元 1664 年）鄭經因金廈戰敗，退守台灣，其五商在東亞大陸的基地全失，滿清的海禁和遷界政策又沒有解除，台灣對滿清帝國間的走私貿易，一時有斷絕之勢，國際貿易也隨之衰頹，此時鄭氏在經濟上的處境可說相當困難。

二、鄭氏王國再打開對滿清帝國的走私貿易

　　鄭經於永曆 18 年（1664 年）放棄東亞大陸東南島嶼，退守台灣，初仍積極從事拓墾。永曆 20 年左右鄭經在台的布局漸形安定，陳永華於此時曾說「（台灣）安插已定，船隻整備，又加年豐，但寸帛尺布價值甚高。」並嘆說:「台灣遠隔汪洋，貨物難周，興販維艱」，陳氏乃建議設法打開與滿清帝國的走私貿易，以改善台灣物資不足的現象，並藉以促進國際貿易，令台灣賺取更多的利潤。鄭經依陳永華之建議，派江勝率一水師進駐廈門。江勝在粵東游民領袖邱輝的協助下，擊退盤踞廈門的陳白骨與水牛忠集團，在**不騷擾清軍**和**不擄掠百姓**的前提下，賄賂滿清邊將，取得通商貨物。如是，江勝果然得以在廈門開市，滿清東南沿海居民，祕密乘夜負貨來廈門從事走私貿易者絡繹不絕，台灣與東亞大陸間的走私貿易途徑又漸打開。

三、對英國之貿易

　　為促進台灣與國際各國間之貿易，鄭經乃行函各國，積極鼓勵外人前來台灣通商。此時英國極欲開展東亞貿易，就在永曆 24 年（西元 1670 年）間英國東印度公司派克利斯布(Ellis Crisp)自蘇門答臘的班丹(Batam)率船於 5 月 7 日到達台灣，與台灣當局洽談通商事宜。台、英雙方於是年 7 月達成通商協議，其主要內容為：台灣王允准不阻撓掛有英國旗幟之船隻的海上航行、英人可在台自由交易、英人可將在台購得之鹿皮、蔗糖和一切台灣土產裝運到日本、馬尼拉或其他地方，互相保護對方人民之安全，英人得隨時接近台灣王國之官員，英人可在台灣自由旅行，台方應以時價出售貨物，英人可自由轉運或輸出白銀與黃金，英國可隨時撤銷其商館運走一切財物離去，英方有必要時得提出其他要求；台灣（東寧）王國向英方要辦事項

有：英人租用房屋須繳年租金 500 比索(Peso)（中南美諸國、墨西哥及菲律賓之貨幣單位），英方出售進口貨品須繳百分之三的海關稅，出口貨物免稅，英方船隻進入港口後須將武器火藥交由台灣當局保管至返航時刻，**英方須經常留一鐵匠替台灣王國製造槍砲**，英船來台時每船必須載有火藥、火繩槍、黑胡椒、黑布、藍布、白檀木等貨品。

永曆 25 年（1671 年）英國東印度公司批准上項協議，並准在台灣設立商館，次年正式在**安平**設立商館，此外並進行商談簽訂正式通商條約事宜。台、英雙方經一番交涉，乃於該年（陽曆）10 月 13 日正式簽訂通商條約，其內容與永曆 24 年所訂之協議內容大致相同，惟未將英方來台船隻，每船應載貨物品名加以列舉，而代之以英方同意每年將台灣王國所需之貨物運到台灣的條文。

英國原以為與台灣建立通商關係後，接著可恢復與日本貿易關係，並擴展其東亞貿易，遂於 1672 年（永曆 26 年），與台灣簽訂通商條約。當其船隻行抵日本時，因遭荷蘭人阻礙，無法達成與日本恢復貿易之目的。英國雖打開與台灣通商之門，但並未能達成擴大東亞貿易的預期效果。

台灣與英國東印度公司雖然曾三訂通商條款，但雙方間之貿易一直不太順利。永曆 34 年（1680 年，清康熙 19 年）2 月，鄭氏王國奪回的海澄、廈門又為滿清所占領，<u>鄭經</u>遂率軍退守台灣和澎湖，此時台灣經濟已陷入困境。在此情況下，台灣和英方間的貿易已難繼續維持，英國東印度公司班丹分公司於 1680 年的 7 月，下令撤銷該公司在台灣的商館，僅留一名代理人員繼續在台處理業務，至此台灣和英方間的貿易可說已譜下休止符。

四、對日本、南洋各地的貿易

鄭氏王國始創者為<u>鄭成功</u>，其父<u>鄭芝龍</u>發跡地在日本，台灣又與日本為鄰，基於人脈和地緣的關係，台灣的鄭氏王國一直與日本關係相當密切，尤其與日本貿易關係更是不可分割。

台灣在鄭氏王國時代所生產的商品，大體而言是先銷往日本。銷往日本的貨物，主要是**蔗糖**和**鹿皮**，除此之外還有樟皮、米穀、絲織品和藥材等。台灣自日本輸入的貨物，主要是銅、鉛和武器等。台灣自日本輸入的銅，一方面是用以轉販給其他亞洲國家以謀利，另一方面是用來鑄造錢幣和製造武器。由此可見當時台灣由日本輸入的貨物，主要是軍用物資。

鄭氏王國時代的台灣，也與南洋各地有貿易關係，台灣到南洋的商船，有**呂宋（菲律賓）**、汶萊、暹邏（今泰國）、高棉（今柬埔寨）、交趾（今越南）等，其中以到**呂宋**的為最多，曾經出現一年有五艘或六艘之多，往南洋其他各地的每年有一、兩艘。然而就整體而言，台灣商船以到**日本**的數量最多，在十七世紀中葉前每年平均有大商船 14 至 15 艘到日本交易，其後因台灣與滿清帝國戰爭關係，社會動盪不安，貨源缺乏，船隻折損，出航到日本的台灣商船漸少。到 1680 年<u>鄭經</u>自東亞敗退回台灣之後，出航日本的台灣商船更少，但也仍有八艘之多。由此可見鄭氏王國時代，台灣與日本間的貿易，始終相當繁盛。

第五節　鄭氏三代與施琅功過

一、鄭氏三代

　　東寧王國、歷經**鄭成功**、**鄭經**及**鄭克塽**三代，總共二十一年（西元 1662～1683年）。基本上，可說是鄭成功開之，陳永華營之，由於鄭成功的兵屯政策及官制訂定，明鄭有了一個好的開始，循著鄭成功當初規劃的藍圖，甚至鄭成功死後更成為台人的守護神，以及精神凝聚的重心，他留給兒子的諮議參軍陳永華，有「**東寧諸葛**」、「**明鄭臥龍**」的美名。對於鄭經的輔佐，從文教、貿易、漁鹽等面向，蓄積國力，保住明朝的一縷命脈，與不斷成長的國力，和大陸滿清抗衡，最後隨著陳永華的去職與鄭經的過世，明鄭再度陷入骨肉相殘的王位爭奪，最後雖由權臣馮錫範的女婿鄭克塽（支持者）襲殺其兄長鄭克𡐒（陳永華的女婿）取得王位，不到兩年，有如秦朝趙高、李斯之殷鑑，由不斷排除異己的馮錫範和劉國軒所主導的政權呈現紛亂而搖墜，鄭氏王國隨著施琅來台走入歷史。

二、施琅功過

　　公平而客觀的予施琅評價，不因其過而掩其功，亦不以其功飾其過，為研究歷史的使命。康熙 25 年（西元 1686 年）時人以琅入台不戮一人，且奏請保台，勿棄民、免遷徙，遂建祠以報之。另一為澎湖媽宮澳（今馬公）東街的施將軍廟，由當地軍民籌建，距今約七、八十年前遷至馬公市中央街一巷十號，名「施公祠」，為目前台澎地區唯一供奉施琅的祠廟，位於天后宮左側小巷中，為一平屋式建築，十分簡陋。祠內具史料價值者，僅道光 15 年（1835 年）福建澎湖水師副總兵官詹功顯所立「寰海皆春」匾額，及道光 23 年（1843 年）重修施公祠所立之碑石。比較二祠興廢，發覺台民雖感施琅恩德，立祠祀之。但施琅畢竟為明鄭叛將，故其祠毀後，未再重建。雍正 10 年（西元 1732 年），曾命入祀臺南孔子廟名宦祠，就有人為詩譏之：「施琅入聖廟，夫子莞爾笑；顏淵喟然嘆：吾道何不肖！子路慍見曰：此人來更妙，夫子行三軍，可使割馬料！」。於澎湖居民心目中，可能因施琅親率士卒攻克，故評價較高，將施琅神化，香火不斷，至今仍祀之。

　　施琅固有其缺點、過失，吾人卻不能因而泯沒其保台之功，故「就**民族革命的觀點**來論，施琅應是一個**罪人**，從**國家統一的觀點**來論，他是一位**功臣**。其**力爭台灣之斷不可棄**，於**民族國家均有功**。否則站在中國觀點，漢人流血流汗所經營開發的台灣，勢將與祖國分離。十七世紀晚期歐洲國家積極在東方掠奪領土之時，台灣又為荷蘭、西班牙舊遊之地，他們絕不會輕易放過，台灣的地位將不堪想像」，正是持平之論！**施琅**和其兒子**施世驃**的牌位，入祀臺南孔子廟**名宦祠**，同享香火；台南市**將軍區**更是昔為施琅靖海侯（靖海將軍）受封地而得名，歷史功過殊難論斷，影響深遠自然分明。

鄭成功生平簡表

西元	對照年代		年齡	相關重要地點	大事紀
1623	明天啓 3 年 清太祖 8 年	日元和 9 年	出生前 1 年	日本、澎湖	• 父鄭芝龍娶母田川氏為妻。 • 荷蘭於澎湖建城堡，並於台灣建造簡單城砦。
1624	明天啓 4 年 清太祖 9 年	日寬永元年	出生	日本平戶、澎湖	• 九州長崎縣平戶市千里濱誕生，乳名福松。 • 父鄭芝龍與顏思齊由日本長崎亡命至笨港（北港）。 • 荷蘭人退出澎湖，正式於台灣（大員）建「奧倫治城」。
1625	明天啓 5 年 清太祖 10 年	日寬永 2 年	2 歲	台灣、金門、廈門	• 顏思齊死後，父鄭芝龍成為台灣海商（賊）集團首領，並進泊金門與廈門，眾至數千。
1626	明天啓 6 年 清太祖 11 年	日寬永 3 年	3 歲	台灣、	• 西班牙經營北台灣。 • 荷蘭與日本發生「濱田彌兵衛事件」。
1627	明天啓 7 年 清太宗元年	日寬永 4 年	4 歲	台灣	• 荷蘭城堡（奧倫治城）改名為「熱蘭遮城」。
1628	明崇禎元年 清太宗 2 年	日寬永 5 年	5 歲	日本	• 向日人花房氏習劍。 • 父鄭芝龍就撫降明，封廈門海防游擊，坐鎮閩海。
1630	明崇禎 3 年 清太宗 4 年	日寬永 7 年	7 歲	日本、台灣	• 回中國福建省南安縣安平鎮。
1631	明崇禎 4 年 清太宗 5 年		8 歲	福建、台灣	• 父鄭芝龍招饑民，人給銀三兩、三人牛一頭，渡台墾荒。
1634	明崇禎 7 年 清太宗 8 年		11 歲	福建	• 讀書私塾作「灑掃應對進退」文令師驚奇。 （湯武之征誅，一灑掃也；堯舜之揖讓，一應對進退也）
1638	明崇禎 11 年 清崇德 3 年		15 歲	福建	• 補弟子員試列高等、食廩。 • 金陵術士曾云：「此奇男子骨相非凡，命世雄才非科甲者」。
1641	明崇禎 14 年 清崇德 6 年		18 歲	福建	• 娶妻董氏，1642 年 10 月生子鄭經。
1644	明崇禎 17 年 清順治元年		21 歲	南京	• 在南京太學讀書，師錢謙益，為其取字明儼，號大木。 • 李自成稱帝破京師，明崇禎帝自縊於煤山。 • 清攝政王多爾袞入北京。
1645	明隆武元年 清順治 2 年		22 歲	中國	• 由南京回福建，唐王聿鍵稱帝福州改元隆武。 • 隆武帝詔賜國姓朱，名成功，習稱「國姓爺」。 • 母田川氏（翁氏）由日本長崎到泉州。
1646	明隆武 2 年 清順治 3 年		23 歲	中國	• 父降清，母自盡。 • 受封「忠孝伯」掛招討大將軍印。
1647	明永曆元年 清順治 4 年		24 歲	中國	• 小金門起義募兵，後得廈門堂哥鄭聯及鄭彩之軍隊，以廈門鼓浪嶼為復明基地。
1648	明永曆 2 年 清順治 5 年		25 歲	中國	• 占領同安達半年（3~9 月），上表永曆帝奉明正朔，封「威遠侯」。
1649	明永曆 3 年 清順治 6 年		26 歲	中國	• 第一次南征入潮州駐師，澄海、海山、潮陽收平之。 • 屢敗清兵威名益著，永曆帝封「漳國公」。 • 控金、廈兩島軍力日強，廈門改稱「思明州」作為紀念。
1650	明永曆 4 年 清順治 7 年		27 歲	中國	• 組鐵面軍（全身披鐵鎧，只留兩目，執斬馬大刀，列置陣首，矢統不能傷。 第二次南征勤王。 • 12 月廈門失陷。

西元	對照年代		年齡	相關重要地點	大事紀
1651	明永曆 5 年 清順治 8 年		28 歲	廈門	• 3 月廈門圍解。 • 部將施琅降清，任水師提督。 • 魯王來依，張名振、阮駿將兵附，成功兵力遂及漳、泉兩府。
1652	明永曆 6 年 清順治 9 年		29 歲	中國	• 第三次南征下潮，揭掃沿海清之據點。 • 取海澄，後進圍漳州之地失利。
1653	明永曆 7 年 清順治 10 年		30 歲	海澄	• 清引大軍攻海澄，親當矢石督衆力戰，清敗而退。
1654	明永曆 8 年 清順治 11 年		31 歲	漳州	• 清順治帝以敕封鄭成功為「海澄公」誘降，成功不受。 • 攻漳，劉國軒降，入漳。 • 明昭宗（永曆）敕封鄭成功為延平王，鄭成功謙辭不受。
1655	明永曆 9 年 清順治 12 年		32 歲	閩浙、金門	• 北討閩浙，統兵入長江，攻崇明敗。 • 清晉封潮王招降，終不受。所部衆 72 鎮設六官分理庶政，設儲賢館、育冑館。 • 迎魯王歸金門。 • 永曆帝封延平王。
1656	明永曆 10 年 清順治 13 年		33 歲	海澄	• 黃梧降清失海澄，並計獻清廷「平海五策」：1.遷界政策，將沿海居民內遷三十里，以堅壁清野；2.將所有船隻，全部燒毀，寸板不得出海；3.沒收鄭產並斷商賈絕金濟，嚴懲與鄭氏貿易官民；4.掘鄭祖墳斷命脈、毀風水並挫其志；5.誅鄭黨或將投誠官兵移往各省分墾荒地，以絕後患，又可建設。
1657	明永曆 11 年 清順治 14 年		34 歲	廈門	• 大舉北伐，但清兵來犯，乃引兵回廈。 • 荷蘭通事何斌，侵荷銀恐東窗事發，故其平日划小舟，暗測鹿耳門港道並繪圖私藏，伺機獻成功。(何斌獻圖)
1658	明永曆 12 年 清順治 15 年		35 歲	中國	• 北伐直抵南京（金陵）。 • 其子睿、裕、溫落海溺斃
1659	明永曆 13 年 清順治 16 年		36 歲	江寧	• 第二次北伐，輕敵有詐。 • 提督萬禮獨戰失援，力竭而亡。 • 甘輝抵敵奮殺數百人，但不幸被擄不屈被殺。
1660	明永曆 14 年 清順治 17 年		37 歲	福建	• 遣商船貿易台灣。 • 江南敗歸，何斌獻荷人軍事佈署圖與台江水道圖，親征攻台之計就此定案。
1661	明永曆 15 年 清順治 18 年		38 歲	金門、台灣	• 3 月 1 日金門料羅灣祭江興師進軍台灣，23 日東航。 • 4 月 1 日抵台灣登鹿耳門，掌握海水漲潮，故舟行無礙，夜泊禾寮港直取普羅民遮城。 • 設一府（承天府）、二縣（天興縣、萬年縣）。 • 實施兵屯，寓兵於農，圍困熱蘭遮城荷人長達 9 個多月。 • 勵行法治，撫綏番族，獎勵移民。
1662	明永曆 16 年 清康熙元年		39 歲	台灣、廈門	• 2 月 1 日鄭荷簽訂和約撤出台灣。 • 鄭經狎弟之乳母生子，特令部屬赴廈門殺經和陳媼及夫人，金廈諸將不從。 • 5 月 8 日未時，成功病死安平。

台灣地名之由來

一、與地形有關

1. 崙：沙丘（丘陵）　Ex－雲林崙背鄉、三十六崙（新化）、三條崙、砂崙、崙仔頂
2. 洲：沖積灘地　Ex－外傘頂洲、溪洲、中洲
3. 坪：高而平的溝坪　Ex－大坪頂、坪林
4. 壢：台地之河谷（凹下的低地）　Ex－中壢、內壢、下壢
5. 崁：不平之地　Ex－赤崁、崁頂、南崁、大嵙崁（大溪）
6. 鯤鯓：近水有鹽分之沙洲（鯤－鯨魚）　Ex－南鯤鯓、二鯤鯓、四鯤鯓
7. 崎：高地　Ex－龍崎、竹崎
8. 坑：低地　Ex－深坑、大坑
9. 墘：旁邊　Ex－溪墘、車路墘
10. 塭：魚池　Ex－塭南、公塭
11. 墩：土堆　Ex－葫蘆墩（豐原）
12. 津：碼頭　Ex－旗津、月津（鹽水）
13. 澳：小港灣　Ex－蘇澳、澳底
14. 峽：三峽（三河交會處）
15. 嶼：蘭嶼、西嶼、烈嶼
16. 埔：北埔、鹽埔、內埔、大埔
17. 溪：平溪、大溪、礁溪、溪口
18. 巒：迂迴連綿的山　Ex－萬巒

二、與氣候有關

1. 恆春（屏東）：四季如春
2. 阿罩霧（霧峰）：多雲霧
3. 雨港（基隆）：多雨
4. 風城（新竹）：風強

三、與開墾有關

1. 犁：土地開墾面積之計算單位　Ex－二張犁、三張犁、六張犁、七張犁
2. 股：土地經營者之股份　Ex－七股、五股
3. 結：漳州籍開墾之繳稅單位　Ex－四結、頭結、二結
4. 田：明鄭時期公家開墾的集村　Ex－官田、王田
5. 佃：租別人的田地耕種　Ex－十二佃、十三佃、海佃
6. 份：開墾分田　Ex－頭份
7. 甲：台灣土地面積單位　Ex－一甲、六甲、七甲、八甲、十三甲、

四、與防禦有關

1. 堵：短牆　Ex－五堵、六堵、七堵、八堵
2. 圍：籬笆　Ex－壯圍鄉、五圍（宜蘭市）
3. 城：土城、頭城、城中
4. 柵：木欄　Ex－木柵
5. 營、鎮、勁、旗：兵屯區　Ex－新營、柳營、下營、林鳳營、左營、前鎮、後勁、旗山、援勦（燕巢）、右衝（右昌）

五、 與語言有關

1. 三貂角（Santiago 聖地牙哥）：西班牙語
2. 太魯閣：高山族語
3. 八芝蘭（士林）：平埔族語
4. 羅東（老懂－猴子）：平埔族語
5. 追分、瑞穗、高雄：日本語
6. 美濃：客家語
7. 艋舺（獨木舟）：平埔族語
8. 屋：客家語，Ex：新屋
9. 厝：閩南語，Ex：後壁厝、田厝、番薯厝

六、與灌溉有關

1. 埤：低窪潮濕的地方　Ex－埤頭、虎頭埤、大埤、葫蘆埤（官田）
2. 圳：水溝　Ex－瑠公圳、施公圳（八堡圳）、曹公圳（下淡水溪－高屏溪）
3. 塘：水池　Ex－九曲塘（堂）、竹塘
4. 潭：深的水坑　Ex－龍潭、獅潭

七、與產業有關

1. 廍：舊糖廠
2. 苓：流刺網（捕魚網）　Ex－苓仔寮、苓雅區
3. 滬：固定漁具　Ex－滬尾
4. 林：大林、二林、樹林、茄林
5. 鹿：鹿谷、鹿野、鹿港、鹿草
6. 竹：竹山（林圯埔）、竹田
7. 梅：梅山、梅嶺

八、與姓氏有關：Ex－汪厝、姓鄭仔、蘇厝、龔厝、延平鄉（鄭成功）、國姓鄉（鄭成功）、成功村（鄭成功）、將軍區（施琅）、太保市（王得祿）

九、與統治階段有關

1. 荷蘭人：鹿港、鹿谷、鹿野、樟樹灣、樟樹林、火燒樟
2. 鄭氏：新營、下營、大營、柳營、左營、前鎮、旗後
3. 清朝：府城、艋舺、諸羅山、大目降、打狗、打貓、恆春
4. 日據：豐原、神岡、岡山、高雄、民雄、關山、田中、清水、春日
5. 中華民國：九六新村、湯山新村、果貿新村、大鵬八村、凌雲二村、鵬程、精忠三村、影劇新村、富台新村、清泉崗、崇誨國宅、禾豐特區、玫瑰新城、林肯大郡、淡水新市鎮、鴻禧山莊、東方巨人、長谷聯合國、大林國宅、台北 101。

🏛　台灣名稱來源之通說：台窩灣（Taioan 平埔族語）→大員（Tayouan　台語）→台灣（Taiwan 國語）　🏛

參考資料

陳純瑩：《明鄭對台灣的經營》（碩士論文），台北：國立台灣師範大學歷史研究所，1986年。

江日昇：《台灣外記》（河洛版）。

周宗賢：《逆子孤軍鄭成功》，台北：萬象圖書，1996。

周雪玉：《施琅攻台的功與過》，台北：臺原出版社，1990。

林勇：《台灣城懷古集》，台南：著者自印，1960。

陳三井總纂：《鄭成功全傳》，台北：台灣史蹟研究中心，1979。

陳虹：《清領前台灣山地行政研究》，台北，文津，1974。

傅朝卿、詹伯望：《國姓爺・延平郡王・開台聖王－圖說鄭成功與台灣文化》，台南市：台灣建築與文化資產出版社，2006年4月。

湯錦台：《開啓台灣第一人－鄭芝龍》，台北：果實，2002。

楊碧川：《簡明台灣史》，高雄：第一出版社，1987。

鄭親池：《平戶與鄭成功》，台南：鄭氏宗親會，1997。

謝碧連：《陳永華－理臺功臣東寧總制》，台南：台南市政府，2005。

謝進炎、何世忠編著：《鄭成功傳奇性的一生》，台南：世峰，2000。

王耀東：《赤嵌樓》，台南市：南市文化局，2013。

陳春生：《明鄭復國論》，台大政研所碩士論文，1970。

曹永和：＜鄭氏時代之台灣墾殖＞，台銀季刊第六卷第一期。

陳芳明：＜鄭成功與施琅＞，收錄於張炎憲等編：《台灣史論文精選集》，台北：玉山社，1996。

國立政治大學文學院編輯：《第五屆中國近代文化問題學術研討會論文集－中國近代文化的解構與重建：鄭成功、劉銘傳》，台北：政大文學院，2003。

黃富三：＜台灣問題的歷史淵源＞，二十一世紀基金會主辦「公共政策研討會」論文。1988年12月29日。

揆一(C.E.S)原著，林野文譯：《被遺誤的台灣：荷鄭台江決戰始末記》，台北：前衛，2011。

台江國家公園主辦：《台江荷蘭商館整體規劃國際研討會暨工作坊大會手冊》，2014年9月4~6日。

國立臺南大學文化與自然資源學系、台南市刺桐城文史工作室主辦：《「寧南延平偕福德」文史研習會手冊》，2015年5月9日。

　　滿清終結在台的鄭氏王國後，卻未立即設官治理，其心態上究竟並非以**在台居民的福祉**為考量關鍵，經過主張「**棄**」與「**留**」的兩派之爭，隔年康熙 23 年(1684)始在<u>施琅</u>曉以利害，降格以求的情況下，設官治理，連帶的**渡台禁令與官兵三年輪調**的配套措施，也決定了台灣接下來 190 餘年交織著先民偷渡開拓血淚，但卻黑白無華歲月的命運。後來迭因內亂與外患才被動調整的官治，官府更永遠趕不上民間實際的需要，總是在付出代價後，才做亡羊補牢的動作，從未積極防患未然，故而求神明、找同鄉、結會黨而尋私了，反亂變成了宿命，因此，三年一小反，五年一大亂，不少先民，因而命喪黃泉，客死異鄉，台灣**萬善同歸**的有應公系列信仰，即在這種歷史背景下所形成的文化特色，尤其土地開拓與水源爭奪，使衝突更白熱化，**羅漢腳**成了孤獨、悲哀、流浪、不幸、橫屍，有如客途秋恨的代名詞。

第一節　台灣棄留論與設官及調整

一、台灣棄留的爭議

　　清康熙 22 年(1683 年)滿清政府派<u>施琅</u>率兵攻打台灣，<u>鄭成功</u>之孫<u>鄭克塽</u>因勢力不敵乃向滿清投降，鄭氏王國隨之告亡。

　　滿清攻下台灣後，朝廷中有人認為台灣是野蠻人住居其間的蠻荒之地，未便管理，對中國而言沒什麼價值，主張放棄台灣，將台灣之漢人遷回中國大陸。當時連<u>康熙</u>皇帝也曾認為「台灣僅彈丸之地，得之無所加，不得無所損」，可見當滿清拿下台灣之初，對台灣棄留舉棋不定。

　　正當滿清中央一派主張對台採明洪武 20 年（1387 年）墟澎模式（墟置澎湖，遷島民回泉州，放棄主權）之際，<u>施琅</u>於康熙 22 年 12 月 22 日以【**陳台灣棄留利害疏**】上書<u>康熙</u>皇帝，強烈反對放棄台灣。<u>施氏</u>認為放棄台灣，則台灣或成為海盜聚集地，或將落入外國人之手，如此將嚴重威脅到中國沿海的國防安全和地方治安。<u>施氏</u>於其疏中之最後強調台灣地位之重要已到即使是不毛之地，也需藉由中國大陸之經濟來保住它；更何況只要將中國大陸溢設之官兵移駐台灣，亦不致增加政府之財政負擔。

　　清<u>康熙</u>皇帝看過<u>施琅</u>奏疏後，在康熙 23 年（1684 年）正月決定不放棄台灣，理由是基於鞏固中國東南沿海國防和地方治安的考量，在不增加中央政府之財政負擔和不增加兵員人力的前提下，才將台灣納入版圖，至於台灣在漢民和原住民之福祉，並非決定台灣棄留之關鍵所在。

二、設官及調整

(一)文職機關初設

　　滿清既將台灣納入版圖，經中央和地方大員商議結果，決定在台灣設文職統治機關。清康熙 23 年（西元 1684 年）4 月下令在台灣設台灣府，隸福建省管轄，並廢鄭氏王國時代之天興州和萬年州，將之改設為台灣、鳳山、諸羅三縣，隸台灣府管轄。此三縣之轄境範圍大小不一致，所管轄之坊、里、莊、鎮和社數多寡不等，各縣境內人口眾寡也並不相同。

(二)雍正乾隆年間廳縣之設置與調整

　　隨著移民來台者增加，漢人在台灣開闢範圍也益加擴大。當時諸羅縣知縣周鍾瑄也認為漢人移民活動地區，已愈遠離縣治，侵犯原住民之權益愈加嚴重，勢必會釀成大禍。

　　康熙 60 年（1721 年）5 月台灣發生**朱一貴事件**，此為滿清統治台灣以來，最具規模的一次動亂。此事件給滿清中央及閩浙地方政府的震撼甚大，因此清帝下令嚴懲此事件中逃到澎湖之道府廳縣各文員，並令研議台灣善後問題。藍鼎元主張自**半線**（今彰化）以北增兵及別置一縣。

　　藍鼎元的半線以北別置一縣的主張，由閩浙總督覺羅滿保、水師提督姚堂及巡台御史吳達禮等向清廷奏請後，清廷遂於雍正元年 8 月下令在諸羅縣北側半線地方別設一彰化縣，並於縣北部淡水地方設一捕盜同知，從此台灣多出彰化縣和淡水分府（淡水廳）。

　　雍正時的廳縣區劃調整，使得原本的台灣、鳳山、諸羅三縣轄區均大幅縮小，即諸羅縣分出彰化縣、淡水廳，台灣縣之澎湖巡檢獨立為一廳。

　　迨至乾隆 20 年（1755 年）代，全台仍劃分為一府四縣兩廳，府縣廳文職機關及其轄區並無調整。至乾隆末年，台灣府廳縣文職機關無增減，仍維持一府四縣兩廳的格局，只是在乾隆 52 年（西元 1787 年）林爽文之亂後，**諸羅縣改名為嘉義縣**而已。

(三)噶瑪蘭廳的設置

1. 蛤仔難地方設置文職機關的醞釀

　　乾隆 51 年（1786 年）11 月林爽文率眾反抗滿清政府，同時期已有漢人吳沙等進駐三貂角且與原住民建立了良好的關係。

　　自乾隆年間**吳沙**【真成拓土無雙士，正是開蘭第一人】進入三貂角之後，漳、泉、粵三籍人士至該地者，愈來愈多。嘉慶元年（西元 1796 年）9 月漢人移民已推進到烏石港南邊，築土圍開墾荒地，此地即為頭圍（頭城）。至嘉慶 4 年吳沙去世後，漢人已拓墾至四圍。

嘉慶 5 年（1800 年），橫行於中國東南之浙、閩、粵的大海盜蔡牽，初次侵擾台灣，其後更食髓知味數次來台灣騷擾。嘉慶 11 年（1806 年）蔡牽率眾至蛤仔難之烏石港，欲占領之，經當地墾民和原住民合力拒退。同年 9 月台灣知府**楊廷理**再向清廷建議開發蛤仔難，但仍然沒有結果。

2. 噶瑪蘭廳的設置

由於謝金鑾見到蛤仔難設官事屢遭擱置，乃將其所著〈噶瑪蘭紀略〉遞交其在京師的同鄉少詹事（官名）梁上國，請梁氏將蛤仔難設官之必要轉奏清廷。梁氏遂於嘉慶 13 年上奏清廷，於奏摺中說：基於收攬民心，增加全台灣的經濟利益，鞏固海疆治安和國防安全，建議朝廷在蛤仔難地方設置廳縣。梁氏之奏疏受到清帝極大的重視，因此在同年 12 月，清帝飭令將梁氏奏摺交閩浙總督阿林保和福建巡撫張師誠悉心研究後再行奏報，可見清廷似乎已有意在蛤仔難地方設置廳縣，梁氏的奏言已成為蛤仔難設廳縣的關鍵所在。

嘉慶 15 年 4 月，閩浙總督方維甸上奏，請清廷將蛤仔難正名為**噶瑪蘭**，並收為版圖；方氏在奏中強調，若將噶瑪蘭置之化外，恐台灣日後或將添肘腋之患。嘉慶 16 年 10 月正式在噶瑪蘭廳置通判隸屬台灣府，廳治設於**五圍**（今**宜蘭市**），次年 8 月，各級官員到任。

(四) 同治光緒年間文職機關的大幅調整

同治 13 年（西元 1874 年）3 月，日本以台灣牡丹社原住民曾於同治 10 年（1871 年）殺害琉球人為由，出兵占領台灣南部琅𤩝一帶，清廷派**沈葆楨**以欽差大臣名義率兵到台灣。此一事件在台灣史上稱之**牡丹社事件**。日軍於該年 10 月撤離台灣後，沈葆楨就調整台灣文職機關之府廳縣事，曾幾度上奏朝廷。是年 11 月沈氏於奏中建議：為今處理台灣善後，宜仿江蘇巡撫分駐蘇州之例，移福建巡撫駐台，以專責成；並認為台灣非一府所能轄。同年 12 月沈氏再上奏，請示是否可先在琅𤩝地方增設一縣，名曰「**恆春**」。沈氏認為在琅𤩝一帶設縣，一方面可控制住當地原住民與漢民，並消弭外國人對該地覬覦之心，另一方面該地原住民與漢民間有訴訟時，可就近藉以解決。沈氏此建議於次年（光緒元年，1875 年）正月 12 日獲准。同年 6 月，沈葆楨再次提出在台灣北部進行行政區劃調整的建議，年底沈葆楨的意見獲得實行。此後台灣便設有台灣、台北兩府，南部的台灣府轄有台灣、鳳山、嘉義、彰化、恆春五個縣和澎湖廳、埔里社廳、卑南廳。北部新設的台北府領有淡水、新竹和宜蘭三縣和基隆廳。

(五) 中法戰爭後文職機關之大幅調整

光緒 9 年（西元 1883 年）中法戰爭起，此時滿清已深知台灣地位之重要，於次年閏 5 月派**劉銘傳**到台灣籌辦防務，嗣後不久，法軍曾攻打基隆（雞籠）、淡水（滬尾），並攻陷澎湖。光緒 11 年（西元 1885 年）2 月中法雙方停戰，台灣終免於被法國所占領，7 月欽差大臣督辦福建軍務左宗棠上奏朝廷，建議台灣建省，此時尚有數位大臣向清廷奏議處理台灣善後辦法，清廷乃下令由軍機大臣、總理各國事務五大臣、六部九卿，會同各省督撫議奏。同年 9 月 5 日，慈禧太后諭令將台灣別建一

省，要閩浙總督楊昌濬與劉銘傳詳細會商台灣改設為省之事宜。其後不久，清廷即任命**劉銘傳為首任「福建臺灣巡撫」**。光緒 13 年（西元 1887 年）台灣與福建正式分治後，劉銘傳的行政區劃調整意見得到清廷的批准，臺灣便設有臺南府、臺灣府及臺北府三府及臺東直隸州。臺南府統轄安平、鳳山、恆春、嘉義四縣及澎湖廳；臺灣府統轄臺灣、彰化、雲林、苗栗四個縣及埔里社廳；臺北府統轄淡水、新竹、宜蘭三個縣及基隆廳。至於省會，劉銘傳本來希望設在彰化縣的橋孜圖（今台中市南區），但因為省城尚未籌建，因此巡撫暫駐台北。不過直到劉銘傳去職為止，省城始終未能建設完成，繼任的巡撫邵友濂遂奏請將台灣省省城正式設在台北。

　　綜觀前述，對清代台灣文職機關（即府廳縣）之設置和調整此一層面的歷史，得到下面幾點認識。首先要指出的是清廷在台設置和調整文職機關過程中，自始至終都是以統治者的立場在運作，基於此一立場，台灣文職機關的設置和調整，均與台灣的內部和外在環境之變化，發生緊密的關係。明白的說，即滿清政府對台灣文職機關的設置與調整，未曾事先做有計畫、全盤性與前瞻性的規劃；即使有地方官員或地方有識之士，向滿清中央政府提議調整文職機關，起初都未受重視，大多要等台灣內部發生重大事件，或台灣受外力侵擾時，清廷才會基於大清帝國的國防安全，與為維持帝國統治體制秩序的治安維繫考量，去採納大臣建議，予台灣文職機關做一些調整。質言之，**國防**與**治安**是滿清中央政府考量是否增設或調整文職機關之關鍵性動機。其次，對中央財政的影響，是否已有相當數量的漢人移居，各該等地方開發上是否已有相當程度之發展等問題，也是清廷增設或調整台灣文職機關的考量要素。人民的生計、政府的職責、官僚的工作負擔、人民的權益等問題，滿清政府並非未加考慮，只是不具關鍵性地位而已。

第二節　移民三禁與班兵制度

一、移民三禁

　　清廷滅掉鄭氏政權後，雖然接受施琅建議，繼續統治台灣，但是他首先頒布〈**台灣編查流寓六部處分則例**〉，將在台灣的漢人中與鄭氏政權有關係者，以及在台灣沒有妻室產業的人、或是犯「徒罪」以上者皆遷回中國大陸，又對中國大陸沿海居民入台，採取嚴格的限制措施，使得**滿清領台初期，台灣的漢人移民人口曾經出現短期的減少現象**。當時在台漢人總數的一半約十多萬人被迫回籍，使得鄭氏家族時代開墾的土地大量荒廢。

　　當時一向採取積極態度的施琅都主張限制漢人移民，康熙 23 年（1684 年）頒布**三條渡台禁令**：

1. 欲渡船台灣者，先給原籍地方照單，經分巡台廈兵備道稽查，與台灣海防同知審驗批准，潛渡者嚴處。

2. 渡台者不准攜帶家眷，業經渡台者亦不得招致。

3. 粵地屢為海盜淵藪，以積習未脫，禁其民渡台。

　　根據禁令，來台者不准攜帶家眷，縱使已來台定居移墾者也不得回原籍搬來家眷，使得台灣原有的男女人口比例失衡問題更趨嚴重。1684 年禁止粵地【客家為主】人民入台，也使得台灣移民中來自廣東的移民，不僅人數較少，其移民的時間也較福建籍的為晚。在相關渡台管制規範下，清廷大體上採取嚴格管制人民渡台的政策，導致移民入台遭到種種限制，台灣的開發受到嚴重影響，直到 1780、1790 年代末期，管制才漸漸鬆弛。

圖 6-1　台語音樂劇　唐山過臺灣

二、為防台而治台之措施

清廷對領台一事，採取「**為防台而治台**」的消極政策，對台灣的開發並不積極，甚至以政策阻礙台灣的開發。在滿清以防堵為前提的策略下，為了避免台灣出現重大的反亂，清廷除制定各種嚴厲禁令限制漢人來台外，同時還採取下列五種措施，以防範未然：

1. 不允許在台居民深入山地。以避免番漢衝突和漢人入山作亂。

2. 鐵器的管理。長期限制鐵器與生鐵輸入台灣，也不許農民自由製造鐵器，甚至連鑄造農具、鍋皿都必須向政府申請，取得執照才允許鑄造，這都是為了防止民間私藏武器所採取的步驟。

3. **不許台灣建築城垣**。台灣在滿清統治初期，用木柵與刺竹為城，以避免成為亂黨的堡壘，此一政策在乾隆末年林爽文亂後，才逐漸改變。

4. 設置**班兵制度**。為避免駐台軍隊成為中央不易控制的邊陲勢力，甚至發生動亂，規定駐台兵員採取從大陸各地抽派合併成軍，與臨時命官統領的方式，而且每三年就調還回內地歸解；同時，來台的官兵在原籍必須有家眷，但不准官兵攜眷來台，眷屬形同人質(Hostage)，兵丁出缺也不准在台徵補，以避免駐軍作亂。此種三年輪調雜牌駐軍的制度，使得軍隊根本難以發揮戰鬥力，總必須借助從內地調來的軍隊才能平亂，這種為了避免在台駐兵，造成尾大不掉而設置的軍事制度，終究未能收到有效控制的效果。

5. 官吏駐台三年，任滿即調離。早期還規定家眷必須留在中國大陸，使其在台不敢存有二心。

官兵皆採三年輪調制，且不得在原籍，甚至同籍落戶之地，也禁止任官和不准駐防之列，滿清政府這種消極治台的政策，基本上乃以台灣現狀的安定作為前提而展開，產生非常多後遺症和副作用，如「**三年官，兩年滿**」之貪汙問題；士兵與地方衝突不斷且關係緊張。其變更首先是因為咸豐 8 年（1858 年）、咸豐 10 年（1860 年）兩次英法聯軍之役失敗後，簽訂的天津條約與北京條約，規定台灣必須對外開港，使列強勢力藉開港通商進入台灣，加速台灣內在與外在情勢的改變。後發生牡丹社事件，日本出兵台灣。清廷既困於原住民與外國發生的糾紛，又因未能實際統治「番界」，使主權受到外國質疑。所以，來台負責防務的沈葆楨，提出「**開山撫番**」的政策得到滿清政府採納以後，滿清原有的治台政策才改弦更張的產生 180 度的轉變，尤其後來劉銘傳將沈葆楨開山撫番政策，高度的加以落實，三條渡台禁令和封山禁墾政策，成為過去的歷史。當初官兵每以安平為駐地或移防之門戶，今遺有安平五館之歷史軌跡，包括閩安館、提標館、烽火館、海山館和金門館等，更形成安平的劍獅文化。五館詳如附表：

表 6-1　清代安平五館

館名	簡史	現況
閩安館	閩安協來台班兵暫息之所，館前有石獅一對，內有戲臺可容數百人，約在平生路與延平街交會處。	五館中規模最大，今已不存。
烽火館	烽火營來台班兵暫息之所，故址曾做為台南客運安平候車室，現已拆除改建為民宅，約在安平路與平生路交會口東北方。	規模次於金門館，今大南門碑林內有「重建烽火館碑記」以誌其事
提標館	水師提標來台班兵暫息之所。清末廢館，原館前有「石將軍」一對，現移至安平開臺天后宮右側，名為「石將軍祠」，故址約在今石門國小西側，接近效忠街與中興街之間。	五館中規模最小，今已不存。
金門館	金門鎮來台班兵暫息之所。約在今觀音亭前方東北側空地，原為安平舊菜市場之一部份，後改為籃球場，現由台南市政府委外經營，名為「安平劍獅埕」，展售安平有關劍獅文物及地方特產。	規模居第三，今已不存。
海山館	海壇鎮來臺班兵暫息之所，海壇鎮館因安平人發音關係，俗稱「海山館」。館中原主祀媽祖‧並合祀五帝爺‧五福爺。日治後，班兵撤回福建，本館為張氏購為民宅，因年久失修，部分宅第頹圮，經台南市政府收購並重新加以整修，現委外經營。	五館中碩果僅存者，現列市定古蹟（原三級古蹟）。

參考資料來源： 潘世昌、吳春燕、黃源謀、蘇秋鈴，《臺灣府城經典－導覽指南》二版。

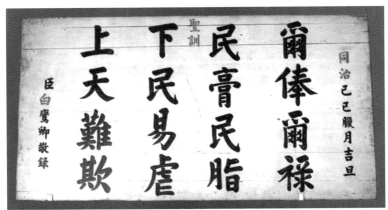

圖 6-2　清同治聖訓木匾（此匾可倒著唸）【三年官，兩年滿】

● 資料來源：何培夫編、晏錦文攝影《民族文物館藏品選集》。

人生到處知何似
應似飛鴻踏雪泥
泥上偶然留指爪
鴻飛那復計東西

圖 6-3　清乾隆「雪泥鴻爪」詩碑

● 資料來源：何培夫編、晏錦文攝影《民族文物館藏品選集》。
（原懸於台灣府署，乃宦遊詩人代表之作）

第三節 原鄉信仰與宗族組織

一、信仰與社會組織

(一)主要之信仰神

　　台灣漢人民間信仰的神祇組織，反映中國古代帝王政治組織，神明有如帝王分別統治陽間的生靈與陰間亡靈。玉皇大帝被視為最高神祇，兩界神祇皆在其駕馭之下。茲就一般移民信仰較多的神明略加說明，以顯其與移民社會關係。

1. **有應公**：祭祀的對象是無人供奉的孤魂野鬼，先民對無主孤魂建祠祭拜，除了悲憫惻隱之心，也因恐懼厲鬼作祟。漢人來台開墾之初，因水土不服而病死者，或生存競爭戰死的頗多，人們因恐懼厲鬼作祟，而有鳩資建廟之舉。有應公祭祀對象，大致可分為六類：(1)路倒病死無人收埋者；(2)墓地一帶的無主枯骨；(3)水流淹死無人收屍者；(4)戰亂而死無人收葬者；(5)凶禍而死冤魂不散者；(6)其他特殊死亡無人收埋者。因此，有應公的信仰除反映人們對厲鬼的畏懼，也可觀察早期移民生存艱辛的一面。【萬善同歸】

2. **土地公**（伯公）：土地公一方面是神界中層級最低的，神力較小的，為角頭性質的神，因此有「田頭田尾土地公」的描述；一方面該神是屬生殖神，人類開始有農業生產以後，逐漸有這樣的土地生殖神觀念，再由生殖神轉變為財神，同時神格也漸男性化。由於土地開發大都先要祭祀土地神，因此早期設立的土地公廟，常與各地早期之開墾有關，或可能是該地區開墾之起點，最後也管墓葬（后土）。

3. **王爺**：王爺本係瘟神，相傳「王船」所到之處會帶來瘟疫，人們因畏懼而供奉祭拜，漸漸瘟神也具醫神神格，沿海地區信仰頗多。王爺信仰的來源說法主要有二

81

種，一種是指明末清初鄭成功父子在台灣相繼過世後，身葬台灣，清康熙帝為消除閩人（漢人）因緬懷鄭氏父子情結而生叛變，乃令官府將鄭氏父子靈柩送回福建以絕後患，此時漢人曾舉辦盛大慶典相送，相沿成習，演變成今日送王船儀式。另一說則為王爺信仰自閩、粵傳入，經數百年在台灣西南沿海逐漸落地生根，而成當地民俗，「王爺」也從早期瘟神轉變成保境安民之神明，最後法力無邊，信眾日多，王爺廟因此而香火鼎盛。目前王爺信仰香科醮典儀式主要分為四階段，即請王、遶境、王船法會與送王。台灣西南沿海王船信仰因風土民情不同，由南而北至少分為六大系統：(1)東港溪流域系統：以東隆宮為代表，三年一科；(2)二仁溪流域系統：屬不定期醮，王船造型偏向於「瘟王船」色彩；(3)曾文溪流域系統：台南市香科年南瀛五大香有西港香（西港區慶安宮）、土城香（安南區鹿耳門聖母廟）、蕭壠香（佳里區金唐殿）、學甲香（學甲區慈濟宮）、麻豆香（麻豆區代天府），祭典包括午夜請王、刈香繞境、香醮合一及送王搶鯉魚旗；(4)八掌溪流域系統：祭典儀式與曾文溪流域大同小異；(5)朴子溪流域系統：每年一科，不設醮儀；(6)澎湖群島系統：王船比台灣本島樸素，迎送時間不定。

4. **媽祖**：宋太祖建隆元年（西元 960 年）農曆 3 月 23 日出生於福建興化府莆田縣湄洲嶼，出生不啼哭，故名林默，當時習稱女子為娘，故後世稱林默娘。媽祖的信仰本為海上航海者的守護神。早期先民來台前須橫渡大海，海上風強浪高，險象環生，故過黑水溝（台灣海峽）時，攜其祖先牌位或原鄉神明同行，以求庇佑，尤其向船上奉祀的媽祖祈求平安，因此移民安抵台灣，自然感激媽祖庇佑之大恩。隨著移民之墾殖，媽祖之神格也漸漸增加了農業神明的神格。這種共同經驗的神明，成為台灣社會相當普遍的信仰。

5. **觀音佛祖**（菩薩）：由印度（天竺）傳入中國的佛教觀世音菩薩，民間的信仰在強調其神力廣大，慈悲無邊，以救眾生脫離大苦大難，在泉州晉江一帶成為地方之守護神。在佛教諸多神明中，最受廣泛信仰者，首推觀世音菩薩，自古以來即被尊稱為「大慈大悲救苦救難觀世音菩薩」或「慈航尊者」；「觀世音」梵文含義是觀察一切眾生面，自在地加以拯救，故也有謂「觀自在者」較符合原意。佛教徒將菩薩視為神，相信誠心祭拜祂，即能「百病消除、財富茂盛、六畜興旺、闔家平安」；「菩薩」之意為「上求佛道，下化眾生的大乘修行者」，故稱修道之佛教徒就是菩薩。唐代以前觀音形象都是男兒身，但唐宋以後觀音卻化變為女兒身，或許因古來女人苦難多於男人，而女人慈、忍、柔、和之心性，也較能與菩薩慈悲為懷之精神相契合。

6. **廣澤尊王**：俗名郭洪福，為泉州南安人供奉之神明，與福建泉州人民開拓台灣的關係重大。往昔泉州人渡海來台時，將廣澤尊王置於小匣內，隨身攜帶奉為保護神，先民相信祂專門保護出外人，所以至今泉屬移民家戶中常見供奉尊王之像於匣內，上香致敬與祭拜。台灣地區供奉廣澤尊王之廟宇大約 100 餘間，供奉的神像大多是從泉屬南安鳳山寺分香而來，故多數又名「鳳山寺」。台南市中西區西羅殿為主祀廣澤尊王之古廟，廟現址為清代五條港區之南河港，郭姓族人在此地以苦力為生，薪資微薄，家中孩童亦加入苦力行列，賺取「童工價」，直至十六

歲視為成人，方能領取全薪，父母也會向親友與雇主宣告小孩已成年，故台南「做十六歲（成年禮）」即是源自此習俗而來。

7. **保生大帝**：本名吳夲(ㄊㄠ)，俗稱「大道公」、「吳真人」，以醫神著稱，是泉州同安縣移民之守護神。據《同安縣志》記載，保生大帝又名「大道公」、「吳真君」、「真人先師」等，宋代龍海白礁人，出身寒微，自幼資質過人，博覽群書，精於採藥、煉丹及針灸。學成後四處行醫，治病如神，甚至可起死回生，許多人拜他為師，在行醫濟世之餘並著各種醫書流傳後世。台灣著名之保生大帝廟，北部是大龍峒保安宮、永和保福宮；南部以台南市中西區的興濟宮及學甲區之慈濟宮最為有名，每年農曆 3 月 15 日大道公誕辰，各廟皆會舉行盛大慶典。

8. **清水祖師**：原名陳應，法號普足，宋朝福建永春小姑縣人，有「麻章上人」之稱，閩南多稱為「烏面祖師」，台灣民間稱「祖師公」。自幼剃度為僧，後至大靜山，參訪明松禪師，經三年精勤修行悟道，便辭別師父，臨行受師父授予衣鉢，並勉其應秉持佛家慈悲精神，以利物濟世為職志。道行高深，治病祈禱往往有奇效，為泉州籍（安溪縣）移民信奉之神明。全台有近百座供奉清水祖師之廟宇，以三峽祖師廟及萬華清水巖祖師廟最有名，其中三峽清水祖師廟由名人畫家李梅樹集多領域藝術家共構，有如台灣藝術殿堂。

9. **開漳聖王**：俗名陳元光，河南光州人，為漳州籍移民的守護神。自幼精通經史兵法，唐僖宗時考中武進士，當時福建地區尚屬蠻荒之地，陳元光奉命為元帥，率軍平定漳州七縣，並大力建設地方，教化百姓，使漳州呈現空前繁榮，死後被敕封為「威惠聖王」，漳州人感念其施行仁政，安撫蠻族之功蹟，供奉為地方神，崇敬有加並建廟祭祀。據說與「開漳聖王」同時開創漳州者尚有四大部將，即「輔順將軍」、「輔義將軍」、「輔顯將軍」及「輔信將軍」。

10. **三山國王**：為早期粵籍移民之守護神。三山國王之來歷有一說為自然山嶽之崇拜，即廣東潮州有巾山、明山、獨山等三座山，附近居民將其奉為「三山國王」且建廟祭祀，此種將山嶽神格化是中國古代自然崇拜之遺風。另一說是三山國王為抵抗蒙古人之宋朝三傑巾山（連傑）、明山（趙軒）、獨山（喬俊），三人皆允文允武，南北朝時，曾助楊堅完成帝業，被封為「開國駕前三將軍」，後隱居三山中，修成正果。潮州多客家人，視「三山國王」為其守護神，隨身攜帶神像以保佑平安並建寺廟供奉，台灣至今客家人聚集地區仍有「三山國王」之廟宇。林爽文事件後，粵籍移民為保鄉抵抗林爽文而犧牲者，清政府敕封為義民，義民爺遂逐漸取代三山國王，成為其地方之守護神。

11. **義民爺**：又稱義民公，忠勇公或大將軍。台灣所祀之義民多為死於朱一貴、林爽文、吳福生等事件，以及漳泉民械鬥、閩粵械鬥或漢番械鬥等事件之先民。台灣各鄉鎮常見有義民廟或義民爺塚，所祭祀人物各有不同，「義民」一詞含義廣泛，但眾多義民廟中，香火最鼎盛、建築最宏偉的首推新竹縣新埔鎮「枋寮義民廟」。

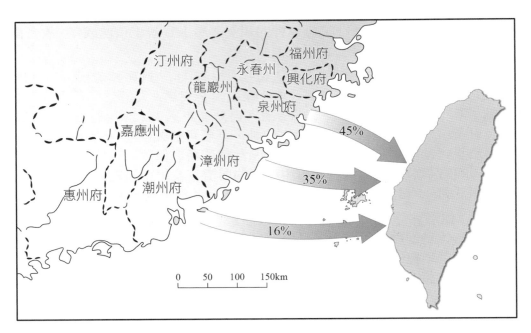

汀州府
福州府
永春州
興化府
龍巖州
泉州府
嘉應州
漳州府
惠州府
潮州府
45%
35%
16%

0　50　100　150km

圖 6-4　台灣漢人移民的原鄉

● 圖片來源：周婉窈《臺灣歷史圖說》增訂本。

(二)祭祀圈與社會組織

　　七〇年代人類學者在漢人研究領域的具體貢獻，或許可以從「祭祀圈」以及「土著化」兩個概念加以說明。不少歷史學家研究臺灣社會，往往會運用祭祀圈或土著化等概念。最早提出祭祀圈概念的是日本學者岡田謙先生，後來參與「濁大計畫」的學者，根據濁大流域的田野調查資料再度提出祭祀圈的觀念。

1.祭祀圈定義

　　祭祀圈係指對一神明有義務性共同參與祭神的居民之地域範圍。由於發展背景與參與祭祀人群之多寡，祭祀圈的大小不一，約可分為部落性、村落性以及大區域的祭祀圈。

2.祭祀圈之祭祀組織

　　以頭家、爐主的形式最普遍，在神明面前以擲筊方式選出爐主與頭家。**爐主**代表祭祀圈內居民籌辦祭典，**頭家**則實際上幫忙爐主辦理祭祀事宜。圈內的信徒有義務共同負擔祭祀費用，祭祀費用通常以每戶的男丁為單位收取丁錢來支付。

3.祭祀圈之意義

　　祭祀圈是民間透過神明信仰之祭祀活動，結合與組織地方人群，是民間安身立命的自主性組織，除具有祈神納福的宗教意義外，實際上也有自治社會的功能，形成居民生存的重要群體。

4. 形成與發展

　　早期漢移民來台，**攜帶香火**或**神像**祈求平安，最初大都屬私家神明的性質，由於一些靈驗的神蹟，信徒漸多，私神也漸公眾化，在居民捐錢建廟後，成為較具體的公神。寺廟的公神也可能因靈跡顯著，成為地緣群體的信仰中心。在祭祀神明之過程中，可形成之祭神組織或活動逐漸成為凝聚居民命運共同體的媒介。移民原鄉的一些地方守護神，如開漳聖王、清水祖師、保生大帝、觀音佛祖、三山國王等，也在台灣發展成一些鄉莊的守護神。清中期以後，一些地方有更大規模的祭祀圈出現，如北部艋舺清水祖師廟、新竹枋寮義民廟的中元節祭典，以及彰化南瑤宮媽祖會的組織。

二、宗族組織

　　移民來台少有舉族遷徙。在新天地墾荒建立新家園，因官府力量有限之下，為保障生存，除透過神明為媒介，形成以居住地域為範圍的大小祭祀圈之**地緣**組織外，也透過**血緣**關係，形成各種類型的宗族組織，彼此團結合作。歸納台灣漢人的宗族組織，約可分為**唐山祖**與**開台祖**為祭祀中心兩種類型。

(一)唐山祖祭祀組織（或稱入股式祭祀組織，或稱會份嘗）

1. **成員資格**：同姓之人為求聯誼團結，居住地附近的同姓，以入股方式志願加入，同姓間彼此不一定有清楚的譜系關係。

2. **祭祀之對象**：以唐山原鄉較顯赫的同姓祖先為祭祀對象，凝聚同姓之情誼。

3. **組織運作**：以入股之股本為基金，或放貸生息，或購地佃予他人耕作收取地租，以作為每年祭祀之用。組織具有法人性質，權利承繼限於最初加入者之後代，其他同姓無法加入。

(二)開台祖祭祀組織（或稱鬮分式祭祀組織，客家人稱血食嘗）

1. **成員資格**：以來台祖或其後代之裔孫組成，成員間有清楚的譜系關係。

2. **祭祀對象**：開台祖或其後代。

3. **組織運作**：由祖產中留部分作為祭祀公業。每年之祭祀費用，由此公業中支出。有些家族為鼓勵子弟參加科考，常撥出部分費用獎助其中：以開台進士鄭用錫最具代表性，有如台灣版的范仲淹。透過十年寒窗經由秀才（生員）、舉人而進士，榮耀自己也興旺了家族。【鄉試（解元）－會試（會元）－殿試（狀元）】

4. 發展趨勢

　　唐山祖祭祀組織之成立，就某一地域而言，常早於開台祖祭祀組織。唐山祖祭祀組織雖以祭祀共同祖先為目的，也具有濃厚的經濟投資意義。開台祖祭祀組織若有足夠的時間，亦可能發展成類似原鄉之地方大族。迨 1895 年日本治台而鄉村漸進入現代化後，由於交通的發達，社會工商業的繁榮，人口增加，流動頻繁，社會宗教活動更趨融合，宗族祖籍神明之信仰不如往昔濃厚，而漸以居住同

一地區之行政保、甲為其信仰社區。此期之保、甲均建立其全保、甲性之土地公廟，共同舉行祭典，神明會及祖籍神明之信仰多由於時勢之變遷，社會祖織之更為複雜而致使變質、廢止或合併簡化。

第四節　土地開發與水利興築

一、土地取得與開墾組織

荷鄭時代土地的開墾以南部為主，清領時代擴及中北部和東北部，在東部也有一些零星的開墾。

康熙 23 年（西元 1684 年）清在台設一府三縣（台灣、鳳山、諸羅），在清治的範圍內，從事土地開墾，最重要的大事是如何取得土地，土地不是隨意可以開墾的。土地可分為無主地與熟番地，由於地權之差異，取得土地方式也不同。無主地係指非熟番地，地權屬官方所有。墾民要取得土地的開墾權，按照正常的程序是先至地方之縣衙門，向官方提出擬請墾的土地範圍，官方派人查勘是否有侵入熟番地或有重墾的情形，並經公告而無異議，再發給**墾單**或**墾照**，准其開墾。

以上所談的是無主地取得土地的過程，至於熟番地的開墾與清朝的理番政策有關。在清治時期，深恐台灣因漢番接觸造成衝突，禁止熟番地租予漢人開墾，然而漢人私自向熟番地承墾的情形相當多，在雍正 2 年（1724 年）也開放熟番地准予漢人承租招墾，也就是漢人要承墾熟番地，不是向官方申請，而是與熟番私自訂約，就熟番而言，也於此時才可合法招漢人開墾其土地。一般契約文書是先民日常生活的紀錄，也是反應民間社會風貌的重要文獻。其文書特色有三：1.一般流傳於台灣社會的契約文書，如數量頗大的土地契字，除少數平埔契由女性具名外，立契人多以**男性為主**（重男輕女）。2.這類文書的**別字特別多**，此或與其多為台灣中下層社會私文書，擁有者的知識水平不高有關。3.這批文書立約過程，除了極少數經由行政程序而成立者外，**多為民間私文書**。

熟番地約可分為兩種類型，一種是土地個人化較顯著的，一種是土地屬全社共有的。由於前者土地面積較小，也常由漢人個人與熟番個人私立契約；後者常因土地較遼闊，漢人透過墾佃首向熟番的部落頭目承墾的情形較普遍。

土地開墾的資金，因地而異，不過**合股開墾**的情形相當普遍，早期的開墾，投資性質較濃，合股組織的特色是股數少、股金大；中期以後股數多，每股金額較小，早期的投資者，不在地的地主較多，僅提供資金，未親自參與拓墾；中期以後，投資者本身也常是實際參與開墾的在地主。合股開墾，說明墾民互助合作共謀利潤的一面，但也反映其冒險的一面。雖然合股的組織，能解決早期資金的問題，但隨著墾務的受挫，股夥退出的情形也常見。

　　漢人除透過正常程序取得墾地外，巧取豪奪熟番地的情形，時有所聞，造成熟番心生不滿引起焚莊殺牛的衝突。為了生存，熟番原住民也學習漢人的農耕技術，牽牛握犁從事犁耕的農作，有的更學漢人合資拓墾方式，合股集資遷移今南投縣埔里鎮一帶從事墾殖。

二、水利的興築

　　土地開墾的目的，除種甘蔗外，主要在種稻。**水稻**的生長需要有豐富的水源，如何取得灌溉水源成為開墾過程中，最需細思籌畫者。缺乏固定的水源，新闢得土地僅能種植耐旱的作物，有道：有水可成**田**，無水僅成**園**。早期灌溉水源主要有三：天然的水潭池沼、水陂以及水圳，水源取得便利的地點，成為墾民喜歡選擇的墾地。

(一)水潭與水陂

　　天然的低窪水潭或池沼，取水的方式，通常用龍骨車，以人力轉動輪軸帶動龍骨，引低窪地區的水灌溉。其次是在池沼或水潭等窪地四周築堤，儲蓄更多的水量，防止乾旱缺水。水陂的特色是築堤蓄水，水位高出地面甚多，用水時，打開水閘，可以比較有效的控制水量。

(二)重要水圳興築

　　水圳的興築工費較高，技術上問題也較多，興建過程中因為水源取得的難易、圳路的長短，以及橫越溪流的多少，面臨的問題也有所差異。有些水圳的水源在深山，侵入原住民的獵場或捕魚的範圍，圳頭常遭到破壞。有的圳渠另從水位較高的上游，鑿石穿道引水灌溉，台灣的大河中，這種興築方式在大甲溪兩岸較為普遍。

　　水圳有大小之分，在丘陵地附近常有引泉水灌溉的小水圳，大平原地區常有大水圳。台灣大水圳的興築，主要在 1701~1711 年（康熙 40 年代）以後，那時台灣屢遭荒旱，而開墾較早、田園面積較大的南部，種植甘蔗頗多更促成米價高漲。但是稻米的種植一定要有豐富的水源，一些投資者便開始注意中、北部大規模的水圳興築。

1. 八堡圳（中）

　　彰化平原的八堡圳，又名施公圳，開鑿人**施世榜**，清初與其父親<u>施鹿門</u>自福建晉江來台，居台南從事台灣與日本間的蔗糖貿易，然後將所得利潤再投資於彰化平原的開發。<u>施鹿門</u>死後，<u>世榜</u>繼承其遺業。在開發的過程中，水源的問題最為艱難，雖歷經多次籌引濁水溪水源灌溉田地，都未成功。後有**林先生**著繪圖教以疏鑿之方，<u>世榜</u>依言而築，終於開成。從 1709 至 1719 年（康熙 48~58 年）投下大量資金始完成，圳頭自今彰化縣二水鄉鼻仔頭引濁水溪水，灌溉當時彰化縣十三個堡中的八個堡的田地，故稱**八堡圳**。

2. 瑠公圳（北）

　　台北平原大水圳的修築較中部為晚，在乾隆初年，由<u>郭錫瑠</u>投資籌畫開始興築，前後歷經兩代才完成。他遭遇的困難主要有二：一是水源常遭泰雅族破壞，一是水圳橫越景美溪的工程屢遭壓毀。後來他**娶泰雅族女子（和番）**，聯誼雙方，他的兒子設計了尖底梘橋，才克服了橫越溪流的困難。瑠公圳的完成使台北平原的農墾迅速進行，艋舺（今台北市萬華）逐漸成為台灣北部最大的港市。

3. 曹公圳（南）

　　曹公圳係由鳳山縣知縣**曹謹**所興築，分曹公舊圳和曹公新圳兩大部分。曹公舊圳於道光 18 年（西元 1838 年）興工，共築水圳四十四條，引下淡水溪（今高屏溪）之水灌田 2,550 甲。此圳完工時，清廷派台灣知府<u>熊一本</u>前去勘察，除立碑表彰<u>曹</u>氏的功勞外，碑文讚揚<u>曹謹</u>，實為賢吏，【得俗吏百，不如得良吏一；得良吏百，不如得賢吏一，<u>謹</u>真賢吏也】並命名為「**曹公圳**」。曹公舊圳完工後，鳳山地區農田的缺水現象因而獲得改善。道光 22 年（1842 年），<u>曹</u>氏又命歲貢生<u>鄭蘭</u>、附生<u>鄭宣治</u>等人開築曹公新圳，由九曲塘（堂）築水圳至下草潭，共開新圳四十六條，引下淡水溪水灌田 2,030 餘甲。今曹公路是鳳山主要道路，其兩側之**曹公廟**及**曹公國小**，相對而望，有如訴說著<u>曹公</u>為當地黎民所作的一切。

(三) 水圳與水租

　　水圳興築方式有獨資的、合股的、割地換水式的、業佃合作的。方式雖不一，但追求投資利潤的精神則一致。水圳的開成，利潤頗多，一則稻米可二熟，二則每單位面積的產量提高，三則可抽收水租，尤以水租收利最多。水租的租率，每甲約三至四石，約為大租三分之一，甚至二分之一。其中水圳開發獲利最大的名人，是興建台中盆地最大水利設施貓霧捒圳的岸里社總通事<u>張達京</u>，雍正年間他以「張振萬」墾號之名義，用「割地換水」的模式，導引大甲溪水提供灌溉，水圳利益高達八成，因而獲得廣大田產，成為當時中部巨富。

第五節　分類械鬥與郊商組織

一、民變與械鬥

　　祭祀圈是地緣形成的組織與血緣關係形成的宗族組織，是人民為求安身立命而組成的，是移民在新天地建立新社會的一些依靠。而民變與械鬥則反映政府與人民，以及群體與群體間之矛盾與衝突。

(一) 民變

● 滿清三大反亂事件

清統治台灣 210 餘年間，民變約有 73 次，約三年就發生一次民變，如同徐宗幹所說的「三年一小反，五年一大反」，其中規模最大的有三次：

1. 朱一貴事件：

朱一貴(1689~1722)，福建漳州長泰人，來台居住在羅漢門（今高雄市內門區）以養鴨為生，朱氏為人豪爽好客，往來者多故國遺民，於是就秘密連絡同志伺機反清復明。清康熙 60 年（1721 年）鳳山知縣出缺，知府王珍派兒子代理，父子兩人狼狽為奸，視人民如草芥，且橫徵暴斂，百姓苦不堪言，致引起人民公憤乃思反抗；朱一貴見民氣可用，即聯絡同志黃殿、杜君英等人在今高雄市岡山區起義，起事不及一週，南北皆有響應，並打起「大元帥朱」軍旗為號召，率眾進軍府城，其中以決戰春牛埔（今台南市東區勝利路東門城附近）之役最為慘烈，攻入府城後，進占祀典天后宮為王府，自立為「中興王」，國號「大明」，年號「永和」，並大封功臣，儼然自成王國。但諸臣因權力分配不均，而鬧內訌，其中以客籍杜君英最激烈，因分封不公被清軍伺機分化，竟和朱一貴反目成仇，率領粵籍戰士數萬人，北走虎尾溪，與朱一貴形成勢不兩立，朱氏軍力因內部間隙導致戰鬥力大減，終不敵水師提督施世驃及南澳總兵藍廷珍，統率水陸大軍由鹿耳門登陸，決戰之餘自然鎩羽而歸，朱一貴在府城失守後北逃，不久被藍廷珍部隊所俘，經審訊又將朱一貴等數十人押解至北京梟首示眾，杜君英雖投降清軍也難逃厄運。今台南市中西區開山路小南城隍廟主祀城隍爺，即是朱一貴，而明華園歌仔戲改編之〈鴨母王朱一貴〉戲碼中的史詩最為傳神。

頭戴明朝帽　　身穿清朝衣

五月稱永和　　六月還康熙

（用台語唸）

2. 林爽文事件：

林爽文(1756~1788)，福建漳州平和人，來台後住在彰化縣大里杙，並加入天地會，莊大田是其同鄉，清乾隆 51 年（1786 年）台灣知府孫景燧下令逮捕天地會黨人，中部黨人見情勢危急，皆到林爽文家避難，又勸林氏立即發動革命，但林氏卻以時機未成熟而暫緩，至 11 月上旬，知府又派兵圍剿，於是林爽文在 11 月 27 日發難，打敗大墩（今台中市北屯區）清兵，又攻下彰化縣城，殺知府孫景燧祭天，史稱「林爽文事件」。林爽文軍隊向南推進，勢如破竹時，台灣南部之天地會首領莊大田在鳳山起事，與林爽文南北遙相呼應，攻下鳳山後自稱「南路輔國大元帥」，一時全台動亂烽煙四起，官軍束手無策，清乾隆帝聞訊亦大為震怒，於是三次派兵平亂，最後由陝甘總督兼協辦大學士的福康安受任為大將軍所平定，成為乾隆皇十大武功

之一（<u>福康安</u>，晉封為一等嘉勇公，台南市赤崁樓御龜碑為清乾隆皇帝恩賜，原立於<u>福康安</u>生祠前），為清領治台時規模最大，影響最大之抗官事件。

細探<u>林爽文</u>事件失敗主因有三：(1)反清旗幟未能鮮明，致師出無名；(2)軍士多烏合之眾，軍心渙散乃不堪作戰；(3)清廷總兵<u>柴大紀</u>率重兵，堅守諸羅（今嘉義），故<u>林爽文</u>軍隊未能盡占全台。<u>林爽文</u>事件爆發後震驚全台，清乾隆皇帝不但為嘉獎諸羅山人民之忠義，賜名「嘉義」，後來更採納<u>福康安</u>建議，開始重視台灣吏治、內政與兵備問題。

3. 戴潮春事件：

<u>戴潮春</u>，又名<u>戴萬生</u>，彰化縣四張犁（今台中市北屯區）人，曾任北路協稿識，清咸豐 11 年（1861 年）北路副將<u>夏汝賢</u>見其家富，肆意勒索，戴乃卸職回家，加入八卦會以求自保，並藉團練之名，備鄉勇隨官捕盜，以維護地方治安，勢力漸大。清同治元年（1862 年）3 月台灣兵備道<u>孔昭慈</u>聞八卦會勢眾，派淡水同知<u>曾曰觀</u>查辦，會黨自危起而抗官，南北皆有響應，清軍歷三年始平，為抗清事件中歷時最久者，同時也是清廷以台勇平台民抗清之首次，史稱「戴潮春事件」。其中福建陸路提督<u>林文察</u>因屬台人，奉命回台平亂，戰功彪炳，受賞賜且取得樟腦專賣，霧峰林家趁勢崛起而成台灣中部巨富。

細探<u>戴潮春</u>事件失敗主因有二：(1)戴氏祖籍漳州，故得不到泉州人力挺，乃出兵攻打泉州人聚落鹿港，形成漳、泉對立；(2)泉州人支持官軍，在分巡台灣兵備道<u>丁曰健</u>會同新竹<u>林占梅</u>之團練展開反攻，<u>戴潮春</u>見大勢已去乃自殺而亡。本事件是歷次台灣民變首領中，最似模仿官僚體系，這可能與戴氏曾任職官府有關，且其雖自稱大元帥，但事實上對各地並無統御能力，故難成大事。

● 民變分析

1. 孤懸海外

台灣地理僻遠，清廷控制度明顯鞭長莫及，又屬泉州、漳洲及潮洲為主的閩粵漢人移墾地區，社會不穩，民心思變，一旦民間衝突，械鬥處理不當，極易擴大發展成為民變。

2. 吏治敗壞

胥吏與**差役**是政治敗壞兩大惡瘤，然並非僅見於台灣，與傳統中國政治結構之大背景有關，在台灣特別惡化。無薪俸之胥吏與工資微薄的差役，在拓墾的社會中，提供他們更多需索的機會。

3. 會黨勢大

會黨勢力成為結合抗官力量的大本營，而移墾社會也提供會黨更多的發展條件，這種連結範圍廣，會員多的祕密會社，才膽敢起來抗清，三大抗清事件皆反映會黨在台灣社會勢力之大。

(二) 械鬥

　　群體與群體間之分類械鬥，反映台灣社會的矛盾與對立，以及公權力不彰而形成民間自力救濟之行為。

● 械鬥分類

1. **祖籍別之械鬥**
   (1) 閩、粵省籍間之械鬥：開墾初期較普遍之類型。
   (2) 漳、泉、粵間之械鬥：三群體間互相合縱連橫。
   (3) 同府異縣之械鬥：泉州府異縣間之械鬥較多。

2. **異姓之械鬥**：祖籍別相同的地區，不同族姓之械鬥較普遍。

3. **樂團間之械鬥**：主要在今宜蘭縣內，有西皮（包蛇皮胡琴，祀田都元帥）、福祿（葫蘆狀胡琴，祀西秦王爺）之械鬥。

● 械鬥分析

　　主要因政治力控制薄弱，移民為求自保，同鄉聚居的情形相當普遍，彼此互相奧援也變得較容易，造成群體間之衝突，以經濟因素之糾紛為直接因素，官方無力仲裁，造成群體間衝突之惡性循環。

二、聚落形成與市街興起

　　土地開墾在大規模的水圳興築後，聚落隨之迅速增加，由於聚落快速形成，人口日增，所需日常商品也隨之增加，但台灣手工業不發達，主要透過與中國大陸的貿易，商品進出口的港市日益繁榮，帶動台灣的經濟發展。

(一) 郊的成立

　　清代台灣商業發展，**郊商**扮演重要的角色，「郊」是公會組織，本來是「郊野」，「交往」的意思，因為大宗的交易市集都在城外的空曠地，始能聚集貨物、運送買賣分售各店舖，故又稱「**行郊**」，帶有同業公會性質，用以聯絡同業、制定公約、互通商情、仲裁糾紛。郊的成立，須有一定數量的郊商為基礎，因此郊的多少，可反映一地商業發達的情形。

(二) 重要港市

1. 台南【三郊】

　　　清初台灣實施海禁，只准台灣府的外港鹿耳門與廈門對渡，全盛時期，**鹿耳門**有**台灣之門**稱呼，當地形成「無田無園，盡看鹿耳門*」的諺語。故而產生專

註釋

* 鹿耳門為臺江內海中之島嶼（沙汕），面內海，波平浪靜，便於魚類棲息，初春是虱目魚苗群聚之處，故漁產豐富；但此地瀕海地鹹，無田園可耕，住民則可捕魚與靠引水領

營廈門以北各港口貨物的**北郊**，以**蘇萬利**商號（1765 年，乾隆 30 年成立）為首；專營廈門以南各港口貨物的**南郊**，以**金永順**商號（1772 年，乾隆 37 年成立）為首，還有以台灣島內各港口貿易為主的港郊，以**李勝興**商號為主，其中糖是最大宗，故後稱**糖郊**（1780 年，乾隆 45 年成立）。

這三郊在清初時以台灣的糖和米輸出，買入大陸各地的雜貨、民生用品，交由其所屬的分類郊商如紙郊、布郊、油郊、米郊、綢緞郊、杉木郊、茶郊…等文武市買賣組織，分級批發零售。

台灣府城郊商為了貿易商業發展，成立組織參與地方事務，這個組織稱為「三益堂」，堂址設於三郊主廟**水仙宮**左邊，辦理經費由三郊發起並向各郊商行舖募捐，所得款項建置田產、店舖為基本財產，出租生息用以支出管理事務與舉辦公益事業。三郊在清代的組織功能明顯彌補官府力量的不足，不論在政治、社會、文化、經濟、宗教上建樹頗多，如造橋鋪路、建廟祭祀、浚渫港道、興辦義學、仲裁商務、組織保甲等，皆有很大貢獻。

2. 鹿港

康熙 56 年（西元 1717 年）以前，已有商船到港載運芝麻、粟、豆，雍、乾之際，街市似乎逐漸形成，乾隆 6 年（1741 年）時，已有鹿仔港街為「水陸碼頭，穀米聚處」之描述。其時鹿港尚屬島內通商港口，不能對中國直接貿易，鹿港船隻必須取道台南鹿耳門出海，極為不經濟。乾隆 49 年（1784 年）前，商人罔顧禁令，許多商船直接往返廈門與鹿港，販賣米穀，運往中國銷售，在禁不勝禁的情勢之下，乃於 1784 年開放鹿港與福建晉江縣蚶江口（今泉州）對航，從此鹿港對中國的貿易急遽發展。嘉慶 19 年（1814 年）以前，鹿港有**泉郊金長順**、**廈郊金振順**的記載。道光 4 年（1824 年）對鹿港商人亦是一個重要年代，該年天津歲荒，郊商奉督撫之令運米赴天津、錦州、蓋城的船隻漸多，鹿港商人的貿易範圍擴大了，道光時期堪稱為鹿港的全盛期，可稱為全台第二港市，俗稱「一府二鹿」，即指此時鹿港的繁盛。鹿港除了與中國沿海港市間之貿易外，在台灣本地的貿易地區範圍亦相當大，鹿港的俚諺「頂到通霄（今苗栗通霄），下到琅璚（今屏東恆春）」，正可說明其與台地貿易繁榮的景象。

3. 艋舺

約在道光年間贏得「**一府二鹿三艋舺**」的地位，成為台北地區的商業中心。在艋舺崛起以前，八里坌、新莊亦曾扮演過重要地位。乾隆年間，八里坌因淡水河口商船頗多，隨著台北盆地內的開墾，中心區逐漸移往新莊。譬如板橋林家渡台始祖林平侯，於乾隆 43 年（西元 1778 年）來台，即定居新莊，林平侯先做台米銷福建之批發而致富，後來捐官任廣西柳州知府，數年後，衣錦返台，除獲食鹽專賣，還以大租戶開墾方式，大肆取得淡北之地，成為台灣首富。乾、嘉之際新莊因河道逐漸淤淺，加上艋舺位在台北盆地中心點，瀕淡水河岸，水陸輻輳，逐漸取代新莊的

航，亦不愁生計。「無田無園，盡看鹿耳門」此句乃勉人無田園可耕不必憂慮，只要勤勞工作，樂觀奮鬥，必定天無絕人之路。

地位。由於早期清朝限制台灣與大陸的來往，運往大陸的貨品，須先運抵台南鹿耳門，再轉運大陸沿海。北部地方距離鹿耳門航程頗遠，運輸商品耗時費力，而從淡水廳田園面積增加的情形觀察，乾隆中期已大致開墾，稻米產量不少，運輸航程又頗不便，因此由北部直接私販中國的情形相當普遍，稽查亦很困難。乾隆53年（1788年）迫於情勢，開放八里坌（今新北市八里區）與福建五虎門（今福州）直接對渡。這個措施一方面反映台灣北部與大陸貿易的繁盛，同時加強了彼此間的貿易活動。

艋舺隨著商業的繁盛，郊也逐漸成立。有關艋舺郊的記載年代不明確，乾隆初郊商曾出資建水仙宮，泉郊人士亦出資建立**龍山寺**，確切年代不明，其最盛時期，可能在乾、嘉之際以後。艋舺最著名的三郊是**泉郊、北郊、廈郊**，泉郊最早成立，其次為北郊，有的泉郊兼營北郊，廈郊的勢力不大。郊商的船有的是承租的，有的是自置的，一般勢力較大的郊商皆擁有船頭行，自置船隻，運輸貨物較便利。

● 表6-2　開港以前台灣與大陸之貿易品

時間	輸入品	輸出品	資料來源
荷據	瓷器、棉布。	米、糖、鹿角、鹿皮、藥材、藤。	舊慣會《經濟資料報告》上卷，P3，1905。
康熙35年(1696)	米、穀、油豆餅、布帛、木材、雜貨。	砂糖、龍眼肉、苧麻、黃麻、澎湖之鹹魚、花生、豆、甘蔗。	舊慣會《經濟資料報告》下卷，1905，P71-72。
康熙53年(1714)	棉織品、絲織品、漆器、陶器。	米、糖、煙草、鹽、燻鹿肉、各種果實、木棉、麻、藥草。	馮秉正(1714)：《臺灣訪問記》，收錄於〈臺灣經濟史第五集〉，P125。
乾隆3年(1738)	漳州：絲線、翦絨、紙料、煙布、草蓆、磚瓦、小杉料、鼎鐺、雨傘、橘餅、柿餅。 泉州：瓷器、紙張。 興化：杉板、磚瓦。 福州：大小杉料、乾筍、香菇。 建寧：茶。 姑蘇：布匹、紗緞、枱、棉涼暖帽子、牛油金腿、包酒、惠泉酒。 寧波：棉花、草蓆。 浙江：綾羅、棉綢、繀紗、湖帕、絨線。 山東：拔蠟、紫草、藥材、繭綢、麥、豆、肉、紅棗、核桃、柿餅。 關東：藥材、瓜子、松子、榛子、海參、銀魚、蜆乾。	米、麥、椒、豆、黑白糖、飴、藷、鹿肉、靛藍、魚翅。	《臺海使槎錄》，1736，47-48。
道光13年(1833)		米、糖、樟腦、煙草。	The Chinese Repository, vol. II, 1833, P48, 420.

● 資料來源：林滿紅《茶、糖、樟腦業與臺灣之社會經濟變遷》。

台灣的民間信仰

● 民間信仰的特色

一、 寺廟的名稱多：如廟、寺、廳、祠、宮、殿、堂、院、庵、府、亭、閣、壇、園、厝、
山、洞、寮、館、樓、巖、社、岩等。

二、 廟多：有 12000 以上【台灣真奇廟（妙）】。

三、 神多：寺廟所崇拜的主神有 280 種之多【生為正人，死為正神】。

四、 眾神共祀【包容共生】。

● 崇拜的對象－天、神、祖先、鬼、自然、動物

一、 天：玉皇大帝（農曆正月初九）。

二、 神：

（一）時間意義：三官大帝（三官廟）（天官、地官、水官）－司察人世間的善惡，保
護眾生。

　　1. 天官（堯）：上元農曆正月 15 日，管人間之福→天官賜福。

　　2. 地官（舜）：中元農曆 7 月 15 日，管人間罪惡→地官赦罪。

　　3. 水官（禹）：下元農曆 10 月 15 日，掌人間災厄的解除→水官解厄。

（二）方位：五方大帝、土地神（福德正神，客家人稱「伯公」）、地基主。

　　＊安五營：東、西、南、北、中營。　　　　＊中壇元帥：李哪吒（太子爺）。

（三）中央

　　1. 文教：孔子（至聖先師）、朱子、文衡帝君（關公）、城隍爺學政司、文昌帝
君[1]（五文昌）＊文昌星、文曲星。

　　2. 武（軍）：關公[2]（關聖帝君）、岳飛（王）、太子爺、謝府元帥（謝玄）。

　　3. 生育：註生娘娘、臨水夫人（陳靖姑－配祀 36 宮姐－婆姐－鳥母）（順天聖
母）（三奶夫人）。＊花公、花婆（生男、女）。

　　4. 孩童長大：臨水夫人、七娘媽、齊天大聖（孫悟空）、土地公。

　　5. 醫務：保生大帝（吳真人、大道公）、許（遜）真人、孫思邈。

　　6. 商務、警察：關聖帝君－關公（恩主公）。

　　7. 航海：媽祖（天上聖母）【大媽鎮殿、二媽食便、三媽出戰（遶境）】、水仙尊
王（大禹）、風神、四海龍王、玄天上帝。

　　8. 樂團（娛樂）：田都元帥（雷海青）、西秦王爺（唐玄宗）。

　　9. 工務：巧聖先師（魯班）。

註釋

1. 文昌帝君有**五文昌**，即梓潼（文昌）帝君、文魁帝君（魁星爺）、朱衣星君、孚佑帝君
（呂洞賓）、文衡（關聖）帝君。

2. 關公（羽）神格，儒家是文衡帝君、釋（佛）為護法伽藍、道家則為協天大帝。

10. 除疫：王爺（千歲爺）。

11. 農務：神農大帝（五穀王）、土地公。

12. 女藝：七星娘娘[3]。

13. 驅邪：鍾馗、托塔李天王。

14. 餐飲業：灶君。

15. 裝潢（木匠）：魯班（公輸班）。

16. 妓女：天蓬元帥（豬八戒）、土地公（福德正神）。

17. 製傘、紡織：女媧娘娘（九天玄女）。

18. 屠宰業：玄天上帝（放下屠刀，立地成佛）。

19. 藥行：神農氏（神農嚐百草）。

20. 婚姻：月下老人（紅線、緣粉）。

(四) 地方

1. 司法神：城隍爺、青山王、境主公、東嶽大帝、酆都大帝。

2. 祖籍神：延平郡王（開臺聖王）、開漳聖王（漳籍移民）、保生大帝又稱大道公（福建同安移民）、廣澤尊王（泉籍移民）、三山國王（粵籍移民）、清水祖師（福建安溪移民）。

3. 不分祖籍：媽祖、王爺（瘟神）。

(五) 陰間：地藏王菩薩，下有十殿閻羅。

第一殿：秦廣王　第二殿：楚江王　第三殿：宋帝王　第四殿：五官王　第五殿：閻羅王　第六殿：卞城王　第七殿：泰山王　第八殿：都市王　第九殿：平等王　第十殿：轉輪王。

＊攻打枉死城（叫亡魂上來）：觀落陰（下去尋找亡魂，上來對話）。

三、 道教：張道陵、張魯、張天師、茅山、龍虎山。

四、 祖先：列祖列宗公媽（民間信仰：觀音、佛祖、三界公祖、灶文公祖、土地公祖、眾神）清晨一炷香，謝天，謝地，謝三光（日、月、星辰）

五、 鬼：萬善同歸，如有應公（萬姓公媽、大眾爺、大墓公、萬姓爺、水流公、普渡公、金斗公、恩德公媽）→有求必應。

※ 有應公的信仰，除反映人們對厲鬼的畏懼，也可以觀察早期移民生活艱辛的一面。

※ 大士爺（鬼王）：觀音大士的化身。

註釋

3. 七星娘娘，又稱七娘媽，一般認爲是指織女，另一說法指包括織女在內的七姐妹。她們被人視爲兒童的保護神，所以台南開隆宮在農曆七月七日舉辦「做十六歲」的成人禮儀式。爲什麼定 16 歲爲「成人」？據說這個習俗來自早期「五條港」之一的南河港；當年在碼頭幫人拉縴的郭姓苦力，生活非常清苦，男孩往往從小就必須在碼頭打零工，以貼補家用。而 16 歲以前只能領取微薄的童工工資，因此當滿 16 歲起，可以領大人全薪，爲家裡負擔更多生計時，便成了家族的大事。「七娘媽生」這一天全家前往開隆宮舉行 16 歲成人禮，一方面宣告眾親友，一方面感謝七娘媽多年來的保庇，始能平安的長大成人。之後，其他碼頭的工人也紛紛效仿，成了台南的傳統習俗，一直流傳至今。

六、 自然
    1. 天：日（農曆 3.19）、月（農曆 8.15 太陰星君）、星（農曆 7.7）。
    2. 地：大樹公（榕樹、茄苳、龍眼、樟樹、鳳凰木、芒果樹等）、石頭公、石敢當。
    3. 物：椅仔姑、碟仙。
七、 動物：牛將軍廟（鄭成功帶來的水牛公）、牛頭（牛）、馬面（馬）、虎爺（虎）、黑虎
    將軍（保生大帝座騎）、海龍王（龍）、十八王公（狗）、齊天大聖（猴）、天蓬元帥（豬）、
    風獅爺（獅）。※蝴蝶。

● 祭祀

一、 年中行事：（農曆）
        天公生(1.9)、元宵節(1.15)、土地公生(2.2)（頭牙）、尾牙(12.16)、三日節(3.3)、
    清明節（冬至後 105 天）、保生大帝(3.15)（＊颱風）、媽祖(3.23)（＊下雨）（大道公佮
    媽祖婆鬥法，風雨齊到）、端午節(5.5)、中元節(7.15)、中秋節(8.15)、下元節(10.15)。

二、 供物
    1. 太牢（祭孔－釋奠禮）。
    2. 牲禮（三牲、五牲）：牲禮的多寡反應神格的高低。
    3. 金銀紙。

三、 祭祀活動：建醮（清醮－1 天、三朝清醮－3 天、五朝王醮－5 天、羅天大醮－49 天）、
    遶境、進香、刈火、陣頭、戲劇（歌仔戲、布袋戲）。

● 民間信仰的趨勢

1. 新神格的出現：曹公廟（曹謹）、義民廟（客家）、李勇廟（竹山）、廖添丁（八里）、孫
    中山、蔣中正、李師科（新店無天禪寺）、杉浦茂峰（飛虎將軍－日本：安南區鎮安堂）、
    海府千歲（日本人，小港保安堂）、田中大元帥（日本人，枋寮東隆宮）。

2. 一神論傾向：吾道一以貫之。

3. 佛道不分：民間信仰之混同。

4. 寺廟觀光化、企業化：巡禮、光明燈、安太歲、放天燈、放水燈、走七星橋、燒王船、
    消災祈福法會。

5. 社會關懷：如設圖書館、醫院（慈濟）、學校，ex：華梵、玄奘、南華、佛光大學、普門
    中學。

6. 靈媒神壇增加：乩童、桌頭、師公（紅頭；黑頭）。

7. 寺廟競爭激烈：基隆老大公廟、台北龍山寺、台北行天宮、三峽祖師廟、新竹新埔義民
    廟、大甲媽祖（鎮瀾宮）、彰化南瑤宮、北港朝天宮、新港奉天宮、嘉義城隍廟、朴子配
    天宮、臺南孔子廟、祀典大天后宮、祀典武廟、天壇（天公廟）、鹿耳門天后宮、土城聖
    母廟、關仔嶺碧雲寺、南鯤鯓五府千歲、新營太子宮、西港慶安宮、路竹華山殿（寧靖
    王朱術桂）、高雄三鳳宮、大寮包公廟（開封宮）、東港東隆宮、車城福安宮（土地公廟）、
    南投竹山紫南宮。

8. 神格的轉變：媽祖婆接炸彈，遶境而不巡海。土地公原為生殖之神，現擴大為財神供奉，
    信眾每每祈求發財金。

清代官吏主要品級一覽表

*宗室：**親王**（恭親王）、**郡王**（延平郡王）、**貝勒、貝子、公、將軍**

官 品	中央官吏	地方官吏	誥 命 婦	武官	補子（服）
	軍機大臣（大軍機）			將軍（宗室）	
	軍機章京（小軍機）				
正一品	內閣大學士（中堂）		一品夫人	領侍衛內大臣	文：仙鶴　武：麒麟
從一品	吏部尚書（大宰）			駐防將軍	
	戶部尚書（大司徒）			都統	
	禮部尚書（大宗伯）			陸路提督、水路提督（提督又稱軍門）	
	兵部尚書（大司馬）				
	刑部尚書（大司寇）				
	工部尚書（大司空）				
	都察院左、右都御史				
正二品	吏部侍郎（少伯）	總督（制臺）－省	夫人	統領	文：錦雞　武：獅
	戶部侍郎（少司徒）			副督統（統制）	
	禮部侍郎（少宗伯）			總兵（鎮臺）	
	兵部侍郎（少司馬）				
	刑部侍郎（少司寇）				
	工部侍郎（少司空）				
	內務府總管				
從二品	內閣學士	巡撫（撫臺）－省		副將（協臺）	
	翰林院掌印學士	布政使（藩臺）			
正三品	通政使司通政使	按察使（臬臺）	淑人	參將	文：孔雀　武：豹
	都察院左、右副都御史				
	都察院右副都御史				
	府尹（大京兆）				
從三品		鹽運使（鹽司）		游擊	
正四品	通政使司副使	道員（道臺）－道	恭人	都司	文：雲雁　武：虎
				佐領	
從四品	內閣侍講學士	知府－府		城門領	
	翰林院侍講學士				
	翰林院侍讀學士				
正五品	各部院郎中	府同知	宜人	守備	文：白鷳　武：熊
		直隸州知州			
從五品	各部院員外郎	知州－州		守御守	
	各道監察御史				
	翰林院侍講、侍讀				
正六品	內閣侍讀	通判－廳	安人	門千總	文：鷺鷥　武：彪
	各部員主事	京縣知縣		營千總	
從六品		州同		衛千總	
		廳同知			
正七品	通政使司知事	京縣縣丞	孺人	把總	文：鸂鶒　武：犀牛
	翰林院編修	外縣知縣－縣			
	府學教授				
從七品	內閣中書	州判		盛京游牧副尉	
	翰林院檢討（修撰）				
	布政都事				
正八品	按察院都事	外縣縣丞	八品孺人	外委千總	文：鵪鶉　武：犀牛
		州學正			
		縣學教諭			
從八品	翰林院典簿	府州縣訓導		委署驍騎營尉	
正九品		縣主簿	九品孺人	外委把總	文：練雀　武：海馬
從九品	翰林院侍詔	州吏目		額外外委	
		巡檢			

資料來源：山腰敏寬編《清末民初文書讀解辭典》，東京：汲古書院，1998。及解說員王明和先生提供之資料。
　　　　　曾子良主編《從秀才到狀元之路：科舉文化特展圖錄》。

※補子始於明，官吏不論文武與級別須按規定穿補掛。補子前片中間劃開，呈兩個半塊，背後是整塊。

❖ 參考資料 ❖

尹章義：《台灣開發史研究》，台北：聯經出版社，1989。

王世慶：《清代台灣社會經濟》，台北：聯經出版社，1994。

台灣史蹟研究會編印：《台灣史話》，1975。

台灣省文獻委員會：《雅堂叢刊之二－臺灣使槎錄》，台中：台灣省文獻會，1975。

吳密察：《台灣通史－唐山過海的故事》，台北：時報文化出版公司，1973。

吳學明：《金廣福墾隘研究（上）（下）》，新竹研究叢書（四），1990。

李壬癸：《台灣平埔族的歷史與互動》，台北：常化，1997。

李國祈：《中國現代化區域研究－閩浙台地區 1800-1916》，台北：中研院近史所，1982。

周宗賢：《血濃於水的會館》，台北：文建會，1999。

周婉窈：《台灣歷史圖說》，台北：中研院台灣史研究所籌備處，1997。

周婉窈：《台灣歷史圖說》增訂本，台北：聯經，2009。

林偉盛：《羅漢腳－清代台灣社會與分類械鬥》，台北：自立晚報社，1993。

林衡道口述，宋晶宜筆記：《台灣夜譚》，台北：眾文圖書公司，1980。

林滿紅：《茶、糖、樟腦業與臺灣之社會經濟變遷》，台北：聯經，1997。

姚嘉文：《台灣七色記》，台北：自立晚報社，1987。

施添福：《清代在台漢人的祖籍分布和原鄉生活方式》，台北：師大地理系，1987。

洪麗完：《臺灣社會生活文書專輯》，台北：中研院臺史所籌備處，2002。

范勝雄：《半月沉江五條港》，台南市政府，2001。

郁永河：《裨海紀遊》，台北：眾文，1979。

張世賢：《晚清治台政策》，台北：東吳大學中國學術著作獎勵委員會，1978。

張勝彥：《清代台灣縣廳制度之研究》，台北：華世，1993。

陳其南：《台灣的傳統中國社會》，台北：允晨出版社，1987。

陳捷先：《中國的族譜》，台北：文建會，1999 增訂一版。

黃秀政：〈清代治台政策的再檢討〉，《台灣史研究》，1986。

漢聲雜誌編輯群：《漢聲雜誌 19 期－台灣的泉州人專輯》，漢聲雜誌社，1988 年 12 月。

漢聲雜誌編輯群：《漢聲雜誌 21 期－台灣的漳州人專輯》，漢聲雜誌社，1989 年 6 月。

戴炎輝：《清代台灣之鄉治》，台北：聯經，1979。

謝國興：《官逼民反－清代台灣三大民變》，台北：自立晚報社，1993。

郭喜斌：《聽！台灣廟宇說故事》，台北：貓頭鷹，2010。

黃源謀、吳春燕、潘世昌：《台南廣興宮史誌》，台南縣永康市：財團法人台南廣興宮，2010
年 9 月。

陳世昌：《臺灣演進史》，台北：五南，2013。

潘世昌、吳春燕、黃源謀、蘇秋鈴：《臺灣府城經典：導覽指南》，新北市：新文京，2014
年 7 月。

吳漢恩、楊宗佑：《圖解臺灣迎媽祖》，台中：晨星，2014。

謝奇峰：《臺南府城聯境組織研究》，台南市：南市文化局，2013。

尹章義：＜台灣北部拓墾初期「通事」所扮演之角色及其功能＞，台北文獻 59 期，1982。

尹章義：＜閩粵移民的協同與對立＞，台北文獻 74 期，1985。

吳學明：＜清代一個務實拓墾家族的研究＞，中研院台史所，台灣史研究第二卷第二期，
1995。

林偉盛：＜清代台灣分類械鬥發生的原因＞，收於《台灣史論文精選集》，台北：玉山社。

張勝彥：＜清代台灣漢人土地所有型態之研究＞，東海歷史學報第 4 期，1983。

許雪姬：＜班兵與台灣的治安＞，台灣風物，32：4，1982。

黃秀政：＜清代臺灣的分類械鬥事件＞，台中：國立中興大學文史學報第九期，1979 年 6
月。

黃富三：＜清代台灣移民的耕地取得問題及其對土著的影響＞，食貨月刊，1981。

溫振華：＜清代台灣漢人的企業精神＞，台灣師範大學歷史學報第九期，1981。

劉妮玲：＜游民與清代台灣民變（上、下）─義民問題＞，台灣風物，32：1-3，1982。

蔡淵黎：＜合股經營與清代台灣的土地開發＞，台灣師範大學歷史學報 13 期，1985。

家群文化事業有限公司：清宮祕檔＜大清盛世＞（一）康熙統一台灣(DVD)。

MEMO
IlhaFormosa

滿清統治後期積極的保台－開港與建省

CHAPTER
07

引 論

　　中國的種族中心思維模式，不但常使自己陷於夜郎自大的盲點中，更由於本位主義的思考，台灣地區人民的幸福，當然就很容易被忽略了。台灣在長達190餘年和中國互補貿易中，過著樸實無華的日子，中國長期封山禁墾的政策，使台灣進步開發十分緩慢，直到1858年天津條約要求台灣開港通商，中國才驚覺台灣地位之重要，尤其1874年的牡丹社日本侵台事件，更使欽差大臣沈葆楨在政策上做了一百八十度的調整，從消極的封山禁墾轉變成積極的開山撫番，俾以實際全面控制台灣，以杜列強主張台灣無主論的悠悠之口，不過為時已晚。劉銘傳擊退法國和積極建設保台，還是不敵帝國主義的侵略，台灣最終還是被日本所強占。

第一節　開港通商與洋行興起

● 開港通商與世界市場

一、台灣史的國際性格

　　台灣進入文字紀錄較詳實的歷史時代即具有明顯的國際色彩，1543年葡萄牙以「Formosa」命名台灣，進而廣泛使用於世界。十六、七世紀之際，中國東南沿海海盜、日本有心拓殖海外者、西班牙、荷蘭等諸勢力競逐於台海地區，繼而荷蘭在1604及1622年兩度入出澎湖，1624年取得南台灣作為殖民、貿易據點，至1662年始為鄭成功逐退。同一時期的1626~42年間，西班牙則占據北台灣的基隆、淡水等地。荷蘭視台灣為東亞貿易線上的重要據點，將台灣的鹿皮、硫磺、糖銷往日本、南洋、波斯，又發展中國與南洋各國間銀、香料、絲的轉口貿易，荷蘭在台灣（大員）貿易的淨利僅次於日本而已。

　　1661年至1683年統治台灣的鄭氏王國，集海盜、海商、海上政權三種特質於一身，未入台之前原就有所謂山五商、海五商的海上貿易組織，在台22年當中仍然進行與中國大陸沿海的走私貿易，對日本、東南亞、南洋的貿易亦極繁盛，甚至與英國締結通商條約，雖實質進展有限仍頗具意義。鄭成功曾受明朝唐王賜姓朱，一般稱其為「國姓爺」、「Koxinga」（閩南語發音）也成為西洋史籍指稱鄭成功的通用字，如同台南市政府舉辦鄭成功文化節的國際性活動，將台灣推上國際舞臺，台灣與鄭成功兩相烘托，完全突顯了台灣史的國際性格。

二、清朝時代的台海貿易

　　1683年施琅在澎湖一役打敗劉國軒，鄭克塽繼之降清，台灣入清版圖，清廷雖在台設官施政，但頒行渡海禁令，閩粵人民遂偷渡來台墾殖，漢人拓殖日廣，農商諸業亦漸興起，台灣的農林產品和本地較欠缺的手工業類產品須與中國東南沿海地

區進行「**區域分工**」的流通，人民往來亦趨頻繁，清廷陸續開放府城台南、鹿港、八里坌為對渡正口，不過散布西海岸無數的「偏港」也有相當程度的發展。1683 至 1860 年代台海貿易雖發達，但純粹只是台灣與中國東南沿海地區的貿易往來，與前期相比，已失去國際性，而且帆船貿易至十九世紀中期止，呈現長期衰退趨勢，至 1860 年台灣開港通商之後，台灣才再度進入國際貿易市場。

三、開港通商的過程

　　道光 20 年（西元 1840 年）清帝國因鴉片戰爭與英國引起戰端，最後兵敗，中英雙方締結南京條約，開放五口通商，航海殖民國家後起之秀的英國，既已打開閉關自守的清帝國門戶，當然不會忽略台灣的潛在商機。清英鴉片戰爭期間，英國亦屢次侵犯台灣雞籠港、梧棲外港等，這類侵犯台灣的情形反映台灣在航運、商貿地位的重要性，因此在天津、北京條約簽訂後，台灣開始對各國**開港通商**。

（一）航運需求與開港、領土企圖

　　五口通商之後，外國船隻常航經台灣海峽，北部雞籠的煤炭可供船舶燃料之需，請求赴台購煤或申請採煤權，仍為清廷拒絕；另英國亦要求台灣開放通商，或者以福州和台灣交換，亦遭反對，英國只得另待商機；美國經略台灣之心亦強，美國商人基頓奈(Gideno Nye)曾透過駐華代理公使伯駕(Peter Parker)促進美國政府占領台灣。咸豐 4 年（西元 1854 年）美國東方艦隊司令培里(Perry)派阿波特(Abbot)至雞籠調查遭遇海難外國人處遇和當地煤礦，培理也贊同占領台灣。同時另一曾擔任寧波領事的美國人赫利思(Townsend Harris)建議美國購買台灣，不過美國因內政問題嚴重無暇顧及海外事務而作罷。

（二）商業市場利益

　　台灣所具有的商業市場利益以**鴉片**的進口和米、糖、樟腦、煤的出口最受外商的重視，台灣吸食鴉片的風氣相當普遍，道光年間清廷屢申嚴禁輸入鴉片，地方官員三令五申嚴加禁止，可見在未開港通商之前，鴉片即已大量走私進口，其經濟價值深受外商重視。台灣特有的樟腦早已由英美商人私行販運，獲利頗豐，兩國政府的修約代表相當重視。台灣主要農產－**稻米**大量輸出，**砂糖**銷往上海、香港等地，均使各國注意到台灣的經濟利益。台灣北部的煤礦英美兩國均曾探勘過，發現台煤品質優良，蘊藏量大又易開採，卻不能出口或供採購，構成外國要求開港通商的理由，英國亦可能為不使其他國家控制台煤而促使台灣開放。開港之前，鴉片、樟腦、米、糖、煤等都有外人私行貿易的事實，使台灣具有開放直接貿易的價值。

（三）人道理由

　　南京條約之後，外國船隻東來者日增，台灣海峽發生海難，或外人遭劫掠傷害的事件頻傳，遇有外國船舶失事，外國船艦即主動到台灣進行調查搜尋，其中最有名 1867 年 3 月的美國羅發（妹）號(Rover)事件。最後簽定南岬之盟。公共電視最近將此發生在屏東七星岩的國際衝突事件拍成電視劇〈斯卡羅〉。基於航行安全的需求以及海難事件的處理，若台灣能對外國開放，則可以派駐外交領事人員，來台處理各種事務均較便利。

(四)天津、北京條約與港埠開放

清朝中葉，英美兩國最熱衷於台灣之開港通商，英法聯軍之役後所訂定的天津條約，首先提到台灣開埠的是最早完成談判而訂定的中俄天津條約，該條約第三款將台灣府列入七處通商海口之一。中美和約開放台灣，中英和約亦指明開放台灣，中法和約議定台灣的安平（府城）、淡水開放通商，因各國援用最惠國條款，故台灣府城和淡水開放供各國通商貿易。

台灣府城和淡水開放後，因雞籠（今基隆）與打狗（今高雄）早有外商前往貿易，雞籠又有煤礦之利，正式開港通商後，非開放之港口即禁止外人從事貿易，於是福州稅務司美理登(Baron de Meritens)向當時南洋大臣李鴻章議請增開子口，清廷同意所請，雞籠和打狗一併成為晚清台灣對外開放的港埠。

台灣開放通商後，1861 年 12 月 18 日英國駐台灣副領事館正式設在淡水。雞籠的副領事在 1869 年 10 月 27 日設立，南部的打狗和安平同時在 1865 年設置領事館，目前淡水和高雄都保留當時的領事館。至於綜理船舶出入，徵稅業務的淡水、雞籠、打狗和安平海關也陸續設立。領事和海關設置後，外商在四港口陸續設立商行為貿易之所，各岸設立的洋行如下：

● 表 7-1　清代安平五大洋行

洋行名稱	國籍	創設年代	行址	主要負責人	主要業務
德記洋行 Tait & Co. Merchant House	英	同治 6 年(1867) ※清道光 25 年(1845)首創於廈門	安平 打狗（高雄） 大稻埕（臺北市）	馬遜 (James.C. Masson) 布魯士(R.H. Bruce)	1. 輸出品：茶、糖、樟腦。 2. 輸入品：鴉片。 3. 保險、金融代理
和記洋行 Boyd & Co. Merchant House	英	同治 6 年(1867) 設立本店於廈門	安平 大稻埕	羅拔・克萊 (Robert Craig) 卡利那(F. Gardiner)	茶 保險代理
怡記洋行 Bain & Co. Merchant House	英		安平	阿蘭・培英 (Adam W. Bain)	保險代理 電線工程
唻記洋行 Wright & Co. Merchant House	美		安平	希士頓 (Robert J.Hastings)	糖、雜商
東興洋行 Julius Mannich & Co. Merchant House	德		安平	東興(Julius Mannich) 培達遜(J. Peterson)	糖、樟腦、輪船代理

參考資料：范勝雄《府城叢談 3》。

1. 安平：天利行、瑞興、水陸、嘉時、唻記（美）、**東興**(Julius Mannich & Co.)（德）、和記（英）、**德記**(Tait & Co.)（英）【Ex－雀巢、克寧奶粉、開喜烏龍茶】、怡記（英）等洋行。

2. 打狗：怡和、甸德、老鈐、怡記、德記、柯爾曼亞力基等洋行。

3. 大稻埕：怡和、德記、和記、水陸、嘉時、寶順行、路透布羅格爾曼、公泰等洋行。另設在淡水有美利士、費爾哈士迪斯、得忌利時、甸德等洋行。

4. 雞籠：費爾哈士迪斯洋行(Field Hastis & Co.)。

● 進出口貿易分析

　　1860 年代台灣開港讓各國來通商貿易後，大陸與台灣之間的貿易仍舊維持不斷，米糖運往大陸，亦有大陸米進口至台灣北部，台灣出口的茶、糖、樟腦大多由廈門、香港等港轉口外銷，進口貨品也由香港、上海轉口而來，台灣的茶、糖、樟腦進入國際貿易市場，西洋貨品亦大量進入台灣，尤其**茶**與**樟腦**這類新興出口物產對台灣近代歷史的發展影響甚鉅。而開港通商後台灣的外貿呈現出口量大、成長快、**出超**的現象，這種情形與台灣長期以**外貿**為導向的島國經濟特色，可從歷史的過程尋得一脈絡軌跡。

一、進口商品

　　進口貿易品以**鴉片**和**紡織品**為最大宗，其他尚有雜貨類商品。吸食鴉片的習性與醫療用途、個人嗜好成癮、交際應酬、排憂解勞有關，由於本地人口迅速增加，晚清駐台兵員擴充，加上通商貿易獲利，使鴉片消耗量增多，成為最大宗的進口商品，亦對人民身心健康為害甚鉅，甚至外商直接以鴉片作為購買茶、糖、樟腦的支付代金，有礙本地發展經濟所需的資本累積。唯獨因**鴉片進口稅**和**鴉片匯金**增加台灣政府的財政收入，可充作晚清台灣海防軍費與近代化建設之需。進口紡織品主要來自英國大量生產(mass production)，英國在工業革命後成為世界最先進的紡織業國家。英國的絲毛料和長羽紗料毛織品，進口至台灣，因此英國的領事館曾提到台灣是中國衣著最進步的地區，農人、礦工、苦力都有歐洲生產的衣服。

　　鴉片和紡織品之外的進口商品尚有金屬類製品和雜貨，金屬類中的鉛數量甚多，主要用在焊接茶箱。雜貨類包括華洋百貨，有食品、衣飾、日常用品、建築材料等，這類商品在後期進口量大、品質亦佳，反應台地人民生活更為富裕，使用的物品也更多樣化。

二、出口商品

茶、糖、樟腦是當時台灣三寶，也是 FORMOSA 在國際市場上的三大名產，對台灣之產業經濟、社會生活、地理景觀、區域發展等，影響甚大，分述如下：

(一) 茶

台灣北部的茶由英國人**約翰·杜德**(John Dodd)自**福建安溪**引進茶種，鼓勵茶農栽種，使茶成為北台灣最重要的出口商品。出口茶以**烏龍茶**為主，其次為**包種茶**，主要產地在台北盆地周邊山坡地及桃園、新竹台地丘陵地區，因此大都集中在**大稻埕**加工後由淡水出口。烏龍茶銷往美國，包種茶銷往南洋地區，台灣茶在國際市場名聞遐邇，凌駕了茶葉原鄉—安溪的茶。茶葉貿易提升了北台灣的經貿地位，靠山地區也加速開發，大稻埕新市街隨之興起，對歷史發展頗具影響地位。【茶＋花→花茶】

圖 7-1　採茶

● 資料來源：蔡東照撰文、劉興欽繪圖《台灣鄉土民俗圖集》。

(二) 糖

糖早在荷蘭統治台灣時就已是重要出口產品，出口的糖主要有紅糖和白糖兩種，都是傳統糖廍方式生產，即將甘蔗放入以牛拖的石磨中旋轉數圈後榨出蔗汁，經煮糖室分餾結晶製成，糖主要產地在台灣南部，因此都由安平和打狗出口，而且由打狗出口的量逐漸增加。糖出口的地區除了中國大陸外，銷往日本、澳洲、香港、美國、加拿大等地，後來由於澳洲本身開始產糖，英國亦可自歐陸國家購入甜菜糖，美國為保護夏威夷糖業等因素，導致台糖出口減緩，只有中國華北和日本始終是台糖的主要市場。台灣糖的歷史悠久，西元 1895 年（清光緒 21 年）日本統治台灣後，全力發展新式糖業，使台灣成為「糖業王國」。

（三）樟腦

樟腦是台灣的特產，樟木原先主要是清代水師軍工造船用料，樟腦且可供藥用治風濕，19 世紀後期樟腦常用於賽璐珞(Celluloid)的生產原料成分，**台灣成為樟腦王國**，不過因為樟腦的生產過程耗工費時，故出口值只占全台總出口值的 4%，樟腦出產地區以台灣中、北部為主，以淡水為出口港。樟腦是砍伐山地的樟樹切為碎片，再利用腦灶蒸煮出樟腦氣，冷卻後結晶即是樟腦。產製樟腦須深入內山，侵入原住民部落領域，常引發衝突傷害事件，故樟腦出口量較不穩定。樟腦在外貿商品總值所占比重不大，但因這種山地物產的開發，是原住民與漢人較直接而密切的接觸，晚清二十年當中是清帝國推行「開山撫番」政策的時期，所以樟腦的產銷背後隱藏了一頁原漢族群關係的血淚史。

三、開港通商與晚清台灣

開港通商之後，貿易快速成長與出超，促使台灣中、北部因**茶**與**樟腦**業之興起而使近山地區產業有進一步的發展，山區市街也因此而有相當程度的繁榮，如三角湧（三峽）【祖師廟】、大嵙崁（大溪）【和平老街】、南庄、南投、集集等。原先以土地為主要財富的豪紳大族參與新產業之經營，除增加財富的多元性，累積的資本日增與經營方法亦日新月異，故在日本治台之後能轉化為現代化的產業經營，如北部板橋林家（<u>林維源</u>）與茶業，中部霧峰林家（<u>林朝棟</u>）與樟腦業、南部<u>陳福謙</u>、<u>陳中和</u>與糖業【陳中和紀念醫院（高醫）】等，也有新崛起的商業**買辦**如大稻埕的<u>李春生</u>等。外貿所帶來的稅收也成為晚清積極治台時，各種建設與軍政支出的重要來源。北部經貿地位日趨重要，**台灣歷史重心北移**，清光緒元年（1875 年）台北設府，光緒 10 年（1884 年）<u>劉銘傳</u>（淮軍）來台，既有的歷史實況與他要抗衡原已在台南府城的台灣道－<u>劉璈</u>（湘軍）互爭長短，刻意重視北台灣的建設，1887 年正式建省後，台北成為實際省城所在地，取得政治領先地位。

對外貿易的發達也提供較多的就業機會，商品的產銷過程增加族群較密切的互動關係，唯獨原住民和漢人因山地資源開發而產生緊張衝突，使弱勢族群遭受極大打擊則是較負面的結果。

開港通商影響台灣港口市鎮體系的發展，原先散布西海岸的港口由於南北四港的市場功能增強而沒落，這種兩極化的現象在日本治台後積極建設基隆和高雄港更趨明顯。在清代晚期 1881 年（光緒 7 年）**淡水港**的貿易額超過安平、打狗，成為全島最大貿易港；但到日治時代初期 1903 年（明治 36 年）**基隆**超過淡水，1907 年（明治 40 年）**打狗**超越安平，基隆與打狗（1924 年改為高雄）成為台灣南北最大的港市。

第二節　西方宗教傳入與教育醫療興起

　　開港通商後，西洋國家的傳教士也可以自由進入台灣，通商口岸成為其傳教的據點，咸豐 8 年（1858 年）有來自菲律賓的天主教<u>多明我會</u>(Domingo)傳教士來打狗、阿猴（今屏東）一帶傳教，不過真正有組織的傳教是同屬新教長老教會，分別來自英國和加拿大的教會在台灣南部、北部進行傳教事業，為台灣傳入基督教，也帶來西洋文化的洗禮。

一、南部英國長老教會

　　同治 4 年（1865 年）英國長老教會派遣傳教士<u>馬雅各</u>(James L. Maxwell)來台南府城西門外開始傳教【台南市看西街教會】，往後陸續有<u>甘為霖</u>(W. Campbell)、<u>巴克禮</u>(T. Barclay)【台南神學院】、<u>余饒理</u>(George Ede)、<u>宋忠堅</u>(Duncan Ferguson)等主持教務。

　　教會以府城和打狗作為傳教的中心，傳教範圍以台南、高雄地區為主，尤其靠山地區的平埔族有相當多人入教。教會為了訓練本地人擔任傳教工作，光緒 6 年（1880 年）在台南設神學校，是今台南神學院的前身。教會亦重視較一般性的教育，光緒 11 年（1885 年）設中學，光緒 13 年（1887 年）設女學，成為今日長榮中學（台灣第一所中學）和長榮女中。<u>甘為霖</u>（特教之父）關心盲人教育，使用廈門音羅馬字浮凸印刷書，並在光緒 17 年（1891 年）設盲人學校訓瞽堂，是台灣盲啞（啟明）學校的濫觴，教會創辦教育事業，出發點固然是為宣揚教義，可視為現代教育的創舉。

　　長老教會鑑於台灣文盲太多，於是用羅馬拼音譯寫聖經、聖歌、書刊，這種「白話字」易學易用，<u>巴克禮</u>提倡最力，光緒 11 年（1885 年）創刊「**台灣府城教會報**」（今之台灣教會公報），就是用白話字書寫，教會中閩南語羅馬拼音的「**白話字**」出版物，成為台灣文化史的異彩。

　　醫療服務能減緩本地人對異人異教的排斥，因此教會相當重視醫療服務，南部初任傳教士<u>馬雅各</u>本身即是醫生，同治 4 年（1865 年）設立醫館，1900 年（明治 33 年）遷至新樓，「新樓醫院」的名稱一直沿用至今。另外較後期來台的<u>蘭大衛</u>(1870~1957)【切膚之愛】在 1897 年（明治 30 年）創建彰化基督教醫院，救活中部台民無數，加上台北馬偕醫院，都是基督長老教會結合傳教與醫療服務的成果。

二、北部加拿大長老教會

　　北部基督教的傳播主要以來自加拿大的<u>馬偕</u>(George Leslie Mackay, 1844~1901)為核心人物而開展。<u>馬偕</u>於 1872 年（同治 11 年）到淡水，踏查探訪半個台灣之後，決定以淡水作為傳教根據地，教區則至大甲溪與英國長老教會分界。<u>馬偕</u>在台灣前後達三十年，重視宣教事業本土化，他勤學本地語言，娶五股坑人<u>張聰明</u>為妻，死

後也葬在淡水，他總共創設了六十間教堂，也遠赴宜蘭地區傳教，當時噶瑪蘭平埔族族社仍多，有些族人以馬偕的「偕」作為他們的漢字姓氏，例如偕萬來，噶瑪蘭人或遷移至花東地區，或與漢人接觸文化同化、濡化變化激烈，偕姓竟成為他們辨識該族的標記之一。

　　馬偕雖非醫生出身，但曾學習基本的醫療技術，來到淡水創設「**偕醫館**」（紀念也叫馬偕的加拿大人，捐款寡婦的丈夫），藉醫療服務以利宣教，他擅長為人拔除病牙的故事廣受流傳。後來長老教會設立「馬偕紀念醫院」（1912 年）、「馬偕醫院淡水分院」（1969 年）、「馬偕護校」（1970 年），這些醫療機構、學校的設立與馬偕重視醫療傳教的歷史背景有密切關係。

　　馬偕傳教較注重本地傳教士的培訓，1882 年（光緒 8 年）在淡水創建「理學堂大書院」(Oxford College)作為教學場所，此「牛津學堂」後來遷往台北，改為台灣神學校（後來的台灣神學院），淡水原址另設淡水中學校，即今淡水中學前身。1884 年（光緒 10 年）另設淡水女學堂，首開女子學校教育之先例。1965 年（民國 54 年）長老教會在牛津學堂校址創辦「淡水工商管理專科學校」（現已改制更名為真理大學），這些教會創設各種教育機構，促使淡水地區教育事業發達。

　　台灣開港通商使台灣納入世界經濟體系，各國愈加重視台灣，涉外事件增多，促使清帝國調整為較積極的治理政策，西方宗教隨著台灣的開放而傳播至全省各地，基督教長老教會成為台灣歷史最悠久的教會，尤其長老教會重視本土化（EX：高俊明牧師）與入世神學，長期以來與本土社會又有較密切的互動關係。傳教與醫療相結合，將現代醫學知識與技術傳入台灣，日治時代很多醫生也出自教會家庭，教會設立的醫院仍在北、中、南地區為民眾服務。

　　教會為了訓練本地傳教士而設立神學校，這些學校也是台灣新式教育的創始，基於傳教方便發展出來的羅馬拼音白話字，成為台灣近代文化史的瑰寶，台灣本土語言文字化時，教會羅馬字也是可供選擇的標音方式。南部的甘為霖歷史學造詣極佳，其所撰著《Formosa Under the Dutch》（1903 年）「荷治下的台灣」，成為研究荷蘭時代重要的參考史著。馬偕所著的《From Far Formosa》，後經周學普譯成刊出於 1960 年的《台灣六記》一書，也是認識台灣於十九世紀末期如何立足於世界舞臺的第一手史料。

【第三節】 牡丹社事件與中法戰爭

一、日本南進的先聲－牡丹社事件

(一)牡丹社事件與日本犯台

　　早在十七世紀初，琉球一方面向中國朝貢，一方面又從屬於日本的薩摩藩，而呈現兩屬的狀態。日本明治維新以後，雖然強迫琉球斷絕與滿清的宗藩關係，不過此舉並未得到滿清的承認。同治 10 年（1871 年）發生琉球漂民在牡丹社地界被殺事件，卻給日本一方面解決琉球歸屬問題，一方面試圖製造染指台灣的藉口。當時琉球船隻因遭風漂至台灣東海岸南端八瑤灣（今滿州鄉），成員登岸誤闖牡丹社部落地區，有 54 人遭到高士佛（滑）社殺害，12 人倖存，於次年（同治 11 年）輾轉返回琉球。日本政府當時因為內治派主政的關係，並不以對外擴張為要務，因此並沒有立刻推動所謂的征台之舉。而於同治 12 年（1873 年）利用使節到中國商談換約之際，趁機試探中國的態度。當時清廷一方面表示琉球、台灣皆屬中國，此事不煩日本過問，但卻也表示：「生番原為化外，未便窮治」。這並非全然是清廷官員無知所致，在某種程度上，他們對日方的回答，真確反映了清廷並沒有完全有效統治台灣的窘況，但是此一番答辯卻給了日本正式出兵侵台的藉口。

　　當時日本由於明治維新以後，社會秩序重整，原本居於統治地位的士族，失去了特權，因而心生不滿。日本政府為了安定內部士族的不滿，因此在同治 13 年（1874年）以<u>西鄉隆盛</u>之弟<u>西鄉從道</u>擔任台灣事務都督並聘請之前處理過羅發號事件，深入台灣番社交涉的美籍台灣通<u>李仙得</u>(Le Gendre)為征台顧問，積極準備征台。滿清政府對於日本出兵並沒有掌握訊息，直到外國使節電告日本出兵以後，清廷才在日軍已抵達琅璠後的 5 月 11 日，向日本表示指責之意，並在 14 日派駐在福州的船政大臣<u>沈葆楨</u>帶領輪船部隊前往台灣。5 月 27 日更授命**沈葆楨**為「**欽差辦理台灣等處海防兼理各國事務大臣**」（簡稱**欽差大臣**），6 月 14 日，<u>沈葆楨</u>抵台，積極進行部署保台的準備。

　　相對的，當時日本一方面先孤立高士佛社與最強悍的牡丹社，再以近代的強勢武力，迫使牡丹社番屈服，但是日軍登陸後士兵一方面深受瘧疾病痛之苦，軍士與夫役死亡逾六百人，一方面又未具備大規模對外作戰能力，加上財政並不充裕，不堪久戰的耗費，遂採取以戰逼和，希望在得到賠償的狀況下，結束征台的戰爭。

　　同年 10 月，清廷與日本簽訂北京專約，承認日本出兵為**保民義舉**，並撫恤遇害的難民，補償日本所修的道路、建物的費用，最後共支付五十萬兩結案，此一條約由於承認日本的保民義舉，成為日本名正言順要求琉球歸屬日本的藉口，「牡丹社事件」也使滿清治台的政策發生了決定性的轉變。

(二)沈葆楨與積極治台政策

　　「牡丹社事件」後，次年沈葆楨又因「獅頭社」原住民作亂，再次來台。他在整頓台灣防務之時，認為番地是容易滋生事端的地區，因此應採取開山撫番的政策，並得到李鴻章的支持，在同治13年（西元1874年），他所主持的開山撫番工作正式展開。開山撫番的工作，意味著原本清廷不准漢人入墾的番界，已經成為新的可開墾區域。為了進行開山的工作，除了官方必須投入人力、物力外，更需要移入新的開墾人口。為了招來開墾者，沈葆楨奏請清廷取消原有的渡台禁令。此後不僅原有的番界被打開門戶，中國大陸往台灣移民的限制也解禁開放，清廷自領台以來採行的渡台禁令從此成為歷史名詞。

　　整體而言，就外在的國際現勢演變來看，當時台灣的開山撫番乃是整頓防務所必須。同時，日本出兵台灣所根據的理由之一，是滿清並沒有實際擁有對台灣番地的主權。但透過開山撫番政策，證明滿清實質上能在番地實行主權，可以阻絕外人占領台灣領土的野心，為「番地無主論」消毒。從另一個角度來看，自從台灣開港以後，茶、糖、樟腦是其中主要出口大宗物資，茶與樟腦產地皆鄰近內山，番界的存在也就影響了茶、樟腦業的發展，就此而言，開山撫番政策並不只是**國防**或是**治安**的需要而已，同時也帶有強烈**經濟**動機。而開山撫番政策一旦撫番不成，則剿番的行動勢必隨之展開。

(三)洋務運動的展開

　　在「牡丹社事件」發生前，清廷即有大員主張在台灣推動洋務運動。同治7年(1868)是台灣與洋務運動發生密切關聯的重要年代。那一年擔任江蘇巡撫的丁日昌向曾國藩建議，應該考慮將台灣建設為南洋海防中心。同年，擔任福州船政大臣的沈葆楨，則派員來台探勘煤礦，後來他們相繼來台主持政局，對於台灣的洋務建設有開風氣之功。前述沈葆楨來台期間，曾派人赴英採購開採設備，在基隆正式展開新式煤礦開採工作，使台灣礦業的發展往前更進了一步。同時，他也購買新式的輪船，行駛台灣、福建之間，改善了海運交通，更為防堵夾擊日本人，擘畫興造台南「億載金城」和屏東「恆春城」，尤其億載金城可說是台灣海防的里程碑。

　　丁日昌於福建巡撫任內，在光緒2年（1876年）底來台，在他任內的台灣府試還特別錄取淡水廳所屬的原住民一名，即第一位「番」秀才**陳寶華**，開原住民透過考試進入仕途之先河。他還建議修築台灣的縱貫鐵路，架設府城到打狗的「電線」。問題是他的計畫固然遠大，並非清廷當局施政的重點，因此得不到支持，也使他大失所望。

二、法軍犯台與台灣建省

　　光緒9年（1883年）清廷與法國因為越南問題，發生戰爭，當時傳聞法國可能出兵占領舟山群島、海南島或者台灣，使得清廷益發警覺台灣海防地位重要而加以重視。次年4月，法國軍艦藉口購煤強行進入基隆港，與清廷出現緊張的狀態。清廷派淮軍名將劉銘傳以福建巡撫名銜來台督辦軍務。劉銘傳7月抵達基隆以後，修

正原有「重南輕北」的防務，並以基隆、淡水為台灣北部兩個防衛重點。8 月法軍由<u>孤拔</u>(A. Coubert)率領進攻基隆，沒有成功，繼而在 10 月再次登陸占領基隆及獅球嶺，同時進攻淡水，並於 10 月 8 日發動登陸戰，雙方作戰結果，互有傷亡，但法軍終究未能得逞，<u>孤拔</u>則下令封鎖台灣海峽，此段歷史民間稱「走西仔反」，成為紅遍海峽兩岸「飛龍在天」電視劇的背景。

　　光緒 11 年（1885 年）2、3 月間，法軍持續攻擊基隆周圍據點，卻無法渡過基隆河，且時常受到守軍的反攻，因此在 3 月底派艦占領澎湖，隨著 4 月清法兩國簽訂和約，對台灣的封鎖才告解除。歷經此一戰爭，清廷益發重視台灣之防務，光緒 11 年 9 月 5 日，正式下令台灣建省，並**任命<u>劉銘傳</u>為首任福建台灣巡撫**，且於光緒 13 年（西元 1887 年），台灣與福建進一步正式分治。

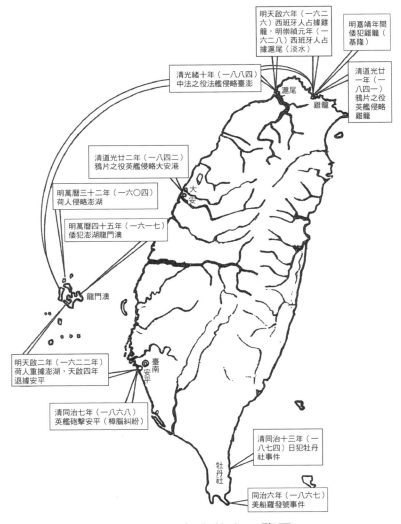

明天啟六年（一六二六）西班牙人占據雞籠，明崇禎元年（一六二八）西班牙人占據滬尾（淡水）

明嘉靖年間倭犯雞籠（基隆）

清光緒十年（一八八四）中法之役法艦侵略臺澎

清道光廿一年（一八四一）鴉片之役英艦侵略雞籠

清道光廿二年（一八四二）鴉片之役英艦侵略大安港

明萬曆三十二年（一六〇四）荷人侵略澎湖

明萬曆四十五年（一六一七）倭犯澎湖龍門澳

明天啟二年（一六二二年）荷人重據澎湖，天啟四年退據安平

清同治七年（一八六八）英艦砲擊安平（樟腦糾紛）

清同治十三年（一八七四）日犯牡丹社事件

同治六年（一八六七）美船羅發號事件

滬尾　雞籠　大安　龍門澳　臺南　安平　牡丹社

圖 7-2　臺灣外患一覽圖

● 資料來源：簡後聰等編《福爾摩沙傳奇－臺灣的歷史源流（上冊）》。

第四節　劉銘傳的經營與建省

一、劉銘傳治台的建設

　　劉銘傳承繼沈葆楨及丁日昌在台灣推動的洋務事業，開始興建西部的縱貫鐵路，清代台灣縱貫鐵路完成從基隆到新竹的工程。除了鐵路工程之外，基隆的煤礦也在其任內進行大規模開挖。台灣與中國大陸之間的海底電纜，也在劉銘傳的主導下鋪設完成。此外在台北設郵政局，在各地設站的郵遞事業，也有所建樹。

　　開山撫番方面，劉銘傳不僅承續了沈葆楨以降的政策，並且有大規模進展。光緒 13 年（1887 年）劉銘傳在大嵙崁（大溪）設撫墾總局，交由林維源主持，下轄有八個局，進行對原住民的綏撫政策。但是由於漢人在經濟誘因下，不斷深入山區掠奪資源，原住民與漢人的衝突乃趨於激烈，由於撫番不成，劉銘傳不時動員大規模的軍隊，入山討伐原住民。從光緒 11 年（1885 年）到 15 年（1889 年）之間，劉銘傳持續出兵討伐原住民。光緒 15 年劉銘傳上奏，全台歸化番社已達八百多社，人口 15 萬多人。但是在滿清政府統治的時代，仍然尚未完全將原住民納入行政體系控制。

　　另外，為了增加稅收，劉銘傳戮力推動以清賦為中心的土地改革工作，是台灣近代化事業中重要的一環。他一方面藉著土地調查，清查台灣實際耕地面積及田地狀況；另一方面希望解決台灣原來由大租戶、小租戶、佃農構成的傳統土地所有制，廢除大租戶，使小租戶成為真正的地主及租稅負擔者。但是由於既得利益者的抗拒反撲和執行者的心態、技巧與其他因素，造成相當多反彈，結果採取減少小租戶繳交大租的四成，作為由小租戶繳交賦稅的代價，大租戶則仍保有原來大租的六成，史稱「減四留六」。而彰化方面抗議清丈工作不公，甚至發生大規模的民變，即彰化施九緞所領導之抗丈圍城事件，使土地改革的政策無法繼續貫徹。而日本領台以後，在後藤新平的主導下，才完成相類似的土地調查及土地改革事業。【劉銘傳－後藤新平－陳誠】

　　雖然劉銘傳的鐵路建設及其他洋務事業，在其去職後，沒有繼續推展，但是就洋務的建設而言，台灣已是當時清廷最近代化的省分。【其中台北建設最多，當時有「小上海」之稱】

註釋

* 　劉銘傳自光緒 12 年(1886)起推動清賦事業，重新清查丈量全台田地，因台灣向來隱田眾多，土地重新清查後，勢必增加人民負擔，同時，清丈田地的工作繁瑣，如又發生工作人員丈量不公，更易引起民變。光緒 14 年(1888)8 月 29 日，彰化縣浸水庄居民數百人以施九緞（公道伯）為首，打著「官逼民反」之旗幟，攻打鹿港與彰化縣城，要求撕毀丈單，劉銘傳調派林朝棟前往鎮壓才平息這場亂事。

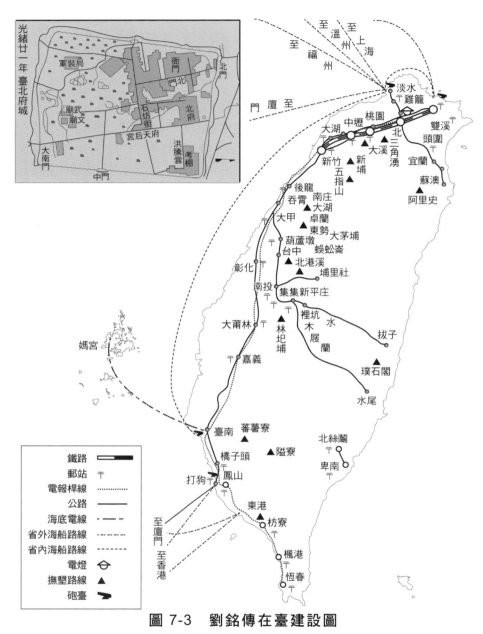

圖 7-3　劉銘傳在臺建設圖

● 資料來源：簡後聰等編《福爾摩沙傳奇－臺灣的歷史源流（上冊）》。

二、洋務運動的停頓與評價

　　光緒 17 年（1891 年），劉銘傳被免去臺灣巡撫，最後由邵友濂接任。劉銘傳時代推動的鐵路、煤礦等建設都遭到中輟或縮小，劉銘傳時代積極進取的洋務政策，發生關鍵性的轉變而改採比較保守的路線。此一改變，使得本來急速發展的洋務事業，受到相當程度的打擊。不過就滿清政府整體而言，劉去邵來也正代表著劉銘傳時代台灣洋務運動冠於全國的速度已經不再被滿清政府所支持。因此，邵友濂採取

較持穩的建設態度，這不只是<u>劉銘傳</u>與<u>邵友濂</u>之間見解不同而已，事實上也應該被理解為滿清政府治台政策的一種轉變。

　　關於台灣的現代化，是否已隨<u>劉銘傳</u>以**東南一隅為全國之模範**心願的落實而達成，還是要等到日治後的<u>兒玉</u>、<u>後藤</u>體制？由於此事牽涉到民族主義的問題，因此<u>劉銘傳</u>在台事功不斷地被肯定，而<u>邵友濂</u>中止新政的罪名也就愈來愈重了。<u>劉銘傳</u>的新政有不少缺點，現代化不算很成功，他的成就在國內也許是屈指可數，可是放諸歐洲和日本，則仍是現代化的初期。真正強迫台灣進入現代化的則是日治時期。我們可以這樣說，台灣的現代化，<u>劉銘傳</u>開其端，真正達成現代化效果的則是<u>兒玉源太郎</u>和<u>後藤新平</u>。

第五節　甲午戰爭與乙未割台

一、甲午戰爭

　　日本明治維新後，西進擴張，首當其衝的就是朝鮮（今南、北韓），清、日兩國為朝鮮宗主國地位之爭，終於爆發。光緒 11 年（西元 1885 年），<u>李鴻章</u>與伊藤博文於天津簽訂清日「天津條約」，清日兩國均自朝鮮撤兵，並規定：「將來朝鮮如有事，清日兩國或一國要派兵，應先互行文知照；及其事定，仍即撤回，不再留防。」

　　光緒 20 年（西元 1894 年）3 月，朝鮮東學黨黨魁<u>崔時亨</u>於全羅道聚眾起兵叛變，直隸提督<u>葉志超</u>奉令率軍趕赴朝鮮，屯牙山，並按清日天津條約之規定電告日本。東學黨聞清日軍隊已至，不戰而潰。<u>袁世凱</u>以東學黨潰散、亂平，要求清日同時撤兵，但日本不從，反要求清日兩國留兵駐守，共同改革朝鮮內政，但此要求被清國政府所拒。6 月，日軍突然衝入王宮，囚禁國王<u>李熙</u>，命大院君<u>李是應</u>主國事。<u>李是應</u>為報光緒 8 年遭清國政府誘捕，將其囚禁中國保定之恨，不經思考，馬上答應為日本效力，並下令驅逐在朝鮮的所有華人出境。

　　<u>李鴻章</u>眼看事態嚴重，急調重兵進駐平壤；另調陸軍十餘營，乘英輪高陞號趕赴牙山，並派出八艘北洋軍艦護送，半途竟遭日軍截擊，潰遁而逃，清軍溺死千百餘人，日陸軍乘勝又轉攻牙山，清軍大敗。7 月，光緒下詔對日宣戰，9 月，日軍分四路進攻平壤，清軍約兩萬人倉促迎敵。主帥<u>葉志超</u>棄城逃跑，渡鴨綠江而退入中國境內。平壤戰後兩日，清日兩國海軍在黃海發生激戰。日本艦隊在大東溝海面向中國北洋艦隊突襲，清艦被擊沉四艘，海軍提督<u>丁汝昌</u>，「致遠號」管帶<u>鄧世昌</u>在艦隻受重傷時，下令向敵艦猛衝，不幸全艦中魚雷而沉。日本方面僅略有損失。此後北洋艦隊困於威海衛軍港中。短短三、四個月，清軍全面潰敗，隨著滿清洋務運動所建立之北洋艦隊沉入海底，台灣的命運從此墜入萬丈深淵。

二、乙未割台

滿清政府見大勢已去，指派總理各國事務衙門戶部侍郎張蔭桓、湖南巡撫邵友濂前往日本廣島議和，卻被日本全權大臣伊藤博文以「全權資格不足」之說，拒絕和議。清國無奈，只有接受李鴻章為頭等全權大臣赴日本廣島談判。

光緒 21 年（西元 1895 年）3 月 14 日，李鴻章奉派為清廷之全權代表，率領隨員 135 人及美國前國務卿、中國駐美國公使館法律顧問、李鴻章外交顧問科士達(Foster John Watson)，前往日本馬關（今下關）議和；日本以首相伊藤博文和外務相陸奧宗光為全權代表，並請美國人端迪臣(Dennison Henry Willard)為日本外務省顧問；雙方於是年 3 月 20 日，假日本馬關春帆樓，交換全權代表之證書，開始談判。

李鴻章要求先停戰，伊藤博文反要求清政府以大沽、天津、山海關為質，談判破裂。日方故意提出苛刻條件，拖延停戰協定，馬關媾和第一次會議正式召開之際，同時派出 11 艘軍船組成「南方派遣艦隊」祕密開往台灣，先赴澎湖南邊的將軍澳，攻占澎湖群島。

日軍向台灣所轄澎湖群島發動進攻，用以間接逼迫清廷代表，在談判桌上同意割讓台灣；即使無法達到割據之目的，亦可利用澎湖作為進攻台灣之跳板。日本為占領台灣咽喉之澎湖群島，曾編練日軍混成支隊，包括步兵三個大隊和砲兵一個中隊，共約五千人，遣派海軍中將伊東祐亨擔任指揮官，由日本聯合艦隊七艘及鹿耳島丸等五艘運兵船，於 3 月 20 日運抵澎湖倉島（今望安鄉將軍澳嶼），作為發動攻占澎湖之據點，以便控制澎湖馬鞍山以南之海面。3 月 24 日，日軍抵馬公城下，分兵三路攻城，清總兵周振邦和通判陳步梯：「見倭兵登陸，砲臺不守，諸統領不知所往，進退失措，軍心渙散。略與交鋒，即以漁舟入小港避難。」午時，日軍衝鋒，遂突入城內，馬公城各砲臺及兵營為日軍所占領，於馬公城設立「澎湖行政廳」，由海軍少將田中綱常擔任行政廳長官，進行安撫島民。

第三次會議時，伊藤博文才告訴李鴻章，日軍已占領澎湖，日軍正準備進攻台灣，明顯表露日本圖謀奪取台灣的野心。會議結束，李鴻章由春帆樓返回行館途中，遭日本浪人小山豐太郎狙擊，李鴻章左頰中彈而昏厥，日方為免受世界輿論指責，始允先停戰議和。議和期間，清政府千方百計想運用國際關係，來挽救只賠款不割地的議和條約，但在日本咄咄逼人之下，終被迫於光緒 21 年 3 月 23 日與日本簽訂馬關條約(The Treaty of Shimonoseki)。

馬關條約中滿清承認朝鮮獨立；將遼東半島、台灣全島及澎湖列島割讓與日本；賠款二億兩；開沙市、重慶、蘇州、杭州為通商口岸。由於遼東半島地理位置特殊，影響多國權益，因此俄、德、法三國駐日本公使，同時向日本提出備忘錄，勸告日本不得占領遼東半島，俄太平洋艦隊及西伯利亞陸軍亦悉行動員，示將一戰。在此強硬干預下，日本不得已宣稱放棄，而由中國加償軍費三千萬兩。但台灣、澎湖列島卻淪為日本帝國興起的第一個殖民地。歸還遼東半島的日本政府，對新領有的台灣，傾其全力統治，1895 年任命海軍軍令部長樺山資紀大將為首任台灣總督，雖在島民頑強抵抗下仍以武力鎮壓。日本的強占，滿清的出賣，使台人成了亞細亞的孤兒。

清末沈葆楨、丁日昌、劉銘傳對台灣建設之比較

		沈葆楨	丁日昌	劉銘傳
來台背景		日軍犯台牡丹社事件	1876 來台	中法戰爭
身分		欽差辦理台灣等處海防兼理各國事務大臣	福建巡撫	福建台灣巡撫(1885)、台灣巡撫（1887 年台灣單獨建省，為首任巡撫）。
增設郡縣		增設台北府：行政區域調整為台灣府、台北府二府，並增若干廳和縣。		調整行政區為三府一州： 1. 原「台灣府」改稱「台南府」。 2. 於台灣中部設台灣府。 3. 台灣北部仍設台北府，讓北、中；南均衡發展。 4. 一州：台東直隸州。
防務		1. 於安平建二鯤鯓砲台（億載金城），購置洋砲、洋槍。 2. 建旗後砲台。 3. 恆春縣建城。	建議購買鐵船、新式武器。	1. 關心海防，於淡水、基隆建新式砲台。 2. 設「機器局」生產武器。
發展交通	輪船	航行福建、台灣之間		購輪船，航線遠達南洋。
	電線		完成台灣府城到安平與旗後(今高雄市旗津區）的電線。	連接南北電線，及於福建。
	鐵路			首建台灣省縱貫鐵路，1891 年基隆至台北鐵路通車。
	郵政			創辦新式郵政
電燈電報				1887 年完成建省工作，為台灣近代化奠定相當基礎，台北府首先有電燈。
撫番與屯墾 (開山撫番)		1. 廢除渡台禁令。 2. 招漢人移墾。 3. 開發北、中、南山道： 北路：噶瑪蘭廳蘇澳至花蓮奇萊。 中路：彰化林圮埔(今南投）至花蓮璞石閣（今國定古蹟八通關古道）。 南路：屏東射寮至台東卑南。 4. 選土目、查番戶、通語言、設番學、變風俗等撫番措施。	1. 加強原住民的教化與綏撫，錄取第一位原住民秀才陳寶華。 2. 推廣經濟作物，如茶、咖啡。	1. 全台設撫墾局，總局設於大科崁（今大溪）。 2. 重視原住民教化工作。
清理賦稅				設官銀局，造銀幣（台灣自造銀元之始）。

※註：沈葆楨對台三策－理諭、設防、開禁。

❀ 參考資料 ❀

許雪姬：《滿大人最後的二十年》，台北：自立晚報社，1993。

黃秀政：《台灣割讓與乙未抗日運動》，商務書局，1992。

Mackay 著、Macdonald 編著、周學普譯：《臺灣研究叢刊第 69 種－臺灣六紀》，臺灣銀行，
　　1960。

林滿紅：《茶、糖、樟腦業與晚清臺灣》，台北：臺灣銀行，1978 年 7 月。

林滿紅：《茶、糖、樟腦業與臺灣之社會經濟變遷(1860~1895)》，台北：聯經，1997。

林衡道口述、邱秀堂整理：《臺灣風情》，台北：聯經，1996 初版，1998 年 9 月初版三刷。

原口清著、李永熾譯：《日本近代國家之形成》，台北：水牛出版社，1969。

張厚基：《長榮中學百年史》，台南：長榮高級中學印行，1991。

莊永明：《台灣醫療史》，台北：遠流出版社，1998。

陳水源：《台灣歷史的軌跡（上）（下）》，台中：晨星出版，2000。

黃淑玲、高永謀：《台灣通史》，台北：漢宇國際文化，2006。

愛德華·豪士(Edward H. House)、陳政三譯述：《征臺記事－武士刀下的牡丹花》，台北：原
　　民文化，2003。

蔣夢麟：《西潮》，台北：輔欣書局，1990。

蔡東照撰文、劉興欽圖：《台灣鄉土民俗圖集》，台北：聯經，2005。

戴寶村：《帝國的入侵－牡丹社事件》，台北：自立晚報社，1993。

石萬壽：《樂君甲子集》，台南：南市文化局，2004。

藤井志津枝：《日本軍國主義的原型－剖析 1871~74 台灣事件》，著者印行，1983。

吳學明：＜台灣基督長老教會入台初期的一個文化面相－「靠番仔勢」＞，台南師範學院
　　鄉土文化研究所（現台南大學台灣文化研究所）學報第一期，1999。

莊萬壽：＜台灣平埔族的儒化＞，1997 年 4 月 11 日第一屆台灣儒學研究國際學術研討會
　　論文。

許雪姬：＜二劉之爭與晚清台灣政局＞，中研院近史所集刊 14，1985。

溫振華：＜清代台灣漢人的企業精神＞台北：國立臺灣師範大學歷史學報論文集。

戴寶村：＜清季淡水開港之研究＞，台北：台灣師大歷史研究所專刊，1984。

戴寶村：＜唐山過台灣＞，1993.12.5 教育廣播電台「知識寶庫」節目廣播稿。

CHAPTER

08

台灣的武裝抗日－
武士刀下的黃虎

引論

民國 13 年，孫中山先生在日本神户演講大亞洲主義，曾諄諄呼籲日本為東方王道文化的干城，勿當西方霸道文化的鷹犬，日本卻偏偏學起西方帝國主義，展開海外殖民，而其第一個殖民地就是台灣。當時引起台人的激烈反抗，經台灣民主國的抗日，到地方游擊武力，最後民族主義的抗日，而最讓日本臉上無光的是，在其誇示「理蕃」成就下所發生的原住民最大抗日事件—霧社事件，全台一片抗日聲浪，當時戲稱連台灣的水牛喜歡在水窟打滾，也是在「抗日」，倘日本的天照大神有知，是否也會處罰那被烈日灼傷的「台灣牛」。

● 台灣住民的國籍選擇

根據近代國際法的原則，領土的主權發生變更時，原本土地上的住民並不必然隨著主權的變更而改變國籍，而需要經過**國籍選擇的程序**。因此，馬關條約中對此也有所規定。

不過，日本政府對台灣住民的政策並未確定，直到 1897 年才正式放棄使台灣住民大量移出的可能，而採取鼓勵原本台灣住民繼續留下的政策。結果，只有不到 4,500 人，選擇保留大清國籍。此一結果固然是因為保留原國籍必須離開台灣，縱使能再以華僑的身分繼續在台灣活動，生活仍十分不便。但是，在 300 萬左右的人口中，只有不到百分之零點一六的人口選擇大清國籍，比率仍屬偏低。

這並不單純意味著台灣住民的妥協度較高，因為比起抗日意識較台灣高的朝鮮，1940 年當日本政府推動更改日本姓名的運動時，在半年時間朝鮮有百分之八十的人口更改姓名，台灣卻只有 168 人而已。當然造成台灣與朝鮮之間改姓名比例如此大的差距，與日本統治體制的不同規範有相當密切的關係。在朝鮮日本推動的是強迫改姓名運動，而在台灣相對的必須提出申請，才可以變更為日本姓氏，二者的條件差距甚大。

日治時代，台灣住民「義不臣倭」，誓不成為日本臣民，先以武裝力量抗拒日本的占領，給予日本統治當局當頭棒喝。武裝抗日運動失敗後，繼之以政治、社會運動方式抗日，從未稍懈，此即所謂近代台灣民族運動。

武裝抗日運動集中於日治前期 20 年間，略可分為三階段，分別是 1895 年「**台灣民主國**」之抗日、1895 年 12 月以迄 1902 年各地義民**游擊武力**之抗日、1907 年以迄 1915 年具**民族革命**性質之抗日。此外，1930 年**霧社事件**亦屬之。台灣人民不分族群、不分地域，即人不分男女老幼、地不分東西南北，基於保鄉衛土之心，用血淚寫下一部悲壯的台灣抗日史。

第一節　台灣民主國的抗日

　　1895 年（光緒 21 年）4 月 17 日，中日簽訂馬關條約，確定割讓台灣、澎湖群島給日本。消息傳來，台灣紳民尤感切膚之痛，經向朝廷力求挽回，以及英、俄、德、法等列強援助，均告失敗，乃被迫走上獨立自救之途，決定成立「**台灣民主國**」作為應變之手段。

　　5 月 25 日，紳民共推巡撫<u>唐景崧</u>為總統，呈上印信及**藍地黃虎旗**，建號永清，聲明事平之後，仍歸中國；同時，設議院，舉台灣首富二品太僕寺卿<u>林維源</u>（板橋林家掌門人）為議長，<u>丘逢甲</u>為義勇統領，有「東寧才子」美譽的<u>丘逢甲</u>，更為痛心台灣的割讓，留下「宰相有權能割地，孤臣無力可回天」之名句，但他在<u>唐景崧</u>6 月 6 日內渡大陸後不久，亦避往大陸廣東，因係進士出身，仕途生活無虞，唯不斷賦詩抒發思鄉之情，最後連兒子都改名<u>念台</u>，讓人十分感慨。

　　29 日，日軍登陸三貂角附近的澳底，開啟占領統治台灣的序幕，台灣守軍先盛後衰，包括大陸募集來台廣勇及新楚軍等傭兵，在首功制的鼓舞和掌握地利優勢下，曾擋下日軍第一波攻擊，但畢竟非正規部隊，加以搶屍奪功爆內鬨，故隨即潰敗，敗軍流竄到後方，造成社會嚴重混亂且人心惶惶。日軍旋進陷瑞芳、基隆。6 月 6 日，<u>唐景崧</u>棄職內渡廈門，台灣民主國已名存實亡，台北城陷入無政府狀態，潰兵四出劫掠，亂民趁火打劫，以致街衢混亂，屍橫遍野。目睹此一亂局，以**李春生**為首的台北紳商代表聚會尋求對策，決議由當時來自鹿港在台北經商的**辜顯榮**，代表前往迎接日軍進台北城維持秩序，以驅逐暴徒保全居民的生命財產。7 日，日軍兵不血刃進入台北城。**17 日**，台灣總督府舉行「**始政典禮**」，台灣正式從光緒 21 年轉換成為明治 28 年。惟其實際控制地區僅基隆、滬尾、台北三地罷了。

　　台北的民主國瓦解後，抗日中心遂移至台南。6 月 28 日，台南紳民公推幫辦軍務南澳鎮總兵**劉永福**擔任「台灣民主國」總統，並呈上印信。<u>劉氏</u>拒收印信，惟同意繼續領導抗日，並表示一定與台灣共存亡，使得中、南部的抗日運動有了新的領導中心，而且<u>劉永福</u>的堅決態度，大大鼓舞軍心，故<u>**北白川宮能久**</u>親王所率領的近衛師團，從兵不血刃的台北城向南推進時，卻一路遭逢頑強抵抗。<u>劉氏</u>重新部署中、南部之行政和防務，並設置糧台，發行官銀票和股份票，用以籌措糧餉和軍需。終因財政困難，以致未能積極支援新竹、彰化等地之抗日軍事行動。

　　中、南部的抗日大致可分為三階段，先是桃竹苗地區義軍之抗戰，以該地區民間自衛組織（鄉勇團練）為基礎組成的義軍，自 6 月下旬起自 8 月中旬止，在桃園、中壢、楊梅、新竹、大嵙崁（今大溪）、三角湧（今三峽）、苗栗等地，與日軍「近衛師團」發生數十次激烈戰鬥，終不敵而退保彰化。

接著，為彰化地區之抗戰，是以新楚軍為主力，義軍、黑旗軍協同抗戰，戰鬥自 8 月下旬爆發，持續約 10 日，以**八卦山**之役最為激烈，日軍兵力三倍於守軍，義軍英勇抗敵，領袖**吳湯興**、**吳彭年**及營官多人力戰而死，其中**吳湯興**是苗栗銅鑼的客家人，係秀才出身的士紳，雖知獨木難支大廈，但為保衛家園，起草檄文以募集義民，在新竹獲極大迴響，組成新竹義民各營，得到頭份秀才徐驤及新竹北埔望族姜紹祖等力挺，一路抵抗日軍南侵，最後在彰化八卦山中砲成仁，其英勇事蹟，成為台灣史詩電影《1895》之所本，充分展現客家人之「**硬頸精神**」，更令人動容的是，同袍為救其屍，多人殉難，吳湯興妻聞訊亦投水殉死；另黑旗軍將領**吳彭年**，劉永福幕僚出身之文士，從支援新竹到戰死八卦山，氣魄非凡，劉永福、唐景崧之流應感汗顏，早遁台人就更不足掛齒了，從吳彭年遺句「烏江羞渡八千旅，孤島堅存五百身」便能窺知他為保台犧牲之決心。他日有幸遊八卦山名勝時，可遙想當年抗日戰爭中最慘烈的一役，兩個令人敬佩的英靈，一個來自苗栗的客家好漢，另一個更來自海峽彼岸的大陸，共同成仁取義，仰望八卦山，大佛之傍，是否能見壯士，提刀向天而笑。

彰化失陷後，日軍再南進。劉永福以黑旗軍為主，雲、嘉、南等地義軍為輔，約二萬兵力，部署嘉義、台南、枋寮等地之防務。10 月初，日軍近衛師團（北白川宮能久親王）自彰化城南下，永靖、北斗、西螺、土庫、斗六、大莆林（今大林）、嘉義等地相繼淪陷。10 月中旬，日軍另在枋寮（乃木希典中將）登陸，旋進陷茄冬腳、東港、鳳山、打狗等地；同時，另一支登陸布袋嘴（伏見宮貞愛親王），進占蕭壠（今佳里），對台南的抗日政府形成三面包圍之勢。20 日凌晨，據守台南的劉永福帶親信搭英輪內渡廈門，據稗官野史，堂堂黑旗軍首領，還化粧成老婦，以掩人耳目，足見走得多麼千鈞一髮，因他當初並未接受台灣民主國總統一職，又本身是個廣東人，而走得又十分急迫，雖非仁至義盡，但已差強人意，因此沒人會去深究他與台灣共存亡的支票，何以未能兌現？直到今日，台南市永福路北端正對著赤崁樓，且路旁有祀典武廟獨步全台的山牆再加上歷史悠久人才輩出的永福國小，台人對這黑旗傳奇人物的長久懷念，劉永福若地下有知，應願再為重情惜義的台人再多付出一些。當時台南城內一片混亂。台南紳民遂仿台北模式，南路由傳教士巴克禮迎日軍入城。21 日，日軍進入台南城，「台灣民主國」之抗日終告瓦解。11 月 17 日，總督府公布「台灣刑罰令」與「台灣住民治罪令」。翌日(11.18)，宣告：「全島悉予平定」。台灣民主國的抗拒日本帝國主義統治，正式劃下句點，然而基於保衛鄉土抵抗異族統治的地方游擊武力，正風起雲湧前仆後繼在全台展開，讓日本人苦不堪言，甚至後來日本國會有議員提議，要將台灣賣給美國。

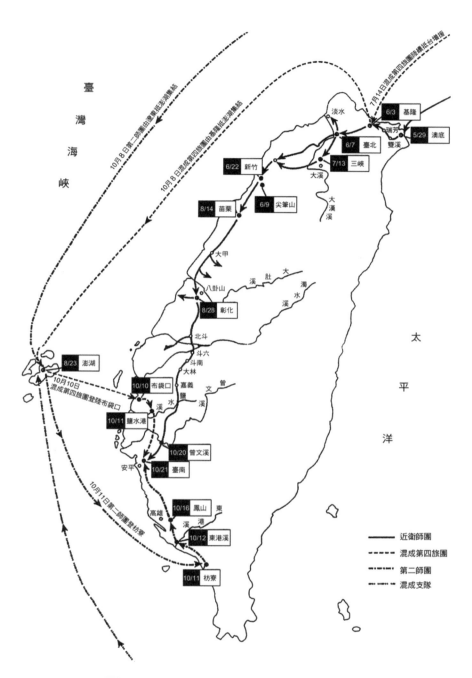

圖 8-1　1895 年日軍攻台路線示意圖

● 資料來源：簡後聰《福爾摩沙傳奇－臺灣的歷史源流（下冊）》。

第二節　地方游擊武力之抗日

　　雖然總督府宣稱平定全島，並於翌年（1896年）3月廢軍政，改行民政。然而，由於日治初期施政不當招致民怨、總督府的新經濟管理措施剝奪台人的既得利益和工作機會，以及不少台人仍懷復歸中國念頭等原因，1895年末以迄1902年間，各地仍不斷有武力抗日事件發生。

　　此一期間，總督府設於各地的**辦（辦）務署**、兵營及**派出所**等遭受抗日軍圍攻等計有55處，達94件。就主要抗日領導人觀之，士紳甚少，僅宜蘭武生員許紹文、生員林李成、林維新三人；而是以豪強型的地主、事業主及綠林豪傑等占絕大多數。概言之，北部以茶、樟腦及礦業主等糾集茶工、腦丁、礦工起而反抗日人為主；中、南部則以地主、豪農率農民進行游擊戰鬥為多。領導人與部眾之關係或自由結合，或脅迫加入。惟各區皆獨立作戰，彼此之間殊少跨區合作或相互支援。此一時期抗日運動之性質除了保衛自己利益和鄉土外，具有勞工、農民反抗之色彩。

　　此一時期的代表性人物，分別是在中、北、南有抗日三猛之稱的柯鐵（虎）、簡大獅和林少貓，分述如下：

一、行走如飛的抗日鐵虎－柯鐵（約1874~1899年）（中）

　　柯鐵，出生於打貓東頂堡鐵國山大坪頂庄（今雲林縣古坑鄉），自幼生長在當地山林之間，徑道極熟，身手矯捷，在林木間行走如飛，在山裡打游擊時，不但行動快，也不畏腐屍，同輩大為佩服，於是送他「鐵虎」的外號。柯鐵是個領導人才，1896年簡義一歸順總督府，柯鐵就被黃貓選等人推為**鐵國山主人**，與張呂赤、賴福來、黃才等並稱四大「匪首」。台灣中路的柯鐵虎，與台北的簡大獅、南部的林少貓，鼎足而三，各建旗幟抗日，稱為「三猛」。柯鐵當家後，開始對附近村落徵收「一九稅」；同時也對往來行旅抽頭，以擔計錢，但相約不劫奪，有被掠者則歸還。在當時土匪橫肆的年代裡，鐵國山勢力，確實能起安靖地方的作用，但看在日本政府眼裡，鐵國山的做法就像今天地方角頭抽收保護費一般，行徑與土匪無異，對公權力也是一種傷害。總督府一面以武力勦蕩鐵國山，但另一方面也在地方士紳吳克明、鄭芳春的斡旋下，自1898年開始，透過鐵頭山領導人之一的張大猶，勸誘柯鐵投誠。當時柯鐵的父親和妻子都在日軍手裡，成為招降過程中的人質和談判籌碼。1899年，柯鐵終於同意歸順，然而柯鐵答應歸順後，尚未出寨就病死，享年不到25歲。

二、被祖國抛棄的悲劇人物－簡大獅（1870~1900年）（北）

　　簡大獅，宜蘭城內北門街人，後來移居到頭圍堡（今宜蘭頭城）。他出身於一個貧困的佃農家庭，生活僅僅足以糊口而已。簡大獅生性剽悍，體力極佳，後來便投入軍旅，以天生的本錢另謀營生。1895年3月台灣割讓給日本，5月台灣民主國成立，各地響應，簡大獅在此時加入林火旺的陣營。當日軍在三貂角登陸後，簡大獅率領兵勇與日軍展開游擊戰，但不敵日軍優勢火力，所以一度流竄到石碇街八連港一帶。1896年12月，簡大獅東山再起，更積極吸收各方游離分子，壯大聲勢，最

後脫離<u>林火旺</u>陣營，自立門戶。<u>簡大獅</u>個性猜疑成性，對待部下頗苛刻嚴峻，但又因為機敏且富籠絡才能，所以還頗能服眾，進而在北台灣稱霸一方。<u>簡大獅</u>也和同時期的<u>盧阿野</u>、<u>林火旺</u>等人互通聲氣，相互奧援。1897 年開始，總督府在民政長官<u>後藤新平</u>的擘畫下，對於反抗分子採取軟硬兼施─招降與勦蕩並進的策略。北台灣幾位重要的反抗頭目，在這個策略下，死的死，降的降，勢單力孤的<u>簡大獅</u>在 1898 年 9 月，和<u>劉簡全</u>、<u>林清秀</u>等聯名寫了一封「哀求書」給民政長官<u>後藤新平</u>，請執政當局放他一馬。這封信雖然言辭懇切，但並沒有投降的誠意。總督府當局仍不放棄逮捕<u>簡大獅</u>，最後在大屯山脈中的草山（今陽明山）中躲藏起來。1898 年 12 月，日軍圍捕<u>簡大獅</u>，但未成功，後來逃到廈門。1900 年，日本政府獲悉<u>簡大獅</u>和他的手下<u>賴阿乾</u>出現在福建漳州，打算將他引渡回台，清政府竟然應允了，於 3 月 11 日在廈門被清廷官員逮捕，3 月 22 日被台北地方法院宣判死刑，隨即於 29 日執行死刑，死時還不到 40 歲。被祖國出賣是他最大的悲情，亦能看出日本的強勢及民政長官後藤新平的外交手腕及手段。

三、後壁林的抗日豪強－林少貓（1865~1902 年）（南）

　　<u>林少貓</u>，或稱<u>林小貓</u>，是阿猴（今屏東）人，曾是<u>劉永福</u>的部下，自幼好武，經營一家叫金長美米店，在台灣割讓日本後，盤據在鳳山嶺號召抗日。1896 年 9 月 21 日，<u>林少貓</u>聯合<u>鄭吉生</u>等人大舉攻擊阿猴憲兵屯駐所，隔天附近客家與福佬村莊推舉客家人<u>林天福</u>擔任總指揮，並匯集<u>林少貓</u>勢力，攻擊潮州辦務署，恆春的原住民也群起響應，日軍與抗日軍血戰三日後才退，日人稱為「潮州事件」。<u>兒玉源太郎</u>接任總督後，改採招撫政策，發動中南部士紳、富豪，以「割地講和」為條件，勸誘抗日軍歸順，而抗日軍經過日軍屢次的大討伐後也元氣大傷，僅能侷促深山。在這情勢下，<u>林少貓</u>只好與總督府虛與委蛇，提出若干苛刻條件：包括要求鳳山溪州庄後壁林（今高雄小港）一帶歸<u>林少貓</u>自治，墾荒地免稅、官吏不得進出其駐地，其部屬外出謀生得攜帶武器、駐地若有土匪來犯，由<u>林少貓</u>捕繫送官、日本官方賠償<u>林少貓</u>財產損失，以及下淡水溪（今高屏溪）通行舟筏由<u>林少貓</u>徵稅等條件。經過磋商，總督府除了認為由抗日軍徵收船稅斷然不可，並將賠償金改為救恤金外，其他諸多條件都答應了。至此，<u>林少貓</u>才和日方談和，歸順後定居在鳳山溪州庄後壁林，成了一方之雄。隨著斗六一帶的土匪處分執行完畢，總督府決定要殲滅<u>林少貓</u>，計畫先由警察誘殺他，若不成再以埋伏的軍隊一舉將其殲滅。1902 年（明治 35 年）5 月 30 日上午警務課長約<u>林少貓</u>見面，雙方結辯時，<u>林少貓</u>接獲日軍大隊即將掩至的消息，急忙率眾退回後壁林。日軍在刺殺計畫失敗後，先以大砲猛轟後壁林，再發動攻擊。在敵眾我寡的情形下，<u>林少貓</u>的抗日軍傷亡慘重，只有部分突圍逃出。隔天，日軍在後壁林外發現殉難的<u>林少貓</u>屍體，為其頑強的一生劃下句點。

　　為有效壓制台人的武裝抗日，1897 年（明治 30 年），總督<u>乃木希典</u>實施「**三段警備制**」【危險界、不穩界、安全界】，惟效果不彰。1898 年，<u>兒玉源太郎</u>【白石像】繼任總督後，對武裝抗日不再一味鎮壓，而改採「鎮撫兼施」策略，於是一面改組警察體制，擴充警力，頒布「匪徒刑罰令」，利用壯丁團協助，對抗日分子進行「大討伐」和屠殺；一面制定所謂「土匪招降策」，誘降安撫抗日分子。尤其<u>後藤新平</u>承

襲第三任台灣總督<u>乃木希典</u>的「土匪招降策」，用**糖飴**與**鞭**的理念，將該策發揮至最淋漓盡致。根據「匪徒刑罰令」第六條的規定「犯本令之罪者向官府自首時，量情減輕或全免其刑。免刑時加以五年以下的監視予以獎勵投降。」除了赦免投降者的罪名之外，並給與創業的資金和工作，甚至命令他們建設道路。「土匪」投降時，<u>後藤新平</u>舉行隆重的「歸順儀式」。為了防止他們再次犯罪，將投降者照相並登錄姓名。在<u>後藤新平</u>軟硬兼施的策略下。迨至 1902 年，各地游擊武裝抗日勢力悉數瓦解，台人私有武器盡數被沒收，1897 年～1902 年間，台人參加抗日而戰死或被捕殺者達 10,663 人，若加上參加 1895 年「台灣民主國」抗日戰爭而犧牲者約 10,000 人，八年間因抗日而犧牲者多達 2 萬餘人，顯示台人的武裝抗日十分慘烈。

第三節　民族主義之抗日

　　游擊性武裝抗日勢力盡遭敉平之同時，總督府漸次完成台灣經濟資本主義化之基礎工作，開啟日本資本家企業入侵之道，台人生產事業遭到強制榨取和剝奪，加以殖民當局的壓迫，因此，台人的反日意識日漸高漲，尤其是受到中國辛亥革命成功的鼓舞。影響所及，1907~1915 年約九年間，以台灣中、南部為中心，先後發生十餘件民族革命性質的抗日事件。

　　就事件的時間觀之，除北埔事件發生於 1907 年之外，其餘林圯埔（竹山）、土庫及南投事件（以上 1912 年）、苗栗、大甲、大湖、關帝廟及東勢角事件（以上 1913 年）、六甲事件（1914 年）、頭汴坑、新庄及西來庵事件【噍吧哖事件＝<u>余清芳</u>事件】（以上 1915 年）等均是辛亥革命成功後發生的。諸事件均密謀起事，企圖消滅和驅逐在台日人為宗旨。

　　由於總督府的社會控制已十分嚴密，因此，除了北埔、林圯埔、東勢角、六甲、西來庵事件外，其餘的均在密謀起事階段即被總督府偵知拏辦。同時，除了苗栗事件、西來庵事件稍具規模外，其餘的參與人數不多，約十餘人到百餘人。

一、苗栗事件

　　<u>羅福星</u>出生廣東，少年時跟隨祖父來到台灣苗栗，就讀苗栗公學校，短短三年又隨祖父返回大陸，日本人對待台灣人民蠻橫無理的態度，在他心中烙下難以抹滅的印象，後來<u>孫文</u>鼓吹革命，便加入革命組織同盟會，並辭去小學教職。辛亥革命成功，建立民國，<u>羅福星</u>再次踏上台灣土地，積極宣傳革命思想，希望幫助台灣同胞脫離日本統治，其思想理論吸引了數百名志同道合的同志，計畫從大陸走私武器，等萬事具備立即起義。當他們在北部積極運作革命時，中、南部同樣有許多人受辛亥革命啟發，暗潮洶湧準備推翻日本政權。儘管<u>羅福星</u>吸收同志十分小心謹慎，彼此都以暗語互相聯絡，他並以人參商人身分為掩護，南北奔走聯絡，但事機不密行蹤仍然敗露，<u>羅福星</u>見情勢緊張，逃到淡水朋友家打算先偷渡回大陸，只是日本警察早已掌握線報，1913 年 12 月，日本警察包圍<u>羅福星</u>躲藏地點將他逮捕。

　　總督府在苗栗設臨時法庭，將苗栗羅福星等、台南關帝廟李阿齊、台中東勢角賴來、南投沈阿榮、台中大甲張火爐等抗日事件合併審理，這幾件案子合稱「苗栗事件」，共審判九百多名抗日分子，其中羅福星等 20 人判處死刑。1914 年，羅福星留下：「不死於家鄉，永為鄉人留念；卻死於台灣，永為台人留念」這段話，從容走上絞刑臺，該年 29 歲。台灣光復後，奉祀忠烈祠。

二、西來庵事件

　　西來庵事件南北串連，是規模最大、歷時最長的武力抗日，同時也是台灣漢族移民最後一次的大規模武裝抗日，之後的抗爭皆是以政治手段進行的不流血革命。這次慘烈抗日事件的主腦人物有三位：**余清芳、羅俊、江定**。【曾文水庫管理局有清芳館、羅俊路和江定路以紀念此事件】

　　余清芳日語流利，日本人網羅他擔任台南廳巡查補、役場（即鄉鎮公所）書記。他經常出入齋堂，與信徒交往宣傳反日思想。1909 年日本警察查獲一個反日宗教組織，余清芳受牽連被關了近三年，獲釋後，認識了兩位台南市西來庵董事，他們支持余清芳主持西來庵，以西來庵做為掩護，發展反日勢力。

　　江定出身地方望族，曾是抗日首領，抗爭失敗逃入山中躲了十多年；羅俊雖然年紀已大，年輕時也曾參與抗日戰鬥又有學識，他們兩人因緣際會知道余清芳準備大拼一場，三人一拍即合，共同籌劃起義。1915 年，眼看時機成熟，假借神意，散布耳語，擬建立「大明慈悲國」，正準備大舉起事，偏偏一位會員在這關鍵時刻被捕，抗日計畫洩露，日本警察翻天覆地搜捕可疑抗日分子，羅俊走避不及，在嘉義竹頭崎莊遭到逮捕。余清芳明白大事不妙，火速逃入山中找江定商議對策。抗日義軍和日軍在山裡大玩了幾天躲迷藏，雙方還是免不了在噍吧哖（今玉井）正面交鋒，一場火拼下來各有傷亡多人。三天後，兩人陸續率領義軍奇襲多處警察廳，殺死許多日本警察和眷屬，一時士氣高漲，陣容擴展至千人以上，占領了噍吧哖附近的虎頭山築寨設堡壘，與日軍艱苦對峙。一波波擁到的日本援軍將抗日軍逼退到深山，日本軍警一面搜山，一面招降，部分民兵紛紛下山表明投降。日本人笑臉歡迎投降者，請他們一同到野外幫忙挖壕溝，結果是為自己找生命的終點。保守估計至少死亡 2,000 人以上，由於這場屠殺慘絕人寰，噍吧哖歷史場域現場踏查，沿虎頭山麓上行至抗日烈士余清芳紀念碑處，據帶隊老師邱正略說明：史料記載及耆老口述，沿途當年死屍難以勝數，聞之觸景心悴然。因此西來庵事件又稱噍吧哖事件。經過這場誘殺抗日軍元氣大傷，余清芳、江定分開逃命。不久，余清芳被捕，江定深藏山中，拒絕接受招降，然時間拖久，糧食武器匱乏，又有親日士紳當說客，江定終帶領部屬下山歸降，最後，日人在遊街示眾後，雖有公開審判，但仍將之處以死刑。日本究責殃及神明，西來庵王爺據耆老所述，還在臺南孔子廟接受公審，故民間流傳俗諺：「余清芳害死王爺公，王爺公無保庇，害死蘇阿志；蘇阿志無仁義，害死鄭阿利。」十分傳神的描述當時主要人物彼此間之關係。

圖 8-2　臺灣臺南地方法院（舊）

● 資料來源：傅朝卿《日治時期台灣建築 1895-1945》大地地理，1999。

　　西來庵事件參加者多達 2,500 餘人，總督府動員軍隊、警察強力鎮壓，費時十個月完全平息。共有 1957 人被依「匪徒刑罰令」告發，其中 1,413 人被起訴；被起訴者中，判處死刑者 866 人，當時日治時代三大經典建築之一的台南舊地方法院，甫完工啟用不久，據說當時在最大之第三法庭進行審判，盛況空前，人滿為患，並引發國際的關注和輿論的壓力，雖然後來以<u>大正天皇</u>即位名義而獲大赦減刑，除已處死者<u>余清芳</u>、<u>羅俊</u>等 95 人之外，仍有<u>江定</u>等 37 人未獲減刑而處死，犧牲之慘重無出其右者，這個**西來庵事件**被認為是**日本時代抗日運動的分水嶺**，前期以武裝暴動為主，後期則採取非武裝的政治社會運動。

第四節　霧社事件之悲劇

　　以往清國漢番隔離政策下，清廷官府和原住民大致相安無事。日本與清國消極治台的態度全然不同，企圖全面開發台灣資源提供日本建設。為達這個目標，漢人抗日勢力大致平息後，將焦點轉向高山，積極想改變高山原住民的生活方式。因此總督府對原住民採恩威並施的**「理蕃」政策**，不少原住民被殺害或處刑，加以日本官吏每以橫暴的態度、壓制的手段對待原住民，以及義務勞動負擔過重等，原住民長期積壓的怨恨和不滿遂爆發激烈的反抗。

　　1910 年日本以武力作為後盾，對原住民續施行「五年理蕃計畫」，其中在霧社設立學校、郵局、警察局、醫療所、樟腦會社，成了日本人口中的**山地模範部落**。原住民感受卻和日本人大不相同，他們埋怨日本人干涉了原本自給自足的生活，強迫配合各種辛苦的勞役工作，反而耽誤了社裡的農耕狩獵活動。為了徹底去除原住民反日意識，總督府鼓勵日本山地警察和原住民婦女結婚。正因通婚只是一種手段，因此常有玩弄原住民婦女或是結婚後始亂終棄的事情傳出，霧社中的馬赫坡社頭目**莫那魯道**正因為自己的妹妹讓日本警察丈夫遺棄，心中對日本人充滿怨恨，只是敢怒不敢言罷了。

　　1930 年 10 月的一天，馬赫坡社舉行婚禮，宴請賓客，略有酒意的頭目之長子<u>達多莫那</u>，好意邀請日本警察吉村喝酒，卻被驕傲的日警拒絕和羞辱，覺得十分沒面子，在酒精壯膽下把該警察痛毆一頓。第二天，知道事態嚴重，顧不得面子趕緊找到那個警察，向他敬酒賠不是，但日本警察得理不饒人的態度實在讓原住民生氣，新仇舊恨一時全湧上心頭。<u>莫那魯道</u>父子一號召，許多原住民社立即響應，決定在 10 月 27 日霧社小學校舉行聯合運動會時展開襲擊，以升旗為號，同時向周遭的日本人下手，1930 年 10 月 27 日上午，霧社地區十二個原住民部落中，馬赫坡、勃阿倫、荷戈、羅得福、太羅萬、束庫等六社青年 300 人，在**馬赫坡社**首領<u>莫那魯道</u>率領下，突襲參加霧社公學校運動會的日人，並同時進襲派出所、官衙及宿舍，奪取武器彈藥，然後退入山中。日人遇害者 132 人，受傷者 215 人，台人被誤殺者 2 人（因穿著和服），是為**霧社事件**之爆發。

　　事發後，總督府調集軍隊 1,600 餘人，武裝警察 600 餘人及壯丁團衝入霧社，原住民見日本人來勢洶洶，走避深山與日軍對峙，日軍用強大的火力，更動員親日的**「味方蕃*」**，加上利益誘降及親情勸降，原住民仍不為所動，日本人軟硬兼施，最後仍束手無策，竟惱羞成怒派出飛機，違反國際公法和人道主義，投擲糜爛性毒氣彈。最後在傷亡慘重、饑寒交迫、彈盡糧絕的情況下，為了讓抗日勇士無後顧之

註釋

* 味方蕃：外來統治者利用來打擊自己族群的原住民，是清代「義民」的山地翻版。（李
　筱峰《台灣史 100 件大事》）

憂，許多婦女帶著幼童上吊自殺，原住民經 50 餘日頑抗終告失敗，最後，<u>莫那魯道</u>見大勢無可挽回，自殺身亡，估計死於砲火和集體自殺的原住民共計 900 多人，六社原有人口 1,400 人，僅剩不到 500 人。

總督府以主謀罪名將六社頭目十餘人處死，其餘族人則被強制遷住羅得福、西巴島二社。翌年 4 月 25 日，日警唆使親日原住民加以突襲，造成又 200 餘人被殺，是為**第二次霧社事件**，殘餘的 200 餘人，總督府強迫其移往川中島（清流部落）。

此一事件對自詡其「理蕃」政策成功的總督府可說是一大打擊，迫使總督府不得不再檢討其原住民政策，總督<u>石塚英藏</u>、總務長官<u>人見次郎</u>、警務局長<u>石井保</u>、台中州知事<u>水越幸一</u>均引咎辭職。

第五節 日本人的武力征服

由於日本軍國主義抬頭，軍人在盲目愛國心驅使下，力求表現，有如當今企業集團子公司之概念，故而來台擔任接管任務的近衛師團，在有號召力的明治天皇之弟<u>北白川宮能久</u>親王的領導下，加上來台活動 10 多年而熟知台灣，且後來首任總督的<u>樺山資紀</u>引導下，有如猛虎出柵，故台人當初面對訓練有素且裝備精良，加以企圖心旺盛的日軍，才會犧牲十分慘烈。

日軍於 5 月 29 日在澳底登陸，小粗坑、九份和瑞芳等地遇抵抗，不過進台北城則是兵不血刃，並於 6 月 17 日於布政使衙門舉行始政典禮，台灣民主國的官員、台灣的富商紛紛渡海他去，但以地方士紳和黑旗軍為主的軍隊，則奮力抵抗，其中**吳湯興**是客家菁英，為保鄉土，自組鄉勇團隊，由是苗栗、彰化抵抗日軍，終在八卦山壯烈成仁。而黑旗軍將領**吳彭年**，亦殺身取義，留下可歌可泣的歷史，但因日軍的優勢武力，所到之處勢如破竹，抗日活動嚴重受挫，加上<u>北白川宮能久</u>親王的近衛師團，一路由北打到南，最後圍攻府城一役，更是由<u>伏見宮貞愛</u>親王由嘉義布袋登陸，**乃木希典**由屏東枋寮登陸，形成三路包挾，**劉永福**在情勢危急之時，亦在英國協助下，離台回到中國大陸，後來的匪徒刑罰令和三段警備制，搭配<u>後藤新平</u>的糖飴與鞭統治技巧，恩威並濟下，抗日三猛簡<u>大獅</u>、<u>柯鐵虎</u>、<u>林少貓</u>等抗日行動遂告瓦解，最後<u>蔡清琳</u>事件、<u>羅福星</u>事件、西來庵事件，都在日本嚴格監控下，紛紛被破獲殆盡，除武力鎮壓，更以司法控制震懾人心。1930 的霧社事件，更是殺戮嚴重，伴隨中日戰爭腳步的逼近，日本統治愈加嚴苛，部分台灣同胞從被壓迫者，搖身變成壓迫者之幫助犯，其中最令人傷感的是，霧社事件中倖存的孩子，長大後卻為當年加害族人的日人效命，有的人戰死沙場，更有些人不幸殘廢終生，台灣人亞細亞孤兒的悲情，莫過於此，更甚於不知為誰而戰？為何而戰？

當時武裝抗日之最後一件，應該也是最壯烈和最能彰顯台灣氣節的霧社事件，<u>莫那魯道</u>及其家人、族人團結一致、無私無我、不怕犧牲之知其不可為而為之的精神，成為<u>鍾肇政</u>《沉淪》、<u>魏德聖</u>《賽德克・巴萊》等文學及電影大師之歌詠題材。

台灣抗日運動領導人及訴求

年代	事件／領導人	訴求
1907.11	新竹北埔事件（蔡清琳）	宣稱將有中國兵登陸本島收復台灣，揭起「安民」「復中興」兩支大旗，並刻有「聯合復中興總裁」之印。
1908	台南廳丁鵬二十八宿會隱謀	嘉義朴子雜貨商丁鵬主持的鹽水港「二十八宿會」，丁鵬以宗教的吸力，對外宣稱他擁有奇異功能且通符法，預言清軍將登陸奪還本島，自己將被任命為台灣皇帝。
1912.3	南投竹山林圯埔事件（劉乾）	將征服在台日人，自立為王
1912.6	雲林土庫事件（黃朝）	受到中國反清革命成功之啟發，揚言清兵將來台與其結合，驅逐日本人，其將為台灣國王。
1913.1	苗栗羅福星事件	羅福星曾加入同盟會，受同盟會及孫文的影響，圖謀將台灣收入中國版圖。主張以革命推翻日本殖民統治，提出「驅逐日人，收復台灣」的口號。
1913.6	台南關帝廟事件（李阿齊）	對日政不滿，遠因則受中華民國成立之革命思潮影響，謀脫離日本統治。
1913.9	大甲、大湖事件（張火爐起義事件）	受羅福星之感召，組織革命黨，宣稱以中國之黃興為指揮官，殺盡日人以收復台灣。
1913.12	台中東勢角事件（賴來起義事件）	追隨羅福星發動東勢角事件。1912年曾至上海，受到中國辛亥革命成功極大的鼓舞，次年回台灣，就以解救同胞反抗日本為己任。
1914.2	沈阿榮起義事件（南投事件）	將求中國革命黨援助，排除日本在台統治權，且夢想台灣復歸中國。
1914.5	台南六甲事件(羅臭頭)	民族意識強烈，仇日之心強烈，欲驅逐日人並實現台灣獨立，藉託神諭將驅逐日人，任台灣皇帝。
1915.2	台中林老才隱謀	自稱台灣皇帝，持有革命檄文、彈藥與資金等。
1915.4	西來庵事件（余清芳）	欲達「大明慈悲國」，全案共五小派，有主張恢復台灣為中國之版圖，亦有擁立台灣皇帝而建立的政權者。
1915.9	新庄事件（楊臨）	自日人手中奪回台灣建獨立國或回歸中國政府。

參考資料：薛化元《臺灣開發史》修訂五版。

參考資料

王國璠：《臺灣抗日史（甲篇）》，台北市文獻委員會。

矢內原忠雄：《日本帝國主義下的台灣》，帕米爾出版社

許世楷著，李明峻、賴郁君譯：《日本統治下的台灣》，台北：玉山社，2005。

古野直也著、許極燉譯：《台灣近代化密史》，高雄：第一出版社，1994。

台南市文獻委員會編：〈台灣民主國特輯〉載《台南文化》2 卷 3 期，1952 年 9 月。

台灣史蹟研究會：《台灣史話》，台中：劉炳南發行，1975。

伊能嘉矩：《台灣文化志》，台灣省文獻會譯編，1985。

吉野秀公：《台灣教育史》，台北：台灣日日新報社，1927。

吳密察：〈1895 年台灣民主國的成立經過〉，收錄於張炎憲、李筱峰、戴寶村編《台灣史論
　　文精選」下》，台北：玉山社，1996。

李明濱：《台大醫學院百年院史》，台灣大學醫學院印行，1998。

李筱峰：〈一場荒謬的獨立戰爭－從乙未北台抗日看台灣民主國〉，收於李筱峰《進出歷史》，
　　台北：稻鄉出版社，1992。

李筱峰：《台灣革命僧林秋梧》，台北：自立晚報社，1991。

汪知亭：《台灣教育史》，台北：台灣書店，1959。

若林正丈：《台灣抗日運動史研究》，日本東京：山本書店出版部，1983。

孫亞光譯著：《日據時期台共活動始末》，台北：法務部調查局印行，1984。

徐南號主編：《台灣教育史》，台北：師大書苑，1993。

涂昭彥：《日本帝國主義下的台灣》，人間出版社，1991。

傅朝卿：《日治時期台灣建築 1895-1945》，台北：大地地理出版事業，1999。

黃昭堂：《台灣民主國的研究》，日本東京大學出版會，1970。

黃昭堂：《台灣總督府》，自由時代出版社，1989。

鄧相陽：《霧社事件》，台北：玉山社，1998。

戴天昭著、李明峻譯：《台灣國際政治史》，台北：前衛出版社，1996。

戴寶村：〈霧社的抗日英雄莫那魯道〉，收錄於張炎憲等編《台灣近代名人錄》第五冊，台
　　北：自立報系，1990。

謝德錫：〈革命女豪傑－謝雪紅〉，收錄於張炎憲等編《台灣近代名人錄》第五冊，台北：
　　自立報系，1990。

羅吉甫：《日本帝國在台灣－日本經略台灣的策謀剖析》，台北：遠流，2004 二版。

莊永明總策劃，林孟欣、鄭天凱撰文：《台灣放輕鬆 4－鬥陣台灣人》，台北：遠流，2001。

陳信安、張雅琇著：《尋訪 1915 噍吧哖事件》，台南：臺南市政府文化局，2013。

台灣社會運動史（原《台灣總督府警察沿革制》第二篇〈領台以後的治安狀況〉中卷之中譯），台北：創造出版社，1989。

石光真清著、梁華璜譯：〈城下之人－乙未日軍侵台實記〉，台灣風物第 33 卷 3 期，1983年 9 月。

吳文星：〈日據時期台灣師範教育之研究〉，台灣師大史研所專刊(8)，1983。

吳學明：〈日本殖民統治下台灣鄉村社會的變遷〉，台北文獻 107 期，1994。

翁佳音：〈台灣漢人武裝抗日史研究〉，台北：台灣大學文史叢刊 74，1986。

陳俊宏：〈李春生與禮密臣的一段軼事－1895 年日軍和平占領台北城事件發微〉，載《台北文獻》直字第 122 期，1997 年 12 月。

臺灣文化大學冬季學校＜噍吧哖事件－歷史場域考察研習營講義手冊＞，台南：臺南市政府主辦，文化局承辦，臺南大學臺灣文化研究所、南瀛國際人文研究中心協辦2015.1.22～2015.1.25。

MEMO
IlhaFormosa

台灣的社會運動抗日
時期－愛爾蘭反抗模式

CHAPTER
09

　　相對於日本強大的武力鎮壓，台灣人民的武力抗爭，只是徒然增加傷亡，有如雞蛋碰石頭，故而精神雖然可嘉，但犧牲卻十分慘烈。因而台灣的有識之士，或受人啟發，或感國際局勢，採取較溫和而不會徒增傷亡的社會運動抗爭模式。

　　其中霧峰林家的林獻堂，在日治時期扮演領導台人，與日本做體制內抗爭最重要的角色，他選擇接近板垣退助等日本政要，採取「同化會」的方式，多少受中國近現代第一思想家梁啟超的影響。1907年當林獻堂認識因戊戌政變流亡在日本的梁啟超，梁任公析論：中國在三十年內沒有能力援助台灣的住民，若採取暴動的反抗模式，在日本武力的鎮壓下，只是無謂的犧牲。最好學習愛爾蘭的經驗，結交日本開明派政要，以牽制台灣總督府之高壓統治，使其不敢過分壓迫台灣本地人。甚至可進一步設法取得參政權，以對抗統治者。1911年梁啟超更應林獻堂之邀，偕其女令嫻來台訪問、演講，對時局頗多感慨，雖曾發表肯定日本建設台灣成果並要國人省思之言論，但亦同情台人所受不平等待遇，此行應邀出席中部詩人團體櫟社之邀宴，又隨林獻堂到阿罩霧（今霧峰）下榻萊園五桂樓，為林家上賓，竟日與中部遺老暢談天下大事。由於梁任公是晚清思想界知名之士，對本省同胞啟迪良多。梁啟超與林獻堂這段情誼，有梁啟超賦遊台抒哀憤詩為記。「迢遞西南有好風，故人相望意何窮，不勞青鳥傳消息，早有靈犀一點通。」可視為區域經驗交流與思想啟迪的佳話。1913年，林獻堂透過板垣退助結識國民黨的菁英戴季陶時，戴氏也向他提出相似的建議。

　　以後雖然林獻堂本身的政治路線時有所轉折，不過在政治抗爭的路線上，所謂的「**愛爾蘭模式***」則成為台灣歷史上非常重要的政治訴求。

* 愛爾蘭模式是指效法愛爾蘭人結交英國開明政治人物，保障愛爾蘭人的政治利益，即建議台灣人交好日本開明人士，如後來之板垣退助 1914 應林獻堂之邀來台演說。

第一節　非流血的社運抗爭

　　1920年前後，由於受中國革命成功之激勵，第一次世界大戰結束後**民族自決**主義【美國總統威爾遜提出】抬頭所引發各殖民地民族運動勃興之刺激，以及受日本國內民主主義、自由主義思想之影響，台人有識之士產生民族自覺，如火如荼地展開為期長達十餘年的社會運動，其中，反殖民統治體制的政治運動乃是此一社會運動的中心。

　　在運動過程中，台人本諸言論思想自由及請願、結社權等合法的基本權利，公開且持久地對殖民政權展開批判和建議，並組織運動團體，標舉鮮明而具體的訴求，鍥而不捨地進行抗議和請願運動。

　　就政治運動觀之，在一連串訴求重點略異的運動中，較具代表性者有**六三法撤廢運動**、**台灣議會設置請願運動**、**政治結社組織運動**及**地方自治改革運動**等。

一、六三法撤廢運動

　　由於「**六三法**」賦予台灣總督府總攬行政、立法、司法及軍事大權，使台灣成為日本憲法體制外的政治異域，明顯地侵犯日本國會之權力，故自始即受到違憲之質疑。同時，對台人而言，該法乃是一切惡令之源頭，蓋最受詬病的保甲條例、匪徒刑罰令、罰金、笞刑處分例、台灣浮浪者取締規則等律令，均是依據該法發布的。台人深受其害之餘，伺機要求廢除乃是可理解的。

　　1918 年夏，林獻堂宴請東京台灣留學生 20 餘人，席間討論台灣問題，咸認為「**六三法**」是台人的枷鎖，應該力求早日廢除。眾人推舉林氏為會長，醞釀組成「**六三法撤廢期成同盟**」，推動廢除「**六三法**」，取消特別立法制度，將台灣納入日本憲法的治理下。惟其後似未正式成立該會，故而組織「**啟發會**」以廢除「**六三法**」為目標。

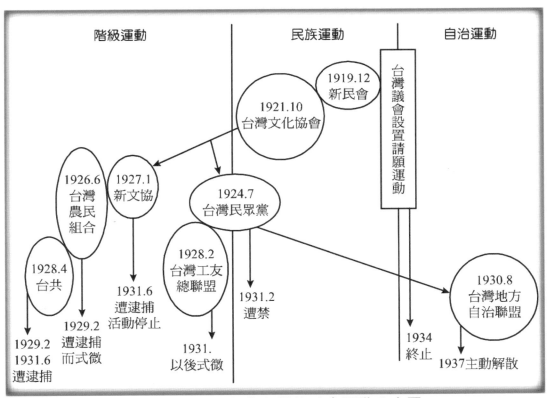

圖 9-1　1920 年代台灣的社會運動分合圖

● 資料來源：李筱峰、林呈蓉《臺灣史》。

1919 年 12 月至 1920 年 1 月，東京台灣留學生另組「**新民會**」，仍關切廢除「六三法」問題。因該運動係本乎同化主義理念，遂使得一些反對同化主義者無法贊同，其中以林呈祿為代表，為文發表認為該運動否認了台灣的特殊性，無異肯定總督府的「內地延長主義」，因而另提議爭取設立強調台灣特殊性的台灣議會。其後，設立台灣議會的意見獲得多數贊同，於是「六三法撤廢運動」轉變為「**台灣議會設置請願運動**」，台灣政治運動遂改走自治主義路線。

二、台灣議會設置請願運動

1921 年 1 月 30 日，在<u>林獻堂</u>領導下，旅日台灣留學生和有識之士 187 人簽署，向日本貴族、眾議兩院請願，要求設立擁有特別立法權和預算審議權的民選「台灣議會」，揭開「台灣議會設置請願運動」序幕。之後，年年簽署請願，至 1934 年共提出十五次請願。

第一次請願雖然在兩院均未獲採納，但在台灣社會引起熱烈迴響，同年 10 月「**台灣文化協會**」成立後，即積極聲援該運動。翌年 2 月，獲 512 人連署，提出第二次請願，仍未獲採納，但總督府開始對<u>林獻堂</u>等領導人施加壓力，迫使其退出請願運動。

為了對付總督府之壓力，<u>蔡培火</u>、<u>蔣渭水</u>[1]等人於 1923 年組織「台灣議會期成同盟會」，以組織力量推動第四次請願簽名。總督府以違反治安警察法為由，於 12 月 16 日進行全島性大檢肅，被搜查、扣押、傳訊者多達 99 人；其後，有 18 人被起訴，其中，7 人分別被判處三或四個月徒刑，6 人被各處罰金百圓，餘 5 人獲判無罪，史稱「**治警事件**」。

「治警事件」後餘波蕩漾，全島各地風起雲湧地激起台灣民眾關心社會之熱潮。1926 年第七次請願以降，簽署人數均多達一、二千人。1927 年「台灣文化協會」分裂後，請願運動改由**台灣民眾黨**推動，訴求升高，要求制定台灣憲法和設立自治議會。

1931 年 2 月，由<u>蔣渭水</u>創立領導的**日治時代台灣唯一現代政黨**，**台灣民眾黨**被禁從事各項活動，8 月，<u>蔣渭水</u>去世；不久，九一八事變爆發，日本國內法西斯主義逐漸抬頭，壓制人民自由思想；影響所及，請願運動亦受到波及，請願案不但仍未獲國會採納，甚且有議員指稱請願動機係本乎「民族自決主義」，要求當局取締。鑑於請願無所指望，1934 年 9 月，<u>林獻堂</u>等重要同志集會決議中止請願運動，會後，正式發表中止聲明。

十五次請願中，參加簽署者合計 12,818 人。就簽署次數觀之，總人次為 18,528 人次，亦即有不少人簽二次以上。就教育背景觀之，第一～五次請願**學生**占 30～80%，

註釋

1. <u>蔣渭水</u>（1891 年 2 月 8 日～1931 年 8 月 5 日），字雪谷，台灣宜蘭人。台灣的救主，社運第一指導者，熱血男兒兼文化頭子，並為紀念其為台民爭取政治權益，將國道 5 號命名為蔣渭水紀念公路。現今更有紀念<u>蔣渭水</u>之 10 元硬幣流通，與<u>孫中山</u>、<u>蔣中正</u>、<u>蔣經國</u>並列。

顯示學生是運動的主力，其後，漸被社會人士所取代。又請願運動領導人固然是士紳階級和知識分子，但僅受過初等教育或舊學出身者平均高占 80%，顯示請願運動在基層社會有一定的迴響。

圖 9-2　紀念人像硬幣（※莫那魯道為 20 元硬幣）

　　「台灣議會設置請願運動」雖受制於殖民體制而未能成功，惟其影響不容忽視。**其一**、該運動喚起台人的政治、社會乃至文化意識，尤其是三權分立、議會政治、國民的權利義務等近代民主政治觀念，獲得廣為傳布。**其二**、該運動揭櫫自治主義，並肯定台灣的特殊性，有助於台人拒斥同化主義政策，亦為政治運動奠定以台灣為本位之立場。

三、政治結社組織運動

　　1922 年 10 月，蔣渭水、蔡培火、陳逢源等籌組「新台灣聯盟」，被稱之為台灣政治結社之嚆矢。惟翌年治安警察法付諸實施後，該聯盟依規定登記為政治團體，卻無法展開行動。

　　1927 年 1 月，「台灣文化協會」分裂後，蔣渭水、蔡培火、林呈祿等右派人士退出文協，積極籌組政治結社。2 月，蔣渭水先後籌組「台灣自治會」、「台灣同盟會」，總督府以其綱領和政策中明示台灣的統治宜採自治主義，而不准其成立。5 月，改以蔡培火為主幹，成立「台灣民黨」，總督府仍以綱領明揭追求台人政治、經濟、社會的解放，顯然有唆使民族反感、妨害日台人民和睦，以及懷抱民族自決之嫌，而加以查禁。

　　蔡、蔣等主要幹部幾經研商，乃於 7 月將「台灣民黨」易名「**台灣民眾黨**」，並改訂綱領為確立民本政治、建設合理的經濟組織及革除不合理的社會制度等，終於獲總督府同意成立。民眾黨成立後積極發展組織，至 1927 年底全台已建立十五個支部。該黨標榜全民運動與階級運動並行，採合法的手段進行政治抗爭，諸如舉辦演講會或群眾大會、向當局提建議書或請願書，以及指導、聲援其他社運團體等均是。

　　該黨的抗爭活動可分別為政策性與對偶發事件的抗爭。前者在於貫徹其綱領和政策之目標，要求總督府完成**地方自治制度**、准許言論自由、實施行政裁判制度、更新產業政策、社會立法及廢除惡法、**廢除渡華護照制度**、廢除官吏加給、改革司法制度、嚴禁鴉片、實施義務教育及廢除保甲制度等。尤其是鼎力支持和推動台灣議會設置請願運動及地方自治改革運動。至於針對偶發事件之抗爭，則有始政紀念日反對運動、反對日本對華政策之聲明、**鴉片新特許反對運動、對霧社事件之申訴**等。

　　該黨在蔣渭水領導下，積極扶助農、工運動，隨著農、工運動日益蓬勃，該黨走向日趨激進，造成林獻堂等溫和派於 1930 年 10 月退黨。其後，該黨改以農、工

階級運動作為中心目標。1931 年 1 月 18 日，通過修訂綱領、政策及黨則。總督府以該黨主張違反治安警察法為由，宣布解散該黨，並逮捕<u>蔣渭水</u>等 16 名主要幹部。

就該黨對台灣民族運動之作用和意義觀之，該黨組織嚴密、觀念進步，對殖民統治當局作出沉重的打擊。同時，有效地組訓民眾，給予民眾政治教育，並提出台灣民族運動正確的方向，可說是台灣民族運動最具代表性的團體。

第二節 台灣文化協會

1921 年 10 月 17 日，台人有識之士 1,000 餘人在台北靜修女中成立「**台灣文化協會**」，揭櫫宗旨在於「謀台灣文化之向上」，推**<u>林獻堂</u>**為總理、<u>楊吉臣</u>為協理、<u>蔣渭水</u>為事務理事。其中，台灣文化協會的成立，以<u>蔣渭水</u>貢獻最大，有台灣<u>孫中山</u>之稱的<u>蔣渭水</u>，本於**醫人不如醫國**的理想，並為台灣做出診斷，並於民國 10 年 11 月 30 日發表臨床講義。台灣文化協會被稱為**台人的啟蒙運動**，實乃針對<u>蔣渭水</u>之診斷，從各方面來加以治療。會員以中產階層出身的知識分子為主，中、高等教育在學生為數不少。1927 年該會左右分裂之前，除積極支援台灣議會設置請願運動外，展開各種文化活動，扮演啟迪民智、喚醒民族意識及加強社會觀念之角色，可說是當時台灣人的文化啟蒙運動。

(一)設置讀報社

為了打破總督府言論箝制和服務民眾。社中除陳列台灣、日本的各種報紙雜誌外，另訂購中國報紙十餘種，供民眾閱覽。

(二)舉辦各種講習會

1923 年起兩年間，共舉辦台灣通史講習會、通俗法律講習會、通俗衛生、學術講座、西洋歷史及經濟學講習會等，傳授現代新知及歷史文化。

(三)開辦夏季學校

自 1924 年起連續三年在霧峰<u>林獻堂</u>家【萊園】開辦，參加人數約 250 餘人，講習期間兩星期，事先排定課程，密集但頗具涵蓋性地將現代知識灌輸引介給學員。

(四)文化講演會

講演是文化協會最重視的活動，都市地區每星期六、日舉行定期講演會，另組織講演隊，到各地巡迴演講。講題無所不包，除了灌輸引介新知外，並對殖民政治及社會不良風俗等作批判和檢討。雖然警察嚴密監督和取締，常用「辯士中止」加以阻擾，但此舉卻更激發民眾的反感，而不惜與警察發生衝突以洩民憤。

(五)青年運動

文化協會在各地協助青年組織團體，致力於啟發青年的思想。受其影響的有台北青年會、彰化青年會、赤崁青年會…等各地青年團體。這些青年團體大多漸傾向

無政府主義或社會主義，與舊幹部的思想迥然不同，埋下台灣文化協會日後分裂的種子。

　　此外，巡迴各地演出文化劇、放映電影、音樂會等稱之為「**美台團**」，不但充滿熱忱，亦均是重要的文化活動。總之，文化協會可說是致力於「台人的文藝復興」。

臨床講義

蔣渭水　原作
彭峰先　譯

譯者按語：本省革命先烈蔣渭水先生，臺灣醫學專校（當時臺灣之最高學府）畢業後，於民國五年創立大安醫院，以仁術濟世，對貧苦同胞常免費治療，深得社會人心。然而蔣先烈更關心的是，當時在日本帝國主義下百病叢生的臺灣，遂於民國十年十一月三十日（日本帝國統治臺灣已二十七年）發表了這篇「臨床講義」，替患長期慢性病的臺灣把脈、診斷、開藥方。

為名叫臺灣的病人而寫

一、姓　　名：臺灣島
一、性　　別：男
一、年　　齡：遷移至目前住所後算起，二十七歲
一、原　　籍：中華民國福建省臺灣道
一、職　　業：世界和平第一關口守衛
一、目前住所：有黃帝周公孔子孟子等之血統，遺傳性顯著。
一、遺　　傳：如前條所配乃聖賢後裔，因此素質遺健天資聰明。
一、素　　質：幼年期即鄭成功時代，身體頗為強壯，頭腦清晰，意志堅強、品性高尚，動作敏捷。清代後，因政策中毒，身體日漸衰弱、意志逐漸薄弱，品性漸趨卑劣，節操日益低下。遷移至日本帝國後，接受了不健全的治療法，雖稍有起色。然而，大約二百年之久的慢性中毒症，不容易收藥到病除之效。
一、目前症狀：道德頹敗，人情澆漓，物質慾望極強，精神生活貧乏，風俗醜陋，迷信深沉，頑冥不化，衛生全然缺欠，智識淺薄，不知著眼永久大計，只顧爭奪眼前小利，墮落怠惰，腐敗，卑屈，怠慢、虛榮、鮮廉寡恥、四肢倦怠、惰性十足、意氣消沉、毫無生氣可言。
一、病人陳述：頭痛眩暈腹內飢餓感。

大致上有這麼一個病人，診察時發現按其身體比例，一個大頭。想必有很強的思考力。問了兩三個常識問題，應該算是答者不得要領。這病人也許是愚蠢或低能兒吧。其頭骨雖大，而內容空虛，腦髓不足。問他稍為艱難的哲學問題、數字問題、科學問題，或是世界局勢，他一聽了就日眩頭昏。但他的四肢卻很發達，或許忍操勞過度的緣故吧。再診察他的腹部，細小而凹入。腹壁呈一條條縱紋，恰像是剛生育過的產婦。這想必是由於大正五年以來托歐洲大戰之福，一時突地賑飽，去年夏天，和談之風引起了腸感冒，嚴重下痢，使得腹部緊急收縮。

診　　　法：世界文化的低能兒
原　　　因：智識之營養不良
經　　　過：患長期慢性病
療後病況：因為素質純良，如加以適當之治療，必能早日痊癒。反之，如果治療錯誤或拖延時間，則必致病入膏肓，有不治死亡之虞。
療　　　法：原因療法也就是根治療法
處　　　方：正規學校教育：極量
　　　　　　補習教育：極量
　　　　　　幼稚園：極量
　　　　　　圖書館：極量
　　　　　　讀報社：極量
　右關綜合藥劑調和後立即服用，二十年必可根癒。
其他有效藥品從略。

圖 9-3　蔣渭水原作：臨床講義

● 資料來源：莊永明總策劃《台灣世紀回味：時代光影 1895-2000》。

第三節　啟蒙結果的工農運動

一、農民運動

農民運動之特色在於**民族主義**加上**階級意識**，並且有濃厚的**政治色彩**。受文化協會的啟蒙運動影響，農民產生民族自覺，階級意識亦隨之而產生，於是以集體行動，與地主、日人退休官吏、糖廠等進行抗爭，甚至抗議官廳態度偏袒不公。

(一)蔗農爭議與農運團體之萌芽

在總督府的獎勵和扶助下，台灣製糖業形成被日本大資本家壟斷之局面，糖廠獨占甘蔗採購權，並以前金（預付金）制度控制蔗農。長期被剝削的蔗農心中憤憤不平遂首先發難。1923 年起，各地紛紛發生蔗農要求**提高甘蔗收購價格**之爭議。翌年有 5 件，1925 年增為 12 件。同年，第一個農運團體「**二林蔗農組合**」成立，會員 400 餘人。於 10 月下旬，在總理<u>李應章</u>醫師率領下，阻止糖廠採收甘蔗，爆發武力衝突。結果，<u>李</u>氏和蔗農 93 人被捕，其中 25 人被判徒刑，史稱「**二林事件**」。

(二)農運團體之繼起

1925 年 11 月有「鳳山農民組合」之成立，推舉教師簡吉為領導人，組織演講隊，赴各農村舉行巡迴講演會，鼓勵農民團結起來向地主進行鬥爭，並聲援二林事件。翌年，為抗議總督府放領大批土地給退休官員，有「大甲農民組合」之成立，由<u>趙港</u>領導，聯合「鳳山農民組合」，進行反抗鬥爭。同時，另有「曾文農民組合」成立，領導蔗農反抗明治製糖會社。

(三)「台灣農民組合」之成立與活動

在上述抗爭過程中，各組合領導人間益感有統合各農民組合擴大組織之必要，<u>簡吉</u>、<u>趙港</u>乃於 1926 年 6 月 28 日邀集各地幹部，在鳳山召開籌備會，決議成立全台性統一組織「**台灣農民組合**」，並在鳳山、大甲、曾文、嘉義、虎尾等地設支部。隨後即開始活動，**簡吉**為委員長，新化著名文學作家**楊逵**，起草主要訴求，扮演重要角色。翌年，中央機構由五部擴編為八部，支部由 5 個增為 16 個，總部亦由鳳山遷至台中市。

1927 年農民組合召開第一屆全島大會後，在日本共產主義運動者的指導和影響下，思想漸左傾化，手段呈現階級鬥爭之色彩。翌年 6 月台灣共產黨成立後，特別重視台灣的農民問題與農民運動，並積極介入「台灣農民組合」，迅速取得領導權，從此農民組合的運動革命鬥爭性大增，而日趨激進。

1929 年 2 月 12 日，總督府對全台農民組合機構進行突擊性大搜捕，遭搜查者多達 300 餘處，沒收證物 2,000 餘件，扣押 300 餘人，逮捕 59 人，其中有 12 人分別被判處 10～12 個月徒刑，史稱「**二一二事件**」。

二、勞工運動

　　1900 年代以降，台灣產業經濟快速資本主義化，勞工不斷增加，1920 年，工、礦及交通業人口已逾20萬人。受異族實施差別待遇之影響，**台人勞工工資低於日人**。隨著社會運動勃興，台人勞工受到激發而意識漸次覺醒，乃對資方展開抗爭運動。

(一)台灣文化協會指導下的勞工運動

　　1927 年文化協會分裂後，<u>連溫卿</u>、<u>王敏川</u>等社會主義派掌控的文化協會積極致力於農、工運動。3 月，<u>連氏</u>首先成立「台北機械工會」，並相繼在基隆、台南、高雄設立支部，為台灣勞工團體的濫觴。翌年 1 月，進而在台北成立「台灣機械工聯合會」。其後，擬籌組「台灣總工會」，因內部意見分歧而未成。1928 年，文化協會指導的勞工爭議達 23 件，其中，以高雄台灣鐵工所罷工事件最為有名。1930 年，台共勢力抬頭後，遂取代文化協會的領導地位。

(二)台灣民眾黨領導下的勞工運動

　　台灣民眾黨成立後，以援助勞工運動作為其社會政策之一，<u>蔣渭水</u>親赴各地巡迴演講和召開座談會，積極進行組織勞工運動，1928 年 7 月召集 29 個勞工團體，結成「**台灣工友總聯盟**」，以<u>李友三</u>為委員長，會員 6,300 餘人。至同年底，領導勞工爭議達 19 件，加盟團體增為 65 個，會員增為近 8,000 人。翌年，聯盟領導的勞工爭議減為 7 件，1930 年僅 4 件。1931 年民眾黨被查禁後，聯盟漸趨於萎靡不振。

(三)台灣共產黨指導下的勞工運動

　　1939 年，台共展開「紅色工會組織運動」，進行礦業、交通業工人的組織運動，並爭奪文化協會、民眾黨、工友總聯盟在工會的領導權。翌年 10 月，進而籌組「台灣赤色總工會」，不久台共即遭到大逮捕，因此進行中的工作遂告中斷。

| 第四節 | 台灣首次地方自治選舉 | |

● 地方自治改革運動

　　在總督府專制體制下，地方行政機關長期未享有自治權和自主權。1920 年，總督府雖宣稱實施「地方自治」，但並未明定州、市、街庄為法人，州、市、街庄首長均係官派官吏，而各級協議會員完全係官選，且只有諮詢權，而全無議決、行政監察及建議權，不過是徒具形式的民意代表機關。

　　針對上述「地方自治」制，台人有識之士自始即不時批判和建議，要求讓協議會享有議決權，並漸次開放民選各級協議會員、市尹、街庄長、州知事【台南州知事官邸】等，以達到完全地方自治之目標。同時，指責官選徒然被當作酬庸的工具，以致官選人物多數不能代表民意或具備學識能力。

　　1926 年以降，台人有識之士進而凝聚共識，籌組政治結社以動員民眾力量進行政治運動。前述「台灣自治會」、「台灣同盟會」、「台灣民黨」等的政策中，即要求實施完全的地方自治，由公民普選產生地方首長和各級民意代表。

　　台灣民眾黨成立後，將改革地方自治列為首要政治政策。該黨中常會議決運動之方法，決定在全台各地舉行批判演講會，推動請願或群眾運動，分別向日本國會、總督府提出建議書，以及將建議書要旨函送報界和民意代表等。1928 年一年之間舉辦一百餘次的「**政談演講會**」，其議題大多是民權、自治制度等民主政治的基本概念和知識。

　　1927、1928 年，兩度連署向總督府提出「**台灣地方自治改革建議書**」，並籲請眾議院順應台人合理的要求，儘速實施完全地方自治制度。儘管未獲日本當局積極回應，1930 年 3 月進一步展開大規模的「地方自治完成促進運動」，組成巡迴演講對在全台 38 個地區舉行「政談演講會」，在 72 個地區散發九萬張傳單，完成 10,150 人蓋章的改革建議書，致送總督府。

　　民眾黨日趨激進後，黨內溫和穩健派乃於 1930 年 8 月另成立「**台灣地方自治聯盟**」，以確立台灣地方自治為單一目標。數月間，設立 10 個支部，台、日人會員二十餘人。翌年初，提出要求公民普選權、州市街庄自主權、議會宜改為議決機關、改革執行機關組織和職權、州市街庄宜有財政管理權等五大改革大綱。繼續向總督府、國會請願，以及舉辦全台巡迴講演會，刊行「自治聯盟要覽」、「立憲政治小論」等小冊子。1933 年 7 月，分別在台中、台南、台北舉行住民大會，建議即時在台實施州市街庄以民選議員組成議決機關。終於**迫使總督府於 1935 年 4 月發布地方制度改革諸法令，開放市會、街庄協議會員半數民選，選舉方式採有限制選舉，州會議員半數由市會及街庄協議會員行間接選舉**。顯然的，與改革運動之要求相去甚遠，故自治聯盟發表深表遺憾之聲明。是年 11 月舉行第一次選舉，自治聯盟推薦的候選人多人當選。1937 年 8 月，舉行第四次全島聯盟大會後，自治聯盟宣布解散，中日開戰應是其中主因，顯然計畫不敵變化才是最大致命傷。

　　雖然地方自治改革運動訴求未完全獲得實現，惟不容否認的，在運動過程中已將**自治**、**普選**、**參政權**等民主政治基本觀念灌輸給一般民眾。

第五節　日本人的強勢彈壓

　　日本人原以「辯士中止」的隨時監控方式，來防患台人反日思想的傳播，再利用有如千手觀音，無所不管的大人－警察，利用其土地公的角色，藉著嚴峻、無所不管的「治安警察法」加以取締和監控社會運動菁英，後來又為有效控制思想，設置「特高警察」－特別高等警察，專責思想控制，以取締反天皇、反日和反總督府之言論思想，從 1923 年的「治警事件」和 1925 年的「二林蔗農事件」，都充分展露

日本警察體制之綿密，甚至手段的殘酷，日治時代最具威嚇性的話語，當是，我要把你拘留 29 天，關到你頭髮長蝨子，這是六三法體制下的產物，簡直視基本人權為無物，較之現今憲法第八條人身自由所保障之二十四小時內移送該管法院，根本是背道而馳，不過當時卻是日本警察（大人）賴以有效統治的最佳利器。從最初期的壓抑，到最後更以社運團體的左傾而強加取締，嚴厲強勢彈壓，當然隨著戰爭的發動而變本加厲，在戰爭體制下，不但彈壓反對運動，更成立皇民奉公會，強力動員效忠日本帝國，遑論對社運發展以強制手段使其中途夭折，於是不少菁英分子，紛紛渡海到大陸避難，如謝雪紅、吳三連等，其他人就算留在島內也噤若寒蟬，台灣的社會運動在內部路線之爭而不斷分裂的自我削弱下，復加以日本總督府雷厲風行之壓制，徒留一些未央的理想和感慨的缺憾，最令人感動的台灣文化協會所進行的台灣文化啟蒙運動，亦被戰火的波及而未能完全開花結果。

　　總之，日本人蠻橫作為，讓社會運動有如盛開的曇花一現，雖令人驚艷但卻十分短暫，不過前人在困苦時空環境下的作為和努力，還是帶給我們無限的感動和啟發，衷心期盼吾人能循著先賢的腳步，尋求根本解決之道，讓台灣能向上提昇而不再向下沉淪。

日治台籍重要人物

姓名	籍貫	生平事蹟簡述
葉清耀 (1880-1942)	台中市東勢	台灣日治時期的知名律師，於治警事件中擔任臺灣當事人的律師，1932 年獲日本明治大學法學博士，為台灣第一位法學博士。
林獻堂 (1881-1956)	台中市霧峰	出生自霧峰林家，是日治時期非暴力反日人士代表人物，無論在新民會、台灣文化協會、台灣民眾黨、台灣地方自治聯盟等組織均扮演要角，被稱為「臺灣議會之父」。1907年在日本與梁啓超會面，請教台灣自治之道，曾推動「臺灣議會設置請願運動」；與蔣渭水成立「台灣文化協會」，為首任總理，並擔任《臺灣民報》社長；1927 台灣文化協會分裂，與蔣渭水、蔡培火等人另組「台灣民眾黨」。
蔡清琳 (1881-1907)	新竹縣北埔	曾為巡查捕（日治時期的基層警員），後因理念不合離職，北埔事件領導人。1905 年自立「臺灣復中興會」；1906年被推為義軍統帥；1907 年率何麥榮、何麥賢兄弟、隘勇及賽夏族人攻打長坪等日警分遣所，卒因後繼無力而失敗，史稱「北埔事件」。
蔡惠如 (1881-1929)	台中市清水	家中為著名商號「蔡源順號」，從小受私塾教育，曾被日本殖民政府派為台中區區長。與林獻堂、林幼春在台中成立「台灣文社」，並發行以刊登古典漢詩為主的《臺灣文藝叢誌》，為日治時期台灣第一份漢文雜誌。1919 年鼓吹旅日留學生成立啓發會、應聲會；1920 年成立新民會，以林獻堂出任會長，自己出任副會長，並創辦台灣青年雜誌社，發行《台灣青年》雜誌；1921 年，台灣文化協會成立，蔡惠如擔任理事。
林茂生 (1887-1947)	屏東縣東港 (原籍)	生於台南府（今台南市），是台灣史上 1916 年取得東大文學士、台灣留美哲學博士第一人。曾為哥倫比亞大學的河邊教堂(Riverside Church)於彩色玻璃窗題寫「上帝是愛」的漢文。1920 年任教於臺南商業專門學校。1931 年任臺南高等工業學校教授德文、英文，並兼圖書館主任。1945 年國立臺灣大學先修班主任，同時代理文學院院長職務。1947年卒於 228 事件，其子皆從醫。書法造詣甚高，目前在成功大學博物館可見其墨寶「信望愛」等作品。
蔣渭水 (1891-1931)	宜蘭縣	為台灣日治時期的醫師與民族運動者，一生主張階級調合，反對鬥爭，藉民族運動來包容各階級力量，可惜無法與農民形成共同戰線。1916 年在台北市大稻埕（今延平北路）開設大安醫院，1917 年取得宜蘭名酒甘泉老紅酒之代理權，開設知名酒家「春風得意樓」。創立台灣文化協會與台灣民眾黨，是反日本殖民運動中，重要的領導領袖。其影響台灣歷史的四項工作：1.創立第一個全台性的文化組織「台灣文化協會」；2.創立第一份台灣人的報紙《臺灣

姓名	籍貫	生平事蹟簡述
		民報》；3.創立第一個現代意義的政黨「台灣民眾黨」；4.創立一個全台性的工會組織「台灣工友總聯盟」。過世時創下台灣大眾葬之典範。
黃土水 (1895-1930)	台北市	1917 年師範學校畢業後，受師長推薦前往東京美術學校雕塑科留學，是第一位東京美術學校台籍生。1920 年《蕃童》雕塑作品入選日本帝展，為台人第一；1930 年《水牛群像》石膏浮雕，是生平最後的大作，亦為最為知名之經典作，列為國寶，原作嵌於台北中山堂後廳壁上。
陳澄波 (1895-1947)	嘉義市	1917 年國語學校畢業後任教職，1924 年東京美術學校繪畫科就讀，是早期留學日本的台灣學生之一。1926 年以畫作《嘉義街外》首次入選日本第七屆「帝國美術展覽會」，成為台灣以油畫入選該展覽的第一人；1929 年完成研究所學業後，受聘至中國上海任教，並獲選為中國 12 位代表畫家，以畫作《清流》受推薦代表中華民國參加芝加哥博覽會；1933 年返回台灣，與楊三郎、李石樵、顏水龍、李梅樹、廖繼春、立石鐵臣、陳清汾等 8 位畫家合組「台陽美術協會」；1947 年死於 228 事件。
韓石泉 (1896-1963)	台南市	日本熊本醫科大學醫學博士，曾任民營共和醫院（與黃金火聯合主治）內科醫師，後自行開業，創設「韓內科醫院」做主治醫師、院長。1945~1947 年任台南市私立光華女子中學校長，1946 年當選台灣省參議會第 1 屆參議員（選區台南市）。台灣醫學家、社會活動家。
黃朝琴 (1897-1972)	台南市鹽水區	1923 年畢業於日本早稻田大學經濟科。其後前往中國，1928 年入外交部僑務局服務；1945 年以外交部駐台特派員兼任台北市市長，為戰後首任台北市長。歷任省參議會議長、臺灣省臨時省議會議長、臺灣省議會議長及國民黨中央委員等職，主持臺灣省議會近二十年，為台灣 1950 年代「半山」派的政治人物代表。鹽水區朝琴路即為紀念他而命名。
蔡培火 (1899-1983)	雲林縣北港	1920 年東京高等師範學校畢業，在日期間林獻堂曾給與援助，是台灣就讀專科學校第一人，之後擔任《臺灣民報》編輯兼發行人，主要在台南活動發展，1923 年加入台灣文化協會與蔣渭水共同擔任專務理事，正好一南一北。後來協助推動「臺灣議會設置請願運動」，1945 年日本宣布投降後加入中國國民黨，1948 年當選行憲後第一屆立法委員。

台灣文化協會主要成員

姓名	籍貫	學歷	職業	文協職位
林獻堂	台中霧峰	漢學進修	地主	總理
楊吉臣	彰化街	漢學進修	地主兼街長	協理
林幼春	台中霧峰	漢學進修	地主	協理
蔡培火	台南市	東京高師畢業	無職	專務理事
蔣渭水	宜蘭街	台灣醫學校畢業	醫師	專務理事
王敏川	彰化街	早大畢業	台灣民報記者	理事
陳逢源	台南市	台灣國語學校畢業	台灣民報記者	理事
蔡式穀	新竹市	明治大學畢業	律師	理事
林呈祿	桃園	明治大學畢業	台灣民報董事	理事
蔡惠如	台中清水	漢學進修	地主	理事
楊肇嘉	台中清水	早大學生	地主	理事
邱德金	台中豐原	台灣醫學校畢業	醫師	理事
連溫卿	台北市	公學校畢業	南國公司書記	理事
洪元煌	台中草屯	公學校畢業	地主	理事
李應章	台中二林	台灣醫學校畢業	醫師	理事
林篤勳	彰化街	台灣醫學校畢業	醫師	理事
賴和	彰化街	台灣醫學校畢業	醫師	理事
許嘉種	彰化街	台南師範畢業	地主	理事
林資彬	台中霧峰	漢學進修	地主	理事
鄭松筠	台中豐原	明治大學畢業	律師	理事
蔡年亨	台中清水	台灣國語學校畢業	地主	理事
韓石泉	台南市	台灣醫學校畢業	醫師	理事
黃金火	台南市	台灣醫學校畢業	醫師	理事
王受祿	台南市	台灣醫學校畢業	醫師	理事
楊振福	高雄市	台灣國語學校畢業	台灣倉庫會社員	理事
吳海水	台南市	台灣醫學校畢業	醫師	理事
林柏廷	彰化北斗	公學校畢業	地主	理事
黃呈聰	彰化線西	早大畢業	地主	理事
林糊	彰化福興	台灣醫學校畢業	醫師	理事
楊良	新竹市	漢學進修	地主	理事
戴雙喜	新竹市	台灣國語學校畢業	雜貨商	理事
石煥長	宜蘭街	東京醫專畢業	醫師	理事

姓名	籍貫	學歷	職業	文協職位
洪石柱	屏東街	台灣師範畢業	洋雜貨商	理事
黃運元	苗栗街	公學校畢業	地主	理事
簡仁南	台南市	台灣醫學校畢業	醫師	理事
許天送	台北市	台灣國語學校畢業	文化協會書記	理事
周桃源	台北市	台灣醫學校畢業	醫師	理事
石錫燻	彰化街	台灣醫學校畢業	醫師	理事
林茂生	台南市	東京帝國大學畢業	商專教授	評議員
吳廷輝	新竹市	公學校畢業	木匠	評議員
鄭明祿	苗栗苑裡	北京大學肄業	台灣民報記者	會員
林冬桂	新竹市	台灣師範畢業	文協支部主事	會員
謝春木	彰化沙山	東京高師畢業	台灣民報記者	會員
黃周	彰化街	早大畢業	台灣民報記者	會員
陳滿盈	彰化塗厝	明治大學畢業	地主	會員
莊垂勝	鹿港街	明治大學畢業	中央書局董事	會員
吳清波	彰化街	漢學進修	台灣民報記者	會員
林碧梧	台中豐原	公學校畢業	地主	會員
張信義	台中豐原	日本大學肄業	地主	會員
吳石麟	台中彰化	台南商校肄業	裱糊匠	會員
高兩貴	台北市	公學校肄業	日本電信郵務員	會員
黃細娥	福建泉州	台北第三高女肄業	日本電信郵務員	會員

參考資料：林玉体《台灣教育史》。

參考資料

黃煌雄：《兩個太陽的臺灣－非武裝抗日史論》，台北：時報文化，2006。

石輝然編譯：《臺灣開發史》，台北：新科技書局，1999。

吳三連：《台灣民族運動史》，台北：自立晚報社，1987。

周婉窈：《日據時代的台灣議會設置請願運動》，台北：自立晚報社，1989。

翁佳音：《臺灣社會運動史－勞工運動、右派運動》，台北：稻鄉出版社，1992。

陳銘城等編著：《台灣兵影像故事》，台北：前衛出版社，1997。

馮作民：《台灣歷史百講》，台北：青文出版社，1966。

黃秀政：《「台灣民報」的史料價值》。

黃師樵：《台灣共產黨祕史》，桃園，1933。

黃煌雄：《革命家－蔣渭水》，著者印行，1981。

楊碧川：《日據時代台灣人反抗史》，台北：稻鄉出版社，1988。

盧修一：《日據時代台灣共產黨史》，台北：自由時代出版社，1989。

簡炯仁：《台灣民眾黨》，台北：稻鄉出版社，1991。

林茂生：《祝台灣新民報發刊十週年》，台灣新民報 322 號，1930 年 7 月 12 日。

張炎憲：〈台灣文化協會的成立與分裂〉，《中國海洋發展史論文集》，1984。

陳君愷：《日治時期台灣醫生社會地位之研究》，台北：台灣師大歷史所專刊 22，1992。

王御風：《一本就懂台灣史》，台中：好讀，2013。

戴寶村等作，國立歷史博物館編輯委員會編輯：《什麼人物為何重要－臺灣史上重要人物系列（一）、（二）、（三）》，台北：史博館，2011。

鄭道聰：《紅城光影：戀戀紅城故事集》，台南市：南市文化協會，2013。

日人在台的建設與皇民化運動－反射利益之果實

引論

日人在台的重大建設很多，但絕大多數都是站在日本本身的利益為出發點。普及教育是為政令宣導和皇民化運動；建高雄港是為了運送嘉南平原的蓬萊米、阿里山檜木和旗山香蕉等物資能方便運送到日本本土；日月潭水力發電，則為了工業化的需要，以充其南進基地，俾以提昇皇軍戰力。台灣人因此而受的工業建設利益，多屬日本無心插柳的結果，就像日本人為了鎮壓台胞反抗而興築的縱貫鐵路，反而促成台人全島意識的形成，絕非當時日本之所願見到的，故此種利益套用法律上的專有概念，稱之為「**反射利益**」，同樣面對日治時代：日本人或許以台灣建設成果為傲；中國人或許以台灣建設成果為恥；台灣人應該以台灣建設成果為鏡，用成熟、理性、健康的心來看待，不用盲目感念日人，但應謙虛學習其做事精神。

第一節　殖民體制

一、殖民統治政策之演變

1895 年 4 月，根據馬關條約，清廷將台灣、澎湖割讓給日本，因此就國際公法論之，台灣已成為日本版圖之一部分。惟日人藉口台灣之歷史文化、語言、風俗習慣及社會狀態迥異於日本，乃仿照列強統治殖民地之方法，在台灣實施民族差別的殖民政治。此一性質，終日治 50 年未嘗改變。

就統治政策觀之，日人係以逐步強化的同化政策為其統治方針，因此歷任總督的施政方針由標榜「**無方針主義**」進而明揭「**同化主義**」；由揭櫫「**內地延長主義**」進而強調「**皇民化政策**」。要言之，同化政策逐步強化的目的，不僅在改變台人成為「順良的日本人」，甚至，企圖使台人變成「利害與共的日本國民」。略述其演變如下：

(一)無方針主義及漸進政策之確立

由於日本欠缺經營殖民地之經驗，關於治台方針，朝野意見不一，分別有放逐主義、同化主義、放任主義三種主張。台灣總督府參考西洋各國的殖民地統治經驗，並衡量台灣之實情後，認為若採「**放逐主義**」將台人盡逐出島外，或採「**同化主義**」將日本憲法強施於台灣，則徒然釀成各地紛擾不安，且恐難以獲致成效。於是儘管以同化為台灣統治的最終標的，仍決定暫採「**放任主義**」政策，一面進行特別立法，一面尊重台人固有的風俗習慣。

總督府對台灣固有的宗教亦採取尊重和籠絡之態度，首任總督樺山資紀明白諭告宜尊重台人民間信仰、保護台灣的寺廟，故日本官兵鮮有占用寺廟、破壞佛像之

舉，日本官員在 1915 年西來庵王爺廟，假藉宗教力量抗日事件之前，經常參加民間重要的宗教慶典和活動，以博得民眾的好感。

1898 年**兒玉源太郎**出任第四任台灣總督後，以習醫出身的**後藤新平**擔任民政長官，強調統治基礎必須建立在「**生物學原理**」上，亦即對台灣的風俗習慣、社會制度進行科學的調查，再制定適當的政策；從而標榜統治方針係採順應現實需要而隨機應變的「**無方針主義**」政策。質言之，乃是本乎漸進主義原則，對台人不施以極端的同化主義或破壞主義，而是適度地尊重台人的風俗習慣和社會組織，甚或巧妙地加以利用，以籠絡人心，消弭反抗。

要之，無方針主義和漸進政策大致維持 20 年，此一期間，總督府徹底敉平了武裝抗日運動，有效地籠絡和利用台人社會菁英，將之納入殖民基層行政和治安體制中，成為殖民地施政的輔助工具；完成台灣資本主義化的基礎工程，促進殖民資本主義產業經濟之發展；社會固有的風俗習慣未遭禁絕，辮髮纏足至 1910 年代中期始普遍解放，修建寺廟、建醮祭祀等宗教活動十分興盛，詩社林立，漢文書房漸次沒落和質變，總督府因此有效地統治台灣。

(二) 內地延長主義

1916 年之際，日本殖民學者一面歌頌日本挾武力餘威，完成社會秩序之整頓及產業經濟之發展等輝煌的殖民統治成果，一面鑑於其他殖民地之先例，認為民族自覺之產生乃是必然的趨勢，故而建議總督府宜確立統治異民族的根本政策，以排除因民族自覺所造成統治上之不安，使台灣之領有更為鞏固。

第一次世界大戰後，**民主自由思想**與**民族自決思潮**瀰漫全球各地，影響所及，受帝國主義列強欺凌宰割的國家或殖民地，紛紛興起民族復興或獨立運動。日本國內亦隨之掀起蓬勃的勞工運動及社會主義與民主主義運動。台人有識之士受到此一新情勢的激盪和鼓舞，產生民族自覺思潮，從而組織團體，發行雜誌，展開向日本統治當局要求自由平等權利和尊重民族特性的民族運動。

受到上述諸因素的衝擊和威脅，迫使日本不得不改變台灣的統治方針，以強化其對殖民地之控制。1918 年 6 月，明石元二郎就任台灣總督後，遂明揭**同化主義**為施政方針，強調其施政之目標在於感化台人，使漸具日本國民之資性。具體的作為是公布「**台灣教育令**」，建立以同化為目標的教育制度。

1919 年在世界各殖民地民族運動狂飆下，朝鮮三一運動的震撼和衝擊，更迫使日本不得不改革殖民地的統治政策和體制。原敬內閣首先改革殖民地官制，取消以武官專任總督的規定，並解除總督的軍事權。接著，重提 20 餘年前其所主張的「內地延長主義」，作為殖民統治的基調。適明石總督於 10 月去世，原內閣乃任命東京帝大畢業之**田健治郎**為首任文官總督。田總督以「**內地延長主義**」政策的執行者自居，就任後旋即發表其施政方針，一面強調台灣是日本領土之一部分，有異於其他殖民地，所以對台灣的統治必須使台灣人成為日本國民；一面則揭櫫重視教育及提高台灣人政治地位政策。顯然希望藉以安撫台人，消除台灣社會方興未艾的民族運動。

在此一政策下，總督府標榜日台融合，一視同仁。1920 年 10 月改革地方制度，實施「地方自治」，官選地方居民中具學識名望者擔任各級協議會員。繼又發布「台灣總督府州理事官特別任用令」，明訂具有適當的資格且熟悉台情之台人可出任地方理事官。惟實際上台人無選舉權，而各級協議會無議決權，台人出任地方理事官者寥寥無幾。1922 年公布新「台灣教育令」，標榜取消台、日人教育之差別待遇，除初等教育外，其餘各級學校完全開放共學。

田健治郎總督以降，歷任九任文官總督，皆為東大畢業，理念與學歷接近，故上述方針一直不變，1932 年，中川健藏總督仍強調奉守一視同仁、內地延長主義、同化主義之一貫方針。

二、殖民行政組織

日治時期殖民行政的主要特色有：一、**台灣總督**總攬行政、立法、司法及軍事大權，形成總督專制體制。二、地方行政機關深具官治主義和從屬色彩，行政官員完全是奉承上級機關的指揮監督，以執行法律命令和管理行政事務，各級地方行政機關欠缺自主權和自治權。三、地方行政係以**警察**為中心，幾乎任何事務均有警察介入，造成若不藉警察之力，則任何事均行不通之現象，被稱之為「**典型的警察政治**」。

(一)總督專制體制之建立

1895 年台灣總督府成立後，以台灣總督為軍、政首長。翌年，發布「**六三法**」，採**委任立法制度**，授權台灣總督得頒布具有法律效力之命令，以六三法作為台灣立法制度之基礎，制定有關行政、司法及軍事之法規，使得台灣總督在行政上為綜理各項政務的最高行政長官，擁有不受節制的人事任免權、「總督府令」發布權、台灣各級法院之管轄權，司法官及檢察官之任命權；加以台灣總督為陸軍大將或中將出任的「親任官」，在軍事上也有統率陸海軍之權。由是，建立台灣總督總攬行政、立法、司法及軍事大權的殖民統治體制。

「六三法」雖附加有效期限三年之規定，但期滿後迭作延長；1906 年另以「法律第三十一號」（簡稱「**三一法**」）加以取代，但仍維持委任立法原則，授予總督律令制定權和緊急命令權，只不過規定總督之命令或律令不得與日本本國的法律和命令相牴觸。該法沿用至 1920 年，結果使台灣成為日本明治憲法的政治異域，台人的權利和義務掌握在台灣總督手中，而武官總督制更強化台灣的異域性。

迨至 1919 年，武官總督肆行軍事高壓的武斷統治告一段落，原敬內閣進行改革殖民地官制，取消以武官專任總督的規定，並解除總督的軍事權。1921 年制定「**法三號**」取代「三一法」，標榜日本本國之法律原則上亦適用於台灣，總督的律令制定權僅限於適用台灣的特殊情況。儘管如此，並不意味著總督專制的殖民統治之本質有所改變。蓋總督的任用資格並非改為純文官總督，而是所謂「文、武總督並用制」，當總督為陸軍武官時，得並兼任台灣軍司令官。顯示並未完全排除武官出任總督的可能性。1936 年 9 月，日本為因應備戰需要，再度以武官出任台灣總督。實質上，

台灣總督府始終是日本的政治異域，儼然是「**帝國中的帝國**」。日治 51 年間，共歷經 19 位總督，其中武官總督 10 位，文官總督 9 位。

(二) 台灣總督府的組織及其變遷

台灣總督府成立之初，施行軍政，設民政、陸軍、海軍三局，1896 年改行民政後，設民政、軍務二局。1897 年 10 月，修訂總督府官制，規定於總督官房之外，設陸軍、海軍幕僚及民政、財政二局。1898 年 6 月，為節省開支，合併民政、財政二局為**民政部**，首長稱為民政長官。1901 年再修訂總督府官制，民政部分設警察本署及總務、財務、通信、殖產、土木五局，實現警察政治完整的體系。

1919 年 6 月修訂總督府官制，廢民政部，改設內務、財務、遞信、殖產、土木、警務六局及法務部，其後隨時配合施政需要，增廢部局，至日治末期；其組織為文教、財務、礦工、農務、警察五局及外事、法務二部。此外，先後設置各種產業研究試驗機關。

至於諮詢機關，據「六三法」，總督府設**評議會**，由總督及府內高級文武官員組成，議案之議決雖採多數決，惟總督對已發布之議案得加以修正或撤回，顯示該會不過是形式上的諮詢機關。1906 年制定「三一法」後，另設**律令審議會**以取代評議會，專事律令之審議，成員仍一律是總督府高級官員。1921 年 6 月，總督府制定台灣總督府評議會官制和組織規程，恢復設置**評議會**，而廢除律令審議會。評議會以總督為會長，總務長官為副會長，會員數除正、副會長外 25 人以內由總督府高級官員及總督遴選的民間台、日人代表組成，任期二年，但任期中總督得視需要予以解任。就權限觀之，該會不過是總督監督下的**行政諮詢機關**，諮詢事項僅限於一般政務，並不包括律令、財政收入等與人民利害較有關之事務，而且意見之採納與否完全任由總督決定，會員對之毫無約束力，因此台人輿論譏評其「空掛民意的招牌」。

(三) 地方行政制度之沿革

日治之初，總督府參酌清代舊制，設三縣一廳十二支廳。1897 年 5 月修訂地方組織規程，改全台為六縣三廳，縣、廳之下設八十六個辦（辦）務署，其下設街、庄、社等，作為基層行政組織，街、庄、社長由台人擔任，係由辦務署長遴選轄區內具有才德資望之士，呈報縣知事、廳長核可後任命之。同時縣（廳）、辦務署各置名譽職的參事 5 人以內，分別由總督、縣知事就轄區內具學識資望之台人任命之，為知事、署長處理地方行政事務之顧問或承其命辦事。從此總督府正式建立以辦務署、街庄社作為縣廳之行政輔助機關的地方制度。

1901 年 11 月，廢縣、辦務署而置廳，**全台分為二十廳**，廳下設支廳以為輔助；街庄社制一仍其舊。**1909 年** 10 月改二十廳為**十二廳**，各廳參事增為 10 人以內，廢街庄社長制，在原街庄社或合數街庄社設區，設區長及書記若干人。

1920 年 10 月發布改革地方制度，制定州、市、街庄制度，使州、市、街庄不僅是行政區劃，同時亦是地方公共團體。並於州、市、街庄各設協議會，作為諮詢機關；各級協議會分別以州知事、市尹、街庄長為議長；州協議會由總督選任之，

市協議會由州知事選任之，街庄協議會員由州知事或廳長選任之，均為名譽職，任期二年。於是將台灣西部十廳廢除，改設**台北、新竹、台中、台南、高雄**等**五州**，東部的**台東、花蓮港廳**仍保留舊制，**1926 年又增澎湖一廳**；州、廳之下共設 47 郡、3 市、5 支廳、263 街庄、18 區等，開啟所謂「準地方自治制度」時期。

　　此一新地方制度與日本國內比較之，各級協議會不過是徒具形式的民意代表機關，州、市、街庄分別受上級強有力的監督，以致自主權和自治權均極為有限，但仍深具中央集權的官治主義性格。職是之故，1920 年代台灣遂有地方自治改革運動之倡起，要求施行完全自治制度，將州知事、市尹、街庄長、協議會員等改為民選，協議會改為議決機關。經十餘年議會設置請願運動的努力，**1935 年**終迫使總督府不得不稍作讓步，**開放部分參政權和自治權給台人。**

第二節　社會改革

一、人口與社會結構

　　日治時代台灣的社會變遷頗具特殊性，異於一般由下而上自主性的變遷，台灣的變遷是由上而下被動性的變遷。易言之，總督府當局的政策和施政主導此一時期的社會變遷。就人口觀之，日治以前台灣與中國大陸的人口往來頻繁，但日治以後總督府嚴格限制台灣與中國大陸之間人民互相往返，使得日治半世紀間台灣人口受外來移民的影響很小，可稱為「封閉性人口」。同時，此一期間人口增加的主要原因在於總督府有效地撲滅瘟疫、防治風土病(endemic)、加強預防衛生工作，以及改善交通、產業、教育等。就社會結構觀之，差別待遇和隔離政策長期存在，將日、台人截然分為統治者與被統治者；而總督府對台灣社會領導階層採籠絡利用政策，遂使社會結構之變遷呈特殊性。

(一)人口變遷

　　清代台灣歸入版圖後，閩、粵人民不斷移墾，迨至 1860 年人口已約 200 萬人。其後，隨著通商口岸的開放，茶葉、蔗糖、樟腦之出口貿易飛躍成長；加以 1875 年起渡台禁令解除，並獎勵移民，於是吸引更多的移民來台。1883 年人口增為 260 萬人，至 1895 年割台前夕已約達 300 萬人。

　　日治之初，總督府為執行殖民統治，隨即展開人口調查，1896 年首次完成全台人口調查。繼之於 1905、1915、1920、1925、1930、1935 年，計七次，舉行人口普查；此外，每年底亦有詳細的人口統計，提供正確完整的人口資料，足以具體觀察此一時期人口變遷大勢。

　　台灣割讓之初，台人競相內渡。1896 年之調查結果，全台約有 260 萬人，顯示變局造成一時人口銳減。1905 年人口增為 312 萬餘人，至 1943 年增達 658 萬餘人，

48 年間增加一倍半。就人口組成觀之，閩粵系的台灣人始終占 90%以上，原住民略呈停滯狀態，故比率迭降；日本人比率雖不斷增加，但因係以公教軍警及商人、技術人員為主，有其侷限，故至日治末期僅占 6%，至於「華僑」占絕大多數的外國人，則在總督府的有效控制下，長期低於 1%。顯然的，日治時代外來移民對台灣人口增加影響很小，而台灣人移出者極少，人口移動在台灣人口增加中不占重要地位。

就出生率觀之，長期均高達 40‰以上，高出同時期世界主要國家 1~3 倍。相反的，死亡率則呈明顯下降之趨勢，1906~43 年間，由 34‰降為低於 19‰。出生率高居不下而死亡率大幅下降，乃是人口增加之主要原因。就自然增加率觀之，1906 年僅約 5‰，1943 年已超過 21‰，尤其是 1930~41 年間平均自然增加率幾達 25‰，為同時期世界主要國家的 2~10 倍，而居**全球之冠**，顯然的，日治時代台灣人口激增係自然增加所致。

日治時代台灣職業人口始終以農業為主，但其比率呈漸減之勢；相反的，商、工業人口自 1920 年代起漸增；此外，公務及自由業以日人為主，亦呈顯著增加之現象。要之，台灣社會已漸由農業社會向近代工商社會轉型。

(二) 社會結構變遷

清代台灣漢人社會大致可分為上、下兩層，上層為**士紳**和**富豪**，下層則包含占多數的庶民和極少數屬於「下九流」的賤民。其中，擁有科舉功名的士紳居主導地位，社會階層的流動性並不普及。

日治之初，總督府即對各地士紳、富豪等社會領導階層採籠絡與利用政策，以爭取其支持和合作；延攬他們擔任縣、廳及辦務署參事、街庄區長、保甲局長、保正、甲長、壯丁團長、教師、囑託等職位，將台人社會精英悉數納入基層行政和治安組織中，建構台灣社會新領導階層，亦即是日人所稱的「上流社會」。換言之，大部分舊社會領導階層家族因之延續其地方「權力家族」的地位，甚至更加提高其地位。在此一社會領導階層結構中，憑著科舉功名以取得士紳地位之途已斷絕，加以總督府創設**紳章制度（狗牌）**用以籠絡社會領袖協助建立社會秩序，並誘使富豪參與殖民經濟的開發，其結果，紳章頒授對象不限於有功名之士，反而大多數是與總督府密切合作者和富豪，**士紳集團的主導地位遂漸被富豪集團所取代**。

總督府實施西式新教育以取代傳統教育，並以社會中、上階層子弟作為主要勸誘入學對象。影響所及，富家子弟大多具備遠較一般民眾優越的教育資格和專業訓練，較易脫穎而出，繼承其父兄的社會地位成為新社會領導階層。因此，新、舊社會階層之間頗具延續性，整個社會並未呈現活潑的流動現象。顯然的，「家世」仍是左右社會地位的要素。

就教育背景觀之，日治時期新、舊社會領導階層的遞嬗是一個緩慢的過程，1920年代以後，新教育出身的精英始在社會各部門普遍扮演重要的角色。其次，由於台灣中、高等教育設施極為不足，唯有賴留學教育以為挹注，因此受過高等教育的留學生漸成為社會領導階層的重心。再者，由於教育機會的偏頗，加以受時代潮流及

社會價值觀念等影響，新社會領導階層的教育資格呈現集中現象，以習醫、師範、法政及經濟者占多數。由上觀之可知專業教育資格日益重要。

就職業觀之，職業漸趨平等化，職業成就漸受重視。**醫師、教師、律師**等所謂「**三師**」成為最受社會尊崇的行業，但畫家、音樂家、記者、作家等亦均可以其專業成就而取得社會地位。職業成就獲得較多的收入和財富，故收入和財富仍是決定社會地位的要素。隨著職業漸趨平等化，社會階層亦漸趨平等化。

此外，受殖民政經體制和政策的影響，台人社會領導階層政、經地位之發展有其侷限，新、舊兩代之間的政、經地位深具延續性。

二、殖民教育與文化

就教育制度觀之，日治時代為台灣近代西式教育制度之發軔期，並開啟台灣教育史的新紀元。然而，此一制度主要在於貫徹殖民政策，因此，不論教育之形式或內容均具有特殊性，為近代台灣社會、文化變遷的主要動力，並對戰後台灣教育之發展影響深遠。

(一)漸進的同化、現代化教育政策與差別待遇教育制度

日治之初，總督府在國家主義教育思潮和現代化意識的驅使下，自始即以教育作為同化和開化台人之手段。然而，本乎漸進主義原則，1919 年以前，總督府迄未在台建立完整的學制系統，僅因應現實需要，建立以初等教育機關六年制公學校為主的新式教育，企圖取代傳統的書房。中等以上教育設施極不完備，便先後設立三～四年制國語學校，以培養公學校師資和公私業務人才，五年制醫學校，以及農事試驗場、工業、林業及糖業講習所。1915 年，因台人的請願和捐資，而設立四年制公立**台中中學校**。

對於原住民，另設四年制蕃人公學校或教育所，其課程、教科書均異於一般公學校。對於來台日人子弟，則別設與日本國內相同的小學校、中學校，以及工業、商業學校等。要之，台灣的教育逐漸形成台灣人、原住民和日本人等三個系統的差別待遇教育。台人子弟所接受的初、中等教育全然異於日本國內，僅限於總督府為統治及開發殖民地台灣所需的日語教育和初級技術教育。

第一次世界大戰後，日本為因應內、外新情勢的發展，加強對殖民地的控制，於是 1919 年總督府明揭同化主義施政方針，根據差別原則，頒布「**台灣教育令**」，確立台灣人的教育制度。

1922 年，總督府另頒布「台灣教育令」，明訂中等以上教育機關（師範學校除外）取消台、日人的差別待遇及隔離教育，開放共學。此外，台灣中等以上教育機關比照日本國內制度設立，於是除在各地增設中學校、高等女學校、實業學校及實業補習學校等外，並於 **1928 年**，設立**台北帝國大學**（台灣大學前身），為發展高等教育之先河。

表面上，從此台人可以接受與日人程度相同的中等以上教育，惟實際上差別待遇本質不變，台人子弟並未能享有公平的教育機會，故能進入較高教育機關的人數

反而日減。職是之故，台人的中等以上學校入學競爭長期均十分激烈，而有所謂「**試驗地獄**」之稱。

日治末期，總督府積極推動「皇民化運動」，1941 年，取消小學校與公學校之差別，一律改稱國民學校，惟仍以確保教育效果為藉口，將課程分為一、二、三號表，規定「過日語生活家庭」之子弟入第一號國民學校，其餘家庭之子弟則入第二、三號表國民學校。顯然的，平等共學機會始終未開放。要之，總督府是以現代化取向的同化教育政策企圖改變台灣社會，而教育制度之設計，則長期存在差別待遇和隔離政策，此乃此一時期教育的基本特徵。

（二）公學校為殖民教育之重心

1896 年，總督府先在全台各要地設「國語講習所」，招募台人學習日語。1898 年，進而以地方經費設立公學校取代「國語講習所」，其中，日語課程占每週教學總時數的十分之七。

1920 年起，總督府開始致力於增設公學校，是年學齡兒童入學率約 25%，1930 年增為約 33%，至 1940 年已增為約 58%。1943 年，進而實施六年制義務教育，入學率約 66%，1945 年則超過 80%。顯然的，日治後期公學校不斷擴充，使得多數學齡兒童均有機會接受初等教育。

（三）推廣日語為貫徹同化政策的主要手段

本乎「語言同化主義」，總督府確立普及日語政策，透過學校教育、社會教育，甚至社會動員等途徑，積極展開日語教育，企圖達成消滅台語、普及日語的最終目標。

日治最初十餘年間，總督府以公學校作為推廣日語中心成效有限。乃自 1910 年代中期起鼓勵各地社會領導階層組織「國語普及會」、風俗改良會等社教團體，展開以民間團體為中心的推廣日語運動。1920 年代，各市、街、庄等公共團體進而編列經費，直接開辦或補助民間團體推廣日語設施。1930 年代起，總督府公布法令，正式在市、街、庄設立「**國語講習所**」，作為常設的簡易日語教育設施。各州的教化聯合會則以普及日語作為該會的主要事業之一。其結果，懂日語的台人呈激增之勢，1940 年已達 280 餘萬人，占台人總數 51%；至 1944 年，增為 440 餘萬人，占台人總數 71%。總督府並自 1937 年起展開常用日語運動。然而，日語終究未取代台語成為台灣社會的生活語言。總督府強制普及日語的結果，不過使台灣變成一「**雙語言並用**」社會，台人始終視日語為外國語言，並未對之產生認同。日語固然成為台人吸收現代知識的主要工具，以及不同方言的台人間的「共同語言」，但並未使台人因之同化。

（四）中等教育偏重初級職業學校

日治前期，中等教育僅設有國語學校實業部、農事試驗場、糖業及工業講習所等培養初級技術人材之設施。1919年起，為因應殖民經濟下工商部門迅速成長之需，正式設立三年制的工、商、農林等實業學校，並在公學校附設修業二年的簡易實業

學校。1922 年以後，除比照日本國內設立各類實業學校外，並將簡易實業學校改為實業補習學校，不斷增校，至 1944 年已多達 90 所，以招收台人為主，直至日治末期台人畢業生已有二萬人，遠多於中學畢業者。中等教育始終偏重初級技術人材養成教育。

(五) 菁英教育配合殖民政策而頗具特殊性

1919 年以前，**國語學校**和**醫學校**為兩所台人最高學府，時人將該兩校比作英國的劍橋和牛津大學。1919 年，國語學校改制為台北師範學校。終日治時期，兩校始終扮演培育社會菁英搖籃之角色，師範學校出身的台人約 7,500 人，醫學校出身者約 1,800 人。

1920 年代以後，培養菁英的教育機關尚有台北高等學校、台北帝國大學及農林、商業、工業等專門學校。這些高等教育機關雖與日本國內高等教育機關在學制上地位相當，惟因本乎特殊任務而設，其師資、課程、學科及研究風氣等均有其特色。例如醫學專門學校著重熱帶疾病調查、研究及預防，網羅許多日本優秀的醫學人才前來任教，研究成果豐富，使該校成為亞洲熱帶醫學研究的重鎮。當時各專門學校均發行學報，畢業生且必須寫論文。

至於台北帝國大學，更是積極致力於發展成為華南、南洋研究之中心，其師資中有不少傑出學者，採講座制度，五個學部共設置百餘個講座；圖書館藏書幾達五十萬冊。總督府經常贊助該校各項研究經費，其研究成果常成為總督府及日本政府決策的重要參考，迄今仍是研究台灣、華南與南洋的重要資料。

關於台人畢業生，台北帝國大學僅約 200 餘人，只占 20%，充分顯示入學極其困難。無怪乎長期間台人有志青年赴日留學十分踴躍，至 1945 年為止留日學生達 20 萬人，其中，大專畢業生總數達 6 萬餘人，以習醫最多，習法、商及經濟者居次，留學教育塑造為數可觀的高級知識分子，多少彌補了台灣高等教育之不足。

(六) 殖民教育之影響－現代化或同化

日治時代，總督府頗能有效地貫徹其以初等教育為重點而以日語教學為課程中心之政策，尤其日治最後十餘年間公學校及日語加速普及，對台灣社會現代化的形成實頗有促進作用。蓋台人因之接受現代西方文化、基本科技，以及新思想、新觀念，台灣文化產生相當程度的質變。易言之，具現代取向的殖民教育給台人日常生活帶來決定性的改變，此一現象在城市地區遠較鄉村顯著和深刻，遂使台灣成為**具相當程度現代化的殖民地社會**。

然而台人並未因習會日語而改變認同。就受過殖民菁英教育及留學出身的知識分子觀之，其生活型態和態度與日人頗為接近，似顯示同化教育相當成功；儘管如此，這些為數可觀深受日本教育和文化洗禮的知識分子中，有許多人反而是 1920 年代民族運動的急先鋒，首開風氣掀起反殖民統治體制之浪潮。其中，激進派之主張全盤否定殖民政權，固不必論。溫和派成立「啟發會」、「新民會」、「台灣文化協會」等團體。透過《台灣青年》、《台灣》、《台灣民報》等刊物，一面抨擊同化政策不當，要求改革殖民體制，一面積極介紹當代西方各種思潮和知識，扮演文化啟蒙

之角色。由是觀之，新知識分子所致力者在於提昇台灣社會的現代性，以及強化台灣的族群認同，益使總督府的同化政策難收其效，自不待言。【新青年】

三、風俗習慣

（一）放足斷髮之普及

纏足和**辮髮**原是台灣社會根深蒂固的風俗習慣，惟日治後日人將其與**吸食鴉片**同視為當時台灣社會三大陋習。為免遽行禁革引起台人反感，乃採漸禁政策，暫時聽任台人自由放足斷髮，不施加干涉；只是透過學校教育或報章雜誌的宣導，鼓勵台人放足斷髮。

1900 年，受中、日社會新氣象之刺激，以及日本官民之鼓勵，有「台北天然足會」之成立，號召社會中、上階層入會，以身作則，倡導解放纏足。1911 年之際，在中、韓斷髮風氣的激盪下，亦有組織性斷髮運動出現，並促使一度沉寂的放足運動改弦易轍，再度掀起熱潮，從此兩大運動相互觀摩和呼應，纏足和辮髮成為日人「改良風俗」要求下，欲一併革除的目標。

1911 年，台北有「斷髮不改裝會」之成立，定期實施集體斷髮。其後，為期一年有餘，各地區街庄長、台人教師等公職人員及紳商名流紛紛響應。並倡組「斷髮會」，訂定會規，除鼓勵會員個別斷髮外，亦定期舉行集體斷髮大會，每次參加人數由百餘人至四百餘人。同時，放足運動出現由婦女自組「解纏會」，推動放足運動。做法較過去積極，由主要幹部、保正、醫生等逐家調查，經醫生鑑定可放足者即登記為「解纏會」會員，約定限期放足，惟此時各地做法仍寬嚴不一。

1914 年，各地進而有「風俗改良會」之成立，倡導變革舊習，再度掀起放足斷髮熱潮。翌年 4 月，總督府乘機鼓吹，通令各廳長將禁止纏足及解纏事項附加在保甲規約中，若違反規約者，得科處百圓以下罰金。從此，正式利用保甲制度全面推動放足斷髮運動，全台各保甲如火如荼展開斷髮解纏活動，在警察監督下，區長、保正、甲長、壯丁團員等逐戶實查未斷未解人數，限期實行斷髮解纏，或舉辦集體斷髮放足大會、慶祝會或紀念會，以鼓勵風潮並蔚為風氣，並以是年 6 月 17 日作為最後期限。最後仍纏足者概係蹠趾已彎曲無法恢復而可免放足者，仍辮髮者多係 60 多歲以上總督府准許留辮者。

放足斷髮普及之結果，使女子得以天足從事生產，人力資源增加，有助於台灣經濟的發展。其次，帶來崇尚新潮的易服改裝風氣，衣服鞋帽改易歐美或日本樣式，新服飾、鞋帽業興起。審美觀念亦漸改變，婚姻擇偶漸不再以足之大小為取捨目標。

（二）星期制作息習慣之養成

日治以前，民眾日常生活作息規律概以旬、朔望、月、季、年為期。日治時期，總督府將星期制引進台灣，規定星期日為例假日，此外，每年另有 13 天國定假日。官廳、學校、工廠等依上述規定訂頒作息規律，彼此之間因性質不同，難免略有差異，例如學校除了與官廳一樣星期日及國定假日休息外，另有暑假、學年假，工廠

則每日工作 10 小時以上，每月任擇兩個星期日為臨時特別休日。顯然的，工廠的工作時間較長，無怪乎，1920 年代勞工運動中要求 7 小時工作制及每週一日有給休日。

定時休假使社會大眾有了餘暇生活時間，總督府進而將大掃除、體育、音樂、美術、電影、觀光旅行等餘暇活動向社會推廣，經常舉辦運動會、音樂會、展覽會、電影欣賞等活動，到處設立公園，開闢觀光名勝地，成立觀光機構，規劃觀光旅遊事宜。配合觀光旅遊時節，鐵路票價訂有優待辦法。影響所及，每當星期六、日及例假日，公園、風景名勝地、海水浴場等常是遊客如織。「餘暇生活」漸成為日常生活不可或缺的一部分。

(三) 標準時間制度之建立與守時觀念之養成

1895 年 12 月，總督府發布規定，台灣以東經 120 度子午線時間為標準時間，與日本國內（琉球群島除外）時差一小時。規定自 1896 年 1 月 1 日實施，從此台灣正式進入格林威治世界標準時間系統中。另一方面，日治之初即實施「午砲」報時制度，隨著氣象觀測、郵電、鐵路等設備漸次完備，1910 年代初期，總督府已建立完整的全台報時系統，惟「午砲」報時制度持續至 1921 年始取消。

公、私機構根據標準時間定作息規律，嚴格要求員工遵守，例如上、下班對時搖鈴，必須準時簽到、簽退。公學校修身課程（公民）教導學生必須守時，說明守時的好處，遲到須請求老師原諒，早退須徵得老師同意。鐵公路交通明訂開車時間表，要求乘客準時乘車，並準時開車和抵達目的地。

1920 年起，日本政府為了加強人們對時間觀念的認識和守時習慣養成，乃規定每年 6 月 10 日為「**時的紀念日**」。翌年，台灣開始進行「時的紀念日」運動，每到 6 月 10 日，就透過機關、學校、社教團體、工廠等宣導時間的重要性，舉辦演講、遊行或音樂會，張貼海報，散發傳單等，不一而足，以期培養準時、守時、惜時的精神。

1930 年代，對社會教育更加強，例如「**部落振興運動**」規劃民眾的生活規律，規定每月 1、15 日舉行大掃除以美化部落，清晨六時村民必須起床參加收音機體操，每家戶均須配備時鐘，平日透過收音機廣播準確對時。以上在在使社會大眾在日常生活中培養對時間「標準化」的觀念和習慣，守時漸成日常生活習以為常的觀念。

(四) 現代衛生觀念之建立

為了有效防治台灣的風土病和傳染病，治台初期總督府即積極建立近代公共衛生和醫療制度，探勘水源，建造自來水工程，供應城市居民乾淨的飲水；修築城市地下排水工程；制定「汙物掃除規則」，明定廢棄物處理方式；動員保甲組織，定期實施社區環境清潔活動；在各地設立公立醫院，實施**公醫制度**，成立醫學校，培養受正式醫學教育的台籍醫師，實施預防注射、隔離消毒、捕鼠活動、強制驗血和施藥等防疫工作，不一而足。

其結果，不但有效防治鼠疫、瘧疾、霍亂、天花、傷寒、白喉、猩紅熱等風土病和傳染病，也大幅降低死亡率，使台灣人口長期呈高自然增加率現象；而且改變台人的醫療衛生觀念和習慣。民眾罹患疾病漸不再求神問卜而求醫診療；西醫漸取

代中醫較受民眾歡迎和信賴；依規定接受預防接種；台人建築住宅開始注意通風、採光及廁所之設置，西式、和式建築不斷增加；個人衛生方面養成洗澡和如廁後洗手之習慣；每一家戶設置垃圾箱，依規定清理廢棄物；公共場所備置痰盂及垃圾桶，民眾恥於隨地吐痰或丟棄垃圾；定期進行家戶大掃除及參與社區清潔工作，因定期打棉被、拚灶腳，成為現在「打拚」用語之歷史源流。台灣社會漸建立現代的醫療衛生觀念。

(五)守法觀念之建立

　　總督府以強大警察體制和利用保甲制度，有效地達成社會控制和秩序的維護，治台 25 週年治安上幾乎達到「夜不閉戶」的狀態。蓋犯罪防範之嚴密使民眾有所顧忌，不敢心存僥倖觸犯法網。同時，透過學校和社會教育教導現代法治觀念和知識，學習尊重秩序和法律。加以司法始終維持一定程度的公平和正義，取得社會大眾的信賴。其結果，民眾養成安分守己、重秩序、守紀律之習慣，守法之觀念由是建立。

　　綜括而言，日治時期社會和文化變遷之結果，台灣社會逐漸由俗民社會(Folk society)過渡到市民社會(Civil society)。易言之，台灣社會已產生相當程度的質變。

四、警政、保甲與社會控制

　　台灣的警察制度異於日本國內，除了執行警察事務外，並輔助執行其他一般行政事務，實為台灣殖民政策重心所在。被當作基層行政輔助機關的保甲制度，乃是接受警察之監督和指揮，因此警察力量深入基層，相當有效地貫徹社會控制之目標，確保社會秩序和治安，為殖民統治奠定堅實的基礎。【大人】

(一)典型的警察政治

　　1895 年總督府成立後，內務部內設有警保課，主管警察、保安事務，9 月，從日本募得警部 67 人、巡查 692 人，分發至地方執行警察勤務，是為台灣設置警察之嚆矢。當時為軍政時期，為避免與軍憲業務重疊，乃協調決定警察主要事務為衛生和戶口普查。1897 年實施所謂「三段警備制」，警察負責警備地區為平靜之帶，對治安的維持仍居軍憲之輔助地位。

　　1898 年，總督兒玉源太郎進行改革警察制度，在各地大量增設派出所，設置訓練機關，儲訓警察人才，增加警察人員，募集台人巡查作為輔助，將維持治安之任務完全委諸警察，採用保甲制度作為警察的輔助機關。同時在總督府設警察本署，置警視總長掌握一切警察權，指揮全台的警察機關。從此，警察成為主力而軍憲轉為協辦角色。警察人力至 1901 年底創下日治初期的高峰，如此雄厚的警力，遂於翌年（1902 年）完成鎮撫武裝抗日勢力。

　　1901 年 11 月，隨著廳制實施，總督府再改革警察制度，在各廳設置警務課，以警部任課長，輔助廳長，掌理警察事務。廳下設支廳，以警部為支廳長，負責執行廳務。於是警察兼掌警察事務和地方一般行政事務，警部同時監督指揮派出所和街庄役場，亦即是警察成為地方行政和治安中心。1906 年警察本署設蕃務課；在部落設分遣所或駐在所，警察成為「理蕃」政策的執行者，故警察員額再增加。

圖 10-1　南無警察大菩薩

● 資料來源：莊永明總策劃《台灣世紀回味：時代光影 1895-2000》。

1920 年地方制度改革，廢廳置州，全台改為**五州二廳**，州下置郡、市。州設警務部，郡置郡守，兼掌警察權，另設消防組。市設市尹，負責一般行政事務，另設警察署，負責警察事務。花蓮港、台東二廳則以情況特殊，仍沿用舊制。

1937 年中日戰爭爆發後，台灣被納入戰時體制，各種有關經濟統制之法令陸續實施。翌年 10 月進而實施經濟警察制度，總督府警務局、各州警務部設經濟警察課，市警察署、郡警察課設經濟警察係；全台配置**經濟警察** 247 人，專事取締違反經濟統制法令之事件。1939 年 10 月，日本「國家總動員法」全面實施，故翌年經濟警察增為 380 人。不久因戰時物質困難，糧食及其他重要物資實行配給，經濟警察有所不足，一般警察亦從事經濟統治工作，於是台灣警察幾乎悉數經濟警察化，警察政治的色彩益見濃厚。

日治時期，警察權力可說無所不在，這非僅是因總督府建立遍布全台嚴密的警網和充分的警力，同時是因警察職權不斷擴大而至於無所不管。其警察職權如下：其一、法律的執行者和公共秩序的維護者：警察擁有審查出版、監視公共集會、管制槍砲彈藥、審理小刑案、取締非法勞工入境、消防業務、取締吸食鴉片、監督保甲、管理蕃地，以及管理當鋪、澡堂、旅館、餐廳、屠戶、妓女戶、公共衛生事務等職權；其二、協助地方政府處理一般行政事務，舉凡宣傳政令、收稅、控制灌溉和用水、維修道路、土地調查、普查戶口…等，在在需要警察支援；其三、執行經濟統制措施。由上可知，警察是有效貫徹殖民政策之行政工具，長期強而有力地控制台灣社會，以令人畏懼的權威處理和干預台人的日常生活。

(二)保甲制度與社會控制

保甲原是清代台灣地方自衛組織，其任務在於協助政府防範盜匪及維護地方安寧。1898 年 8 月，總督府公布「保甲條例」，全面成立保甲，實行連保連坐責任，

使之成為警察行政的輔助機關。其制規定十戶為甲，十甲為保，保立保正，甲立甲長，在保甲中的戶長推選，經地方官認可後出任，任期二年，係無給的名譽職，在自宅處理保甲事務。

保甲之任務為調查戶口、監視出入者、警戒風、水、火災、搜查土匪、戒除吸食鴉片、預防傳染病、修橋鋪路、義務勞動等。為使保甲制度發揮作用，規約中訂有「刑罰連坐責任」及「保甲規約連坐責任」等規定。同時為鎮壓匪徒及防範天災，由保甲中 17～40 歲的男子組成「壯丁團」，推選團長、副團長出任領導，均係名譽職。

保甲成立之初，主要作為政治和社會控制的工具，其為警察行政的補助機關，在警察指揮監督下，維持地方秩序；其有舉發犯罪、協助搜索犯人之責；「壯丁團」成立後，成為協助總督府鎮壓武裝抗日的重要工具，對所謂搜剿土匪，可說頗有功績。另一方面，因地制宜，制定保甲規約，規範約束保甲成員，使保甲成員日常生活、行動等完全在控制之中。

隨著社會新秩序的建立和治安的安定，總督府進而使保甲成為基層行政的輔助機關，成立保甲聯合會、設置保甲書記，明文規定保甲役員必須輔助區長、街庄長執行各區、街、庄的行政事務。於是保甲不只輔助執行警察事務，舉凡民政、建設、交通、納稅及戶口調查等一般行政事務亦在其輔助執行之內。甚至利用保甲協助放足斷髮、推廣日語、改良風俗、破除迷信、民風振興等運動。此外，總督府亦利用保甲推動台灣的綠色革命。

1937 年中日戰爭爆發後，總督府更進一步將保甲作為戰時動員的機器。不久，各郡有保甲協會之成立，各州則成立保甲協會聯合會。1945 年 6 月，鑑於警察機關已相當嚴密，保甲制度亦已長期發揮其作為警察輔助機關、行政末端組織及鄰保共同體之效果，總督府乃正式廢除該制度。保甲制度可說與日本殖民統治息息相關，對日人治台功不可沒。日本採納辜顯榮保甲制度之建議，成效更勝中國傳統之連坐制度，可謂青出於藍而勝於藍，除卻日本人之執行力外，台灣人被後藤新平看輕之貪財、怕死、愛面子三大弱點應是主因。

> **第三節** 　經濟建設　

一、殖民資本主義經濟基礎之建立

日本將台灣作為其國民經濟的出路，治台之初除了致力於鎮壓反抗以求鞏固治安外，並陸續展開改革土地制度、幣制和度量衡、交通建設及人口調查等工作，從

而完成台灣資本主義之基礎，開啟日本資本家來台投資大型企業，使其尋找到一處投資新樂園。

(一)改革土地制度

　　鑑於台灣土地制度極為混亂，產權不清，隱田甚多，納稅義務人欠明確，對於徵收和開發產業兩皆不便，總督府乃於 1898 年發布「台灣地籍規則」和「台灣土地調查規則」，設置臨時土地調查局，全面實施土地調查與整理工作，展開地籍調查、三角測量及地形測量，至 1904 年完成此一工作。六年間計動員 167 萬人，花費 522 萬圓。

　　調查結果：其一、確切掌握台灣耕地田園面積，清出大量隱田，調查前全台田園約 37 萬甲，調查後為 63 萬餘甲，約增 26 萬甲；其二、查明土地所有權狀況，大租戶約 4 萬人、小租戶（含自耕農）約 30 萬人，佃農約 75 萬人；其三、明瞭地理、地形，獲得治安的方便。

　　總督府整理隱田，以公債券作為補償而收回大租權，確立以小租戶為業主，釐清田園的土地所有權；並制定土地登記規則，規定除繼承之外，須以登記作為權利轉移的有效條件。影響所及，田賦徵收大增，由 1903 年的 92 萬圓增為 1905 年的 298 萬圓，使總督府的財政得以獨立，不再需要日本國庫補助。同時使土地交易趨於安全，吸引日本資本家來台投資。

　　為確定林野的官有與民有權，總督府於 1910～1914 年實施為期五年的林野調查，將原為台人利用但未領有所有權狀的林野悉數編入官有，建立「無主地國有」之原則。其結果，官有林野達約 92 萬甲，民有林野不足 6 萬甲。

　　接著，1915～1925 年展開官有林野整理，列為「要保留林野」者約 32 萬甲，列為「不保留林野」者約 40 萬甲；後者放領或出售處分的約 27 萬甲，其中讓原占有者承購的約 19 萬甲。

　　林野調查和整理之結果，確定林野的所有權，明定境界，透過放領、承購，建立林野私有財產制，不僅誘使資本和資本家企業向林野發展，亦完成林野資本主義化。

(二)改革幣制和度量衡制度

　　日治之初，台灣流通的貨幣多達百餘種，加上大量日幣的流入，換算欠缺固定的標準，幣制極為紊亂。1897 年日本政府公布貨幣法，日本國內改行金本位制，惟在台灣仍不得不暫行銀圓法幣制度。1899 年創立**台灣銀行**，一面進行影響幣制整理和改革，以安定財政金融；一面在華南、南洋等地設置分行，擴張對外貿易金融；並擁有貨幣發行權，發行銀圓兌換券。1904 年 7 月，另發行金幣兌換券，並規定除納稅外，禁止使用銀圓。翌年，禁止以銀圓納稅。1906 年 4 月起，停止發行銀圓兌換券。1911 年起，貨幣法亦施行於台灣，從此台灣幣制完全與日本國內幣制合一。

　　日治之初，台灣的度量衡制度一如幣制，種類繁多，至為複雜混亂，弊端叢生。1900 年總督府發布「台灣度量衡條例」；翌年正式實施。首先禁止鴉片煙膏及食鹽販官、公設市場交易時使用舊式度量衡器，改為採用日式度量衡器。1903 年，藉警

察之力，全面禁止使用舊式度量衡器。1906 年 4 月起，將新度量衡器的製造、修理及販賣一律收歸官營。【漸進→漸禁】

　　貨幣和度量衡制度改革結果，不僅統一了台灣的貨幣和度量衡制度，並且使之與日本國內的制度一致。隨著貨幣和度量衡制度的統一，不但促進台、日兩地貨物和資本的流通，並加速台灣企業經營的資本主義化，有助於日本資本家將資本移入台灣。

（三）交通建設

　　日治之初，台灣內陸交通十分不便，村莊與市鎮雖有小路相通，但各市鎮間幾無道路連絡；現代的交通設施僅基隆至新竹之鐵路 90 公里及若干郵政電信設備。為了治安之維持、貨物之流通、訊息之傳達，總督府隨即展開電報、電話、鐵路、公路、港口等交通設施之建設，十餘年間各項建設燦然大備。

　　1895 年 6 月，首先在基隆開辦郵政業務，至翌年底已在各地設 49 個郵電局、6 個經辦所。其後，陸續增設，1900 年代初年全台已設有百餘個郵電局，貼二分錢郵票，信件就能送達日本及台灣各地。

　　至於電信事業，日軍登陸不久，即分別在基隆、七堵、台北設電信通信所。1895 年 12 月，開始辦理公共電報業務，至翌年 4 月，已設電信局 27 處。隨後分別架設通達澎湖、沖繩之電纜，並收購淡水至福州線，線路總長度由清代的 1,400 公里增長為 4,300 公里。1900 年 7 月，台北、台中、台南、基隆、斗六等城市已設有電話局，開辦一般電話業務。

　　1899 年開始展開縱貫鐵路的延長工程，以十年完成為期，南北同時動工。至 1908 年完成基隆至高雄的縱貫鐵路【台中公園雙子亭（湖心亭）－縱貫鐵路全線通車紀念】，長度為 400 公里，工程費 2,880 萬圓。其後。陸續增築支線和東部鐵路。**鐵路交通成為台灣經營發展的主要動脈。**

圖 10-2　日治時代輕便車

● 資料來源：吳西華畫集《早期臺灣歷史、古蹟、鄉情》。

　　總督府運用軍隊及各地民力，積極致力於城鎮、鄉村間相互聯絡之道路，至 1905 年已完成各式道路約 9,500 公里，其中寬度 2 公尺以下者約 4,600 公里、4 公尺以下者約 3,500 公里、6 公尺以下者約 1,000 公里、8 公尺以下者約 350 公里、8 公尺以上者約 100 公里，可通汽車和牛車。

　　基隆港雖具備天然良港條件，但因水淺，千噸之小輪船即須停泊港外 1 浬處而無法進港。總督府分期進行疏濬整建工程，1899 年展開第一期整建工程，至 1902 年完工，工程費 244 萬圓，完成水路疏濬、港內浮標設置、鐵架棧橋建設等，可停泊三千噸輪船 4 艘。1906 年展開第二期築港工程，至 1912 年完工，工程費 626 萬圓，擴建碼頭，築造防波堤、卸貨場等，可容六千噸輪船出入。1912～1919 年，繼續因應需要而增築，工程費達 1,070 萬圓。從此基隆港可讓一萬噸巨輪安全進出和碇泊，一年可容納 45 萬噸貨物吞吐。

　　高雄港修築前，港口附近水面面積僅 9 公頃，水深僅 3 公尺，只能容小輪船和舢舨停泊。1900 年起進行港灣調查，作為築港之準備。1908 年展開第一期築港工程，至 1912 年完工，工程費 473 萬圓。隨即進行第二期工程，至 1933 年大致完工，工程費 1,280 萬圓。據資料顯示，1918 年度進出該港的船隻已近 400 艘，總噸數達 70 萬噸。

　　新整建之基隆、高雄兩港，因港內深水面積擴大，防波堤、碼頭、起重機及倉庫等現代設備齊全，因此與陸路交通聯絡相當便利，吞吐貨物大增。

(四)人口調查

　　為確實掌握台灣人口實況，總督府於 1903 年公布「戶籍調查令」，進行戶口調查之準備。1905 年 10 月 1 日起三天實施第一次臨時台灣戶口調查，動員工作人員多達 7,405 人，經費 185,840 圓，可說是台灣史上首次正式的人口調查。調查結果，總人口數約 304 萬人，其中台灣人約 298 萬人（內含閩南系約 249 萬人、客家系約 40 萬人、原住民約 9 萬人），占 97.8%，日本人約 57,000 人，占 1.9%，其他外國人（含華僑）約 1 萬人。

二、農業為主之產業發展

　　日治之初，總督府確立「**農業台灣、工業日本**」的基本經濟政策，將台灣當作熱帶經濟作物和糧食生產地。因此，1900 年前後，總督府即積極展開台灣的綠色革命，制定與農業有關的法規、設立農業研究機構、創立新農業組織、興修水利工程等，致力於改革農業，促進農業發展，建立以農業為主的殖民資本主義經濟。

(一)綠色革命的展開

　　1896 年 9 月，首先在**台北城內設試作場**，為農業試驗機構之濫觴。1899 年 9 月改制為台北縣農業試驗場。1903 年，新設台灣總督府農業試驗場，下設種藝部、農藝化學部、昆蟲部、植物病理部、畜產部、教育部、庶務部等，進行農業改革的各項實驗研究，培育推廣優良品種，對農家子弟長期實施農事講習，教導農業新知和新耕作技術，致力於台灣農業之進步，為台灣農業科學研究和推廣的中樞機構，

各廳亦分別設立農事試驗場。此外，因應需要，另設園藝試驗場、茶樹栽培試驗場、糖業試驗場、蔗苗養成場等各種實驗研究機構。上述農業研究機構之具體貢獻為提供優良新品種、提供新的有機化學肥料，以及教導新耕作技術等。

1900 年 9 月，台北縣**三角湧**（今新北市三峽）首先成立農會，為自發性農民團體之發軔。其後，各地農會陸續成立，至 1908 年全台已有 16 個農會。同年底，總督府公布「台灣農會規則」，將農會改組為強制性農民團體，由是各廳均有農會成立，廳下從事農業者均為會員。農會與當地農事試驗場密切配合，推廣新品種和新農業技術、灌輸農民農業新知、統購肥料和新品種，以及辦理貸款等。其中，尤其致力於改良稻米之生產和統購肥料。

此外，另有組合、小組合、會等形態成立的農事小團體，1914 年已有 62 個，推動租佃改善、共同採種，以及稻米、甘蔗、蔬菜、煙草、甘薯、果樹、茶葉、蠶桑栽培、土地改良等工作。

總督府將水利開發視為當務之急，1901 年公布「台灣公共埤圳規則」，在各地成立「公共埤圳組合」（EX：嘉南農田組合→水利會），進行舊有埤圳改良工作。是年，被認定為公共埤圳者計 21 個，灌溉面積 18,038 甲，1914 年度增為 175 個，灌溉面積增為 157,800 甲，1922 年度有 115 個，灌溉面積增為 227,302 甲。

另一方面，總督府積極興建官辦水利灌溉工程。1908 年公布「台灣官設埤圳規則」，著手建設大規模的官辦埤圳，編列 3,000 萬圓特別事業費，以 18 年為期，在全台進行 14 處埤圳修築工程。先後完成台中莿仔埤圳、后里圳、高雄獅仔頭圳、桃園大圳等工程。尤其在 1920～1930 年間耗資 5,445 萬圓，興建嘉南大圳，其上源珊瑚潭為台灣最大的人造湖，堰堤長 1,273 公尺，為亞洲唯一的濕式土堰堤，灌溉面積達 15 萬甲。建造最大功臣**八田與一**，迄今仍受台人感懷。

圖 10-3　八田與一全家福

● 資料來源：陳鴻圖《臺灣史》。

影響所及，耕地面積和水利灌溉面積均不斷增加，1904 年，耕地面積為 62 萬甲，灌溉面積約 20 萬甲，占 32%；1919 年耕地增為 76 萬甲，灌溉面積增為 28 萬餘甲，占 37%；至 1941 年，耕地再增為 88 萬餘甲，灌溉面積則增達 55 萬甲，占 63%。其結果，促使園地水田化、二期稻作的水田增加，以及稻作產量增加。

(二)以稻米、甘蔗生產為中心的商業性農業

1. 稻米的增產與商品化

台灣為**稻米**產地，清代即將台米運銷閩、浙地區。日治之初，總督府積極展開台灣的綠色革命，其目的在於促進稻米增產，以支應日本國內之需求。1900 年，稻米產量 286 萬餘石，輸出約 44 萬石，占 15%；至 1920 年，產量約 500 萬石，輸出 100 萬石，占 20%。

1922 年，由於蓬萊米培植成功，<u>磯永吉</u>成為蓬萊米之父，為台灣稻米生產帶來劃時代的進展。在總督府強制推廣種植下，加以蓬萊米單位面積產量較在來米多 20%，價格亦較在來米高 5～10%，較種植甘蔗有利，大多運銷日本國內，因此，蓬萊米的種植迅速普及全台，稻米產量大增，1934 年，產量突破 900 萬石，輸出增為 430 萬石，占 48%；1938 年產量達於高峰，為 982 萬石，輸出多達 520 萬石，已占 53%，其中蓬萊米占輸出總量的 84%。

由於蓬萊米深合消費者口味，價格隨之上揚，農民收益大增，故深具經濟作物之性格，造成 1920 年代中期起台灣農業生產和對外貿易結構產生巨變，亦即是由蔗糖單一經濟作物為中心的生產、貿易結構，轉變以米、糖兩大經濟作物為中心的生產、貿易結構。要之，隨著蓬萊米的出現和普及，1920 年代中期以降，台灣的殖民經濟產生質的變化。米、糖之間具有競爭性，因而 1930 年代遂爆發「**米、糖相剋**」之問題。

2. 甘蔗生產資本主義化

日本所需**砂糖**絕大部分仰賴進口，領台之前每年因進口砂糖須支出款項多達 1,000 萬圓，領台之初即注意到台灣的蔗糖，咸認為若能發展台灣的製糖業，將是「一石二鳥」之策（進口替代）。於是有計畫、有組織地以官商並進方式致力於台灣糖業的近代化。

1901 年，著名農業學者<u>新渡戶稻造</u>出任總督府殖產局長，提出「**台灣糖業改良意見書**」，主張以「蔗作農業生產過程」的改進和「製糖工業過程」的近代化，作為台灣糖業改革兩大目標。關於前者的具體方法為改良甘蔗品種、栽培法、水利灌溉，以及將不適稻作的田園改為蔗園、獎勵開墾新蔗園等。關於後者，乃是製糖工業近代化和改良壓榨製糖法。

總督府接受上述建議，旋於 1902 年公布「**糖業獎勵規則**」，並設立臨時台灣糖務局，進行大規模的科學製糖業獎勵政策和措施。首先，培植外國種優良蔗苗，引進夏威夷玫瑰竹種，並無償供給，大力推廣，短短十年間使玫瑰竹種占全台蔗園 95%，1902～1925 年間計無償供給蔗苗 24,600 萬株。其次，實施無償供給肥料或補助肥料費，補助開墾、修築灌溉排水工程費；無償提供官有地，以及補助

購買農具、模範蔗園耕作資金等獎勵措施。結果，蔗作單位面積產量大增，1901年每甲平均收穫量為 25 公噸，1939 年增達 77 公噸。蔗作面積和產量更呈激增之勢，台灣甘蔗生產達到顛峰狀態。

圖 10-4　剖甘蔗

● 資料來源：蔡東照撰文、劉興欽繪圖《台灣鄉土民俗圖集》。

香蕉以台中、高雄（旗山）、台南為主要產地，自 1908 年運銷日本起，遽然興盛。1909 年，種植面積僅 560 甲，產量 6,000 公噸；至 1937 年，種植面積增為 2 萬餘甲，產量增為 22 萬公噸。後雖受戰爭之影響，種植面積和產量略減，仍是次於米、糖之一大產業。

鳳梨以台中、台南（關廟）、高雄為主要產地。新式製罐工廠設立後，鳳梨罐頭運銷世界各地名聞遐邇，成為台灣的特產之一。1909 年，種植面積僅 1,200 甲，產量 7,800 公噸；至 1937 年，種植面積增為 8,900 甲，產量增為 65,000 公噸。

(三) 以糖業為中心的農產加工業之勃興

蔗糖為台灣南部主要產業，糖廍為蔗糖製造者，產品 80%輸出，清代為打狗、安平出口商品之大宗，1880 年出口達於高峰，約 64,000 公噸；1894 年則約 45,000 公噸。

日本領台之初即注意到台灣的蔗糖屬暢銷商品，將成市場寵兒且獲利指日可待，故於 1900 年以 100 萬圓資金，設立台灣第一家新式製糖工廠「台灣製糖株式會社」。1902 年起，進而積極致力於製糖工業的近代化，總督府實施資金援助，指定原料採取區域、保護市場等三大措施，支援和保護新興製糖大企業。1900～1925 年，總督府支出補助金多達 1,270 萬圓，其中，製糖與蔗作各占半數。原料採取區域制度使得日本人出資的製糖會社可任意決定甘蔗收購價格，並控制蔗園和蔗農。日本政府透過保護關稅政策，強有力地保護台糖在日本市場的銷售。於是，日本資本家競相投資於台灣製糖業。1905～1909 年，先後有**鹽水港、新興、明治、東洋、林本源**、

新高、帝國、大日本等製糖會社設立。1911 年新式糖廠已有 21 家；至 1927 年增為 45 家，產量占總產量的 98%，其中台灣、明治、鹽水港、大日本、東港、新高等糖廠產量占 80%，顯示日本人資本家對台灣糖業之獨占。

就糖產量觀之，1903 年僅 3 萬公噸；1922 年增為 35 萬公噸；1938 年增達 100 萬公噸；翌年產量達於高峰，約 142 萬公噸。糖業始終是日治時期台灣最具代表性的產業，產值長期居高不下，約占工業總產值的 60%。

此外，鳳梨罐頭製造、製茶等亦是重要的農產加工業。1909 年，鳳梨罐頭工廠僅 4 家，年產量 19 萬罐；至 1934 年增為 78 家，年產量 3,700 萬罐，至於製茶，則平均年產量約 1 萬公噸。綜上可知，日治時期農產加工業長期為台灣工業之主體。

三、日治後期之「工業化」

台灣經濟長期以農業為重心，工業實依附農業，以甘蔗、鳳梨、茶葉等農產加工業為主體。就各類工業產值觀之，從事農產加工的食品工業比重長期高居不下，1914 年占 86%，1920 年占 81%，1931 年仍約占 77%；其他工業亦多係農產加工業的附屬事業。單是蔗糖、鳳梨製罐及其相關工業於 1920 年已占工業總產值 80%，1931 年仍占 70%，足見此兩種農產加工業地位之重要。

1930 年前後，由於受到世界經濟恐慌之衝擊，加以為因應日台農業之競爭、台灣農業發展之飽和、日本「工業移民」等需求，以及配合日本以華南、南洋為侵略目標的南進政策推展，企圖將台灣作為軍事前進基地。於是，總督府當局在台灣推動所謂「工業化」政策，發展與軍需工業相關的基本工業，使台灣成為軍需品生產基地和南進補給基地，並減輕日本重工業負擔。

(一)「工業化」之進展

1. 第一階段(1931~1937)

此一階段偏重調查、研究、實驗，以及工業化基礎之建立。先後成立臨時產業調查會、熱帶產業調查會，對台灣所有產業進行調查研究，並提出建議。1931 年，恢復一度停工的日月潭水力發電工程之建造，並於 1934 年竣工，可發電 10 萬瓩。翌年起，以特別低廉的電費優待所謂「新興工業」，於是新興電力化學工業、新興農產加工業等勃然興起。

關於新興電力化學工業和重工業，有高雄日本鋁業公司之製鋁，基隆的台灣電氣化學公司之製合金鐵、硝酸鈣及電石，新竹的台灣化學工業公司之製硫酸錏化學肥料，台灣紙業公司和台灣興業公司之蔗渣利用製造，日本火柴製造工業組合之製火柴，以及三菱重工業公司在基隆開設造船所、台灣汽車修造公司之創立。

關於新興農產加工業，分別為無水酒精、桐油、香料、藥品、樹薯澱粉等工業，不但足以自給，且可輸出至日本。至於原有蔗糖、茶、鳳梨罐頭、樟腦等農產加工業則產量年年增加。

2. 第二階段(1937~1941)

1936 年，總督**小林躋造**上任後，標榜以「**皇民化、工業化、南進基地化**」作為其施政三大基本方針。翌年，中日全面戰爭爆發，台灣成為南進前進基地，於是，總督府推動「第一次生產力擴充五年計畫」，以至 1941 年重要資源可自給自足為目標。透過統制資金、勞力、物資等措施，集中全力從事軍需工業之發展。並撥款整頓工業研究機關、訓練技術人員、建設工業都市、獎勵或補助工業、擴充交通運輸設備等，可說是積極推動工業化。

就成效觀之，繼續開發電力以應工業之需，1937 年完成日月潭第二發電所，可發電 4 萬餘瓩；另開發濁水溪、大甲溪及東台灣之水力發電；同時增建火力發電所。迨至 1939 年底，全台計有發電所 135 處，發電能力近 37 萬瓩。其次，鑄銅、冶鐵、機器製造、輕金屬煉製等重工業，以及酸、鹼等基本化學工業均呈顯著發展之勢。

3. 第三階段(1941~1945)

此一階段為因應更加迫切的工業製品之需求，總督府先後召開台灣經濟審議會和東亞經濟懇談會，通過「工業振興方案」、「交通設施擴充方案」。1942 年起，推動「第二次生產力擴充五年計畫」。惟因太平洋戰事發生後，隨著戰場的擴大和戰線的延長，原擬各項計畫無法貫徹；海外原料和日本器材設備輸入困難，不得不利用台灣資源，力求工業自給自足；同時，透過戰時經濟動員或工業動員，集中人力物力於鋼鐵、輕金屬、煤、水泥、肥料、酒精等重點工業。1944 年 10 月以降，又遭受盟軍海空軍襲擊和破壞，各項生產事業幾乎呈停頓狀態，據統計，遭破壞之工廠達 202 所，其中嚴重者 152 所，幸能殘存者產量亦減至最低。【稻草人影片】

此一階段集中全力於重點工業，加以充分利用台灣自有原料從事生產，因此，仍有不少工業產量達於高峰，分別是 1942 年為酒、1943 年為過磷酸鈣、酒精、捲煙、鹽、電力、銅等，1944 年為鹼、水泥等。至於蔗糖、鳳梨罐頭、茶、樟腦等最主要的農產加工製品，則因戰事轉烈，外銷困難，亦逐年減產。

(二)「工業化」之結果

就各類工業產值觀之，「工業化」期間，**食品工業亦即農產品加工業始終居各類工業生產之冠**，仍為台灣工業之主體。其他工業最有進展者為化學工業，惟專賣品工業中之樟腦、鹽應屬化學工業，故化學工業產值應更大；金屬和機械工業亦見顯著成長。日治末年台灣工業結構係食品工業占 65%、重工業占 20%、民生工業占 15%。

其次，就貿易結構觀之，1931~1943 年間，台灣工業產品輸出入額占總輸出入的 75～80%，其中，工業產品進口歷年變化最大者為機械工業製品，由 7.5%增為 18.2%；金屬工業製品則維持在 11～14%。輸出方面，蔗糖除外，係以化學、金屬工業製品輸出較多，前者由 5.6%增為 10.9%，後者由 2.5%增為 13.8%，至後期兩者合計已占 20%以上。由上顯示工業化已有進展，已獲致一定成果。

就工業產品結構變動觀之，工業化結果，輕工業由 1921 年的 86.5%降為 1942 年的 73.9%。同一時期，重化工業則由 13.5%升為 26.1%。顯然的，工業產品結構已漸由輕工業轉向重工業，亦即**重工業已漸取代輕工業**。

再者，就各產業產值觀之，1931～1942 年間，工業生產固有增加，但其他各業生產亦有增加；工業產值約占總值 42～49%，平均約占 45%；礦業產值約占 3～5%。兩者合計，1938 年以前接近 50%，1939 年以後則超過 50%，顯示日治末期台灣已非以農業為重心之經濟，而是一**半農半工社會之經濟體制**隱然浮現。

第四節　皇民化運動

1930 年代起，隨著日本帝國主義侵略擴張的野心日益熾盛，成為其南進基地的台灣，無可避免地受到相當影響。總督府一面壓制帶有民族主義或共產主義色彩的政治、社會運動，強化台灣的統治；一面積極推動普及日語、部落振興、民風作興等社會教化運動，謀求加速台人之同化，使台人成為「利害與共」的日本國民。

1936 年 9 月，台灣再度由文官總督轉變為武官總督。1937 年 7 月中日全面戰爭爆發後，台灣戰略地位益形重要，為使台人亦具有日本國民之愛國心和犧牲精神，台灣因而有「皇民化運動」之提倡。教育致力於將台人變成皇國民；推動常用日語運動，獎勵常用國語者、國語家庭、國語模範部落等；鼓勵台人養成日式生活習慣、改從日姓及供奉日本神祇等。

(一)精神改造

1937 年七七事變爆發後，近衛內閣發表「**國民精神總動員計畫實施要綱**」，台灣總督府也設置國民精神總動員本部，加速皇民化運動。皇民化運動包括推行國語、神社（道）信仰、改姓名運動、生活日化、提振社會風俗等，廢止學校漢文科、報紙漢文版，撤廢本土寺廟信仰，讓「**諸神升天**」。透過生活規範塑造天皇神格形象，讓人民頂禮崇拜、禁穿台灣服裝。以上措施目的在為使台灣人與中國徹底劃清界限，企圖改造台灣人使成為真正的日本人，義無反顧對日本獻出戰爭的人力、物資。社會風俗方面，則有親切活動、微笑運動、禮貌運動等。

(二)國語運動

國語指的是日語，總督府自明治 32 年（1899 年）開始進行日語教育，全面積極推廣要從中日宣戰後開始。昭和 12 年（1937 年），總督府正式禁止台灣報紙的中文欄，取消小學中的漢文課，成立 2,800 多個國語講習所，以推動社會人士日語學習。為了獎勵日語，24 小時都用日語交談的家庭，可被認定為「**國語家庭**」，享有較優渥的待遇，包括食物配給、小孩優先入學機會等。將親日及具有大和精神之真實故事列入學校教育中，例如苗栗詹德坤是一位堅持不說台灣話的 12 歲少年，昭和

10 年（1935 年）因中部大地震受重傷而死。彌留之際，堅持唱完「**君之代**」日本國歌。其事蹟在皇民化運動時被編入教科書，成為「國歌少年」被傳頌一時。

(三)改日姓

總督府鼓勵台灣人將姓名日化，稱為**改姓名運動**。為了配合政策，但又不數典忘祖，許多人在改姓名同時，仍預留蛛絲馬跡供後代子孫辨識血統淵源。例如「林」改成「小林」、「若林」；「呂」改成「宮下」；「黃」變成「共田」。

伴隨日本對外侵略腳步，皇民化運動終極目標亦逐漸顯露，信神道、說國語及改日姓就是要培養出，願為大日本出征且願為天皇犧牲的台灣志願兵。

第五節　戰火下的台灣

日本提倡「**大東亞共榮圈**」，使得戰火遍及中國、東南亞，甚至西南太平洋及南太平洋。在戰線不斷拉長、兵員分散及經濟枯竭的壓力下，身為殖民地的台灣，成為戰雲密布的地區。台灣進入戰時體制，台灣人也以身體、資源投入「聖戰」。日本為因應長期戰爭及確立國防經濟體制需要，於 1938 年發布「**國家總動員法**」，以謀求更廣泛地統制運用人、物資源，達成支援軍事目的。台灣亦在該法籠罩之下進入「戰時體制」。

一、軍事動員

太平洋戰爭爆發後，美國對日本採取包圍突擊戰術，以海軍為主力包圍太平洋周邊地區，切斷日本物資補給線，最後發動總攻擊。台灣被當作攻擊目標外，亦擔負人力、物力補給的要塞化角色。

志願兵：昭和 17 年（1942 年）4 月正式招募第一次陸軍特別志願兵，志願應募者 42 萬人，錄取一千多人。昭和 18 年（1943 年），日本陷入海洋戰爭的困境，當年 8 月 1 日開始實施海軍特別志願兵制，錄取 3000 人。昭和 20 年（1945 年）1 月開始實施全島徵兵制，第一梯次受檢者共 4 萬 7 千多人，大部分以現役兵身分入伍，多被派到南洋作戰。除了是同儕、英雄主義鼓舞，亦有被重視及認同歸屬日本人的心理。造成志願熱的原因當然不能忽視學校、役場、派出所、皇民奉公會及青年團的組織形式「集體動員」結果。戰後，據昭和 48 年（1973 年）日本厚生省統計，當時因死亡而埋骨異域者有三萬多人，約占總人數之 14%。

高砂義勇隊：霧社事件令總督府認識到原住民的戰鬥力非比尋常，昭和 12 年（1937 年）之後，總督府運用刊物及影片大量灌輸原住民「皇民」觀念。日軍在進攻菲律賓受挫後，便想利用熟悉熱帶叢林的原住民為其作戰。昭和 17 年（1942 年）3 月，軍方編組數百名「高砂族挺身報國隊」、「高砂義勇隊」，前往菲律賓、南洋等

地。高砂義勇隊除了勇猛善戰外，由於叢林即家園的生活習慣，防衛與糧食補給皆能幫助日軍在陌生、惡劣的環境中存活，在攻擊巴丹島戰役立下汗馬功勞。

勞力動員：除了志願兵及徵兵制外，台灣人有以軍屬、軍伕的名義到上海、華南、南洋戰場。當時軍隊階級依次為軍人、軍馬、軍犬、軍屬、軍伕，台灣人的編制上稱為軍伕，在軍中屬於低下階層，其工作主要為運輸物資，或幫忙鋪路、種植農作物等雜役。

拓南工業戰士：昭和 17 年（1942 年），日本在台灣成立「拓南工業戰士訓練所」，為工業技術人力專業訓練機構，招募軍屬協助日本在南洋各地從事石油開採提煉工作。

台灣少年工：美日開戰後，日本飛機大量折翼，機源補充迫在眉睫，但日本本土年滿 15 歲之男子，大多已從軍或徵用為軍需品製造工廠之工員，軍部開始動員日本國內及殖民地的青少年，擔任機械製造修護工作。昭和 18 年（1943 年）至 19 年（1944 年），有八千多名台灣少年，一批批被動員到日本受短期訓練後，再送到神奈川縣厚木海軍航空基地的高座海軍工廠建造飛機，他們被稱為海軍工員。

看護婦：昭和 20 年（1945 年）4 月 1 日，美軍登陸沖繩島。總督府為了擴大軍力動員範圍，以「國民義勇兵役法」，規定 15 至 60 歲的男子及 17 至 40 歲之女性皆有服役及接受徵召的義務。台灣赤十字軍看護婦被派遣赴華南、南洋前線，附屬在部隊之下，十字軍看護婦為素質頗高的醫護人員，是戰時日軍的白衣天使。看護婦除與士兵同樣面臨砲彈威脅外，還要搶救病患，日夜不得休息。

慰安婦：台籍慰安婦的動員始自中日戰爭時期。當日本發動太平洋戰爭之後，台灣成為日軍南進的跳板，駐在南洋各占領區的日軍就近向台灣請求支援慰安婦。慰安婦的招募並不完全以風塵女子為對象，雖然有些婦女確實被告知，且自願到海外從事慰安工作，其中不乏被欺騙以「軍部所開食堂之端菜服務生」、「賣面不賣身的藝旦」等名義到海外去服務日軍。

二、經濟整編

(一) 資金動員

戰爭末期，為了短期內籌措足夠資金實施金融統制政策，特別獎勵儲蓄及推行公債。昭和 13 年（1938 年），總督府推行「**獎勵儲蓄運動**」，在各機關、公司、工廠乃至保甲設立「國民儲蓄組合」。此儲蓄運動是強制性的，經濟警察的監視掌握著國民的組合參與情形，因此儲蓄運動幾乎推展到每一家庭，儲蓄的結果最終都流向政府指定用金，亦即台灣的民間資金皆在國家機關的統制之下。

(二) 物資動員

昭和 13 年（1938 年）「物資動員計畫」，物資統制範圍包括鋼鐵、非鐵金屬、纖維、皮革、木材、米穀、食品等。由於美國對日實施鋼鐵禁運，所以鋼鐵被列為統制重點，民間散置之廢鐵廢銅皆被迫繳回。戰爭末期，台灣被劃入戰場，動員政策重點由生產能量的擴充，轉為對台灣剩餘資源最大程度徵用，所有的物資多被納

入統制。在糧食方面，生產者皆依規定繳納獻糧，由農業會及食糧營團負責徵糧事宜，但因配給不足果腹，不堪饑饉民眾有藏匿糧食情事。

三、皇民奉公會

昭和 16 年（1941 年）4 月「**皇民奉公會**」成立，全台灣的百姓都是奉公會當然會員。另有因社會不同職業階層或因動員需要所成立的愛國團體為奉公會的外圍組織，例如中年婦女的「**愛國婦人會**」，年輕女子的「桔梗會」，其他有「產業奉公會」、「文學奉公會」等。

在皇民化運動下，台灣各角落感染了聖戰的高昂氣氛，熱心增糧的篤農被冠以「增產戰士」頭銜，因具備「農民道」、「農民魂」的精神受到州知事表彰。在街道的一隅可以看到小女生拿著據說可為軍人護身符的「千人針」布條。宜蘭南澳鄉澳花村利有亨社 18 歲少女莎鴦·哈勇，在暴風雨中替出征的日籍老師運送行李，被湍急的河水沖走，其事蹟除了出現在教科書外，昭和 15 年（1940 年）長谷川清總督特地頒贈一只像銅鈴的鐘給利有亨社，稱為「莎鴦之鐘」。志願兵、徵兵制都如計畫執行後，原街庄行政漸漸成為皇民奉公會的附屬，顯有本末倒置之嫌。昭和 20 年（1945 年）6 月，總督府取消皇民奉公會及保甲制度。

四、美軍轟炸

太平洋戰爭爆發後，美軍本欲攻取台灣，再以台灣為跳板直接攻取日本。但因麥克阿瑟堅持以反攻菲律賓為己任[I Should Return]，加上昭和 19 年（1944 年）中期以後，美軍已占領太平洋上多數島嶼，故躍過台灣。但從美軍占領呂宋島至日本投降為止，台灣還是遭受密集空襲行動。起初轟炸目標以機場、港口為主，隨之擴大到工業、交通，乃至比照日本本土，各城鎮皆籠罩在空襲陰影下。昭和 19 年（1944年）1 月，台灣開始遭受美軍空襲，高雄、鹽水受創嚴重。10 月初，美軍登陸菲律賓，為了掩護在雷地島的登陸，美軍展開對沖繩和台灣的空襲，以收牽制之效。10月 12 日，千架飛機轟炸高雄、台南、屏東、台東、新竹等航空基地及港灣。美、日軍機曾在台海上空纏鬥；昭和 20 年（1945 年）3 月 9 日日月潭發電設施被炸。一直到戰爭結束，台灣一共遭受美軍十五梯次的空襲。

依總督府估計，昭和 19 年延至 20 年底，空襲造成約六千多人死亡，九千多人受傷，房屋損壞近五萬棟。在這段「躲空襲」的日子中，學校關閉，都市居民疏散到鄉下（**疏開**）。台灣在戰爭末期支援戰爭的經濟動員，實超出台灣的生產能力，再經美軍轟炸，殘破不堪。戰爭終了，各項工業或告停頓，農業生產亦邊告減退，使戰後復原至為不易，尤其對文化古蹟的破壞，更是令人痛心，如現今臺南孔子廟泮宮石坊和原林百貨店（五層樓仔）皆可看到當年美軍隔島躍進，空襲台灣所遺留之彈痕。泮宮石坊上之「參兩大以成能，時行物生無私化育」，正好把「能」字打掉，呈現無「能」之像貌，令人感嘆不已。

日治時期日資在台主要企業

項次	會社名稱	營業所	經營項目	備註
1	三井物產株式會社	1920年設總部於台北驛附近（今館前路與襄陽路的交叉路口上）	樟腦、茶、製糖、煤及進口鴉片	日明治33年（1900）設立「台灣製糖株式會社」，明治42年(1909)成立三井礦山從事在台礦業開採。
2	三菱商事株式會社		紙業、製糖	三菱製紙會社之原始竹林位於南投竹山、雲林古坑和嘉義竹崎一帶。
3	大日本製糖株式會社	台北北門町	製糖	主要有虎尾、玉井糖廠。玉井糖廠前身乃日明治39年（1906）台灣人陳鴻鳴等人，於噍吧哖（今玉井）創建「永興製糖公司」，其規模為改良糖廍的形式。
4	明治製糖株式會社	台南總爺（今台南市麻豆區）	製糖	成立於明治39年（1906），主要有南靖、蒜頭、佳里等糖廠。
5	台灣製糖株式會社	台南仁壽下里橋仔頭庄	製糖	明治33年（1900），於東京創立總會。主要有橋仔頭、阿緱、後壁林等製糖所。
6	鹽水港製糖株式會社	台南市新營區	製糖	成立於明治40年（1907）。製糖工場：岸內製糖所、溪洲製糖所、花蓮港製糖所
7	東洋製糖株式會社		製糖	昭和2年(1927)分別被明治製糖(南靖、烏樹林)及大日本製糖所合併。
8	台南製糖株式會社	台南市灣裡街	製糖	1904年由台南王雪農、陳鴻鳴、蘇有志等募集資金創辦。1909年10月，由台灣製糖株式會社承繼。
9	大日本鹽業株式會社安平出張所	台南市安平區德記洋行	負責食鹽輸往日本的業務	創立於大正6年（1917）。
10	台灣製鹽株式會社	台南市安平區	負責生產「煎熬鹽」	創立於大正8年（1919）。
11	南日本鹽業株式會社			昭和13年（1938）創立。
12	鐘淵曹達會社	台南市安順	工業用鹽	昭和17年（1942）設立。
13	台灣拓殖株式會社		生產戰爭相關物資	昭和11年（1936）成立
14	南日本化學工業株式會社	高雄	生產溴素	昭和14年（1939年）成立。
15	台灣總督府專賣局	台北市兒玉町(今南昌路)	官方控制貨源、價格、收支的獨占事業	大正2年（1913）年始建此官署。

參考資料

吳文星：《日據時期台灣社會領導階層之研究》，台灣商務書局，1992。

吳西華：《早期臺灣歷史、古蹟、鄉情－名畫家吳西華畫集》，台南：作者自版，1999。

周婉窈：《台籍日兵座談會記錄并相關資料》，台北：中研院台灣史研究所，1997。

周婉窈：〈從比較的觀點看台灣與韓國的皇民化運動〉，新史學 5:2，1994。

周憲文：《台灣經濟史》，台北：台灣開明書局，1980。

林川夫主編：《民俗臺灣》，台北：武陵出版社，1995。

林明德：《日本史》，台北：三民，2005 增訂二版一刷。

林炳炎：《台灣經驗的開端－台灣電力株式會社發展史》，著者印行，1994。

陳奇祿召集人：《見證－台灣總督府(1895-1945)（上）（下）》，台北：立虹出版社，1996。

陳玲蓉：《日據時期神道統治下的台灣宗教政策》，自立晚報社，1992。

陸傳傑總編輯：《大地手繪精選》，台北：秋雨文化事業，2002。

程佳惠：《台灣史上第一大博覽會－1935 年魅力台灣 SHOW》，台北：遠流，2004。

楊碧川：《後藤新平傳》，台北：克寧出版社，1994。

楊肇嘉：《台灣地方自治問題》，東京：新民會刊印，1928。

葉榮鐘：《台灣民族運動史》，台北：自立晚報社，1971。

增田福太郎原著、江燦騰主編、黃有興譯：《臺灣宗教信仰》，台北：東大，2005。

增田福太郎著、黃有興譯：《臺灣宗教論集》，臺灣省文獻委員會印行。

蔡慧玉編著、吳玲青整理：《走過兩個時代的人－台籍日本兵》，台北：中研院台灣史研究所籌備處，1997。

錦繡出版社編輯部：《台灣全記錄》，台北：錦繡出版社，1990。

鶴見祐輔：《後藤新平傳》，太平洋協會，1943。

洪秋芬：〈台灣保甲和生活改善運動〉，思與言雜誌，29:4，1991。

楊雅慧：〈日據末期的台灣女性與皇民化運動〉，台灣風物 43:2，1993 年 6 月。

蔡錦棠：〈日據末期台灣人宗教信仰之變遷〉，思與言雜誌，29:4，1991。

蔡錦棠：〈日據時期的台灣宗教政策研究〉，《淡江大學第二屆中國政教關係國際學術研討會論文集》，1991。

MEMO
IlhaFormosa

戰後接收與威權體制

CHAPTER
11

引 論

　　生為一個台灣人的悲哀，在戰後送往迎來時，讓人最深切的感受到，台灣有如一個送給高傲嚴格的大戶人家收養的小孩，時常在遭打罵之餘，冀望回到生母懷抱。不料盼到戰後，回到血緣上較親近的生母處，卻對庸俗貪婪的她，感到有點失望，此刻能夠維繫和樂的關鍵就是親情，沒想到生母的無情，使台人從一年多的相處經驗中徹底絕望，而發生不幸的二二八悲劇。

　　台灣人始終不能決定自己的前途與命運，部分日本人不認為台人是日本人，而罵「清國奴」；中國來台接收者，亦責台人被日奴化，而不接受台灣人是中國人。就台人而言，台灣牛還是在尋找永久的歸宿。

　　隨著以蔣中正為首的中華民國政府播遷來台，來自大陸各省的原統治菁英，在台建立一個具使命感的外來政權，這徹底改變了台灣的命運，其中有喜也有悲，有利也有害，唯一不變的是，台灣人的意見還是無人關心，不少台灣人又在他人安排下就這樣過了一生。

第一節　戰後的台灣

　　第二次世界大戰末期，中美英三國領袖曾於 1943 年 11 月 23 日至 27 日在埃及首都開羅舉行會議，達成了對日作戰的方針。為顧慮到三國領袖的安全，遲至 12 月 1 日才在三國首都同時宣布三國領袖所簽署的「**開羅對日作戰宣言**」。宣言中除強調：「三國此次戰爭之目的，在制裁日本之侵略」外，更宣稱：「三國之宗旨，在收回第一次大戰開始後，日本在太平洋上侵略所奪得之一切島嶼，及在使東北三省、台灣、澎湖等歸還中國。」

　　到了 1945 年 5 月 7 日，德國無條件投降。6 月 21 日美軍登陸占領琉球，日本本土及台灣各地都被美軍轟炸得滿目瘡痍。為了儘速結束對日戰爭，美國總統杜魯門、英國首相邱吉爾以及蘇聯領袖史達林在柏林西南郊的波茨坦舉行會議。結果於 7 月 26 日發表波茨坦宣言，強調：「開羅會議之條件必將實施，而日本之主權必將限於本州、北海道、九州、四國，及同盟國所決定的其他小島之內。」8 月 15 日，日本昭和天皇有氣無力地在廣播中向全世界宣布日本無條件投降。兩週後，國民政府任命陳儀為台灣省行政長官兼警備司令，積極準備接收台灣的工作。

　　在日本治台的 50 年間，台灣人對祖國仰慕的渴望和熱忱，始終不減，所以台灣人的抗日事件也前仆後繼。現在台灣人終於實現美夢，即將回到祖國懷抱，大家莫不歡欣鼓舞，期待從此可以擺脫身為殖民地人民被異族統治之痛苦，冀望從此過著自由幸福的安樂日子。因此台灣人熱烈歡迎國民政府派遣來台的接收官員和接收國軍的來臨。茲將歡迎場面分為三個階段介紹如下：

(一) 1945 年 10 月 5 日，台灣行政長官公署祕書長<u>葛敬恩</u>，率領一批接收官員飛抵台北時，從台北松山機場起，直到行政長官公署（今之總統府）門前為止，歡迎的行列達十幾公里，沿途接受台灣人的舉臂歡呼，鼓掌相迎。

(二) 同年 10 月 17 日，原駐福建的<u>林雲儔</u>的七十二軍一萬二千餘人，分乘三十多艘美國艦艇駛入基隆港，即日進入台北。當時台灣人唱出了一首「**歡迎國軍歌**」。歌詞如下：「台灣今日慶昇平，仰首青天白日青。哈哈，到處歡迎；哈哈，到處歌聲。六百萬人同快樂，簞食壺漿表歡迎。」

(三) 同年 10 月 24 日，台灣行政公署行政長官<u>陳儀</u>走馬上任，飛抵台北。歡迎群眾人山人海，萬人空巷，家家高掛國旗。交通要道貼滿歡迎標語。台灣人的臉上洋溢無限快樂的歡欣，以迎接美麗的未來。

　　10 月 25 日，同盟國中國戰區台灣省受降儀式，在台北中山堂舉行，儀式結束後，<u>陳儀</u>代表中國政府向記者們宣告：「從今天開始，台灣及澎湖已正式重入中國版圖，所有一切土地、人民、政事都已置於中國主權下。」從此，台灣正式光復，這一天便被定為台灣光復節。

第二節　二二八事件

● 二二八事件背景

　　1947 年 2 月 27 日傍晚時分，台北市專賣局的緝私員和警察因為取締一名販賣「私菸」的寡婦<u>林江邁</u>，而開槍射死一位圍觀的無辜民眾<u>陳文溪</u>，眾人見之忍無可忍乃引起公憤。次日，台北全市罷工、罷市、罷課，民眾到處遊行示威，反對國民政府的暴政。憤怒之火迅速蔓延台灣全島，史稱「**二二八事件**」。

　　台灣在日治時期，台灣人雖然飽受殖民統治的痛苦，可是日本治台，政治雖嚴苛，但法治良好。現在<u>陳儀</u>這批腐化官僚到了台灣以後，政治腐敗，貪汙橫行，加以經濟蕭條，民生困苦。日本治台與<u>陳儀</u>治台兩相比較，一夕之間，清濁倒轉，不忍卒睹。台灣人不堪其苦，悶積在心中的怨氣，醞釀了一年多的時間，終因取締菸販的芝麻小事，於 1947 年引爆了震撼中外的二二八事件。所謂「冰凍三尺，非一日之寒也」，二二八事件絕不是突發事件，其發生的背景很多。舉要分析如下：

(一) <u>陳儀</u>的殖民統治：國民政府在台灣不設省政府，而設**行政長官公署**，行政長官獨攬台灣的行政、立法、司法三權，並兼警備司令。這完全是日本統治台灣的總督制翻版，只不過是在名稱上把「**總督**」改為「**行政長官**」而已，故稱新總督府。台灣人飽受日本殖民統治之後，緊接著又要遭受中國的新殖民統治，台灣人莫不飲恨搥胸，再度陷入失望痛苦。

(二) **國軍的落後野蠻**：因國共內戰，非精銳國軍登陸台灣之初，台灣人所看到的國軍，是頭戴斗笠，腳穿草鞋，有的背大鍋，挑米簍，軍心渙散，步履蹣跚，顯然是殘兵敗將的模樣。有些士兵看到自來水後，心生好奇，就到街上買個水龍頭往牆壁一插，然後一轉流不出水來，就破口大罵。又有些無駕照士兵擅自把十輪軍用大卡車開到市區橫衝直撞，撞死無辜百姓後，立刻揚長而去。台灣人一向看慣了軍紀嚴明軍容壯盛的日本軍隊，現在猛然看到如此落後野蠻的國軍，莫不搖頭，慨嘆仰慕已久的國軍何以至此。

(三) **官員的貪汙腐敗**：國民政府從日本手中接收數量龐大無比的機關財產、公私企業、個人財產等共約一百多億舊台幣。可是在接收過程中，貪汙舞弊、中飽私囊的例子層出不窮，使得「接收」變質為「劫收」。尤其常常鬧出笑柄，傳遍全島。例如：接收麻豆鎮總爺糖廠的廠長，看到財產名冊中的「金鎚」（中文的鐵槌，日文為金槌），以為是「黃金的槌子」就下令工友把它送到廠長宿舍來。等送到後，廠長眼看不是黃金，竟是鐵槌，當場大罵工友一頓，笑話就此傳開了。

(四) **用人的浮濫不當**：陳儀認為台灣人受日本奴化教育太深，不懂三民主義，又不會說國語，不宜做官。因此，國民政府從日本人手中接收過來的各種機關，要職與中上層員工都由大陸人一手包辦，大力排斥台灣人。所以那時台灣人也敵視中國官，蔑稱大陸人為「阿山」。不但如此，原先台灣總督府只有一萬八千三百位的行政人員，現在長官公署卻在「牽親引戚」的陋習下，膨脹到四萬三千人，如此浮濫簡直令人難以置信。

(五) **經濟的嚴重惡化**：戰爭結束時，日本在台灣儲存有足供二十萬日軍作戰兩年份的糧食，可是長官公署馬上把它運送到中國大陸去支援國共內戰前線，造成台灣的「米荒」。不但如此，長官公署又在台灣實行專賣制度，使得大批民間企業破產。工廠停工，失業嚴重，民不聊生。尤其此時大陸的通貨膨脹，迅速波及台灣，使台灣經濟陷入絕境，人民無米為炊，窮人多靠吃番薯度日。

● 二二八事件的經過

二二八事件發生的前後，台灣島內流行著一首「五天五地」順口溜，形容當時的台灣：「轟炸驚天動地，光復歡天喜地，接收花天酒地，政治黑天暗地，人民呼天喚地。」足見台灣人對於光復後的失望與痛苦。一遇火種，便有如火山爆發的岩漿猛烈噴出，導致一發不可收拾之局面。

二二八事件的引爆點這名販菸寡婦林江邁，原本是個升斗小民，在當時為維持家計在延平北路圓環旁邊天馬茶房前面街上販賣私菸。就整個社會來講是一件小事，沒有理由引發這麼大的一個歷史事件。只不過是當時台灣人對於政府的腐敗無能恨之入骨，生活的困苦無依令人絕望，想借此一機會，以暴力自力救濟而已。2月28日一大早，由台北市延平北路圓環和萬華龍山寺一帶的民眾帶動，上街敲鑼打鼓，遊行示威，發動全市**罷工、罷市、罷課**即所謂三罷，群眾立刻一呼百應，群起而攻。憤怒的群眾立刻衝入警察派出所，打人毀物。消息傳出，由四面八方而來的群眾也

湧到重慶南路的專賣局，把局裡面的一切物品拋到街上，放火燒掉。到了下午，大批群眾更衝到長官公署請願，受到公署衛兵的射殺而改向新公園召開「民眾大會」，占領公園內的廣播電台，向全島人民播送事件的經過，並號召大家奮勇起來反對暴政。至此，星星之火，立刻成為了燎原之勢，演變為全島性的排斥和打殺「阿山」（大陸人）的事件。當天下午三時左右，陳儀發布台北戒嚴，漫無軍紀的軍警射殺了許多無辜的路人，更加觸怒了群眾。台灣人以牙還牙，在街上看到「阿山」便以石頭或木棍將之打得頭破血流，跪地求饒，又把大陸人開設商店的一切東西搬到街上燒掉，但絕不私吞，只求洩憤而已。此一動亂，透過廣播和電話，迅速蔓延到全島各地，以基隆、新竹、台中、嘉義、高雄等地最為慘烈，台灣頓成恐怖世界。

在動亂中，3 月 2 日下午由官民代表共同組織「**二二八事件處理委員會**」，在台北中山堂開會討論如何平息動亂與恢復社會秩序，還給台灣人民應有的權益和損失。處理委員會於 3 月 7 日達成協議，向陳儀提出「三十二項目改革方案」，包括槍決緝菸兇手、解除國軍武裝、廢除公賣局、起用台灣人擔任公職、實施縣市長民選等事項。這些改革的要求，正反映了二二八事件的起因。但老奸巨猾的陳儀，表面上敷衍了事，暗地裡卻急電南京速派兵前來支援鎮壓。3 月 8 日下午，來自中國大陸的鎮壓部隊陸續分由基隆和高雄登陸台灣，開始血腥的大屠殺，國軍機關槍的屠殺行動連續了半個月之久，成千上萬的台灣人被捕、被殺，死難者之確切數字迄今無從查考。

● 二二八事件的遺害

當時台灣人的地方代表和菁英分子，因為參加各地的「處理委員會」，協助政府平息動亂，應有功於國家社會，可是他們都中了陳儀的緩兵之計，當國軍鎮壓部隊到後，不分青紅皂白，都被捉去槍殺，菁英霎時消失殆盡，形成台灣人才的斷層。這是台灣現代史上的最大慘劇和最沉重損失。被殺害的台灣菁英分子不勝枚舉，例如：陳炘、林茂生（台大文學院代理院長）、湯德章（台南名律師）、阮朝日、吳鴻麒…等。【台南市民生綠園→湯德章紀念公園】

3 月 14 日，台灣警備總司令部宣布：全省已平定，即日起展開肅奸工作，也就是**清鄉**工作。警備總部假借「戶口調查」的名義，大批逮捕所謂「異議分子」，進行秋後算帳。被捕人士廣及全省各地的領導人士，紛紛送進監獄，或遠送火燒島去受無期徒刑，大多數有去無回，下落不明。為了處理善後，南京政府於 3 月 17 日派遣國防部長白崇禧【當時並在台南市史蹟延平郡王祠留下忠肝義膽牌坊上之對聯】為「宣撫使」前來台灣。經過十六天的走馬看花，白將軍向大陸當局的報告說：「二二八事件是潛伏於島內的共匪，和蒙受日本教育遺毒的少數暴徒，煽動民眾而發生的叛亂事件。」這個報告漠視事實，顛倒是非，把陳儀敗政和國軍亂紀屠殺的責任推得一乾二淨，更把事實責任推給無緣無故的中共和日本。因白崇禧考量蔣中正及陳儀意向的不當處置，不但沒有平息事變，反而遺害無窮，造成很多後遺症。總之，二二八事變的起因，有其基本的背景，絕非突發事件。二二八事變的演變，可以分成三個階段：

(一) 事變爆發後，前十天是台灣人用石頭及木棍打殺大陸人的階段。

(二) 從 3 月 8 日增援國軍登陸台灣到 3 月 13 日為止的六天，是國軍用機關槍大批屠殺台灣人的階段。

(三) 3 月 14 日以後，是政府展開肅奸工作，大批逮捕異議分子的清鄉階段。

　　至於二二八事件所產生的後遺症分述如下：

1. 製造省籍對立問題：由於陳儀一到台灣走馬上任，就清一色引用大陸人做官，嚴重排斥台灣人，引發台灣人對大陸人的不滿和敵視。此後在二二八事件中，台灣人棍打大陸人，大陸國軍掃射屠殺台灣人及往後的清鄉工作，在在造成台灣人和大陸人之間的省籍對立問題。

2. 傷害台灣民主政治：台灣的菁英和知識分子在二二八事件中被消滅殆盡，形成人才斷層，加以二二八事件後，由於政府的防範和壓制措施，台灣人對於政治莫不視為禁忌。直到二十多年後，台灣的新生一代興起，才大力推展台灣民主政黨政治運動。

3. 引發台灣獨立運動：在國軍的無情屠殺和陳儀的肅奸清鄉之下，倖免於難的台灣異議分子，例如廖文毅兄弟等紛紛逃亡海外，在海外各地結合當地的台灣人及留學生勢力，推動台灣獨立運動。可以說，**二二八事件是台獨運動的起點**。

● 二二八事件的平反

　　二二八事件是台灣現代史上的一大浩劫和最大悲劇。事件發生後不久，政府退守台灣，為了鞏固台灣作為反攻大陸的基地，將二二八列為禁忌，不准觸及追究。在民間方面，對於國軍以機關槍屠殺台灣人的慘劇，餘悸猶存，噤若寒蟬，不敢碰及此一禁忌，只把仇恨怨懟鬱積在心中，戒急用忍。一直到事件發生後四十年－1987年解嚴後，也就是蔣經國在世的最後一年，反對黨人士才打破禁忌，公開呼籲政府必須平反二二八。在「時過境遷」的時空轉變下，政府已經領悟到如不及時癒合此一歷史傷痕，進一步療傷止痛，二二八將會給台灣的未來埋下更可怕的後果。於是，為使二二八事件得到平反，政府陸續採取下列具體措施：

(一) 政府公布研究報告：1990 年 11 月，行政院公布由賴澤涵等學者共同研究撰寫的「二二八事件研究報告」，首度由官方就此事件提出較為客觀公正的詳實報告，為歷史傷口療傷止痛，揭開序幕。

(二) 興建二二八紀念碑：1995 年 2 月 28 日，二二八紀念碑在台北市新公園落成，李登輝總統親臨致詞指出，他以國家元首身分，承擔政府對二二八所犯的過錯，並致深切的歉意。

(三) 受難者國家補償：同年 3 月 23 日，立法院快馬加鞭通過「二二八事件處理及補償條例」，4 月 7 日，總統公布實施。該條例規定受難者補償金額最高為新台幣六百萬元，同時規定每年 2 月 28 日為**和平紀念日**。

(四) 興建二二八紀念館：受難者家屬爭取多年的二二八紀念館，在台北市政府強力推動下，於 1997 年 2 月 28 日，也就是二二八事件五十週年紀念日正式落成。

(五) 二二八紀念碑文定稿：當 1995 年 2 月 28 日在台北市興建二二八紀念碑時，「有碑無文」是一大缺憾。碑文內容既要求真，又要兼顧政治現實環境，其敏感難定，自不待言。在受難者家屬及紀念基金會的共同努力下，用字遣詞，反覆思索，終於趕在二二八事件五十週年紀念的一月底定稿，使此一不幸的歷史事件，正式獲得平反，也使國人大致了解事件的真相。碑文全文內容抄錄如下：

圖 11-1　台北二二八和平紀念公園二二八紀念碑

● 資料來源：陳鴻圖《台灣史》。

　　一九四五年日本戰敗投降，消息傳來，萬民歡騰，慶幸脫離不公不義之殖民統治。詎料台灣行政長官陳儀，肩負接收治台重任，卻不諳民情，施政偏頗，歧視台民，加以官紀敗壞，產銷失調，物價飛漲，失業嚴重，民眾不滿情緒瀕於沸點。

　　一九四七年二月二十七日，專賣局人員於台北市延平北路查緝私菸，打傷女販，誤殺路人，激起民憤。次日，台北群眾遊行示威，前往長官公署請求懲兇，不意竟遭槍擊，死傷數人，由是點燃全面抗爭怒火。為解決爭端及消除積怨，各地士紳組成事件處理委員會，居中協調，並提出政治改革要求。

　　不料陳儀顢頇剛愎，一面協商，一面以士紳為奸匪叛徒，逕向南京請兵。國民政府主席蔣中正聞報即派兵來台。三月八日，二十一師在師長劉雨卿指揮下登陸基隆，十日，全台戒嚴。警備總司令部參謀長柯遠芬、基隆要塞司令史宏熹、高雄要塞司令彭孟緝及憲兵團長張慕陶等人，在鎮壓清鄉時，株連無辜，數月之間，死傷、失蹤者數以萬計，其中以基隆、台北、嘉義、高雄最為慘重，事稱二二八事件。

斯後近半世紀，台灣長期戒嚴，朝野噤若寒蟬，莫敢觸及此一禁忌。然冤屈鬱積，終須宣洩，省籍猜忌與統獨爭議，尤屬隱憂。一九八七年解嚴後，各界深感沉病不治，安和難期，乃有二二八事件之調查研究，國家元首之致歉，受難者與家屬之補償，以及紀念碑之建立。療癒社會巨創，有賴全民共盡心力。勒石鐫文，旨在告慰亡者在天之靈，平撫受難者及家屬悲憤之情，並警示國人，引為殷鑑。自今而後，無分你我，凝為一體，互相以愛，相待以誠，化仇恨於無形，肇和平於永恆。天佑寶島，萬古長青。

財團法人二二八事件紀念基金會　謹立
【中華民國八十六年二月二十八日】

第三節　金融與土地改革

一、魏道明擔任台灣省主席

二二八事件剛結束不久，美國駐華大使司徒雷登憤怒之下，親向蔣中正遞交一份「有關台灣局勢備忘錄」，嚴重抗議國軍在二二八事件中對台灣人的屠殺暴行。那時候，國共內戰方酣，蔣中正在貸款方面急需美國之援助，為了對美國的抗議作友善回應，蔣中正當機立斷，在 4 月 22 日把陳儀免職，並把長官公署改為省政府，任命戰時旅居美國與美國政壇有良好關係的魏道明為首任台灣省主席。

陳儀被免職召回南京後，暫時屈就中央政府顧問，不久就東山再起，改任浙江省主席，可是在 1950 年 2 月 1 日，內戰危急萬分的時候，他的部屬湯恩伯將軍揭發了他與中共暗通款曲的陰謀，因此被逮捕解送台北，於 6 月 16 日以「叛亂罪」執行槍決，可說是：「多行不義必自斃。」

魏道明於 1947 年 5 月 16 日到任，他在一年半的台灣省主席任期內，所採取的主要措施如下：

(一) 宣布解除戒嚴，結束清鄉，停止新聞、圖書、郵電檢查。

(二) 專賣局改為菸酒公賣局，除菸酒維持專賣外，其他如樟腦、火柴等開放民營。

(三) 鼓勵買賣自由，文具書籍和印刷統制等，均予以解除。

(四) 裁撤貿易局，改設物資調節委員會。

(五) 解除煤炭內銷管制，允許民營煤礦。

(六) 頒布「低糧價制度」。由當局規定每戶人家的標準糧，糧商必須在標準內低價供應，否則一律查辦。

總之，<u>魏道明</u>的開明政策，雖未能使台灣達到繁榮的目標，可是如與當時大陸各省比較，台灣在政治和經濟上都比大陸安定和進步。

二、陳誠主政台灣的政績

<u>陳誠</u>此人，廉潔自持，治軍嚴明，尤其對<u>蔣中正</u>忠貞不二，深得<u>蔣氏</u>的激賞和信任，可是在戰場上一直是個常敗將軍。在江西勦共，一敗塗地。戰後在東北和共軍交戰，也是個敗軍之將，是東北淪陷的罪魁禍首。然而因為<u>蔣中正</u>信任他，所以把退守台灣的重責大任交給了他。<u>陳誠</u>於 1948 年 12 月 29 日就任台灣省主席，不但把大陸軍民撤退到台灣的混亂局面穩定下來，又在台灣推動兩大新政，為台灣經濟發展奠定基礎。這兩大新政，一為實施土地改革，二為扶植民營企業。

(一)土地改革：

<u>陳誠</u>和<u>蔣經國</u>都曾在江西勦共時期頒布土地改革的方案，可惜都中途受阻而停擺。到了台灣以後，<u>陳誠</u>主政時首先實施土地改革，因採和平漸進之方式逐步推進，終於一舉成功。個中原因很簡單，在大陸時期，國民黨的高官很多都與封建地主有瓜葛牽連，甚至本人就是大地主。可是到了台灣，國民黨和地主們兩不相關，楚河漢界，涇渭分明，因此土地改革實施起來，得心應手，成績斐然。茲將<u>陳誠</u>在台灣實施的土地改革，簡要介紹如下：

1. **三七五減租**：38 年（1949 年）4 月，<u>陳誠</u>公布「台灣省私有公地租用辦法」，自同年第一期作物開始實施「**三七五減租**」。辦法是把地主從佃農所徵收的地租，由原來農地上主要農作物總收穫量的 50%，減低為不得超過千分之三百七十五，大大減輕了農民的負擔，增加了農民的收益，使農民生計獲得改善。

2. **公地放領**：40 年（1951 年）6 月，公布「台灣省放領公有地扶植自耕農實施辦法」，規定將政府及公營企業的土地放領給佃農。放領條件是：1.放領價格為該地主要作物年收量的 2.5 倍。2.十年分期償還。公地放領實施結果，到 1958 年為止，共計七萬二千甲，僅占公地總面積的四成左右。

3. **耕者有其田**：42 年（1953 年）1 月 26 日公布「實施耕者有其田條例」，要點為：
   (1) 地主保留限水田三甲、旱田六甲，超出保留限度的土地，由政府徵收再放領給現耕農。
   (2) 徵收價格為該農地主要作物年收量的 2.5 倍。
   (3) 對地主的地價補償為：七成用實物土地債券分十年償還，另三成則用公營的**四大公司（台泥、台紙、工礦、農林）**的股票一次償付。
   (4) 佃農以繳付實物的方式，分十年償還土地代金，使大批原承租地主土地耕作之佃農，搖身一變為「**自耕農**」。

※推動土地改革之成果

1. 徹底改善農村不合理之租（地主）佃（佃農）關係。
2. 增加農民收益，使農民子弟受教育機會大增。

3. 提高農民社會地位，促成農村社會階級流動。

4. 地主將土地資金企業化，促進產業升級。

5. 以和平漸進方式逐年推動土地改革，有別於大陸以暴力手段所推行之「土改」，對大陸人民可加強政治號召，亦有利於國際宣傳。

※實施「耕者有其田」成功之原因

1. 因應環境需要。

2. 推行決心堅定。

3. 準備工作充分。

4. 計畫擬定周密。

5. 執行態度認真。

(二)扶植民營企業：

在實施耕者有其田的同時，國民政府在台灣頒布了「公營事業轉移民營條例」，釋放**台泥、台紙、工礦、農林**等**四大公司**的股票，作為償付地價的債券，使地主將賣地收入轉為發展工業資金，為台灣私人企業的發展奠定基礎。同時為了扶植民營資本的發展，政府陸續採取了許多保護措施：

(1) 從 1950 年起，外來商品實施嚴格的進口管制，奢侈品一律禁止進口。

(2) 削弱外商競爭力，保護本省商品市場。

(3) 實施進口原料或設備者匯價較低，進口成品者匯價較高，以促進國內工業發展。

(4) 1950 年代末期，對民營企業擴大再生產和更新設備，作各種減免稅的優惠待遇。

(5) 鼓勵民營企業與外商技術合作，對此類外商給予報酬。

(6) 在 80 多個國家設立辦事處或貿易網站，協助民營企業推展外銷。

陳誠於 37 年（1948 年）底擔任台灣省主席，1950 年 3 月起升任行政院長，1954 年又當上了副總統，到了 1958 年 7 月更以副總統身分兼任行政院長，直到 1965 年 3 月陳誠病逝為止。在這十多年期間，陳誠在台灣的聲望和地位，僅次於蔣中正。台灣的土地改革和扶植民營企業，都是在此一時期展開。由於土地改革的成功，提高了農民的生活水準，促進了農業的迅速發展。同時地主把土地資本轉移為工業資本，也為台灣的工業發展奠定了深厚基礎。其次，更由於扶植民營企業的成功，使台灣人民的就業率大增，民生大獲改善，中產階級隨之崛起，有利於台灣經濟的穩定和發展，這可說是陳誠主政台灣十多年的政績。

● 蔣中正退守台灣

　　37 年（1948 年）的後半年，是國共在大陸決戰的時期。國民黨在三大戰役中，連戰連敗，兵敗如山倒。<u>蔣中正</u>心裡有數，知道大勢已去，終於選擇台灣作為退守的最後據點。為了確保台灣這個基地，<u>蔣中正</u>於 1948 年 12 月 29 日下令一直對他忠心耿耿的<u>陳誠</u>取代<u>魏道明</u>擔任台灣省主席，又任命<u>蔣經國</u>接替<u>丘念台</u>擔任台灣省黨部主委。翌年 1 月 16 日，又加派<u>陳誠</u>兼任台灣省警備總司令。這樣一來，<u>陳誠</u>實際掌控了台灣的軍政大權，無人望其項背。<u>陳誠</u>就任台灣省主席的時候，中國大陸的戰局已惡化到無可挽救的地步，兵荒馬亂，人心惶惶。幾十萬的大陸難民有如過江之鯽，倉皇逃入台灣避難，共產黨員也混水摸魚，夾雜其間，乘機潛入台灣。因此，<u>陳誠</u>就在 1949 年 5 月 20 日頒布台灣戒嚴令，嗣又設立「**警備總司令部**」以期貫徹執行戒嚴令。就這樣，這個戒嚴持續執行了將近四十年，直到 1987 年 7 月 14 日才由<u>蔣經國</u>宣布解除戒嚴，創下了戒嚴時期最久的世界紀錄。

　　<u>陳誠</u>主政台灣之初，由於國家戰局的逆轉，國勢岌岌可危，在國內外的強大壓力下，<u>蔣中正</u>於 1949 年 1 月 21 日宣布引退，由副總統<u>李宗仁</u>代理總統。<u>李宗仁</u>上台後，對於整個大局一籌莫展，對於國共和談也一無所成，終於 1949 年 12 月 5 日借口養病，流亡美國華盛頓，兩天後，<u>蔣中正</u>宣布國民政府遷移台灣，並以台北為臨時首都。在<u>蔣中正</u>宣布退守台灣之前，他曾於 1949 年 5 月底到台灣視察，最初住在高雄壽山，不久改下榻於台糖所建的台北草山賓館。由於草山優雅寧靜，風景宜人，使他以後就一直住在草山，可是他又覺得草山有「落草為寇」的忌諱，所以就**把草山改名為「陽明山」**，以表示他尊崇和效法明代大儒<u>王陽明</u>的心志。

　　當<u>蔣中正</u>來到台灣的時候，大陸上的國軍僅剩下<u>胡宗南</u>的三十萬部隊困守成都盆地，和<u>宋希濂</u>的幾萬部隊活動於四川南部。12 月 19 日，宋軍被殲，<u>宋希濂</u>也被捕。到了 1950 年 3 月，共軍又在西昌殲滅了<u>胡宗南</u>的大軍，<u>胡宗南</u>急速飛抵台灣，至此，中國大陸上的內戰，全部結束。中共控制了整個中國大陸，台灣則成為<u>蔣中正</u>所寄望之反攻和反共基地。<u>李宗仁</u>既已流亡美國，對於勦共戰爭無補實際，又妄稱要在美國「遙領國是」。於是在流亡到台灣的中央民意代表們的敦促和勸進之下，<u>蔣中正</u>於 1950 年 3 月 1 日在台北宣布「復行視事」，繼續行使總統職權。就這樣，國民政府正式退守台灣，在<u>蔣中正</u>的領導下，以台灣為反攻大陸的基地。

第五節　威權體制的建立

　　在 1950 年 6 月韓戰爆發，<u>蔣介石</u>原想落實「**一年準備、二年反攻、三年掃蕩、五年成功**」的口號，藉機反攻大陸，但並未獲得美國支持，<u>杜魯門</u>總統從「放棄國民黨」的立場轉為「防衛台灣」，派遣第七艦隊巡航台灣海峽，實施**台灣海峽中立化**，台灣成為冷戰時期西方「民主陣營」的一員。<u>蔣介石</u>在無法反攻大陸，但得到美國支持的前提下，便轉而加強台灣的內部控制，並於 1951 年開始接受軍事與經濟的「**美援**」。

一、戒嚴體制

　　原以鎮壓共產黨叛亂而制定的「**動員戡亂時期臨時條款**」（1948 年 5 月 10 日開始實施），加上新制定的「懲治叛亂條例」，隨著國民黨政權的移轉台灣，成為國民政府威權統治台灣的尚方寶劍，所謂行憲只是虛有其表而已，國家政權實際上掌握在<u>蔣介石</u>為首的國家安全會議上。

　　其中早期以警備總司令部，後來以國家安全局為首的情治網路，包括軍事情報局、校園黨部、教官系統，十分綿密且相互配合，又類似美國聯邦調查局(FBI)的法務部調查局，負有「政治警察」的任務，所屬人員部署於各級行政機構和公營事業的人事單位，俗稱「人二」，從事思想調查工作，製造所謂的「黑名單」，國民黨以此控制整個國家官僚體系。

二、中國國民黨的改造

　　列寧式政黨的國民黨從 1949 年 5 月 20 日開始戒嚴，限制集會、結社的自由、施行黨禁，<u>蔣經國</u>主導的「中央改造委員會」，建立與政府機制類似的各級黨部，整飭黨營事業；1952 年成立中國青年反共救國團，將兩蔣塑造為青年的導師，「蔣介石銅像、中正路、中正堂、中正公園、介壽、志清…等」類似**造神運動**般迅速遍布城鄉。

　　表面上為強化黨在軍中的指導地位，先後成立國防部總政治部（1950 年 4 月）、政工幹校（1951 年 11 月，即政治作戰學校），實質上則是透過軍隊的整編，使負責此事的<u>蔣經國</u>完全掌控國家軍隊。

三、僵化的官僚體系

　　國民黨政府為延續大陸「法統」，雖然實際統治區域僅及台、澎、金、馬，仍堅持「大中國」行政體制，中央政府設行政、立法、司法、考試、監察等五院，行政院設八部二會，為免淪為「地方政府」，先後將台北市與高雄市升格為直轄市，如此中華民國政府就轄有「二省二市」四個省級政府，當然首長是由行政院任命，縣市鄉鎮縣轄市首長雖開放民選，卻無人事、財政（主計）、警政、政風之自主權，保留

式的地方自治，事實仍採中央集權。尷尬的是省政府的角色，其管轄範圍僅略小於中央，擁有與中央相彷彿的行政結構，卻僅是經辦單位，疊床架屋的結果是行政繁雜化，效率牛步化，官員多量化。不合理的是，小小一個台灣支撐了一個「大中國」的「萬年國會」，在國大代表部分其功能最主要只是每六年選一次總統，憲政研究會和光復大陸設計委員會僅止於紙上談兵，有如海市蜃樓。

四、白色恐怖

1950 年代國民黨因國共內戰失敗而退守台灣，恐共情結下，聞「紅」色變，不幸的是國民黨在台灣並無堅實的基礎，二二八事件的震撼與陰影依然存在，高壓、恐怖政策乃成為鞏固政權的「必需之惡」(Necessary evil)，因此，在「反共抗俄」的大纛下，對於提出改革要求、批評強權政治的知識分子或反對運動者，皆予以無情的打壓，其中 1950 年 3 月 26 日公布的「**懲治叛亂條例**」及 1950 年 6 月 13 日公布的「**動員戡亂時期檢肅匪諜條例**」為白色恐怖形成的核心法制，當時不僅產生「**寒蟬效應(Chilling effect)**」，更因執行的偏差，產生不少冤案、錯案和假案。所羅織罪名不外：「匪諜」、「隱匿匪諜」、「陰謀顛覆政府」、「台獨」等，甚或誣陷「威脅」當權者之「政敵」，例如：前台灣省黨部主任<u>李友邦</u>、前台灣省政府主席<u>吳國楨</u>、前陸軍總司令<u>孫立人</u>將軍、籌組**中國民主黨**的<u>雷震</u>，基本上肅清匪諜在保障台灣安全；剷除政治異己在鞏固領導中樞，威權體制的確立，有助於台灣的經濟在穩定中求發展，當時從「**寧可錯殺一百，也不能錯放一人**」的執法態度來看，嚴重侵害人權；但從當時時空背景來看，嚴峻法制似乎情有可原，執行偏差則應該負起責任，蓄意迫害那就不可原諒了，大時代悲劇下的產物，吾人只能慨嘆命運的作弄，坦然的承擔起這**美麗的錯誤**。

五、省籍的分立

國民黨黨國體制的基礎乃是繼承日本殖民政府遺留下來的政治機制。在劃分日本人為統治階層，台灣人為被統治階層的前提下，並且強化台灣人與外省人的族群分隔乃為實際且必要的手段。

族群的分隔，人為的表現在「軍公教」長期來成為外省人的職場，各機構高階主管幾乎清一色是外省人，尤其國防、外交、財政、經濟等部會或思想性媒體、學術圈長期失衡，台灣社會也因而割裂和對立，這樣的結果表現出：官場語言為「國語」、商場語言為台語，無形中阻塞「外省人」子女進入實業界的道路，只好繼續選擇「軍公教」為棲身之所，政治結構的階層化更為惡化。

眷村的存在，延續於日人居住區的接收，長期「不改建」以及「選票區隔的需要」，封閉了「芋仔與番薯」的交流通路，國語政策推行的成功，維繫著外省人「弱勢族群」的優越感。一般皆認為二二八是族群分裂的原因，實則是開始，真正的原因應與上述有關。

六、地方派系的支配

國民黨統治基礎的穩固，一方面在消除舊社會菁英階層，一方面則重新建立地方新勢力。在消除舊社會菁英階層方面，1949 年以前二二八事件中虐殺民意代表與菁英，為了內戰而「收購大戶餘糧」（強制買收地主的米穀）、1949 年以後的白色恐怖及農地改革，都可看成是一體的一連串措施。殘存的地方型菁英則將之納編於地方選舉與農會的機制中。傳統之「仕紳階層」逐漸在台灣的政治、社會中喪失領導權，自然地抵消掉國民黨統治的阻礙。

在重新建立地方新勢力方面，重建農會系統（其附設的信用部是可觀的金融力量），並將黨組織分布於內，透過地方選舉，支配地方勢力角頭，助長地方派系之發展，予以默認並增加其潛在之聲望和影響力。而選舉提名原則，往往偏重豪門、世家，或遷就地方派系，迷信勢力人物之影響力。因此，地方黨部、農會系統、地方勢力（代表會）、鄉鎮區公所行政體系，乃共構成國民黨的地方基礎，派系與黑、金掛勾成為常態，如此穩固的地方派系共生體，也自然成為國民黨在地方型選舉中立於不敗的金湯堡壘。

● 安全與人權難兩全

1967 年 2 月蔣介石設立**國家安全會議**，成為行政院頂上的行政院，在國民黨一黨專制下，其中央常務委員會幾乎等同國家安全會議，之所以如此設計，原因乃在於使國家安全會議祕書長蔣經國能於幕後掌控權力。國家安全會議之執行機關為國家安全局，得以指揮警政署、法務部調查局、台灣警備總司令部、國防部總政治作戰部、軍事情報局、憲兵司令部、知青校園黨部，舊時代這些機構所製造的、祕密的安全資料，可說是限制異議人士罪名的證據，也可以是禁止留學海外的一些台灣人返鄉的依據，也就是俗稱的**黑名單**。

● 蔣經國的崛起

國民政府退守台灣以後，一則陳誠的勢力遍布軍政各界，二則經由國民黨的改造運動把 CC 派（陳果夫和陳立夫）的勢力趕出黨務系統，使得陳誠的勢力在台灣各階層，尤其在軍中，如日中天頗孚眾望，可是這並不為蔣中正所樂見。因為蔣中正是位脫不開中國傳統封建思想的領袖，依照中國傳統封建思想，帝王傳子，天經地義。因此，蔣中正在台灣也就刻意培養蔣經國建立勢力，以達成其大業傳承的目標，蔣經國在台灣的崛起經過，簡列如下：

(一) 1950 年 3 月 1 日，蔣中正在「復行視事」恢復行使總統職權後，3 月 21 日就任命蔣經國為「國防部政治部主任」，以掌控軍中的政治思想教育領導工作。

(二) 1951 年 7 月，蔣經國在台北北投區復興崗創辦「**政工幹校**」，以培養軍中的政工幹部，作為控制軍隊的耳目，以制衡黃埔為代表的軍事將領。

(三) 1952 年 10 月 31 日（蔣中正 67 歲誕辰），「中國青年反共救國團」（簡稱救國團）正式成立，蔣經國擔任救國團主任，長達二十年，掌控全國高中以上青年的軍訓工作。

(四) 1954 年 7 月，<u>蔣中正</u>設置「國防會議」，任命<u>蔣經國</u>為副祕書長。<u>蔣經國</u>就利用國防會議副祕書長的權力，掌控政工系統、特務系統與救國團。在黨政軍系統內，可謂大權獨攬，無人可及。

(五) 1965 年 1 月，<u>蔣經國</u>升任「國防部長」，徹底掌握台灣兵權。

(六) 1967 年 2 月，<u>蔣中正</u>將「國防會議」改為「動員戡亂時期國家安全會議」（簡稱國安會），由總統擔任國安會主席，<u>蔣經國</u>擔任國安會祕書長。國安會成為直接聽命於總統的「太上內閣」。

(七) 1969 年 6 月，<u>嚴家淦</u>內閣局部改組，<u>蔣經國</u>由國防部長躍升為「行政院副院長」。「<u>蔣經國</u>時代」已經隱然出現。

(八) 1972 年 3 月，<u>蔣中正</u>任第五任總統，<u>嚴家淦</u>也再度當選為副總統。此時<u>蔣中正</u>已經 86 歲高齡，<u>嚴家淦</u>最守分際，請辭行政院長兼職。6 月 1 日，<u>蔣經國</u>就任「行政院長」，「**蔣經國時代**」正式開始。

(九) 1975 年 4 月 5 日，<u>蔣中正</u>病逝，<u>嚴家淦</u>依法繼任總統。國民黨中常會則於 4 月 28 日推舉<u>蔣經國</u>為國民黨主席。

(十) 1978 年 5 月，<u>嚴家淦</u>繼任總統的任期屆滿，<u>蔣經國</u>順利當選第六任總統，1984 年再度當選第七任總統，直到 1988 年 1 月 13 日病逝為止。

　　其中<u>蔣中正</u>的**權力接班**，雖經過<u>嚴家淦</u>的過水（隔代傳承），但因一切按部就班，**黨政軍特，悉已掌握，蔣經國時代，有如水到渠成般到來**，1969 年 6 月<u>蔣經國</u>雖在行政院長<u>嚴家淦</u>之下任副院長，實質上則擁有最高權力，<u>蔣經國</u>時代於焉展開。1972 年 5 月，<u>蔣介石</u>又連任第五屆總統（副總統<u>嚴家淦</u>），<u>蔣經國</u>升任行政院長，是年<u>蔣經國</u>起用<u>謝東閔</u>為省主席，國民黨的台籍菁英<u>林洋港</u>、<u>李登輝</u>、<u>張豐緒</u>、<u>吳伯雄</u>、<u>高育仁</u>、<u>蘇南成</u>、<u>許水德</u>等開始從縣市長的寶座往上提昇，是所謂「**催（吹）台青**」。基本上，這種政治本土化的初始動機，除為國掄才的善意外，也是迫於反對運動日漸顯現的趨勢，而做出的安撫措施。1975 年 4 月<u>蔣介石</u>逝世時，<u>嚴家淦</u>雖升任總統，但是<u>蔣經國</u>則接掌國民黨成為黨主席，1978 年 5 月，<u>蔣經國</u>就任第六屆總統後，成功地完成權力接班。

二二八事件台籍菁英受難者名單

職別	姓名／籍貫	時任職務
學界	林茂生（屏東縣東港鎮）	臺灣大學文學院院長
	陳能通（新北市汐止區）	淡江中學校長
	盧園（新北市三芝區）	淡江中學化學科教師
	蕭朝金（彰化縣社頭鄉）	岡山教會牧師
醫界	施江南（彰化縣鹿港鎮）	台北市醫師公會副會長、二二八事件處理委員會委員
	郭章垣（嘉義縣溪口鎮）	省立宜蘭醫院院長
	郭守義	基隆市博愛醫院院長
法界	吳鴻麒（桃園市中壢區）	台灣高等法院推事（法官）
	李瑞漢（新竹縣竹南鎮）	台北市律師公會會長、台北市議員　　（今苗栗縣竹南鎮）
	李瑞峰（新竹縣竹南鎮）	律師，李瑞漢之弟　　　　　　　　（今苗栗縣竹南鎮）
	林桂端（台中市豐原區）	律師
	王育霖（台南市）	新竹地檢署檢察官、建國中學教師
	湯德章（台南市楠西區）	律師、台南律師公會人民自由保障委員會主委、二二八事件處理委員會台南分會治安組長
政界	宋斐如（台南市仁德區）	台灣省行政長官公署教育處副處長
	林連宗（彰化市）	制憲國民大會代表、台灣省參議會參議員、台灣省律師公會會長、二二八事件處理委員會委員
	王添灯（新北市新店區）	台灣省省參議參議員、《人民導報》社長、二二八事件處理委員會宣傳組組長
	楊元丁（桃園市八德區）	基隆市參議會副議長
	徐春卿（台北市松山區）	台北市參議員、二二八事件處理委員會交通組組長
	陳屋（台北市大龍峒）	台北市參議員
	李仁貴（新北市蘆洲區）	台北市參議員、台北電氣廣福產業股份有限公司董事長
	黃朝生（台南市下營區）	台北市參議員、醫師
	陳澄波（嘉義市）	嘉義市參議員、畫家
	潘木枝（嘉義市）	嘉義市參議員、醫師
	盧炳欽（嘉義市）	嘉義市參議員、醫師
	張七郎（新竹縣湖口鄉）	台灣省制憲國民大會代表、花蓮縣參議會議長、醫師
	黃賜（台南市）	高雄市參議員
	王石定（高雄市）	高雄市參議員
	葉秋木（屏東市）	屏東縣參議會副議長
商界	陳炘（台中市大甲區）	大公企業董事長
	黃媽典（嘉義縣朴子鎮）	經營嘉義客運、台南縣商會理事長、台南縣參議員
媒體	阮朝日（屏東縣林邊鄉）	台灣新生報總經理
	吳金鍊（台北市）	台灣新生報日文版總編輯
政治團體	陳復志（嘉義市）	三民主義青年團嘉義分團主任
	許錫謙（花蓮）	三民主義青年團花蓮分團股長、〈青年報〉〈青年週刊〉編輯
	張榮宗（嘉義縣朴子鎮）	三民主義青年團嘉義分團朴子區隊長、朴子鎮副鎮長

參考資料：李筱峰、陳孟絹《二二八消失的台灣菁英(1)(2)》增訂版。

臺灣省議會歷屆各縣市省議員名單

第一屆（48.06.24～49.06.01）　　66人 議長：黃朝琴；副議長：謝東閔		1. 民國 48 年 6 月 24 日行政院令將臺灣省臨時省議會改為臺灣省議會，並將臨時省議會第三屆第五次大會改為省議會第一屆第一次大會。 2. 任期仍自臨時省議會成立時起至 49 年 6 月 1 日屆滿。
縣市	姓名	備註
基隆市	張振生	
臺北市	李丙心、李良榮、胡克柔、陳大拔、陳茂榜、郭國基	
臺北縣	李建和、林世南、張彩鳳、陳天佑、賴森林	
桃園縣	王新順、黃宗寬、葉寒青	
新竹縣	許金德、許振乾、葉炳煌、陳俊宏	
苗栗縣	王天賜、黃運金、藍茂松	
臺中市	程冠珊、賴榮木	
臺中縣	李卿雲、李雅正、陳林雪霞、蔡鴻文	
彰化縣	林生財、陳筆、楊紅綢、謝東閔、蘇振輝	
南投縣	陳彩龍、蕭添財	
雲林縣	王安順、江文清、李萬居、林蔡素女	
嘉義縣	何甘棠、許世賢、蔡錦棟、賴淵平	
臺南市	林全祿、歐雲明	
臺南縣	王雲龍、吳三連、梁許春菊、郭秋煌、黃朝琴	
高雄市	李源棧、黃堯	
高雄縣	王國秀、朱萬成、林清景、黃占岸	
屏東縣	江金彰、葉慶源、劉盛財、蔡李鴛	
臺東縣	林尚英	
花蓮縣	林茂盛	
宜蘭縣	郭雨新、陳火土	
澎湖縣	郭石頭	
山地原住民	高永清　潘福隆	
平地原住民	高贏清	

第二屆（49.06.02～52.06.01）　　74人 議長：黃朝琴；副議長：謝東閔		
縣市	姓名	備註
基隆市	張振生、謝清雲	
臺北市	呂錦花、姚冬聲、郭岐、陳愷、陳重光、郭國基	
臺北縣	王宋瓊英、李建和、（李秋遠）、林世南、張彩鳳、陳天佑、賴森林 ※李秋遠議員當選無效，由張彩鳳遞補	
桃園縣	張富、葉寒青、簡欣哲	
新竹縣	許金德、陳錦相、鄭宋柳	
苗栗縣	黃運金、劉定國、藍茂松	
臺中市	徐灶生、賴榮木	
臺中縣	李卿雲、陳林雪霞、陳新發、蔡鴻文	
彰化縣	徐堅、莊北斗、陳筆、黃高碧桃、謝東閔、蘇振輝	
南投縣	李烏棕、林益川、蕭添財	

縣市	姓名	備註
雲林縣	李萬居、林牛港、林王紫燕、林蔡素女	
嘉義縣	何茂取、吳泉沝、許世賢、蔡錦棟、賴淵平	
臺南市	林全祿、魏東安	
臺南縣	王雲龍、梁許春菊、許寬茂、郭秋煌、黃朝琴	
高雄市	李源棧、林澄增、蔡文玉	
高雄縣	王國秀、朱萬成、林清景、黃占岸	
屏東縣	卜慶葵、江金彰、張豐緒、劉盛財、蔡李鴦	
臺東縣	洪掛	
花蓮縣	馬有岳	
宜蘭縣	郭雨新、陳世叫	
澎湖縣	許記盛、郭石頭	
山地原住民	黃國政、潘福隆	
平地原住民	章博隆	

第三屆（52.06.02～57.06.02）　74 人 議長：謝東閔；副議長：許金德		配合縣市長選舉本屆任期延長一年。
縣市	姓名	備註
基隆市	張振生、謝清雲	
臺北市	呂錦花、陳重光、黃光平、黃奇正、楊玉城、蔣淦生	
臺北縣	王宋瓊英、李建和、李炳盛、李秋遠、陳天佑、賴森林	
桃園縣	張富、葉寒青、許新枝	
新竹縣	許金德、陳興盛、葉炳煌	
苗栗縣	林為寬、徐享城、黃運金	
臺中市	吳一衛、賴榮木	
臺中縣	李卿雲、陳林雪霞、陳新發、蔡鴻文	
彰化縣	謝東閔、徐堅、莊北斗、陳筆、黃高碧桃、賴樹旺	
南投縣	李烏棕、林明德、劉金約	
雲林縣	王安順、李萬居、林牛港、林蔡素女、廖秉輝	
嘉義縣	吳泉沝、林福地、許世賢、蔣天降、蔡錦棟	
臺南市	白世維、歐雲明	
臺南縣	李銑、李雅樵、張文獻、梁許春菊、陳華宗	
高雄市	李源棧、黃堯、蔡文玉	
高雄縣	王國秀、朱萬成、余陳月瑛、黃占岸	
屏東縣	江金彰、林亮雲、張豐緒、蔡李鴦	
臺東縣	洪掛	
花蓮縣	徐輝國	
宜蘭縣	郭雨新、陳火土	
澎湖縣	鄭大洽	
山地原住民	黃國政、謝貴	
平地原住民	章博隆	

第四屆（57.06.02～62.02.01）71 人 議長：謝東閔；副議長：蔡鴻文		1. 1967 年 7 月 1 日臺北市正式改制升格為院轄市。 2. 本屆任期配合中央公職人員補選，奉行政院令延長至 1973 年 1 月底。 3. 1972 年 6 月謝東閔出任省主席，議長一職由副議長代理。
縣市	姓名	備註
基隆市	張振生（1970.1.5 歿）、蔡讚雄（1970.4.25 補）、謝清雲	
臺北縣	王宋瓊英、李建和、李炳盛、李秋遠、陳根塗、黃光平	

縣市	姓名	備註
桃園縣	何寶珍、吳伯雄、張富、葉寒青	
新竹縣	古燧昌、許金德、鄭宋柳	
苗栗縣	邱仕豐、湯慶松、魏綸洲	
臺中市	林傳旺、賴榮木（1968.10.2歿）、賴榮松（1969.2.1補）	
臺中縣	李卿雲、陳林雪霞、陳新發、蔡鴻文	
彰化縣	呂俊傑、陳筆、葉黃鵲喜、蕭錫齡、謝東閔	
南投縣	林明德、陳希哲、陳慶春	
雲林縣	王安順、王吟貴、林牛港、林蔡素女、廖秉輝	
嘉義縣	吳泉浝、林福地、黃宗焜、蔡陳翠蓮、蔡錦棟	
臺南市	白世維、趙森海、蔡介雄	
臺南縣	李雅樵、高育仁、梁許春菊、陳華宗、楊罄宜	
高雄市	李存敬、涂麗生、郭國基、蔡建生	
高雄縣	王國秀、朱萬成、余陳月瑛、黃占岸	
屏東縣	林亮雲、陳恆隆、董錦樹、蔡李鴛	
臺東縣	蔡聰明	
花蓮縣	黃金鳳	
宜蘭縣	郭雨新、陳火土	
澎湖縣	呂安德	
山地原住民	陳學益、謝貴	
平地原住民	李文正、章博隆	

第五屆（62.02.01～66.12.19）73人 議長：蔡鴻文；副議長：魏綸洲		本屆任期四年為配合縣長、縣市議員等同時改選，奉中央核定任期延至66年12月19日。
縣市	**姓名**	**備註**
基隆市	謝修平、張堅華	
臺北縣	黃光平、李玉泉、李炳盛、李儒侯、陳根塗、鄭貞德、戴麗華	
桃園縣	許信良、張富、葉國光、何寶珍	
新竹縣	藍榮祥、陳天錫、陳昌瑞	
苗栗縣	魏綸洲、林侕廷、黃秀森	
臺中市	廖榮祺、賴榮松	
臺中縣	蔡鴻文、陳新發、李子騛、張郭秀霞	
彰化縣	白權、柯明謀、洪木村、施金協、謝許英	
南投縣	林明德、謝明琳、張濰濱	
雲林縣	黃鎮岳、張賢東、王安順、王吟貴、黃陳瑟	
嘉義縣	簡維章、林爾昌、蔡陳翠蓮、涂延卿、蔡瑞仁	
臺南市	張丁誥、蔡介雄、趙森海	
臺南縣	林耿清、謝崑山、林秋龍、蔡江琳、江恩	
高雄市	蔡建生、朱有福、黃英雄、歐石秀、趙綉娃	
高雄縣	陳義秋、郭吳合巧、余陳月瑛、蔡來福	
屏東縣	董錦樹、蔡江來、邱連輝、陳施蕊	
臺東縣	洪掛	
花蓮縣	吳水雲	
宜蘭縣	陳洐汾、官來壽	
澎湖縣	高龍雄	
山地原住民	陳學益、華加志	
平地原住民	李文正、章博隆	

第六屆（66.12.20～70.12.20）77人 議長：蔡鴻文；副議長：魏綸洲	高雄市於68年7月改制為院轄市，原選出之議員繼續行使職權至任期屆滿。

縣市	姓名	備註
基隆市	柯水源、周滄淵	
臺北縣	李玉泉、李炳盛（67.11.9 辭職）、李儒侯、陳根塗、邱益三、陳金德、苗素芳	
桃園縣	李詩益、劉邦友、許新枝、張貴木、黃玉嬌	
新竹縣	藍榮祥、劉樹燻、陳天錫	
苗栗縣	魏綸洲、林佾廷、傅文政	
臺中市	廖榮祺、廖朝鋗、何春木	
臺中縣	蔡鴻文、洪振宗、李子駸、林漢周、張郭秀霞	
彰化縣	柯明謀、洪木村、王顯明、施金協、謝許英	
南投縣	張俊宏（69.9.19 解職）、白炳輝、謝明琳	美麗島事件
雲林縣	黃鎮岳、張賢東（67.6.12 辭職）、蘇洪月嬌、廖泉裕、陳錫章	
嘉義縣	林樂善、蔡陳翠蓮、黃永欽、呂秀惠、簡維章	
臺南市	蔡介雄、黃國展、林文雄	
臺南縣	蘇俊雄、蔡江琳、謝崑山（70.2.1 辭職）、林耿清、江恩	
高雄市	蘇順國、朱有福、趙綉娃、祝畫澄、施鐘响（70.2.1 辭職）	
高雄縣	陳義秋、郭吳合巧（70.2.1 辭職）、余陳月瑛、林再生、鄭李惠	
屏東縣	邱連輝、董錦樹、賴志榮、陳施蕊	
臺東縣	高崇熙	
花蓮縣	張俊雄	
宜蘭縣	林義雄（69.9.19 解職）、官來壽	美麗島事件
澎湖縣	高龍雄	
山地原住民	陳學益、華加志	
平地原住民	莊金生、林忠信	

第七屆（70.12.20～74.12.20）77 人 議長：高育仁；副議長：黃鎮岳		71 年 7 月新竹、嘉義兩市改制為省轄市，新竹、嘉義兩縣選出之省議員，仍維持現狀不予變動。
縣市	**姓名**	**備註**
基隆市	周滄淵、林水木、林漢周	
臺北縣	吳益利、李玉泉、李儒將、苗素芳、陳金德、黃聲鏞、劉炳偉、鄭貞德、鄭逢時、簡盛義	
桃園縣	呂吉助、李詩益、林清松、黃玉嬌、劉邦友、簡錦益	
新竹縣	邱泉華、藍榮祥、魏雲杰	
苗栗縣	林佾廷、林火順、傅文政	
臺中市	廖繼魯、廖朝鋗、廖榮祺	
臺中縣	洪振宗、李子駸、張郭秀霞、童福來、謝東春	
彰化縣	柯明謀、洪性榮、王顯明、施金協、施松輝、謝許英	
南投縣	白炳輝、陳啓吉、鄭文鍵	
雲林縣	黃鎮岳、廖泉裕、陳錫章、蘇洪月嬌	
嘉義市	黃永欽	
嘉義縣	呂秀惠、廖枝源、蔡陳翠蓮	
臺南市	蔡介雄、黃國展、林文雄	
臺南縣	高育仁、黃秀孟、蔡江淋、謝三升、謝鈞惠	
高雄縣	余玲雅、林仙保、林再生、林源山、陳義秋	
屏東縣	余慎、林瀆羊、謝漢津、簡明景、蘇貞昌	
臺東縣	高崇熙	
花蓮縣	張俊雄	
宜蘭縣	陳洎汾、游錫堃	

澎湖縣	林聯登	
山地原住民	李文來、陳學益	
平地原住民	林忠信、莊金生	

第八屆（74.12.20～78.12.20）　77人
議長：高育仁；副議長：黃鎮岳

縣市	姓名	備註
基隆市	周滄淵、林水木	
臺北縣	高文良、苗素芳、陳金德、黃聲鏞、劉炳偉、陳照郎、鄭逢時、簡盛義、劉克、王兆釧	
桃園縣	吳文妃、呂吉助、呂進芳、黃木添、黃玉嬌、劉邦友	
新竹市	莊姬美	
新竹縣	周細滿、魏雲杰	
苗栗縣	林佾廷、林火順、傅文政	
臺中市	廖繼魯、廖榮祺、何春木	
臺中縣	王玲惠、李子駿、張郭秀霞、童福來、謝東春、黃鈴雄	
彰化縣	洪木村、洪性榮、王顯明、張朝權、施松輝、謝許英	
南投縣	林宗男、陳志彬、陳啓吉	
雲林縣	黃鎮岳、廖泉裕、陳錫章、蘇洪月嬌	
嘉義市	黃永欽	
嘉義縣	呂秀惠、陳明文、李雅景	
臺南市	李明通、施治明、蔡介雄	
臺南縣	方醫良、高育仁、黃秀孟、蔡江琳、謝鈞惠	
高雄縣	余玲雅、吳大清、林仙保、洪周金女、陳景星	
屏東縣	余慎、林國龍、董榮芳、簡明景、蘇貞昌	
臺東縣	高崇熙	
花蓮縣	吳國棟	
宜蘭縣	林明正、游錫堃	
澎湖縣	林聯登	
山地原住民	李文來、翁文德	
平地原住民	洪文泰、陳建年、楊仁福	

第九屆（78.12.20～83.12.20）　77人
議長：簡明景；副議長：黃鎮岳、劉炳偉

1. 為配合省長選舉任期延長 1 年至 83 年 12 月 20 日。
2. 副議長黃鎮岳於任期中當選監察委員，改選後由劉炳偉遞補。

縣市	姓名	備註
基隆市	周滄淵、劉文雄	
臺北縣	江上清、周慧瑛、苗素芳、陳金德、陳照郎、游任和 劉　克、劉炳偉、鄭逢時、簡盛義	
桃園縣	呂進芳、邱創良、陳進祥、彭添富、黃木添、黃玉嬌	
新竹市	張蔡美	
新竹縣	周細滿、邱鏡淳	
苗栗縣	林佾廷、林火順、傅文政	
臺中市	何春木、金萬里、張溫鷹、賴誠吉	
臺中縣	郭榮振、童福來、黃正義、楊文欣、楊瓊瓔、劉銓忠	
彰化縣	林進春、洪木村、張朝權、陳振雄、游月霞、謝言信	
南投縣	林宗男、馬榮吉、簡金卿	

縣市	姓名	備註
雲林縣	曾蔡美佐、黃鎮岳、蘇文雄、蘇洪月嬌	
嘉義市	黃永欽	
嘉義縣	李雅景、連錦水、陳明文	
臺南市	李明通、陳榮盛、蔡介雄	
臺南縣	方醫良、黃秀孟、蔡江琳、謝三升、謝鈞惠	
高雄縣	余玲雅、吳大清、林仙保、林源山、鍾德珍	
屏東縣	余慎、邱茂男、董榮芳、簡明景	
臺東縣	高崇熙	
花蓮縣	王慶豐	
宜蘭縣	劉守成、盧逸峰	
澎湖縣	許素葉	
山地原住民	林春德、曾華德	
平地原住民	陳建年、楊仁福	

第十屆（83.12.20～87.12.20）79 人 議長：劉炳偉；副議長：楊文欣	1. 本屆議員增為七十九名，地方自治法制化後首次民選省議員。 2. 依第三屆國民大會第二次會議通過，憲法增修條文第九條第二項規定，臺灣省議會議員之選舉自第十屆臺灣省議會議員之屆滿日起，停止辦理。

縣市	姓名	備註
基隆市	程惠卿、劉文雄	
臺北縣	王兆釧、江上清、宋艾克、周慧瑛、周錫瑋、林錫耀、張清芳、陳照郎、楊泰順、劉炳偉、簡盛義、羅明旭	
桃園縣	呂進芳、邱創良、陳進祥、彭添富、黃木添、鄭金鈴	
新竹市	張蔡美	
新竹縣	邱鏡淳、張學舜	
苗栗縣	林久翔、陳超明、傅學鵬	
臺中市	王世勛、張溫鷹、盧秀燕、賴誠吉	
臺中縣	郭俊銘、郭榮振、楊文欣、楊瓊瓔、劉銓忠、顏清標	
彰化縣	周清玉、林進春、陳振雄、游月霞、謝言信、謝章捷	
南投縣	林宗男、張明雄、陳啓吉	
雲林縣	侯惠仙、曾蔡美佐、蘇文雄、蘇治洋	
嘉義市	黃永欽	
嘉義縣	許登宮、陳明文、黃永聰	
臺南市	林南生、陳榮盛、蔡介雄	
臺南縣	方醫良、葉宜津、鄭國忠、謝三升、謝鈞惠	
高雄縣	余政道、林仙保、楊秋興、趙良燕、鍾紹和	
屏東縣	余慎、林淵熙、邱茂男、曹啓鴻	
臺東縣	徐慶元	
花蓮縣	張福興	
宜蘭縣	陳歐珀（補選）、劉守成、盧逸峰	劉守成轉縣長
澎湖縣	許素葉	
山地原住民	林春德、曾華德	
平地原住民	林正二、楊仁福	

參考資料來源：臺灣省諮議會官網；黃源謀整理製表。

參考資料

行政院研究「二二八事件小組」：《二二八事件研究報告（上）（下）》，臺北：行政院，1992年2月。

張炎憲等：《二二八事件責任歸屬研究報告》臺北：二二八事件紀念基金會，2006

中研院近史所：《二二八事件資料選輯（一）～（四）》，臺北：中研院近史所，1992-1993。

王育德：《臺灣—苦悶的歷史》，臺北：自立晚報社，1993。

王建生、陳婉真、陳湧泉：《1947臺灣二二八革命》，臺北：前衛出版社，1990。

王思翔：《臺灣二月革命記》，上海：泥土社，1951。

臺灣省文獻會：《二二八事件文獻輯錄》，南投：省文獻會，1991。

臺灣省文獻會：《二二八事件文獻續錄》，南投：省文獻會，1992。

臺灣省文獻會：《二二八事件文獻補錄》，南投：省文獻會，1994。

江慕雲：《為臺灣說話—歷史的大悲劇》，上海：三五記者聯誼會，1948。

何應欽：《八年抗戰與臺灣光復》，臺北：黎明文化，1969年初版、1984年修訂九版。

李啓旭：《二二八事件綜合研究》，東京：二二八出版社，1988。

李筱峰、張炎憲編：《二二八事件回憶集》，臺北：稻鄉出版社，1989。

李筱峰：《島嶼新胎記》，自立晚報社，1993。

李筱峰：《解讀二二八》，臺北：玉山社，1998。

林柏維：《臺灣的社會變遷》，臺南：作者自版，2001。

勁雨：《臺灣事變真相與內幕》，上海：建設書局，1947。

柯喬治著，陳榮成譯：《被出賣的臺灣》，臺北：前衛出版社，1991。

夏榮和、林偉盛、陳俐甫譯：《臺灣、中國、二二八》，臺北：稻鄉出版社，1992。

孫宅巍：《1937南京悲歌—日軍屠城錄》，臺北：臺灣先智出版，1995。

莊嘉農：《憤怒的臺灣》，臺北：前衛出版社，1990。

許曹德：《許曹德回憶錄》：臺北：自由時代，1989。

許雪姬、方惠芳訪問：《高雄市二二八相關人物訪問記錄（上、中、下）》，臺北：中研院近史所，1995。

陳俐甫：《禁忌、原罪、悲劇—新生代看二二八事件》，臺北：稻鄉出版社，1990。

陳翠蓮：《派系鬥爭與權謀政治—二二八悲劇的另一個面相》，臺北，時報文化，1995年2月。

鹿橋：《未央歌》，臺北：臺灣商務印書館，1988。

楊逸舟著、張良澤譯：《二‧二八民變－臺灣與蔣介石》，臺北：前衛出版社，1991。

楊逸舟著、張良澤譯：《楊逸舟遺稿－受難者》，臺北：前衛出版社，1990。

楊碧川：《二・二八探索》，臺北：克寧，1995 年 2 月。

葉芸芸編：《證言 2.28》，臺北：人間出版社，1990。

閩臺通訊社：《臺灣政治現狀報告書》，1947。

蔣永敬、李雲漢、許師慎編：《楊亮功先生年譜》，臺北：聯經，1988。

蔣渭川：《二二八事變始末記》，臺北：作者家屬自印，1991。

鄧孔昭：《二二八事件資料集》，臺北：稻鄉出版社，1991。

賴澤涵等：《二二八事件研究報告》，時報文化，1994。

李筱峰：〈戰後初期臺灣社會的文化衝突〉，思與言雜誌，29:4，1991。

當代第 34 期，合志文化事業，1989 年 2 月。

台灣的經濟奇蹟

CHAPTER

12

═══ 引 論 ═══

　　台灣經濟的發展與政治轉型息息相關，代表著政府與人民的辛勤耕耘，胼手胝足地邁過艱辛坎坷的歲月，從開發中國家，選擇市場經濟機能，配合長期經濟計劃，創造了繁榮的經濟奇蹟，被國際視為可貴的「**台灣經驗**」。

　　五〇年代台灣的經濟發展以農業為主，從農業社會以農為主的經濟模式，漸次發展輕工業，於六〇年代適逢能源危機，全球經濟不景氣，政府毅然實施「十大建設」，將台灣帶入工商起飛的時代，**重化工業**逐漸發展起來，成為經濟發展的命脈。近年由於東南亞和中國大陸的崛起，憑藉廉價的勞力、遼闊的土地、甚至廣大的市場，使台灣傳統產業無法與其競爭，加以經濟特區的不斷成立開發，大量吸引外資湧進投資，在技術上亦力求突破，有如「吸星大法」般的引進外來資金進行技術移轉，台灣面對大陸和東南亞的競爭，又面臨無法趕上美、日的水平，有如前無去路，後有追兵，令人十分的憂心，但我們若能從歷史中，重拾祖先艱苦開拓的精神，更重新找回台灣經濟奇蹟的成功特質，定能再創佳績，找回驕傲。

● 憂患意識下的台灣

　　國共的內戰，所產生的歷史悲劇，不僅當年造成不少中國人命喪黃泉、更是有上百萬人流離失所，隨著國民政府在 1949 年 12 月 7 日正式播遷來台，也大大的改變台灣人和台灣地的前途和命運，是變好還是變壞，很難截然論斷，有時見仁見智，尤其若涉及本身的利益或情感，問題又更複雜，很難排除本位主義、民族情感、個人偏好、選擇性記憶或遺忘等因素干擾。

　　不過當年國民政府決定搬遷來台，並將台灣作為反共復國的復興基地，不管毋忘在莒也好，勾踐復國也罷，台灣所面對的環境和所要扮演的角色，即已大致決定，因而蔣中正復行視事後，即進行中國國民黨的改造，後來又因韓戰關係，國家安全、政治安定，又得美援支援，大幅改革當初在大陸貪汙腐化之惡習，有如杭廷頓(Huntington)教授所提出的開發中國家理論，全台軍民因中共的威脅，所產生之憂患意識，讓大家戰戰兢兢、胼手胝足、將危機化為轉機，把憂患意識轉化成前進的動力和團結的凝聚力。回顧那一段艱苦打拼的歲月，辛苦但踏實，貧窮卻堅定，在台的所有同胞，一起走過這段難忘的歲月，唯一的美中不足是**基本人權**和**人性尊嚴**受到相當程度的傷害，社會階層的形成及國家資源的分配，未能符合社會公益，思想文化受到一定的限制，不過台灣的經濟奇蹟確實國際矚目，國人也大致能分享成果，只是伴隨貧富懸殊的拉大，不患寡而患不均的問題將日漸惡化，尤其現今回顧，戰後台灣經濟處於亟待復甦的局面，當時台灣與遼東半島、津滬地區列為所謂中國三大經濟先進區域，在一定程度上必須扮演支持中國大陸經濟情勢惡化及戡亂戰爭的後勤角色。但二二八事件後，原本稍有復甦的經濟發展，受到大陸嚴重通貨膨脹的波及，也出現惡性的通貨膨脹，當時台灣經濟十分危急，病因包括：

(一) 日治時代伏下的肇因：二次大戰後期，臺灣銀行的銀行券發行額不斷的增加，加以戰事擴大，民生物質被徵為軍用，物資短缺，物價隨之飛漲。

(二) 受大陸政局的影響：1946 年 5 月臺灣銀行發行舊臺幣，回收日治時代發行之銀行券，然因舊臺幣與金圓券兌換的比率無法根據市場同步調整，大陸物價上揚後，大陸資金大量湧入台灣，台灣物質大量流入大陸，導致台灣的物價大漲。

(三) 收益嚴重不足：戰後台灣農村亟待重建，政府稅收不足，通貨膨脹日益嚴重。

　　最後，台灣不僅走出困境，更締造出經濟領域的「台灣經驗」，讓我們一起來探究，其成功的各項因素。

第一節　經濟奇蹟的原因分析

　　台灣在二次世界大戰結束時，金融紊亂，通貨膨脹問題嚴重，幸而由於台灣本身經濟體質健全，再加上政府實施經濟改革，不但有效控制通貨膨脹，進而奠下台灣經濟奇蹟的基礎。台灣經濟能夠在短期內復甦，究其原因何在？**自古之所以能成事，往往會用天時、地利與人和來分析，如果加上經濟生產四要素－土地、勞力、資本、技術；又用美國學者大衛‧伊士頓(David‧Easton)的系統論加以分析，我個人歸納台灣經濟奇蹟主要原因如下：**

(一)台灣位置之優越與關鍵【地利】

　　台灣在日治時期，即因位置優越，被當做大東亞共榮圈的中樞，台灣是歐亞板塊與太平洋板塊的交會地，是中國東南四省的門戶，且是東南亞與東北亞交通往來的通衢，台灣面積雖不大，但國際能見度卻絕對不低，正因台灣，交通便利，自古貿易興盛，經濟活動熱絡，經濟經驗與體質都十分健全，從荷蘭時期的亞太貿易基地，到今天想要達到的亞太營運中心，台灣永遠有著占有極佳優勢的良好地理位置。

(二)大陸撤退來台的資金與人才

　　1949 年國民政府播遷來台之際，中央銀行總裁俞鴻鈞自上海運黃金及美元來台，上海紡織業亦將機具、資本移轉來台，有助於穩定當時的通貨膨脹與財政困難的窘境。另外，撤退來台的一百多萬軍民中，有不少經濟專才，如嚴家淦、尹仲容、孫運璿、李國鼎等，他們不但填補日本技術人員撤離的空缺，更制訂許多財經政策，穩定台灣經濟發展。

(三)國民政府之正確決策帶領

1. 土地改革：為提高農業生產量，1949 年頒布〈三七五減租條例〉，其主要內容為：
　　(1)限定耕地租額最高不得超過主要產物全年收穫總量的 37.5%；(2)租用耕地一律

訂立書面租約，租期不得少於六年，期滿必須續訂租約，以保障佃權的相對穩定，提高農民改良土地與增加生產的興趣。1951 年又公布《臺灣省放領公有耕地扶植自耕農民實施辦法》，將國有及省有之耕地所有權移轉為農民所有，即所謂的「公地放領」，分五期辦理，放領面積達七萬一千甲以上。

　　1952 年再根據地籍資料，推行「耕者有其田」政策，其主要內容為：(1)凡私有出租耕地，地主保留水田三甲，或旱田六甲，超過之土地一律由政府徵收，轉放於現耕農民受領；(2)政府補償地主被徵收地之地價，其標準為徵收地主要產物全年收穫量的 2.5 倍，由土地債券七成及公營事業股票搭配補償；(3)政府徵收的耕地，一律放領於現耕佃農或雇農，放領地價與徵收地價相同，加算年息 4%，由受領農民十年內分二十期償付。土地改革不但刺激農民致力於農業生產，更重要的是將農業資本轉移至工商業資本，提供發展工商業豐厚的資金。

2. 穩健的經濟政策及改革措施：1949 年公布《臺灣省幣制改革方案》與《新臺幣發行辦法》，以新臺幣一元兌四萬元舊臺幣。是年另制定《愛國公債條例》，發行愛國公債。1950 年又推動《優利儲存款辦法》，以月息百分之七的高利率來吸收存款，以上金融措施對穩定物價產生極大的作用。另於 1949 年 7 月，成立〈臺灣地區金融事業管理委員會〉，**尹仲容**為實際主持者，除負責生產事務外，還籌劃物資分配，資金調度、對外貿易等工作，對生產事業的提升，頗有貢獻。

3. 經濟計畫的實施：自 1953 年開始實施第一期四年經濟建設計畫，主要的目的在求以最有效、最迅速的途徑，提高農工生產力，充裕物資供應，增加出口與減少進口，以求對內穩定經濟，對外改善國際收支狀況。其後連續實施第二期、第三期四年經濟建設計畫，成果相當可觀。

(四) 台灣人之天性勤儉打拚

　　國人刻苦耐勞、克勤克儉的民族性：台灣早期的農業社會中，除農曆新年稍作休息外，農民一年之中幾乎都無休假可言，勞工亦少有假期，此種現象充分反映國人刻苦耐勞與勤奮的民族性。克勤克儉的民族性，亦表現在儲蓄率的節節高升，1972 年即已超過 30%，高儲蓄率有利於資本的形成與累積。

(五) 日本奠下之工業、戶政、地政基礎

　　日人所遺留的基礎：日本在台灣進行土地改革、林野調查、米糖生產、水利設施、肥料及品種改良、產銷等農業經營，及交通、金融、度量衡統一、專賣制度等，及 1930 年代的工業化；基礎教育與職業教育培養相當程度的人力資源，這些基礎建設與良好制度，為台灣爾後的經濟建設奠下良好的基礎。

(六) 美國 1950～1964 年之適時經濟援助【人和】

　　適度使用美援穩定金融：1950 年韓戰爆發，原本凍結的美援恢復，1951 年至 1954 年間，共獲美國金援總計近四億美元，不但使政府預算中的軍費支出減輕，政府又善用美援物資的出售，達到收縮通貨、穩定幣值的作用。此外 1954 年《中美共同防禦條約》的簽訂，1958 年《中美聯合公報》的發布等，亦有助於台灣的穩定發展。

(七)國際局勢之經濟發展契機【天時】

國際經濟的繁榮:第二次世界大戰後,在美國的領導與各主要國家的合作之下,國際經濟呈現空前未有的繁榮局面。由於美國對大多數非共產國家給予經濟援助,解決了那些國家短期貿易逆差與長期經濟發展所需的資金問題;同時,原油價格低廉而穩定,在 1973 年以前每桶原油都低於三美元。在如此有利的情勢下,整個世界經濟保持不斷成長與繁榮的局面,長達二十餘年,台灣在此大環境下亦蒙其利。

(八)兩岸對峙下所激發的潛力

因為面對台灣海峽彼岸的中華人民共和國,隨時虎視眈眈的想要「血洗台灣→解放台灣→回歸祖國」是基於對國民黨政府領導高層的報復,還是統一大業的使命,或是對台灣同胞的關心,也許都有吧,其具體行動主要包括 1949 年的金門**古寧頭戰役**、1954 年**金馬砲戰**、1958 年**八二三砲戰**、1996 年總統大選期間之導彈事件(飛彈試射)等,我們只能安慰自己,生於憂患、死於安樂,無敵國外患國恆亡,台灣必須更努力,否則無法抵擋中共的吞併,更無法在國際上立足。因為台灣所擁有的,不是一個可敬的對手,而是一個可怕的對手。因為當時來台軍民已退無可退,再退下去,就要唱任賢齊的**傷心太平洋**了。

在台灣的經濟發展史上,台灣曾經第一的產業,對台灣在不同階段提供最大貢獻,按歷史階段,包含樟腦、糖、人口增加率、成衣、拆解廢船工業 W1(世界第一)、球拍、樂器、帽子、鞋業、雨傘、腳踏車、鍵盤、壓 A 片、晶圓代工等。

● 「經濟奇蹟」的特徵

受到前述眾多因素的刺激,台灣與經濟發展有關的幾項指標均是持續的成長,形成所謂「經濟奇蹟」,其特徵為:

(一) 經濟成長快速且物價相對穩定:1961 年至 1988 年的經濟成長率高達 9.3%,在亞洲四小龍中高居首位,1989 年至 1994 年的年平均成長率仍達 6.8%。相對於經濟快速成長,物價相對地穩定,1961 年至 1988 年消費物價年平均上升率為 5.6%,1989 年至 1994 年的上升率只有 3.9%。

(二) 國民生產總值(GNP)與平均國民所得大幅增加:依據亞洲開發銀行的資料顯示,1975 年至 1993 年間,台灣的 GNP 平均成長了 20.35%,冠於全亞洲。1952 年至 1985 年台灣 GNP 平均年成長率為 8.6%。國民所得在 1953 年為一百六十七美元,1993 年突破一萬美元。

(三) 經濟結構的改變:農業占國內生產淨值的比重從 1952 年的 32.2%持續下降,至 1965 年降為 23.6%,已低於工業產值的比重,而退居次要的角色;到 1980 年降至 7.7%,至 1993 年更降至 3.5%,在整個經濟體系內幾乎是微不足道。相反的,工業及服務業的生產淨值比重則從 1952 年起逐年增加,使台灣成為工商業並重的國家。

(四) 對外貿易蓬勃發展：台灣是出口導向型經濟，進出口貿易成長快速，成為世界第十三大貿易國，又因長期出超而累積甚高的外匯存底。

台灣的努力，讓全世界都看到了，我們曾多年蟬聯亞洲四小龍之首，外匯存底更是長期居於世界首位，不僅引起國際矚目，國人也感到相當自豪，以下我們將依序來探究，不同階段的背景、政策和所做努力、成果。

第二節　愛用國貨的進口替代期

進口替代階段可視為台灣經濟的**保護時期**，因為傳統農業經濟，物價波動甚大，主因係：(1)財政收支不平衡，國防支出常達政府支出的 50% 以上；(2)對外貿易入超；(3)人口增加快速：每年自然增加率為 3‰。因而抵銷了經濟發展的成果。

由於缺乏能源與技術、低資金儲備、外匯儲備少，發展工業不利，故政府採保護措施以安定經濟。保護時期為五○年代台灣經濟的主要發展，主要在實施土地改革政策和進口替代的工業策略，第一期經建四年計畫（1953～1956 年），第二期經建四年計畫（1957～1960 年），強調「**以農業培養工業，以工業發展農業**」，農工並重，使台灣經濟發展安然度過風雨飄搖的歲月。

在此階段，國內物資供應不足，外匯存底極為匱乏，政府經濟措施的特色是禁止與限制。對於某些進口商品固然嚴加限制，對某些出口產品亦加以限制。由於民間經濟不夠壯大，政府遂在經濟上採取下列的保護措施，對當時國民經濟有舉足輕重的影響，包括：

1. 設廠限制：促進職業安全衛生及產業發展，使資源合理利用，避免盲目投資形成浪費。
2. 自製率規定：節省外匯，輔導國內零組件廠成長。
3. 貿易限制：促進國內產業發展，並平衡國際收支。
4. 關稅保護：保護幼稚的輕工業發展，且增加稅源。

這段期間的出口貿易，農產品和農產加工品的金額均超過工業產品，可見農業部門對創造匯率的重要。同時在此期間，台灣的對外貿易處於入超局面，但入超金額逐年減少。出口以**美國**為最大市場，進口以**日本**為主要來源。出口產品中，按其金額之多少，依次為糖、米、茶、香蕉，以及紡織品。其中蔗糖出口在民國 46 年曾**占總出口的 62.37%**，可見糖業在台灣早期經濟發展中的重要地位。

第三節　拚命賺錢的出口擴張期

　　台灣是海島型經濟國家，經濟發展過程中原料、能源、機器設備、產品都必須透過對外貿易以維持正常經濟運作，出口導向的對外貿易可說台灣經濟發展最重要的動力，「進口－加工製造－出口」是台灣 1960 年代以來經濟發展的模式。

　　1962 年至 1972 年為台灣經濟出口擴張時期。1960 立法院通過〈獎勵投資條例〉，除對出口商品的租稅減免外，進口機器設備亦可申請專案低利融資，以及外銷產業各種低利貸款，對於主要的外銷產品如紡織、鋼鐵、橡膠、紙業等的成長具有正面的影響。

　　1960 年代開始，台灣工業生產淨額已超出農業，而且反應在出口上，為台灣經濟結構上的一大改變，台灣經濟進入**起飛時期**。1965 年至 1968 年的第四期經濟建設計畫和 1969 年至 1972 年的第五期計畫，重點大致一樣，都是在改善投資環境，改變經濟結構，提高生產技術和管理水準，同時大力發展加工出口工業，改善國際收支狀況。在不斷的努力下，台灣經濟出現一系列重大的變化：

1. 經濟結構從以農業為主，轉為以工業為主。

2. 台灣工業以進口替代工業為主，轉向以出口工業為主。

3. 工業內部重工業比重增加。

4. 工業部門發展不平衡，紡織工業式微、電子業迅速發展。

一、經濟起飛的因素

　　分析促成經濟從奠基到起飛的重要因素，約可分為下列三點：

(一) **政策的激勵**：在政府簡化手續、放寬外匯及外貿管理、免稅等措施的激勵下，自 1966 年相繼成立高雄、楠梓、台中等加工出口區，對於吸引投資、拓展外銷、增加就業機會等有極大的幫助。同時增加民營企業的貸款、外銷低利率貸款、獎勵出口的外匯政策、外銷退稅及工業輔導等措施，亦為帶動經濟起飛的重要因素。

(二) **吸引外資**：自 1960 年頒布《獎勵投資條例》，當時美國、日本等國經濟復甦已有相當成就，所吸引的外資，取代以往美援所提供的資金。直到 1980 年代為止，外資以日本最多，其次為美國。另外，華僑資本也是政府引進的重要對象。

(三) **經濟轉型**：1961 年至 1980 年是一個變化多端的時代，1971 年 10 月台灣被迫退出聯合國，隨後面臨許多友好國家紛紛與我國斷交，內憂外患接踵而至。1973 年開始第一次石油危機，一度造成國內物價的大幅波動，消費者物價上漲 10% 以上；其次是台灣的最大輸出國－美國，由於其國內市場的緊縮，導致外貿急遽惡化，進出口均出現負成長，經濟成長更創戰後以來最低的紀錄。為解決經

濟發展的瓶頸，蔣經國擔任行政院長後，對時局的因應之方，就是排除萬難作經濟建設，以圖長治久安之計，1974 年 1 月，他宣布正式推動台灣的十大建設，作為發展經濟的先鋒。另一項創造台灣經濟發展的因素即新竹科學園區的成立，新竹科學園區自 1979 年成立，此後一直擴充，可以說是以資訊工業產值居首位，即代表台灣高科技產業的來臨。

所謂「**十大建設**」即中山高速公路、西部縱貫鐵路電氣化、北迴鐵路、台中港、蘇澳港、桃園國際機場、中國鋼鐵廠、高雄大造船廠、石油化學工業、核能發電廠等。巨額的公共投資產生龐大的效果，適時的抵銷掉因為石油危機所產生的經濟衰退因素。因對台灣後來重工業基礎及相關產業發展影響十分重大，茲簡介如下：

1. 中山高速公路（國道一）

高速公路北起基隆，南迄高雄，全長達 374.3 公里，交流道 37 處，收費站 10 處。主要橋樑 8 座，最長者為中沙大橋 2,345 公尺，最窄 28 公尺。費時七年完成，耗資新台幣四百五十億元，於民國 67 年 10 月 31 日全線通車，當時，因工程龐大，一些保守人士，以台灣車少，尚無必要興建，蔣經國院長以其前瞻遠見，力排眾議，才能加以興築，也因此留下「今天不做，明天會後悔」的嘉言，今日審度第二條高速公路（福爾摩沙高）（國道三）的土地徵收之艱辛，不得不對經國先生，表示感佩。

2. 桃園國際機場（曾改為（命名）中正國際機場）

中正國際機場以三十年發展計畫，分三期投資建設。機場總面積達 1,078 公頃，計有跑道 3 條，滑行道 6 條，停機坪 65 處，航站大廈 3 座，貨運站 1 座等。第一期完成客運量 500 萬人次，貨運量 20 萬噸，跑道 1 條，航站 1 座等設施，滑行道寬 45 公尺。首期工程於民國 68 年 2 月 26 日完成啟用，現幾經擴建並更新設備，已臻國際水準，成為台灣對外空運最重要之門戶。

3. 西部縱貫鐵路電氣化

台灣鐵路西部幹線電氣化，自民國 63 年 7 月起施工，起自基隆終達高雄。山、海線均同時於 68 年完成鐵路電氣化。電聯車，計有 65 輛，沿線有變電站 11 處，電車線設備 1,175 軌道公里。工程效益有：增加路線容量，加大列車噸位，提高列車速度，降低運輸成本。

4. 北迴鐵路

北迴鐵路自宜蘭縣鐵路南聖湖站起至花蓮縣田浦站止。全長 81.6 公里，全線大小站共 13 處，橋涵總長 5,395 公尺，最長的橋為 380 公尺，隧道總長 31 公里多，最長者達 7,757 公尺，全線於民國 69 年 2 月通車。

5. 蘇澳港

　　蘇澳港位於宜蘭縣境之蘇澳灣，北、東、南三面環山，東南灣口面向太平洋，水域面積約 400 萬平方公尺，工程計分二期進行：第一期於民國 63 年 7 月開工，67 年 12 月完工，隨即開始營運，第二期工程復於 68 年 1 月開工。計有營運碼頭 14 座，儲水池七萬平方公尺，倉庫棧 3 座，修船塢 1 座，營運能量每年可達 660 萬噸。

6. 台中港

　　係建立於沙灘上之人工港，其規劃是以國際貿易之商港為主，同時利用挖泥填築大量新生地作為臨海工業區之用。位於今台中市梧棲區，北起大甲溪南岸，南至大肚溪北岸，西臨台灣海峽，港區面積共約 3,970 公頃，工程計分三期進行，第一期於民國 62 年 10 月開工，65 年 10 月完工並正式通航營運。港口寬 350 公尺，航道寬 300 公尺，長 1,500 公尺，水深 20 萬噸級船可候潮出入，年營運能量達 1,200 萬噸。

7. 中國鋼鐵廠

　　為改善我國工業結構，配合輕重工業，及國防工業之發展，計畫目標年產量為 600 萬公噸，後經<u>趙耀東</u>等人的努力，不僅成為國營企業的金雞母，對國家建設亦幫助甚大，有發揮「火車頭工業」之功能。

8. 高雄大造船廠

　　為了要厲行國輪國造、國修、國運政策並與貿易航運相配合，於 65 年完成中國造船公司高雄總廠。此廠擁有世界第二大船塢，具有造船、修船及機械製造安裝等能力，所製造船排水噸位最大可達一百萬噸。

9. 石油化學工業

　　台灣石油不多，絕大部分依賴進口，由於大量原油的提煉，同時帶動了石化工業的發展。民國 65 年在大社及林園兩地設石化工業區，利用石油的提煉物，充分供應塑膠及人造纖維等下游工業基本原料。

10. 核能發電廠

　　台灣電力過去均仰仗火力與水力發電，因經濟快速成長，因此政府積極計畫興建核能發電，於民國 58 年興建核能一廠，至 67 年間先後安裝第一部、第二部電機並聯發電，為我國電業史邁入核能發電之新里程。後來陸續完成核能二廠、三廠。近年在非核家園的理念下，貢寮核四廠，歷經抗爭、停工又復工，能源政策正考驗國人的智慧。

● 表 12-1「十大建設」一覽表

緣 起		民國 60 年(1971)我國政府退出聯合國後，雖喪失聯合國會籍，但政府有關部門及人民深刻體認欲從開發中國家躋身開發國家之林，必須從事十大經濟建設，俾使我產業結構脫胎換骨，人民生活水準亦能日漸提昇，並使國際人士對我國刮目相看，時任行政院院長蔣經國先生曾言：「今天不做，明日就會後悔」即為明證。
項目	交通	一場(空運)：桃園國際機場(原名中正國際機場)。 二港(海運)：台中港、蘇澳港。 三路(陸運)：北迴鐵路、中山高速公路(國道 1 號)、西部縱貫鐵路電氣化。
	重工業	大煉鋼廠(中國鋼鐵公司)、大造船廠(中國造船公司)、石油化學工業、核能發電廠(核一廠)
綜合效益	交通面	1. 解除交通瓶頸，暢通南北以利民行，更因南北交通順暢，減少商品運輸成本，逐步達成「貨暢其流」。 2. 促進區域平衡發展，加速東部及中部資源之開發與利用。
	工業面	1. 提高工業技術水準，增進工程經驗及設備能力。 2. 充裕電力及基本原料之供應，促進經濟生長，加速重化工業之發展。
	財政面	節省外匯支出，增加外匯收入，促使國際收支之平衡。

圖 12-1

● 資料來源：石文誠等著《簡明台灣圖史》。

第四節	沉潛蛻變的產業升級期

　　1979 年的第二次石油危機，再次對台灣經濟產生衝擊，出口產品競爭力因能源價格和平均工資的大幅提高而面臨挑戰，其中尤以石化業衰退最為嚴重，減產及停工現象十分普遍。為此，政府開始思考改變繼續發展重工業的策略，轉而強調發展高技術的密集產業。1979 年政府宣布積極發展機械、資訊、電子、電機、運輸工具等附加價值高、能源密集度低的技術密集工業，並確定這些工業為重點工業，予以優先發展。1980 年，新竹科學園區的設立，提供了一處高人力資源的產區，吸引海內外廠商前往投資。

　　八○年代中期後，台灣經濟環境發生一系列變化，因為新台幣大幅升值、勞力成本急遽上升；長期巨額貿易順差形成外部失衡；公共投資不足及民間需求疲弱，儲蓄率提高，形成內部失衡；加上全球貿易保護主義抬頭，致使對外貿易的進一步擴張受到阻力；而兩岸經濟關係的迅速發展，也成為影響台灣經濟發展的重要因素。此時傳統產業大量外移，對外投資加大，新興產業尚待升級，重化工業發展受到瓶頸；外需與內需失衡，游離資金泛濫，股票、房地產狂飆，造成「泡沫經濟」的危機。

　　政府積極調整步伐，迅速實行貨幣升值和開放島內市場，朝「自由化、國際化和制度化」三化的經濟方向發展，減少干預，擴大開放，確立新的市場機制，使台灣經濟更大程度地參與國際經濟體系。在進出口貿易方面，調降進口關稅稅率，並放寬內外投資限制。在金融方面，廢除利率與匯率管制；對島內外資本流動限制大幅放寬；基於金融自由化的原則，放寬對民間新銀行設立和金融業務的限制；同意新證券商的設立和准許外國投資機構正式到台灣設立分支機構。在公營事業方面也促其儘量朝民營方向走。

　　繼「十大建設」、「十二項建設」後，政府於 1984 年又推動「**十四項建設**」，企圖改善經濟與社會發展的失衡。進入九○年代後，政府又以〈**促進產業升級條例**〉代替執行二十多年的〈**獎勵投資條例**〉，引導經濟資源由**勞力密集**型產業轉向高競爭力的**資本及技術密集**型產業。積極鼓勵傳統部門勇於創新投資；確保對新興部門生產資源的有效供應；以工業的科技化支援服務業的發展。經過對經濟體制的大幅革新和對經濟結構的宏觀調整，台灣經濟自八○年代中期以來發生了一系列重大變化，首先為經濟成長速度趨於較為穩定的中度增長，擴大內需帶動經濟成長。而此時服務業開始成為主導產業。1986 年以前工業仍為第一大產業；但到 1990 年**服務業**已成為第一大產業。

　　產業升級初期成效，資本及技術密集型產業成為製造業的主力，但由於近年來投資環境的持續惡化，傳統產業大量移向海外，尤其大陸地區，重化工業及技術密集型產業雖繼續保持增長，但科技產業基礎仍十分薄弱，關鍵技術及零件供應仍嚴重依賴日、美等發達國家，產業升級還有很長的路要走。出口市場亦趨於多元化，貿易重點逐漸移向亞太地區。對美國出口比重逐年下降，對香港出口比重（實即大陸地區）則呈上升趨勢。在進口市場上嚴重依賴日本的局面尚未改變，對日貿易逆差仍居高不下。

基本上，台灣已由**資本淨輸入地區**轉變為**資本淨輸出地區**。1952 到 1983 年，僑資及外資對台灣直接投資金額為 30.98 億美元，但同期台灣對外投資僅 1.34 億美元。唯從八〇年代後期開始，台灣因經濟政策的調整，轉為大量對外投資，以 1988 年為例，對外投資額即超過僑外對台灣的投資，台灣成為資本淨輸出地區。資金外移和對大陸貿易的高度依賴，令人憂心。不過大體而言：在此期中，台灣國民總生產的年增率除了 1975 年受能源危機的影響降為 6.7%外，對外貿易方面，1981 年僅 14 億美元，1987 年便高達 186 億美元。1980 年中央銀行的外匯存底僅 22 億美元，1987 年已達 767 億美元，1994 年更高達 924 億美元。1995 年，台灣的外匯存底僅次於日本，排名居世界第二位。台灣的外匯存底曾超過 2,000 億美元，雖不如中國大陸及日本等，但仍名列前茅。近年台南科學園區的開發，更是產業升級的努力，企業根留台灣的決心，讓我們以更堅定打拼之決心，為台灣經濟奉獻一己之力。

● **兩岸經貿關係**

1980 年代以後，台灣與中華人民共和國間的經貿關係發生極大的轉變，兩岸結束長期軍事對峙的局勢，中華人民共和國改採「一國兩制」等和平統戰政策；台灣至 1987 年解除戒嚴後，亦開放兩岸交流，雙方轉為和平對峙關係。隨著台灣國內勞動力成本上升、台幣升值、土地飆漲、環保抗爭層出不窮等，加上對岸的投資環境均較台灣成本為低等因素，台灣工商界掀起一股中國經貿熱。

兩岸的經貿熱潮具有貿易成長率高、台灣長期出超等特點，貿易商品結構為台灣出口至中國大陸者是以工業產品為主，大陸透過香港輸入台灣者主要以農工原料等初級產品為主。

中國大陸為吸引台資精心設計一些策略，如：

(一) 糖蟻政策：以優惠條件吸引台資。

(二) 以台吸外：利用台資刺激其他外資跟進。

(三) 以台制台：運用到中國大陸投資設廠的台商與台灣本土廠商互爭國際市場，既可吸收資金、生產技術與管理經驗，也可發揮政治作用，如將台商的投資界定為國內投資，由鼓勵台商投資而逐漸實現三通與統一。

兩岸間經貿快速發展，香港已成為台灣僅次於美國的出口貿易地區，實際是轉往中國的間接貿易，台灣也成為中國的第四大外資來源（依序為香港、美國、日本），長期以來的「台－日－美」經貿關係，逐漸轉變為「台－日－中－美」等量齊觀的關係。

我們當前應理性謹慎，而且不貪心不自私，因為面對中共政權「以通促統」、「以商圍政」、「以民逼官」的策略須步步為營，才不至害人誤己。千萬不要像拚命三郎石秀一樣，得到卻失去更多，瞻前而未能顧後，希望能如張無忌，乾坤大挪移，在經濟合作架構協議(ECFA)中獲益者，能將利得部分補償受損者，如此台灣方能和偕安定，永保安康。

第五節　昇華重生的經貿突破期

　　誠如引論所言，台灣當前面臨嚴厲的挑戰，不但政治上紛擾不安，社會上貧富懸殊加劇，整體國家的趨勢走向，越來越「香港化」，台灣一定要把先人精神與成功因素找回來，千萬不要再內耗，全民同心齊力，不要再為失敗找藉口，而是要積極的為成功找出路，否則如何面對，美、德、日的先進障礙，韓、星、港的競爭壓力，東南亞、大陸、其他第三世界國家的崛起追趕，台灣面對的是全球化的競爭，或許產業外移的海外設廠及降低成本的引進外勞，都只是治標的偏方，但在國內所造成的失業率升高及全民共同付出的社會成本等副作用，促使我們宜尋求產業升級與產業轉型，在科技、資訊、文化、觀光等領域，力求突破以正本清源，用台灣人特出的打拼精神，堅強的生命毅力，定能再創另一個經濟奇蹟。

　　當前台灣過於熱衷政治而忽略了經濟，出口衰退、投資減少、消費不振，經濟三引擎幾近熄火，現階段正努力加入日本為首的 CPTPP（跨太平洋夥伴全面進步協定）及中國為首的 RCEP（區域全面經濟夥伴協定）難以突破，勢必影響台灣未來競爭力。有道是：「危機就是轉機」。唯有開創自我品牌，不斷的在技術上突破，才能夠保有優勢，不怕被取代，投入研發的工作，累積令人欽佩的成果，不但要讓台灣找回尊嚴，更要將台灣變成新矽谷，再搭配台灣的文化觀光產業，營造一個友善且有內涵的社會，讓來自世界各地的朋友，都能安心愉快的來欣賞台灣之美，並帶回永恆美好的回憶，我們不僅要把 MIT（台灣製造）商品行銷出去，更要讓台灣之愛傳出去，讓現代商品結合文化內涵，點亮人類智慧的光芒，照亮台灣未來的前途和希望。

台灣工業發展簡史

年代	發展史蹟
1887 年	「全台鐵路商務總局」成立，台灣開始興築鐵路。
1895 年	台灣割日，日人開始一連串在台的基礎工程建設。
1901 年	台灣第一座現代化糖廠成立－高雄橋仔頭糖廠。
1905 年	日人在台第一座水力發電廠－龜山發電所開始供電。
1908 年	全長 405 公里南北縱貫鐵路通車，1913 年阿猴到九曲堂開通，縱貫鐵路全線完成；高雄港開挖。
1909 年	美濃竹仔門水力發電廠建廠、旗山車站（已拆除）和旗山糖廠完工。
1928 年	桃園大圳完工(1916~1928)。
1930 年	嘉南大圳完工(1920~1930)，並採取米糖三年輪作制度。
1933 年	台北、東京無線電話試話成功，日月潭電力工程完工。
1934 年	日本四大財閥決定合辦台鋁公司。
1936 年	小林躋造就任第 17 任台灣總督，松山機場完工。
1945 年	日本無條件投降，國民政府開始接收日治國營事業，形成公營事業。
1948 年	大陸紡織廠多由上海開始搬遷來台。
1950 年	全台電力整修大致完成，興建高雄硫酸錏廠。
1952 年	・ 韓戰爆發，**美援**開始。 ・ 進口替代工業，發展民生輕工業。 ・ 台泥、台紙、工礦、農林四大公司移轉民營，台灣的土地資本轉變為工業資本。
1953 年	政府主導「**四年經濟建設計畫**」，從進口替代工業轉向出口工業。
1955 年	・ 台美簽訂 2000 萬美元貸款合約以發展台灣工業。 ・ 新竹玻璃製造廠開工。
1959 年	「奇美實業股份有限公司」成立，為台灣第一家壓克力板生產者。
1960 年	・ 通過**獎勵投資條例**，以減免租稅為手段吸引外商來台投資。 ・ 建立加工出口區。
1962 年	・ **工業產值首度超過農業產值**。 ・ 三陽機車開始生產。
1965 年	**美援停止**。
1966 年	・ 中國鋼鐵貿易公司成立。 ・ 台灣首座加工出口區在高雄成立。 ・ 台灣省經濟建設十年計畫，以「發展農業，配合工業」為重點。
1967 年	・ 行政院將發展國產汽車工業，列為經濟計畫重點。 ・ **拆解廢船工業躍居世界首位**。
1968 年	・ 高雄中油煉油廠落成典禮。 ・ 台灣第一包速食麵－生力麵上市。 ・ 自行車開始外銷國際市場。
1970 年	**工業局成立**。
1972 年	「客廳即工廠」、「屋頂即農場」鼓勵家庭代工擴大外銷政策化。
1973 年	・ 宣布推行「十大建設」。 ・ 設立「**工研院**」（工業技術研究院） ・ 政府列出七項重點工業：電子、金屬機械、食品、紡織、礦、農業機械、石油化學工業。
1974 年	・ 聲寶公司研製成功國產第一批遙控電視機。 ・ 國立台灣工業技術學院成立。

年代	發展史蹟
1977 年	• 亞洲最大職業訓練中心－**中區職業訓練中心**正式開幕。 • 首座核能發電廠開始發電。
1978 年	• **南北高速公路**全線通車，北起基隆、南至鳳山。
1979 年	• 桃園國際機場正式啓用。 • 中國鋼鐵公司正式生產。
1980 年	• 新竹科學園區開幕。 • 立法院通過「獎勵投資條例」案。 • 第二次石油危機。 • 行政院通過「**台灣經濟建設十年計畫**」，實質經濟成長率為 7.9%。
1981 年	• 政府正式選定**機械**、**運輸工具**、**電機**、**電子**、及**資訊** 5 項工業，為未來 4 年策略性發展產業。
1982 年	• 科學技術發展方案中將**自動化科技**、**能源科技**、**材料技術**、**資訊科技**、**生物技術**、**光電科技**、**食品科技及肝炎防治**等列為八大重點科技。
1983 年	• 台灣外匯存底突破一百億美元，創下新紀錄。
1984 年	• 施行勞動基準法。 • 行政院長俞國華發表「**十四項新建設計畫**」。
1985 年	高雄港貨櫃吞吐量激增，成為世界第四大貨櫃港。
1986 年	• 工業技術研究院為著手生產 256 k DRAM 與飛利浦公司訂約合作設立「**台灣半導體製造公司(TSMC)**」。 • 裕隆汽車推出第一台國產車「飛羚 101」。 • 行政院經建會研擬興建高速鐵路。
1987 年	• **台幣升值，外銷訂單萎縮，產業外移。** • 外匯存底突破 500 億美元名列世界第二位。 • **台灣地區解嚴，發表對共產圈之貿易自由化方針。** • 工研院延續 1979 年的科技專案向美國 RCA 公司引進積體電路技術，同時設立**聯華電子公司**，於 1989 年超大積體電路計畫衍生出「**台灣積體電路公司**」。
1988 年	美國宣布亞洲四小龍升格為「新興工業國」NIC 地區。（星港台韓）
1989 年	股市突破一萬點，成交值突破千億大關。
1991 年	• 經濟部決定全面開放大陸半成品進口，並准許所有廠商皆可間接進口大陸地區加工之半成品。 • 經濟部斥資 54 餘億元在雲林台西開發海埔地，作為國家第三煉油中心、中鋼第二煉鋼廠及石化重鎮；同年**台塑**擇定雲林麥寮設六輕，導致當地掀起地皮炒作。
1992 年	立法院三讀通過「就業服務法」成為引進外籍勞工的法律依據。
1993 年	農地釋出以開發工業區、工商綜合區以及重要科技事業投資案等 3 類列為優先。
1995 年	機械電機設備產業首度超越紡織業貿易出口金額。
1996 年	我國自製八吋矽晶棒進入量產。
1997 年	行政院長指出當年三大施政重點：**公營企業釋股**、**都市更新**與**國家基礎資訊建設**。
1998 年	• 經濟部推動國營事業投資生技產業，包括中油、台鹽、台糖、台肥、菸酒公賣局等。 • 我國進入世界貿易組織與歐盟的雙邊諮商，協議包括我國 8 月 1 日起大幅調降歐洲烈酒公賣利益，入會後開放小汽車進口等。 • 巨大企業的捷安特產品與英特爾奔騰二號晶片、保時捷跑車、NOKIA 個人數位助理(PDA)同時獲得美國《商業週刊》最酷產品獎。
1999 年	• 「中華衛星一號」成功發射升空。 • 發生 921 大地震。
2000 年	• 天下雜誌評選善盡社會責任之標竿企業，製造業入圍的有**台積電**、**統一企業**、**金車食品**、**奇美實業**、**裕隆汽車**、**聯華電子**、**台灣飛利浦**等企業。
2002 年	台灣成為世界貿易組織(WTO)會員國。
2003 年	1 月 25 日南部科學工業園區管理局正式成立。

年代	發展史蹟
2005 年	京都協議書生效，溫室氣體減量成為名國亟待面對的問題。
2013 年	12 月 30 日國道計程收費(ETC)正式啓用，22 座收費站走入歷史。
2014 年	7 月 31 日高雄市發生氣爆事件，引發都市工業安全的覺醒與重視。
2015 年	• 2015 年廢核遊行於台北、台南、高雄等三地舉行。 • 新北市八仙水上樂園發生派對粉塵爆炸事故。 • 台股股災，盤中指數一度大跌 583.85 點，跌幅逼近 7.5%，創下台股有史以來跌幅、跌點最大記錄。 • 高雄煉油廠停止運作，未來將進行土壤及地下水汙染整治。
2016 年	• 桃園市空服員職業工會發動中華航空空服員罷工事件。 • 復興航空 是台灣第一家民營航空公司，創立於 1951 年 5 月 21 日，主營國內航線以及區域國際航線。1983 年由國產實業集團接手經營，2016 年 11 月 22 日結束營業。
2017 年	• 桃園機場捷運完工。 • 6 月 30 日台灣行動網路 2G 走入歷史，正式完全進入 3G、4G、未來 5G 時代。 • 106 年 9 月至 114 年 8 月推動「前瞻基礎建設計畫」，內容涵括八大建設主軸：建構安全便捷之軌道建設、因應氣候變遷之水環境建設、促進環境永續之綠能建設、營造智慧國土之數位建設、加強區域均衡之城鄉建設、因應少子化友善育兒空間建設、食品安全建設，以及人才培育促進就業建設。 • 台南市區鐵路地下化計畫於 2017 年 3 月 15 日正式動工。
2018 年	• 9 月 5 日行政院核定公告：修正基本工資每小時為新台幣 150 元、每月基本工資為新台幣 23,100 元，自 2019 年 1 月 1 日起實施。 • 10 月 21 日重大工安事件，台鐵普悠瑪 6432 次列車在宜蘭蘇澳新馬車站發生翻覆意外，共 18 人死亡，215 人輕重傷。
2019 年	• 位在苗栗縣竹南鎮的台灣首座商業海洋風電離岸風場啓用。 • 台灣第五代行動通訊技術（5G）釋照。 • 6 月 20 日~7 月 10 日長榮航空空服員罷工事件。
2020 年	• 台鐵縱貫線成追線(成功-追分)雙軌化全部完工啓用。 • 新北捷運淡海輕軌藍海線第一期通車。 • 爆發 COVID-19 疫情，1 月 31 日行政院宣布擴增口罩生產線，以供應疫情期間對口罩的大量需求，同時宣布徵用口罩，並於 2 月 6 日施行口罩實名制。
2021 年	• 5 月 21 日行政院核定「六大核心戰略產業（資訊及數位、資安卓越、台灣精準健康、綠電及再生能源、國防及戰略、民生及戰備）推動方案」。

參考資料來源：國立科學工藝博物館－台灣工業史蹟館（加以增刪補修訂）。

我國經濟發展策略

年代	經濟發展策略
民國 40 年代 （1950 年）	1. 實施土地改革，完成耕者有其田，促進農民努力生產。 2. 控制政府支出，建立預算制度，善用美援，增加投資。 3. 發展進口替代品和民生必需品工業，也就是食衣住行的工業。
民國 50 年代 （1960 年）	1. 認清海島經濟特質，實施單一匯率，穩定經濟。 2. 獎勵儲蓄、投資，並歡迎僑資、外資，推動民營企業發展。 3. 拓展出口工業，創設加工出口區。 4. 推行出口政策，實施家庭計畫。
民國 60 年代 （1970 年）	1. 發展資本密集之鋼鐵、造船、石化工業。 2. 推行各個主要的交通建設，解除海陸空運瓶頸。 3. 繼續推動出口。 4. 加速農村建設及基層建設。
民國 70 年代 （1980 年）	1. 未來 10 年，傳統工業推行自動化，恢復國際上競爭力。 2. 發展技術密集工業，並配合國際工業之建立。 3. 創設新竹科學園區，吸引研究發展型技術密集工業。 4. 重視科技發展，生活品質及文化建設。
民國 80 年代 （1990 年）	1. 加速產業結構升級。 2. 加強投資之基礎設施及污染控制。 3. 公營事業民營化。 4. 繼續推動經濟自由化與國際化。

資料來源：李國鼎、葉萬安，台大三研所「經濟發展專題」課堂講義。

參考資料

高希均、李誠主編：《台灣經驗四十年(1949~1989)》，台北：天下文化，1991。

陳正茂：《台灣經濟發展史》，台北縣中和市：新文京開發，2003。

文馨瑩：《經濟奇蹟的背後－台灣美援的政經分析》，台北：自立晚報社，1990。

林鐘雄：《台灣經濟發展四十年》，台北：自立晚報社，1989。

《台灣土地改革論叢》，經濟部工礦計畫聯繫組非洲及拉丁美洲資料中心編印，1963。

王塗發：〈戰後台灣經濟的發展〉，收入《台灣史論文精選》，玉山社，1996。

朱雲漢：《寡占經濟與威權體制－收入：壟斷與剝削》，台北：臺灣研究基金會，1989。

谷浦孝雄等：《台灣的工業化－國際加工基地之形成》，人間出版社，1992。

林鐘雄：《台灣經濟經驗一百年》，台北：三通圖書公司，1995。

段永璞：《台灣戰後經濟》，人間出版社，1992。

康綠島：《李國鼎口述歷史－話說台灣經驗》，台北：黎明，1993。

許嘉猷：〈台灣農民階層剖析〉，載於台灣研究基金會《解析台灣經濟》，台北：前衛出版社，
　1992。

彭懷恩：《台灣發展的政治經濟分析》，台北：風雲論壇，1992。

楊彥騏：《台灣百年糖紀》，台北：貓頭鷹出版，城邦文化發行，2001。

趙既昌：《美援的運用》，台北：聯經出版社，1991年12月。

劉進慶：《台灣戰後經濟分析》，人間出版社，1993。

簡後聰：《臺灣史》，台北：五南，2001。

薛化元等編撰：《台灣貿易史》，台北市：外貿協會，2008年1月。

石文誠等著：《簡明臺灣圖史》，台北：如果，2012。

孫震：《世界經濟走向何方？點亮儒學的明燈！》，台北：台大出版中心，2013。

台灣的社會變遷與政治發展

CHAPTER 13

引 論

在以**農業培養工業**，以**工業發展農業**的政策大方向引導下，台灣社會快速由農業社會轉化成爲工商社會。經濟的發展，就像引領社會前進的火車頭，不僅帶來產業結構的變動，更讓社會發生巨大的變遷，如新階層的產生、都市人口的增加、教育體制的變動等。而政治情勢之演變，亦因國內外因素的變化而呈現不同階段的發展，由戒嚴到開放，從一黨獨大到多黨競爭，並從威權到民主的過程中，台灣的政情變得多元而複雜，甚至已邁進國際舞台與**世界和平**及**超級強權的勢力競逐**，密切結合在一起，尤其在**全球化**的推波助瀾下，台灣已然成爲**地球村**重要的一員，無人可以忽視我們的存在。期盼國人同胞自立自強，在國際社會中，方能立於不敗之地。

第一節　農業社會轉型工商社會

● 社會階層與社會流動

光復後台灣社會的變遷快速，在職業、教育、城鄉，甚至財富等層面均有明顯的轉型。這些現象深刻影響台灣社會各階層的結構和社會流動的態勢。

(一)家庭所得分配與社會分層

財富分配不均是構成社會階層化現象的一個重要側面，而**家庭所得分配**則是測量此一現象常用的指標。若將台灣的家庭所得按戶數來做五等分位，1964 年至 1990 年間，最高和次高所得組家戶比率始終高達 60%，而最低和次低所得組家戶比率約占 20%，顯示高所得家戶遠多於低所得的家戶，似乎有一種「均富」的趨勢，異於日治時期和清領時期較接近「均貧」的狀態。

儘管如此，所得分配是不可能完全相等的，不均的現象依然存在。1964 年至 1990 年間，台灣最富五分之一家庭的所得是最貧五分之一家庭的四至五倍，其比率變化呈先降後升之趨勢，有如**「U」字型**，1960 年代大致保持五倍的比率，1970 年代呈逐漸下降的趨勢，1980 年代由四倍逐年上升至五倍。蓋因 1960 年至 1970 年代是台灣的工業化時期，一方面農家急遽減少，蛻變成為勞工家庭，提高了所得，另一方面因農家部分人口就業於工業部門，或其家庭副業與兼差的關係，農家的非農業所得大幅地增加，使得家庭貧富的差距逐漸縮小了。1980 年代台灣開始面臨工業升級的轉型期，甚至邁入後工業預備期，在財富已累積至相當水準，卻無適當或足夠的管道疏通下，遂產生以房地產、股票及「大家樂」為主的**金錢遊戲**，加上金融投資的開放與多元化加速了**所得重分配如「M」型社會**，促使家庭貧富差距的擴大。

其次，都市化程度不同地區的家庭所得的確有顯著之差距。大致而言，1964 至 1990 年間都市地區的家庭所得平均較高，其次是城鄉地區，其每戶平均所得只占前者的 80%，鄉村地區每戶平均所得最低，只約占都市地區的 70%。近年來都市和鄉村間的家庭所得差距有擴大的趨勢。此外，農家所得顯然不如非農家所得，1964 至 1990 年間，農家所得占非農家所得的 75～83%。根據《臺閩地區農漁業普查報告》指出，相對於**專業農戶的急遽減少，兼業農戶迅速增加，成為台灣農業的主體**，1960 年至 1980 年間專業農戶由 48%降為 9%，而兼業農戶則由 52%升至 91%，可見農業所得中以兼差來源為大宗。

(二)階級流動

就戰後台灣各類階級的世襲或傳承情形觀之，據 1987 年的家計資料顯示，比率最高的是**工人階級**，高達 33.6%，其次是經理階級占 24.4%，農民階級 20.3%，居第三位，而資本、小資本家則各占 10%。若比較 1976 年的資料，則各類階級呈顯著增加者只有經理階級，由 20%增為 24.4%，增加原因或與該階級特別注重下一代的**教育**有關。至於顯著減少者有小資本家階級和農民階級，前者由 24%減為 10%，後者則由 40%減為 20%，此應與社會及職業結構變遷有關，亦即台灣由農業社會進入工業社會，職業結構由一級產業轉型為二、三級產業，迫使大量農民轉業及傳統小規模的家庭企業相對萎縮。此際，工人與資本家階級的世襲情形，變化不大。

其次，關於階級的流動情形，流出方面，各階級都以流至工人階級的比率最高，資本家、小資本家、工人階級流入比率均高達 80%以上。流入方面，農民階級的自我補充程度最高，達 84.5%。換言之，兒子為農民階級者，其父親也大多數為農民階級。就各類階級的主要供給者而言，農民階級還是小資本家與工人階級的最主要供給者。上述情形反映出**台灣社會在產業結構和階級結構上的三項變化：(1)以農業為主的產業型態轉為以工業為主的產業型態；(2)相對於農民階級和小資本家階級的人數減少，除了工業工人階級迅速擴張之外，經理階級也增加了；(3)階級流動的現象有很高的比例是屬於由農民階級流動到藍領階級的情形，可見其中包含了相當高比例的社會職業結構流動在內。**整體而言，台灣的階級流動率約五分之三，而階級世襲率約五分之二。至於促成職業結構流動的主因是農民階級大量流出到藍領階級的結果。要之，台灣階級流動的主要來源不是個人供給面的流動機會增加，而是**社會需求面**帶來的結構性流動機會的擴充。

【第二節】 人口、教育與社會福利

一、人口變遷

1946 年，台灣人口約六百一十萬人，隨著中國大陸動亂，各省人士陸續遷徙來台，台灣人口驟增，至 1950 年，增為七百五十萬人。1951 年以後，由於國際局勢

及實施徵兵制度，台灣人口與外界的對流大幅減少，**自然增加**成為主宰台灣人口變遷的主要力量。高出生率而死亡率逐年下降之結果，1964 年，台灣地區人口突破一千二百萬人；1981 年，超過一千八百萬人；1986 年底，約一千九百五十萬人；1996 年底，已增達約二千一百五十萬人；現 2015 年，已超過二千三百萬人。

1951 年以後，人口遷徙的比例有限，但 1971 年以前人口的社會增加長期都是正數，亦即是移入型的人口，1970 年代起轉為移出型人口。

戰後台灣人口死亡率延續日治時期的特色，繼續急速下降，1947 年至 1961 年期間，粗死亡率由 18‰降為 7‰，其後，仍繼續下降，但趨勢漸趨緩和，1970 年代維持在 4.7‰。近年來，**年齡結構的老化，死亡率呈緩慢提高之勢**。至於出生率，戰後初期呈上升之勢，自 1951 年達於高峰，為 50‰，此後，開始逐漸下降。自 1964 年起，台灣正式推行**家庭計畫**，不久獲得相當大的績效，避孕實行率高達 78%，不亞於已開發國家，因此人口成長率顯著下降，迨至 1986 年已降至 16‰，35 年間下降了 35‰。近年來更接近 10‰，已明顯緩和人口快速增加的問題。如今，2015 年面對「**少子化**」和「**老年化**」社會的問題，政府政策轉為獎勵生育第三胎，希望達到質量並重。

二、教育推展

原住民的神話、傳說、生活技能，往往透過口耳相傳、會所、成年禮、慶典儀式等傳承下去，正因欠缺文字，有些便亡佚失傳。西元 1653 年，沈光文所搭船隻遇颱風漂流來台，就像上天的使者，使漢學在台灣傳播，推展平民教育之意義更是非凡。陳永華延續鄭成功儲賢館、育胄館的遺緒，西元 1665 年在台南倡建先師聖廟（孔子廟），建立明倫堂，成為全臺首學，使漢學在官方推動下變成台灣主流。人類之所以為萬物之靈，乃因知識的傳承，一般知識來源，主要三途徑：**創新、繼承**和**採借**，尤其人類建立學校制度（狹義教育），使得經驗傳承更具成效。

關於台灣的教育，清政府將台灣納入版圖後，在台灣建立官方教育制度，而官方與民間推動的書院以及私人講學活動，也在台灣陸續推展。台灣開港以後，西方傳教士來台傳教，為了訓練傳教人才，也為了便利傳教事業的推廣，西方西式教育開始引入台灣，在劉銘傳大力推動洋務運動之時，亦進行部分新式教育的建設，隨著劉銘傳的去職而告一段落。

日本領台以後，在台灣推動公教育，無論是初等、中等或高等教育都有相當程度的發展，台灣總督府對於台灣本地人接受教育的情形，往往採取打壓、限制或是歧視的態度。傳統書房、義塾在日治時代，一來遭到台灣總督府的打壓，二來也由於與近代新文化的發展有所隔閡日趨沒落。就台灣總督府試圖打壓台灣傳統文化的發展而言，則仍可被視為傳統文化傳承的重要機構。

戰後初期，國民政府在台灣積極推動台灣教育與中國大陸體制合一，而教育的內容也與訓政體制類似。政府遷台後，無論國民教育、中等教育、技職教育或是高等教育，在**質**或**量**上都有很大的成果。在強人威權體制時代，整個教育體制的發展由國家主導，從教育內容到學校興辦，都與國家政策密不可分，執政當局成為戰後

台灣教育發展最關鍵的因素。隨著解嚴（民國 76 年）、動員戡亂時期終止（民國 80 年），台灣社會逐漸朝向**自由化、民主化**的方向發展，教育的革新亦逐漸展開，從原由中央政策主導的教育發展，逐漸成為多元化、自由化的局面。

　　現階段十二年國民義務教育，2011 年正式啟動實施，2014 年更進一步實施免試入學制度，專責辦公室並早已掛牌運作，在經濟發展減緩，國家財政拮据情況下，充分展現政府推動教育的誠意，延續以往重視教育的傳統，前任總統陳水扁以一個鄉下三級貧戶之子，能憑藉教育，透過垂直性的社會流動，登上國家元首大位。雖然主要是由於歷史結構因素，過去台灣的教育成果大體是成功的，只有在歷史和思想教育上，因大時代的悲劇，而產生偏差，台灣的教育成就，仍然值得某種程度的肯定，主要成果包括：(1)九年國教教育普及(57.9.14)、(2)聯招制度教育平等、(3)高等教育突飛猛進、(4)技職教育後來居上、(5)技職教育體系提升、(6)私立學校蓬勃發展等。近年因高等教育開放過度和少子化之影響，教育將面臨重大衝擊和挑戰，希望能將傷害降到最低，使人才成為人力資源，是資產而非負債。

三、社會福利及安全制度的建立

　　政府遷台初期社會福利措施一直沿襲國民政府時期所制訂的舊法規，因此，逐漸無法因應台灣邁入工業社會急遽變遷的需求。1970 **年代開始，政府逐步建立完備的社會福利法制**，為社會福利事業的推展奠定良好的基礎。1973 年訂頒兒童福利法，1980 年訂頒老人福利法、殘障福利法及新的社會救助法以取代舊的社會救濟法（1947 年頒布），1989 年訂頒少年福利法（92 年 5 月 28 日合併兒童福利法為**兒童及少年福利法**），1990 年修訂頒布殘障福利法，勞工保險條例、職業訓練法及勞動基準法。以職業訓練為例，台灣的職業訓練工作開始於 1956 年，以委託工廠方式試辦職業訓練，1977 年更成立了當時亞洲規模最大的中區職業訓練中心。1981 年 3 月，內政部更進一步設立職業訓練局，專責統籌規劃和推動全國職業訓練、技能檢定及就業輔導工作。1983 年 5 月，制定公布「職業訓練法」，1987 年 7 月，職業訓練局改歸行政院勞工委員會。1973 年，台灣省政府在桃園市設立北區職業訓練中心。1985 年進而在台南官田工業區內設南區職業訓練中心，從事多目標、多功能的職業人才培育。迄至 1989 年 6 月 30 日止，接受過職業訓練的人數達十一萬四千五百二十人，對提高國民就業能力，減少社會失業問題，確實發揮實際功能。

　　1950 年 3 月，台灣省首先辦理**勞工保險**，為我國正式實施強制性社會保險之開端。同年 6 月，實施軍人保險。1958 年 9 月，辦理公務人員保險。1965 年 8 月，辦理退休人員保險。1980 年 10 月，辦理私立學校教職員保險。1982 年 7 月，辦理公務人員眷屬疾病保險及退休公務人員配偶疾病保險；同月，試辦農民健康保險，而於 1989 年 7 月正式實施農民健康保險。1989 年 9 月，辦理各級地方民意代表、村里長及鄰長健康保險。至 1994 年 6 月底為止有關健康保險的投保者約 1,240 萬人，占總人口數的 59%。即尚有占總人口 41%的國民未納入保險，其中多數是勞、農保被保險人的眷屬，以老人和兒童最多。這些弱勢群體不但是醫療上的高風險、高需求者，而且是不易在民間保險市場中獲得適切醫療的保護者。因此，擴大健康保險

的適用範圍至全體國民，成為政府在社會政策方面最迫切需要推展的重大措施。為了增進全體國民的健康，提供國民適當醫療服務，實施全民健康保險變成政府責無旁貸的政策。

1995 年 3 月 1 日，**開始實施全民健康保險**，主管機關為中央衛生主管機關，業務監理機關為全民健康保險監理委員會，爭議審議機關為全民健康保險爭議審議委員會，保險人為中央健康保險局，我國的社會安全制度從此邁入新紀元。近年來，從幼兒教育券的提供及內政部兒童局的設立，到兩性工作平等法、性侵害、性騷擾的防制到國民就業輔導中心三合一（媒合、職訓、救助）的推動，乃至老年照顧規劃的國民年金辦法亦已出爐，希望能許人民一個美好的未來。

第三節　都市化與社會犯罪

一、都市化

　　都市化是人民從鄉村遷移到都市地區的過程，或一個社會之人口居住在都市社區之比例的增加。台灣在工業化如火如荼進行下，伴隨工廠和加工出口區的興起，鄉下年輕人，紛紛離鄉背井，到城市中找機會，產生都市人口集中，鄉村人口流失且嚴重老化的問題，都市突然湧進大批人口，衍生的問題極多，其中物質層面，包括公共設施不足、交通紊亂、空氣汙染、違章建築林立、居住環境髒亂等；另外社會層面，則有如犯罪行為、詐騙頻繁、人情淡薄、色情問題等，其中最大的關鍵，在於傳統農業社會的**社會連帶關係已經解體**，匿名性的提高與流動性的增加，使都市變成生產中心的同時，也變成社會問題的溫床，台灣經濟起飛初期，在其背景下，所創作的歌曲「孤女的願望」及電影「一個女工的故事」，或唱或演，將當時繁華都市和工業化生活，描繪得淋漓盡致，當然也透露出，台灣女性，不僅走出廚房，且離開鄉下，來到都市謀生，更成為台灣工業生產的重要主力，也就是台灣經濟奇蹟背後真正的無名英雄。

　　廣義而言，任何一個城市，同時也是一個都市社區；任何一個都市社區不一定只有一個城市，而可能包括一個以上的城市或若干鄉鎮在內，故其範圍比較大，如一個**大都會**，除了一中心城市外，尚包括若干附屬於它的鄉鎮。以台北大都會來說，板橋、新莊、三重、新店、永和等都是其重要的衛星城市，同屬一個生活圈，不少無法在寸土寸金的台北市安居落戶的年輕尋夢者，只好過著東家討食西家宿的生活，這當然又加深了都市化問題的複雜性。最後都市邊緣人，也就是街友的問題，從歷史洪流裡的羅漢腳到今日中國大陸的盲流，問題跨越時空，亟待關懷用心。迄今我仍忘不了，在台北讀書的年輕歲月，曾對台北大橋下這群人表達關心的熱忱，同樣的曾經在國父紀念館迴廊，靜靜看著落日，真正需要關懷的外省老兵，他們是否記得我這個人，他們是否依然健在，繼續用他們殘破的餘生，見證這座水泥叢林都市的冷漠與疏離。

二、社會犯罪

法國社會學家<u>涂爾幹</u>(Emile Durkheim)從社會結構與功能觀點加以分析，認為犯罪係一般社會無可避免的規則現象。問題在於：台灣地區應存多少數量的犯罪率方屬正常？犯罪現象是否必然隨著工商業化而日趨嚴重？如何以科學方法掌握犯罪者、被害者及犯罪推移效應等諸多犯罪特性，並提出一套可行的預防犯罪策略才是治本之道。

社會治安一直是民眾最關心的議題，台灣犯罪型態近來趨向多元，伴隨台灣社**會香港化**，犯罪問題更是層出不窮，在此不能一一詳述，僅以幾個代表性犯罪類型來加以說明，其中以貪汙問題積弊已久。**貪汙犯罪**係指公職人員利用職務的方便或濫用職權而所求、期約或收受賄賂的利益犯罪，它係具有高度損害性與危險性的一種白領犯罪與職業犯罪或公務犯罪。

經濟犯罪對於整個經濟社會具有很高的損害性與危險性，它雖然沒有像暴力犯罪，造成慘不忍睹的殘酷場面，但是它干擾經濟秩序，腐蝕整個經濟結構或破壞經濟制度，對於國計民生造成極為嚴重的不良後果。一般而論，抗制犯罪應從治本上與治標上，同時謀求對策，並使用多種相互配合的手段，才能收到效果。經濟犯罪的抗制當然也不例外，必須從各種不同方面同時並進，包括研究形成經濟犯罪的因果關聯、設法去除各種促成經濟犯罪的環境因素、從速訂立刑事實體法與刑事程序法上的有效條文、建立對於工商企業活動的經濟監督制度等等，在編寫本書期間，恰爆發<u>王又曾</u>力霸集團掏空台灣 730 億案，讓人痛心疾首，政府若無法有效對付這些毫無人性的奸匪惡徒，何以向人民交代，**取締不法之所以保障合法**，政府再不施鐵腕以打擊經濟犯罪，真的要動搖國本了。

犯罪型態係隨著社會狀況的變遷，新科技的發明與運用，衍生各種新型態的犯罪，今已衍生不少以電腦為犯罪工具或以電腦為犯罪侵害客體的犯罪行為。凡以電腦為犯罪工具，或以電腦為犯罪目的之所有犯罪行為，均屬**電腦犯罪**。電腦在短短數十年間已逐漸成為人類社會活動所不可或缺的工具，惟電腦本身是欠缺判斷力的一種機器，假如電腦使用者故意輸入錯誤的資料，或給予錯誤的處理方式，電腦仍舊忠實地執行，而得出不易察覺的錯誤結果，極易被人非法操縱濫用，電腦系統必須建立周全的安全防護措施，並嚴格地執行稽核程序，方能維護社會公平正義。

近年因台灣社會更加香港化的結果，賭風更熾、**詐騙集團**更如雨後春筍般地崛起，通訊設備的普及化，詐騙行為無孔不入，又因兩岸共同打擊犯罪的協議未能落實，中國大陸成為犯罪溫床和犯罪者的天堂，這無一不讓我們憂心，並應積極尋求解決之道。至於犯罪者，大都是由本身所作所為而獲罪，並非因本身缺乏機會而遭致不幸，政府除了消極的對犯罪者施以矯治教育，加強更生保護，更應發揮大智慧，積極地將智慧型犯罪者導向正途，為國家社會做出正面的貢獻。

第四節　強人治下的台灣

一、動員戡亂與中央政府播遷來台

　　戰後，國共內戰方興未艾，1948 年 5 月 9 日，當時在南京的國民大會通過「動員戡亂時期臨時條款」，作為優先於憲法適用的「戰時憲法」，作用在擴大總統職權，以俾戡定中共之叛亂。其主要內容為：總統在動員戡亂時期，為避免國家或人民遭遇緊急危難，或應付財政經濟上重大變故，得經行政院會議之決議，為緊急處分，不受憲法第三十九條或第四十條所規定程序之限制，即總統對戒嚴和緊急命令的發布和行使不用受國會監督，以便擴大權力來戡定中共叛亂。動員戡亂時期之終止，由總統宣告之，臨時條款修訂或廢止，由國民大會決定之。於是而進入動員戡亂時期。

　　因戡亂勦共軍事節節失利，中央政府自 1949 年 4 月撤離南京後，一遷廣州，再遷重慶，三遷成都，最終乃有以台灣作為反共復國基地的想法。同年 **12 月 7 日**，行政院在成都召開緊急會議，會中討論並通過決議：**政府遷設台北**。

　　政府遷台後，即對有關人事作局部調整。12 月 5 日，行政院決議改組台灣省政府，原任主席陳誠專任東南長官，任命吳國楨為主席，委員二十三人，台籍人士占十七人。翌年 3 月 1 日，蔣中正為俯順輿情，復行視事。

二、集中兵力鞏固台澎

　　政府遷台後，表面看來局勢似尚穩定，事實上，除了撤退來台的海空軍比較完整外，各處的地面部隊幾乎都沒有得到整補，番號雖多，人員武器均感不足。此時中共又在東南沿海陳列重兵，企圖渡海來侵犯，形勢相當危急。當時國軍雖保有舟山、海南、大陳、金門、馬祖等島嶼，但兵力分散，容易被共軍各個擊破，尤其海南、舟山與大陳等地，鄰近大陸，遠離台灣，支援補給均感困難。政府乃決定次第實施**戰略撤退**，即從海南島、舟山島等地撤退以集中兵力，以鞏固台、澎基地。兩次戰略性的撤退，不但未引起台灣人心的不安，相反的，由於外島兵力集中，台灣的防衛力量因此加強，終使共軍不敢貿然進行攻台的軍事冒險行動。**1950 年 6 月 25 日**，北韓共軍進攻南韓的**韓戰**爆發，不久，美國總統杜魯門宣布派遣第七艦隊巡弋台灣海峽，暫時隔絕中國大陸對台灣及台灣對中國大陸的互相攻擊，台灣的安全性進一步獲得保障。

三、戒嚴法的實施

　　1949 年 1 月 5 日，陳誠繼魏道明出任台灣省主席，接著兼任台灣省警備總司令，不久，勦共軍事逆轉，共軍於 4 月 20 日渡長江後兵分三路進逼華南，台灣省政府暨台灣省警備司令部基於國防安全需要，宣布自 1949 年 5 月 20 日起，全省**戒嚴**。其要點為：

1. 除基隆、高雄、馬公三港外，其餘各港一律封鎖，基隆、高雄兩港市，每日上午一時起至五時止為**宵禁**時間。

2. 嚴禁聚眾集會、罷工、罷課及遊行請願等行動；嚴禁以文字標語或其他方法散布謠言。

3. 居民無論家居外出，皆須隨身攜帶**身分證**，以備檢查，否則一律拘捕。

4. 造謠惑眾、聚眾暴動、搶劫財物、罷工罷市、鼓動學潮、破壞交通者處**死刑**。

　　接著，隨國民政府播遷來台，動員戡亂時期與戒嚴體制發揮相輔相成效用，各機關相繼制定許多輔助戒嚴的法規，例如：**「動員戡亂時期檢肅匪諜條例」**、**「懲治叛亂條例」**、「戒嚴期間防止非法集會、結社、遊行、請願、罷課、罷工、罷市、罷業規定實施辦法」及「戒嚴期間新聞雜誌圖書管理辦法」等。根據上述法規，人民的言論、集會、結社、請願等基本人權受到限制。此類戒嚴法令隨局勢演變，時有修訂或廢止，即使是實行中的法規，在執行上亦時寬時嚴。政治案件層出不窮，許多人以「通匪（中共）」、「藏匿匪諜」、「涉嫌叛亂」、「企圖顛覆政府」等罪名而被逮捕，判處重刑或死刑，其中，冤案、錯案、假案而枉死者為數不少。

四、地方自治的實施

　　1946 年 2 月 3 日，台灣省八縣九省轄市、二百二十鄉、七十二鎮、六十五區、以及花蓮、宜蘭二縣轄市，分別舉行鄉鎮縣轄市區民意代表會之選舉，由村里民大會選舉產生。接著，由鄉鎮區民代表、職業團體會員選舉縣市參議員，於 4 月成立縣市參議會。5 月，由各縣市參議會選舉省參議員，組成省參議會。為戰後台灣地方自治之濫觴。

　　1948 年 5 月行憲之初，立法院著手草擬省縣自治通則草案，7 月底，完成初稿七十七條。嗣因大局逆轉，中央政府播遷來台，該草案一度被討論，旋束之高閣。1950 年 4 月 22 日，政府公布施行「**台灣省各縣市實施地方自治綱要**」，9 月，再度調整縣市行政區域，由光復初的八縣九省轄市調整為十六縣五省轄市，地方自治的籌備工作乃告完成。省政府於同年七月起，開始辦理第一屆縣市議會議員選舉；第一屆鄉鎮縣轄市區長選舉，同年 10 月陸續開始辦理。縣市議員、鄉鎮縣轄市民代表最初任期二年，1955 年起改為三年，1964 年起延長為四年。

　　1950 年 8 月，繼各縣市議會議員選舉之後，即分期辦理第一屆縣市長選舉。全省二十一縣市，計分八期辦理，直至 1951 年 7 月才陸續辦理完畢。縣市選舉自第三屆以後，均調整為全省同時改選，縣市長的任期規定為三年，1960 年第四屆起改為四年一任，連選得連任一次。

　　省參議員的任期原規定為二年，惟因政局動盪，奉准延長，直至 1951 年 12 月第一屆臨時省議員就職後方告屆滿。第一屆臨時省議會議員選舉，仍採間接選舉，至第二屆臨時省議會議員選舉，才改由公民直接選舉產生。由於省縣自治通則短期內無法公布實施，行政院乃於 1959 年 6 月 24 日決定第三屆臨時省議會於任內改稱

第一屆省議會。臨時省議會的任期原為二年，至 1954 年第二屆起改為三年，復於 1963 年第三屆省議會延長為四年。

關於省市長民選，中央政府播遷來台，省縣自治通則草案長期擱置在立法院，未能完成立法，台灣省省主席一直由官派產生，而省政府的組織亦未經國會立法通過。隨著反對勢力興起，強力要求省長民選及制訂法律規範省府。在這種情形下，1987 年起，執政黨研擬政治改革方案，將地方自治法制化列入考慮，1993 年通過**省縣自治法、直轄市自治法**及行政區劃法，1994 年 12 月完成省市長民選工作，產生宋楚瑜為台灣第一任民選省長，但後來又因行政層級之減少，以提高行政效率等原因之考量，隨即於 1998 年進行「精省」工作，廢除省長民選及省議會，首任省長成末代省長，省長被省掉後，台灣省長變成空前絕後的專有（屬）名詞。為整合省縣自治法和直轄市自治法，使地方自治有一完整法制，故於 88 年 1 月 25 日通過**地方制度法**，作為台灣地區實施地方自治的法源依據。

第五節　民主化與政權和平轉移

一、政治社會運動與政治參與的擴大

在戒嚴體制下，台灣的政治社會運動主要訴求如下：人權保障的呼籲、戒嚴法的反對、司法獨立的要求，中央民意代表全面改選的爭取、省市長民選的追求。茲詳述如下：

(一)關於人權保障的呼籲

1950～1960 年代，國內政學界、新聞界已常向政府呼籲保障人權，迨至 1970～1980 年代由於新興反對勢力的興起，對於政府違反人權的法律和措施，批判不遺餘力；加以國際上已不時表示關切和批評。政府因而有逐漸改進人權之措施，1987 年解嚴之後，侵犯人權事件逐漸減少發生，在完成政黨輪替後，提倡人權立國，總統府成立「人權諮詢小組」、行政院成立「人權保障推動小組」、90 年 4 月成立教育部人權教育委員會，最後在總統府設立「人權委員會」，以宣誓保障人權之決心。

(二)關於戒嚴法的反對

輿論對戒嚴法之批評，主要在於反對思想控制，爭取言論自由，以及反對黨禁，爭取人民集會、結社的自由。1950 年代《自由中國》是爭取言論自由的重要喉舌，1957～1960 年間，《自由中國》長期討論反對黨問題，最後決定組織「**中國民主黨**」，旋遭政府取締。1960 年《自由中國》停刊後，鼓吹言論自由的聲音減弱。迨至 1970 年代，透過中央民意代表增額補選，新興反對勢力興起，鼓吹言論自由的聲浪再起，例如《臺灣政論》、《八十年代》、《美麗島》等雜誌均是重要的言論團體。雖然政府一再查禁該類書刊雜誌，終究無法壓制反對者的聲浪，反對勢力不斷要求政府開放

黨禁，甚至於 1986 年 9 月 28 日不顧禁忌成立民主進步黨。政府為避免政治衝突，未依戒嚴法加以取締，翌年(1987)7 月 15 日，政府正式解除戒嚴，開放黨禁、報禁等，與戒嚴有關的法令陸續廢止或修訂。

(三)關於司法獨立

1950 年代《自由中國》、《公論報》等不時要求司法制度須做到審判獨立、審檢分離、司法人員退出政黨等。1970 年代，司法獨立的呼聲再起，結果於 1980 年 1 月 1 日政府開始實行審檢分離，高等法院與地方法院改隸司法院，行政院司法行政部改名法務部，掌理檢察、調查及監獄管理等事務。

(四)關於中央民意代表全面改選的爭取

1947 年，第一屆國民大會代表、立法委員及監察委員分別選舉產生，1949 年中央政府播遷來台後，中央民意代表一時無法改選，乃繼續延任，引起各方不滿。1969 年起，政府在輿論的鞭策下，制定「**動員戡亂時期自由地區中央公職人員增補選辦法**」定期辦理中央民意代表增補選，但一般輿論及新興反對勢力不斷要求全面改選。1978 年 12 月中美斷交後，改革的呼聲甚囂塵上，中央民意代表全面改選問題更加引起熱烈討論。1987 年 12 月 25 日，民進黨在台北市發動「全面改選國會」的群眾示威。翌年 2 月，國民黨中常會通過充實中央民意代表方案，訂定增額代表總數，鼓勵資深者自願退職。1989 年 2 月，立法院通過「**第一屆資深民代自願退職條例**」，但效果並不顯著。反對勢力繼續加以抨擊，而輿論亦不斷的批評。在這種情形下，政府終於排除萬難先後於 1991 年、1992 年全面改選國民大會、立法院；另透過修憲將監察院改為**準司法機關**，監察委員由總統提名，經國民大會同意後出任。依序完成中央民意代表的全面改選工作。

(五)辜汪會談

自 1987 年 11 月 2 日，政府基於人道、親情考量，宣布開放台灣地區民眾赴大陸探親以來，海峽兩岸民間各項社會、文化、經貿交流活動快速增加，因而衍生的一些問題亟需雙方協調解決。海峽兩岸負責交流的單位財團法人海峽交流基金會（簡稱**海基會**）辜振甫董事長與海峽兩岸關係協會（簡稱**海協會**）汪道涵會長代表於 1993 年 4 月 27 日至 29 日在新加坡進行會談。本次會談為民間性、經濟性、事務性與功能性之會談，海基會邱進益副董事長與海協會常務副會長唐樹備、副會長兼祕書長鄒哲開等參加會談。最後達成兩岸共同打擊犯罪，經濟、文教科技交流，能源資源開發與交流等共同協議，該協議並自簽署之日(1993.4.29)起三十日生效實施。

二、政黨政治的形成

四十餘年來，台灣地區能從一黨領政逐漸形成政黨政治，實根基於中央民意代表的增補選和全面改選，以及政治反對勢力的成長和反對黨的組成。茲分以下幾個方面說明政黨政治的形成。

(一)中國國民黨(KMT)之演變

四十餘年間，國民黨在台灣地區最大變化有三：一為民主化，二為本土化，三為自由化。所謂**民主化**，是指決策程序的民主和人選制度的民主。國民黨原為革命政黨，由於一直未能將中國完全統一，達到革命的目標，故一直維持革命政黨的屬性，惟其革命的屬性已愈來愈淡。1987年解除戒嚴、開放黨禁後，國民黨已與各反對黨立於平等的地位，在選舉中競逐政權。1991年12月的國民大會全面改選、1992年12月的立法院全面改選，反對黨的席位大增，對執政黨構成威脅，即為證明。至於黨內民主，在1989年、1990年以後，各級民意代表和縣市長的選舉，已普遍以黨初選制度作為提名作業參考。現中央委員、中常委、黨主席，亦均以票選方式產生。

所謂「**本土化**」，涵義有二：一為施政方針上，逐漸放棄以反攻復國或三民主義統一中國的目標，而確認「**台灣優先**」、「**統治權不及大陸**」的現狀。雖然1988年7月十三全大會所修訂的黨章，仍標榜「負有完成國民革命之使命，致力於實踐三民主義、光復大陸國土、復興中華文化、堅守民主陣容，建設中華民國為民主、均富、統一的三民主義民主共和國」，並於1991年成立國家統一委員會，訂出國家統一的近程、中程、遠程目標，1993年1月、2月間國民黨公開承認所謂的一個中國就是「一個在台灣的中華民國」。本土化的另一涵義是各種黨政機關的重要幹部中，台灣籍人士日漸增多，這種情形反映在台灣省政府委員、廳、處長的籍貫結構尤為明顯。

所謂「**自由化**」，乃因黨內無派系的情況被打破，更要面對政黨政治的競爭，即黨內派系浮現。從蔣經國去世以後，黨內主要派系為由省籍差異和統獨之爭而衍生的所謂主流派、非主流派。大體說來，主流派由台籍人士主導，擁護李登輝總統，在立法院以「集思會」的委員為代表，在政治理念上傾向於「**台灣優先**」、「**一個中國**」的情結日漸淡薄。非主流派由外省籍人士主導，本省籍人士中，有大陸情結者加入，初以司法院長林洋港、國家安全會議祕書長蔣緯國為中心，搭檔參與競選總統、副總統之提名；非主流派，以林洋港和先後任行政院長的李煥和郝柏村為中心，在立法院中以「新國民黨連線」的委員為代表。在政治理念上代表國民黨的正統，「一個中國」的情結仍揮之不去。政黨的分裂與合作，都是為了勝選，贏得政權，俾以實踐理念或維護既得利益，政黨政治運作，不但複雜得多，也自由得多。

(二)民進黨(DPP)之成立與發展

在戒嚴令下，憲法賦與人民集會結社自由之權被凍結，實施「黨禁」，由中國國民黨一黨長期執政，另以「反共宣傳費」扶助青年黨和民社黨為友黨，以充當實行「政黨政治」的門面。所謂「政黨」，必須以爭取政權與延續政權為前提，民社黨和青年黨兩黨，既沒有爭取執政權的能耐，又無法發揮監督執政黨的功能，基本上不能算是「有效政黨」，而被譏諷為「花瓶政黨」。

異議人士組織反對黨的過程備嘗艱辛。1960年「自由中國社」雷震結合台籍人士籌組「**中國民主黨**」失敗以後，異議人士暫時不敢進行組黨，而以「黨外」之名爭辦活動與國民黨相區隔。所謂「黨外」，是指「國民黨之外」，原本零散而無組織，

為了選舉在 1978 年底才形成「全省黨外助選團」，1979 年 12 月 10 日，美麗島雜誌社在高雄市舉行大遊行，當晚即遭慘烈的鎮壓，稱為**美麗島事件**，「黨外」的組織化並未因此而停擺。

黨外勢力重整旗鼓，於 1980 年底恢復的增額中央民意代表選舉中，成績斐然可觀，在七十六席國大代表中獲得十二席，七十席立法委員中獲得十三席，特別值得注意的是，美麗島事件受刑人屬「代夫出征」(<u>許榮淑</u>、<u>周清玉</u>)、「代兄出征」(<u>黃天福</u>)者全部當選。1981 年底，舉行省議員、縣市長、北高兩市議員三項地方公職人員選舉，黨外候選人以黨外推薦方式，成功地將其提名候選人的絕大多數安全護送上壘。

在連年告捷後，黨外人士開始認真討論組織政黨的問題。1982 年 10 月，黨外的《博觀》雜誌推出「組黨專輯」，討論組織反對黨的問題，旋即遭警總查禁，雜誌社創辦人<u>尤清</u>更遭受恐嚇。

1984 年 5 月 11 日，黨外公職人員成立「黨外公共政策研究會」(簡稱「**公政會**」)，黨外自此出現常設組織。1986 年初，「公政會」在台灣各地籌備成立分會，6 月，以<u>康寧祥</u>為首的「公政會首都分會」向總會建議於 1987 年正式成立新政黨。7 月初，公政會祕密組織「組黨行動規劃小組」。9 月 28 日上午，黨外人士一百三十餘人在圓山大飯店集會，討論參加年底中央民意代表選舉問題，在宣布開會後，<u>尤清</u>(1986年)、<u>謝長廷</u>提出臨時動議，要求變更議程，討論組黨事宜，<u>朱高正</u>提議就在當天 1986 年 9 月 28 日成立新政黨，於是參加會議者都簽名為新政黨發起人，<u>謝長廷</u>提議定名為「**民主進步黨**」並獲通過，稍後並舉行記者招待會，宣布該黨成立。民進黨成立後，政府為避免政治衝突，並未依法取締。1987 年政府開放黨禁，至 1991年 11 月，向內政部登記合法的政黨達 68 個。在許多反對黨中，以民進黨的勢力最大。民進黨是匯集十餘年來的各種反對勢力而成。成立最初的幾年，約分為二大派系，一為泛**新潮流系**，一為泛**美麗島系**。其後，由於「**台獨聯盟**」自美國移返台灣，加以黨內成員日增，於是派系轉趨複雜，到 1992 年 12 月立法委員選舉時，至少有五、六個派系(福利國、正義連線等)。近年來，透過選舉，其在中央民意代表、縣市長選舉當選席次不斷增加，得票率不斷提高，直逼國民黨，1997 年，縣市長選舉中進而贏得多數縣市之執政權，形成以**地方包圍中央**的局面，邁向執政的態勢隱然形成。後來 2000 年總統大選，因國民黨連戰和宋楚瑜分裂，陳水扁獲得勝選，民進黨成立 14 年便拿到執政權。

(三)新黨(NP)之成立

1988 年 1 月<u>蔣經國</u>總統去世，副總統<u>李登輝</u>繼承大統，為第一位台灣人總統，開國民黨黨內權力交替的分水嶺。<u>李登輝</u>時代，國民黨派系形成所謂主流派和非主流派。1989 年 8 月，非主流派的部分成員打著「改革國民黨」的大旗，成立「**新國民黨連線**」，高唱「黨內民主」，與黨中央之間關係日趨緊張。核心成員<u>趙少康</u>、<u>郁慕明</u>、<u>李勝峰</u>、<u>周荃</u>、<u>陳癸淼</u>等違紀參選立法委員，獲得大勝，於 1993 年 8 月自立門戶，成立「**中華新黨**」，此為中國國民黨的首度分裂。隨著「中華新黨」的成立，

台灣的政黨競爭一時由兩黨政治進入三黨鼎足之局面。然而，1998年，立法委員的選舉結果，新黨無論得票率或席次均大幅減少，未來能否重振雄風有待觀察。

(四) 親民黨 (PFP) 與台聯黨 (TSU) 之成立

2000年總統大選，民進黨提名的候選人陳水扁、呂秀蓮當選正、副總統，執政多年的中國國民黨下台，出現首次「政黨輪替」。總統大選時脫離國民黨參選的宋楚瑜，則在總統大選失利後，與其支持者組成**親民黨**，並於2001年立委選舉中，獲得亮麗成績成為國會第三大黨，扮演**關鍵少數**的位置，親民黨的成立，被視為中國國民黨的第二度分裂。至於李登輝總統卸任後，首先淡出國民黨核心，後因政治路線與國民黨中央理念不符，亦遭到黨紀處分，脫離國民黨。部分李登輝的支持者則組成**台灣團結聯盟**（簡稱**台聯**），此乃中國國民黨的第三度分裂，台聯顯然在屬性上，與親民黨截然不同，甚至於在政治光譜上，兩者完全相反，統獨主張壁壘分明，台聯菁英主要從國民黨分裂而出，但因台灣優先之本土特質，使其在參與2001年的立法委員選舉時，成為執政黨（民進黨）的友好政黨，此刻，台灣泛統和泛獨對決之局勢形成，使台灣政局更加詭譎多變。曾幾何時，現任台北市長柯文哲所成立的台灣民眾黨(TPP)已成為第三大黨，另時代力量(NPP)也成為第四大黨。

第六節　國家認同與省籍衝突

不同的集體記憶，不同的階層屬性，由於歷史的悲劇，使他們共同在台灣生活，因為有先來後到的問題，更有長期資源分配不公的問題，更不幸的是先人相互傷害的過去，造成當前台灣最困難，也最迫切要解決的國家認同與省籍衝突問題。前總統李登輝先生曾試圖解決，提出**新台灣人**的概念。

一、國家認同

國家的英文 State，民族的英文 Nation，一民族造成多國家，如英國央格魯撒克遜、俄國斯拉夫。但亦有多民族共組一國家，如美國，號稱民族大熔爐；中國，漢、滿、蒙、回、藏等五族共和。比較瑞士－日耳曼、法蘭西、義大利等；新加坡－華人及馬來人等，絕少像大和民族組成日本；暹邏人組成泰國。因此，天下分久必合，合久必分，就像政體循環論所描述的，不斷反省、反思而變動，似乎沒有一個時限，更無終點，民族與國家的組合關係充滿無限可能。

從國際公法上來看，台灣當局主張「**事實主權**」(De Facto)，中華人民共和國，自1949年10月1日在北京成立以來，其主權從未一日及於台、澎、金、馬。中共當局認為「**法律主權**」(De Jure)，台灣自古以來屬於中國，台灣是中國領土的一部分，台灣問題是中國的內政問題。台灣的純度是百分百；中共主張僅六成真實，因世人皆知荷蘭、西班牙、日本都曾統治過台灣。

　　中華民國國父孫中山先生民族主義所提出來的理論，血統、生活、語言、宗教、風俗習慣，最重要的要有**民族意識**。英國和美國關係最具典範性，美國 1776 年脫離英國而獨立，但血濃於水，始終優先顧其母國，從二次世界大戰之協助和戰後重建經費。同樣的，英國對美國感情特殊，情義相挺，從兩伊戰爭的沙漠風暴，到前進巴格達抓海珊，布萊爾挺布希到底，原因最主要仍是血濃於水，「All for One & One for All，我為人人，人人為我」的西方騎士精神，在英美發揮到最極致，因為他們實是「女大不中留，留來留去留成仇」的道理實踐者。中國古諺：「遠人不服，則修文德以來之，既來之則安之」與前述精神實不謀而合。

　　勉強的婚姻不會幸福，心甘情願的結合才會永久。台灣因為不同的歷史經驗和不同的族群屬性，產生統獨之爭。中華民國認同台灣共和國和中華人民共和國的皆有之，加上歷史仇恨和少數族群的焦慮等所引起的省籍對立，使台灣當前國家認同在威權時代，是別無選擇的問題，現在變成「有權的煩惱」，台灣好像得了政治富貴病，加上選舉的催化、不肖政治人物的操弄、又有對岸中共的壓力，使台、澎、金、馬土地上的人民對國家的認同，產生嚴重的分岐，究竟是要情歸祖國，還是要一邊一國，或許當前的主流民意是維持現狀。

　　「國家認同」這個概念，首先在所謂政治學的行為革命課題中被提出，明顯的與政治發展、國家整合、國際關係，和一連串其他的主題有關。台灣地區，由於「中國意識」和「台灣意識」的對立，加以政黨鬥爭的激化，產生台灣社會對中華民國的認同呈現高度分岐，從國家認同衍生統獨之爭，更深深影響台灣地區的政治生態。

　　台灣優先是一種很籠統，但相當務實的簡單觀念，其目的在於化解矛盾、尋求共識，提供一個基本的決策和思考原則。當面對複雜多變的國內外環境時，台灣內部不管政府或民間，因存在很大的歧見，因而使決策發生困難，在需求原則下，自然衍生類似「生命共同體」、「所有台灣住民利益」觀念的「台灣優先」出現。在論及許多重大議題時，國內現在習於用台灣優先這個名詞，有些橫跨朝野黨派的聯盟，也特別強調認同「台灣優先」的理念，但台灣優先在客觀上真有明顯標準嗎？什麼樣的安排對台灣是最好的？等到大家坐下來辯論，才發現台灣優先似乎又變成很主觀的問題。台灣優先僅能作為簡單的思考和行為原則，若過分強調此一概念，難免會顧此而失彼，犯過分簡化的謬誤，為解決問題，反而衍生更多的問題。

　　當李登輝還是中國國民黨主席時，已預見國家認同與省籍衝突的問題，因而提倡「**新台灣人**」這個觀念，新台灣人就是有身為台灣人的認知，珍惜台灣，願意為台灣的生存發展而努力奮鬥，富有民族感情，尊重中華文化，永遠記得中國統一這個理想的中國人。總之，台灣人與中國人不是對立的觀念，我們是台灣人，也是中國人。

　　李登輝在「台灣光復五十週年」慶典上，以中華民國總統的身分，告訴全國國民：「我們要放開心胸，捨棄以前的舊觀念，做一個新台灣人，開創台灣第二個繁榮進步的五十年。」李登輝在這一天不顧國民黨非主流派的反對，出席台北市主辦的「終戰五十周年」紀念慶典，這個慶典名為「落地生根」。有道：**他鄉久居亦我鄉**，或許就是解決問題的出路。

　　台人同胞，千萬不能不珍惜血濃於水的民族情感，更不能昧於大餅包小餅的道理，尤其更要珍惜同胞同舟共濟的情誼，須知真情無價，誠足感人。

二、省籍衝突

　　俗話說「人不親土親」，中國人因濃厚的地域觀念，加上所屬政治團體的利益糾葛，台灣地區到處存在著高漲的省籍情結，根據葛永光教授分析：「就台灣的政治實際運作而言，我們可以將台灣的族裔政治看成是外省人、閩南人、客家人、原住民及蒙藏同胞間的一種互動關係。這其中，外省人、閩南人和客家人間的互動關係，更是台灣幾十年來權力政治運作的中心所在。」省籍情結的產生，不單是文化和政治因素，制度、經濟和心理因素也影響很大，如籍貫的強調。又早期的軍政界外省籍人士所占比例甚高；本省人（閩、客）多往商場開拓，各據一方，某種程度助長省籍情結的發展，尤其在外省人不安全感和台灣人本土意識的激盪下，經由人際互動的摩擦和資源分配的衝突，不斷強化台灣住民的族群認同，衍生每每造成人際隔閡的省籍情結。

　　曹植：「**煮豆燃豆萁，豆在釜中泣，本是同根生，相煎何太急**」。省籍衝突所引發的族群對立，在台灣有日益嚴重的趨勢，歷史仇恨所留下的陰影或猜忌，長期以來資源分配的不公，應是最主要的原因。制度上的藩籬，因係少數統治，眷村的竹籬笆所隔離的，不僅是人與人的空間，更是心靈的鴻溝。

　　因為我群意識所產生的內聚力，很容易對旁人產生排擠效果或排斥作用，同樣的對同鄉的照顧，本是他鄉遇故知的喜悅，一旦變成照顧同鄉，排斥他族，省籍矛盾又將蘊釀。省籍衝突最大的病根乃在資源分配不公的問題，或許大家都很難走出偏執，常是「**看到流氓在吃肉，沒看到流氓在被打**」，看到別人的好，未見到別人的苦，本省人只看到外省權貴吃香喝辣、權力傲慢，卻未見外省老兵孤苦零丁，晚景淒涼；外省人又只見本省人享受著經濟成果，招搖擺闊的做田僑仔，但不見多少台灣人過勞死。如果能有「同理心」，凡是能感同身受，從不同角度、立場來看問題，或許心裡較能釋懷。如果能再多有一點宗教家、慈善家的胸懷，這個社會就會更和諧，體察大時代的悲劇下，絕大多數的同胞都是被害者，大家應珍惜這相聚的緣份，心存感恩，時懷善念，放下仇恨，拋棄對立，共同為這塊土地，為我們共同的家來努力。

　　近年來在台灣進行的重建歷史記憶與失憶風潮，主要傾向是以「日治時代的經驗」與「南島民族的本質」，來詮釋台灣人與台灣文化的特質，並藉此脫離中國聯繫，讓許多「外省族群」感到疏離或尷尬，二二八事件的歷史記憶，使得外省人在台灣成為一種劣勢的認同。台灣在歷史記憶本土化方面，目前面臨的重要問題之一，便是如何建立一個島內各族群皆能接受的本土歷史記憶以凝聚台灣人的認同。在兩岸關係中，台灣歷史記憶的本土化引起中國方面的關注，中國大陸出版了一本《台灣歷史綱要》，並為此書在北京舉行學術研討會。這表示中國關懷台灣歷史的決心。遠者，舊金山和約中日本放棄對台主權，卻未提到台灣歸還中國，造成「台灣地位未定」主張。在台灣本土化的歷史記憶重構中，日本治台記憶受到美化，使得中國刻

意強調仇日歷史記憶，蔣介石與當年國民黨的將領們，由美帝走狗又變成了抗日英雄。在現實兩岸關係中，歷史失憶與重建歷史記憶，成為台灣人試圖脫離中國，建立本土認同的工具。

總之，台灣目前陷入的族群對立泥淖，乃當威權政治體制鬆動，原先支配和主控的「跨族群」意識型態日漸鬆散而搖搖欲墜時，不同的族群就會透過各種管道表達他們集體的心事，這些心事可能是對政治民主化的不同族群期待，可能是族群權力轉變之際的族群互動感受，也可能是族群動員後，對自我印象的認知等。

在國民黨威權解體後的台灣，在國家認同上面呈現兩極對立：一是維護台灣主權獨立的民間力量崛起；另一邊是「反台獨」、「反本土化」的聲音。中共政權的日愈威脅，再加上台灣內部國家認同的嚴重歧異，使台灣長期陷於內耗之中，不免使人有些悲觀。不過台灣前途的追尋掌握在愛台灣的人民手中，只要台灣人民能早日覺醒，領悟蔣渭水「**同胞須團結，團結真有力**」的真義，台灣前途還是很樂觀的。

台灣史上貢獻卓越的人物

人物及年代	貢獻領域	主要事蹟成就
沈光文(1613-1688)	教育	台灣孔子、東吟詩社、台灣漢學傳播及平民教育
鄭成功(1624-1662)	開台	驅荷開台、台人長期精神倚靠及凝聚中心
陳永華(1634-1680) 🏛	理台	理台功臣、東寧諸葛、明鄭臥龍、倡建全臺首學
吳　沙(1731-1799)	農墾	開蘭第一人、包容漳、泉、客、原
沈葆楨(1820-1879)	國防	台灣防務—億載金城、恆春城等
劉銘傳(1836-1895) 🏛	建設	建鐵路、清賦等，把台北建設成「小上海」
馬　偕(1844-1901)	愛台	傳教事業、醫療工作、教育事業－一生盡瘁奉獻台灣
後藤新平(1857-1929) 🏛	制度	舊慣調查、戶政、地政、縱貫鐵路等
連　橫(1878-1936)	歷史	台灣通史、台灣詩乘
莫那·魯道(1882-1930)	氣節	1930 年霧社事件
八田與一(1886-1942)	水利	嘉南大圳（工程浩大、利人無數、至今猶澤）
林茂生(1887-1947)	思想	台灣第一位哲學博士、啓發民智
蔣渭水(1891-1931)	啓蒙	會診台灣、台灣文化協會、台灣民眾黨
杜聰明(1893-1986)	**醫學**	台灣第一位博士、醫學教育
吳濁流(1900-1976)	文學	亞細亞的孤兒、無花果、台灣連翹、台灣文學園丁
蔣經國(1910-1988) 🏛	開放	解除戒嚴（開放黨禁、報禁、大陸探親）、十大建設、本土化
李登輝(1923~2020)	民主	停止動員戡亂、總統直選、國會全面改選、修憲、政黨輪替

中華民國憲法七次增修主要內容

時間	內容	備註
第一次修憲 80 年 5 月 1 日	1. 國大立委由自由地區選舉 2. 限制總統緊急應變權 3. 動員戡亂時期法律延長適用 4. 國家安全會議、人事行政局延長期限 5. 兩岸關係條例	
第二次修憲 81 年 5 月 28 日	1. 監察院改制（間接民意機關→準司法機關） 2. 規定國大對司法院、考試院、監察院之人事同意權 3. 增設憲法法庭 4. 省市地方自治程序 5. 總統直選原則	
第三次修憲 83 年 8 月 1 日	1. 國民大會設置議長 2. 確立總統公民直選 3. 縮小閣揆副署權 4. 國大、立委支給條例	
第四次修憲 86 年 7 月 21 日	1. 立法院閣揆同意權取消 2. 立法院擁有倒閣權，但是一年之內對於同一行政院長只能提一次 3. 立法院可彈劾總統、副總統 4. 立法委員不逮捕特權範圍縮小（限「在會期中」） 5. 立法委員人數增加（161→225） 6. 立法院對於行政院所提覆議案未於十五日內作成決議，原決議失效 7. 總統可解散立法院（被動－行政院呈請） 8. 司法院大法官任期縮短，預算獨立 9. 凍省→精省(87.12.20) 10. 教科文預算不受最低規定的保障 11. 保護中小企業發展	
第五次修憲 88 年 9 月 15 日	1. 國大人數遞減、採取比例代表制 2. 立委任期延長為四年 3. 國大延任案(89.5.20→91.6.30) 4. 台灣省政府以特別立法組成 5. 社會福利支出應予保障 6. 軍人保障（就學、就業、就養、就醫） 7. 原住民與金門、馬祖、澎湖居民之保障	大法官釋字499 號→失其效力

第六次修憲
89 年 4 月 25 日
	1. 國大虛級化，任務集會：國大「留會不留人」→任務型國大 300 人，採(政黨)比例代表制
	2. 國大只保留立法院所提：
	  (1) 憲法修正案複決權（公告半年）
	  (2) 領土變更案複決權（公告半年）
	  (3) 總統、副總統彈劾案議決權（3 個月內）
	3. 立法院對總統、副總統彈劾權，不限內亂、外患
	4. 由國民大會轉給立法院者：(1)領土變更提出權(2)司法、考試、監察人事同意權(3)補選副總統(4)罷免總統、副總統提案權(5)聽取總統國情報告
	5. 排除非法官出身的大法官優遇條款
	6. 台灣省政府以特別立法組成
	7. 社福條款（社會福利支出應予保障）
	8. 軍人保障（就學、就業、就養、就醫）
	9. 原住民與金門、馬祖、澎湖居民之保障（離島保障）
	10. 國大職權調整後，國大組織法於兩年內配合修正，國大職工獲得保障	

第七次修憲 94 年 6 月 7 日	1. 公投入憲　2.廢除國大　3.正副總統彈劾案　4.立委席次減半 5. 單一選區兩票制與婦女保障名額 6.領土變更與憲法修正公民複決	

參考資料

李筱峰：《台灣民主運動 40 年》，台北：自立晚報社，民國 80 年 4 月 1 版 4 刷

(J. K. Fairbank、R. Macfarquhar: Cambridge HISTORY OF CHINA: THE PEOPLE'S REPUBLIC (1949-1965), Cambridge University press, 1987.)

「外省人」台灣獨立協進會編：《外省人‧台灣心》，台北：前衛出版社，1992。

小林善紀著，賴青松、蕭志強譯：《台灣論》，台北：前衛出版社，2002。

史明：《台灣人四百年史（下）》，台北：蓬島文化，1980。

白秀雄、李建興、黃維憲、吳森源：《現代社會學》，台北：五南，1984 六版。

江炳倫：《政治發展的理論》，台北：臺灣商務印書館，1972。

吳乃德、陳明通：〈政權轉移與菁英流動〉，收入《台灣史論文精選》，玉山社，1996。

呂亞力：《政治發展與民主》，台北：五南，1979 初版、1992 年初版五刷。

李炳南：《憲政改革與國是會議》，台北：永然，1992。

周陽山：《自由憲政與民主轉型》，台北：東大，1993。

林山田、林東茂、林燦璋：《犯罪學》，台北：三民，2002 增訂三版一刷

林嘉誠：《民主制度設計》，台北：業強，1992。

若林正丈著、洪金珠等譯：《台灣－分裂國家與民主化》，月旦出版社，1996。

徐震、林萬億：《當代社會工作》，台北：五南，1986 修訂四版。

張俊宏主編：《到執政之路－「地方包圍中央」的理論與實際》，台北：南方叢書，1988。

張茂桂：《社會運動與政治轉化》，台北：國家政策研究資料中心，1989。

許介麟：《台灣史記》，台北：文英堂出版社，1996。

陳其南：《公民國家意識與台灣政治發展》，台北：允晨文化，1992。

陳明通：《派系政治與台灣政治變遷》，月旦出版社，1995。

陳紹馨：《臺灣的人口變遷與社會變遷》，台北：聯經，1979 初版、2004 六刷。

陳隆志：《台灣的獨立與建國》，台北：月旦出版，1993.11。

彭懷恩：《中華民國的政治體系之分析》，台北：時報，1985。

彭懷恩：《台灣政治變遷四十年》，台北：自立晚報社，1987。

辜振甫：《辜汪會談紀要》，台北：財團法人海峽交流基金會，1993。

黃富源、范國勇、張平吾：《犯罪學概論》，桃園：中央警察大學，2002。

黃德福：《民主進步黨與臺灣地區的政治民主化》，台北：時英，1992。

楊國樞、文崇一、吳聰賢、李亦園等編：《社會及行為科學研究法》，台北：東華，1989。

葛永光：《文化多元主義與國家整合－兼論中國認同的形成與挑戰》，台北：正中，1991。

趙永茂：《臺灣地方政治的變遷與特質》，台北：翰蘆圖書，1998 年再版。

趙永茂：《臺灣地方派系與地方建設之關係》，高雄：德馨室出版社，1978。

劉慶瑞：《中華民國憲法要義》，台北：三民，1987 修訂 15 版。

薄慶玖：《地方政府與自治》，台北：五南，1992 二版。

薛化元：《「自由中國」與民主憲政》，台北：稻鄉出版社，1996。

謝高橋：《社會學》，台北：巨流，1985 一版四刷。

瞿海源等主編：《台灣民眾的社會意向(2004)－地震、族群、SARS、色情和政治信任》，台北：巨流，2005。

林嘉誠：《大衛‧伊士頓之政治理論》，台大政研所碩士論文，1976。

馬立引：《國民黨政府與臺灣政治發展》，台大政研所碩士論文，1988。

郭正亮：《國民黨政權在臺灣的轉化》，台大社研所碩士論文，1988。

陳陽德：《臺灣省民選地方領導人物變動的分析》，政大政研所博士論文，1978。

彭錦鵬：《韓廷頓政治發展理論》，台大政研所碩士論文，1980。

彭懷恩：《中華民國的政治精英－行政院會議成員的分析(1950~1985)》，台大政研所博士論文，1986。

楊聰榮：《文化建構與國民認同－戰後台灣的中國化》，新竹：清大社會人類學研究所碩士論文，1992 年 7 月。

魏誠：《自由中國半月刊內容演變與政治主張》，政大新聞所碩士論文，1984。

包宗和：〈後冷戰時期國際環境對兩岸關係之影響－從台北的角度觀察〉，《務實觀外交與兩岸關係研討會》，台北：台大政治系主辦，1994。

胡佛：〈選舉與政治轉型〉，《選舉行為、憲政秩序與政治變遷學術研討會》，台北：行政院國科會、台大政治系選舉行為研究小組主辦，1993。

詹火生：〈臺灣地區政治民主化與社會福利發展〉，《中國的民主前途－臺灣地區政治民主化的回顧與展望學術研討會》，台北：民主基金會，1990。

國魂第 549 期：《教育－百年樹人的大計》，新中國出版社，1991 年 8 月。

游盈隆：〈民意、選舉與反對運動〉，《臺灣獨立建國相關問題研討會》，第五屆臺灣建國問題研討會編印，1992.6.21。

張茂桂：〈羅那維惹著「遷占者國家的轉型」評介〉，國家政策雙週刊 63 期，1993 年 6 月 29 日。

黃昭堂：〈台灣人的反殖民與 Nationalism 的發展〉，「百年來的台灣」研討會論文，台北：台灣研究基金會，1995 年 1 月 7 日。

王明珂：〈台灣與中國的歷史記憶與失憶〉，刊載於〈歷史月刊 105 期〉，1996 年 10 月。

張瑞猛、蕭全政：〈台灣的威權轉型－國民政經體制與政經改革〉，國家政策雙週刊第 24 期(P1-8)，1993。

吳乃德：〈回首來時路：威權遺產或民主資產〉，總統府 94 年 2 月份國父紀念月會演講稿，2005.2.21。

林文斌主編，黃源謀、陳溪清、黃坤山、黃豪聖、黃松浪、黃明棋合著：《民主法治與生活》，台北：新文京，2008 年 12 月 25 日。

台灣的文化建設成果

CHAPTER

14

引 論

　　一般而言，文化研究最爲人詬病的就是**歷史深度的淺薄**，沒有歷史性的解釋，一切訴諸抽象的理論概念，不但欠缺經驗性，更沒有延續性；相對的歷史研究的缺陷，往往在於**文化廣度的不足**，欠缺文化的相對論，每每圉於種族中心的思考模式，不僅不具庶民性，更侷限在地域性，歷史研究的取向，近年似乎已經逐漸在國際文化研究，形成未來研究方向的共識，我們期待台灣的文化研究與歷史學的領域有更爲深刻的互動。讓文化特色能充分呈現，文化之美可完全展露，文化根柢能溯源及流，以文化提高我們的內涵、豐富我們的生活，再藉由歷史的橋樑，走進國際、回到過去，共賞人類智慧結晶，尋求相互感動之心靈，找到人類最大的幸福－愛(Love)與和平(Peace)。

第一節　　古　蹟

　　民國 71 年(1982)5 月，台灣開始實施「文化資產保存法」，古蹟成為法定名詞，具有歷史、文化及藝術價值之古建築物、傳統聚落、古市街、考古遺址及其他歷史文化遺蹟開始受到法律保護。二十幾年來，台灣經由法定程序，指定了數百處古蹟。從時間觀點來看，台灣的古蹟跨越了台灣歷史發展的各個時期；從空間觀點來看，台灣的古蹟分布於本島與離島，都市與鄉村；從類型觀點來看，台灣的古蹟則展現了台灣社會文化的多樣性。然而由於缺乏整合性的觀念，以致部分古蹟成為孤島，有些與周圍環境格格不入，甚且缺乏與土地的關聯性。須知台灣的文化遺產無法從土地上被抽離，它們是這塊土地的一部分，用關懷土地的心態來看待文化遺產，關懷台灣文化景觀應該是我們努力的目標。

　　古蹟是人類世界共有的珍貴遺產，任何一個具有人文素養的人，均應對古蹟存有一份尊重和包容的胸襟，因為古蹟是前人為生存奮鬥、為維護信仰、為文化傳承所留下的痕跡。可累積不同年代的意義，並代表當代的想法。每個古建築物擁有個別的歷史背景，在很多建築上可發現有不同時代遺留下來的古蹟，我們都必須尊重它。古蹟是歷史與文化的見證者，它可以忠實的反映歷史，也可以證明那個時代的文化水準。想要了解台灣，觀察古蹟是最佳的管道。

　　古蹟是前人所留下的文化發展遺跡，能具體呈現建構時的歷史。不同類型的古蹟，實際反映不同時代的生活方式與社會組織。每一個古蹟，都有其歷史、文化、藝術的價值。認識台灣的古蹟，當可充分了解台灣的開拓史。研究古蹟即是研究吾土吾民的歷史，具有承先啟後，繼往開來的精神。

一、古蹟的認識

「古」,**十口為古**,即口耳相傳過十代,當然表示很久的過去。「蹟」,指人類所遺留的痕跡。古蹟,即是古人所遺留下來的痕跡。到底多久才算夠「古」?一般多以一百年為標準,但凡不屬於我們這個時代的,不論思想行為、風俗習慣、典章制度、歷史文物等,已經不同於今天的,就可以稱「古」。一座建築物只要不是在我們這個時代所興建的,而它具有特定的歷史意義,如不同於今日的材料、設計、形式、技術、流派、觀念、價值、語彙等等,就稱得上是值得保存的古蹟。

依據民國 71 年 5 月 26 日公布,100 年 11 月 9 日修正公布之文化資產保存法第三條規定:**(文化資產保存法 105 年 7 月 27 日又有最新修訂)**

本法所稱文化資產,指具有歷史、文化、藝術、科學等價值,並經指定或登錄之下列資產:

一、 古蹟、歷史建築、聚落:指人類為生活需要所營建之具有歷史、文化價值之建造物及附屬設施群。

二、 遺址:指蘊藏過去人類生活所遺留具歷史文化意義之遺物、遺跡及其所定著之空間。

三、 文化景觀:指神話、傳說、事蹟、歷史事件、社群生活或儀式行為所定著之空間及相關聯之環境。

四、 傳統藝術:指流傳於各族群與地方之傳統技藝與藝能,包括傳統工藝、美術及表演藝術。

五、 民俗及有關文物:指與國民生活有關之傳統並有特殊文化意義之風俗、信仰、節慶及相關文物。

六、 古物:指各時代、各族群經人為加工,具有文化意義之藝術作品、生活及儀禮器物及圖書文獻等。

七、 自然地景:指具保育自然價值之自然區域、地形、植物及礦物。

依文化資產保存法施行細則第三條第一款所定古蹟及歷史建築,為年代長久且其重要部分仍完整之建造物及附屬設施群,包括祠堂、寺廟、宅第、城郭、關塞、衙署、車站、書院、碑碣、教堂、牌坊、墓葬、堤閘、燈塔、橋樑及產業設施等。本法第三條第一款所定聚落,為具有歷史風貌或地域特色之建造物及附屬設施群,包括原住民部落、荷西時期街區、漢人街庄、清末洋人居留地、日治時期移民村、近代宿舍及眷村等。

二、古蹟的分級

古蹟等級可分為世界級、國家級與地方級三種。世界級古蹟是指那些已被登入世界遺產名錄當中的文化遺產或自然與文化雙重遺產;國家級古蹟應屬第一級或國

定古蹟,地方級古蹟指的是第二、三級或省(市)定、縣(市)定古蹟。台灣古蹟的分級,依據**民國 71 年文化資產保存法**規定,區分為**第一級、第二級與第三級**,**86 年文資法修訂後**,改區分為**國定、省(市)定及縣(市)定**三級。國定古蹟相當於第一級古蹟,省(市)定古蹟相當於第二級古蹟,縣(市)定古蹟則相當於第三級古蹟。**89 年文資法再經修訂**,改區分為**國定、直轄市定、縣(市)定**三類。

民國 86 年以前,依據文資法施行細則第三十八條,古蹟等級的評定,依下列各項綜合評定之:

一、 所具歷史、文化、藝術、科學、紀念或其他學術價值。

二、 時代之遠近。

三、 與重要歷史事件或人物之關係。

四、 表現各時代之特色、技術、流派或地方之特色。

五、 數量之多寡。

六、 保存之情況。

七、 規模之大小。

八、 附近之環境。

凡是較具全國性歷史意義者,評定為第一級。凡是只具備地方性歷史意義者,評定為第二級或第三級。上述八項標準為依據世界上各國評定古代文化資產之作法而來,兼顧「歷史」、「技術」及「藝術」三大範疇。依民國 86 年修訂的文資法第二十七條,改區分為國定、省(市)定及縣(市)定三級,其標準仍舊,即國定的需具有全國性歷史意義者,省(市)定及縣(市)定的則為具備地方性歷史意義者。

第一級與國定古蹟主管單位為中央政府(內政部),第二級與省(市)定古蹟的主管單位為省(市)政府,第三級與縣(市)定古蹟的主管單位為縣(市)政府。至民國 89 年文資法再經修訂,古蹟依其主管機關,區分為國定、直轄市定、縣(市)定三類,分別由內政部、直轄市政府及縣(市)政府審查指定及公告之。

民國 94 年 2 月修訂公布新版文資法第四條,將原古蹟的中央主管單位由內政部轉移至文化建設委員會(文建會),使古蹟、歷史建築與聚落的相關事項,其事權得以統一。民國 101 年 5 月 20 日文建會改制為文化部。

依據 94 年 12 月 30 日發布的古蹟指定及廢止審查辦法第二條:古蹟之指定,依下列基準為之:

一、 具歷史、文化、藝術價值。

二、 重要歷史事件或人物之關係。

三、 各時代表現地方營造技術、流派、特色者。

四、 具稀少性,不易再現者。

五、 具建築史上之意義，有再利用之價值及潛力者。

六、 具其他古蹟價值者。

　　前項基準，直轄市、縣（市）主管機關得依地方特性，另訂補充規定。

三、古蹟的類型

　　依民國 99 年 6 月 15 日公布實施之文化資產保存法施行細則，台閩地區古蹟的類別十六項，列舉並簡述如下：（**文化資產保存法施行細則 108 年 12 月 12 日最新修訂**）

1.城郭

　　臺灣城殘蹟（一級）、鳳山縣城殘蹟（三級）、臺北府城北門（一級）、臺灣府城大南門（三級）。

2.寺廟

　　臺南孔子廟（一級）、彰化孔子廟（一級）、鹿港龍山寺（一級）、淡水鄞山寺（二級）、北港朝天宮（二級）、台南水仙宮（三級）。

3.祠堂

　　金門瓊林蔡氏祠堂（二級）、台南陳德聚堂（三級）、新竹鄭氏家廟（三級）、佳冬楊氏宗祠（三級）、台北陳德星堂（三級）。

4.書院

　　彰化和美道東書院（二級）、南投藍田書院（三級）、屏東書院（三級）、西螺振文書院（三級）。

5.宅第

　　金廣福公館（一級）、臺北賓館（國定）、霧峰林宅（二級）、進士第（鄭用錫宅第）（二級）、桃園李騰芳古宅（李舉人古厝）（二級）、彰化馬興陳宅（益源大厝）（二級）、社口林宅（三級）、澎湖二崁陳宅（三級）。

6.牌坊

　　邱良功母節孝坊（一級）、台南重道崇文坊（三級）、台北黃氏節孝坊（三級）、台南接官亭（最大）（三級）、台南蕭氏節孝坊（三級）。

7.墓葬

　　台南五妃廟（一級）、嘉義六腳鄉王得祿墓（一級）、苗栗後龍鄭崇和墓（二級）、新竹鄭用錫墓（二級）、高雄湖內區明寧靖王墓（三級）、新北貢寮吳沙墓（三級）、新北淡水馬偕墓（三級）、高雄市陳中和墓（三級）、台南曾振暘墓（三級）。

8. 關塞

二鯤鯓砲臺（億載金城）（一級）、二沙灣砲臺（海門天險）（一級）、西嶼西臺（一級）、四草砲臺（鎮海城）（二級）、滬尾砲臺（二級）、槓子寮砲臺（國定）。

9. 燈塔

連江縣東犬燈塔（二級）、東湧燈塔（三級）、澎湖西嶼燈塔（二級）、高雄旗後燈塔（三級）。

10. 教堂

屏東萬金天主堂（三級）、台北濟南基督長老教會（市定）、台灣基督教長老教會大稻埕教會（市定）、羅東鎮北成聖母升天堂（縣定）、羅東聖母醫院耶穌聖心堂（縣定）。

11. 衙署

總統府（原總督府）（國定）、監察院（原臺北州廳）（國定）、行政院（國定）、原臺南州廳（國定）、新竹州廳（國定）。

12. 車站

臺中火車站（二級）、臺南火車站（國定）、新竹火車站（國定）、嘉義火車站（市定）、苗栗勝興火車站（縣定）、保安車站（直轄市定）。

13. 碑碣

南投縣八通關古道（國定）、新北市貢寮區虎字碑、雄鎮蠻煙碑（直轄市定）。

14. 堤閘

台南市原安平港導流堤南堤（直轄市定）、台南市官田區原三筴埤古水道遺構（烏山頭水庫內）（直轄市定）。

15. 橋樑

苗栗縣魚藤坪斷橋（縣定）、南投縣北港溪石橋（糯米橋）（縣定）。

16. 產業設施

台南市山上區原台南水道（國定）、麻豆總爺糖廠（直轄市定）、台北市歸綏街文萌樓（直轄市定）、台北市建國啤酒廠（直轄市定）、高雄市橋仔頭糖廠（直轄市定）。

最新文化資產保存法施行細則第 2 條所定古蹟、歷史建築及紀念建築，包括祠堂、寺廟、教堂、宅第、官邸、商店、城郭、關塞、衙署、機關、辦公廳舍、銀行、集會堂、市場、車站、書院、學校、博物館、戲劇院、醫院、碑碣、牌坊、墓葬、堤閘、燈塔、橋樑、產業及其他設施。

四、歷史建築

歷史建築為民國 88 年底，立法委員有鑑於九二一災區中，許多珍貴的歷史建物因未被指定為古蹟而無法受到良好的保護，緊急提案於文化資產保存法中增列「歷史建築」一列。此案於 90 年 1 月底經立法院三讀通過後，2 月 9 日由總統明令公布施行。

依據文化資產保存法之定義，歷史建築指「未被指定為古蹟，但具有歷史、文化價值之古建築物、傳統聚落、古市街及其他歷史文化遺蹟。」其主管機關，在中央為行政院文化建設委員會，在直轄市為直轄市政府，在縣（市）為縣（市）政府。總計從災後到民國 91 年底，行政院文化建設委員會共訂定了十四種歷史建築保存相關法令，地方政府也據此分別制定了該縣市相關的地方自治法，並責成文化局主其事，展開歷史建築的保存、管理及再利用規劃設計工作。民國 90 年開始，各縣市展開歷史建築清查工作並依據歷史建築登錄及輔助辦法進行登錄。

由於 94 年文資法的修訂，歷史建築登錄廢止審查及輔助辦法於 95 年 1 月公布，有關歷史建築的登錄基準，有少許之修訂：

一、 具歷史文化價值者。

二、 表現地域風貌或民間藝術特色者。

三、 具建築史或技術史之價值者。

四、 其他具歷史建築價值者。

歷史建築在人類物質文明中，除了自身所擁有的歷史、文化、藝術、科技價值外，當也可以同時深化我們瞭解其他歷史建造物、文物、聚落、文化景觀、傳統技藝的意義與價值。如能結合社區總體營造，以做為地區性或區域性的文化、教育、觀光休憩中心，對於推廣地方文化活動，提升地方社會及生活品質、保存地方歷史風格、強化居民對其土地及社區的認同感等將會有所助益。

參訪古蹟目的在於了解古蹟的意義與價值，因此，更需要注意下列各項：

1. 歷史沿革：發生、創建、演變、興衰等。例如臺灣城殘蹟為全台最早建築。

2. 周圍環境：為何在該地、環境的時空變化。例如金廣福公館是閩客合作拓墾見證。

3. 空間結構：面積大小、布局結構、結構變化、結構意義。例如臺北府城垣。

4. 主題特色：古蹟等級、意義、價值、屬性、異同。例如大坌坑遺址與南島文化發源。

5. 古蹟內涵：生活性古蹟或紀念性古蹟。前者如寺廟、祠堂，後者如城郭、陵墓、牌坊。例如鹿港龍山寺及王得祿墓。

6. 藝術價值：建築、雕刻、彩繪、剪黏、書法等。例如臺南孔子廟、佳里震興宮、三峽祖師廟的藝術價值。

五、用古蹟見證台灣的多元價值

　　威權時代的台灣，處處都矗立著老蔣傳統的雕像，到國外重視文化的國家旅行，凡是公共空間，甚至公園裡，所看到的都是當地的藝術家、文化人雕像。我們因為戰亂，使政治與軍事永遠凌駕於文化之上。我們崇拜的是政治領袖，而非文化界的巨人，至於地方上的文化人，更不在我們的記憶之中。在過去對於鄉土風情、地方人士於鄉土的貢獻也是非常重視的，每一縣有地方誌，詳細地記載當地的重要人物、公共事蹟。地方誌的意義因都市化、工業化的社會高度流動而失去重要性後，文化的地緣性價值就更應加重視了。

　　台灣文化風貌多樣，多元族群自古即在這片美麗之島辛勤經營，不只各顯特色也各有立足的基礎。回溯歷史，各種族群仍不免有互相傾軋，彼此摩擦的情事，但歷史教訓也清楚地告訴我們：不同族群唯有彼此尊重，文化才會成長強壯，所構築的社會才會有生機。台灣古蹟可以說是台灣最豐沛的文化教育資源。對於不同年齡層與不同職業階級的人來說，都能發揮其潛在的教育功能。它可以被視為是一個資料庫，是一處知識傳承的地方，亦可以被視為是一個孩童的遊戲場，是一處寓教於樂的地方。對於當地居民來說，古蹟可以成為鄉土教材；對於外國朋友來說，它又可成為認識台灣最好的素材。換句話說，台灣的古蹟絕對不只是一座建築，其中存在著許多層面的文化知識性問題，仔細欣賞台灣古蹟，在享受古蹟之美外，更可了解台灣歷史發展、歷史人物、宗教信仰、禮俗儀典、傳說神話及歷史文物。【每年9月第三週的六、日為世界古蹟日】

第二節　宗教信仰

　　先民對所生存環境的種種自然變化常心生畏懼與好奇，當遇到無法理解或闡釋的狀況時，為求心理上的安全感而產生祭拜行為，祭拜對象以日月山川為主，是為自然崇拜；繼而擴展到祖先、魂靈、庶物等崇拜，最後形成宗教信仰。信仰崇拜行為被條理化、組織化，獲得多數人的認同後，透過社會化過程，成立據點、宣揚要義，宗教自然而然產生。

　　台灣是一個宗教信仰自由地方，無論崇尚傳統信仰或外來宗教思想，在台灣都開花結果，即使在一般家庭裡，也允許包容了不同的信仰。在傳統宗教方面，主要有佛教、道教和民間信仰。目前除了少數是純粹的佛教寺院外，大部分都具有道教色彩。道教是本土宗教，中國人因尊重具有高尚情操的人，所以常把他們神格化，供奉在寺廟裡祭拜，如關公就是一個典型例子。道教於十七世紀傳入台灣，光復後，由於宗教觀念寬大包容，佛教、道教台灣合流，在一個神殿中，可同時供奉不同的神，形成了台灣本土特色，台灣是世界上最有包容力的地方之一。

一、民間信仰

　　台灣民間信仰根基於民族數千年來的融合與悠久的歷史，其教義、儀式及組織都與世俗的社會生活合而為一。台灣人的信仰及儀式行為表現在許多不同的生活面向上，如祖先崇拜、神靈信仰、歲時祭儀、生命禮俗、時間觀念、空間觀念、符咒法事以及卜卦算命等。漢人自稱是「敬天崇祖」的民族，敬天就是敬畏自然、順天行事；崇祖就是飲水思源、慎終追遠。台灣民眾看似複雜而難以理解的信仰行為，反映了民眾敬天、崇祖、感恩、福報、平安的內心祈願以及對於現世生活的期望。

　　民間信仰沒有統一的教義和經典，自古相傳的儒家理論提供了處世的道德標準。「**忠孝節義**」是口耳相傳的道德準則，「舉頭三尺有神明」的俗諺，說明天道常存；「惡有惡報，善有善報」的觀念，印證了民眾廣植福田以求福報的心理。俗語說：「天有不測風雲，人有旦夕禍福」，民眾除了求神拜佛之外，凡是聚落、廟宇與屋宅常設避邪之厭勝物以保護。當面臨生命中重要儀禮或遇到困惑疑難之時，民眾往往求之於命相、卜卦，以趨吉避凶、祈求平安。

　　源自中國長久以來的信仰傳承，主要融合了儒、道、釋（佛）三教的思想與信仰，廣泛流傳於民間日常生活與年節慶典中。民間信仰並沒有其他宗教所具有的特定教主、經典、教義和嚴密的組織等現象，卻因吸收遠古以來的泛靈信仰、多神信仰、祖先崇拜以及儒道釋三教的思想，使能深植於台灣。

　　台灣民間信仰在明末鄭成功入台（西元 1661 年）期間，便隨漢人經商、開墾、移民時，奉迎家鄉的守護神來台而逐漸傳播開來，主要為漢籍移民及其後裔者居多，故多分布於漢人聚居的街鎮、村落等地，信仰遍布全台各地。早期如觀音菩薩、保生大帝、玄天上帝、關聖帝君、城隍爺、土地公等，清代以後才逐漸發展成以媽祖（天上聖母）和各姓王爺普遍信仰的現象。

　　台灣民間宗教信仰中的神靈世界雖然複雜，基本上可區分為**天界、神明界、幽冥界**，共同構成民間信仰中的「三界觀念」。天界為天上眾神所居；神明界即人間，亦有許多神靈居此以護佑眾生；幽冥界為一般熟知的陰間或地府，即佛、道教所謂的「地獄」，為眾鬼以及管理鬼魂的冥王所居。三界觀念構成了民間信仰中通俗宇宙觀的主要內涵。因民間信仰有別於學術知識式的派別，或制度教條式的宗教，而盛行於一般商、農、漁、工階層的百姓生活中，故無特定的教主，多奉玉皇上帝（天公）為三界最高的統治者，並依照各地風俗習慣與祭祀禮俗，做為日常與祭祀生活的準則，民眾並具有天神、地祇、物魅、人鬼等精靈崇拜的思想。

　　台灣民間信仰並沒有嚴密的教派組織或教團，崇拜多為地方信仰中心的宮廟（公廟、角頭廟、庄頭廟）、神壇、家廟、宗祠等為主。神廟的空間，不只作為人祭拜神的場所而已，同時也是神服務人的地方。台灣的神廟大多偏重在聖事的服務上，以神的超自然力作為服務世人的資源，偏重在神明的靈感與顯聖上，經常舉行各種祈禱、許願、祭祀、普渡、消災、解厄、補運、齋醮與法會等活動，側重在神明的指點迷津與靈力顯現，來化解各種生存困境，求取現實生活的具體利益與和諧。

民間信仰因為深植於漢籍為主的社群聚落中,維繫著傳統的信仰、倫理道德觀,也保留住較多傳統常民的宗教文化特質,在受到現代化潮流的衝擊後,也逐漸調整其發展趨勢。如許多廟宇由傳統的管理人方式,改為管理委員會或財團法人的組織狀態,並依能力陸續興建圖書館、診所、醫院、托兒所、幼稚園等服務機構;以及從事賑災(施米糧、棉被、衣物)、濟貧(貧民補助金、清寒獎學金)等。

二、佛教

台灣的佛教歷史,從早期荷蘭、西班牙時期,那階段充斥著混合的「泛靈信仰」,談不上顯出佛教的特色,接著進入所謂「明鄭時期」,由於大量中國南方漢人的遷入台島,富福建閩南色彩的佛教,被官方及民間移入台灣,那時期的佛教性格,表現濃厚的三教(**儒、釋、道**)混合色彩,帶有民俗信仰,十分濃厚,也看不出佛教思想、佛教特色的面貌。

明鄭的短暫階段,即進入「清代時期」,滿清經營台島較久,那時期台灣佛教,由於閩人僧侶入台較多,台灣僧人亦多少到中國遊學,台灣佛教即表露出受大陸佛教影響的趨勢同時混合著白衣齋教的閩南民俗性格。從 1895 年滿清戰敗,割台灣給日本,從此台灣佛教,隨著族群命運改朝換代的更替,多了一種殖民政策下的「日化佛教」影響,歷經 50 年的日本統治,使台灣佛教原本「先天不良」又加上「後天失調」變成大陸佛教、台灣佛教、日本佛教多重多樣的混合面貌,不過,那時期的佛教,卻能漸漸表現佛教的獨自性格與特色,佛教人口族群,表現在文化、教育、弘法等形態方面,亦漸漸有了較出色的面貌。戰後的台灣,佛教也隨著回歸祖國,同時也因為國民黨政府來台,跟隨政府來台的大陸僧侶更多,這群逃難入台的僧人,不乏德學俱優之士,使得台灣佛教在中央政策配合下,可以說起了重大的變革。過去那種閩南化、齋教化、日本化,都受了大陸佛教有力的改革與扶持,戰後的政治政權更替,也直接或間接的有力改造了台灣佛教。

佛教的信仰以「三寶」為依歸,所謂「**三寶**」是指佛、法、僧。佛是**教主**,法是**教義**,僧是**教徒**。佛是「覺者」的意思,以覺悟真理而得名,佛又依照佛法的教義來建立僧團制度,所以三寶是以法為中心。一切的法是以「緣起」為中心,也就是一切現象都是由種種因緣湊合而成,更進一步,一切生命都是依種種因緣而流轉世間,眾苦交煎;也同樣可以依個人努力,消除致苦的因緣,而獲得快樂,甚至得道成佛。

目前台灣的宗教界,佛教最具有活力,且對國家社會影響很大。雖然它是從印度傳來,但經過長久以來的融合,早已內化為中國文化的一部分。台灣的佛教自明代傳入後,逐步穩定發展,特別在近 40 年來,由於政治、經濟、社會環境相對有利的影響,更使得佛教快速成長,幾個重要道場,如佛光山、慈濟功德會、中台禪寺、農禪寺(法鼓山)、靈鷲山等,各有其宗教特色,深刻地影響台灣社會,甚至國外也越來越重視,這當然是因許多國內佛教團體因勢力茁壯,便在世界各地設立道場,連帶地將具有自身特色的宗教文化在國外推展開來,例如證嚴法師領導下的「慈濟

功德會」，以慈善救濟工作著名於世，範圍無國界，即具成效，事蹟為外國所肯定，無形中為台灣作了成功的國民外交，證嚴法師對社會之大愛獲國人肯定獲頒第一屆總統文化獎。國內比丘尼的人數成長快速，活動力強，逐漸掌握各地的道場，成為其它佛教國家罕見的現象。於是達賴喇嘛在幾年前來台灣訪問時，一個重要的活動便是了解在藏傳佛教已失傳的比丘尼戒。台灣雖小，但佛教卻逐漸建立自己的特色，引起國際上的矚目。

當代許多人公認台灣最有影響力的佛教理念是「**人間佛教**」，它是我國具崇高地位的學問僧—印順法師，在 1951 年所提出來的，他鼓勵佛教徒在政治、農、工、學、商界，乃至佛教內部，組織自己的集團，更主張言論與出版自由、教育平等、經濟平等、反對政府免費提供選舉經費，這些主張在戒嚴時期是相當大膽。不過，印順法師本身並沒有參加過任何社會、經濟活動，反而是他的思想引起佛教界的反省，並有許多佛教團體加以實踐。當前國內三個最富盛名的佛教道場，對其創立、發展與「人間佛教」的實踐略作簡述。

(一) 慈濟功德會

證嚴法師早年在花蓮出家修行，不但自食其力，還以無比的悲願創立聞名世界的「慈濟功德會」的入世精神，可以說是另一種「台灣奇蹟」，她的皈依師正是印順法師。「**慈濟功德會**」成立於 1966 年，以**慈善、醫療、教育、文化**為四大志業，具體的貢獻如在花蓮成立慈濟醫院，繼而設立慈濟大學，1998 年慈濟**大愛**電視台開播，可說是**人間**佛教的落實。其中又以慈善事業最為人所稱道，救濟及賑災活動無國界，遍布世界各地，展現大愛精神，成效卓著。1999 年的「九二一地震」，慈濟再度展現優越的動員能力與專業精神，深入各災區從事賑災活動，其義舉已深深烙印在國人心中。民國 100 年，榮膺美國時代雜誌全球百大名人，尤其以慈善形象為台灣成為愛心島。

(二) 佛光山

佛光山創始人**星雲法師**來台初期，曾擔任宜蘭雷音寺的住持，1970 年南下高雄市大樹區籌建佛光山，奠定了佛光山今日的規模。1994 年起為培養佛教弘法人才，在海內外設立多所佛教學院及大學，包括南華大學、佛光大學。1991 年 2 月成立「**國際佛光會**」，是佛光山朝國際化的重要里程碑。2011 年 12 月 25 日落成之佛陀紀念館，除建築本館外，更有所謂「前有八塔，後有大佛，南有靈山，北有祇園」的格局，具有文化、教育、慧解與修持之功能，更將人間佛教推至高峰，實踐不二法門的境界。

(三) 農禪寺

創始人是大陸籍僧侶**東初法師**，以提倡「人間佛教」著稱，1977 年圓寂後，由弟子**聖嚴法師**繼承衣缽。聖嚴本著淨化人間淨土理念及以禪修而獲好評，早在 1975 年將禪修法成功的介紹到美國，在當地建立了「禪中心」。聖嚴是國內第一位博士和尚，有其學術成就，1986 年創辦「**中華佛學研究所**」，積極培養高級的僧俗二眾弘

法人才，近年則積極籌建「法鼓人文大學」，除推廣一般環保運動外，還提倡精神層面的「**心靈環保**」。

另外，佛教中尚有較為人知，近幾年較具社會爭議的**中台禪寺**。中台禪寺是近年一處相當知名的宗教及觀光景點，由**惟覺**老和尚住持。於 1994 創建，至 2000 年落成啟用，全部建築具有古今中外建築特質，同時保存古代叢林風格，具時代新意，是一座劃時代挑高嶄新建築造型的殿堂。整個新建築乍看下彷彿金字塔形態，另外架構包括講堂、禪堂、關房、公園等設備，儼然是一個清淨佛國，人間淨土世界。並且運用「直了成佛」的頓悟法門「因次第盡」的漸修精神，還有古代叢林的風格，將藝術、學術、宗教和文化融為一體，卻不失禪宗的風格。為發揚佛陀「覺的教育」，期以佛法慈悲平等的精神，開創良好的教育機會及學習環境，設立普台國民中小學，亦一直不遺餘力地在推廣佛法教育，十餘年前，即創辦佛教學院培植僧才。

除了上述教派外，近年來藏傳佛教與新興佛教，亦為社會帶來騷動。藏傳佛教歷史悠久，在發展過程中形成了自己的特點，如政教合一制度、**活佛轉世**的思想、**上師貫頂**及一些神祕的宗教繁複儀式，引起世人的好奇。台灣初期的密宗傳法幾乎都是以漢人在家居士為主。較為人知的為貢噶舉派（白教）的<u>申書文上師</u>（**貢噶老人**），1963 年成立台南貢噶精舍（現**貢噶寺**），為藏密南傳的開始。1980 年代，台灣政治逐漸開放，西藏喇嘛可以自由來台，公開弘法的機會大增，於是形成一股藏密熱潮，1997 年<u>達賴喇嘛</u>來台弘法，將藏傳佛教推向一個空前的高潮。

解嚴後，台灣佛教界開始出現了許多新興的教主與教團，如<u>清海無上師</u>的「禪定學會」、<u>妙天</u>的「印心禪學會」、<u>彭金泉</u>的「大乘禪功學會」等，這一類新興佛教有一些明顯的特色：濃厚的教主崇拜情結、具有神通靈力、擅長宣傳造勢等。他們的教義、傳教方式、修行方法皆與傳統的佛教相當不同，卻又自居佛教。然而，近年來屢傳宗教詐財事件與這些新興佛教相當密切，不僅在社會上引起喧擾，也引起傳統佛教的非議，政府也宣布「宗教掃黑」，禁止宗教詐財事件再起，但是其宗教勢力依舊龐大，信徒依然虔誠。

三、道教

台灣的道教包含**天師教**、**老君教**、**海陸教**等派，其中以天師教最占優勢。這些派別的人士可稱為道士，大都設有道壇從事相關服務。由於台灣的道士，全為在家道士，台灣幾無道觀。在中華民國道教會成立後，即積極籌建三清總廟，做為道教徒清修之地。經過多年努力，終於在宜蘭建立了「**三清宮**」。另一方面，不是道士的奉道人士和民間寺廟也在道教會鼓吹下，逐漸集資興建或轉型為道廟。

台灣的道教以天師教最盛，道士們大都自稱「**天師門下**」。此天師指的是龍虎山的<u>張天師</u>，隨著道士的移入與活動，張天師的名號，逐漸在台灣流傳。不過，由於清代早期，台灣道士人士尚少，活動範圍又侷限居住地附近，民眾知道張天師者恐怕不多。直到同治初年戴潮春之亂，有平亂官員藉<u>張天師</u>名號，鼓舞士氣，威嚇叛軍，才讓<u>張天師</u>名號在百姓心中留下印象。

　　與台灣百姓有關的天師信仰是相關的建醮活動，通常會設立「外壇」，其中有觀音壇、北帝壇、福德壇和天師壇，一般民眾即經由此管道認識<u>張天師</u>。在清末，台南一帶已流行在建醮後舉行送天師的儀式。日治時期，<u>張天師</u>逐漸成為全台灣寺廟中奉祀的神明，有的廟宇，將其作為配祀神，如彰化市元清觀、台南市**玉皇宮**。

　　民國 38 年底，第六十三代**<u>張恩溥</u>**逃難至台灣，時任台灣省政府主席的吳國楨電令<u>張恩溥</u>組織道教會，於民國 39 年底成立**台灣省道教會**，出版有《道教通訊》。不過，因台灣省道教會成效不佳，國民黨於民國 46 年，訓令立法委員<u>趙家焯</u>接任理事長，容納各道派人士。面對自己勢力被削弱，<u>張恩溥</u>於同一年成立天師府附設組織「道教居士會」，以維持天師地位、權力。受到中國大陸於 1957 年成立「中國道教協會」的刺激，台灣亦在 1966 年成立「**中華民國道教會**」，成為台灣最重要的道教團體，然而，長期為國民黨政府所控制。在中華民國道教會運作過程中，一個重要的功能是提供慈惠堂、鸞堂（儒教）、一貫道等非法宗教合法的身分。之所以招納非法的一貫道徒加入中華民國道教會，並非蓄意包庇一貫道，而是基於擴大該會的勢力，以解決其財力、人力的困難問題，及希望藉道教感化或改變一貫道的雙重考慮。不過，一貫道並沒有因在道教會內而喪失自身宗教的主體性及特質，等到民國 76 年一貫道合法後，即離開道教會，加入一貫道總會。1987 年，台灣解嚴，人民團體法通過，各式道教團體相繼依法成立，在百花齊放、相互競爭的局面下，中華民國道教會及張天師的名聲，逐漸衰退。

四、一貫道

　　民國 34 年台灣光復後，一貫道道親紛紛籌款到台灣，欲將大道傳向這一片土地。由於一貫道的信仰是源起於本土，和台灣的民間信仰某些成分可以相融，所以在突破語言障礙後，便快速的在台灣蔓延開展。雖然來到台灣，但無法免於政治的迫害與社會的毀謗，將一貫道列入邪教，又加強查禁及大力取締，媒體的宣傳及一些宗教團體為了己利，不斷宣揚一貫道是邪教，逼得一貫道走投無路。但在這風聲鶴唳之時，一貫道並未消失，反而是以**家庭佛堂**為發展的重心和據點，地下化的快速蔓延。躲躲藏藏地過了三十多年沒有名分的日子，傳道傳得戰戰兢兢，於是感受到道場合法化的必要，便開始積極於推動一貫道的合法登記，在道場前輩及官方人士的推動之下，政府終於在民國 **76 年 2 月 11 日解除對一貫道的禁令**，同年 12 月 8 日正式核准「**中華民國一貫道總會**」為社團法人。

　　一貫道雖是多神信仰，但它是有其信仰的主神，無生老母與濟公就是一貫道的信仰中心。一貫道認為無生老母是萬靈唯一的來處與歸處，因此在佛堂擺設中，可以沒有佛像，但一定要有日月燈與一盞母燈。另外，道親們相信十八代祖<u>張天然</u>是由<u>濟公活佛</u>轉世，所以對<u>濟公</u>特別崇敬，或稱之為活佛師尊，或<u>濟公</u>老師，並自稱為徒兒。因此，一貫道與濟公活佛的關係便顯得較其他宗教來得親密。

　　一貫道的禮拜儀式相較於佛教、道教簡化，家家戶戶幾乎都有開佛堂的能力，於是「**家家有佛堂，家家有彌勒**」，便成為其努力的目標之一。求道與法會是一貫道

較神祕的儀式，求道過程中所傳的「三寶」被列為天機，除非點亮佛燈有仙佛護壇，否則不可明言。這三寶即是「**玄關竅**」、「**口訣**」與「**合同印**」（手勢）；求道時，**點傳師**會在求道人眉心（玄關竅）一點，打開生死之門，指引百年後回鄉之路，再傳授五字真言（或稱無字真經），最後授予合同，認為是與上天之間的契約。儀式完成後，點傳師將寫有求道者名字的「龍天表文」，引日月燈的火焚化，從此求道者便「地府抽丁，天榜掛聖號」，百年後可回到無極理天。除了求道外，法會亦是祕密儀式，只開放給道親參加。

每一個宗教都有其神職人員，而一貫道企圖將所有道親都培養成神職人員，這是較特殊之處。壇主和講師是道場最基本的神職人員，主要負責宣化，而在賦予他們職責之前，對他們有一個要求，即是「清口茹素」，立下「清口願」。背負著「傳道」的工作與責任者有：道長、老前人、前人、點傳師。另外有一神職人員並不負責傳道工作，但在道場中有相當的地位，即為三才，負責與上天溝通的乩手，皆為女性。

一貫道在國內的發展，可說已到了人口飽和狀態，從吃素人口便可看出。雖說不只有一貫道講求吃素，但它對吃素的推行與清口的信念卻是其他宗教所不能及。每一個一貫道場都力倡「**三多**」，即**渡人多、清口多、開堂多**。由於越來越多的吃素人口，素食餐館也隨之興起，素食的精緻料理也非常蓬勃，這是宗教教義對社會產生的影響。除此之外，它在社會公益與教化方面亦不落人後，如設國學研究班、兒童讀經班及設立許多慈善機構等。

光復後，一貫道的重心從大陸轉移到台灣，經過數十年的發展，現在更走出台灣，進入國際，1996 年 10 月 6 日在美國洛杉磯成立「**一貫道世界總會**」，成為國際性的教派。尤其在東南亞最為發達。海外的發展，都是以華人圈為第一個定點，由於一貫道是中國本土興起的宗教，中國的傳統文化與思想在一貫道中都可以找得到，於是便容易受到華人的認同，故傳播得很快，至今可以說是「**有華人處就有一貫道**」。

五、齋教

齋教對現代人而言或許是一個較為陌生的宗教，但它卻與佛教有著若即若離的關係。在日治時期，齋教稱為**在家佛教**，意即在家持齋奉佛，他們在世俗中營生，有家庭生活，以俗家人的身分信奉佛教，因為虔誠吃素，又稱為「**菜教**」。

齋教依創教時間可分為**龍華派、金幢派、先天派**三個派別。龍華派起源於明朝，來台最早是在乾隆三十年（1765 年），在台南安平鎮海頭社設了一座齋堂，稱為「**化善堂**」，這是龍華派的開始。嘉慶二年（1797 年），又在台南市創建「**德善堂**」，不久，化善堂與德善堂合併，稱為「**德化堂**」，主要的發展範圍在嘉義以南。金幢派與龍華派同樣起源於明朝，主張三教合一的思想，但稍偏於道教。金幢派稍後於龍華派傳來台灣，最早來台開教的是蔡權，他先在台南成立慎德堂，其後又創立**西華堂**、慎齋堂及西德堂（原名西竺堂）。先天派認為其道統源自於禪宗的達摩祖師，咸豐年間，黃昌成、李昌晉來台傳教。其開展傳承到黃玉偕時獲得相當的成效，這與他個人具有崇高聲望有關。該派的齋堂有台北的至善堂、醒修堂、三峽元亨堂、新竹太和堂、桃園善德堂、彰化福海堂、台南市**報恩堂**、**擇賢堂**等。

齋教在過去的發展相當興盛，不僅領導人有崇高的社會聲望，宗教勢力也相當可觀，日治時期的發展達到高峰，許多宗教聯合團體及重大宗教活動，必定有齋教人士位居領導階層。台灣光復後，齋教卻逐漸沒落，因外部政治環境改變，國民政府將齋教歸入中國佛教會的名下管理，使其宗教地位下滑。另外，齋教內部未能與時俱進調整體質更是關鍵性的原因。

六、基督教

明天啟七年（1627 年），荷蘭派遣傳教士<u>甘地第伍斯</u>來台，向新港社西拉雅原住民進行傳教，效果卓著，平埔族人多信奉之。之後亦派傳教士<u>君紐士</u>來台，除積極布教外，開始注重教育，開設學校，以羅馬拼音教授西拉雅語言，之後更得到在台長官資助，在其他地區設校，使宗教與教育並行，以教育作為傳教的基礎。<u>鄭成功</u>來台後，在文化上「驅逐異族文化，以維護中華文化之道統」，基督教於此時幾乎無任何發展。咸豐十年（1860 年）台灣開港通商，基督教長老教會於西元 1865 年，派遣<u>馬雅各</u>抵府城傳教，西元 1871 年，<u>馬偕</u>亦前來高雄，隔年往淡水，從事傳教及診療工作。如今基督教長老教會已成為全台歷史最悠久及規模最龐大的基督教新教團體。

基督教從十七世紀傳入台灣以來，雖經過許多不同團體在幾個不同時期的發展演進，但對台灣的社會服務，尤其是「教育」及「醫療」，影響相當深遠，如台南新樓醫院（**馬雅各**）、台北馬偕醫院（**馬偕**）、彰化基督教醫院（**蘭大衛**）。長期以來，基督教教會對於社會工作可說是不遺餘力地在奉獻，特別是偏遠地區進行醫療及各種物資的支援，像<u>馬偕</u>醫院增設淡水及台東分院、門諾教會支持的門諾醫院，以及其他各地的基督教醫院。另一個社會服務重點在文教工作，一些由教會所支持的教育機構，亦成為國家作育英才的重鎮，如東海大學、東吳大學、中原大學、真理大學及長榮中學、長榮女中等。甚至積極發展校園團契、YMCA（基督教青年會）、YWCA（基督教女青年會）等，吸引青年人加入，為社會服務工作添加新血。

七、天主教

天主教是建基於以色列民族的一神信仰－**耶和華**，相信耶和華創造了天地萬物，派祂的兒子**耶穌**來宣傳**福音**(gospel)。西元 1626 年，西班牙占領台灣北部，除了經濟利益外，另一項任務即傳教－天主教。然而在其北台灣的傳教區域建立起來後，在台灣南部的荷蘭人，於 1642 年結束了西班牙在台 16 年的占領，使得天主教在台傳教盛況成為曇花一現。直到清末，台灣開港通商，亦開放外人傳教，天主教始重返台灣。但因當時社會仇外情緒高漲，神父們只得向偏遠地區的原住民傳教，直到日軍接收台灣後，教友的生存才獲得保障，各地才逐漸恢復傳教，民國 2 年（1913年）羅馬教廷設立台灣教區，<u>林茂才</u>神父(Clemente Fernandez)為第一任監牧。

天主教發展黃金時期是在民國四、五十年代的時候，主要是因為天主教信仰不見容於中共政權，致使大批神職人員來到台灣，充足的傳教人員使得傳教工作進行

得相當順利。1950~1979（民 39~68 年）美軍駐台，有利西方宗教發展，另外，當時台灣經濟匱乏，美援透過教會系統或教會自身發放救濟品，各地鄉鎮教會前，常有許多人排隊領取麵粉、肥皂等物品，也因此而入教，有人私下暱稱「麵粉教」。民國 50 年代中期以後，台灣傳統的宗教與民間信仰勢力興盛，加上美援中止，再加上無法有效動員教友起來為教會發展作出貢獻，使得其發展進入低潮。

天主教眾多儀式中，最深入信徒平常生活中的即彌撒祭禮（**望彌撒**），在每個星期日（主日），信徒必須要上教堂望彌撒，這是信徒的義務，在彌撒中重行耶穌的救世事蹟。其神職人員分為：**教宗、主教、神父**（修女）、**執事**四個等級，負責教友的信仰生活。

台灣天主教本身的勢力雖然不大，但他們秉持奉獻天主、為子民服務的精神，許多的慈善救濟事業比大多數的宗教做得更為深厚，很多偏遠地區、離島、醫院、都市的角落，都可看到神父、修女的身影穿梭其間。教育工作方面有輔仁大學、靜宜大學、衛道中學、曉明女中、聖心女中、道明中學、海星中學…等。慈善救濟的對象與範圍，則含括智障兒、早產兒、孤兒、貧苦老人、原住民、農、漁民，如台南市瑞復益智中心、台南市玉井德蘭啟智中心等等。值得一提的是，天主教神職人員為了強化社會服務的專業能力，大多會對自身的服務工作從事進修，許多神父、修女都有博、碩士的高學位，對天主教的形象有正面示範作用。

第三節　民俗活動

漢人渡台拓墾，攜來大量原鄉生活習性與傳統生活方式，配合本地風土民情，發展出特有的庶民文化，舉凡食、衣、住、行、娛樂、藝術，皆呈現移民適應新生活環境之心血智慧，從基本日常起居中點點滴滴，累積其人文深度和廣度。

● 生命禮俗與節慶

庶民文化中日常的食衣住行、養生送死禮俗，經常忠實地反映一個民族或地域的特殊傳統和風貌，由於它不矯飾、不誇張，默默累積生活經驗，傳承固有色彩，紀錄地域特性，所以最貼近生活原貌。人類生命旅程被自然地劃分成幾個階段，隨生理與心智的成長而做不同的調適，通過某些儀式進入另一個新階段，扮演新角色，強化當事人心理的認知並符合社會期待，這就是生命禮俗的重要性。傳統社會從生到死皆有一套縝密的禮俗以待遵循，是對生命的敬意，對祖先的尊重。

● 出生

生命的初始，源自於父母的期待與親人的祝福。民間求子祭拜註生娘娘，娘娘手下有十二婆姐（十二婆祖），掌管十二個月出生事宜。在台南市有座臨水夫人廟，主祀臨水夫人陳靖姑，保佑婦人生產平安，配祀註生娘娘與眾婆祖，三十六宮婆姐

（祖）專門守護幼兒，擔任小孩的保母，花公、花婆照顧花朵原神，因為初生幼兒都是鮮嫩的花兒，需要細心呵護，女孩是紅花，男孩是白花。婦女前來求子嗣、安胎、收驚、作十六歲成年禮者絡繹不絕，香火鼎盛。台南市開隆宮著名的十六歲成年禮，由年滿十六歲的少男少女鑽過狀元亭供桌和花團錦簇的七娘媽亭，出了「**鳥母間**」（婆祖間）才算成年。

● 婚俗

　　適婚年齡的青年關心自己的情感歸宿，往往求助月老，月老祠內滿是世間癡情種的幽怨心事。求姻緣者在月老前擲筊許願，拉下月老袖上披掛的紅線一條入袋，若紅線無端消失，表示有緣人近了；情侶問未來是否能執子之手與子偕老，則看兩人同插在香爐內的香煙，裊裊上升時若中途相會則結成夫妻，平行為朋友，四散則今生註定無緣無分。

　　漢人傳統婚俗有六道程序，古稱「**六禮**」：**納采、問名、納吉、納徵、請期、親迎**。先民來台，將程序簡化，配合移墾社會形成台式婚禮特色。議婚伊始，媒人將女方庚帖（生辰八字）送至男方，尊長放至神案上，旁置清水一碗，若三日內無蟲蛾飛入並全家平安，則為吉兆，約由女方請人占卜合婚，若相配則可準備訂婚。「**送定**」（小聘）由男方備妥首飾、綢緞、大餅等禮品，送至女方家，家境清寒者以銀簪二隻替代，俗稱「插簪」。「**大聘**」（完聘）由男方送聘金和禮物至女家，女方要回聘並贈予嫁妝。迎親當日，抬四人轎，鳴金吹鼓，執旗放爆竹，新郎親至女方家迎娶，舅子先到轎前索爆竹，新人在出廳前拜別祖先、父母，覆上紅帕上轎，轎後懸掛畫有太極八卦圖之竹篩以避邪。婚後三朝，新娘祭祖並向公婆尊長請安，舅子來探，請姐姐、姐夫回門；歸寧省親完畢，新郎先自行回家，新娘則可留住娘家三日。

● 疾病

　　台灣溼熱多瘴癘，官兵初來拓墾，經常染病客死異鄉，在醫藥不發達的年代，只得求助於神明，靠心理醫療方式對抗惡疾，因此台灣祭拜**保生大帝**的廟宇最為普遍。台南市興濟宮（三級古蹟），清代位於鎮北坊（清代台灣府總鎮衙門附近），當時輪調官兵眾多，相傳是鄭氏部屬由泉州攜來香火所建，奉祀保生大帝吳真人（**吳夲**）；廟宇規模宏偉，最具特色的是設有藥籤，像醫院般分門別類，有大人內科、外科、眼科、小兒科、婦科等，頗為專業。

● 死亡

　　台灣喪葬習俗多半源自漳州、泉州，二者皆屬閩地，但儀式上卻有不同之處；客家人更保有自我特色，例如將骨灰罈集中放置，隨時便於攜帶返鄉，不似閩人採土葬，將來遷徙不便，近年來台灣撿骨入塔方式逐漸風行，就是學習客家人的作法。

　　與死者有關的信仰為城隍祭祀。「**城**」是城池，「**隍**」是繞城河溝，天子有感於城池之堅固而祭之，城隍遂演變為城池守護神。清代特別尊崇城隍信仰，將其列入官方祭典，通令各級地方政府建城隍廟，新官上任必得親詣該地城隍廟奉告方能接掌。城隍同時治理陽間和陰間，掌管司法審判，並維護地方安寧，民間視之為護國

佑民的神祇。**台南府城隍廟**是台灣最早的城隍廟，一入門，迎面高掛黑底金字大區「**爾來了**」，充滿了警世意味，與天壇「一」字區及竹溪寺「**了然世界**」同稱府城三大名區，遠近馳名。廟內左側懸吊的兩只大算盤，可清算人的一生是非功過。城隍廟兼具陽廟、陰廟性質，奉祀東嶽大帝的東嶽殿則屬陰廟，是人世與冥府交界點，除了進行法事外，平日也為民眾消災解厄，改運祈福。

● 元宵

元宵又稱**上元節**，提花燈、放煙火、吃湯圓、猜燈謎之外，還有「**乞龜**」習俗。龜是長壽和福氣的象徵，在台人生命禮俗祭儀中，從生到死皆與各式龜粿文化密切相關，「乞龜」是以米、麵粉製成龜模，由全村或幾戶人家合資，祭祀後分食，分享神龜帶來的福祚、好運；龜趾前五後四，加起來為九，代表長長久久。元宵還有未婚少女「**偷挽蔥，嫁好尪**」、「**偷挽菜，嫁好婿**」的民俗，北台灣則有著名的新北市平溪放天燈、南台灣有台南鹽水**蜂炮**、台東**炸寒單爺**等相關習俗，每年元宵，都有相當多的人潮湧入，形成當地年度大戲。

● 端午

農曆五月五日端午節，為紀念投汨羅江表白心跡的愛國詩人**屈原**，各地都有划龍舟競賽，稱為「**鬥龍舟**」，平埔族人於海口淺水處競渡杉板漁船，以錢帛為采，勝利者鳴鑼得采。府城「三郊」當年在五條港區佛頭港舉行龍舟競渡，盛況空前，萬人爭睹。《赤崁筆談》曰：「清晨燃稻梗一束，向室內四隅熏之，用楮錢送路旁，名曰送蚊；門楣間艾葉、菖蒲，兼插稗一莖，謂可避蚊蚋，榕一枝，謂老而彌健」。劍狀的菖蒲可驅邪，艾草治痢疾、霍亂、瘧疾等，家家戶戶掛於大門口避蚊蚋、驅邪祟，祈求健康平安。正中午時分汲取井中涼水，稱「**午時水**」，可治疫疾。

● 七夕

農曆七月初七為乞巧節（七巧節），也是民俗牛郎織女相會之日，據說當日都會下小雨，是織女在流淚，因此七夕圓與一般湯圓不一樣，搓好後要以食指在中央微壓成小凹洞，以便為織女盛淚，是民間傳說中帶著詩意和悲傷的節日。將色紙糊成二尺高的亭座，女子月下準備針線、香果、三牲、花粉、酒、鳥蛋、七碗飯祭拜織女，稱**乞巧會**，希望能如織女般心靈手巧。另外民間傳說兒童的保母－床母，生日也在七夕，這日少男少女們要在房中供祭床母，以雞、油飯、酒果供之，並燒金紙（床母衣飾）。

● 中秋

農曆八月十五日中秋節，是闔家團圓賞月的好時節。深受科舉之風影響的台灣士子，佳節仍不忘功名，因此日為秋闈鄉試之日，為求得掄元吉兆，有擲四紅的習俗。製大小月餅，上硃書「元」字，有狀元餅、榜眼餅、探花餅、會元餅四、進士餅八、舉人餅十六、秀才餅三十二，共 63 個，以六顆骰子擲入碗中，四面出紅點數最高者得狀元餅，依次遞減，預卜今年考運，得狀元餅者，明年中秋仍得送來狀元餅再參賽，此很受庶民歡迎的活動，就是「博餅」。

● 民俗藝陣

藝陣，一般稱之為「**陣頭**」，是與宗教信仰結合的業餘性團體，是廟宇慶典活動時，伴隨神輿繞境遊行的民間藝術表演團體。透過這些藝陣的表演，不僅表達出百姓酬神護佑及祈求來年平安的心願，也促進各庄頭的聯誼，凝聚向心力，更可讓人體會民間鄉土人情的溫暖與深厚。

從漢人渡海來台開墾，建立家園開始，聚落的發展總是環繞著廟宇逐漸向外擴增，並以廟宇為生活的重心。由於民間信仰相當發達，地方廟宇慶典多，連帶促使藝陣的蓬勃發展，為因應市場需求，也越來越多的職業團體出現，不僅藝陣數量上十分可觀，種類上也多元化，起源也各自不同，有的是延續漢人社會的傳統，有的是台灣本土社會的新創。近來，在工業社會的衝擊下，儘管它已逐漸從人們的生活中褪色，但任何時候看到這項傳統民俗，都能令人重新勾起親切童年記憶。藝陣依表演形態不同分為文陣和武陣，文陣有車鼓、桃花過渡、牛犁、布馬、踩腳蹻、大鼓陣、病囝歌、十八摸等，武陣有宋江陣、八家將（什家將）、獅陣、龍陣、七爺八爺等。茲列出一些較常見且為人所知的略作簡介。

1. 宋江陣

宋江陣是一種結合武學和藝術的民俗表演，民間流傳的歷史悠久，是迎神廟會常見的陣頭，最早出現於明末清初，相傳是少林五祖拳祖師蔡玉川所創，由一些愛好武術者在廟會廣場表演各種武術招式。在台灣有人認為它始於鄭成功收復台灣時實行兵屯制度，即寓兵於農措施，陳永華為了方便治理台灣，結合民間信仰與地方武力組成的隊伍。這一說的理由，為明鄭部隊盾牌兵的裝扮與宋江陣所用的盔甲、盾牌、短刀、雙斧等兵器極為相符；陣式變化及攻守的步驟，更與鄭軍部隊的五梅花操兵法相同。表演時人數不拘，男女皆可，通常以 36 人天罡、72 人地煞為主，甚至百餘人，但以 108 人為大忌。以前民間傳說地方上有亂事，以宋江陣武師可以執干戈以衛社稷。

宋江陣的陣形，傳係出自小說《水滸傳》宋江（呼保義、及時雨、孝義黑三郎）攻城所用的武陣，由天閒星入雲龍公孫勝所創，其出身全真道人，精通道術及陣法。宋江陣融入金獅、白鶴等瑞獸繁衍出「金獅陣」及「白鶴陣」，三者合稱為「宋江三陣」。台灣廟宇香火鼎盛，宋江陣大都流傳於嘉南平原以南的農村，並以台南、高雄兩市最多，早期屬於農閒時期農村子弟學習武藝的活動，日治時代，因高壓統治，取而代之成為宗教活動酬神娛人的武術表演性陣頭。宋江陣通常附著於寺廟，成為神佛駕前的藝陣，最具有盛名的首推高雄**內門**區宋江陣，內門區自古即是宋江窟，內有「內門紫竹寺」及「南海紫竹寺」，推動民俗宋江陣古老文化的傳承不遺餘力，至今有 150 餘年歷史。內門宋江陣數量之多及風氣之盛，其實與內門的開發史及民間信仰有著密切的關係。另一支較有歷史的是台南市楠西區鹿陶洋宋江陣，是社區生活結合民俗文化的典範。早年楠西一帶常有山賊出沒，江氏家族為保衛家園，壯丁自組宋江陣，定期於江家公廳前的大埕操練，以備不時之需。昔日當鹿陶洋宋江陣出陣時，聚落守護神李府千歲與宋江陣主神

田都元帥會領陣巡繞全境，以趨吉避凶，相當具地方特色。為了不讓珍貴的地方文化失傳，行政院文建會特別將鹿陶洋江家（鹿田社區）選為社區總體營造的重點輔導社區之一，在族人自發下，塵封已久的鹿陶洋宋江陣於民國 85 年（1996年）再度重現江湖，將陣法與拳法傳授給年輕一輩。宋江陣的發源地在中國，但大陸目前似乎是不開放民間聚眾演練。

　　宋江陣在訓練時必須結合每個人的精神，凝聚在一起而不畏苦，才能充分舞出力與美及健康體魄。宋江陣不只可將一般迎神廟會帶入最高潮，也給地方居民帶來團結與榮譽，長久以來更給地方帶來安寧、祥和。鄉下農村認為宋江陣是避免受邪魔侵襲的一種神祕陣式，這是宋江陣留存在民間社會的價值所在。目前宋江陣在全台社區已經大力推行，有很多學校、社團，都積極組隊做為學校課外活動，這是可喜的現象。希望宋江陣能在全省蓬勃發展，更能促進社會的團結和健康。

圖 14-1　台南廣興宮番薯厝宋江陣（1974.10.20 仁德區太子廟建醮）

● 圖片來源：黃源謀

2. 舞獅

　　舞獅起源於距今約 2000 多年前的西漢時期，具有悠久歷史文化傳統，至今歷久不衰。傳統文化之蘊厚，將獅藝視為傳統民俗文化特色。舞獅最初的原意可能是驅邪逐鬼與鎮妖之功，亦有吉祥之兆，因為獅為祥瑞的神獸，迎福納祥，也是治鬼之神獸，舞獅拜年，以消災除害，萬眾皆樂，預報吉祥之意。亦然成為民俗信仰。獅舞多有雙獅演出，成雙成對，多頭醒獅群舞，威武雄壯，氣勢磅礴。

南獅由於獅頭前額經常繪有「雲頭如意紋」，象徵為吉祥如意，故又稱為瑞獅、醒獅，為現在人所說的廣東獅。【兩廣醒獅團】

3. 八家將

八家將的起源說法有多種，經過許多學者的考據，認為與「**五福大帝**」有密切關係。許多資料顯示，台灣最早的八家將，是由台南府城的「**白龍庵**」所發展出來，他的主神就是福州籍官兵所迎來的「**五靈公**」，後來漳、泉民眾為祀奉方便，又從白龍庵另迎神位至「西來庵」，日治時期因發生西來庵抗日事件，遭日軍封鎖並禁祀，民眾復偷偷迎出改稱「五福大帝」祀奉，其後逐漸南傳高、屏，並經嘉、雲而漸次北傳，至今約有一百多年的歷史。雖然許多廟宇，如城隍廟、王爺廟、地藏王廟、嶽帝爺廟等等，都有「八家將」團的依附，但基本上，他們都是由「五福大帝廟」所衍化而來，這一發展的軌跡，可以視作八家將「角色擴散」的結果，而正好與八家將信仰由南北傳的社會現象，及其本土化信仰的特性有一致的因果關係。

「**五福大帝**」是民間的逐疫之神，亦稱「五方瘟神」，所指五人為張元伯、鍾士秀、劉元達、史文業和趙公明。相傳五人夜遊，因見瘟鬼於井中施放疫毒，乃以身投井留書示警而死，後人感念其捨身救人而建廟祀之，後經天界玉皇大帝封張為顯靈公，鍾為應靈公，劉為宣靈公（也稱劉主公），史為揚靈公，趙為振靈公，合稱為「五靈公」，專為陽界驅瘟除疫，保境安民。

「八家將」雖名「八家」，實際上成員頗不一致，有4人或6人成陣，8人、10人、12人成陣，演變至今甚至16人、32人成陣的都有。所以有些團不稱「**八家將**」，而稱「**什家將**」，更有改稱為「**家將團**」，以涵蓋所有的陣團。不過，民間習慣上還是都稱作「八家將」，主要是他的「主角」還是八家。成員有甘、柳、范、謝四爺合稱「**四將**」；春、夏、秋、冬四神併稱「**四季神**」，加起來合稱「八將」。范、謝將軍執行捉拿，甘、柳將軍執行刑罰，再由四神拷問，故操演時常顯現瞪目怒視。它的性質屬於神之扈從，尤其在地藏王、王爺、千歲的台前，更少不了他們，每當王爺出巡，他們就走在轎前，走起路來威風凜凜。他們也有三名隨從，一是司雜役的小鬼，兩位是文武判官。八家將出巡一般有夜巡、送王船、請水、開廟門，押棺（護送棺材）等，不過其中最重要的儀式是**夜巡**一項。

八家將是台灣民間宗教信仰的一部分，由於其重視腳步的變化，並將宗教、臉譜藝術、國術等全部融合在內，所以在許多迎神賽會的陣頭中，八家將都是最威風、也最吸引人的。但是因參與者多為中輟生，時有幫派介入，且許多家將團已缺乏嚴整的紀律，再加上社會對八家將組織不瞭解，現在他們卻面臨了活動本質轉變，受社會鄙視的困境。

4. 跳鼓陣（又名：花鼓陣、大鼓弄、鼓花陣）

起源說有三：根據考據，跳鼓陣源於「大鼓涼傘舞」。相傳明朝將領戚繼光帶領軍隊驅逐倭寇大勝後，凱旋歸來之際，正值中國傳統節日—元宵節，於是鄉民提燈、敲鑼打鼓、手舞足蹈迎接將士。之後，每逢佳節人民即以熱鬧的「大鼓

涼傘舞」慶祝，流傳到台灣成為跳鼓陣。其二：跳鼓陣為早期農業社會對宗教信仰而產生的陣頭。通常是農閒時或宗教祭典時，舞陣來祈求風調雨順、國泰民安，且能增添熱鬧氣氛。其三為：明朝末年，<u>鄭成功</u>渡海來台，為反清復明，勤練軍術，不定期舉辦比武大賽，吸引許多習武者加入，比武過程中，有一、二位擊鼓者在旁擊鼓助陣，跟隨比武者進退，成為一種鼓舞人心的軍樂。滿清之後，這項比賽漸漸在民間流行開來，逐漸演化成節慶或廟會時的民俗藝陣。

　　「台南縣志」一書中對跳鼓陣的記載：「兩人一對手，一人持涼傘，一人抱大鼓，涼傘打迴旋，大鼓雙面打，邊打邊舞，另有打鑼手三、四人圍住大鼓，邊打邊舞之。其狀天真浪漫，爽然欲醉，又名弄鼓花。」跳鼓陣，係以「擊鼓、敲鑼」配上「跳躍動作」為表演主軸，亦稱「花鼓陣」、「大鼓陣」、「大鼓弄」、「弄鼓花」等。傳統跳鼓陣的組成，一般以九人為單位，分為一人執頭旗、一人執貳旗、一大鼓、二涼傘及四銅鑼。頭旗與隊旗在隊伍最前方，鼓手置中，涼傘手位於鼓手前後，四位敲鑼手分立隊伍四方。陣式的種類除了傳統的陣式之外，亦可自創陣式，豐富跳鼓陣的演出。

5. 十二婆姐陣

　　由民間信仰中「婆姐母」而來的十二婆姐陣，是台灣民俗藝陣中最著名的面具表演陣頭。扮演著嬰兒及婦女守護神角色的婆姐，身穿彩豔鳳仙裝、頭戴婆姐面具，左手撐傘、右手拿扇，看上去搖曳生姿，目前台灣也僅在台南新營及麻豆各有一團。

第四節　文　學

　　台灣社會文化經過長久時間的累積、沈澱，形成特有之意識型態與心理結構，透過文學形式紀錄呈現，帶領人們省思傳統文化樣貌與面對未來文化價值體系。文學，既是舊有文化的忠實紀錄者，同時也是革新傳統文化的開路先鋒，作家以敏銳的心靈之眼、執著的社會良心，對人性提出批判、對當代痛下針砭。台灣文學由日治殖民時期走入現代，一路留下珍貴足跡，前輩作家血淚斑斑描繪民族尊嚴的吶喊，新移民作家對台灣認同的徬徨、懷舊，鄉土寫實作家掌握社會脈動的功力與熱愛鄉土的情懷，新世代作家創新求變、放眼國際的創作勇氣，在在都為台灣文學寫下披荊斬棘的歷史見證。

　　文學是一種歷史語言。當代生活的體認、文化思想的軌跡，透過文字呈現在作品中，激盪讀者靈魂、提升心靈層次，達到社會教化的效果。台灣文學史料豐富，各階段層次分明，不同時空背景下有不同的文學風貌，從古典漢文學、新文學、反共文學、現代主義到本土文學，突顯出階段性的時代意義，文學風格的演變也刻畫了台灣文學多元化的特色。

　　相較於對岸中國大陸成立「中國現代文學館」，專門研究五四新文學運動以來的文學史料，內容並涵蓋台灣現代文學的部分，甚至日本也設有「台灣文學研究會」，台灣一直以來卻缺乏有系統地蒐集、彙整和研究台灣文學史料，任這些珍貴的文化資產零落四散。經過多年的評估規劃，行政院文化建設委員會於民國 86 年（1997年）8 月正式成立文化資產保存中心籌備處，負責「**國家台灣文學館**」（**現稱國立台灣文學館**）與「**國家文化資產保存研究中心**」兩處機構的軟硬體籌設工作。文化資產的保存維護需要投注大量的研發精力與專業技術人才。國家台灣文學館的成立能夠有系統地蒐集整理珍貴的台灣文學史料，填補歷史記憶缺口，因此成立國家級保存研究專責機構，與擁有屬於台灣人自己的國家級文學典藏研究機構，實是延續台灣文學資產生命的首要任務。

　　府城為歷史文化古都，早期台灣的拓墾開發和文化成形，都與府城發展息息相關，因而台南所保存的文化資產格外豐富，歷史遺跡也處處可尋。古都文風鼎盛、人文薈萃，台籍文人作家多半出身府城，歷經荷西、明鄭、清領、日治、民國等時期，擁有全台最傲人的文化資產與眾多的文史協會，因此文建會將國家台灣文學館與文化資產保存研究中心籌設於此，有其特殊的歷史意義和期盼，希望就近運用豐富文化資產作為研究與推展動力，同時結合周邊學術機構與民間文史工作單位的力量，共同分享研究資源，並致力培育下一代愛惜文化、重視文學的風氣與具備人文素養的國民，未來有朝一日成為保存這些無價資產的專業尖兵。

● 台灣文學的分期與代表作家

　　對於台灣文學的分期，學者們各有不同的看法，又因台灣文學發展史上不同的文化內涵定義而有相異的區分基礎。葉石濤的《台灣文學史綱》將台灣文學分期定為：傳統文學的移植、台灣新文學運動的開展、四〇年代的台灣文學（含淚播種的，必歡呼收割）、五〇年代的台灣文學（理想主義的挫折與頹廢）、六〇年代的台灣文學（無根與放逐）、七〇年代的台灣文學（鄉土乎？人性乎？）、八〇年代的台灣文學（邁向更自由、寬容、多元化的途徑）。

● 傳統詩社

　　詩是文學創作主流，有人類之始即有詩歌傳唱。沒有文字歷史的時代，人們藉詩歌保存族群活動紀錄，日出而作，日落而息，對天地萬物的感發、對自然的歌詠是口傳文學中最動人的部分。文字的出現為詩歌創作提供寬廣的舞臺，細膩描繪人們對生命的執著、對土地的熱情、對情感的悲喜，交織成一首絢麗燦爛的樂章。以詩言志，託物起興，台灣詩人們以敏銳的心靈之眼，揮灑繽紛的彩筆，為台灣歷史文化留下無可取代的珍貴見證。

　　傳統舊文學移植自唐山漢文化，明鄭時期儒學教育推廣，台灣知識分子赴大陸參與科舉考試，有清一代台省舉人、進士輩出。在傳統文學中，連雅堂、林幼春、林朝崧等漢詩作家懷有文化遺民心境，客籍黃驤雲、吳子光、大龍峒陳維英、彰化施世榜、新竹鄭用錫等名士風流，譽滿全台。清代台灣已有為數眾多的詩人，日治

時期總督府善於籠絡詩人，在各地舉行「擊缽吟」，向文人示好。日治時期台灣詩社發展可觀，昭和 11 年（1936 年）台灣詩社有 178 所，其中，有藉由文化的堅持來彰顯民族精神者，以「櫟社」最具代表。「櫟社」成立於明治 35 年（1902 年），由<u>林朝崧</u>倡設，最初目的在致力保存漢文化、提倡漢學研究即詩學，之後藉讀漢書、作漢詩，進一步維繫台灣人的民族認同。「**櫟社**」篩選成員甚嚴，除了文章學問造詣外，尤重品德，與台北之**瀛社**、台南之**南社**鼎足而三，為日治時期聲譽頗隆的文化團體。

在詩的領域中，<u>沈光文</u>、<u>林占梅</u>、<u>賴和</u>、<u>鄭愁予</u>、<u>余光中</u>和<u>莫那能</u>是讓人印象較深刻的，其中<u>沈光文</u>創組**東吟詩社**，功在肇始；<u>林占梅</u>以平<u>戴潮春</u>之亂聞名，淡水廳誌訂謬：「林氏毀家紓難，功在淡彰。其能詩，能畫，能射，能音樂，皆卓卓可傳。」在他身上看到<u>曹操</u>橫槊賦詩的豪邁身影；<u>賴和</u>的詩，充滿他對良民百姓的關懷，1931 年的農民謠，道盡農民看天的無奈，其人格更值得尊敬，就像他是醫生，卻有「但願人間無病痛，不怕餓死老醫生」的修為，其為「**霧社事件**」所寫的〈**南國哀歌**〉一詩，是揭發日本暴行的**史詩**，全詩莊嚴壯闊；<u>鄭愁予</u>的新詩，更膾炙人口，其〈錯誤〉一篇中，我達達的馬蹄是美麗的錯誤，我不是歸人，是個過客。談歷史，詠心情，都十分深刻；<u>余光中</u>更是大時代給台灣的珍寶，料羅灣的漁船，深植台灣人的心，西子灣不斷滋育文豪產生佳作，以饗讀者；<u>莫那能</u>是個盲詩人，不但深刻表達原住民的心聲和特質，更激發人向上的力量，我曾想到，假使<u>莫那能</u>不需為生活幫人按摩，他也能優雅的徜徉在西子灣的氛圍，難道他不會是下一個<u>余光中</u>嗎？

● 新文學運動

受到第一次世界大戰後的民族自決思潮影響，<u>陳炘</u>在《台灣青年》創刊號發表〈文學與職務（任務）〉一文，批評傳統文學文字藻麗，但內容空洞矯柔做作，無法善盡文學傳播文明思想的使命。受大陸五四運動影響，傳統文學漸受質疑，《台灣》、《台灣民報》對傳統舊文學撻伐之聲四起，新舊文學的爭論浮上檯面。此時總督府推動日文政策，台灣文人以漢文維持書寫模式，<u>蔡培火</u>則提倡白話文，許多新文學作家在此時嘗試小說與新詩的創作。<u>蔣渭水</u>、<u>張我軍</u>於二〇年代撐起台灣新文學大纛，捨棄日文，選擇以中國式的白話文創作，<u>賴和</u>、<u>楊雲萍</u>等人先以漢文打底稿，再轉為白話文，加上些許台灣語調，形成此期特殊的語文風格。

日治時期重要新文學作家有<u>張我軍</u>、<u>賴和</u>、<u>楊守愚</u>、<u>楊逵</u>、<u>呂赫若</u>、<u>龍瑛宗</u>、<u>楊雲萍</u>等。其中，<u>張我軍</u>留學中國，不斷介紹大陸的文學革命。**賴和**，本名賴河，筆名**懶雲**，有「**台灣新文學之父**」的美稱，醫學校畢業後回到彰化，一面行醫、一面寫作，同時參與民族社會運動，兩度入獄；終其一生，<u>賴和</u>都用白話文寫作，文學創作的意義定位在反抗政治壓迫、要求民權解放的社會運動上，堅決抵抗強權無理凌辱、剝削、迫害，站在平民立場發聲，反映日治時代台灣人民被殖民統治的痛苦與不平，是台灣新文學運動初期最有力的實踐者，也是文學運動價值的主導者。<u>賴和</u>處女作《**鬥鬧熱**》，完全用西方文學手法來敘述台灣民眾現實生活，捕捉了迎神賽會前後的歡樂狀況，呈現庶民生活中的陋習、迷信和愚昧。**楊逵**〈**壓不扁的玫瑰**〉、

〈**送報伕**〉兩篇小說將台灣新文學運動推至巔峰，大膽描寫了日本資本家在台灣貪婪的掠奪姿態，傳達出農民、勞工的辛酸。這篇小說最大的貢獻，在把台灣新文學作品和被壓迫的農工階級運動連結，楊逵本身的人道主義關懷亦在小說中表露無遺。被譽為台灣第一位女詩人的**陳秀喜**，她的詩歌充滿母性溫柔，撫慰了在日本殖民創傷下台灣人的心靈；同時又抒發女性被壓抑的憤怒與悲哀，是台灣女性主義詩作的先驅者。其膾炙人口的作品，有詠歎寶島之美的《**耳環**》《**台灣**》【此詩後來被改編為歌詞，由李雙澤譜曲，傳唱海內外，即黨外時期被禁唱的〈美麗島〉】等。傳統的婚姻枷鎖囚禁了她的靈魂，藉由詩歌創作她勇敢地批判了不公平的婚姻制度與女權的低落；她以母親意象的溫暖包容，來召喚大家認同本土。

昭和 7 年（1932 年），文藝雜誌《**南音**》問世後，新文學運動由報紙轉移至文藝雜誌，重要刊物有巫永福發行的《福爾摩沙》、《台灣文藝》雜誌，以及《先發部隊（第一線）》等，巫永福筆名田子浩，有「福爾摩沙的桂冠」美譽，除本身勤於創作外，對家鄉文化教育推動更見用心，捐出珍藏給埔里鎮立圖書館，設巫永福文庫。

四〇年代台灣光復，脫離殖民統治命運，文學界活力十足，龍瑛宗、楊逵、吳濁流、葉石濤等人，致力以中文創作（仍有少部分日文作品），關懷台灣社會在被殖民與戰爭夾縫中生存的悲哀痛苦，感慨台人沒有祖國的淒涼與悲哀（**吳濁流**《**亞細亞孤兒**》），另一方面也反映戰後物資缺乏，台灣基層社會的貧困，隱含改革創新的前進勇氣。

二二八事件帶來五〇年代白色恐怖時期的挫折與頹廢與「反共文學」興起，台灣文學喪失自由、自主性，政治的高壓令文人噤若寒蟬；隨國民政府來台的作家們，懷舊作品相形出色，筆下對故鄉的魂牽夢縈真摯感人，潘人木《**蓮漪表妹**》、司馬中原《**鄉野傳奇**》、朱西甯《**狼**》、《**破曉時分**》、林海音《**城南舊事**》、琦君《**桂花雨**》皆膾炙人口；此期客籍作家鍾理和、鍾肇政如清流般為沈悶的台灣社會注入一股熱愛鄉土的力量。綜觀五〇年代，本省籍作家飽受壓迫打擊，外省籍作家則惶然不安，無法歸屬認同，誠如鄭明娳所言：「這是一個絕望時代中人性的枯錮吶喊，一種集體的無奈與厭世情結」。

六〇年代的台灣，國民黨控制嚴厲，文學上現代主義風潮興起，國外重要文藝思潮和作家作品大量湧入，以**白先勇**、**陳若曦**、李歐梵等台大人創辦的《**現代文學**》雜誌為首，開啟台灣文學新視野。戰亂的流離、自我放逐的孤絕、流浪異國的疏離感在西方文學中找到認同的經驗，如白先勇《台北人》、《紐約客》、聶華苓《葛藤》、陳若曦《尹縣長》、歐陽子《秋葉》、**王文興**《家變》、《背海的人》，留學生文學則有於梨華的《又見棕櫚，又見棕櫚》，為無根的一代代言。

橫跨六〇、七〇年代，作家**黃春明**、**王禎和**、**陳映真**、**楊青矗**是**鄉土文學代表**，探討都市人際疏離、社會經濟轉變影響農村人口結構、工業化帶來巨大社會衝擊、資本主義剝削、女性勞工問題等。**李喬**巨著《**寒夜三部曲**》史料豐富、結構宏偉，如史詩般描繪台灣社會近 50 年的悲壯血淚史。女性文學興起，有別於七〇年代農村少女到都市工廠作工、命運婚姻不能自主的無奈，邁入八〇年代的都會女性極力拋

棄傳統包袱，主張擁有自我、完成自我，在追尋自由與愛情的路上卻又顛仆掙扎，如飛蛾撲火般盲亂，其中經典作品有<u>李昂</u>《**殺夫**》、《**暗夜**》、<u>蕭颯</u>《小鎮醫生的愛情》、《**霞飛之家**》（電影：我這樣過了一生）、<u>蘇偉貞</u>《陪他一段》、**朱天心**《鶴妻》、朱秀娟《女強人》、<u>廖輝英</u>《單身薏惠》、袁瓊瓊《自己的天空》，其中<u>李昂</u>《**殺夫**》，經翻譯成最多國語言，並曾引起社會廣大迴響。

八○年代初期文學新世代作家顛覆傳統，以創新全方位手法嘗試各類主題，遊走於現實與虛幻之間，並兼寫文學評論，如<u>張大春</u>、<u>楊照</u>、<u>張啟疆</u>、<u>平路</u>等人，間接對歷史、政治提出質疑，重新評估文學、現實之存在價值，後期小說崛起：如<u>黃凡</u>《如何測量水溝的寬度》、**張大春**《將軍碑》、**平路**《行到天涯》等。

九○年代初期，<u>王文華</u>的《蛋白質女孩》和<u>蒲忠成</u>的原住民文學創作，都有一定讀者，即從西洋到本土，台灣亦呈現文學多元與包容。另外作家紛紛走上螢光幕，以尋求更多迴響，如<u>廖輝英</u>、<u>汪笨湖</u>、<u>吳淡如</u>、<u>林建隆</u>、<u>吳念真</u>、<u>周玉蔻</u>、<u>吳國棟</u>等。近年原住民作家和新一代作家紛紛崛起，新移民作家和網路文學也值得關注。

台灣文學發展歷程展現台灣作家求新、求變的旺盛創作力，文學思潮的遞嬗也充分反映台灣社會文化的多元性，在不同時空背景下塑造出真正屬於台灣本土的文學型態。

第五節　音樂歌謠

台灣早期並未設置音樂學校，後來傳教士所設置的教會學校，包括長榮中學、長榮女中、淡水中學等皆極重視音樂課，培養許多音樂家，例如<u>林秋錦</u>、<u>高慈美</u>等。教會學校教導的音樂帶有宗教色彩，或拿西方音樂曲調填入閩南歌詞，成為聖歌吟唱，或以當地民歌改編，同時帶動合唱風氣。另外，國語學校設有音樂科，培養了<u>張福興</u>、<u>柯政和</u>、<u>李金土</u>等音樂家，**張福興**創立**台灣第一個管弦樂團**。熱愛音樂之士要在音樂造詣上精益求精，仍需渡海東瀛，當時留學日本的音樂家有<u>江文也</u>、<u>陳泗治</u>、<u>呂泉生</u>、<u>郭芝苑</u>等，其創作風格皆是西式的，兼採本土音樂作為音樂創作素材。這些留日音樂人在昭和9年(1934)組織的「**鄉土音樂訪問團**」，目的在喚起台灣人民對音樂的興趣，進而提昇台灣的文化。他們在全台舉辦37場演奏會，內容以西洋音樂為主，在各地受到民眾的熱烈歡迎。同年的「震災義捐音樂會」由蔡培火籌劃，活動目的除了募捐外，希望藉由音樂安慰各地受災居民，因為演奏會遍及山村僻地，對提升大眾音樂文化的水準也有莫大助益。

民謠是反映時代背景的鏡子，只要有人居住的地方，都會有獨具當地特色的民謠，一個地方的民謠可以了解這個地區人民生活的歷程與內涵，而一部台灣人民的生活史也正是一部台灣民間歌謠發展史的寫照。

台灣歷史只不過是短短的三、四百年；這短短的幾百年裡，卻形成了台灣文化的多元發展，這種多元的文化特色，當然也反應在台灣的音樂文化。

在台灣的音樂文化裡，除了傳統的漢族音樂、客家音樂以及原住民音樂之外，十九世紀末的時候，因為受到西方音樂文化的影響，也發展出一種以西方音樂為基礎的音樂文化，這股新的音樂文化，一般人把它叫做「**現代音樂**」。

所謂「**台灣民謠**」指的是：由民眾集體創作，作者無可考，在台灣民間流傳久遠，具有本土氣質和傳統精神，而可用以詠唱或唸誦的歌謠。一般所謂台灣歌謠依其產生方式，可分為「**傳統自然民謠**」及富有濃郁台灣鄉土氣息的「**創作歌謠**」與「**流行歌曲**」三類。又一般所謂之「台灣民俗歌謠」基本上應可包涵傳統自然歌謠及富有濃郁台灣鄉土氣息的創作歌謠。

歌謠包括傳統民謠與創作歌謠兩種型式。前者出自先民生活、意志、思想、情感的集體藝術創作，代代相衍，傳唱久遠，曲調優美素樸，歌詞俚俗誠摯，結構明快簡易，敘述著移民開墾的艱辛與成就，充滿樂觀奮發的勇氣，例如台灣傳統民謠〈天黑黑〉、〈丟丟銅〉，演變成歌舞劇形式的〈桃花過渡〉、〈蕃婆弄〉、〈車鼓調〉、〈七字仔〉…等，原作者或已不可考，但生動熟悉的旋律依舊耳熟能詳。

● 傳統自然民謠

係指在台灣民間自然產生，其特色是旋律單純，經由民眾口耳相傳，代代傳唱，集體加工潤飾而成，作者不可考，屬於民間共同創作的歌樂。

台灣的民俗歌謠來源主要有三大系統：福佬系的台語歌謠、客家歌謠及原住民歌謠。在國民政府遷台之前，由於福佬人占了絕大多數，且其民俗音樂的內涵亦頗為豐富而多采多姿，故以台語歌唱的福佬系民謠，自然成為台灣民謠中的最大主流和重心。民間所指的「**台灣民謠**」亦大致針對「福佬系民謠」而言。客族遷入台灣三百餘年的歷史中，客家山歌成為客族的重要精神食糧。客家人常喜歡在荒山原野、田園茶山，於工作之際，就眼所見，耳所聞，心所感，自然即興作詞隨口哼唱山歌，「**唱山歌**」就是客家人生活中最重要的調劑品，這是客家人寓娛樂於工作，我樂故我歌，愛好音樂的表現。日治時代，客家調曾因過分興盛而被嚴禁演唱。山地族的民謠如同他們的生活型態，大部分仍停留在原始色調極濃的階段，曲調簡短、節奏單純、音的組合樸實，可說是未經文明的「汙染」，有純自然美感的音樂。其中**阿美族**是原住民族中文化較高的一族，音樂豐富而多采多姿，為台灣高山族之冠。因其曲調簡潔，旋律動人，節奏明朗有力，聽來韻味十足，又適合載歌載舞之用，自然就易於為人接受。目前一般平地所聽到的山地歌曲，以阿美族的曲子最多。

民謠曾伴著老祖先們篳路藍縷，破荊棘，啟山林，開闢台灣的精神食糧，讓先民們能樂天知命地面對飢餓、疲憊、災難和疾病的折磨，屢仆屢起，奮勇直前。進入農業社會，民謠小調仍是老前輩們農暇之餘，發抒情懷的慰藉品，給予他們樂觀奮鬥的精神力量。如今，則是令人們勾起思古幽情，認識傳統音樂的文化香火。昔日教育尚未普及，民謠兼具教育功能，尤其是舊農業社會，從事職業彈唱的「歌仔先」，他們推銷的「歌仔簿」不只為民眾提供娛樂，更能使人們認識些許文字。民謠之於民間，有其潛移默化，寓教於樂的功能。

　　明末清初，更為了生存，冒著生命危險，跨渡波濤洶湧大海移居台灣。開台闢台時期，先民篳路藍縷，以啟山林，勇往直前發揮堅忍不拔的優秀族性，以血汗為後代子孫開拓美麗的寶島。一直到日人治台前的兩百餘年間，正是台灣古老傳統民謠在這塊土地上生根發芽茁壯，孕育特有風貌和本質的時期。著名的歌謠如：〈飲酒歌〉是敘述老祖宗墾荒耕作之餘，相邀三五好友暢飲划拳的豪邁心境；〈天黑黑〉從天候景象談到阿公阿婆之間，為了煮鹹或煮淡而吵得把鍋弄翻打破的趣事，其中還蘊含著彼此合作才能成事的意義；〈牛犁歌〉是農暇之餘，寓音樂於工作的歌舞小曲；〈臺東調〉描述恆春人到臺東求職謀生，開拓前程的故事；〈搖囝仔歌〉則是母親哄著嬰兒入睡鄉，曲調柔美的搖籃歌；〈丟丟銅仔〉據稱係早期敘述人們於閒暇時玩樂拋丟銅錢的遊戲歌，後來又成為記載蘭陽地區為了繁榮地方，鑿通連綿不絕的山嶺，建築與外界相通的鐵道，試車那天火車穿過山洞情景之動人故事；〈勸世歌〉說明為善最樂的道理，在在均反映著人們的生活或生活中體驗出來的心聲；〈草螟弄雞公〉描述風趣而善解人意的阿伯與小姑娘之間的調侃逗情。

　　依當時產生的古老傳統民謠之內容而言，漢人入台初期，思鄉心切，許多人喜歡藉著大陸家鄉歌謠來抒發鄉愁鬱悶。在闢台建台時期，民謠大多以生活點滴為素材，闡述人生的意義和道理，談及各行業的生活景況及社會現象，其內涵充滿樂天和希望。

● 創作歌謠（另稱鄉土歌謠）

　　約起源於 1920 年代，有明確的詞曲作者，是作曲家擷取傳統自然民謠的風格和精神，所譜創富有鄉土風味的歌謠。當時台灣處在非武裝抗日時期，台人民族自尊心被踐踏、悲愴、怨苦、無奈的情緒無處發洩，將之訴諸音樂，創作鄉土歌謠，旋律優美淒愴，聞者為之動容，民間傳唱一些創作歌謠，呼應百姓心聲，那時唱片已傳入台灣，但並不普及。目前已知第一首創作歌謠，為民國 21 年（1932 年），由詹天馬先生作詞，王雲峰先生作曲的＜桃花泣血記＞，這支曲子原是為了替上海一部電影＜桃花泣血記＞做宣傳，由詹天馬與王雲峰兩位「辯士」合作完成的電影宣傳歌，沒想到播出之後受到民眾熱烈歡迎，無心地開啟了台灣創作歌謠的序幕，也激發了更多詞曲作家投入創作的行列。

　　從 1932 年到 1940 年，是台灣歌謠的顛峰期，因而產生了，〈望春風〉、〈白牡丹〉、〈河邊春夢〉、〈望你早歸〉、〈一隻鳥仔哭啾啾〉、〈港都夜雨〉等，膾炙人口的佳作。特別是 1935 年，該年年底，日本政府在台灣舉行一場大規模的「始政四十周年記(紀)念台灣博覽會」，著名的〈心酸酸〉、〈農村曲〉都是這一年的作品。

　　戰後初期，台灣蕭條貧困，百廢待舉，離鄉背井為生活打拼者眾多，各行各業心聲齊現，如〈燒肉粽〉、〈酒矸倘賣嘸〉、〈補破網〉；女性在家鄉等待情人的相思情苦，唱出〈望你早歸〉、〈孤戀花〉、〈六月茉莉〉；經濟起飛後，工業社會改變農村人口結構，大量青年男女湧入工廠加入生產線，自由戀愛風氣日盛，渴望被關懷疼惜的心情盡現在歌謠中，如〈我有一句話〉、〈安平追想曲〉、〈關仔嶺之戀〉、〈黃昏再見〉等，詞曲優雅，切合民情、時代，不為時間洪流淹沒，成為代表台灣鄉土風格的歌謠。

　　台南出身的文學家**許丙丁**，多才多藝，新舊並擅，自幼習漢文，國學根柢深厚，以台語文抒寫的章回小說《小封神》，幽默風趣，藉府城寺廟神佛信仰，以古諷今，警世化人，為連雅堂先生所稱譽。許氏也是著名的詩人，曾入「南社」，〈安平懷古〉一詩詠古弔今，暗喻台人受日本統治的無奈和感慨。最膾炙人口的是傳唱華人世界多首台語民謠歌曲，大家自小耳熟能詳，朗朗上口的〈思想起〉、〈菅芒花〉、〈關仔嶺之戀〉、〈六月茉莉〉、〈牛犁歌〉…等皆是其作品。彼時台灣剛由日本人手中光復，社會急遽變動，青年男女對感情的不確定，對未來夢想的追尋，離鄉背井到大都市打拼的孤寂，皆藉由歌詞傳達了貼切的心聲。質樸、純真的用語，赤裸而無奈的熱情，交織成真實坎坷的人生，明知酸甜苦辣，五味雜陳之痛楚，還是心甘情願去嚐，縱使滿腹心酸也得認命，這就是庶民對生命最基本的敬意。許石的〈安平追想曲〉和吳晉淮的〈關仔嶺之戀〉有如台南城鄉國歌；而文夏和洪一峯則對後來歌壇產生重大影響。

● 流行歌曲

　　流行歌曲是隨著時代潮流，迎合群眾喜好的歌曲。德國音樂學者赫爾茲費德(F.Herzfeld)說：「流行歌有如廉價的工業產品。」好的流行歌應該是價廉物美，被多數人喜愛的歌。流行歌基本上只為迎合時代需要而存在，不一定具有本土風味。是故，民謠和流行歌有如井水與河水互不侵犯，而有時代潮流效果的創作民謠，有時也會成為盛行一時的流行歌曲。

　　六〇年代中期，國語歌曲已成為大多數人的音樂娛樂主體，並壟斷市場，台灣歌謠則落入從屬地位。許多唱片公司為降低製作成本，減少風險，投機獲利，乃大量濫用外國歌曲填詞。台語歌謠作家和唱歌者，因市場緊縮，生計困難，地位不受尊重，紛紛轉業改行。台語歌壇在漸失優秀人才後，每況愈下，如此惡性循環，也就欲振乏力了。

　　自從大力引進西方科技文化之後，崇洋風氣瀰漫整個社會，民族自信心漸失，台灣歌謠亦難倖免其狂瀾摧殘，日漸迷失方向。此時西洋歌曲隨著西方文化傾入而風靡，幾乎和國語流行歌曲並駕齊驅。台灣歌謠在備受衝擊之際，未在質的方面力求精進亦未注入時代潮流新血，陷入一蹶不振之命運，甚至被所謂「知識分子」所輕蔑，認為哼唱台灣歌謠有降低身分之虞。

　　其後，台灣民俗歌謠經質變而漸趨式微。期間台語流行歌謠雖偶有起色，惟其曲調精神和歌詞內容，大多仍係日治殖民時代的消極悲歌，或為盜版歌曲。畢竟不可與真正具有傳統民謠本質和精神的台灣民謠相提並論。

● 回顧與前瞻

　　回顧台灣數百年來傳承的音樂，其中有原住民口傳的、豐富的、與生活密不可分的傳統歌謠和少數樂器，也有移民從明清帝國時代引進的南管、北管音樂、孔廟祭祀音樂、客家八音、道教佛教音樂等等；從清末到日本時代，有西方傳教士傳來的基督教音樂、融合傳統戲曲而誕生的新興歌仔戲、與唱片業結合的通俗創作歌曲

等。這些與人民息息相關的音樂在過去的社會裡扮演了重要的角色,從祭祀、教化、修心養性,到交際娛樂、抒發情感,記錄了先人的音樂生活,不論從留聲機到電台到播放器乃至演唱會,音樂歌謠美化人生。

除了傳統音樂、民間通俗音樂以外,受到西方古典音樂的影響和教育,台灣的音樂也納進了新的音樂文化-合唱曲、鋼琴曲、室內樂、藝術歌曲、管弦樂等新的創作;八〇年代以後,在留學歐美的作曲家紛紛回台;九〇年代後更是人才輩出,特別是解嚴之後將近二十年,新音樂創作更加自由。有的選擇親近民眾的通俗路線,像李泰祥的許多編曲和歌謠;有的選擇創新前衛的現代主義方向,像盧炎、柯芳隆、潘皇龍、楊聰賢;也有選擇親和力強的浪漫與現代融合風格,像郭芝苑、蕭泰然;其實大部分的作曲家都不願意自己被侷限在某一種風格,馬水龍的作品中就可發現兩種方向都有。我們可以觀察到,台灣作曲家受的幾乎都是西方學院派訓練,技法是以西方為基礎的,而中國傳統文化包括文學、哲學、戲曲、音樂仍為重要的文化滋養,台灣民間音樂的影響相當有限。

台灣作曲家在解嚴後重新閱讀台灣歷史、環顧周遭真真實實的土地與大自然,感受人民的喜怒哀樂與活生生的社會面向,中國傳統文化已不再是唯一與處於中心的焦點。有的作曲家甚至努力去感受台語詩作的魅力、原住民歌謠的淳樸,因而創作台語藝術歌曲或重編原住民歌曲,並不是說用了台語詩或原住民歌謠就有台灣色彩,就是好作品,作品之優秀與否和其作曲動機和素材無直接關係,但是有了真摯的情懷,透過純熟的作曲技巧才能創作出感人的藝術作品。隨著作曲技巧的磨練和成熟,這些從中國情懷發展到以台灣為主體的創作越發深具內涵與感人肺腑。

如何創作台灣新音樂文化,不僅僅是作曲家的工作,文學家的詩作也可以提供題材,愛樂者的欣賞可以激勵演出,演奏家的呈現可以讓作品詮釋更加成熟,文化出版業的影音發行可以普及化,而政府經費的補助獎勵能促使更多更好的創作。創作台灣新音樂文化,人人都是參與者。

● 結語

歌謠是最易融合的心靈知音,成長在台灣的人們,早已打破種族的隔閡,翻閱一部台灣民謠史,不論您是閩南人、外省人、客家人、原住民乃至非我中華族民,皆同化在美妙的歌謠之中,可以說台灣的歌謠之美早已深植在每一位台灣現住民的心中。我們不問歌謠背景的功過,只問他們的**心、意、情**,懂得他們的環境與成長,懂他們為愛、為人、為家、為國的含蓄情緒,懂得他們意境與心靈所造,傳遞源遠流長的歌謠之情。不同的歷史、時間、情感、事件…,不同的切入點,多面向的呈現台灣歌謠之美,其中起源於 1970 校園民歌,如黃舒駿〈椰林大道〉、潘安邦〈外婆的澎湖灣〉、齊豫〈橄欖樹〉(三毛作詞)、王夢麟〈木棉道〉、李建復〈龍的傳人〉、蔡琴〈抉擇〉、張雨生〈我的未來不是夢〉等,為當時台灣留下最美的聲音與希望。

第六節　美　術

　　台灣文化歷經移民與殖民的雙重歷史影響，在不同文化對立、妥協及再生的歷史過程中演變，台灣美術發展史先後由閩習台灣、日式台灣、美援台灣、中原台灣、島嶼台灣及海洋台灣等主流匯聚而成，處處展現出「跨文化」的多元性格。

　　清治時期，台灣並無所謂西方美術概念，在畫工受鄙視情況下，中國山水人物畫發展也極為有限。1894 年中日甲午戰爭發生，1895 年清廷戰敗與日本簽訂馬關條約割讓台灣，日本接手統治台灣，軍政同時進入，文化也跟著來。日本文化在明治維新之後，大幅改變，西方思潮文化成分，就這樣跟進台灣，台灣美術也就此展開新局。藉由日本來台美術教育者傳入西洋繪畫、日本畫的技法與寫生的概念，打破台灣早期美術沿襲閩粵、江浙一帶文人畫傳統。

　　日治時期，公學校或中學的美術課程培育不少本土藝術家，任教於台北國語學校的日籍老師**石川欽一郎**是初期美術教育啟蒙老師，台灣美術人才多半來自這一脈，如倪蔣懷、**陳澄波**、**廖繼春**、李石樵、**李梅樹**、藍蔭鼎、楊啟東、葉火城、李澤藩、洪瑞麟、陳德旺、張萬傳等均出自於**石川欽一郎**門下。當時負笈日本學習美術風氣興盛，如台南之郭柏川；留學法國亦不少，例如顏水龍、楊三郎、陳清汾等。

　　日治時期有官方與民間的各種美術展覽，全面性的提倡美術風氣，不吝惜提拔藝術家。只要是經由權威性展覽評鑑出的人才或作品，立刻受到社會的接納與輿論表揚，成為受尊重的社會菁英。

● 帝國美術展覽會（簡稱「帝展」）

　　是東京帝國美術院模仿法國美術沙龍所創設。帝展所召集的審查委員，均是日本畫壇的領導人物，象徵著大日本帝國的美術威望與最高權威。大正 9 年（1920 年），台灣雕塑家**黃土水**以人物形象描寫題材〈蕃童〉（山童吹笛）入選第二屆帝展，經輿論熱烈報導頌揚，震撼鼓舞台灣有志美術青年，黃土水之代表作〈甘露水〉有如東方維納斯(Venus)的誕生，黃土水辭世之作，是其著名的**〈水牛群像〉**（原名**南國**），以五條水牛、三位牧童所構成的台灣農村景象，栩栩如生的塑造了故鄉田園牧歌，現此作被成功大學附設醫院，選為大幅壁飾，展示在其入口大廳。1928 年陳植棋的人物形象〈夫人像〉入選帝展，此作雖屬人物坐像，尺幅不大，卻釋放出一種龐大浩偉的力量，一如達文西〈蒙娜麗莎〉的效果，讓人聯想到鍾理和之妻「平妹」的典型台灣女性形象。1926 年，**陳澄波**（1895~1947 年）以〈嘉義街外〉，入選第七屆帝展，第二年以〈夏日街景〉再度入選，出身嘉義的陳澄波，於民國 36 年（1947 年）擔任二二八衝突協調代表，前往嘉義水上機場，最後被押解至嘉義火車站前廣場槍決示眾，成為最出名也最具傳奇色彩的人物，其成就絕非來自政治悲劇之烘托，而是其純真、質樸而易感的性格，直接流露在作品之中，深具文化的反省能力，又富風土感染的敏銳情思。在日本就畫出日本風土的味道，去了上海，就有上海碼頭的歐風情調，到了蘇杭，又有中國古老的河、湖風味，回到故土，嘉義公園、台南

新樓、淡水小鎮，盡成一幅幅蘊含深厚情感的傑作；1928 年**廖繼春**（1902~1976 年）的〈有香蕉樹的院子〉入選，這些作品都是以南台灣溫熱的氣息、風土景象為表現的焦點，反映南部特有的「炎方色彩」與人情文化。此類作品能入選日本內地具有最高指導標準的官展，對剛起步的台灣藝壇，有很大的啟發及導引作用。

● 台灣美術展覽會（簡稱「台展」）－「東洋畫」的創出

　　昭和 2 年(1927)，畫壇權威**石川欽一郎**、**鹽月桃甫**主導的「**台灣美術展覽會**」（簡稱「**台展**」）得到總督府協助舉辦首展，由台灣教育會主辦，展出作品 128 件，為台灣有史以來集合各家作品於一堂的最大美展。這是官方教育單位舉辦的，媒體事前也大幅宣傳報導，熱烈討論著相關畫家參展事宜，自然成為台灣文化界的大事，此展也讓美術真正發軔於台灣。

　　1927 年成立之後每年舉辦展覽，直到 1936 年共舉辦 10 屆。1937 年爆發中日戰爭，停辦一年，1938 年開始展覽由台灣總督府文教局直接主辦，稱為「**台灣總督府美術展覽會**」（簡稱「**府展**」，共舉辦六回）。日本治台 50 年，官辦展覽雖然只有短短的 16 年，但它培育了台灣第一代西畫家，台灣的東洋畫（膠彩畫）也在這塊土地落地生根，開啟台灣美術近代化的大門，是台灣美術發展史上一重要的里程碑。以當時台灣本島物質生活困窘及美術文化匱乏的社會而言，「帝展」及總督府的官辦展覽及評審制度，的確提供了當時畫家的實質贊助及立足社會的肯定。

　　1927 年第一回「台展」開辦時，從上山總督、後藤長官到文教局長石黑英彥所發表的祝辭及感言中，皆明白表示希望台灣本島因自然環境特異的景緻，天候所呈現之特有南方顏色，應善加運用發展富有地方色彩獨特的藝術，**鼓勵台灣藝術發揮地域繪畫色彩的濫觴**。

　　在西洋畫部，水彩、油畫的系統，是清朝時期台灣所沒有的畫風，這對台灣是全新的畫派。在東洋畫這部分，在台北、新竹、鹿港、台南，都有些傳統且知名的水墨畫家，像是台北的蔡雪溪等，許多傳統文人畫家都躍躍欲試。在日本，所謂的東洋畫包括日本、中國、印度等，東洋畫部事實上是涵蓋了中國畫，傳統畫家會有份熱情，期待自己能有機會參與。但在 1927 開辦時，有很多傳統畫家將作品送到東洋畫部參展，結果在審查時幾乎是全軍覆沒。令人意外的是，東洋畫部最後共展出 30 幾件作品，其中只有 3 件是台灣人畫家的畫作，而且是名不見經傳的年輕畫家，後稱「台展三少年」。這個結果，在台灣藝文界引起大震撼。台展評審事後也對這次評選做出說明，強調不鼓勵臨摹，希望能有創作，要求關心你對生活圈的反應，認為應發揮南國地方特色，同時也不鼓勵抄襲東京或京都藝壇的畫風。

　　「**台展三少年**」是指當時入選的林玉山、郭雪湖先生及陳進女士。其中，**陳進**本身就是留日畫家，是以仕女畫參展，她一生執著於繪畫，尤其是膠彩畫，陳進的畫作，不管是人物、花卉、佛像或風景畫，你都會自然而然的感受一種不疾不徐、嫻雅淡泊，又溫暖親切的美，那種美所產生的情調和境界，永遠都是那麼樣的令人神往，因而有**台灣第一位女畫家**的美譽。林玉山因師承自家遠親陳澄波先生，且曾於 1926 年赴日習畫一年，參展作品題材是以台南南門古蹟風景，以及水牛母子圖為

主題，以近代西方寫生的技法表現；郭雪湖作品所畫的雖是傳統的山水，但山水畫裡加入了一點近代西洋的感覺在裡面，與傳統文人畫有所創新與脫離。

● 台陽美術協會

昭和 9 年（1934 年），廖繼春、顏水龍、陳澄波、陳清汾、李梅樹、李石樵、楊三郎、日籍畫家立石鐵臣於台灣鐵道旅館成立了「**台陽美術協會**」（簡稱為「**台陽美協**」），為日治時期由台灣畫家主導的最大民間美術團體，也是目前台灣畫壇歷史最悠久、影響力最強的美術團體。「台陽美協」從 1934 年到 1944 年結束時，共舉辦了十回展覽，作品大致是以西洋畫為主，東洋畫、雕刻為副。「台陽美協」網羅了當時島內第一流的畫家與雕刻家，匯成了台灣民間新美術運動的主流。

台陽美協的創立，在台灣美術史上意義重大，當時畫評家王白淵曾言道：「以台陽美術協會為中心的藝術運動，即是台灣民族主義運動在藝術上的表現。」台陽美協成立後，即受到文化協會負責人蔡培火和台灣地方自治聯盟的要角楊肇嘉等人的大力聲援，被視為知識分子在反殖民上的文化表現。薛化元教授曾引當時台陽美協的核心成員廖繼春的《台陽展新感》直指其本質。

廖繼春指出：「在我等美術家共同努力下，近年來美術的愛好者已大量地增加，但是依然有種種的誤解，以為台陽美術協會的成立是針對著台展來舉起反叛的旗幟。其實，我們只不過因為看到秋天的台灣島已有了台展在修飾著它，所以才想起應該以什麼來修飾台灣的春天，台陽展是在這種需要下組織起來的，它的傾向和它的思想與台展是完全一致的，至於與台展金主的想法我們絕對是沒有的。會員的成分，不論日台畫家，只要是思想穩健的同志都受到我們的歡迎，這才是我們創會的主旨，我們絕對不帶民族偏見的色彩，目的只是為藝術精進，文化向上，會員親睦，僅此而已。」

楊三郎說：「藝術是無底深坑、是無限的，不論國家如何富裕，科技如何發達，藝術所扮演的角色，除了為歷史留下軌跡外，更會影響一個人的生活品質，台陽美術協會，台灣最悠久的美術團體，當初的成員，多半都已過世，所代表的精神，絕不會因歲月的流逝，而更改什麼。」

當年藝文風氣的興盛程度，只要走一趟那個年代的咖啡館就可以發現。1920 年代末期，留日青年開始陸續歸台，帶回來的除了西歐的新思潮，還有泡咖啡廳論文藝的習慣。至今仍營業的「**波麗路**」**咖啡廳**是當年青年們討論文藝的重要據點，常客包括陳澄波、楊三郎、郭雪湖、洪瑞麟，還有文學家張文環、呂赫若等。

● 現代繪畫運動的風潮

戰後的台灣美術，是一個全新的局面。中斷半個世紀的台灣與中國大陸的連繫，重新恢復短暫的熱絡。1945 年前後，有一批帶著左翼思想的大陸版畫家來到台灣，這些深受魯迅影響的美術家，把曾經在戰爭期間打擊外敵日軍的刀筆，轉而刻繪台灣中下階層人民的生活。他們充滿關懷與同情的眼光，無形中也帶著對社會不公不義的批判。這些人包括：黃榮燦、朱鳴崗、麥非、荒煙、劉崙、陸志庠、章西崖、

王麥桿、戴英浪、汪刃鋒、黃永玉、耳氏等，留下包括〈台灣人組曲〉等精采的作品，展現台灣美術史上少見的社會關懷與批判意識。然而二二八事件之後，他們紛紛走避，離開台灣；未離開者，黃榮燦(1916~1956)日後遭受匪諜指控，被捕遇害；耳氏則因聾啞逃過一劫，一度幫助省政資料館製作大型壁畫，後來投入現代版畫運動，成為知名版畫家，他就是陳庭詩(1916~2002)。

1949年，國民政府全面遷台，台灣正式進入戒嚴時期。跟隨政府來台的大批文人畫家，以其懷鄉山水之畫作，成為此段時期最重要的官展面貌。而與之相互輝映者，則為逐漸成熟也轉為保守的台籍日治時期畫家。

一九五〇年代後期，有了改變的契機。一群分別畢業於北師、台灣師大，及服役於空軍的年輕人，在大陸來台畫家李仲生(1912~1984)及本地畫家廖繼春等人教導鼓勵下，分別投入現代繪畫的追求，並組成「東方畫會」、「五月畫會」、「現代版畫會」等團體，帶動了一九六〇年代的「現代繪畫運動」風潮。

此一運動深受西方抽象主義等前衛運動的鼓舞，加上東方美學的啟發，走向一種虛實相生、計白守墨的無象美學，蕭勤(1935~)、霍剛(1932~)、夏陽(1932~)、吳昊(1931~)、劉國松(1932~)、莊喆(1934~)、馮鍾睿(1933~)等，均是當時的代表；而此一風潮，也逐漸與海外華人畫家結合，並數度出國展出。另外，楊英風(1926~1997)、秦松(1932~)、李錫奇(1938~)、陳庭詩(1916~2002)等人，則以現代版畫開創了一條創作的新路。這些人稍後逐漸與「東方」、「五月」合流，共同展覽，進而加入畫會。

鼎盛時期的現代繪畫運動，各式畫會幾達一、二十個，包括「今日」、「四海」、「二月」、「青雲」、「純粹」等等。可以留意的一個現象是：初期以校友結合的畫會，日後逐漸因文化背景不同而走出兩個路向：一是以大陸來台青年為主的「從心象出發」的抽象創作；一是以本地青年為主的「從物象變形」及「超現實主義」的創作方向。此一問題是文化的問題，而非省籍的問題。由於大陸青年離鄉背景獨立生活的體驗與「語、文合一」的思維模式，中國虛玄的水墨美學及蘊含山水暗示的抽象意境，容易成為創作時的方向與動力；本地青年務實求實的社會背景及語文表達上的限制，在一段時間的抽象嘗試之後，容易落入虛空，乃轉而走向帶著立體主義變形，或物象重組的表象式的「超現實主義」風格。總之，不論是本地或大陸青年，抽象、立體、野獸，或超現實，均帶著一種和現實保持距離的特色，在當時仍然緊張的戒嚴時期，顯然是一種較為安全的創作路向。

此時期成名的藝術家，可以特別介紹者，如劉國松的抽象山水與太空畫。他巧妙地運用撕、貼、染、噴、浸等等技法，「革筆的命」、「革中鋒的命」，將中國傳統山水賦予新的創作思維與方向；其太空畫，尤其結合知性與感性，成為超越人間山水的宇宙風景，影響廣大。莊喆富哲學意味與文人氣息的作品，寓繁於簡、小中見大、靜中帶動，頗有「一沙一世界、一花一天堂」的深遠意境。另外蕭勤以壓克力創作的作品，綿綿密密，幽遠深邃，有禪思見性的特色。夏陽的人物，戲謔、幽默、諷世、自嘲兼而有之。至於一度參加「五月畫會」的彭萬墀，以細密寫實的手法、特寫誇張的取景，在歐洲另創一番風貌。

台籍畫家方面，<u>陳正雄</u>(1935~)長期堅持抽象創作，融合台灣熱帶林木氣息及原住民藝術色彩，有相當優異的表現，普受國際藝壇的重視。<u>陳銀輝</u>(1931~)的作品，在線、面、形、色的交錯中，可視為此創作的代表。此外，如<u>林惺嶽</u>(1939~)的魔幻風景，從早期的超現實至後期澎湃洶湧的急水溪景象，以及<u>廖修平</u>(1936~)純淨、細膩的版畫創作，均是此一時期值得注意的代表性畫家。

1960 年代達於鼎盛的「現代繪畫運動」，另一成就表現在「現代水墨」的創生方面，日後許多優異的水墨畫家，均是從此方面脫穎而出。包括當時曾經參與海外展出的傳奇老畫家<u>余承堯</u>(1898~1993)，以評論知名的<u>楚戈</u>(1931~)，及畫論《苦澀美感》膾炙人口的<u>何懷碩</u>(1941~)、詩人畫家<u>羅青</u>(1948~)、女畫家<u>李重重</u>(1942~)、<u>袁旃</u>(1941~)，及帶著素樸拙趣的<u>鄭善禧</u>(1932~)等等。

● 從鄉土運動到走向國際化

1970 年，由於台灣在國際外交上的重挫，從釣魚台事件以迄中日斷交、中美斷交、退出聯合國等，鄉土運動應運而生，向外張望的眼睛，被迫回望自己腳下的土地。在美國懷鄉寫實畫家<u>安德魯·魏斯</u>(Andrew Wyeth, 1917~)的影響下，一批以精細寫實風格見長的年輕人，一時浮現畫壇。這些人的成就，仍有待時間的考驗，當時的創作也未留下可觀的成績。倒是一些年長的藝術家及民間出身的美術家，重新獲得較多的重視，包括率先倡導古蹟古物保存的<u>**席德進**</u>(1923~1981)，和以照相寫實人物爭議於畫壇的前輩畫家<u>李梅樹</u>。至於<u>**朱銘**</u>(1938~)以木雕粗坯式的人物造型所創作的一系列「功夫」（後稱「太極」）作品，表現出磅礴的氣勢、簡潔的刀法，的確令人耳目一新，可視為天成之作；唯形式大於內涵，神來之妙，終究難以持續，殊為可惜，亦理之必然，此乃民間藝術家之極限和挑戰。

七〇年代的鄉土運動，嚴格而論，不足以視為一個成熟而完整的美術運動，而是一次文化上的自省運動；其成果或許不在當時呈現，而係在八〇年代融入另一波現代藝術表現形式中，成為一種帶著本土特質的現代創作。

1984 年，台北市立美術館成立，將台灣美術創作大幅推進一個更為寬闊、自由、純粹的天地之中，尤其是地下層實驗空間的開放，吸引大批年輕藝術創作者的大膽投入。為美術館展出或收藏而作的創作，開始取代為畫廊或私人收藏家而作。「替代空間」的出現，也有著既反「商業畫廊」、又反「美術館」機制的意味。台灣現代美術的創作，猶如股市的狂飆，進入一個空前的高峰。

藝術創作也因 1987 年政治的解嚴而有更大的表達空間，唯美的創作或許仍然存在，但言說的類型已大幅提升，政治的、歷史的、社會的、女性的、族群的、情慾的、環境的…，各式的思考都可以成為創作的選項。幾次的大型海外展覽，包括澳洲、德國、威尼斯的集體展出，也重新拓展了台灣新一代藝術家的能見度與視野。

1990 年代，台北成為國際大展列入考量的一個重要據點，是國際策展人一展長才的重要場所。「慾望場域」、「無法無天」一次次的大型國際展出，多元媒材的交互使用、裝置展演的翻新創意，台灣的美術發展，歷經百年的歷練重生，正彙集巨大的能量，向國際招手，也面臨新世紀政經巨大變遷的嚴酷挑戰。

民國 38 年大陸赤化，國民政府遷台，一些畫家如<u>黃君璧</u>、<u>席德進</u>、<u>梁丹丰</u>及民國 66 年來台定居陽明山摩耶精舍的<u>張大千</u>等。其中校園的良好環境，更培養出一些老師畫家，但終究因未能參透「**他鄉久居亦我鄉**」之理，欠缺個人與土地的深情結合，僅少數如<u>席德進</u>，走出戶外，關懷海島特色、常民文化乃至古蹟保存，把他鄉當故鄉，真正落地生根，多數執著落葉歸根者，除抱憾而終者外，當族群優勢不再，自然更突顯藝術無國界的特性，有人移居國外，找尋下一個落腳的創作浮萍，讓人傷感的是，付出的多少，用心的多寡，少有人去細究，在大時代的悲劇中，多情人往往只是自己感覺傷得更重，無情者反倒成了瀟灑的過客，歷史是不變的過去，凡走過必留下痕跡，希望用更包容的心來看待，美術的精神不正在此。

第七節　戲　劇

台灣的戲劇大致分為人劇、偶劇，如傳自大陸之平劇、客家之採茶戲，另皮影戲、話劇等，最具代表性的是台灣產生之代表在地文化的**歌仔戲**。偶劇，如皮影戲、傀儡戲等皆屬之，最具代表性的是**布袋戲**，以下分別就歌仔戲和布袋戲之發展加以概述。

日治初期民間流行傳承自中國戲劇形式的舊劇，包括大人戲、童子戲、查某戲、子弟戲、採茶戲、車鼓戲、皮影戲、布袋戲、傀儡戲、歌仔戲等。歌仔戲源自福建的「錦歌」，來台後稱為「歌仔」。曲調包括近於唸誦的「雜念仔」，悲調的「四空仔」、「五空仔」，及小調的四平、亂彈等。主要的曲目有「陳三五娘」、「梁山伯與祝英台」、「孟麗君」等。極盛時期，全台最大規模的劇團為「瀛洲賽牡丹俱樂團」，其舞臺能變化活動變景。

當時出現啟發民智，具有反帝色彩的「新劇」。「新劇」乃以語言、動作為主要的表現手段，採用分場分幕的近代編制方法以及寫實的化粧、服裝、裝置、照明，表現當代生活面貌和歷史故事的近代話劇。「新劇」之產生，乃因知識分子無法從舊劇表現新時代的生活與意識，隨著台灣民族運動逐步升高，對舊劇的反動於焉形成。<u>張維賢</u>是新劇運動最重要的人物，他認為藝術終極目標是如何諒解並關注整體人生問題，並揭露御用藝術的黑暗。他所組織的「星光演劇研究會」於大正 14 年(1925)在台北新舞臺戲院首度公演，演出之後頗受好評，更在台北引起一陣戲劇熱潮，促使劇團如雨後春筍般相繼出現。

一、歌仔戲

歌仔戲(Taiwanese opera)屬於我國地方戲劇的一種，在眾多的地方戲劇中，以台灣的歌仔戲發生最晚，其歷史大約只有一百年之間。根據文獻資料調查，歌仔戲約在百年前起源於蘭陽平原，初為歌舞小戲形式，後加入各種服裝、角色，逐漸成為

大戲。由於曲調採自歌謠小調，唱白皆使用閩南語白話，很容易被一般民眾所理解，一時之間，風行全省，成為台灣最主要的劇種。歌仔戲萌芽於台灣民間，蓬勃於台灣，是台灣民間文化的結晶，也是現存劇種中唯一源起於台灣的本土戲曲，代表著台灣的文化內涵。

歌仔戲的「歌仔」二字，含有山歌、小曲之意，歌仔戲這三個字，就是一種以歌唱為主的戲劇，也就是以流傳於台灣民間的歌謠小曲為基礎，吸收中國傳統戲曲的演出方式，並以台灣閩南語演出的一種古裝歌唱劇。現將歌仔戲的沿革大致分為六期敘述如下：

(一) 播種期（1624~1696 年）

荷蘭人在三百多年前占據台灣，當時島上有我漢民族移民約有二萬五千戶。當時漢人翻譯官何斌，非常喜歡戲劇，據台灣外誌後傳的《平海氛記》曾有一段記述「荷駐台長官揆一，若有事務，必問通事何斌。何斌，有權柄不敢作威害人，一味和氣，故很得番官及軍民欽仰，這何斌每年亦有數萬兩銀入手，不喜娶妻，乃廣建住宅花園，園中開一魚池，直通鹿耳門，有時尚乘小船到鹿耳門釣魚遊玩。家中造下二座戲臺，又使人入內地買二班官音戲童及戲箱戲劇，若遇朋友到家，即備酒席看戲，或是小唱觀玩」，由上述一段記載，可以知道，遠在明天啟四年至明永曆十五年(1624~1661)荷蘭政府占據台灣的時代，就有上演中國戲了。這裡的中國人何斌便是當時荷蘭政府長官揆一的通譯。後來何斌投奔於泉州的鄭成功門下，引導鄭成功的軍隊，從鹿耳門進入台江，先攻占普羅民遮城，再攻取熱蘭遮城。記載中的所謂「內地」便是指中國。何斌的住宅便是現在台南市吳園及「原公會堂」的古蹟所在。

(二) 萌芽期（1910~1915 年）

漢民族移民台灣，歷經三百餘年從事開疆拓土，這段漫長的歲月裡，屬於自己的戲劇也就開始萌芽。最先的移民將自己祖籍的民歌小調傳播到台灣，接著人口越來越多，戲劇也跟著傳入。

(三) 形成期（1916~1917 年）。

形成期歌仔戲，都參雜了中國大陸各省的地方戲曲，其真正形成時主要模仿對象，以「車鼓戲」為主。由於歌仔戲的歌詞廣泛的吸收，表演方式及內容皆較車鼓戲豐富，因此它受觀眾的歡迎程度遠超過車鼓戲。歌仔戲的唱腔對白都用當地語（台語）更令觀眾易於接受。第一個原始的歌仔戲團為「清和音歌仔戲團」。

(四) 盛行期（1917~1930 年）

歌仔戲自從「清和音歌仔戲團」組團演出後，在馬路邊打拳賣藥走江湖般露天而演，卻受到人們的歡迎，於是組成「巡迴歌仔戲團」。

(五) 受難期（1931~1945 年）

日本統治台灣時期，對於台灣民間的各類戲劇表演，並無特別的控制，抱著一種自由放任的政策，歌仔戲才能獲得蓬勃發展。可是當時台灣歌仔戲已有種種的弊

端，有人批評它為「棺材戲」、「淫蕩戲」或「野雞戲」。說歌仔戲最為傷風敗俗，演員的人格卑劣，歌調淫蕩、樂曲低級、表情猥褻，男優多為不良分子，女優多行密淫迷惑男觀眾的很多。這些都是評戲人對當時歌仔戲的評價。由於日本當局並沒有著手整頓之意。到了日本對華發起侵略後，由於政治因素，歌仔戲因而受到空前的劫難。

(六)復盛期（1945~1987年）

中日抗戰八年，直到第二次世界大戰結束，日本投降，台灣光復，國民政府派軍接收台灣，台灣重回祖國懷抱，設置台灣省行政長官公署，各類戲劇紛紛復業，大家高興又可自由演唱，觀賞歌仔戲了，於是歌仔戲團紛起，如雨後春筍，蓬蓬勃勃到處流行，終於成為台灣最大勢力的戲曲。國民政府來台後，省籍遍及大陸各行政區，隨著移民將大陸的許多歌樂和戲曲帶入台灣，使台灣的民族藝術更加多采多姿。

(七)商業文化期（1987年迄今）

從明華園的企業化經營到宜蘭傳統藝術中心的設立，無論從推廣或是保存，台灣的歌仔戲，仍然在進步當中，從迎神賽會的野臺戲，到國家劇院的名戲碼，歌仔戲融入現代科技，成為傳統與現代兼容並蓄，期待那吃苦勤練的成果，加上現代科技之聲光，兩相烘托，呈獻最佳表演，使這代表性的台灣戲劇，能傳唱不墜，可繼續發光發熱。陳明吉先生與所有台灣的歌仔戲團一樣，胼手胝足歷經歌仔戲的繁盛興衰。1929年創立明華園，該團目前在陳勝福先生帶領下分為天地玄黃、日月星辰等團，有如企業之子公司，走精緻化、組織化模式，其中當家小生孫翠鳳更是紅遍半邊天，2003年白蛇傳，不但有特殊聲光效果，還有吊鋼絲，並與觀眾互動，可說是代表作。

有人說：「歌仔戲是台灣農業社會的土產」。在農業社會時代，一般民眾的娛樂活動極少，歌仔戲就在這種情形下，以通俗而大眾化的面目出現，無論哪一行業，哪一階層的人都可以不費力的看懂，聽懂，因而大受歡迎。隨著時代的進步，台灣已從農業社會急步向工業社會邁進，也使得原有的歌仔戲觀眾轉向電影、電視、廣播以及其他新興的娛樂節目，原有的歌仔戲演員，也競相投入台語電影和西式歌舞的行列。於是守著歌仔戲行業的劇團，不得不作因應的措施，歌仔戲也自然趨於轉型與蛻變，考究它轉型和蛻變的情況，則有強化演出效果和走入廣播、電影、電視等四種方式。

使歌仔戲轉型成電影歌仔戲的是陳澄三先生，民國44年，他開始嘗試將歌仔戲搬上銀幕，組織「華興電影製片公司」，以拱樂社旗下的劉梅英、吳碧玉主演《薛平貴與王寶釧》，在中部風景名勝區拍攝，播映時，幾乎都是全家動員去觀賞。

由於鏡頭逼真、外景自然、動作故事化，只花一次票價就有許多享受，更何況，舞臺歌仔戲要連臺演兩個星期，而電影只在兩個小時就可以結束，所以電影歌仔戲搶走不少舞臺戲的觀眾，不少劇團也就成為兩棲歌仔戲團了。

民國 54 年（1965 年），台視公司聘請名歌仔戲名伶**楊麗花**籌組「**電視歌仔戲團**」製作電視歌仔戲節目，歌仔戲經由台視製作群刻意改良，收視率一直居領先的地位。這種電視演出方式，姑且不論其戲劇型態是否已有變質，可暫時性的延續歌仔戲生命，再度抬頭，一般野臺戲觀眾更是少得可憐，無法使這極富鄉土藝術的地方戲劇，恢復往日盛況。

走過百年歲月的歌仔戲，不論是在表演型態、內涵、音樂方面，在歷經播種、萌芽、形成、盛行、受難、復盛等期之演變，從最早的落地掃時期，歷經野臺、內臺、廣播、電影、電視歌仔戲，每一段時期，都有它在這片土地上的蛻變過程。歌仔戲不僅僅和台灣人民共同度過百年的歡樂與悲哀，同時也與台灣人的生活習俗緊密的結合在一起，在每一個節慶廟會，總有它的存在。如人之生命一般，有起有落，個人生命有告終之時刻，戲劇文化命脈總是會延綿不斷，薪火相傳的。

歌仔戲是台灣獨創的一種地方戲曲，尚無悠久的歷史，也將近一百年了，他是我們祖先辛苦所創造，代表著我們這塊土地的社會文化歷史風俗遺蹟，是我們寶貴的文化資產。社會型態轉變是既定的事情，傳統曲藝的沒落，也是有目共睹，目前唯有民俗曲藝本身再做調整，才能突破歌仔戲現今面臨的困境。歌仔戲今後應朝傳統化與精緻化兩方面努力，才是正確的應變之道。所幸近年來政府、學者、傳播界，乃至一般民眾，都能共同體認民族藝術實為民族文化的根源，積極作維護保存與推展發揚的工作。政府當局日後對台灣歌仔戲更應研擬出一套完整的計畫，提供民間藝人入駐現代劇場規劃，調整演出技巧，教育輔導藝人學理研究，設法提昇其演出水準重登上大雅殿堂，想必歌仔戲在多方滋潤下，能夠繼續綻放，永遠延綿，是社會大眾的期盼，相信歌仔戲的未來絕對不是夢，必能再現昔日風華於世人面前，融合歷史文化，應用最新科技聲光，再創另一個高峰。

由宜蘭萌芽，經過多人的努力，台灣第一苦旦**廖瓊枝**、亞洲最傑出藝人葉<u>青</u>、影視劇三贏小生<u>唐美雲</u>、金鐘小生<u>郭春美</u>、祖師爺的女兒<u>孫翠鳳</u>等都為歌仔戲奉獻心力，希望後人能薪火相傳。

二、布袋戲

台灣的布袋戲(Taiwanese Traditional Hand Puppet)，又稱「掌中戲」，大小約 26cm 正方，極適合手掌之操弄。所謂「**一口道出千古事，十指牽動百萬兵**」，講的就是布袋戲。布袋戲的角色千變萬化，演出動作細膩入微，是世界上少有的精緻偶戲藝術，更是台灣特有的本土藝術。透過傳統布袋戲帶您進入國家歷史，透過地方人文，認識台灣民間藝術之美。

● 布袋戲的由來

布袋戲的根源，未有確切文獻記載，最廣泛流傳的說法，乃自三百多年前，泉州一名書生**梁炳麟**，因屢試不第，灰心之餘，前往九鯉仙公廟卜夢，夢中仙公提示「功名在掌中」，醒後梁生欣喜莫名，以為此試必然登科金榜，無奈依舊名落孫山，

從此不復求取功名;一次偶見傀儡戲演出,遂自雕木偶,以手代線操弄,並編撰戲文藉偶人演出抒發內心鬱積,不料竟傳千里,爭相聘演,方悟得掌中功名真意。

掌中戲發達地是福建閩南的漳州與泉州,清中葉後,掌中戲戲曲發展漸臻圓熟,始由唐山師傅傳入台灣,其初戲目沿襲師承,並有南管、北管(亂彈)、白字、潮調各類戲曲。民初後,北管與平劇戲曲轉入掌中戲後場,成為主要演出戲目,且另行改編通俗演義或章回小說作為劇本演出,此時期之戲偶,仍保留著傳統型貌,有嚴謹固定的面譜和穿扮。

爾後改編武俠小說,甚而自行創寫長篇劇本,衍生出獨特風格的劍俠戲,帶動布袋戲變遷契機;直至創編的劍俠戲逐漸走向光怪陸離之劇情,戲偶也開始注重角色特質的表現,產生革命性應變,這時的金光布袋戲發展完全成形,才為真正屬於台灣本地之布袋戲。

● 台灣布袋戲歷史演進

台灣布袋戲演進史,迅速且龐雜,概略可分為 7 個時期:

1. 傳統時期

布袋戲初由大陸傳入台灣本土,有南、北管等傳統曲目表演形式,亦有前、後場之分;前場指的是負責戲偶演出及口白的藝師,演奏樂器及唱曲的藝師,即是後場,傳統的掌中戲需要鑼鼓樂器為戲曲襯場,故缺一不可。此時期的布袋戲相當制式化,如國劇一般,臉譜刻繪,衣冠穿戴絲毫不得馬虎,皆具固定的扮演角色或身分代表。偶高約八寸至一尺,精巧細膩,古意盎然。

2. 武俠戲時期

1920 年代,以武俠戲為主的布袋戲逐漸在民間發展,其與傳統布袋戲主要的不同在於劇情上,多採用清末民初新著的武俠小說,例如《七俠五義》、《小五義》等,表現手法也轉以重視各種奇特武功的展現為主。此時期的代表人物為五州園黃海岱和新興閣鍾任祥,此劍俠戲由虎尾、西螺開始發展,流行於台灣中南部。黃海岱演出的布袋戲音樂融合了北管、南管、亂彈、正音、歌仔、潮調等戲曲音樂,其劇本口白注重閩南漢語,口白中多以詩詞、經史、對聯、自猜組合。

3. 皇民化時期

台灣被日本殖民時期,布袋戲的演出受到打壓,乃因演出劇目,皆是中國歷史故事,日本政府為貫徹統治思想,長谷川清推展皇民化運動,一律禁演傳統劇本,後場禁用中國傳統的北管鑼鼓,改用西樂,語言改用日語,並下令改演深富日本風格的各項劇碼,如水戶黃門、猿飛佐助、鞍馬天狗等,連戲偶也都完全改成日式裝扮,艱辛困頓中,為使布袋戲留下一線命脈,藝師只得配合演出,但也扼殺了不少戲界英豪。

4. 光復時期

　　台灣光復後，布袋戲演出回復原始樣貌，受到殖民時期制度改變的刺激，布袋戲團開始思維求新求變，木雕彩樓漸漸為舞臺布景取代，傳統劇目也僅餘北管亂彈的形式存在，新劇場觀念介入，帶動接連性的大幅變化。

5. 劍俠戲時期

　　受到演出形式改變的影響，籠底戲的劇本不再為觀眾滿足，許多劇團開始尋求新劇本，有的改編武俠小說為演出戲碼，有的聘請排戲先生寫劇本，其內容多半為江湖俠士間的恩怨情仇，一時蔚為風潮，受到大眾喜愛。當時除了舞臺布景的興盛，傳統後場也陸續淘汰，而採用西樂唱片替之；戲偶隨劇情需求，針對角色特質，雕繪出各式各樣別於傳統面譜偶頭，服裝造型更突破以往的型貌出現，戲偶略增為一尺二寸的大小。

6. 金光戲時期

　　約莫民國 50 年代，金光戲時期來臨，這是布袋戲歷史分水嶺，有著多元化變遷的高峰期。劍俠戲的劇本編寫走向，再度轉為敘述沒有歷史根底之自創角色，其劇情常呈現暗鬥相爭，這些角色通常是仙山修道者或神祕練氣士，出場時伴有七彩霞雲繞身，五色金光罩體，彷若神話人物，遂名之金光布袋戲。

　　金光戲發展以中、南部最為蓬勃，往往上演西北派與東南派的對立爭戰，標準戲碼像玉筆鈴生一生傳、風速四十米、大俠百草翁、儒俠小顏回、真聖鬼谷子、南俠風雲、流浪度一生…等皆是。當時布袋戲演出地點，除一般寺廟酬神謝戲的野臺演出外，還有地方戲院聘邀各布袋戲團的內臺演出，在業界稱為「戲團」的表演年代，布袋戲受歡迎的程度盛況空前難以想像，引起百家爭鳴，全台劇團遽增，卻也浮濫。該演出舞臺首創加入機關變景與燈光效果，營造劇中緊張刺激的氣氛，戲偶更是千奇百怪，無所不有，為了讓遠處的觀眾看得清楚木偶，把偶頭加大數倍，繪以夜光漆彩紋，爭奇鬥豔正是藝術特色所在，令人歎為觀止，這時木偶已有一尺四寸至一尺六寸的高度，頭身不成比例。

7. 電視布袋戲時期

　　布袋戲成為電視寵兒，是從家戶喻曉的「**雲州大儒俠史豔文**」起始。電視布袋戲表演，可以透過剪接技巧與聲光特效，達到更具視覺性的娛樂效果，也利用大眾媒體力量，吸引更多的收視觀眾。為使布袋戲偶在銳利的鏡頭捕捉下更生動，偶頭開始刻製成活嘴活眼，作出擬人化表情，偶身也加大加高，像真人般的比例縮小，去設計手腳關節，操作雖更加繁細，木偶靈活度大大提昇，整尊木偶可達三尺。

　　拍攝電視布袋戲十分不易，必需先由口白錄音完成，才讓操偶師與現場人員，逐一搭配聲音攝錄影像，最後進行後製效果，才能呈現一齣完整的電視布袋戲；正因拍攝過程曠日廢時，所需投入大筆資金，布袋戲藝術的商業化趨向，備受爭議，實有待改善。

霹靂布袋戲最大的創舉，在於將傳統布袋戲文化搬上大螢幕，民國 89 年霹靂布袋戲所拍攝的**首部布袋戲電影**「霹靂英雄榜之**聖石傳說**」，號稱耗資三億，主角戲偶都特地為電影耗資百萬特別訂做，大量使用搶眼生動的動畫，有些人物的動作是製作人員利用電腦，將他的肢體動作與角色結合而成，加上華麗的氣功武打，開場配合<u>伍佰</u>的歌曲〈稀微的風中〉更顯得神祕而震撼，可看出霹靂布袋戲的用心所在，上映時布袋戲迷們紛紛前往戲院觀賞，締造了 15 年來國片最高票房紀錄，由此可看出霹靂布袋戲的風靡程度，及受重視的程度。

霹靂布袋戲將傳統布袋戲藝術延續下去，將之發揚光大，現在的霹靂布袋戲可以說是越來越壯大了，觀眾群也越來越多，綜觀這些年來霹靂布袋戲的發展，之所以能在現代的 E 世代甚至是 Y 世代中廣為流行，並占有一席之地，絕非一朝一夕可以達到，而是要經過許許多多的努力，許許多多的創新，以較新穎的表現方法來吸引年輕的族群。黃氏家族如此用心的經營，配合時代潮流及大眾喜好，霹靂布袋戲未來發展絕對無可限量，布袋戲文化也可以永垂不朽。霹靂布袋戲持續與科技結合之中，某部分已脫離傳統布袋戲，對於老一輩的人卻有懷念過去、鄙視現在的看法存在，認為現在的布袋戲已非真正的布袋戲。隨著科技進步霹靂布袋戲而後又將有何演變？未來發展將會帶來老少思想的差異有多大多少呢？為何存在歧見？聖石傳說中的素還真，十二年前有就讀藥學的學生說我像素還真，或許歷史的撰寫，真的是要「**素**」還「**真**」，至少我以此自我期許。

廣義的戲劇包羅萬象，<u>林懷民</u>、<u>廖末喜</u>、<u>郭小莊</u>等亦都各有一片天地，其中甫獲政大頒授榮譽文學博士學位的<u>林懷民</u>大師，據聞在投入雲門舞集時，其父親是以前曾任內政部和交通部長的<u>林金生</u>曾要他三思，事實證明，今日已非「<u>林金生</u>之子」而是「<u>林懷民</u>之父」，主客早已易位，這何嘗不是藝術超越政治的美談，參與政治的最健康心態，還是要讓後代能學藝術。

第八節　電　影

世界的第一部電影於 1895 年底在法國巴黎問世，5 年後漂洋到台北街頭，然一直到 1920 年代，台灣電影事業才興起，當時電影採露天放映，現場搭配以伴奏的樂隊、放映師及辯士當解說員為其特色。1920 年代台灣人分別投入電影的製作、發行、放映的領域經營，最有意義的是台灣文化協會的「美臺劇」。大正 15 年（1926 年），<u>蔡培火</u>購回社會教育洋片，以低廉的票價吸引廣大庶民觀賞，映演活動走遍窮鄉僻壤，可說是台灣電影教育事業的開始。不少台灣人發現戲院人氣旺盛，認為其有利可圖，紛紛組成影片發行公司，自行向上海、東京等地購入影片，經營出租放映業，促進台灣電影事業的興盛。台灣內部歷經光復、國民政府遷台、解嚴到政黨輪替，兩岸關係和國際局勢瞬息萬變，台灣電影歷盡滄海桑田，嚐遍酸甜苦辣，正要尋找另一個春天。最熟悉台灣電影發展脈絡的<u>李道明</u>先生，曾於《歷史月刊》發表〈

然回首－台灣電影一百年〉,可說對台灣電影如數家珍,以下作者僅作些微刪增修調,讓專家引領我們認識這最具統合性且最珍貴的「第八藝術」。

西元 1895 年 12 月 28 日,出身自法國里昂照相材料製作商家庭的<u>盧米埃兄弟</u>,在巴黎格蘭咖啡店印度沙龍中公開售票放映十部影片,這些影片是用他們所發展出來的電影機 cinematographe 拍攝與放映的。這一天便標誌著電影正式誕生的日子。

● 電影來到台灣

<u>盧米埃</u>電影在台灣公開放映的時間,根據現有文字資料顯示,是在 1900 年 6 月 21 日。從這一天算起,電影在台灣的歷史至今剛好超過一世紀。台灣在一八九五年,因為中日甲午戰爭清廷戰敗被割讓給日本,成為殖民地,這一年也恰好就是電影誕生的那年。電影是在誕生後四年半才來到日治下的台灣,初期來台灣放映電影的,多半是在台灣進行短期巡迴放映的日本巡業師。台灣人最早從事電影巡迴放映的可能是苗栗人<u>廖煌</u>;他於 1903 年去東京學習使用電影放映機,並購買影片回台,在苗栗與台北等地收費放映。日治初期台灣最重要的巡業師則是當時日本國內知名的勞工運動者<u>高松豐治郎</u>。他在日本藉由放映電影空檔進行演說,鼓吹勞工權益,受到前首相<u>伊藤博文</u>的注意,被當時台灣總督之下最有權力的民政長官<u>後藤新平</u>遊說來台灣,利用電影對台灣人進行文化宣傳工作。<u>高松</u>雖然具有社會主義思想,但在台灣這個特殊環境中,與右翼的殖民政府建立十分密切而友善的關係,因此當台灣總督府計畫在台灣拍攝一部電影,用來向日本國內宣揚殖民地的統治政績時,負責拍攝的不二人選當然就是<u>高松豐治郎</u>了!

● 第一部台製電影《台灣實況介紹》

第一部在台灣拍攝的電影應該就是 1907 年 2 月<u>高松</u>率領日本攝影師等一行人在全台灣北、中、南一百多處地點取鏡的**《台灣實況介紹》**。這部電影內容涵蓋城市建設、電力、農業、工業、礦業、鐵路、教育、風景、民俗、征討原住民等題材,雖然是作為台灣總督府政治宣傳的工具,影片在全台各地放映,對於旅遊不便的世紀初台灣,還是具有相當的社會教育意義。這種較大規模的實況紀錄電影製作,在日治時期以及國府統治時期會一再出現。相較於歐美電影先進國在 1907 年已積極朝劇情長片的敘事技巧發展,電影在台灣一開始即受到政治的操控,一直到 1960 年代才有較現代化的發展,這是台灣作為一個邊陲地區的命運吧!

● 日治時期電影製作量少質差

日治初期日本內地與台灣之間交通不便,電影拍攝活動在台灣並不普遍。現有資料僅有 1910 年《台灣討伐隊勇士》與 1912 年另一部征討原住民的新聞片,兩部片均為日本公司受總督府邀聘來台製作的,具有強烈的政治目的。1922 年松竹公司的<u>田中欽</u>導演在台灣拍攝《大佛的眼睛》,應該是台灣第一部日製劇情片。第一部台灣人製作的劇情片等到三年後,由<u>劉喜陽</u>、<u>李松峰</u>等人組成的台灣映畫研究會製作的《誰之過》。

● 非劇情片的製作

電影技術逐漸在台灣在地化，大約在 1912 年之後。為統治需要，負責管理原住民的總督府警務署理蕃課開始購置電影攝影機，製作教育原住民的影片。後來總督府各單位也開始製作與其業務相關的宣導影片。非劇情類型的教育片、新聞片、宣導片也成為日治中期以後台灣本地電影製作的主流，一直到日本戰敗為止。

● 日治時期的電影映演

電影製作在殖民時代的台灣雖不發達，高松豐治郎於 1908 年定居台灣，開始在台灣北、中、南七大都會建戲院放映電影，並與日本及歐美電影公司簽約，建立制度化的電影發行放映制度。到 1917 年高松離台返日時，專門放映電影的電影院全台雖只有三、四家，但競爭激烈，台北電影業因而開始活絡起來。許多日本及歐美電影在九州放映完後，就會來台放映，通常日片比日本首映慢二、三個月，賣座的美國片則往往慢半年，甚至一年半之久。當時的觀眾以來台工作的日本工人階級為主。放映的影片也迎合他們的口味，混雜了日本新派悲劇、日本喜劇、日本舊劇、西洋滑稽片、冒險動作片、紀實片、風景片，以及幻術片。歐美當時流行的動作連續劇也大受歡迎。1924 年之後，台北放映業者由日本請來一流的辯士（電影說明者），電影放映業愈加蓬勃起來。1935 年 10 月，日本領台四十年舉行台灣博覽會，隔年台北與福岡間開闢航空通運，這兩件事更造就了日治時期台灣電影放映業的鼎盛時期。台灣人到電影院看電影的人口數較少，也較喜歡到台人經營的電影院看中國片（如《火燒紅蓮寺》、《漁光曲》）或由西方名著改編的日片（如《孤星淚》、《卡門》）。1941 年 8 月台灣總督府情報部設立台灣映畫協會，統理電影製作、發行、放映及利用電影進行宣傳等其他相關事務；1942 年 3 月成立台灣興行統制會社，統制電影的發行與其他所有表演活動的演出，尤其是管制台灣人最喜歡的戲劇活動。

● 台灣映畫協會與新聞片製作

台灣映畫協會成立前，電影製作即已完全配合戰爭需要；總督府除製作《時局下的台灣》、《台灣進行曲》等戰爭新聞片外，更積極策劃製作或協助製作如《莎鴦之鐘》、《南方發展史：海之豪族》等宣揚日本侵略戰爭國策的劇情電影。1945 年 8 月日本戰敗投降，台灣再次受中國統治，國民政府派員接收台灣。負責接收電影的白克隨後將台灣映畫協會與日治末期負責拍照的台灣報道寫真協會合併，在台北植物園內成立台灣電影攝影廠，歸台灣行政長官公署宣傳委員會所屬。10 月 24 日行政長官陳儀搭機抵松山機場及次日台北中山堂的受降典禮之新聞片均由留用之日本攝影師與錄音師負責製作，這是因為在日治末期，台灣映畫協會內的台籍技術人員都還是未「出師」的年輕學徒。這少數幾位台灣技術人員，一年後當日籍技師被遣送回日後，就成為台灣新聞片製作的主幹，直到民國 38 年國府撤退來台，帶來一批原在大陸拍攝官營片廠劇情片或軍事新聞片的技術人員，情況才有所改觀。

● **光復初期的電影製作**

　　戰後初期，台灣經濟貧困，社會大體安定。當時的電影製作只有一年不到十部之新聞片，主要是記錄台灣當時在農業、工業、交通、電力、社會等方面的實況，及長官公署的一些行政與建設，與日治時期用電影進行政治宣導的做法相同。直至五〇年代台灣局勢逐漸安定後才又逐步發展起來。1945 至 1949 年間，有兩部中國劇情片以台灣為背景，來台灣出外景。《花蓮港》（何非光導演，1948），描寫原住民少女愛上漢人青年的故事；《阿里山風雲（張英、張徹合導，1949）則是講述吳鳳的故事。回顧日治時期日本電影公司來台出外景拍攝《阿里山俠兒》以及後來香港邵氏公司拍攝《蘭嶼之歌》和後來台製廠拍攝《**唐山過台灣**》（李行導演，1985），內容大同小異，都由異族角度扮演及隨意詮釋原住民文化，造成相當扭曲的台灣原住民形象，這種情形要到 1980 年代末才有所改觀。

● **五〇年代**

　　《**阿里山風雲**》在台灣拍攝時，大陸恰好風雲變色，外景隊落難台灣，影片在台完成，因緣際會成了二次戰後台灣第一部台產國語劇情片。民國 38 年國民政府播遷來台灣，帶來了官營**中國電影製片廠**、農教電影公司的大批人員與設備，使得政府主控後來的台灣電影發展；三、四十年代上海優良的文人電影傳統與民間電影人才與設備，除滯留上海者外，部分移往香港，造就往後香港國語電影的發展基礎。反觀台灣，不但缺乏優秀的編、導、演人才，加上國府鑒於大陸時期電影戰場上吃了左翼的悶虧，到了台灣乃對電影嚴加控管，因此五〇年代的台灣電影基本上可說是乏善可陳，尤其是國語劇情片，如《惡夢初醒》（宗由導演，1951）、《永不分離》（徐欣夫導演，1951）、《皆大歡喜》（唐紹華導演，1952）等，完全配合反共抗俄的文藝路線，使電影完全成為政治宣傳工具，堪與史達林時期的蘇聯電影相比。

● **台語片興起**

　　1955 年麥寮拱樂社歌仔戲團團主陳澄三與何基明導演合作，拍攝該團拿手戲《薛平貴與王寶釧》，成為二戰後第一部台語片，也開啟了由 1956 年至 1981 年最後一部台語片《**陳三五娘**》。二十餘年的台語片時代，據統計，台語片的總產量將近兩千部，產量最多時高達一年一百二十部。《**薛平貴與王寶釧**》在當時台灣社會引起大轟動，打破好萊塢電影與香港國語片的賣座紀錄，引來一窩風的台語歌仔戲跟拍風，多少也反映民國 38 年國府統治後的台灣人（尤其是中南部與中下階層觀眾），在鬱悶的國共對峙與美蘇冷戰局勢中，找到了終能引起共鳴的本土電影文化。台語片初期以歌仔戲劇目、台灣民間故事或新聞事件如《廖添丁》（唐紹華導演，1957）、《林投姐》（唐紹華導演，1957）、《瘋女十八年》（白克導演，1957）為主，內容偏向苦情、哀怨；六〇年代初，歌唱片《台北之夜》（郭南宏導演，1962）、嬉鬧片《**王哥柳哥遊台灣**》（李行導演，1958）、間諜片《天字第一號》（張英導演，1964）等類型出現，一掃台語片的悲情走向；六〇年代末，台語片走下坡後，盡是如《海女紅短褲》（江南導演，1966）、《人之初》（余漢祥導演，1968）、《新婚之夜》(1971)之類的異色電影。總之，台語片一般均為低預算，投資者也多半缺乏長期的眼光，往往

因陋就簡、為節省電影底片與工作人員薪資、趕拍急上片,造成影片粗製濫造,埋下台語片自毀的因子。台語片界原也有一些人才,也有如**林摶秋**、**何基明**等人興建私人片廠、培養人才以提昇影片品質的企圖,可惜時機不對,加上政府對台語片採取抵制的政策,使得台語片終究落得劣幣驅逐良幣的下場。諷刺的是,五〇年代由於台製國語片不振,公營製片廠的人員與設備多半閒置,台語片興起使得這些人員與設備得以充分發揮功用,給六〇年代台製國語片的興起奠定基礎,進一步打擊台語片的生機。

● 健康寫實電影

一九六〇年代,台海情勢逐漸穩定;國民黨獲得美國的支持,在島內以威權體制全盤掌控大局;**台灣經濟由進口替代轉為出口擴張**,工業開始成長發展,社會氣氛也比之前略為輕鬆。電影在這種背景中有了較好的發展契機;除了台語片復甦並繼續旺盛發展外,國民黨營的中央電影公司新任總經理龔弘提出了健康寫實的製作路線,一方面採取歐美寫實主義電影的拍攝風格,避免暴露社會的黑暗面,在當時極右的政治環境中已屬突破之舉,也有學者認為其「隱惡揚善的特性,使其精神更接近蘇聯的社會主義寫實論」。龔弘聘請李行拍攝《蚵女》(1964)、《養鴨人家》(1965),頗受市場歡迎,評價也很好,終於帶動國語劇情片的製作水平,**甚至開拓了台製國語影片的海外華人市場**。總的來說,健康寫實電影強調傳統倫理與道德,但缺乏批判現實的勇氣,它建立起台灣電影的新風格,與上海時期的中國電影或香港的國語文藝電影大異其趣。自此之後,較嚴肅的台灣電影多半持續此時期所發展出的儒家倫理內涵。健康寫實時期的重要導演,如李行、白景瑞、李嘉、丁善璽等,在六、七〇年代成為領導台灣電影風騷的主要人物。台產國語片 1964 年產量僅為 22 部,到了 1969 年已提升為 89 部,超越台語片,並在兩年後年產量超越百部。國語片在政府全力輔導下,終於成為台灣電影的主流。相反的,台語片在一窩風拍攝下品質低劣,觀眾受電視等因素影響而流失,政府也任其自生自滅,甚至壓抑,風光多時的台語片至此終於完全沒落。此後,台語再次出現在台灣電影要等八〇年代新電影時期。

● 國聯五年

在健康寫實電影出現以前,台灣國語電影市場完全被香港電影壟斷。1963 年邵氏公司出品的黃梅調電影《梁山伯與祝英台》(李翰祥導演)在台灣連演近三個月,演員凌波來台時更是萬人空巷,是最好的寫照。香港電影界自 1949 年起,一直是國共鬥爭的戰場。香港影人多半是中共統治中國時自上海逃難來的。由於大陸陷共,市場盡失,台灣成為國語影片的主要市場,國民黨動之以利,拉攏香港影人效忠國府。台灣政府以各種優惠政策鼓勵香港電影公司來台製作。1963 年底李翰祥脫離邵氏公司,受國府邀請來台設立國聯公司,將制度化的電影製片廠拍攝技術與編導人才引進台灣,促使台灣的電影製作走上現代化的道路。國聯在台只有五年,影片也只生產了二十二部,但影片製作極為慎重,品質遠勝其他台製國語片,遑論粗製濫造的台語片,因此對台灣電影的製作水準起了良好示範作用。國聯的電影類型除了初期的黃梅調歌舞片,如《七仙女》(李翰祥導演,1963)、《狀元及第》(李翰祥導

演，1964），及歷史宮闈片《西施》（李翰祥導演，1965）外，以改編自小說的文藝片最為知名，包括《幾度夕陽紅》（楊甦導演，1966）、《塔裡的女人》（林福地導演，1967）、《破曉時分》（宋存壽導演，1968）、《冬暖》（李翰祥導演，1969）與《黑牛與白蛇》（林福地，1970）等；其中瓊瑤的原著就占了八部。

● 瓊瑤電影

瓊瑤式的愛情文藝電影在李行拍攝《婉君表妹》(1965)與《啞女情深》(1965)大賣座後，不但開啟文藝愛情片的跟拍風潮，更建立瓊瑤電影的類型與電影王國，持續達十多年之久。這種愛情文藝類型的電影，類似好萊塢的言情劇，時空經常設定在虛渺的三、四十年代中國或無特定時空，角色常困於階級、學歷，或生理上的差異，愛情的信念則成為救贖的利器。由於故事情節多在**客廳、餐廳、咖啡廳**發生，故被戲稱**三廳電影**，嚴格上說起來，這種影片仍固守父權社會傳統倫理道德的規範，強調女性的犧牲美德，意識保守，但瓊瑤電影在六〇與七〇年代的台灣卻成為眾多觀眾的感情慰藉與出路，因此大受歡迎。這批觀眾到了八〇、九〇年代轉為電視觀眾，於是瓊瑤式的電視連續劇又再紅到螢光幕上。

● 胡金銓與新武俠片

六〇年代邵氏公司開始製作新派的武俠片，其中的兩位主要導演胡金銓與張徹後來都來台灣發展。胡金銓於 1967 年為聯邦公司編導武俠片**《龍門客棧》**締造了絕佳的票房紀錄，從此武俠、功夫、武打類型的電影成為台灣電影的主流，直到八〇年代才沒落。胡金銓的電影發揮中國京劇的特色，結合彈簧床與吊鋼絲的特技，運用蒙太奇電影手法，使得武打動作快速俐落，動靜收放形成視覺韻律，加上攝影優美、意境不俗，服裝、造型考究，創造出獨特的個人風格。《俠女》(1970)一片更加上「禪」的意境，將胡金銓的聲望和徐楓的女俠形象推至頂峰。然而胡金銓之外，當時台灣絕大多數仿拍的武俠電影卻缺少胡氏的才情，因而多半在暴力與奇情上著墨，手法粗糙未見新意。銀幕上一片血腥迫使教育部不得不以政策企圖導正武俠片的內容，但效果有限。到七〇年代初，武俠、功夫片產量仍是台灣電影的主流。

● 功夫片興起

1971 年美國將釣魚台列嶼併同琉球群島交還日本，引起海內外華人示威抗議。國民政府開始面臨一連串的外交挫折。同年 10 月台灣退出聯合國，接著尼克森訪問北京、日本承認北京政權、接著是石油危機。政治與經濟局勢的緊繃造成社會人心浮動。國民黨內的保守勢力力求穩固政權，革新保台的呼聲卻開始凝聚力量。蔣經國掌權後，開始呼應改革的要求，提拔省籍菁英進入政壇（吹台青）。但社會的逐步改革卻未反映在台灣電影中。1971 年香港嘉禾公司推出李小龍主演的功夫片**《唐山大兄》**（羅維導演），在台大賣；次年的《精武門》（羅維導演）更在世界各地掀起一股功夫熱潮。《精武門》在台賣座自有其道理，片中的李小龍持雙節棍將日本及西洋武術高手打得落花流水，使得現實生活備遭東、西洋人挫折的台灣觀眾，在民族主義情緒渲染下，在電影中得到**阿 Q 式的補償**。武俠片中的刀劍，自李小龍出現後便

被拳腳功夫所取代，武俠片自此就轉化為功夫片、武打片繼續在台灣流行。功夫片在台灣最流行時，影片又再浮濫跟拍，連武術指導、攝影師都下海擔任導演。台製功夫片水準大多不比港片，張徹在邵氏公司幕後支持下，於 1974 年率其子弟兵姜大衛、狄龍等來台成立長弓公司，拍攝功夫武打片，成為當時台灣電影的要角。張氏功夫武打片的特色是血腥暴力、強調男性情誼，並刻意在視覺上突出個人的內心世界。張徹與李小龍的電影雖然促成台灣電影在七〇年代打開了國際市場，但在電影美學上，台灣電影並未受其啟發發展出自己的風格，只是一味抄襲，最後終於沒落。

● 愛國政宣電影

當功夫片開始流行時，龔弘恰好卸任，由蔣經國的親信梅長齡（原任中製廠廠長）接任中影總經理。當時台日斷交，梅長齡規劃抗日電影《英烈千秋》（丁善璽導演，1974），市場反應熱烈，在七〇年代中期之後開始了一段台灣電影的愛國政宣片時期。尤其當民國 64 年蔣中正去世、南越與高棉相繼赤化，民國 65 年周恩來與毛澤東相繼去世、四人幫垮臺，民國 66 年台灣鄉土文學論戰、中壢事件，民國 67 年美台斷交，民國 68 年美麗島事件，政治局勢動盪中，官營電影製片廠更加強愛國政宣電影的製作。中影的《八百壯士》（丁善璽導演，1975）《筧橋英烈傳》（張曾澤導演，1975）《梅花》（劉家昌導演，1975）、《戰地英豪》（劉藝導演，1975）、《望春風》（徐進良導演，1977）、《黃埔軍魂》（劉家昌導演，1978）、《源》（陳耀圻導演，1979），中製的《大摩天嶺》（李嘉導演，1971）、《女兵日記》（汪瑩導演，1975），都是此時期抗日或反獨的愛國政宣片。而 1979 年的《汪洋中的一條船》（李行導演）更是台灣處於前途未卜的國際局勢中自我勉勵的寫照。台灣電影的製片龍頭中影公司在 1977 年由明驥接任總經理後，除繼續拍攝政宣電影外，也拍攝文藝片如《一個女工的故事》（張蜀生導演，1978），甚至武打片如《神捕》（何偉康導演，1978）。但是這些電影普遍票房不佳，使中影公司財務窘困。

● 學生電影類型

比較正經的台灣電影製作公司，開始採取低成本獨立製片的策略。李行、宋存壽、屠忠訓等導演拍了一些如《小城故事》、《早安台北》、《候鳥之愛》、《歡顏》等清新的小品。新導演林清介則由《一個問題學生》(1979)賣座後，開始以學生生活為題材，拍出一連串學生電影，如《學生之愛》(1981)、《同班同學》(1981)、《男女合班》、《台北甜心》、《畢業班》；另一位導演徐進良則拍了《拒絕聯考的小子》(1980)、《年輕人的心聲》、《不妥協的一代》。學生電影儼然成為新電影出現以前的重要電影類型。其低成本獨立製作也使得新導演有拍片的機會。陳坤厚此時執導了《我踏浪而來》(1980)，侯孝賢則拍了《就是溜溜的她》(1981)、《風兒踢踏踩》(1982)，兩人都正為下一階段的台灣新電影儲備經驗。

● 台灣新電影的興起與沒落

台灣電影的現代化（或者說是「現代主義」化），可以說是始於《兒子的大玩偶》（侯孝賢、曾壯祥、萬仁合導，1983）。中影公司明驥總經理在谷底的困境中接受小野與吳念真的建議，大膽啟用新人拍攝鄉土文學作品。這部影片改編自黃春明的三

篇短篇小說，以流暢的現代電影語言呈現出迥異於以往台灣電影的意境，不但獲得評論界一致好評，票房也非常好，自此確立了台灣電影的新浪潮。在《兒子的大玩偶》出現之前，中影已先提拔新導演楊德昌、柯一正、張毅、陶德辰拍過樸實的《光陰的故事》(1982)，侯孝賢與陳坤厚也分別執導了《在那河畔青草青》(1982)與《小畢的故事》(1983)。這些電影預示了新電影的風貌，也因市場反應良好而使得後來的新電影成為可能。《兒子的大玩偶》製作完成後，雖然受到當時政治與電影保守勢力的抵制，但在輿論、口碑與市場的支持下，終於突破障礙，為往後台灣電影的創作自由爭出一片天空。其後，包括侯孝賢、楊德昌、張毅、萬仁、柯一正、陳坤厚、曾壯祥、李祐寧等新導演，以及先前已出道的王童，就較順利取得拍片的機會，拍出一部部形式新穎、風格獨特、意識前進的新電影。較重要的作品包括《風櫃來的人》(侯孝賢導演，1983)、《玉卿嫂》(張毅導演)、《海灘的一天》(楊德昌導演，1983)、《看海的日子》(王童導演，1983)、《老莫的第二個春天》(李祐寧導演，1984)、《童年往事》(侯孝賢導演，1985)、《我這樣過了一生》(張毅導演，1985)、《青梅竹馬》(楊德昌導演，1985)、**《殺夫》**(曾壯祥導演，1984)、《恐怖份子》(楊德昌導演，1986)、《戀戀風塵》(侯孝賢導演，1987)、《桂花巷》(陳坤厚導演，1987)、《油麻菜籽》(萬仁導演)。新電影絕大多數是由中影投資拍攝，主要的推動者是明驥及製片部的小野與吳念真。他們可說是影響台灣電影走向的主要功臣，對當時低迷的商業電影也產生重大的影響。一些原本拍攝商業電影的導演見到新電影受到歡迎，也紛紛改編鄉土小說，拍出類似的電影，如《金大班的最後一夜》(白景瑞導演)、《在室男》(蔡揚明導演)、《嫁妝一牛車》(張美君導演)、《孤戀花》(林清介導演)、《孽子》(虞戡平導演)等；但這些電影雖然外貌包裝相似，卻缺乏新電影的自覺與神采。新電影雖然優秀，產量畢竟有限；八〇年代台灣電影主要充斥著賭博片、犯罪片，及以許不了為主角的嬉鬧片。此時期真正主導台灣華語電影市場的，卻是香港電影。代理發行港片的台灣片商成為市場主力，並將資金投入拍攝港片，使得台灣商業電影逐漸空洞化。加上電影光碟和錄影帶出租店興起，及第四台（共同天線）、衛星接收日本電視等新興媒體一一在台灣流行起來，取代電影院成為主要的娛樂管道。大製作的好萊塢電影此時又興旺起來，使得低成本的台灣電影無法相比；更何況新電影的現代主義藝術本質原本就與好萊塢商業電影的美學背道而馳，新電影的票房逐漸低迷，輿論上也開始出現批判的聲音。新電影的支持者與反對者逐漸壁壘分明，造成整體台灣電影氣勢漸弱，新電影作為一種集體的電影潮流終於在民國 87 年結束。諷刺的是，新電影及其導演在台灣電影界飽受批評，票房受觀眾冷落，但自八〇年代末期卻大受國際影展與各國藝術電影市場上的歡迎。

● 電影圖書館與金穗獎

八〇年代兩件值得注意的新發展是，由政府出資設立的電影發展基金會成立了**電影圖書館**（九〇年代改名為**電影資料館**），以保存電影資產及推廣電影欣賞，並設置**金穗獎**以鼓勵動畫、紀錄片、實驗電影和劇情短片製作。電影圖書館負責推動的金馬獎國際影展長年選映國際優秀的藝術電影，使台灣一些熱衷觀賞電影的觀眾培養出國際視野，不致完全被好萊塢電影壟斷洗腦；藝術電影也從此在台灣找到了生

存的空間。金穗獎為後來台灣電影劇情片、紀錄片、動畫，與實驗電影提拔出相當
多的製作人才。在國家資源很少分配到劇情長片以外的八〇年代，是台灣許多年輕
獨立電影工作者創作的支持動力。

● 解嚴後的台灣電影

　　台灣在八〇年代中葉起，隨著經濟泡沫膨脹與黨外運動的興起，社會禁錮力逐漸
解放。民國 76 年台灣終於解除戒嚴，示威遊行成了家常便飯。國民黨開放大陸探親，
兩岸緊張關係逐漸和緩，加上開放黨禁、報禁，言論自由在台灣終於完全達成。77
年蔣經國逝世，台籍的李登輝繼任總統與國民黨主席，從此改變了台灣的歷史。此時，
台灣電影在市場上雖然持續不振，但在威權統治瓦解的新社會中，新電影出身的導演
卻能將觸角伸向過去禁忌的題材，回顧與探討台灣近現代社會、歷史與個人記憶，如
《刀瘟》（葉鴻偉導演，1989）、《香蕉天堂》（王童導演，1989）、《童黨萬歲》（余為
彥導演，1989）、《牯嶺街少年殺人事件》（楊德昌導演，1991）等。其中最震撼台灣
的莫過於侯孝賢的《悲情城市》(1989)。這部片以九份一個流氓世家各成員經歷台灣
光復、二二八事件，以及白色恐怖的歷程，具體而微地反映台灣人的歷史經驗，不但
獲得觀眾的青睞，也在威尼斯影展榮獲金獅獎，使得侯孝賢從此成為國際矚目的華人
導演。台灣電影從此在世界各地大小影展年年幾乎均有斬獲，在外交戰場上長期失利
的台灣政府終能藉由電影在世界舞臺上揚名立萬、一吐怨氣。這使得主管電影業務的
新聞局自 1990 年開始，透過輔導金來支持藝術電影的製作。台灣商業電影到了八〇
年代末期國內市場已逐漸萎縮，而國際市場早已無望，國語片商眼見政府用輔導金補
助藝術電影的製作，自然分外眼紅，因此一方面加強對藝術電影的攻訐，另一方面則
透過政治運作，逐漸取得輔導金的主控權。

● 電影輔導金與九〇年代台灣電影

　　總的來說，過去 10 年台灣電影發展主要依賴輔導金，才在質與量上撐起一番局
面。台灣商業電影的資金在九〇年代初期投向香港與大陸，中期以後，港片與中國
片也開始不振；此時台灣有線電視系統開始合法發展，這些資金轉向投資有線電視，
經營電影及其他娛樂頻道，進一步打擊台灣的電影市場。世紀末，台灣電影慘淡到
年產量近個位數，台北電影院票房平均不到百萬的境地。少數還在拍片的導演，不
靠輔導金的，就是有能力自籌資金或得到外國投資的導演與製片，如侯孝賢、楊德
昌、蔡明亮、焦雄屏、徐立功等。在這麼艱困的環境中，令人驚異的是一些新新導
演仍前仆後繼、奮不顧身地投入電影製作，而已建立地位的新電影導演仍固執地堅
持拍攝他們的作者電影。九〇年代起，李登輝掌權下的國民黨內出現主流派與非主
流派間的政治鬥爭，台灣社會開始出現族群與國家認同的對立情勢。在這樣的社會
氣氛中，一些重要作品也開始探索本省人與外省人的認同問題，如《牯嶺街少年殺
人事件》（楊德昌導演，1991）、《無言的山丘》（王童導演，1992）、《戲夢人生》（侯
孝賢導演，1993）、《多桑》（吳念真導演，1994）、《去年冬天》（徐小明導演，1995）、
《好男好女》（侯孝賢導演，1995）、《紅柿子》（王童導演，1996）、《超級大國民》
（萬仁導演，1996）、《太平天國》（吳念真導演，1996）等。九〇年代的另一個趨勢
是，一些電影開始在形式上力求創新，如《西部來的人》（黃明川導演，1990）、《阿

嬰》（邱剛健導演，1991）、《月光少年》（余為彥導演，1993）、**《暗戀桃花源》**（**賴聲川**導演，1993）、《十八》（何平導演，1993）、《寶島大夢》（黃明川導演，1993）、《飛俠阿達》（賴聲川導演，1994）、《逃亡者的恰恰》（王財祥導演，1996）等。

● 李安與蔡明亮

當然除了侯孝賢與楊德昌已在國際影壇建立作者導演的地位外，台灣出身的李安、馬來西亞來台的僑生蔡明亮也成為世界矚目的台灣導演。**李安**的**《推手》**（1991年）以優異的導演技術為「後新電影」踏出成功的一步。其後的**《喜宴》**（1993年）不但獲得柏林影展金熊獎，在台灣本地與國際票房上均非常成功。接著推出的**《飲食男女》**（1994年）就完全奠定李安的國際地位，從此他就在美國好萊塢發展，備受好評。2000年李安的**《臥虎藏龍》**結合美中台港的資金與技術，在台灣各地放映賣座奇佳，可謂名利兼收，把李安的聲望推到另一個高峰。與李安純熟通俗的導演技術相比，蔡明亮展現他較為個人陰鬱的導演風格。一反新導演普遍探索懷舊或歷史記憶的題材，蔡明亮把他的觸角深入都會男女的慾望黑洞中，如**《青少年哪吒》**（1992年）觀察都會青少年虛無沒出路的生命、《愛情萬歲》（1994年）探觸寂寞的都市男女互舔傷口、《河流》（1997年）與《洞》（1998年）更直接描繪都市黑暗角落的遊魂，似乎來到了世界的盡頭。蔡明亮的電影給人一種現代寓言的感覺，也因為十分灰澀難懂，使其作品雖獲好評，在台灣一直是曲高和寡，直到《天邊一朵雲》的獲獎，才將他推上另一個高峰。其他在九〇年代出現的新新導演，如陳國富、徐小明、王小棣、易智言、陳玉勳、林正盛、張作驥，以及獨立製作的黃明川、賴聲川等，也都有水準以上的作品出現。九〇年代台灣電影最戲劇化的發展莫過於紀錄片的熱潮興起，如**吳乙峰**以九二一震災後為主題，讓人感動又發人深省的**《生命》**，另外**《無米樂》**、**《貢寮你好嗎？》**、**《翻滾吧！男孩》**等針對社會變遷、環保、勵志等議題的珍貴紀錄片，至今方興未艾。

● 紀錄片在台灣異軍突起

台灣紀錄片的蓬勃發展，主要是受惠於民國76年的解嚴與小型電子攝錄影機的普及化。九〇年代中期後，文建會開始支持紀錄片的訓練、推廣教育，政府與民間單位也積極資助紀錄影片與影帶的製作，並設立各種影展與獎項以鼓勵優良紀錄片。**民國 85 年台灣第一所電影研究所成立**，更專業地培育紀錄片製作人才。在這樣的環境下，台灣出現一批年輕的紀錄片導演。他們來自社會各角落，影片題材五花八門；有的探索嚴肅的社會或政治議題，有的以自己或家人、朋友為拍攝對象，探索個人的生活與問題。台灣紀錄片一般而言技巧尚嫌粗糙，美學基礎較為薄弱，但整體的成績已漸受國際矚目，也有一些影片參與國際重要紀錄片影展獲獎。台灣劇情電影陷入困境時，紀錄片在台灣反而有較佳的發展空間、有如小兵立大功，令人刮目相看。

● 台灣電影何去何從

回顧台灣電影百年足跡，在前60多年可說是空有映演市場，卻只有非常粗俗的電影製作。台灣電影在六〇年代開始起飛，也始終在政治宣傳與商業抄襲濫拍的兩

極間搖擺，直到八〇年代新電影出現後才走出自己的一條路，成為世界影壇與電影史中不可忽視的一個「國家電影」。無奈的是，八〇年代開始，台灣電影在本國市場漸走下坡；新導演、新新導演，甚至更新一輩的導演，若非有能力自籌資金，也只有巴望能取得輔導金以完成作品。1995 年全世界慶祝電影發明一百年，五年後台灣卻沒什麼人記得台灣電影一百年這回事，台灣電影實在太不景氣了。如今好萊塢電影的製作愈來規模愈大、愈精緻、愈通俗，也必將台灣這種電影小國的生存空間壓縮得愈來愈小。氣餒的是，電影市場愈小，台灣電影的規模就愈拍愈小。當好萊塢電影完全高科技化時，台灣電影製作仍處在手工業狀態，比一百年前的電影製作方式好不了多少！展望未來，在沒有本國市場的情勢下，台灣電影到底要何去何從，不免令人迷惘。驀然回首，那人卻在燈火闌珊處！台灣電影未來可再有百年足跡可供追尋？實讓人既關心又擔心，期盼新一代的<u>李安</u>和<u>侯孝賢</u>的誕生，將台灣推上國際舞臺，用我們的文化特質和打拼精神，感動人心贏得友誼。

第九節　其他文化成果

　　台灣人民的打拚精神，可說是世人對台灣的印象之一，加上台灣獨特的地理環境和特別突驀出的歷史軌跡，台灣的文化比世界各地都還要豐富，較之埃及、中國、印度、希臘等文明古國，雖沒有那麼長久，但複雜多元、密集多變，其張力更強，內容更精彩，雖不可能全盤加以呈現，可做為台灣精神所寄，如全民運動的國球─棒球和社區總體營造，相輔相成的文化紮根——一鄉鎮一特產等，做為其他文化，成果的論述。

一、棒球

　　約當在十九、二十世紀之交，初到台灣未久的日本人、一些會社的職員，引進了棒球運動。棒球是屬於日本人特有的運動，被起了個日本式的名稱—「**野球**」。1920 年代左右，「野球」本身的趣味性與競爭感，與台灣運動觀念的日漸普及，棒球衝破文化的隔閡、淡化殖民的優越，成為「大人」到「囝仔」皆積極參與的運動。1931 年，嘉義農林學校進軍日本高中棒球賽最高殿堂─甲子園全日本高校野球賽，同時榮獲亞軍，此是台灣棒球運動史上燦爛的一刻。嘉農的成就，意味著在「公平」的競賽制度下，「台灣人擊敗日本人」不僅是一種可能、更是一種超越殖民藩籬、擷取台灣人榮耀的手段。1945 年終戰之後，台灣的政權易主，國民政府的仇日心結表現在文教與生活習俗上的「去日本化」措施，於是「野球」更名為「棒球」。

　　1950、60 年代，政經情勢相對穩定的美援時期，島內金融行庫業餘棒球隊的對陣、1968 年來自台東的**紅葉少棒**擊敗來訪日本少棒隊的優異表現，牽引台灣人的心，隨著經濟成長起飛。1970 年代，台灣退出聯合國、中美斷交等外交危機接踵而來。國民政府發動一連串重振國人信心的運動，棒球成為精神動員的一環。1969 年到

1982 年之間，台灣在世界少棒賽一共奪得十三次的世界少棒冠軍。每到決戰時刻，精彩比賽總是使台灣人不敢入睡，目不轉睛的為中華隊加油；夜半時分，家家戶戶守候在電視機前的景觀，成為 1970 年代台灣社會的奇觀。人人口中喊著「中華隊加油！」及政府對冠軍球隊的重視，意味著國族主義動員台灣「棒球熱」的斧鑿痕跡。1970 年代的「少棒旋風」，幫助台灣渡過信心危機、超越族群界限，無限上綱的國族主義更賦予棒球幾近「國球」的榮銜。

1980 年代起，台灣在世界各地颳起棒球旋風，包括少棒、青少棒、青棒與成棒在內「四級棒球」的優異表現，改變了世人對蕞爾小島台灣的印象。1984 年，成棒隊在洛杉磯奧運勇奪銅牌的高潮，使台灣棒球實力獲得世界公認；表現優異的球員更受到日本職棒青睞，遠赴東瀛為國爭光。1992 年巴塞隆納奧運的銀牌，隨即重振台灣棒球王國的威名。棒球不僅凝結了島內台灣人的集體記憶，更在世界舞臺上打響台灣的名號。

1990 年，「中華職棒聯盟」成立，將台灣棒球的運動型態由業餘帶向職業，棒球運動成為資本主義社會的「文化工業」，是台灣人休閒與消費生活的一環。兄弟象對味全龍、乃至兄弟象與統一獅的對決，往往吸引滿坑滿谷的觀眾。場內競爭，緊扣著球迷的心弦，場外便當與香腸攤的叫賣，共同形塑台灣特有的棒球文化。

職棒球隊的相爭好比兩軍對壘，勢均力敵儼然一副非分個你死我活的態勢，球迷有如「入戲的觀眾」，為比賽而激動、而歡欣、而激憤，乃至落淚。然而，能讓「入戲觀眾」傷心的無非是作假的戲，職棒的簽賭案揭穿了不肖棒球員的假面具、傷透了棒球人的心。利益當前，榮耀與自尊的棒球傳統被棄之於腦後，台灣的棒球運動經歷數年的黑暗期，直到今年才重現振興的契機。

有人會問：棒球的魅力在哪裡？安靜靦覥的小女孩，能在棒球場上聲嘶力竭為自己心儀的球員加油，落寞失意的中年男子，能夠「嘴角全波」的講解場中戰術，不正是棒球的魅力所在。令人百感交集的棒球，才能釋放屬於「正港」台灣人的深摯情感。棒球雖曾令人心碎，但台灣人卻從未對棒球心死，今天的失敗，只為了襯托未來成功的喜悅。棒球如此，台灣的未來也是如此。

只有棒球可以把老外打的哇哇叫，不愛棒球，行嗎？

只有棒球讓台灣在國際社會自然曝光，花最少的錢！

只有棒球讓台灣社會不分族群、不分男女、不分老少共同凝聚向心力！

只有棒球能讓台灣人同時心跳加速，同時齊聲驚呼！

隨著王建民成為最快速度拿到第三十勝的美國大聯盟的亞洲選手，又被時代雜誌選為最具影響力的台灣人，王建民用棒球凝聚了台灣的人心；台灣的政客 (Politician) 卻用選舉撕裂台灣人的感情，能不令人不勝感慨嗎？期盼政治家 (Statesman) 的出現，讓大家能安心欣賞一場好球。

二、一鄉鎮一特產－文化觀光產業，突破困境，走出新道路

　　文化是台灣繼經濟奇蹟、政治典範後，所要達成的傲人成就。就像美國金恩「我有一個夢想(I have a dream)」所期求的，我希望台灣未來是一個具有文化多元的迦南地，族群整合的和諧，台灣變成一處富而好禮的社會，所有人都能用真情愛同胞愛土地，講公平持正義，人人能夠維護「人性尊嚴」，個個可以發揮「自我實現」的美樂地。

　　你來自何處？這是人際互動極常出現之語彙，更深層之意義，即在於蘊育一個人的地方，具有什麼特色，有道「地靈人傑」，但有時窮鄉僻壤亦能變成一代之雄。每個鄉鎮市因其地形、地質、氣候、雨量等地理自然因素，生活習慣、風俗和宗教、傳統等歷史人文因素，每每蘊育出足以代表當代風格與當地特色，其特色並非一成不變，尤其以台灣原住民文化為基礎，又歷經荷蘭、鄭氏、滿清、日本和中華民國五階段，隨著漁獵而農耕而工商業，迄今之高科技產業。陶片與磁片夾雜，傳統與現代交錯，產生了今日台灣當前面貌容顏。

● 各鄉鎮市區代表性事物之分類

　　凡走過必留下痕跡，各鄉鎮市有其特別具代表性之事物，有的十分顯明，有的卻待醞釀或發掘，一般常見如下：

　　特產：竹山番薯、埔里甘蔗、玉井芒果、麻豆文旦、白河蓮花、甲仙芋頭、六龜金煌芒果、林邊黑珍珠、東港黑鮪魚、櫻花蝦、油魚子…等。

　　史蹟：新北市八里區廖添丁廟、嘉義縣六腳鄉王得祿墓、高雄市湖內區明寧靖王朱術桂之墓…等。

　　古廟：台北龍山寺、台南祀典大天后宮、北港朝天宮、新竹城隍廟、臺南孔子廟、鹿港天后宮…等。

　　小吃：基隆廟口小吃、淡水－阿給、阿婆鐵蛋、魚酥；台中太陽餅、彰化肉圓、嘉義火雞肉飯、台南安平周氏蝦卷、安平豆花、棺材板、岡山羊肉、萬巒豬腳…等。

　　城垣：澎湖西台古堡、台南赤崁樓、安平古堡、億載金城、基隆海門天險…等。

　　技藝：鶯歌陶藝、美濃紙傘、三義木雕、水里蛇窯、彰化苑裡藺草編織、金門菜刀…等。

　　人物：吳沙開蘭（吳沙）、彰化施公圳（施世榜）、鳳山曹公圳（曹謹）、西螺七崁（劉明善－阿善師）、淡水偕醫館（馬偕）、台南新樓醫院（馬雅各）…等。

　　特殊民俗活動：基隆放水燈、平溪放天燈、頭城搶孤、鹽水蜂炮、開隆宮做十六歲、扒龍船、各原住民族群及平埔族之祭典…等。

● 各鄉鎮市區代表性事物形成之分析

　　該鄉鎮市代表性事物形成原因，諸如該地方什麼種得最好、最多，例如甲仙芋頭、官田菱角、玉井芒果。又如該地發生何種史事影響後世深遠，百年歷史古廟遠近馳名，如行天宮、龍山寺能代表台北市，祀典大天后宮、臺南孔子廟為全臺首學

最能代表台南市。另大甲鎮瀾宮、北港朝天宮、新港奉天宮都是以祀奉媽祖信仰出名，每年有繞境活動；南鯤鯓五府千歲、東港東隆宮的王爺信仰，則以迓王、燒王船聞名；土地公廟以屏東車城福安宮及南投竹山紫南宮最出名。

小吃更是常各具特色，好吃是免不了，特殊的配料、特殊的祕方和古早味，使其能聞名遐邇，名人加溫才更是受人矚目，如經國先生吃過之萬巒豬腳（海鴻飯店）、花蓮市液香扁食、彰化肉圓、台南阿霞飯店…等。城垣更是當時歷風霜歲月與歷史之見證，看安平古堡想荷蘭人，億載金城則是沈葆楨捍衛海疆、嚇阻日本侵台之見證。早期開墾社會，先人篳路藍縷胼手胝足，以啟山林，吳沙之「**真成拓土無雙士，正是開蘭第一人**」；鄭成功之「孤臣秉孤忠，五馬奔江，留取汗青垂宇宙；正人扶正義，七鯤拓土，莫將成敗論英雄」，更是讓人無限感懷。

● 各鄉鎮市區代表性事物之演變

艋舺因河道之淤塞而沒落；大稻埕茶之集散盛況不再；鹿港再也無鹿，不用再輸出鹿肉乾前往中國大陸和鹿皮前往日本。台江內海已滄海桑田成為過去的歷史，鹿耳聽潮、鹿耳連帆變成鹿耳沉沙。各鄉鎮市代表性事物依其分類屬性之差異，有的可保久遠，如古蹟類，有的會隨外環境之變遷而改變，例如特產類，如以台南府城為例，三郊時代南郊、北郊、糖郊，盛極一時，堪稱台灣第一大城、第一大港，曾幾何時，有如沒落貴族，獨留夕陽向黃昏。故如何把握現在，迎向未來，足以讓從事這些代表性事物工作之人深思。研究創新，與時俱進，懷古念舊，飲水思源，如何取得均衡點，才能達到永續經營。

衷心期盼國人同胞，都能具有前中華奧會主席黃大洲先生所一直宣導的奧林匹克精神—「勝不驕，敗不餒」，能在各個領域認真打拚，誠心祝福每個認真的人都能帶著運動家精神，為自己也為國家社會得分。

傳統畫作主題內容

四聘

歷山隱耕【舜】	有莘樂道【伊尹】	渭水聘賢【姜子牙】	三顧茅廬【諸葛亮】

四愛

淵明種菊【陶淵明】	子猷種竹【王徽之】	和靖詠梅【林和靖】	茂叔賞蓮【周敦頤】

四讀

晉朝孫敬懸樑勵志【孫敬】（頭懸樑）	戰國蘇秦刺股發憤【蘇秦】（錐刺股）	漢朱買臣負荊苦讀【朱買臣】（如負薪）	隋朝李密牛角掛畫【李密】（如掛角）

四不足

嫦娥照鏡嫌貌醜【嫦娥】	彭祖焚香祝壽延【彭祖】	石崇巨富苦無錢【石崇】	梁武為君欲作仙【梁武】

四美人

西施浣紗－沉魚【西施】	昭君出塞－落雁【王昭君】	貂蟬拜月－閉月【貂蟬】	貴妃醉酒－羞花【楊玉環】

六癖

羲之愛鵝【王羲之】	玉川品茶【玉川子】	青蓮醉酒【李白】	東坡試硯【蘇軾】	米顛拜石【米南宮】	雲林洗桐【倪瓚】

八仙

八僊聚會(八仙圖)	八仙大鬧東海【八仙過海】（群仙泛海）	三醉圖【呂洞賓、李鐵拐、漢鍾離】	呂純陽得道【呂洞賓】（黃梁一夢）

二十四孝

孝感動天【虞舜】	戲彩娛親【老萊子】	鹿乳奉親【郯子】	負米養親【子路】
單衣順母【閔子騫】	齧指痛心【曾參】	親嚐湯藥【西漢文帝】	扇枕溫衾【黃香】
緹縈上書救父【緹縈】	賣身葬父【董永】	哭竹生筍【孟宗】	為母埋兒【郭巨】
懷橘遺親【陸績】	臥冰求鯉【王祥】	搤虎救親【楊香】	棄官尋母【朱壽昌】

歷史故事

伯牙撫琴	孔子問禮【入太廟每事問】	完璧歸趙【藺相如】	負荊請罪【廉頗－將相和】
指鹿為馬【趙高】	漢初三傑【張良、蕭何、韓信】	圯上受書【張良與黃石公】	韓信乞食【一飯千金】
韓信胯下受辱	蕭何月下追韓信【國士無雙】	鴻門宴【項羽與劉邦】	霸王別姬【項羽與虞姬】
曹操刺董卓（孟德獻刀）	王允獻貂蟬（美人計）	桃園三結義【劉備、關羽、張飛】	三英戰呂布（劉關張戰呂布）
長阪坡（子龍救主）【趙子龍】	苦肉計【周瑜打黃蓋】	揮淚斬馬謖【孔明】	竹林七賢
曹植賦詩【七步成詩】	畫（化）龍點睛【張僧繇】	東山捷報【謝安】	虎溪三笑【慧遠、陶潛、陸修靜】
風塵三俠【李靖、紅拂、虯髯客】	百壽圖（郭子儀）	花木蘭代父從軍	精忠報國【岳飛】

民間傳說

紫氣東來【老子】	麻姑獻壽【女壽仙】	壽星拱照【南極仙翁】	富貴壽考【郭子儀】
嫦娥奔月	五老觀圖【堯舜遇仙】	巢父洗耳	瑤池金母
雷公電母	和合二仙（寒山拾得）	文王吐子	哼哈二將顯神通
楊戩收七怪（梅山收怪）	哪吒大鬧東海	四海龍王	三十六官將
鍾馗捉鬼圖	陳靖姑收妖	水淹金山寺(白蛇傳)	一葦渡江【達摩西歸】

媽祖故事

觀井得神符（天賜銅符）	怒海救親（機上救親）	桃花山收伏二神（千里眼－綠色－觀；順風耳－紅色－音）	顯神光救漁民

關公五德性

仁：千里尋兄	義：華容縱曹	禮：秉燭待旦	智：水淹七軍	信：單刀赴會

傳統核心價值

忠：鞠躬盡瘁【諸葛亮】	孝：望雲思親【狄仁傑】	節：蘇武牧羊【蘇武】	義：楊震辭金【楊震】

參考資料－徐明福、蕭瓊瑞《雲山麗水－府城傳統畫師潘麗水作品之研究》。

※揚名聲顯父母：孔子－五代祖；關公－三代祖；媽祖－聖父母廳；鄭成功－太妃祠。

民間吉祥圖案彙整

◈ 一本書一把劍（一本萬利）

◈ 兩隻鹿（路路順利）

◈ 兩隻螃蟹（二甲）

◈ 三多佛手柑桃石榴（多子多孫）

◈ 夔龍居四方拱護中間兩魚四隅有蝙蝠（六合兩儀賜福）

◈ 三羊（陽）開泰（預祝昇平、祥瑞）

◈ 四大天王風（劍鋒）**調**（**琴**）**雨**（**傘**）**順**（**蛇或環**）

◈ 四季畫：鳳凰展翅（有鳳來儀）

◈ 五隻蝙蝠，蝙蝠銜磬牌（納福呈慶）

◈ 大象馱瓶（太平有象）

◈ 公雞報曉（加冠題名）

◈ 天官與四隻蝙蝠（天官賜福）

◈ 水果：1.**福**－橘子、柚子、蘋果
　　　　2.**祿**－木瓜、西瓜、甜瓜
　　　　3.**壽**－桃子、水蜜桃、楊桃
　　　　4.**喜**－荔枝、龍眼、香蕉

◈ 李鐵枴葫蘆藏酒（福祿長久）

◈ 武財神拿芭蕉扇童子推元寶（招財進寶）

◈ 金魚成群游（金玉滿堂）

◈ 南極先翁柱杖捧桃身旁有鹿頭上蝠飛（福祿壽）

◈ 瓶子（平安）、牡丹（富貴）、蝙蝠（福氣）、冠爵（祿）、龜鶴（長壽）、榭榴（多子）、春字（有餘－剩）

◈ 瓶中插四季牡丹（四季富貴平安）

◈ 瓶形門（平安）；圓形門（圓滿）

◈ 喜鵲梅花（喜上眉梢）

◈ 朝官持冠爵（壺）鹿牡丹如意（加冠晉爵晉福晉祿富貴如意）

◈ 猴子拿官帽騎馬追蜜蜂（馬上封侯）→馬上一隻蒼蠅（馬上贏）

◈ 旗球戟磬（祈求吉慶）

◈ 綬帶鳥芙蓉（長壽）

◈ 蓮花雙魚（年年有餘）

◈ 蝙蝠與古銅錢【蝙蝠銜錢】（福在眼前）

◈ 貓撲蝴蝶（耄耋福）

◈ 雞慶雙魚（吉慶雙餘）

◈ 麒麟前奔後看（太平盛世）（不忘本）

◈ 鷺鷥蘆葦蓮葉（一路連科）

❀ 參考資料 ❀

中國大百科全書出版社編輯：《中國大百科全書－電影》，台北：錦繡出版社，1992。

內政部編：《宗教簡介》，內政部，2000。

內政部編印：《古蹟解說理論與實務》，1995。（李乾朗、徐福全、臧振華等專論）

王秀雄：《台灣美術發展史論》，台北：國立歷史博物館，1995。

王見川：《臺灣齋教與鸞堂》，台北：南天，1996。

王庭玫主編：《台北市古蹟巡禮（上冊）》，台北：藝術家，2007。

王庭玫主編：《台灣美術家一百年(1905-2005)－潘小俠攝影造像簿》，台北：藝術家，2005。

王浩一：《台南市文化觀光旅遊導覽手冊》，台南市政府，2005 年 12 月。

王浩一：《台南舊城魅力之旅（上、中、下輯）》，台南市政府出版，2002。

台南縣政府：《台南縣城鄉風貌整體發展綱要計畫結案報告書》，台南縣政府，2005。

江燦騰：《臺灣佛教百年史之研究(1895-1995)》，台北：南天，1996。

行政院文建會：《台灣文化容顏》，台北：文建會，2001。

行政院文建會策劃、遠流出版公司編輯著作：《文化台灣－新世紀、新容顏》，台北：文建會，2004。

行政院文建會策劃、遠流出版公司編輯製作：《台灣古蹟之美》，台北：文建會，2002。

行政院衛生署中醫藥委員會編：《台灣常用藥用植物圖鑑第一冊》，台北：行政院衛生署中醫藥委員會。

何培夫：《台灣古蹟與文物》，台中：台灣省政府新聞處，1997。

何培夫：《臺南市古蹟導覽》，台南市政府，2004。

何培夫編輯：《民族文物館藏品選集》，台南市政府，1985。

吳濁流：《亞細亞的孤兒》，台北：草根出版，1995。

吳濁流：《無花果》，台北：生根雜誌社，1985 年 9 月。

吳騰達：《台灣民間陣頭技藝》台北：東華書局，1996。

呂理政主編：《台灣生活圖曆－黃金田民俗畫‧現代當令事典》，台北：向陽文化、遠足文化，2006。

宋素鳳、翁桂堂譯：《噪音－音樂的政治經學》台北：時報文化，1995

李天鐸：《台灣電影、社會與歷史》，作者自版，1997。

李世偉：《台灣宗教閱覽》，台北：博揚文化，2002。

李奕興：《第三級古蹟鹿港天后宮彩繪》，彰化縣雕刻業職業工會，1998。

李乾朗、俞怡萍：《古蹟之美》，台北：遠流，1999。

李乾朗：《台灣古建築圖解事典》，台北：遠流，2003。

李乾朗：《台灣古建築鑑賞二十講》，台北：藝術家，2005。

李乾朗：《台灣傳統建築彩繪之調查研究－以臺南民間彩繪畫師陳玉峰及其傳人之彩繪作品為對象》，台北：文建會，1993。

林政華編著：《台灣詩路》，臺南：臺南縣月津文史發展協會，2003。

林會承：《「台灣」傳統建築手冊－形式與作法篇》，台北：藝術家，1995。

林瑞明總編輯：《2005 台灣文學年鑑》，台南市：國家台灣文學館籌備處，2005。

林麗美：《台灣文學發展史概論》，國家台灣文學館 95 年志工培訓上課講義。

金信庸主編：《九年一貫課程教與學：社會學習領域》，台南：台南師範學院實習輔導處，2003。

洪敏麟：《臺南市市區史蹟調查報告書》，台灣省文獻委員會編印。

范勝雄：《府城多奇廟》，台南市政府，2002。

范勝雄：《府城的寺廟信仰》，台南市政府，1995。

唐炘炘：《台灣的生命禮俗學習手冊》，台北：秋雨文化，2005.9 初版、2005.12 初版四刷。

唐炘炘等：《台灣的生命禮俗》，台北：秋雨文化，2005.9 初版、2005.12 初版四刷。

徐明福、蕭瓊瑞：《雲山麗水－府城傳統畫師潘麗水作品之研究》，台北：傳藝中心籌備處，2001。

國立文化資產保存研究中心籌備處：《2006 認識古蹟日導覽手冊》，台南：國立文化資產保存研究中心籌備處，2006 年 8 月。

康鍩錫：《台灣廟宇圖鑑》，台北：貓頭鷹，2004。

張加力、吳韻珊撰文編輯：《台灣休閒農業之旅》，台灣省政府交通處旅遊事業管理局，1993。

張崑振：《台灣的老齋堂》，台北：遠足文化，2003。

莫光華：《台灣本土文化論文集》，台北：南天出版社，2004。

莊永明、孫德銘：《台灣歌謠鄉土情》，台北：台灣的店，1994。

莊永明：《台灣歌謠追想曲》，台北：前衛，1996

莊永明：〈談福佬系歌謠看時代背景〉，載鄭英敏等編《鄉土音樂》，台北市教師研習中心編印，1995。

莊朝欽主編：《影響雜誌－回顧七十，絕版特刊（中冊，創刊六週年紀念出版）》，台北：影響電影雜誌社，1996。

莊萬壽等編撰：《台灣的文學》，台北縣淡水鎮：群策會李登輝學校，2004。

許育典：《文化憲法與文化國》，台北：元照，2006。

陳秀俐：《紅城戀影－老台南歷史散步》，台北：人人出版社，2002。

陳信嘉（拓荒者半天子）：《台灣歌仔戲》，台南：拓荒者出版社，1998 二版二刷。

陳彥仲、黃麗如著：《台灣的藝陣》，台北：遠足文化，2003。

陳郁秀：《台灣音樂閱覽》，台北：玉山社

陳郁秀：《音樂台灣》，台北：時報文化，1996

陳梅卿主編：《「西方宗教在台灣」大展》，台南市：台南市文資協會，2000。

陳清香等編著：《台灣宗教藝術》，台北：空大，2001。

陳嘉琳：《台灣文化概論》，台北：新文京開發，2005。

陳進傳等編著：《歷史傳承與文化典範》，台北：新文京開發，2006。

陳毅主編：《2005 台南向前走》，台南市政府，2005。

傅朝卿：《台南市文化資產歷史名城》，台南：南市文資協會，1998。

傅朝卿：《台南市古蹟與歷史建築總覽》，台南：台灣建築與文化資產出版社，2001。

彭瑞金：《台灣文學 50 家》，台北：玉山社，2005。

曾文誠、盂峻瑋：《台灣棒球王》，台北：I'm 我識，2004。

黃秀慧、遠流台灣世紀回味編輯組：《認識台灣：回味 1895-2000》，2005。

黃婉玲：《淺談古早味》，台南市政府，2004。

楊麗祝：《歌謠與生活－日治時期台灣的歌謠采集及其時代意義》，台北：稻鄉，2000。

葉石濤：《台灣文學史綱》，高雄：春暉出版社，2003 年 10 月再版。

葉石濤：《台灣文學的悲情》，高雄：派色文化出版社，1990

葉龍彥：《日治時期台灣電影史》，台北：玉山社，1998。

葉龍彥：《光復初期台灣電影史》，台北：國家電影資料館，1995。

電影資料館本國電影史研究小組編：《歷史的腳蹤：台影五十年》，台北：國家電影資料，1996。

遠流台灣館編著：《台南歷史深度旅遊（上、下）》，台北：遠流，2003。

鄭溫乾：《歲月履痕》，鳳山市鳳邑赤山文史工作室，1997。

蕭瓊瑞：《府城民間傳統畫師專輯》，台南：台南市政府，1996 年 8 月出版、2001 年 3 月再版。

蕭瓊瑞：《圖說台灣美術史 II－渡台讚歌（荷西、明清篇）》，台北：藝術家，2005。

蕭瓊瑞：《圖說台灣美術史 I－山海傳奇（史前、原住民篇）》，台北：藝術家，2003。

賴素鈴：《臺北博物館開門》，台北市政府新聞處，2001。

薛化元：《普通高級中學歷史第一冊教師手冊》，台北：三民書局，2006。

謝仕淵、謝佳芬：《台灣棒球一百年》，台北：果實，2003。

謝里法：《日據時代台灣美術運動史》，台北：藝術家，1998 年五版。

謝碧連：《府城七夕》，台南市政府，2004。

鍾順文著、周郁芊譯：《浪漫高雄－24 小時的深度之旅》，台北：新自然主義，2004。

藍博洲：《幌馬車之歌》，台北：時報文化出版社，1991。

顏綠芬、徐玫玲著：《台灣的音樂》，台北：群策會李登輝學校，2006。

《台灣人文社會教育研習營資料冊》，台南市政府文化局，2005。

《第四屆台灣文史營研習手冊》，台南土城正統鹿耳門聖母廟管理委員會，2002 年 7 月。

內政部營建署金門國家公園管理處：《金門國家公園旅客手冊》，2000 年 7 月。

行政院文化建設委員會：《2005 文化行春》，文建會，2005。

行政院文化建設委員會：《2006 文化行春》，文建會，2006 年 1 月。

行政院文化建設委員會編印：《魅力地方風情─地方文化館輔導點簿》，2004。

林明美：《台北縣立十三行博物館導覽手冊》，台北：台北縣立十三行博物館，2003。

金門縣政府：《金門碉堡藝術館護照》，2004 年 9 月。

金門縣政府：《風獅爺千秋－有情金門【風獅爺】筆記系列 2》，金門縣政府，2002。

桃園縣政府文化局：《桃園縣歷史建築導覽大溪篇》，桃園縣政府文化局，2004。

高雄縣政府編：《美濃豐華－台灣客家文化藝術節》，高雄縣政府，2003。

國立文化資產保存研究中心籌備處：《認識古蹟導覽手冊》，2006 年 8 月。

張玉璜主編：《產業文化資產清查操作手冊》，台北：文建會，2004。

劉敏耀：《新竹市古蹟導覽手冊－風城》，新竹市文化局，2005。

鄭道聰：《台南城的故事－守護這個城市，我們生老於此》，台南：赤崁文史工作室，2002。

賴政育：《浪漫淡水訪古趣導覽手冊》，台北縣政府，2003。

財團法人奇美博物館基金會著：《閱讀新‧奇‧美：奇美博物館典藏欣賞》，台南市：奇美博物館基金會，2014。

大地地理雜誌 200 期(P16)，秋雨文化事業股份有限公司，2004 年 11 月（傅朝卿：關懷台灣文化景觀）。

大地地理雜誌 167 期，大地地理文化事業，2002 年 2 月。

大地地理雜誌第 106 期，大地地理出版事業股份有限公司，1997 年 1 月。

大地地理雜誌第 193 期，大地地理出版事業股份有限公司，2004 年 4 月。

大地地理雜誌第 80 期，大地地理出版事業股份有限公司，1994 年 11 月。

王城氣度第 10 期，財團法人台南市文化基金會，2006 年 12 月。

台灣文學研究學報編輯委員會：《台灣文學研究學報第 1 期（半年刊）》，台南：國家台灣文學館籌備處，2005 年 10 月。

台灣文學館通訊 12 期（季刊），2006 年 9 月。

吳秉憲：〈變調的民俗活動－八家將〉，網路社會學通訊期刊第 19 期，2001 年 12 月 15 日。

李道明：〈驀然回首－台灣電影一百年〉，歷史月刊 158 期，P.41-51．2001 年 3 月。

李筱峰：〈時代心聲－戰後 20 年的台灣歌謠與台灣的政治和社會〉，載《台灣風物》47 卷 3 期，台北，1997 年 9 月 30 日。

姚麗香：〈藏傳佛教在臺灣發展的初步研究〉，佛學研究中心學報第五期，2000。

當代第 72 期，合志文化事業，1992 年 4 月。

蕭瓊瑞：〈「閩習」與「台風」－對台灣明清書畫美學的再思考〉，台灣美術期刊：第 17 卷 3 期，頁 92，2007.1。

蕭瓊瑞：〈台灣美術「本土化」現象〉，藝術家雜誌 254 期，1996 年 7 月。

藝術家雜誌 241 期，藝術家雜誌社，1995 年 6 月。

釋弘印：〈台灣佛教的過去、現在與末來〉，台灣佛教學術研討會論文集，P1-5，1996 年 12 月。

石萬壽：《壬午台南府城觀光導覽人員進修營講義》，台南市政府文化局，2002。

台灣臺南地方法院舊院舍導覽志工培訓研習手冊。

「台灣人文社會教育研習營」，台南市政府文化局、教育局主辦，2005 年 7 月 6-7 日。

教育部「台灣文化、歷史與文學教學改進計畫－台灣民間信仰教學研習營研習資料冊」，台南大學主辦，2005 年 7 月 19-21 日。

95 高中職社區化特色專案「楊逵文學步道」－子計畫「社會專題講座」，國立新化高工主辦，2006。

95 年度技專校院教師赴公民營機構實務研習－「文化創意產業研習班」學員手冊，教育部技職司指導，2006 年 7 月 21-22 日。

台北縣鶯歌鎮建東國小製作：《國小音樂科學習加油站－細說台灣民謠》（網站資料）。

台南市政府：《台南市觀光旅遊》（VCD 修訂二版）。

台灣空中文化藝術學苑製作小組：《藝術篇－台灣當代的音樂發展：音符與台灣的對話》（網站資料）。

全球華文網路教育中心（網站）http://edu.ocac.gov.tw/

行政院內政部網站：http://www.moi.gov.tw/

行政院文化建設委員會網站：http://www.cca.gov.tw/

國立台灣美術館網站：http://www.tmoa.gov.tw/

結語 – 展望咱兮未來

　　「兩個中國」的問題，已經存在半個世紀，無法解決。語云：「解鈴人還須繫鈴人。」可是這三位繫鈴人－<u>毛澤東</u>、<u>蔣中正</u>、<u>杜魯門</u>都已先後作古，讓後人的解鈴工作，益增困難，自不待言，所幸在此期間兩岸關係已由金馬砲戰之軍事衝突時期漸漸演變成為當前民間交流的和平對峙時期，有利於化解雙方的敵對，消除戰爭的危機。

● 兩個中國的未來（慈悲思路，兩岸出路）

　　在當前局面下，台灣、中共，及美國等三面的立場，簡述如下：

1. 台灣方面：

　　1994 年 7 月，陸委會公布的「台灣海峽兩岸關係說明書」裡，強調：「台灣政府堅持『一個中國』（一中各表：一個中國各自表述）原則，但兩岸的分裂分治為歷史、政治上的事實。兩岸應分別承認各自政府行使統治權之事實，在國際社會中，共存兩個國際法上的**政治實體**。台灣拒絕香港模式的『一國兩制』，因為兩制指的是中共為中央政府，台灣為地方政府的主從關係。將使台灣喪失主權、民主和自由。」

2. 中共方面

　　中共已由當年<u>毛澤東</u>時代「解放台灣」的武力政策，演變到<u>鄧小平</u>時代所推出的「一國兩制」的和平統一政策。目前，由<u>江澤民</u>依然繼續推行<u>鄧小平</u>路線，而<u>胡錦濤</u>的政策，則對台灣採取「軟硬兼施」的兩面手法。「硬的政策」依然堅持「一個中國，台灣是中國的一部分，北京是中國的唯一合法政府。」「軟的政策」是在經濟、文化、體育等次要的民間交流方面網開一面，容許妥協。

3. 在美國方面

　　美國與中共之間，曾經簽訂三大公報，亦即「**上海公報**」、「**八一七公報**」、「**建交公報**」。在這三大公報裡，美國一貫的立場就是「和平解決台灣問題」，堅持不可動武。因此，當幾次台海危機發生時，美國都派強大艦隊前來維護台海的和平及安全，以貫徹美國的「和平解決」政策。為避免將來再重演危機，破壞和平，美國採取兩面政策，一方面要求台灣克制自己，勿在外交上過度挑釁中共，惹火中共武力攻台，否則美國將袖手旁觀。另一方面，美國也警告中共，不可在無挑釁的狀況下攻打台灣，否則美國將挺身而出，保衛台灣。

　　由是觀之，在當前的局面下，國共立場依然各自堅持，僵持不下。可是比起從前的軍事對峙，戰爭態勢可能一觸即發，已有長足緩和進步。在台灣方面要求中共承認兩岸分裂分治的事實，共存兩個國際法上的政治實體。無形之中，隱然出現「兩個中國」的陰影。中共方面，則在堅持「一國兩制」原則下，容許而且鼓勵民間交流，促使兩岸關係漸入佳境。美國的立場，同時向雙方施壓，以貫徹「和平解決」的一貫主張，然而背後隱藏著基於其國家利益(National Interest)，而不急於改變兩個中國現狀的真正目標。

現在，中共統治大陸另立「中華人民共和國」，國府退守台灣保持「中華民國」。大陸和台灣，一邊一國，早就「木已成舟」，歷經大半個世紀。此段期間，中共打不過來，國民政府也打不回去，美國更是不准雙方互打，以維持「兩個中國」的現狀。

回顧往史，中共在近世紀以來，共有四次嚐試「武力犯台」，這四次是：

1. 1950 年韓戰爆發前夕的準備攻台。
2. 1954 年的九三金門砲戰。
3. 1958 年的八二三金門砲戰。
4. 1996 年的台海中共飛彈演習。

這四次台灣危機，都在與美攜手合作的對抗下，使中共不能越雷池一步。迄今為止，中共依然不死心，堅持不放棄「武力犯台」的可能，在當前情勢下，中共一貫堅持台灣是中國的一省，是它的地方政府；台灣則主張雙方平等相待。大前提既南轅北轍，和談永無結果，難道最後唯有「兵戎相見」才能根本解決問題。

不過，「兵兇戰危」，古有明訓，古寧頭大捷及八二三跑戰因扭轉台灣命運，迄今仍讓人津津樂道，誰又曾真心關懷戰役中往生的兩岸英靈。國政也好，世局也罷，均須「**以和為貴**」，不宜「輕啟戰端」。台灣內部進行**族群融合**，對外尋求**族群共存共榮**，有道施比受更有福，霸道文化終不敵王道文化，日本當年若採**大亞洲主義**而非**大東亞共榮圈**，必定活人無數，功德無量，看日片「螢火蟲之墓」讓人感動落淚，是誰造成這悲劇，當初如能避免該有多好。兩岸領導人該有此智慧。

為達成此一崇高目標，台灣的因應之道，在外交上除須與美國繼續保持利益一致，合作無間之外，國內的要務，應是在「捨名取實」的前提下，採取「不統不獨，維持現狀」的國策。因為台灣事實上已經獨立半個世紀，沒有必要再喊「獨立」去觸怒中共，也沒有必要再喊「統一」去痴人說夢。只要這塊美麗樂土上的二千三百多萬軍民，同心協力、自立自強、繁榮經濟、鞏固國防，以維持現狀。這樣一來，中共就沒有攻台的藉口和機會。中華民國在台灣，長治久安，立國於天地之間，實利賴之。將來雖道「天下分久必合，合久必分」，然而一民族組成多國家（英）或多民族組成一國家（美）皆有其模式，最終海峽兩岸是以聯邦、邦聯、一國兩制或台灣獨立為結局，不僅關係世局演變，更加考驗兩岸人民智慧。回鄉偶書言猶在耳，七步成詩盼成絕響。如何讓母親不再哭泣，人人都擁有人性尊嚴，當權者真要好好努力用心，才不致愧對人民之負託。

最後，台灣如何突破困境，再創高峰，可從以下幾個面向來看：

國際面向，對於生物的大規模滅絕，我們已經有了更深刻的認識和更明確的觀點，嚴格的說，這些認識是從人類自己對於生態環境的破壞中累積起來的。人類對其他生物的過量捕殺、森林的濫伐、環境的酸化與惡化、煙塵對臭氧層的威脅、人類自己製造的溫室效應，乃至於人類用自己的發明去製造核子冬天等等，這種種為我們提供了思考全球性災難可能景象的基礎。

兩岸面向，東亞文化的傳播是中心向周邊影響的正向運動和周邊向中心影響的相反方向運動交織而成的「螺旋循環」。內藤湖南說：東亞文化的中心在中國，中原文化首先流動到周邊的地區，周邊民族受到中國文化的刺激，也形成文化的自覺。中世以後隨著周邊民族勢力增強，文化擴張的運動也改變其方向，逐漸由周邊向中心復歸。此正向運動與相反運動，作用與反作用交替循環即是東亞文化形成的歷史。

台灣面向，文化（人口、美食、建築）多元與國家族群（外省 vs 本省）、認同（中國 vs 台灣）、階層（富有 vs 窮困）整合 ⇨ **多元文化與國家整合**，台灣的住民們，須知合則兩利，分則兩害。華人的成功與洋人的成功，你喜歡誰成功？國際球賽上，你是為洋人或華人加油？內戰所帶來的悲劇和苦難，您忘卻了嗎？您希望歡樂包容，還是痛苦對立？您希望周遭充滿不安和仇視嗎？如果您希望你這不能重來的一輩子，能過得愉快自在，希望你的兒子，乃至兒子的兒子都能在台灣安居樂業，請您放下仇恨，拋棄對立。

卡爾波帕(Karl R. Popper)1950 年寫成的傳世名作《**開放社會及其敵人們**》(The Open Society and It's Enemies)卷首導言中說，「本書試圖描寫我們的文明尚未自其誕生的震驚中甦醒，它的誕生標誌著一種轉型，從崇拜神奇魔法力量的部落或者封閉社會，轉型為釋放人們批判能力的開放社會。」我們台灣的社會發展正是這個轉型最好的寫照。

網路資訊蓬勃發展，傳播科技日新月異，未來社會將是一個「網路化社會」。針對未來網路化的發展趨勢，提出具體的行動綱領，藉由該綱領的落實，逐步建構出一個以信任為基礎，以人為本的中心思想之優質網路社會。期望台灣在未來十年間迎向六面向的社會發展願景，能夠達到「營造美麗家園，建立福利國，豐富教育文化，強化國家安全，健全財政經濟，迎接網路化社會」的美麗願景，共同將公元 2010 年的台灣打造為一個「**人文科技島永遠好家園**」。

文化人類學中，原始社會教育研究典範顯示：薩摩亞人的教育方法和我們的方法大相逕庭，另類方法將使我們獲得一次最為深刻的啟迪。這種強烈的對比也許能夠讓我們改變原有的立場，創造一種新穎而又富於生命力的自我意識和自我批評精神，去重新評價，甚而徹底改造我們教育孩子的方法，期盼散播孩子族群融合的種子，帶來台灣未來祥和的社會。

台灣是世界的奇蹟，人類的異數，也是世人矚目的焦點，我們千萬不能妄自菲薄，台灣雖是政治的受害者，卻是文化受益者和經濟建設者，希望台灣同胞能夠展現良善，融入世界，找回尊嚴，建立自我主體性，努力成為全人類新文藝復興的搖籃，從「亞細亞的孤兒」成為「壓不扁的玫瑰」，更成為世界一家的「紅毛土」（凝聚力量），當然誠如證嚴法師始終認為：「**天下事不是一人做的，而是大家一起共同成就的；天下事也不是一時做的，而是一人接一人，一代接一代，相繼完成的。**」讓我們從自身做起，讓愛傳出去(Pay it Forward)。衷心期盼，台灣能由經濟奇蹟、政治奇蹟，進而法治奇蹟，最後能因倫理道德的提昇產生品德奇蹟，為國人贏得尊嚴和品牌。

中華民國邦交國家一覽表

區域	國家	首都	主要語言
歐洲	教廷 Holy See	梵蒂岡城	拉丁語、義大利語、法語
亞太地區（大洋州）	馬紹爾群島共和國 Republic of the Marshall Islands	馬久羅	英語、馬紹爾語
	諾魯共和國 Republic of Nauru	雅連	英語、諾魯語
	帛琉共和國 Republic of Palau	美麗坵	英語、帛琉語
	吐瓦魯國 Tuvalu	富那富提	英語、吐瓦魯語
非洲	史瓦帝尼王國 Kingdom of Eswatini	姆巴巴内	英語（官方）、史瓦濟語（母語）
美洲（拉丁美洲及加勒比海地區）	瓜地馬拉共和國 The Republic of Guatemala	瓜地馬拉市	西班牙語
	宏都拉斯共和國 The Republic of Honduras	德古西加巴	西班牙語
	尼加拉瓜共和國 The Republic of Nicaragua	馬納瓜	西班牙語
	巴拉圭共和國 The Republic of Paraguay	亞松森	西班牙語、瓜拉尼語(Guaraní)
	貝里斯 Belize	貝爾墨潘	英語（官方）、西班牙語
	聖克里斯多福及尼維斯聯邦 Federation of Saint Christopher (Saint Kitts) and Nevis	巴士底	英語
	聖露西亞 Saint Lucia	卡斯翠	英語
	聖文森(及格瑞那丁) Saint Vincent and the Grenadines	金石城	英語
	海地共和國 The Republic of Haiti	太子港	法語、克雷奧語

參考資料來源：中華民國外交部 https://www.mofa.gov.tw/（2021 年 7 月），共 15 國。

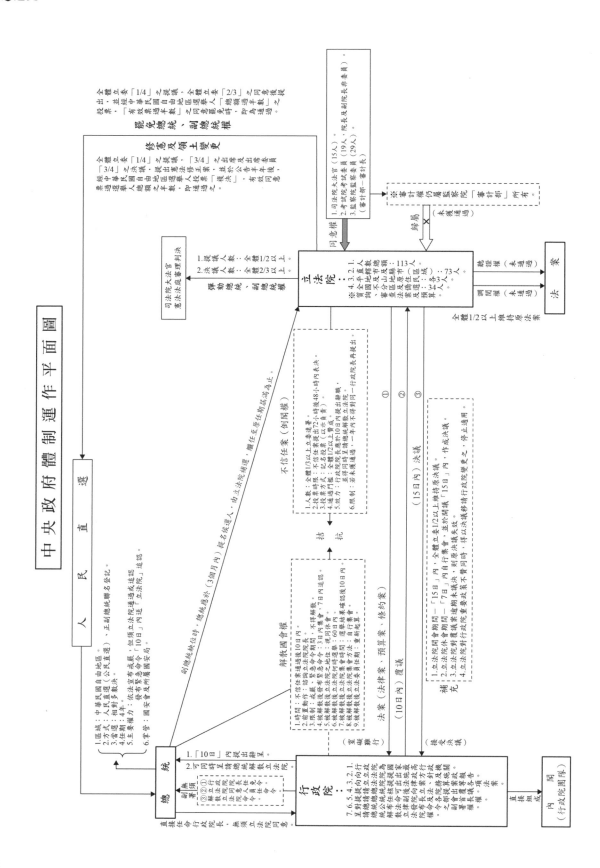

中央政府體制運作平面圖

參考資料

行政院研究發展考核委員會編：《二○一○台灣》，台北：行政院研考會，2003。

吳濁流：《亞細亞的孤兒》，台北：草根出版，1995。

良雄：《戴笠傳（上下冊）》，台北：敦煌書局，1979。

林滿紅：《四百年來的兩岸分合》，台北：自立晚報出版，1994。

社團法人台北市台灣綜合政策協進會製作：《臺灣民主化之路》，台視文化公司發行，2004。

校史編纂小組：《世紀回眸－成功大學歷史》，台南：成功大學，2001。

張炎憲、曾秋美、陳朝海編著：《邁向 21 世紀的台灣民族與國家論文集》，台北：吳三連台灣史料基金會，2001。

連清吉：《從螺旋史觀看中日文化的發展》，台北：臺灣學生書局，2002。

陳世昌：《中國近現代史精要》，著者自行出版，1998 年 1 月增訂初版。

陳光興主編：《文化研究在台灣》，台北：巨流，2000。

陳儀深等編撰：《台灣的社會－從移民社會、多元文化到土地認同》，台北：群策會李登輝學校，2004。

彭明敏、黃昭堂合著（蔡秋雄譯）：《台灣在國際法上的地位》，玉山社，1995。

黃紀男：《黃紀男泣血夢迴錄》，台北：獨家出版社，1991 年 12 月。

黃淑芬主編：《總統文化獎－第一屆總統文化獎全紀錄》，台北：中華文化復興運動總會，2002。

葉海煙：《台灣人的精神》，台北：群策會李登輝學校，2006。

瑪格麗特·米德(Margaret Mead)著；周曉虹、李姚軍譯：《薩摩亞人的成年－為西方文明所作的原始人類的青年心理研究》，台北：遠流，1999 二版三刷。

蔡政文、林嘉誠合著：《臺海兩岸政治關係》，台北：國家政策研究資料中心，1990 年。

鄭竹園：《海峽兩岸經濟發展與互動》，聯經出版社，1994。

鄭浪平：《一九九五·潤八月－中共武力犯臺白皮書》，台北：商周文化，1994。

聯合報編輯部編：《天安門一九八九》，台北：聯經，1989。

李筱峰：《一百年來台灣政治運動中的國家認同》，台灣近百年史研討會，1995。

天下雜誌（雙週刊）346 期，天下雜誌社，2006 年 5 月 10 日。

宋光宇：〈五十年來臺灣的發展、繁榮和虛弱〉，台南大學鄉土所（台灣文化研究所）講稿

黃大洲：〈奧林匹克意涵之介紹〉，嘉南藥理科技大學生命教育系列講座演講稿，2006.11.7。

古雲秀、宋浩榜等合著：《圖解簡明世界巨勢：2015 年版》，台北市：易博士文化、城邦文化，2014 年六版。

郭瑞華主編：《中國大陸綜覽－102 年版》，新北市：調查局，2013。

MEMO
IlhaFormosa

台灣歷史文化相關網站

中華民國文化部 http://www.moc.gov.tw/main.do?method=find

文化部文化資產入口網(文化資產局)http://www.boch.gov.tw/boch/

文化部國家文化資料庫 http://nrch.cca.gov.tw/ccahome/about.jsp

文化部文化旅遊資訊入口網 http://tour.moc.gov.tw/frontsite/index.jsp

文化部臺灣大百科全書 http://taiwanpedia.culture.tw/web/index

文化部文化資產局世界遺產 http://twh.hach.gov.tw/WorldHeritage.action

文化部文化資產局--台灣遺址地理資訊系統 http://gis.hach.gov.tw/

臺北市孔廟儒學文化網 http://www.ct.taipei.gov.tw/zh-tw/L/Sage/Confucian/1/1.htm

教育部歷史文化學習網 http://culture.edu.tw/index.php

教育部自然生態學習網 http://nature.edu.tw/index

台灣地方小吃美食網 http://www.taiwanesefood.com.tw/

國立臺灣歷史博物館 http://www.nmth.gov.tw/index.php

台灣史前文化博物館 http://www.nmp.gov.tw/

十三行博物館 http://www.sshm.tpc.gov.tw/html/sshm/main.jsp

國家圖書館全球資訊網 http://www.ncl.edu.tw/mp.asp?mp=2

國家圖書館臺灣鄉土文獻影像資料庫 http://localdap.ncl.edu.tw/

國家圖書館臺灣鄉土書目資料庫 http://localdoc.ncl.edu.tw/tmld/index.jsp

國家圖書館臺灣記憶 http://memory.ncl.edu.tw/tm_new/index.htm

國家圖書館臺灣民間傳說主題資料庫 http://folklore.ncl.edu.tw/ncltwfsFront/

國家圖書館臺灣客家數位圖書館 http://hakkalib.ncl.edu.tw/index.jsp

中央研究院臺灣史研究所檔案館-臺灣歷史檔案資源網 http://ithda.ith.sinica.edu.tw/

中研院台灣考古數位典藏博物館 http://proj1.sinica.edu.tw/~damta/

中研院歷史語言所台灣考古遺址查詢系統
　　http://webgis.sinica.edu.tw/website/twnarchaesites/viewer.htm

中研院臺灣堡圖影像檢索系統 http://webgis.sinica.edu.tw/website/htwn/viewer.htm

臺灣研究網路化 http://twstudy.iis.sinica.edu.tw/

中研院台灣歷史文化地圖 http://thcts.ascc.net/

中研院數位典藏資源網 http://digiarch.sinica.edu.tw/index.jsp

臺灣地區地名查詢系統(內政部)http://placesearch.moi.gov.tw/index.php

典藏臺灣 http://digitalarchives.tw/

民俗臺灣 http://da.lib.nccu.edu.tw/ft/

台灣民間信仰教學資源網 http://web.nutn.edu.tw/pbt/

臺灣民間文學館 http://cls.hs.yzu.edu.tw/TFL2010/

台灣咁仔店 http://www.taiwan123.com.tw/

微笑台灣 https://smiletaiwan.cw.com.tw

網上中華五千年 http://www.rthk.org.hk/chiculture/fivethousandyears/index.htm

臺灣當代人物誌資料庫(漢珍公司)http://tbmc.infolinker.com.tw/whoscapp/start.htm

阿春仔 in 台南 http://gugugu4411.pixnet.net/blog/post/98278477(總舖師&不倒翁的奇
幻旅程)

| 附錄二 | 台灣史相關影片彙編 |

順序	片名	備註
1	打拚－台灣人民的歷史	公視出版，96 年
2	歷史的臺灣（荷蘭、移民、日據、民國篇）	連震東文教基金會，94 年
3-1	台灣崛起－史前時代	紀錄片
3-2	台灣崛起－荷蘭　西班牙　殖民台灣	1624-1662 年
3-3	台灣崛起－鄭氏王朝在台灣	1662-1683 年
3-4	台灣崛起－大清帝國統治台灣（一）（二）	1683-1895 年
3-5	台灣崛起－日治時代（一）（二）	紀錄片
3-6	台灣崛起－戰後與二二八事件	1945-1949 年
4	台灣往事（1~8 集）	夏潮基金會
5	府城風華	中、日、英三語
6	府城巡禮	中、日、英三語
7	台江人三部曲	國立臺灣歷史博物館籌備處
8	與猿古人的對話	法語
9	人類的起源	Discovery Channel
10	台灣生態探索	公視
11	發現十三行	公視
12	真情鄒族	阿里山國家風景區管理處
13	大國崛起	北京中央電視台
14	台灣、荷蘭、鄭家軍	國立臺灣歷史博物館籌備處（公視）
15	國姓爺合戰（全 22 集）	唐國強、陳廷威、王姬
16	嘉慶君遊台灣	豬哥亮、青蓉、許家榮
17	源(The Pioneers)	王道、徐楓
18	周成過台灣	陳觀泰、張純芳
19	林投姐	姜大衛、施思思
20	台灣脈動－馬偕的淡水日記	MIT 台灣誌中視文化
21	臺灣巡撫劉銘傳傳	男主角－劉德凱
22	寒夜（清代）	李喬原著，公視出版
23	一八九五	溫昇豪、楊謹華
24	寒夜續曲（日治）	李喬原著，公視出版
25	俠盜正傳—廖添丁	林志穎、釋小龍、徐若瑄
26	無言的山丘	澎恰恰、黃品源、楊貴媚，導演－王童
27	浪淘沙（台灣第一個女醫生阿信）	東方白原著；葉歡、霍正奇、施易男
28	南京 1937(Don't Cry Nanking)	劉若英、秦漢
29	風中緋櫻	霧社事件－莫那魯道，公視
29-1	賽德克巴萊	霧社事件－莫那魯道，導演－魏德聖
30	榮耀與寂寥—台灣文化協會的年代	吳三連台灣史料基金會
31	稻草人	張柏舟、卓勝利，導演－王童
32	戲夢人生	李天祿的一生（侯孝賢導演）
33	天馬茶房	林強、蕭淑慎（二二八事件背景）
34	悲情城市	導演－侯孝賢
35	傷痕二二八	公視出版
36	一九四九大遷徙	鳳凰衛視
37	孫立人三部曲	公視出版
38	原鄉人	鍾理和的一生；秦漢、林鳳嬌主演
39	香蕉天堂	鈕承澤、李昆、曾慶瑜、張世，導演－王童
40	八二三炮（砲）戰	柯俊雄、吳漢、狄龍、秦祥林、方芳芳

順序	片名	備註
41	蚵女	王莫愁、武家麒、高幸枝
42	養鴨人家	唐寶雲、葛香亭、武家麒
43	兒子的大玩偶	黃春明原著
44	一個女工的故事	秦祥林、陳秋霞
45	汪洋中的一條船	鄭豐喜的一生；秦漢、林鳳嬌主演
46	小畢的故事	張純芳、鈕承澤
47	光陰的故事	張艾嘉、石安妮、李立群
48	臺灣文學作家劇場	
48-1	不歸路	廖輝英原著
48-2	十殿閻君	阿盛原著
48-3	在室男	楊青矗原著
48-4	告密者	李喬原著
48-5	金水嬸	王拓原著
48-6	黑皮與白牙	小野原著
48-7	春雨	鄭清文原著
48-8	結婚	七等生原著
48-9	葫蘆巷春夢	葉石濤原著
48-10	清水嬸回家	陳若曦原著
48-11	瞎子阿木	黃春明原著
48-12	第八節課	汪笨湖原著
48-13	三春記	王禎和原著
48-14	春成的賠命錢	林雙不原著
49	李安精選作品集	
49-1	喜宴	金素梅、趙文瑄、郎雄、歸亞蕾
49-2	飲食男女	楊貴媚、趙文瑄、吳倩蓮、郎雄、王渝文
49-3	推手	郎雄、王萊
50	我的一票選總統	一位候補國大代表的故事；孫翠鳳主演
51	超級公民	蔡振南、張震嶽
52	青少年哪吒	陳昭榮、王渝文；導演：蔡明亮
53	貢寮你好嗎	綠色公民行動聯盟
54	無米樂（台南市後壁區）	崑濱伯、煌民伯、文林伯；公視
55	草木戰役	公視
56	臺灣民主化之路	財團法人台北市台灣綜合政策協進會
57	天光-台灣民主化之路	凱達格蘭基金會
58	台灣歌謠一百年（1~5集）	豬哥亮、賀一航主持（三立）
59	霹靂年鑑—正邪之爭	霹靂國際多媒體公司（黃強華）
60	聖石傳說	黃俊雄（黃文澤）布袋戲
61	海角七號	魏德聖導演；范逸臣、田中千繪
62	翻滾吧!!男孩	宜蘭縣公正國小體操隊全紀錄
63	生命	吳乙峰九二一大地震追蹤紀錄
64	鄉遊札記（上）（下）（全51集）	公視授權，百科網發行
65	我們的島（19集）	公視，百科網發行
66	福爾摩沙之愛	台灣自然生態全集，智學館
67	陣頭	臺灣的陣頭文化；導演-馮凱
68	大稻埕	回到1920年代台灣最繁華的大稻埕

- 台灣電影資料庫(The Database of Taiwan Cinema)
- 國家電影資料館(Chinese Taipei Film Archive)
- 高雄市電影圖書館(Kaohsiung Film Archive)

附錄三　台灣俗語－智慧箴言

一、移民篇

1. 唐山過台灣，心肝結歸丸。

2. 過番剩一半，過台灣無底看。

3. 六死三留一回頭（另：三死二留五回頭）。

※ 勸人莫渡台：勸君切莫過台灣，台灣恰似鬼門關，千人渡台皆無返，知生知死都是難。【渡台悲歌】

※ 勸人快渡台：刺瓜刺刺刺，東都著來去，來去穩有某，不（嘸）免唐山這艱苦。【渡台誘因】

二、拓墾篇

1. 一隻牛剝二層皮。

2. 仙拚仙；拚死猴齊天。

3. 少年若無一次遍憨，路邊哪有「有應公」。

4. 紅柿出頭，羅漢腳目屎流；紅柿上市，羅漢腳目屎滴。

5. 一個某恰贏三仙天公祖 ➡ 聽某喙（嘴），大富貴。

6. **有唐山公，無唐山嬤（媽）**；有番仔嬤（媽），無番仔公。番婆仔好牽，三跤鼎難安。

7. **第一戇，種甘蔗給會社秤（磅）**，第二戇，吃煙吹風，第三戇，選舉運動（日治時代）。

8. 第一**憨**，吃煙噴風，第二**憨**，撞球相碰，第三**憨**帶查某囝仔煽東風（國民政府時代）。【Social change】

9. 一府二鹿三艋舺四月津或四寶斗（北斗）。

10. 種到歹田望後冬（年）；娶到歹某一世人。➡ 買田看田底，娶某看娘嬭。

三、生活篇

官府

1. 三年官，兩年滿。➡ 做官若清廉，食飯著澆（攪）鹽。

2. 三年一小反，五年一大亂。

3. 頂港有名聲，下港尚出名，名聲透京城。

4. 十肥九獃，沒獃狀元才。

5. 三官廳，勿會判得家內事。

6. 生醜怨父母；命歹怪政府。

7. 大路白坡坡，寫字亂亂部，讀冊真甘苦，做官好七迌

8. 一審重判，二審減半，三審豬腳麵線。

9. 甘願跟窮（散）人做夥走（行），也不跟皇帝做親成（戚）

10. 台灣頭台灣尾，芋仔蕃薯來做伙；台灣尾台灣頭，外省本省攏出頭。【族群融合】

社會

1. 一更報喜，二更報死【禍福無常】。

2. 三人共五目，日後沒長短腳話。

3. 大賊劫小賊，魷魚劫烏賊【黑吃黑】。

4. 生意人博頭殼；七迌人博眉角。

5. 做木的無床；做瓷的食缺；織蓆的睡椅。

6. 醫師（生）驚治咳（嗽）；總舖師驚食午（晝）；土水師驚抓漏；討海仔驚風刮（透）；賓館驚抓猴。

7. 人情世事陪到到，沒鍋與無灶。

8. 江湖一點訣，說破沒價值➜賭博（博繳），聽尾聲；真話，在後廳

9. 看到流氓（鱸鰻）在食肉，無看到流氓在給人打（互撲）

10. 蕃薯不怕落土爛，只望枝葉代代湠（傳）。

家庭

1. 一代親，二代表，三代散了了。

2. 一代興，二代賢，三代落臉。【富不過三代】＜三代粒積，一代傾空＞。

3. 有一好，沒兩好，有媳婦，就沒牛母。【魚與熊掌】【趨避衝突】

4. 大某沒權利，細姨管鎖鑰。

5. 公婆好款待，小姑尚厲害。

6. 年頭飼雞栽，年尾做月子（內）。【未雨綢繆】

7. 七坐，八爬，九發牙。

8. 養子不用多，多子餓死父。

9. **查某最驚性八珍，查埔最驚耳朵（空）輕；查某唔認醜，查埔唔認戀**

10. 一人一家事，公媽隨人拜。

個人

1. 一牽成，二運，三才情『成功三要素』。

2. 一兼二顧，摸蜊仔兼洗褲（一舉兩得）。

3. 一時風，駛一時帆【權變理論】。

4. 人情留一線，日後好相看。

5. 龜笑鱉沒尾，鱉笑龜粗皮（七仔笑八仔）＜三腳貓，要笑一目狗＞。

6. 美（水）醜沒得（塊）比，愛到較（卡）慘死【情人眼裡出西施】。

7. 食老三項醜：記性（潲）歹，哈欠（戲）流眼淚，有時泄尿兼滲屎；三徵：囝仔性；老顛倒（番顛）；變相

8. 第一吃，第二穿，第三用剩才來還。

9. 吃像武松打虎，做像桃花過渡。

10. **做人着磨，做牛着拖**；做雞着筅，做人着拚（扳）。

四、地方代表性諺語

1. 新竹風，基隆雨，四十九日黑。（基隆市）

2. 好柴抹流到關渡門。（台北市）

3. 爬過三貂嶺，沒想厝內的某（妻）子。（新北市）

4. 三更窮，四更富，五更起（蓋）大厝。（新北市）

5. 蓄唔飽也妖唔死。（桃園）

6. 寧賣祖宗田，不忘祖宗言；寧賣祖宗坑，不忘祖宗聲。（苗栗）

7. 錢在源順，吃在日春。（台中）

8. 米粉炒，結到飽。（南投）

9. 你不是辜顯榮，我不是廖添丁。（彰化）

10. 北港媽祖蔭外鄉。（雲林）

11. 要娶嘉義人，要嫁台南尪。（嘉義）

12. 面皮較厚王**城**壁；肚腸較薄懶葩皮。（台南）

13. 有樓仔內的富，沒樓仔內的厝。（台南）

14. 看戲看頭前，繪使越頭看胸前。（台南）

15 文靠左營；武靠夢裡。（高雄）

16. 流去東港吃蝦米。（屏東）

17. 番人若穿褲，平地人就得走路。（台東）

18. 後山待久番仔款。（花蓮）

19. 龜山前，颱風做不成；龜山後，颱風沒等候－彩虹。（宜蘭）

20. 陳林李結生死。（宜蘭）

21. 澎湖女子台灣牛。（澎湖）

22. 無地不開花，無金不成同。（金門）

23. 三月三，當被單，吃橫山（黃魚）。（馬祖）

 **台灣小吃中英對照表**

臺灣小吃 Snacks of Taiwan (Local food)

【早點】 Breakfast

燒餅	Clay oven roll
油條	Fried bread stick
韭菜盒	Fried leek dumpling
水餃	Boiled dumpling
蒸餃	Steamed dumpling
饅頭	Steamed bun
包子	Dumpling
刈包	Steamed sandwich
飯糰	Rice and vegetable roll
蛋餅	Egg cake(Omelet)
皮蛋	100-year egg
鹹鴨蛋	Salted duck egg
豆漿	Soybean milk
米漿	Rice & peanut milk

【飯類】 Rice

稀飯	Rice porridge
白飯	Plain rice
肉燥飯 (魯肉飯)	Braised pork rice (Minced pork rice)
油飯	Oil rice
糯米飯	Sticky rice
蛋炒飯	Fried rice with egg
地瓜粥	Sweet potato congee
虱目魚粥	Milkfish congee

【麵類】 Noodles

餛飩麵	Wonton & noodles
擔仔麵	Tantze Noodle Soup (Tan-Tsai Noodles)
刀削麵	Sliced noodles
牛肉麵	Beef noodle soup
麻辣麵	Spicy noodles
麻醬麵	Sesame paste noodles
鴨肉麵	Duck noodles
鵝肉麵	Goose noodles
鱔魚麵	Eel noodles
烏龍麵	Seafood noodles
蚵仔麵線	Oyster with thin noodles
當歸鴨麵線	Angelica duck with thin noodles
板條	Flat noodles

米粉（湯）	Rice noodles（soup）
炒米粉	Fried rice noodles
冬粉	Mung bean noodle
榨菜肉絲麵	Noodles with Pickled mustard & threaded pork

【湯類】 Soup

魚丸湯	Fish ball soup
貢丸湯	Meat ball soup
蛋花湯	Egg & vegetable soup
蛤蜊湯	Clam soup
蚵仔湯	Oyster soup
紫菜湯	Seaweed soup
酸辣湯	Sweet & sour soup
餛飩湯	Wonton soup
肉羹湯	Thick pork soup
花枝湯	Squid soup
豬血湯	Pig's blood cake soup
四神湯	Four-herb soup

【甜點】 Sweets

糖葫蘆	Candied tomatoes
長壽桃	Longevity peach
芝麻球	Sticky rice sesame ball
麻花	Twisted fritters
麻糬	Mochi
雙胞胎	Horse hooves

【冰類】 Ice Dessert

綿綿冰	Mein mein ice
地瓜冰	Sweet potato ice
八寶冰	Eight treasures ice
豆花	Bean curd jelly (Tofu pudding)
紅豆牛奶冰	Red bean with milk ice

【果汁飲料】 Fruit Juice & Drinks

冬瓜茶	Wax gourd tea (Winter melon tea)
甘蔗汁	Sugar cane juice
酸梅汁	Plum juice
楊桃汁	Star fruit juice
珍珠奶茶	Bubble (pearl) milk tea
青草茶	Herb juice
紅茶	Black tea
凍頂烏龍茶	Dongding oolong tea

綠豆湯	Mung bean soup

【點心】 Snacks

蚵仔煎	Oyster omelet
棺材板	Guancaiban Coffin toast
肉粽	Meat dumpling (Sticky rice dumpling)
肉丸	Taiwanese meatballs
肉圓	Rice-meat dumplings
蝦仁肉圓	Shrimp dumplings
碗粿	Steam rice cake Steamed bowled rice
筒仔米糕	Savory tube pudding
芋（頭）糕	Taro cake
蘿蔔糕	Turnip cake radish patty
米糕	Savory pudding (Sticky rice)
糯米腸	Rice sausage
豬血糕	Pig's blood cake
紅豆糕	Red bean cake
綠豆糕	Mung bean cake
胡椒餅	Pepper bread
蔥油餅	Green onion pie
鹽酥雞	Deep fried crisp chicken Taiwanese fried chicken
蚵捲	Oyster roll
春捲（潤餅）	Spring roll
蝦捲	Shrimp roll
蝦餅	Shrimp cracker
蝦球	Shrimp ball
生炒花枝	Fried cuttlefish
臭豆腐	Stinky tofu
油豆腐	Oily bean curd
麻辣豆腐	Spicy bean curd
水煎包	Fried dumpling
水晶餃	Crystal dumpling
魯味	Braised food (Soya-mixed meat)
天婦羅	Tempura
豆干	Dried tofu
烏魚子	Mullet roe

【其他】 Others

當歸鴨	Angelica duck
花枝羹	Thick squid soup
浮水魚羹	Scalded milkfish soup
土魠魚羹	Stewed barred Spanish mackerel soup
檳榔	Betel nut

附錄五　台灣地區－鄉鎮市區－特色

■ 臺灣地區－鄉鎮市區－特色

縣市	鄉鎮（市）區	舊地名	特色
臺北市（大加蚋、大加臘、大佳蠟）　　市花－杜鵑花；市樹：榕樹；市鳥：臺灣藍鵲			
臺北市	中正區（含原城中區、古亭區）	因蔣中正得名（城中區－城內；古亭區－古亭苓）	國立臺灣博物館、國立歷史博物館、國家電影資料館、兒童交通博物館、自來水博物館、郵政博物館、臺灣林業陳列館、成功高中昆蟲博物館、臺北二二八紀念館、國父史蹟紀念館、國立中正紀念堂（含國家音樂廳及國家劇院）、臺北佛光緣美術館（逸仙公園）、鴻禧美術館、楊英風美術館、國軍歷史文物館、國家圖書館、王貫英紀念圖書館、總統府、行政院、監察院、司法大廈、中央銀行、臺北賓館、嚴家淦故居、孫運璿重慶南路寓所、臺北府城（東門、南門、小南門、北門）、臺灣總督府博物館、臺灣民主紀念園區、臺北公會堂、臺大醫學院舊館、臺大醫院舊館、臺大法學院、濟南基督長老教會、撫臺街洋樓、南海學園科學館、植物園臘葉館、福州街 11 號日式宿舍、齊東街日式宿舍、國立臺灣大學日式宿舍、牯嶺街高等官舍群、臺北酒廠（華山 1914 文化創意產業園區）、李國鼎故居、原臺灣軍司令部、臺北水道水源地、婦聯總會、臺灣銀行、原臺北信用組合（今合作金庫城內支庫）、原日本勸業銀行舊廈（今臺灣土地銀行）、建國中學紅樓、臺北第一高女、專賣局（今臺灣菸酒股份有限公司）、曹洞宗大本山臺灣別院鐘樓、臺北郵局、急公好義坊、黃氏節孝坊、原臺灣教育會館、欽差行臺、臺北市二二八紀念碑、寶藏巖（聚落）、東和禪寺（觀音禪堂）、紀州庵、牯嶺街小劇場、二二八和平紀念公園、臺北市客家文化主題公園、臺北植物園、臺北車站、新光人壽保險大樓、總統官邸、南機場夜市。
	大同區	大龍峒巴浪泵大稻埕	台原大稻埕偶戲館、林柳新紀念偶戲博物館、海關博物館、臺北當代藝術館、臺灣總督府交通局鐵道部、臺灣總督府鐵道部（臺北工場）、機器局第五號倉庫、歸綏街文萌樓、清代機器局遺構、原臺北北警察署、大稻埕千秋街店屋、大稻埕辜宅、陳天來故居（錦記米行）、鐵道部長宿舍、臺北市政府舊廈（原建成小學校）臺灣基督長老教會大稻埕教會、臺北孔子廟、大龍峒保安宮、大稻埕霞海城隍廟、陳德星堂（部分開放當幼稚園）、陳悅記祖宅（老師府）、樹人書院文昌祠、迪化街（年貨）、蔣渭水紀念公園、寧夏夜市、民樂街旗魚米粉、永樂雞捲大王、歸綏街意麵王、林合發油飯粿店、波麗路西餐廳。

縣市	鄉鎮（市）區	舊地名	特色
臺北市	中山區	國父來臺下榻梅屋敷 牛埔	臺北市立美術館、長榮海事博物館、臺北故事館（圓山別莊）、樹火紀念紙博物館、林安泰古厝民俗文物館、袖珍博物館、實踐大學實踐服飾博物館、圓山遺址、七海寓所（蔣經國故居）、臺北市政府衛生局舊址、婦聯總會、建國啤酒廠（臺北啤酒工場）、臺北第三高女（今中山女中）、蔡瑞月舞蹈研究社、中山基督長老教會、臨濟護國禪寺、行天宮、臺北之家、圓山大飯店（臺灣神社舊址）、臺北花博公園、美麗華百樂園、四平陽光商圈（女人街）、華陰街商圈、遼寧街紅心粉圓。
	松山區	錫口	財團法人土地改革紀念館、臺北偶戲館、黑松世界、松山市場、松山機場、臺灣國際視覺藝術中心、臺北小巨蛋、基隆河、城市舞台、饒河夜市、慶城街美食、台北文華東方酒店（米其林5顆星）、民生社區富錦街（文青一條街）、柳家涼麵、佳德鳳梨酥（佳德糕餅）。
	大安區	大灣庄 大安庄	國立臺灣大學博物館群（含人類學博物館、動物博物館、農業陳列館、物理文物廳、地質標本館、動物標本館、植物標本館、昆蟲標本室）、國立臺灣大學校門、國立臺灣大學原帝大校舍（舊圖書館、行政大樓、文學院）、國立臺灣大學日式宿舍（羅銅壁寓所、翁通楹寓所、馬廷英故居、殷海光故居）、舊高等農林學校作業室（磯永吉紀念室）、臺灣師範大學原高等學校校舍（講堂、行政大樓、文薈廳、普字樓）、芳蘭大厝、義芳居古厝、龍安坡黃宅濂讓居（龍門國中內）、梁實秋故居、中華電視公司、清真寺、紫藤廬、大安森林公園、懷恩堂、臨江街觀光夜市、師大夜市、永康街牛肉麵、芒果冰。
	萬華區	艋舺	西門紅樓電影博物館、西本願寺（鐘樓、樹心會館）、學海書院（今高氏宗祠）、臺糖臺北倉庫（糖廍文化園區）、艋舺洪氏祖厝、萬華林宅、艋舺謝宅、老松國小、新富市場、艋舺龍山寺（寺內三多：匾聯多、雕刻多、神像多）、青山宮、清水巖祖師廟、地藏庵、慈雲寺、野雁保護區、西門町、華西街夜市、剝皮寮歷史街區。
	信義區	興雅	國立國父紀念館、臺北市政府、臺北探索館、松山菸廠（松菸文創園區）、鐵路局臺北機廠（組立工場、鍛冶工場、原動室、澡堂）、白榕蔭堂墓園（白崇禧將軍墓）、臺北101、四四南村、象山步道、鼎泰豐。

縣市	鄉鎮（市）區	舊地名	特色
臺北市	士林區	八芝蘭	國立故宮博物院、臺北市立天文科學教育館、國立臺灣科學教育館、順益台灣原住民博物館、摩耶精舍（張大千園邸，張大千先生紀念館）、中國文化大學華岡博物館、郭元益糕餅博物館、芝山岩遺址、天母白屋（美軍宿舍）、蔣中正宋美齡士林官邸、張群故居、草山御賓館、閻錫山故居、士林潘宅、芝山岩隘門、王寵惠墓園（東吳大學內）、閻錫山墓、潘宮籌墓、坪頂古圳、芝山岩惠濟宮、士林慈誠宮、林語堂及錢穆故居、飛天文化園區（原中影文化城）、芝山文化生態綠園、臺北市兒童新樂園、劍潭青年活動中心、擎天崗、中國文化大學、士林夜市。
	北投區	北投莊（庄）	北投溫泉博物館、北投文物館、凱達格蘭文化館、鳳甲美術館、陽明山國家公園旅客中心文物陳列館、臺北市立圖書館北投分館、陽明山中山樓、北投不動明王石窟、長老教會北投教堂、前日軍衛戍醫院北投分院、北投穀倉、吟松閣、草山水道系統、草山教師研習中心、北投臺銀舊宿舍、周氏節孝坊、普濟寺、關渡宮、北投中心新村聚落、陽明山國家公園（含陽明山公園、擎天崗、夢幻湖、絹絲瀑布、金包里古道等）、關渡自然公園及植物園、地熱谷、瀧乃湯、星乃湯、天狗庵、少帥禪園（原新高旅社）、日勝生加賀屋國際溫泉飯店、法鼓山農禪寺。
	內湖區	內湖庄	內湖郭氏古宅（郭子儀紀念堂）、內湖庄役場會議室、內湖清代採石場、林秀俊墓、碧山巖開漳聖王廟（尖頂開漳聖王廟）。
	南港區	南港仔街	中研院民族學研究所博物館、中研院植物研究所標本館、中研院動物研究所標本館、胡適紀念館（中研院近史所）、王義德墓、南港展覽館。
	文山區（含原木柵、景美區）	拳山	政治大學民族博物館、表演36房（永安藝文館）、興福庄建塚紀念碑、木柵指南宮、景美集應廟、臺北市立木柵動物園、木柵觀光茶園（貓空）、木柵鐵觀音、景美仙跡岩、文山包種茶。
新北市	市花－茶花；市樹－臺灣山櫻；市鳥－鷺鷥		
新北市	萬里區	瑪鍊瑪鍊	野柳地質公園(含女王頭、薑狀石、蜂窩石、海膽化石、生痕化石、燭台石、壺穴、海蝕溝、林添楨塑像)、野柳海洋世界、翡翠灣、龜吼漁港（萬里蟹）。
	金山區	金包里社	朱銘美術館、慈護宮、廣安宮、金山風景區（海水浴場、中山公園）、達樂花園廢墟（陽金公路）、金山溫泉、磺港溫泉、獅頭山公園、金山老街（鴨肉）。

縣市	鄉鎮（市）區	舊地名	特色
新北市	板橋區	枋橋	黃龜理紀念館、玉美人孕婦裝觀光工廠、林本源園邸（林家花園）、大觀義學（教化漳、泉）、板橋迪毅堂、板橋建學碑、板橋農村公園、453藝文特區、湳雅夜市、長興餅舖（豆沙餅，南門街58號）。
	汐止區	水返腳	茄苳腳臺灣鐵路遺蹟、杜月笙墓園（死於香港，葬在臺灣）、大尖山風景區、拱北殿。
	深坑區	簪纓	黃氏興順居、黃氏永安居、深坑老街、廟口豆腐（豆腐節）。
	石碇區	石碇庄	華梵文物館、皇帝殿、臺灣油杉自然保留區、石碇老街。
	瑞芳區	柑仔瀨	黃金博物園區(黃金博物館)、九份金礦博物館、風箏博物館、水湳洞十三層遺址（廢煙道）、金瓜石太子賓館、金瓜石神社、金字碑（劉明燈題）、瑞芳四腳亭砲台、金瓜石礦業圳道及圳橋、九份老街（小香港）、三貂嶺古道（金字碑古道）、侯硐車站、鼻頭角燈塔（不開放）、芋圓。
	平溪區	石底平溪仔	臺灣煤礦博物館、菁桐礦業生活館、臺陽礦業公司平溪招待所、菁桐車站、平溪南無大悲救苦觀世音菩薩碣、平溪天燈文化（孔明燈）、竿蓁坑古道、十分老街、十分車站。
	雙溪區	頂雙溪	三忠廟（文天祥等）、丁蘭谷生態園區、牡丹火車站（半月型岸式月台）、雙溪古石牆、山藥。
	貢寮區	槓仔寮	雄鎮蠻煙碑、虎字碑、吳沙墓、核四廠、鹽寮抗日遺址、草嶺古道、三貂角燈塔（臺灣地區最東燈塔）東北角暨宜蘭海岸國家風景區、貢寮音樂祭、九孔、澳底海鮮。
	新店區	新店庄	國史館新店館區、臺北懷舊博物館、碧潭吊橋、新店臺北菸廠鍋爐間及煙囪、新店獅仔頭山隘勇線、瑠公圳引水石硿、安坑孝女廖氏嬌紀念碑、碧潭、燕子湖、濛濛湖、梅花湖、湖山原野樂園、小粗坑發電所、翡翠水庫（新店溪上游）。
	坪林區	坪林尾	坪林茶業博物館、坪林尾橋、臺灣油杉自然保留區、文山包種茶。
	烏來區（山1）	烏來社	泰雅民族博物館、烏來風景特定區(瀑布、纜車、泰雅風情)、雲仙樂園、內洞森林遊樂區(娃娃谷)、插天山自然保留區(位烏來、三峽及桃園市復興區交界處)。
	永和區	秀朗	世界宗教博物館、楊三郎美術館、永和網溪別墅、樂華夜市、豆漿。
	中和區	中和庄	桂永清墓園、海山神社殘蹟、中和瑞穗配水池、圓通寺、烘爐地南山福德宮（土地公廟美食）。

縣市	鄉鎮（市）區	舊地名	特色
新北市	土城區	土城庄	牛軋糖創意博物館（大黑松小倆口觀光工廠）、手信坊創意和菓子文化館、王鼎時間科藝體驗館、土地公山遺址、承天禪寺（廣欽老和尚）、土城臺北看守所、五月雪步道（桐花節）。
	三峽區	三角湧	李梅樹紀念館、三峽區歷史文物館、新北市客家文化園區、三峽農特產文化館、茶山房肥皂文化體驗館、三峽拱橋、三峽宰樞廟、三峽長福巖清水祖師廟（東方藝術殿堂）、三峽老街、國立臺北大學、長城溪遊樂區、滿月圓國家森林遊樂區、樂樂谷遊樂中心、鳶山風景區、福美軒（牛角麵包）、藍染、三峽龍井茶、碧螺春。
	樹林區	風櫃（店）	太平橋碑、抗日先烈十三公紀念墓園、樹林後村圳改修碑及水汴頭、山佳車站、狗蹄山遺址、紅露酒、紅麴文化節。
	鶯歌區	鶯歌石	新北市立鶯歌陶瓷博物館、宏洲磁磚觀光工廠、許新旺陶瓷紀念博物館、鶯歌汪洋居、鶯歌石、鶯歌陶瓷老街。
	三重區	三重埔	先嗇宮（五穀王廟-神農大帝〔藥王〕）。
	新莊區	新庄街	新莊文化藝術中心、輔仁大學織品服飾數位博物館、小西園戲偶展示館、新莊水道紀念碑、中港大排親水步道、廣福宮（三山國王廟）、文昌祠、武聖廟、慈祐宮、地藏庵（大眾爺廟）、老街、新月橋。
	泰山區	泰山庄	娃娃（芭比娃娃）產業文化館、頂泰山巖(寺廟)、泰山大窠坑新築道路記（紀）念碑、明志書院、陳誠紀念公園（墓）、泰山森林遊樂區。
	林口區	樹林口	美雅士浮雕美術館、光淙金工藝術館、吳福洋襪子故事館、竹林觀音寺、森林步道、高爾夫球場。
	蘆洲區	和尚州（河上州）鷺洲莊	紫禁城博物館、蘆洲李宅（李友邦將軍紀念館）、湧蓮寺、切仔麵（阿六仔、添丁）。
	五股區	五股坑	維格餅家鳳梨酥夢工場、幾分甜幸福城堡、西雲寺、觀音山、凌雲禪寺。
	八里區	八里坌	十三行博物館、大坌坑遺址、漢民祠（廖添丁廟）、挖子尾自然生態保留區（紅樹林－水筆仔）。
	淡水區	滬尾	新北市立淡水古蹟博物館、漁業生活文化影像館、淡江大學海事博物館、工研益壽多文化館、琉傳天下藝術館、登峰魚丸博物館、台灣不二衛生套知識館、理學堂大書院、鄞山寺（汀洲會館）、淡水紅毛城、滬尾礮臺、前清淡水關稅務司官邸、淡水臺銀日式宿舍、淡水日商中野宅、淡水街長多田榮吉故居、崎仔頂施家古厝、淡水公司田溪橋遺蹟、關渡媽

縣市	鄉鎮（市）區	舊地名	特色
新北市	淡水區	滬尾	祖石、滬尾小學校禮堂、滬尾水道、淡水禮拜堂、淡水海關碼頭、原英商嘉士洋行倉庫、淡水重建街14及16號街屋、水上機場、氣候觀測所、滬尾偕醫館、滬尾湖南勇古墓、馬偕墓、淡水外僑墓園、于右任墓、福佑宮、龍山寺、淡水河紅樹林自然保留區（竹圍）、關渡自然保留區、漁人碼頭、淡水港燈塔（台灣地區唯一位於河口之燈塔）、達觀樓（紅樓）、觀音山、關渡大橋、淡江大學、魚丸、阿給、魚酥、鐵蛋（阿婆）、百葉溫州大餛飩、三協成（餅鋪）。
	三芝區	小雞籠	李天祿布袋戲文物館、三板橋、法鼓山道場、源興居（李登輝故居）、杜聰明（臺灣首位醫學博士）、江文也（臺灣首位名揚國際之音樂家）、李登輝（臺灣首位民選總統）、筊白筍。
	石門區	石門庄	富貴角燈塔（軍方管制）、白沙灣、石門洞（跳石海岸）、富貴角、富基漁港（觀光漁市）、十八王公廟、石門肉粽。
桃園市	市花－桃花；市樹－桃樹；市鳥－臺灣藍鵲		
桃園市	中壢區	澗仔壢	黑松飲料博物館、江記豆腐乳文化館、中央大學崑曲博物館、圓光禪寺、水晶湖（原名豫章湖）、新明牛肉麵、劉媽媽菜包店（客家）、新珍香花生酥、榕樹下阿嬤古早（綿綿）冰、中原夜市。
	平鎮區	安平鎮	鷺鷥園、賦梅第（宋氏家廟）、新勢公園、曾記老牌水煎包。
	龍潭區	靈潭陂	桃園客家文化館、中天健康生活館、聖蹟亭、翁新統大屋、南天宮、小人國主題樂園、石門水庫風景特定區（活魚八吃）、崑崙藥用植物觀光園區、龍潭觀光大池（龍潭湖）、（鄧）雨賢館、三坑老街（永福宮）、大平紅橋、乳姑山夜景區、佛陀世界、怪怪屋（葉山樓）、花生軟糖。
	楊梅區	楊梅壢	楊梅故事館（楊梅國中創校校長張芳杰故居）、郭元益糕餅博物館、雅聞魅力博覽館、土牛溝楊梅段、味全埔心觀光牧場。
	新屋區	新屋庄（起新屋）	太平洋自行車博物館、舒眠文化館觀光工廠、范姜祖堂、永安漁港、永安海濱樂園。
	觀音區	石觀音	白沙岬燈塔、甘泉寺、蓮花（與臺南白河賞蓮分庭抗禮）、觀音海水浴場。
	桃園區	桃仔園	可口可樂博物館、祥儀機器人夢工廠、中國家具博物館、桃園神社（忠烈祠）、景福宮（大廟）、虎頭山、JCPARK時尚廣場、ATT筷食尚。

縣市	鄉鎮（市）區	舊地名	特色
桃園市	龜山區	龜崙社	世界警察博物館、眷村故事館、台灣菸酒（股）公司桃園觀光酒廠、龜崙嶺鐵道橋遺構、壽山巖觀音寺、警察大學、中正體育園區、憲光三村。
	八德區	八塊厝	宏亞食品巧克力觀光工廠、呂宅著存堂、三元宮、邱氏老宅、茄苳老樹、八德埤塘生態公園、廣豐新天地、興仁花園夜市。
	大溪區	大嵙崁	大溪藝文之家、美華國小陀螺館、東和音樂體驗館、大黑松小倆口愛情故事館、大溪老茶廠、李騰芳古宅、簡送德古宅、齋明寺、蓮座山觀音寺、和平老街（巴洛克建築）、傳統木器家具、慈湖（蔣中正）、頭寮（蔣經國）、蔣中正銅像紀念公園、龍珠灣樂園、龍溪花園、黃日香豆干、里長媽碗粿。
	復興區（山2）	角板山	達觀山自然保護區（拉拉山）（水蜜桃、神木故鄉）、角板山公園、角板山古道（今北橫公路前身）、溪口台地、小烏來瀑布、羅浮橋、榮華大壩、巴陵（北橫公路中點）、東眼山森林遊樂區、三民蝙蝠洞、水蜜桃。
	大園區	大坵園	大園尖山遺址、桃園國際機場、中正航空科學館、竹園漁港、國際棒球場。
	蘆竹區	蘆竹厝	長流美術館、義美生產・生態・生活產區、卡司.蒂拉樂園（金格食品，長崎蛋糕）、前內政部北區兒童之家院長宿舍、德馨堂、五福宮、臥龍崗育樂園、尋夢谷、台茂購物中心。
臺中市 市花－山櫻花；市樹－臺灣五葉松；市鳥－白耳畫眉			
臺中市	中區	鹽館	臺中火車站、臺中州立圖書館（今合作金庫銀行臺中分行）、宮原眼科（冰淇淋）。
	東區	（址位東）	臺灣漆文化博物館、樂成宮。
	南區	番婆庄	國立公共資訊圖書館總館、老樹根魔法木工坊、林氏宗祠、國立中興大學、臺中肉圓。
	西區	公館	國立臺灣美術館、興農職棒球迷會館、臺中州廳、臺灣府儒考棚、臺中刑務所浴場、臺中刑務所典獄官舍、大屯郡役所、審計新村、勤美誠品綠園道、一心豆干。
	北區	賴厝廓	國立自然科學博物館、臺灣傳統版印特藏室、中山公園湖心亭、臺中孔廟、忠烈祠（原日本神社）、臺中放送局、臺中一中、臺中一中商圈、蜜豆冰（幸發亭）、一中豐仁冰。
	北屯區	三十張犁	臺灣民俗文物館、文昌廟、積善樓、邱先甲墓園、民俗公園、大坑步道（大坑風景區內）、地震公園、心之芳庭。

縣市	鄉鎮（市）區	舊地名	特色
臺中市	西屯區	西大墩	國家歌劇院、順天堂觀光工廠、鞋寶觀光工廠、臺灣菸酒（股）公司臺中觀光酒廠、張家祖廟、西屯張廖家廟、西大墩遺址、惠來遺址、臺中都會公園、秋紅谷景觀生態公園、東海大學、逢甲夜市。
	南屯區	犁頭店街	壹善堂、萬和宮、簡氏宗祠、瑞成堂、廖煥文墓、麻糍埔遺址、城隍廟、戰後望高寮砲堡群(A01、A02、A03、A04)、彩虹眷村（干城六村）、文心森林公園、臺中戶外圓形劇場、萬益豆干。
	太平區	烏松頭	吳鸞旂墓園、蝙蝠洞、921震災紀念公園。
	大里區	大里杙社	臺灣印刷探索館、菩薩寺、臺中軟體園區、草湖芋仔冰（美方）。
	霧峰區	阿罩霧	九二一地震博物館、霧峰林家（萊園、五桂樓）、原臺灣省議會議事大樓、朝琴館及議會會館、明台高中。
	烏日區	湖日	聚奎居、明道中學現代文學館、成功嶺、高鐵臺中站。
	豐原區	葫蘆墩	葫蘆墩文化中心編織工藝館、豐原漆藝館、臺灣味噌釀造文化館、神岡呂汝玉墓園、義塚（古老祠）、慈濟宮（媽祖廟）、豐原車站（舊站）、頂街派出所、豐原中正公園、丘逢甲紀念（亭）公園、蕭家花園、糕餅（雪花齋）、清水排骨（酥）麵店（媽祖廟東小吃街）、金樹鳳梨冰、寶泉餅店。
	后里區	后里庄	張連昌薩克斯風博物館、內埔庄役場、縱貫鐵路舊山線—泰安車站、月眉糖廠、張天機宅、賢坂張家祖墓、后豐鐵馬道、毘盧禪寺、澤民樹（樟公樹）、麗寶樂園（月眉育樂世界）。
	石岡區	石崗仔	土牛客家文化館、土牛地界碑、仗義卹鄰牌坊、石岡水壩、五福臨門神木、思源埡口雲海（宜蘭大同鄉與臺中石岡交界）。
	東勢區	東勢角庄	東勢林場、四角林咖啡莊園（桐花與螢火蟲）、巧聖仙（先）師廟（全臺祖廟）、椪柑、高接梨。
	和平區（山3）		大雪山國家森林遊樂區、八仙山國家森林遊樂區、武陵國家森林遊樂區（武陵農場，臺灣二葉松）、福壽山農場、櫻花鉤吻鮭野保區（七家灣溪）、谷關溫泉、馬稜溫泉、達見溫泉。
	新社區	大湳社	農委會種苗改良繁殖場（新社花海節）、白冷圳、薰衣草森林、古堡花園、五酒桶山風景區（好漢坡步道）、二櫃枇杷、香菇。
	潭子區	潭子墘庄	摘星山莊、潭子農會穀倉。

縣市	鄉鎮（市）區	舊地名	特色
臺中市	大雅區	埧雅街	潭雅神自行車道（戰車公園）、中部科學園區大雅國際花市、大雅三寶（小麥、蕎麥、紅薏仁）、小麥文化節。※臺灣小麥之鄉。
	神岡區	新廣、大社	臺灣氣球博物館、筱雲山莊、社口林宅、神岡呂家頂瓦厝、社口大夫第、岸裡公學校、社口犁記餅店（滷肉綠豆椪餅）。
	大肚區	大肚社、烏溪	意得客超導熱奈米博物館、磺溪書院（大肚文昌祠）、縱貫鐵路（海線）追分車站、大肚溪口野生動物保護區（含龍井區、大肚區及彰化縣伸港鄉、和美鎮）。
	沙鹿區	沙轆	沙鹿電影藝術館、靜宜大學、鹿寮成衣市場、清泉崗基地。
	龍井區	龍目井	臺中火力發電廠、東海（藝術）商圈—東海別墅、東海雞爪凍。
	梧棲區	五叉港	原梧棲官吏派出所及宿舍群、真武宮、臺中港（含港區公園）、林家古厝、假日漁市（海鮮）、三井outlet、林異香齋鹹蛋糕。
	清水區	牛罵頭	港區藝術中心、牛罵頭遺址（文化園區）、中社遺址、黃家瀞園、社口楊宅、清水公學校、高美濕地、清水公園、清水休息站（賞夜景）、清水鬼洞（原橫山戰備坑道）、米糕（王塔；阿財）、鴨松擔仔麵、阿文肉圓、白頭蔡肉圓（板凳肉圓）。
	大甲區	大甲西社	大甲稻米產業文化館、番仔園文化遺址、縱貫鐵路（海線）日南車站、林氏貞孝坊、文昌祠、鎮瀾宮、鐵砧山風景區（劍井—國姓井、忠烈祠、永信公園）、草帽、草蓆、奶油酥餅（裕珍馨）、先麥芋頭酥（阿聰師）。
	外埔區	外埔庄	劉秀才宅、鐵砧山腳—許宅、中原紫雲禪寺三清總道院、忘憂谷觀音禪寺、水流東桐花鐵馬道、臺灣省農會休閒牧場。
	大安區	海翁窟港螺絲港	阿聰師芋頭文化館、大安港媽祖主題園區。
臺南市　市花—蝴蝶蘭；市樹—鳳凰樹；市鳥—水雉			
臺南市	中西區		國立台灣文學館（原臺南州廳）、葉石濤文學紀念館、延平郡王祠（含鄭成功文物館）、交通部南區氣象中心（原臺南測候所）、太平境馬雅各紀念教會歷史資料館、臺南故事影像館、臺南大學（柏楊文物館）、赤崁樓（荷普羅民遮城）、臺南孔子廟（明倫堂）、臺南電影書院（大南門城區原放送局）、原臺南愛國婦人會館、南門城大碑林、國定古蹟臺南地方法院（未來司法博物館）、臺南市美術1館（原臺南州警察署）、2館（原臺南神社舊址）、原林百貨店、吳園（原臺南公會堂）、湯德章紀念公園（原臺

縣市	鄉鎮（市）區	舊地名	特色
臺南市	中西區		南大正公園）、兌悅門、陳德聚堂、祀典大天后宮（寧靖王府邸）、祀典武廟、開基武廟、五妃廟、府城隍廟（爾來了）、開隆宮（做 16 歲）、法華寺、天壇（天公廟：一字匾）、北極殿（大上帝廟，威靈赫奕匾）、鄭氏家廟、重慶寺、原臺南山林事務所、臨水夫人廟（栽花換斗-林俊輝法師）、水仙宮、接官亭（風神廟）、普濟殿、米街－新美街、海安路藝術街、藍晒圖文創園區(BCP)、五條港文化園區（五條港地方文化館；神農街、正興街、康樂街、國華街商圈）、西門淺草青春新天地、原鶯料理屋、武聖夜市。
			小吃：阿霞飯店、阿美飯店、擔仔麵（度小月）、赤崁點心店（棺材板）、福記肉圓、鄭記碗粿、許家芋粿、萬川號肉包、包仔祿肉包、阿松割（刈）包、舊永瑞珍餅舖、林家茯苓糕、進福炒鱔魚、阿龍意麵、順天冰棒、芳苑冰棒、莉莉水果店、永記虱目魚丸、第三代虱目魚丸、虱目魚羹、阿鳳浮水魚羹、東巧鴨肉羹、阿堂鹹粥（土魠魚粥）、義豐（阿川）冬瓜茶、雙全紅茶、小西腳青草茶、慶中街綠豆湯、蜜桃香（楊桃湯）、你我他鴨翅之家、松村燻之味、亞德傳統美食（當歸鴨）、永樂燒肉飯、矮仔成蝦仁飯、阿明豬心冬粉、老唐牛肉麵、粘記牛肉麵、再發號八寶肉粽、楊哥楊嫂肉粽、遠馨肉粽、圓環頂菜粽、劉家肉粽、福生小食店（肉燥飯）。 三大節慶：迓媽祖、扒龍船、做 16 歲 最夯物件：孔廟祭孔之智慧毛、赤崁樓文昌閣二樓魁星筆、祀典大天后宮紅線及緣粉、祀典武廟文昌祠之文昌帝君陰騭文、天壇（天公廟）之一字匾迴文詩。 手摸首選：赤崁樓龍頭、孔廟孔子之手、延平郡王祠石獅之球與子。
	東區		成功大學（成大博物館）、臺灣糖業試驗所（臺灣糖業博物館）、臺南神學院、長榮中學校史館暨臺灣基督長老教會歷史資料館、馬雅各醫學紀念館（新樓醫院）、東門城、臺灣府城巽方砲臺（巽方靖鎮）、原日軍臺灣步兵第二聯隊營舍（成大歷史系館等共三棟）、原臺南廳長官邸、原臺南縣知事官邸、長榮女中紅樓、巴克禮紀念公園、大東夜市、小茂屋（鍋燒意麵）。

縣市	鄉鎮（市）區	舊地名	特色
臺南市	南區	南郊	黑橋牌香腸博物館、新百祿燕窩觀光工廠、漢字文化藝術館、原臺灣總督府專賣局臺南支局、藩府二鄭公子墓（鄭成功二子）、藩府曾蔡二姬墓、竹溪寺（了然世界）、黃金海岸、喜樹老街（喜事集—魚筆袋）、阿銘牛肉麵、阿國鵝肉、火城麵、阿義碗粿、幸義油飯、阿輝黑輪。
	北區		臺南（火）車站、開元寺、興濟宮（頂大道公）及大觀音亭、三山國王廟、開基天后宮、烏鬼井、王姓大宗祠、西華堂、臺南公園（重道崇文坊，原臺南公園管理所）、原臺灣總督府專賣局臺南出張所（臺南文化創意產業園區）、花園夜市、阿憨鹹粥（虱目魚粥）、連德堂餅舖。
	安平區	大員	安平古堡（熱蘭遮城博物館）、原英商德記洋行、安平蚵灰窯文化館、安平鄉土文化館、運河博物館（原臺南運河安平海關）、億載金城（二鯤鯓礮臺）、安平小砲臺、德商東興洋行、海山館、海頭社魏宅、原臺灣總督府專賣局臺南支局安平分室（夕遊出張所）、原安順鹽田船溜暨專賣局、安平樹屋及朱玖瑩故居、安平港國家歷史風景區、台江國家公園、林默娘紀念公園、大魚的祝福、德陽艦、札哈木原住民公園、延平街（臺灣第一街）、安平劍獅埕、劍獅公園、臺窩灣民居、臺南運河、1661 臺灣船園區、觀夕平台、漁光島、移民署臺南市第一服務站、貢噶寺。 小吃：周氏蝦捲、鼎邊趖、安平豆花、依蕾特布丁、延平老街蜜餞（永泰興、正合興）、陳家蚵捲、王氏魚皮店、東東蝦餅、古堡蚵仔煎、東興蚵嗲、文章牛肉湯。 手摸首選：億載金城的真砲、安平樹屋之榕易門及愛神箭。
	安南區	菅仔埔安順	國立臺灣歷史博物館、抹香鯨博物館、紅崴觀光工廠（「腳的眼鏡」足部科學體驗中心）、四草生態區（綠色隧道）、四草砲臺（鎮海城）、原安順鹽田船溜暨專賣局臺南支局安平出張所安順鹽分室、正統鹿耳門聖母廟（土城）、鹿耳門天后宮、四草大眾廟、鄭成功登陸紀念公園、台江國家公園、台江文化中心。
	永康區	埔羌頭	大地化石礦石博物館、立康中草藥產業文化館、臺灣金屬創意館、永康三崁店糖廠神社遺蹟及防空洞群、原臺南農校日式宿舍群、飛雁新村傳原通訊所、鄭成功墓址紀念碑、廣護宮（謝安）、廣興宮（謝玄）、國聖宮（鄭成功）、武龍宮（玄武大帝）、永康創意設計園區、復興老兵文化園區、西勢—送水果餅（幸餅）、菜頭節、大灣花生糖、番薯曆及崙仔頂肉粿。

縣市	鄉鎮（市）區	舊地名	特色
臺南市	歸仁區	歸仁北庄（紅瓦厝）歸仁里	穎川家廟、仁壽宮、敦源聖廟（孔子廟聖廟）、高鐵臺南站、臺南市立歸仁文化中心、歸仁十三窯、歸仁美學館、釋迦節、阿鴻臭豆腐、鼎富酵素臭豆腐、家閣養生臭豆腐、陳家肉粽、銘記煎肉粿、歸仁黑輪。
	新化區	大目（穆）降	楊逵文學紀念館（含歐威紀念特展）、瓜瓜園觀光工廠—地瓜生態故事館、鍾家古厝、原新化街役場、武德殿、原新化郡公會堂、原新化尋常小學校御真影奉安殿、虎頭埤風景區、新化林場、老街、大坑休閒農場、鬥蟋蟀、新化三寶—蕃薯（藷）、竹筍、鳳梨。
	左鎮區	拔馬社	左鎮化石園區（化石爺爺—陳春木）、拔馬平埔文物館（左鎮教會）、羅來受紀念館、噶瑪噶居寺（臺灣首座藏傳佛教道場）、岡林李宅、草山月世界、要月吊橋、308高地、白堊節、山藥麵、破布子、月桃（葉）之鄉。 *〈不倒翁的奇幻旅程〉拍攝地（導演：林福清）
	玉井區	噍吧哖大武壠	玉井老街、北極殿（玄天上帝）、虎頭山—余清芳抗日紀念碑公園、噍吧哖事件紀念園區（玉井糖廠）、江家古厝（聚落）、龍目井農場、加利利宣教中心（漂流木方舟教堂）、白色教堂、305高地（斗六仔山）、張家古墓、芒仔芒大埔、天埔社區環境教育園區、青果市場、芒果節。 ※芒果之鄉（玉井芒果之父—鄭罕池）
	楠西區	茄拔山後楠西里	鹿陶洋江家聚落（宗祠）、龜丹石造土地公廟、曾文水庫（含青年活動中心）、梅嶺風景區（嶺梅映雪；梅峰古道；夜賞螢火蟲；梅子雞）、龜丹溫泉、玄空法寺、永興吊橋、楊桃觀光果園、密枝果農之家、密枝楊桃、梅仔雞、螢火蟲季。
	南化區	南庄	烏山臺灣獼猴生態區（獼猴爺爺-林炳修）、南化水庫、鏡面水庫、噍吧哖抗日烈士紀念碑（忠魂塔）、大地谷風景區、玉山寶光聖堂（南臺灣最大一貫道道場）、紫竹寺、關山黑糖。
	仁德區	塗庫庄仁德庄	奇美博物館、臺南家具產業博物館、嘉南藥理大學（嘉南文化藝術館）、車路墘教會（臺灣Holocaust和平紀念館）、虹泰水凝膠世界觀光工廠、台鉅美妝觀光工廠、奇美食品幸福工廠、保安車站（永保安康）、二層橋、萬年縣治紀念碑記、十鼓仁糖文創園區（原仁德糖廠）、臺南都會公園、亞歷山大蝴蝶生態教育農場、二空樹屋、二空村長涼麵、打火兄弟麵店。

縣市	鄉鎮（市）區	舊地名	特色
臺南市	關廟區	關帝廟街	方家宗祠、山西宮（關聖帝君；總廟）、千佛山菩提寺、檀林精舍、大潭埤旺萊公園（臺灣八景之一：香洋春褥）、南二高關廟服務區、森林公園、新光社區彩繪、竹筍節、竹籐之鄉、鳳梨、鳳梨酥（保興味）、關廟麵、嘉芳吐司。※關廟三寶－鳳梨、竹筍、關廟麵。
	龍崎區	番社內新豐里	竹炭故事館、虎形山公園、牛埔泥岩水土保持教學園區、308 高地（望高寮）、龍船窩（365 高地）、文衡殿、竹筍、采竹節。
	官田區	官佃	西拉雅國家風景區官田遊客中心、隆田觀光酒廠（北蟲草文化展示園區）、麗豐微酵館、大隆田生態文化園區、川文山森林生態保育農場（小陽明山）、天一中藥生活化園區、炳翰人參王國、曾文溪鐵道舊橋遺蹟、八田與一故居群、臺鹽隆田儲運站、惠安宮、復興宮（西拉雅族阿立祖廟）、烏山頭（珊瑚潭）水庫暨嘉南大圳水利系統、臺南藝術大學（江南垂柳）、水雉生態教育園區、葫蘆埤生態休閒公園、西庄（陳水扁總統故鄉）、菱角節。
	麻豆區	蔴荳社 mattau	南瀛總爺藝文中心、麻豆文化館、倒風內海故事館、總爺糖廠、水堀頭遺址、林家四房厝、護濟宮、麻豆代天府（五王廟）、文衡殿、郭舉人宅、電姬戲院、文旦（買郎宅郭家）、大白柚、碗粿（阿蘭、助仔）、鹹菜、瓜子（祥好）。※文旦之鄉
	佳里區	蕭壠社佳里興	臺灣漢藥體驗學習館、金唐殿、震興宮（交趾燒）、北極玄天宮、古天興縣治紀念碑、蕭壠文化園區（原佳里糖廠）、中山公園（吳新榮紀念雕像）、北頭洋平埔夜祭（農曆 3 月 29 日）、彼緹娃藝術蛋糕觀光工廠、佳里肉圓、冰鎮魯味（周文俊）。
	西港區	西港仔	慶安宮（刈香：臺灣第一大香－西港仔香）、信和禪寺、劉厝古墓（劉登魁）、西港大橋（南瀛八景之一：曾橋夕照）、胡（黑）麻節（麻油第一香）、穀倉餐廳、阿良碗粿、蝦仁焢肉飯（西港市場）。
	七股區	七股寮	臺灣鹽博物館、黑面琵鷺生態展示館、和明織品文化館、七股頂山鹽警槍樓、臺鹽七股機車庫、黑面琵鷺保護區與賞鳥區、紅樹林生態區、七股潟湖、國聖燈塔（台灣極西點）、台江國家公園六孔管理站、漁筏遊湖（六孔、南灣、龍山漁港、海寮觀光碼頭）、鹽場（鹽山）、觀海樓、海鮮、洋香瓜節、七股三寶－虱目魚、鮮蚵、鹹水吳郭魚。

縣市	鄉鎮 (市)區	舊地名	特色
臺南市	將軍區	施信租 因「施琅」 得名 漚汪	林崑岡紀念館、香雨書院（鹽分地帶文化館；淨慧居士—林金悔）、方圓美術館（原首任鄉長黃清舞故居「遂園」）、臨濮堂（施琅將軍紀念館）、康那香不織布創意王國、青鯤鯓扇形鹽田、馬沙溝濱海遊樂區、將軍漁港、牛蒡茶、胡蘿蔔、烏魚子、秀里蚵嗲店。※胡蘿蔔之鄉
	學甲區	東番、倒豐 學甲社	葉王交趾陶文化館、慈濟宮（保生大帝）、頑皮世界野生動物園、學甲濕地生態園區、老塘湖藝術村、鴿笭賽、虱目魚節、蜀葵花季、小麥田、廣益虱目魚丸。　　　※臺南幫發源地（光華里）
	北門區	北門嶼	東隆宮王爺信仰文物館（水滸英雄館）、臺灣烏腳病醫療紀念館、南鯤鯓代天府（檳榔山莊）、井仔腳瓦盤鹽田、北門鹽場建物群及周邊古鹽田、北門潟湖、雙春濱海遊樂區、雲嘉南國家風景區北門遊客中心（水晶教堂）、錢來也雜貨店（創始店）、南鯤鯓燒酒螺、三寮灣秀碧蚵嗲、虱目魚。
	新營區	新營庄	國家圖書館南部分館暨國家聯合典藏中心（國圖南館）、原鹽水港製糖株式會社總社辦公室、臺糖新營糖廠宿舍群、新營縣府日式木造官舍、鐵線橋通濟宮（媽祖）、太子宮、陳朝寬古厝、綠都心5號公園、鐵線橋老街、新營糖廠、天鵝湖公園、舊廓老榕、紫檀綠色隧道、長勝營區綠色隧道、豆菜麵、肉丸、阿松臭豆腐。
	後壁區	後壁寮 侯伯寮 下茄苳庄	墨林農村文物展示館、土溝農村美術館、卡多利亞良食故事館、黃家古厝（黃崑虎）、菁寮金德興藥舖（阮家古厝）、菁寮義昌碾米廠、後壁車站、安溪國小原辦公廳及禮堂、新東國小木造辦公室及校長宿舍、菁寮國小木造禮堂.辦公室暨日治時期升旗台、泰安宮（媽祖）、旌忠廟（岳飛）、菁寮天主教堂、墨林教堂、阮氏古厝、菁寮黃家古厝（西洋樓仔）、菁寮老街（無米樂-崑濱伯）、烏樹林文化園區、蘭花生技園區、稻米、蘭花。
	白河區	店仔口街	蓮想文化館（白荷陶坊）、蓮花產業文化資訊館、沈氏宗祠、大仙寺、碧雲寺、白河水庫、關子嶺風景區（水火同源、溫泉）、紅葉公園、蓮鄉詩路、蓮花公園、埤斗仔九曲橋、林初埤示範休閒農業區、玉豐綠色隧道、六重溪平埔文化園區、台影文化城（已休園）、賞蓮（蓮子大餐）、店仔口肉丸（圓）。

縣市	鄉鎮（市）區	舊地名	特色
臺南市	東山區	哆囉嘓番社街	東山農會咖啡文化館、東山農會日式碾米廠、牛肉崎警察官吏派出所、碧軒寺、孚佑宮（仙公廟，呂洞賓）、永安高爾夫渡假村、東山運動公園、西口小瑞士（天井漩渦）、東山（175號）咖啡公路、174翼騎士驛站、平埔族吉貝耍夜祭、仙湖休閒農場、國道3號東山服務區、龍眼、東山鴨頭、咖啡、椪柑。
	六甲區	赤山堡六甲	林鳳營火車站、赤山龍湖巖、蘭都蘭花觀光工廠、工研院南分院、林鳳營牧場、九品蓮花生態教育園區、夢之湖、落羽松森林、草菇、火鶴花、口福羊肉店。
	下營區	海墘營	上帝廟文化館、產業文化展示館、西寮文化遺址、北極殿上帝廟（大廟）、武承恩公園、顏水龍紀念公園、茅港尾天后宮、蠶絲被、白鵝、黑豆（下營三寶）、桑椹、真讚燻茶鵝。
	柳營區	查某營查畝營	吳晉淮音樂紀念館、陳永華墓原址及墓碑（衣冠塚）、吳晉淮故居、尖山埤水庫（江南渡假村）、查畝營劉家古厝、八翁酪農專業區（營長牧場）、太康綠色隧道、德元埤荷蘭村、南元休閒農場酪乳（牛奶）、白玉苦瓜。
	鹽水區	舊營鹹水港（月津）	月津港聚波亭、八角樓、竹埔國小時鐘座、歡雅國小原大禮堂及時鐘座、鹽水國小神社、武廟（蜂炮）、護庇宮、大眾廟、橋南老街、月津港親水公園、王爺巷舊建築、岸內糖廠綠色隧道、臺灣詩路、鹽水小火車站、永成戲院、橋南泉利打鐵老舖、意麵、豬頭飯、銀鋒冰果室、林家紅豆餅、鹽水煎包、炭烤雞蛋捲。
	善化區	目加溜灣灣裡街	慶安宮文物館、善化啤酒觀光工廠（啤酒文物館）、慶安宮（臺灣孔子沈光文紀念廳）、茄拔天后宮古井、亞洲蔬菜研究中心、臺南科學工業園區、善化糖廠（善糖文物館）、沈光文紀念碑、胡家里彩繪村、牛墟、啤酒節、胡麻（胡麻油）、甘藷粉。
	大內區	大內庄頭社	走馬瀨農場（黃金草原節、牧草節）、太上龍頭忠義廟-公廨（平埔頭社太祖夜祭）、南瀛天文教育園區、甜根子雪花祭（九月雪）、西拉雅親子公園、石林里彩繪（龍貓公車站）、酪梨、豆菜麵、頭社刺仔雞。＊酪梨之鄉＊大內高手彩繪龍貓村：郭高溢；文化第一：林志秋。
	山上區	山仔頂	宏遠紡織生態工業園、山上花園水道博物館園區（含水源地、淨水廠及山上苗圃）、明德外役監獄、觀星天台、蘭科植物園、林罔古厝、黃醫生館、天主教教堂、木瓜。

縣市	鄉鎮（市）區	舊地名	特色
臺南市	新市區	新港社 新市仔	樹谷生活科學館、臺灣史前博物館南科考古館、新港社地方文化館、港香蘭綠色健康知識館、五間厝南遺址、瘦砂遺址、木柵遺址、道爺南糖廍遺址、南關里遺址白蓮霧、毛豆、白蓮霧節、白蓮霧之歌。
	安定區	直加弄	長興宮、蔡家古厝、領寄陳家古厝、蘇厝燒王船、安定三寶－蘆筍、胡麻、神農無患子。
高雄市（打狗）			市花－木棉花、朱槿　市樹－木棉樹　市鳥－綠繡眼
高雄市	新興區	大港埔	捷運美麗島站、新崛江商圈、六合夜市、南華夜市、新興市場（衣）、汕頭泉成沙茶火鍋、老江紅茶牛奶、郭家肉燥飯、蟳之屋(鹽酥螃蟹)。
	前金區	前衿 前金庄	高雄文學館、中央公園、城市光廊、幸福川（二號運河，元宵花燈）、前金萬興宮(前金祖師廟)、前金教會、立德棒球場、城市光廊、大立百貨公司、漢神百貨公司、幸福麵屋、高雄牛乳大王、小暫渡米糕、四神湯、綠豆椪、月娥鴨肉、綠豆湯。
	苓雅區	苓仔寮 苓雅寮	陳中和紀念館（陳中和舊宅）、英明藝術文物館（英明國中）、高雄市立文化中心、高雄清真寺、玫瑰教堂、生日主題公園、自來水主題公園、海洋之星、光榮碼頭（高雄港 13 號碼頭）、85 大樓（金典酒店）、五塊厝公園（陳中和墓）、興中花卉街、吳寶春麵包店、歐式派店（復古西餐廳，英式手工派點）。
	鹽埕區	鹽埕埔	高雄市立歷史博物館（原高雄市役所）、高雄市電影館、高雄勞工博物館、高雄市立音樂館、上雲藝術中心（中台山佛教基金會）、三山國王廟（鹽埕廟）、駁二藝術特區、真愛碼頭（高雄港 12 號碼頭）、鹽埕綠廊、高雄港觀光遊輪、阿財雞絲麵。
	鼓山區	打鼓山 打鼓社 打狗山 哈瑪星	高雄市立美術館（館內看畫；館外像畫）、兒童美術館、高雄港務局港史館、打狗鐵道故事館、戰爭與和平紀念館、鄧麗君紀念文物館、高雄州水產試驗場、前清打狗英國領事館、李氏古宅、雄鎮北門砲台、武德殿、原愛國婦人會館(今紅十字育幼中心)、打狗英國領事館登山步道、打狗水道淨水池、蔣介石行館、內惟（小西貝塚）遺址、西子灣風景區（中山大學）、壽山國家自然公園、壽山動物園、柴山自然公園、忠烈祠（LOVE 情人觀景台，賞高雄夜景）、凹仔底森林公園、內惟埤文化園區、哨船頭公園、漁人碼頭（高雄港 2 號碼頭）、元亨寺、鼓山渡輪站、渡船頭海之冰（10 倍大水果冰）。

縣市	鄉鎮（市）區	舊地名	特色
高雄市	旗津區	旗後	戰爭與和平紀念公園主題館、陽明高雄海洋探索館、旗津貝殼博物館、旗后（後）砲台、旗后（後）天后宮、旗后（後）燈塔、打狗公學校（旗津國小）、東沙遺址、過港隧道（前鎮—旗津區）、觀光三輪車、星空隧道、旗津風車公園、旗津海水浴場、觀光漁市、旗後教會、彩虹教堂、旗津老街海鮮、旗津萬三海產、烏魚子。
	前鎮區	前鎮	高雄市立圖書館總館、珍芳烏魚子見學工廠、前鎮漁港、勞工公園、高雄展覽館統一夢時代購物中心、大魯閣草衙道、光華觀光夜市、新青年夜市（鳳山搬來 300 攤）。
	三民區	三塊厝	國立科學工藝博物館、高雄市客家文物館、臺灣美電影文化館、高雄鐵路地下化展示館（舊高雄火車站）、彪琥臺灣鞋故事館、臺灣煉瓦會社打狗工廠（中都唐榮磚窯廠）、三塊厝火車站、玉皇宮、三鳳宮、金獅湖保安宮、光之塔（北高雄新地標）、愛河之心（如意湖）、中都愛河濕地公園、檨仔林埤濕地公園、金獅湖風景區、三鳳中街（年貨）、高雄醫學大學附設中和紀念醫院。
	楠梓區	楠仔坑	楊家古厝、日本第六海軍燃料廠丁種官舍、楠梓天后宮、右昌元帥府（不普渡、不燒金）、高雄都會公園、高雄大學【東沙環礁國家公園】、援中港濕地公園、楠梓碉堡公園、軍史館。
	小港區	港仔墘	高雄市天文教育館（港和國小內）、高雄市立社會教育館、紅毛港文化園區、高雄國際航空站、機場咖啡和大坪頂休閒地點、熱帶植物園、高雄公園、淨園農場。
	左營區	興隆里	眷村文化館、鳳山縣舊城（北門—拱辰門；南門—啟文門；東門—鳳儀門）、鳳山舊城孔子廟崇聖祠、左營舊城遺址、左營廍後薛家古厝、左營海軍眷村、海軍軍區故事館、鐵道工程館、新左營車站（三鐵共構）、孔子廟、蓮池潭風景區（春秋閣—萬年季、龍虎塔）、萬年縣公園、小龜山登山步道、半屏山自然公園、洲仔濕地公園、高雄市原生植物園、高雄物產館、世運（會）主場館、高雄巨蛋、高雄市文化院、紅頂穀創穀物文創公園、高雄市風景區管理所、都市森林浴場、瑞豐夜市（食）。
	仁武區	仁武庄	劉姓古厝、後安社區彩繪、紅蕃天番茄（牛番茄）、仁武烤鴨店、進芳拉麵。
	大社區	觀音山庄三奶壇	觀音山風景區、觀音山科學研究園區、三奶里巫厝、許厝、大覺寺、東華皮戲團（張德成）、棗子、芭樂、牛奶（大社三寶）。

縣市	鄉鎮（市）區	舊地名	特色
高雄市	岡山區	阿公店	臺灣滷味博物館、文化中心皮影戲館、臺灣螺絲博物館、空軍軍史館（空軍官校）、航空教育展示館、原岡山日本海軍航空隊編號 A1-A16 宿舍群（樂群村）、小崗山遊憩區、河堤公園、岡山公園、雲仙境悠然部落、岡山之眼、壽天宮、崗山中街(老街)、羊肉、豆瓣醬、籬筐會(農曆 3/23、8/14、9/15 日)。
	路竹區	半路竹	高雄市自然史教育館、華山殿－明寧靖王（朱術桂）廟、寧靖園、高雄科學園區、龍發堂（釋開豐）、番茄文化節。
	阿蓮區	阿嗹阿蓮庄	超峰寺、新超峰寺、蓮峰寺、光德寺（淨覺僧伽大學）、中路村吳厝、大崗山風景區、龍眼、蜂蜜。
	田寮區	田寮庄	呂家祖厝、月世界、月世界泥火山、一線天、大崗山高爾夫球場、大崗山溫(冷)泉(花季渡假飯店)、土雞城、龍眼乾、龍眼花蜂蜜。
	燕巢區	援勦（剿）	阿公店水庫（燕龍潭）、烏山頂泥火山自然景觀保留區、滾水坪泥火山、新養女湖、太陽谷、嫦娥谷（新太陽谷）、雞冠山（燕巢月世界）、芭樂（T1）、棗子。
	橋頭區	橋仔頭	余登發紀念館、橋頭糖廠(糖業博物館；第一座現代化糖廠)、橋仔頭糖廠藝術村（白屋藝術村；黑銅聖觀音）、十鼓橋糖文創園區、1114 紀念公園、易昇牧場、小店仔街小吃（滷肉飯、咖哩魚羹、太成肉包、蚵嗲）。
	梓官區		烏魚文化館、蚵仔寮觀光漁港、赤崁海堤步道、紅樹林茄萣溪保護區、同安張家古厝、赤崁古厝、城隍廟(博杯；問神達人王崇禮)、烏魚文化節（烏魚）、有機蔬菜。
	彌陀區	彌陀港	南寮海岸光廊、濱海遊樂區、彌陀南寮漁港（假日魚市）、漯（四）底山風景區、吳家燕尾古厝、皮影戲、虱目魚、有機蔬菜。
	永安區	永安仔	原烏樹林製鹽株式會社辦公室、臺電公司興達火力發電廠（第二大火力發電廠）、石斑魚（T1，石斑魚節）、烏魚子。
	湖內區	大湖街	福田繁雄設計藝術館（東方設計學院內）、明寧靖王墓（公園）、蕃茄會社。
	鳳山區	埤頭街鳳山街	鳳山地方文化館、鳳儀書院、鳳山縣城殘蹟、原日本海軍鳳山無線電信所、龍山寺、曹公廟（曹謹）、雙慈亭、東便門、打鐵街、陸軍官校、黃埔新村、衛武營國家藝術文化中心、大東文化藝術中心、吳記餅店、赤山粿、西門香腸、鳳邑麵線。
	大寮區		大發工業區、大發開封宮（包公廟）、山仔頂陳家大厝、武舉人張簡魁故居、雕刻大師－劉丁讚、紅豆節。

縣市	鄉鎮（市）區	舊地名	特色
高雄市	林園區	林仔邊	鳳鼻頭遺址、日據時代隧道遺址、清水岩風景區（潭頭山）、中芸漁港、林園工業區（石化業）、清水寺、九孔養殖。
	鳥松區	鳥松腳 大埤湖	澄清湖（大貝湖）風景特定區、鳥松濕地公園、高雄長庚醫院、圓山飯店、采青窯、大竹米粉。
	大樹區	大樹腳	佛陀紀念館、佛光緣美術館總館、竹寮取水站、小坪頂水源地、曹公圳頭、舊鐵橋濕地教育園區、三和瓦窯、飯田豐二紀念碑、高屏溪攔河堰、姑婆寮莊家古厝（七包三）、舊台 21 線綠色隧道、佛光山、南二高斜張橋、高屏溪河濱公園、姑山倉庫產業文化休閒園區、九曲堂泰芳商會鳳梨罐詰工場、九曲堂車站、義大世界城、佛光山花燈節、鳳荔季、玉荷包荔枝、鳳梨、粿仔條。
	旗山區	蕃薯寮 旗尾山	蕉城文化館（旗山車站）、舊鼓山國小、旗山國小、旗山農會、旗山天后宮、旗山老街（中山路-吳萬順率先興建）、旗山糖廠、聖若瑟天主堂、香蕉（T1）、枝仔冰城（鄭城）。
	美濃區	彌濃	鍾理和紀念館（原鄉人）、美濃客家文物館、竹仔門電廠、龍肚鍾富郎派下夥房.伯公及菸樓、瀰濃東門樓、美濃水橋、瀰濃庄敬字亭、金瓜寮聖蹟亭、九芎林里社貞官伯公（開庄伯公壇）、瀰濃庄里社真官伯公、龍肚庄里社真官伯公、美濃湖（中圳埤，原中正湖，2016.8.22 改名）、美濃民俗村、高雄農場、黃蝶翠谷、雙溪熱帶母樹木園區尖山、月光山（美濃聖山）、靈山、油紙傘、藍衫、菸葉、陶窯、版條（美光 60 年老店）。【右堆】
	六龜區	六龜里社	六龜福龜文化園區、六龜育幼院、新威森林公園（桃花心木大道）、彩蝶谷風景特定區、荖濃溪泛舟、寶來溫泉區、不老溫泉區、浦來溪頭社戰道、十八羅漢山、天臺山天台聖宮（一貫道）、黑鑽石（蓮霧）、金煌芒果。【右堆】
	內門區	羅漢門 羅漢內門	紫竹寺（另有分靈南海紫竹寺）、鴨母祠朱一貴、308 高地、木柵吊橋、光明橋、民俗陣頭（宋江陣）、外燴群（總鋪師的原鄉）、民俗藝陣嘉年華會、竹簍。
	杉林區	楠梓仙 山杉林	葫蘆雕刻藝術館（新庄國小內）、孔聖廟（育英書院）、白水泉瀑布（人工挖掘）、大愛園區（八八風災受災戶）、永齡農場（鴻海集團莫拉克風災產業重建）、天主教真福山社福園區、月光山香草民宿、集來休閒農場、小份尾幸福田、葫蘆藝術（葫蘆大師：龔一舫）、紅孩兒木瓜。
	甲仙區	傀儡番 甲仙埔	甲仙化石館、小林平埔族群文物館、甲仙鎮海軍墓、甲仙埔抗日志士紀念碑（甲仙公園）、小林紀念公園、芋頭（T1）、三冠王芋冰城（冰、粿、餅）。※芋之鄉

縣市	鄉鎮（市）區	舊地名	特色
高雄市	桃源區（山4）	雅你鄉（aini）	南橫公路、埡口（雲海，南橫公路最高點）、藤枝森林遊樂區、出雲山自然保留區、復興村高山愛玉、梅子。 ※原住民族－拉阿魯哇族
	那瑪夏區（山5）	瑪雅鄉三民鄉	錫安山、玉打山（觀景山）、青山茶園、世紀大峽谷、彩虹大瀑布、南沙魯村（民族村）、瑪雅村（民權村）、達卡努瓦村（民生村）。※原住民族－卡那卡那富族
	茂林區（山6）	芒子社多納鄉	茂林國家風景區、龍頭山、多納吊橋、情人谷瀑布、紫蝶祭、多納溫泉（暫停開放）、魯凱族文化。
	茄萣區	茄苓仔茄藤社	郭常喜兵器藝術文物館、興達港觀光市場、情人碼頭、茄萣濕地自然公園、烏魚子（烏魚子故鄉）、白蝦。
基隆市（雞籠）	市花－紫薇；市樹－楓香；市鳥－老鷹；市魚－黑鯛		
基隆市	仁愛區	石牌街	陽明海洋文化藝術館、獅球嶺砲台、基隆站南北號誌樓轉轍站、基隆海洋廣場、陽明海運大樓、海港大樓、許梓桑古厝、慶安宮、奠濟宮、李鵠餅店（綠豆沙、咖哩酥）、連珍糕餅、廟口小吃（天婦羅、吳家鼎邊趖、邢記鼎邊趖）、全家福甜酒釀、泡泡冰（沈記37、遠東）。
	信義區	田寮港	基隆市史蹟館（紫薇山莊－市長舊官邸）、槓子寮砲台、靈泉禪寺佛殿、開山堂、靈泉三塔。
	中正區	八斗子八尺門	國立海洋科技博物館、基隆故事館（文化中心1樓）、基隆市原住民文化會館、水產試驗所（水產陳列館）、中元祭祀文物館（主普壇）、社寮砲台、頂石閣砲台、市長官邸、基隆要塞司令部、基隆要塞司令官邸及校官眷舍、清法戰爭紀念園區、大沙灣石圍遺構、和平島龍目井（紅毛井）、北部火力發電廠、基隆市政府大樓、漁會正濱大樓、民族英雄紀念碑、法國海軍陣亡官兵墓碑、北白川宮紀念碑、國立海洋大學、碧砂漁港（海洋大學附近）、八斗子漁港（海鮮）、正濱漁港（懷舊碼頭）、中正公園（忠烈祠－舊神社）、和平島（社寮）公園、八斗子濱海公園、潮境公園、龍崗步道、北都冷凍食品、建寶蝦仁乾、松本魚漿食品、海鮮、海藻。
	中山區	白米甕	白米甕（荷蘭城）砲台、木山砲台、高遠新村港務局局長宿舍、仙洞巖（隧道）、佛手洞、虎仔山步道、築港殉職者紀念碑、外木山情人湖濱海大道、復興路海產小吃。
	安樂區	大武崙	一太e衛廚觀光工廠（1560雞籠故事館）、元璋玻璃科技館、劉銘傳隧道（獅球嶺隧道）、大武崙砲台、老大公廟（中元祭、放水燈、迎斗燈）、情人湖公園（情人吊橋）、大武崙商圈。

縣市	鄉鎮（市）區	舊地名	特色
基隆市	暖暖區	入暖暖	暖暖淨水廠、暖暖親水公園、暖東峽谷、暖暖雙生土地公廟。
	七堵區	拔西猴友蚋	七堵火車站（鐵道公園）、瑪陵坑石頭厝、泰安瀑布、姜子寮山步道、瑪陵坑溪、友蚋溪、百福運動公園、大牛稠山河居、太陽谷蜂蜜、七堵廟口市場美食圈（臭粿仔、咖哩麵）。
新竹市（竹塹）（風城）　市花－杜鵑花；市樹－黑松；市鳥－喜鵲			
新竹市	北區		新竹市美術館暨開拓館（原新竹市役所）、新竹市消防博物館、飛機模型陳列館（古賢里）、進益摃（貢）丸文化會館、眷村博物館、進士第（鄭用錫宅第）、新竹州廳、周益記、春官第、吉利第、李克誠博士故居、新竹神社殘蹟及其附屬建築、楊氏節孝坊、張氏節孝坊、蘇氏節孝坊、新竹少年刑務所演武場、康樂段防空碉堡、康朗段防空碉堡、都城隍廟、水仙宮、長和宮（外媽祖）、鄭氏家廟、北門大街、金城湖、護城河、潛園（林占梅，門牆、八角井）、北大教堂（天主教聖母聖心主教座堂）、新竹（南寮）漁港（觀光）、十七公里海岸線、米粉、貢丸（進益）、竹塹餅（新復珍）、郭家潤餅、黑貓包（蘇守雄）。
	東區		新竹市立玻璃工藝博物館（原憲兵隊）、新竹市立影像博物館（原新竹市營有樂館）、新竹市眷村博物館、新竹火車站、竹塹城迎曦門（新竹之心）、鄭用錫墓、新竹水道－水源地與取水口、新竹專賣局、新竹高中劍道館、新竹信用組合、新竹州圖書館、辛志平校長故居、原北區戶政事務所、金山寺、關帝廟、古奇峰普天宮（關公像）新竹孔廟、清華大學、交通大學、新竹科學園區、十八尖山公園、新竹公園、鳳凰橋、青草湖風景區。
	香山區	番山	春池綠能觀光工廠、香山火車站（前香山驛）、李錫金孝子坊、上沙崙遺址、海山漁港、鹽水公園、青青草原、南十八尖山（赤山）。
新竹縣　　縣花－茶花；縣樹－竹柏，縣鳥－五色鳥			
新竹縣	竹北市	舊港豆仔埔	新竹縣縣史館及美術館（文化局）、六張犁林家祠（六家林姓聚落，客家文化）、采田福地（平埔族竹塹社祖祠）、問禮堂、蓮華寺（觀音廟）、大夫第（善慶堂）、新瓦屋（單姓聚落）、蓮花公園幽靜步道、竹北天主堂（哥德式教堂）、文化公園、竹北體育館、高鐵新竹站、竹北原生林保護區、竹北濱海遊憩區、鳳崎落日登山步道、波斯菊花田、烏魚（拔子窟烏魚養殖場）、光明一路美食商圈。

縣市	鄉鎮（市）區	舊地名	特色
新竹縣	湖口鄉	湖口大窩口	老湖口天主堂文化館、濟生 Beauty 兩岸觀光生醫美學健康館、三元宮、湖口老街（巴洛克式建築立面）、觀光茶園（陡坡茶園）。
	新豐鄉	紅毛港	池府王爺廟（池和宮）、新豐海堤（濱海遊憩區）、鳳坑村姜厝朴樹林保護區、紅毛港紅樹林生態遊憩區（北臺灣唯一水筆仔、海茄苳混生林）、小叮噹科學主題樂園、西瓜。
	新埔鎮	吧哩嘓	新埔鎮宗祠客家文化導覽館、新埔動態文物館（劉邦賢）、范氏家廟、林氏家廟、張氏家廟、陳氏宗祠、劉家祠、褒忠亭義民廟（義民塚；義民節）、上枋寮劉宅、新埔潘宅、廣和宮、百年伯公廟、文昌祠、天主堂、吳濁流故居（至德堂）、潘錦河故居、菸店（西河堂公廳）、燒炭窩古道、三段崎古道、福祥仙人掌、金谷農場、柿餅節、柿餅、柿染、聞香來小館（客家美食）。
	關西鎮（平1）	鹹菜甕 → 鹹菜棚	金廣成文化館（客家先民開墾史）、臺紅茶業文化館、關西分駐所、東安橋、太和宮、鄭氏祠堂、樹德醫院、范家古厝、羅氏祠堂、關西天主堂耶穌聖心堂、潮音禪寺（泰式廟宇）、關西豫章堂羅屋書房（羅姓聚落）、四寮溪溪流生態戶外教室、彩和山油桐花步道、赤柯山步道、牛欄河親水公園、石光古道、石牛山步道、打牛崎步道（大鼓亭）、馬武督探索森林（綠光小學）、六福村主題樂園、統一馬武督渡假村、大旭谷蘭花農場、迎風館（新竹縣地方產業交流中心）、仙草、鹹菜。
	芎林鄉	九芎林	瑞龍博物館（貝類標本）、鹿寮坑鍾家伙房、文昌閣、代勸堂（關聖帝君）、飛鳳山（登山賞桐步道）、鄧雨賢音樂文化紀念園區、田屋百年古碳窯、寶群主題農庄（蛋之藝博物館）、海梨柑、番茄、美濃樓飲食店（客家美食）。
	寶山鄉	草山	獅頭博物館、寶山水庫（頭前溪流域，自行車道）、寶二水庫、雙胞胎井、大埤塘、河南堂、雞油凸、沙湖壢藝術村、三峰阿興木炭窯、寶山糖廠（紅糖）、迴龍步道、深井生態園區、新城風糖休閒園區、柑橘、茂谷柑、橄欖。
	竹東鎮	樹杞林	樹杞林文化館、林業展示館、蕭如松藝術園區、名冠藝術館、篔城竹廉文化館、竹東火車站、上（下）隴西堂、頭前溪生態公園、桂山發電廠（迷你發電廠）、上坪老街（葡萄牙建築風味）、桔醬（阿金姊）、東興切麵、黃記板條（黑糖板條）。

縣市	鄉鎮（市）區	舊地名	特色
新竹縣	五峰鄉（山7）	大隘	張學良將軍故居遺址紀念公園、三毛夢屋、清泉山莊（三毛夢屋二號）、桃山隧道、八仙瀑布、清泉風景特定區（清泉吊橋）、大鹿林道、觀霧國家森林遊樂區、霞喀囉國家步道（賞楓）、谷t燕步道（谷燕瀑布）、鵝髻山步道、清泉溫泉會館（張少帥）、雪霸休閒農場、涼山部落、賽夏族矮靈祭（大隘村）、清泉天主堂、梅后蔓教會、水蜜桃、甜柿、蕃茄。
	橫山鄉	橫山聯興莊橫山庄	橫山民俗文物館、劉欽興漫畫館（內灣國小內）、大山背樂善堂、廣濟宮、天主堂、內灣風景區（內灣火車站、內灣支線鐵路、火車站地磅遺跡、內灣國小、內灣戲院、內灣派出所、內灣吊橋、攀龍吊橋、木馬古道）、南坪古道、賞螢、野薑花粽。
	尖石鄉（山8）	尖石岩	尖石鄉原住民文化館、尖石TAPUNG古堡（李崠隘勇監督所，巴洛克式雕飾）、霞喀羅古道（賞楓）、鴛鴦谷瀑布、馬里光瀑布、錦屏大橋（泰雅文化石雕）、錦屏溫泉、鎮西堡神木群、司馬庫斯巨木群、北得拉曼神木群（紅檜）、尖石岩、軍艦岩、青蛙石、宇老觀景台、司馬庫斯部落。
	北埔鄉	北埔庄	北埔地方文化館、鄧南光影像紀念館、金廣福公館（全臺現存最大開發墾號）、天水堂（姜秀鑾宅）、姜阿新故宅、姜氏家廟、慈天宮、北埔老街、內大坪冷泉（北埔冷泉）、五指山佛教聖地、東方美人茶（膨風茶）、擂茶、柿餅、芋餅、蕃薯餅（隆源、瑞源餅行）、溫記祖傳黑糖發糕、客家美食。
	峨眉鄉	月眉	富興茶業文化館、獅山遊客中心、獅頭山風景區、峨眉天主堂、六寮古道、獅山古道、峨眉湖（大埔水庫）環湖步道、細茅埔吊橋、十二寮休閒農業區、焗腦業（阿良頭樟腦寮）、東方美人茶、桶柑、茂谷柑。
苗栗縣	苗栗縣（貓裡）　縣花－桂花；縣樹－樟樹；縣鳥－喜鵲		
	竹南鎮	中港	竹南蛇窯古窯生態博物館、苗北藝文中心、國泰玻璃觀光工廠、天仁茶文化館、中港慈裕宮（端午節－洗港祭江）、竹南蛇窯（林添福）、崎頂一號、二號隧道（子母隧道）、崎頂海水浴場、崎頂西瓜（文化）節、后厝龍鳳宮（全台最高媽祖神像建築）、龍鳳漁港、金銀紙（T1-金色中港）、天仁茗茶、麻糬餅。
	頭份市	番婆莊	立康健康養生觀光工廠、滿燭DIY蠟燭工廠、永和山水庫、永和山自行車觀光園道、尿磘仔隧道口、楊統領廟（楊戴雲）斗煥坪（蔥油餅）。

縣市	鄉鎮（市）區	舊地名	特色
苗栗縣	三灣鄉	三灣庄	獅頭山（佛教聖地；參山國家風景區—獅頭山、梨山及八卦山）、三灣老街、銅鏡山林步道、永和山水庫（步道）、三聯埤、老銃櫃步道、巴巴坑道休閒礦場、梨。
	南庄鄉（平2）	南庄	賽夏族文物館、南庄文化會館（南庄郵便局）、向天湖（賽夏族矮靈祭場所）、南庄老街（桂花巷）、石壁染織工坊、賽夏族矮靈祭、神仙谷、獅頭山古道、獅頭山勸化堂、蓬萊溪自然生態園區。
	獅潭鄉（平3）	西潭內獅潭	獅潭村史博物館（穿鑿屋）、獅潭鄉文化會館（獅潭鄉公所舊址）、汶水老街、清泉農場（淡水魚生態展覽館）、仙山登山步道。
	後龍鎮	後壟社	鄭崇和墓、大山火車站、後龍觀光運河、外埔港、半天寮好望角、英才書院（原閩南書院）、客家圓樓、高鐵苗栗站、西瓜、黑輪伯（媽祖廟口）。
	通霄鎮	屯霄、吞霄	臺鹽通霄鹽來館、圳頭窯藝博物館、荒木藝術中心、臺鹽通霄觀光園區、虎頭山、虎頭崁古道、新埔火車站、通霄神社、通霄海水浴場、建民農場、飛牛牧場。
	苑裡鎮	苑裏社	藺草文化館、灣麗磚瓦文物館、山腳蔡氏濟陽堂、房裡蔡泉盛號、華陶窯、山水米有機稻場、心雕居、中溝鄭家聚落（東里家風三合院）、房裡古城、火炎山溫泉遊樂區、藺草編織（草帽、草蓆）、垂坤肉鬆店。
	苗栗市	貓貍	苗栗工藝園區、鐵路文物展示館、苗栗市藝文中心暨各露天展演場、維新客家文物館、文昌祠（門神天聾地啞）、苗栗義塚、賴氏節孝坊、油桐花祭、貓貍山公園、城市規劃館。
	造橋鄉	赤崎子	造橋木炭博物館、冠軍綠概念館（磁磚）、談文車站、劍潭水庫、劍潭古道、鄭漢步道、木頭窯、香格里拉樂園、金瓜藝術節（龍昇湖畔）、牛奶、南瓜。
	頭屋鄉	崁頭屋庄	百茶文化園區觀光工廠、雅聞七里香玫瑰森林觀光工廠、象山藝術館、明德水庫風景區（日新島；神秘谷）、象山孔廟、洛雷托聖母之家、隘寮頂步道、墨硯山古道、鳴鳳古道、膨（椪）風茶（東方美人茶）。
	公館鄉	蛤仔市	苗栗特色館（苗栗陶瓷博物館、四方窯、苗栗窯、木炭窯、香茅油、苦茶油和樟腦油展示區）、臺灣油礦陳列館、臺灣蠶業文化館、謝良進漆器館、出磺坑老油田文化園區、福德馬術公園、棗莊古藝庭園膳坊、陶瓷、福菜、紅棗。
	大湖鄉	馬凹	大湖酒莊草莓文化館、羅福星紀念館、十份崠茶亭、苗栗網形伯公壠遺址（鯉魚潭）、雪霸國家公園管理處、馬那邦山登山步道、出關古道、大湖觀光草莓園、草莓（T1）。

縣市	鄉鎮（市）區	舊地名	特色
苗栗縣	泰安鄉（山9）	大安鄉	泰雅原住民文化產業區、泰安溫泉區、雪見遊憩區、清安豆腐街（豆腐）。
	銅鑼鄉	銅鑼灣銅鑼庄	大補內彈珠汽水觀光工廠、東華樟腦廠、苗栗客家文化園區、桐花公園客家大院、重光診所、舊銅鑼分駐所、九華山、挑鹽古道（賞桐步道）、花生、杭菊、芋頭。
	三義鄉	三叉河	木雕博物館、火炎山森林生態教育館、山板樵臉譜文化生活館、勝興車站（鐵道文化景觀，舊山線十六份文化館）、魚藤坪斷橋（龍騰斷橋）、水美木雕街、西湖渡假村、春田窯休閒農場、鯉魚潭水庫、九華山大興善封、雲火龍節、火炎山自然保留區、木雕（T1）。
	西湖鄉	西湖庄	吳濁流文學藝術館、劉恩寬大伙房（彭城劉氏宗祠）、茅仔埔青錢第、金龍窯、陶蝶H、媽祖石雕（世界第一高）。
	卓蘭鎮	罩蘭	軍民（昭忠）廟（湘軍）、詹氏繼述堂、大克山森林遊樂區、楊桃（T1）、柑桔、高接梨。
南投縣　　縣花－梅花；縣樹－樟樹			
南投縣	南投市	南投社	臺灣省政資料館、國史館臺灣文獻館、南投陶展示館、竹藝博物館、臺灣菸酒（股）公司南投觀光酒廠、香里活力豬品牌文化館、臺灣麻糬主題館（家會香食品）、南投縣文化園區、臺灣省政府（中興新村）、藍田書院（孔子廟）、易經大學、猴探井風景區（天空之橋）、921 地震紀念公園、虎山花園（虎山農場、虎山藝術館）、落羽松森林、老樟母女樹、微熱山丘(鳳梨酥)、星月天空景觀餐廳、南投意麵（源振發、友德、阿章）。
	中寮鄉	平林仔	和興有機文化村、龍興吊橋、龍鳳瀑布（空中步道）、肖楠巨林群、仙峰日月洞、清水國小、劉家百年梅園、植物染（吳秋工作坊）。
	草屯鎮	草鞋墩	國立臺灣手工業研究所陳列館、稻草工藝文化館、白滄沂天雕博物館、王英信美術館、毓繡美術館、登瀛書院、敦和宮、燉倫堂、月眉厝龍德廟（保生大帝）、朝陽宮、新庄國小日治宿舍、昭險圳改修諸首事人氏名紀念碑、敷榮堂、九九峰生態藝術園區（健行步道）、農田水利教育園區、雙十吊橋、向日葵花海秘境、坪頂神木。
	國姓鄉	國勝埔	北港溪石橋（糯米橋）、南港村林屋伙房、九九峰自然保留區、九份二山國家地震紀念地、神仙島遊樂區、泰雅渡假村、清流部落、茄苳神木老樹、柑林枇杷。　　※因【鄭成功】得名

縣市	鄉鎮（市）區	舊地名	特色
南投縣	埔里鎮	烏牛欄埔里社	龍南天然漆博物館、中臺禪寺佛教歷史文物館、偏遠醫療宣教歷史見證文化館（埔里基督教醫院）、炭雕藝術博物館、臺灣菸酒公司埔里觀光工廠、廣興紙寮（T1，造紙體驗 DIY）、造紙龍手創館、大黑松小倆口元首館、木生昆蟲館、水蛙窟（堀）遺址、大瑪璘遺址、國立中興大學實驗林管理處埔里聯絡站、暨南國際大學、臺灣地理中心碑、牛耳石雕公園、紙教堂（桃米生態村）、鯉魚潭、寶湖宮天地堂地母廟、靈巖山寺、正德大佛山、紹興酒、紅甘蔗、米粉、筊白筍（美人腿）、18℃巧克力。
	仁愛鄉（山 10）	能高郡蕃地	曲冰遺址、莫那魯道紀念碑（霧社事件）、清境農場（綿羊秀）、臺大梅峰農場、碧湖（萬大水庫）、惠蓀林場（中興大學）、奧萬大森林遊樂區（賞楓）、櫻花（霧社村）、合歡山森林遊樂區（T1賞雪）、武嶺（觀星）、盧山溫泉。
	名間鄉	湳仔庄	臺灣豬事文化館（南投縣肉品市場）、茶二指茶業故事館、永濟義渡碑、濁水車站、松柏嶺受天宮（北極玄天上帝）、松柏嶺森林公園、茶香步道、桂花森林。
	集集鎮	聚集	特有生物研究保育中心保育教育館、鐵路文物博覽館、山蕉歷史文化館、添興窯（林清河工藝之家）、明新書院、集集火車站、軍史公園、綠色隧道（樟樹）、武昌宮、獅頭山登天步道。
	水里鄉	水裡坑	水里蛇窯陶藝文化園區（林國隆）、玉山國家公園管理處、林班道商圈、車埕（秘密花園）、水里車站、明湖水庫（明潭）、水里鵲橋、石觀音吊橋、大觀發電廠、二坪枝仔冰（臺電發電廠福利社）。
	魚池鄉（平 4）	五城堡	日月潭國家風景區（拉魯島－邵族）、孔雀園、文武廟、向山行政暨遊客中心、涵碧樓、日月潭纜車、水蛙頭步道、九族文化村（Formosan Aboriginal Culture Village）（起造人－張榮義；黃瑞奇經理）、金龍山日出、年梯步道、林洋港先生故居、三育基督學院、行政院農委會茶葉改良場魚池分場、日月老茶廠、陶土的故鄉、紅茶產業文化、香菇。
	信義鄉（山 11）	木瓜村	楠仔腳蔓社學堂遺蹟、東埔溫泉、東埔日月雙橋、坪瀨琉璃光之橋、東埔觀峰、七彩湖、萬興關牌坊（久美部落）、信義鄉農會酒莊、梅子夢工廠、梅子（風櫃斗賞梅）、小米酒。

縣市	鄉鎮（市）區	舊地名	特色
南投縣	竹山鎮	林圯埔	光遠燈籠觀光工廠、藏傘閣觀光工廠、采棉居寢飾文化館、遊山茶訪、八通關古道、連興宮、隆恩圳隧渠、社寮敬聖亭、社寮穀倉、臺中菸葉場竹山輔導站、李勇廟、紫南宮（借金生財的土地公廟）、杉林溪風景區、竹山文化園區、忘憂森林、桃太郎村、林圯公墓、紅蕃薯、竹筍、竹藝、日香芋頭餅。
	鹿谷鄉	獐仔寮	鹿谷鄉地方文化館、聖蹟亭、林鳳池舉人墓、溪頭森林遊樂區、鳳凰谷鳥園、鳳凰自然教育園區（臺大茶園）、救國團溪頭青年活動中心、橫路古道半天橋、長源圳生態步道（孟宗竹，林爽文古戰場）、麒麟潭、妖怪村、凍頂烏龍茶。
彰化縣（半線）　縣花－菊花；縣樹－菩提樹；縣鳥－灰面鵟			
彰化縣	彰化市	半線堡	賴和紀念館、彰化藝術館（原中山堂）、古月民俗館、彰化孔子廟、元清觀、聖王廟、定光佛廟（汀州會館）、慶安宮、南瑤宮、關帝廟、開化寺、節孝祠、彰化西門福德祠、懷忠祠、原彰化警察署、集樂軒（北管曲館）、梨春園曲館（北管）、鐵路醫院（原高賓閣酒家）、扇形車庫、武德殿、八卦山風景區（大佛）、抗日烈士紀念碑公園、八卦山脈生態旅遊服務中心（灰面鵟鷹）、銀行山休憩區（彰化市最高點 232M）、桃源里森林步道、福田賞桐生態園區、彰化鄭成功廟（全臺鄭姓大宗祠）、不老泉、紅毛井、永樂街觀光夜市商圈、肉圓、貓鼠麵、大元鹹麻糬、苔條花生（陳稜路、中山路交叉口）、義華卦山燒（KUASAN YAKI）、（阿）泉焢肉飯、文卜粿仔湯、黑肉麵、貓鼠麵、木瓜牛乳大王、福泉布丁豆花。
	芬園鄉	芬園新庄	寶藏寺（聖母祠）、祥光寺、永清宮、柯王宅厝、挑水古道、彰南古董藝術街、芬園休閒體健園區、芬園花卉生產休憩園區、就是愛荔枝樂園-Alice's Garden、米粉（楓坑村）、社口肉圓碗粿。
	花壇鄉	茄苳腳	臺灣民俗村（已停業）（嘯月山莊改名日華大飯店）、中庄李宅、虎山巖（岩）、八卦窯、三春老樹休閒農園。
	秀水鄉	臭水	益源古厝（馬興陳宅）、烏面將軍廟、陝西文物館。
	鹿港鎮	鹿仔港	鹿港民俗文物館、鹿港鎮史館（鹿港街長宿舍）、彰濱秀傳健康園區醫學博物館、白蘭氏健康博物館、台灣玻璃館、緞帶王觀光工廠、龍山寺、天后宮、新祖宮、興安宮、南清宮、鳳山寺、城隍廟、三山國王廟、文武廟、地藏王廟、金門館、鹿港日茂行、丁家古厝、鹿港公會堂、九曲巷、隘門、十宜樓、元昌行、原海埔厝、警察官吏派出所、鹿港玉珍齋、如意行、友鹿軒、君子巷（摸乳巷）、鹿港老街、半邊井、木雕、燈籠（吳敦厚燈舖）、玉珍齋、阿振肉包、老龍師肉包、牛舌餅（天后行）、鳳眼糕、彩頭酥、捏麵人、麵茶、蝦猴、蔡澤記水晶餃、楊州肉圓芋丸、龍山魷魚肉羹、蚯蚓龍山麵線糊。※鎮內「施」姓的最多。

縣市	鄉鎮（市）區	舊地名	特色
彰化縣	福興鄉	福興庄	福興穀倉、貝殼廟。
	線西鄉	下見口	臺灣優格餅乾學院、蛤蜊兵營、肉粽角海灘（風力發電）、德興古厝、大鼓亭（秀安鼓坊）、永安製鼓、皮蛋。
	和美鎮	和美線	道東書院、阮氏宗祠、陳家洋樓（陳虛谷）、德美公園、銀星氣象站（臺灣唯一民間氣象站）、和美洋傘。
	伸港鄉	伸港庄	大肚溪口野生動物保護區（水鳥欣賞區）、福安宮、張玉姑廟。
	員林市	員林街	興賢書院（原名文昌祠）、員林鐵路穀倉（員林立庫）、江九合濟陽堂、張氏家廟、福寧宮、員林禪寺、百年天主教堂、小嶺頂步道、藤山步道、臥龍步道、百果風景區—新百果山遊樂園（花卉）、柑橘、員林謝記米糕（已停業）、蜜餞（林桔園）
	社頭鄉	社頭庄	樂活觀光襪廠、清水岩（巖）寺、枋橋頭天門宮、劉宅月眉池、斗山祠（滿泰公祠）、善德禪院、清水岩森林風景區、十八彎挑鹽古道、襪子王國（T1）。 ※鄉內「蕭」姓的最多
	永靖鄉	關帝廟街	陳宅餘三館（三合院古宅）、邱宅忠實第老師府、魏成美公堂（頂新集團魏家古厝）、永靖公學校宿舍、和德園（頂新集團紀念父親之作）、苦苓。
	埔心鄉	坡心	武舉人故居（黃耀南）、寶島歌王黃三元故居、羅厝天主堂、路葡萄隧道與酒莊（黃路）、濁水米。※彰化縣「米穀之倉」。
	溪湖鎮	溪湖厝	溪湖糖廠、溪湖庄役場、軍機公園、楊家花園、福安宮、胡振隆祠堂、巫家捏麵館、溪湖果菜市場、楊家羊肉爐、阿秀羊肉。
	大村鄉	燕霧大莊	慈雲寺、錫安寺（樹包廟）、賴景祿公祠、臺大休閒農場（臺大蘭園）、巨峰葡萄（T1）。※鄉內姓賴最多
	埔鹽鄉	埔鹽庄	糯米文化風味坊（原溪湖糖廠之溪湖原料站）、永樂草地學堂（農村文化產業學堂）、竹頭角古厝、糯米。
	田中鎮	田中央	田頭水文史館、襪子王觀光工廠、紅磚菸樓、田中書山祠、田中窯（葉志誠）、鼓山寺、田中森林步道、田中森林遊樂區、赤水崎公園、全國嘉寶果栽培推廣場、紅甘蔗、豆花王、周記蒸餃。
	北斗鎮	寶斗 東螺社	北斗保甲事務所、奠安宮、北斗老街、北斗河濱公園、紅磚市場、酥糖、肉圓、正老店高麗菜飯（媽祖廟前）、李老城肉乾鋪。

縣市	鄉鎮（市）區	舊地名	特色
彰化縣	田尾鄉	田尾庄	公路花園、百花騎放自行車道、怡心園親水公園。 ※花鄉（巫修齊唐山引進百年花緣）
	埤頭鄉	埤頭庄	中興穀堡稻米博物館、彰化百寶村。
	溪州鄉	溪州庄	三條派出所（原三條圳警察官吏派出所）、費茲洛（溪州）公園、綠筍路鳳凰大道（鳳凰樹）。
	竹塘鄉	蘆竹塘庄	醒靈宮、明航寺、田頭村大榕樹觀光休閒區、濁水米、米粉（裕豐米粉廠）、洋菇。
	二林鎮	二林社	二林鎮地方文化館、仁和宮、二林國小禮堂、武德殿、二林蔗農事件紀念碑、高陽軒（許明山）、洪醒夫文學公園、二溪路綠色隧道（木麻黃）、天主教聖教堂、原斗基督長老教會、蒴仔埔圳、東螺溪休閒農場（舊濁水溪）、酒莊（臺灣酒窖）、水稻、甘蔗、葡萄（葡萄酒）。
	大城鄉	大城莊	興山公園、西港及公館沙崙鷺鷥區。
	芳苑鄉	芳苑庄	王功蚵藝文化館、臺灣漢寶園（貝殼館，台明將玻璃公司）、福海宮（媽祖廟）、王功漁港、漢寶生態濕地、芳苑濕地、紅樹林復育區（王功漁港、白馬峰）、芳苑燈塔（王功燈塔，台灣本島最高燈塔）、王功生態景觀橋、竹管屋、王功採蚵車摸蛤生態之旅、牡蠣（蚵仔）、炸粿（蚵仔嗲）、枝仔冰。
	二水鄉	二八水	董坐石硯藝術館、八堡圳公園（「上善若水」雕塑）、林先生廟（含施世榜、黃仕卿）、螺溪石硯、謝東閔故居、二水車站（集集支線）、觀光自行車道（經八堡圳源頭及林先生廟）、大丘園休閒農場、白柚、和信蜂業（蜂王乳、龍眼蜂蜜、蜂蜜水果茶）、大明火燒麵。
雲林縣	縣花－蝴蝶蘭；縣樹－樟樹；縣鳥－臺灣藍鵲		
雲林縣	斗南鎮	他里霧	他里霧文化園區（他里霧繪本館－紀念碑、親水公園等）、斗南鐵路穀倉、斗南分局舊辦公廳舍、斗南國小日式宿舍、臺鐵斗南站宿舍群、龍虎堂（齋堂）、舊社百年茅草屋、斗南炸饅頭、阿國師燉碙蒸品薑母鴨。
	大埤鄉	大埤頭	大埤鄉地方文化館、大埤酸菜館、三山國王廟、北極殿（肉身帝爺柯象）、原大埤鄉農業信用組合、酸菜（T1）。
	虎尾鎮	五間厝	雲林故事館、雲林布袋戲館（原虎尾郡役所）、虎尾厝沙龍、興隆毛巾觀光工廠、涌翠閣、虎尾糖廠廠長宿舍、虎尾第一及第三公差宿舍、虎尾自來水廠、大圳三山國王廟、虎尾寺、青雲宮、持法媽祖宮（環保媽祖廟）、虎尾糖廠（鐵橋）、同心公園、虎尾驛、虎尾老水塔（八角形）、五洲園布袋戲（黃海岱-107歲）、毛巾（興隆）、大蒜、虎尾魷魚羹麵。

縣市	鄉鎮(市)區	舊地名	特色
雲林縣	土庫鎮	塗褲莊	土庫多功能文化館、順天宮、土庫庄役場、土庫國中自強樓南棟、土庫第一市場木造建築。
	褒忠鄉	埔姜崙	馬鳴山鎮安宮（五年王爺）、鄧麗君幼年故居、柯家古厝
	臺西鄉	五條港、海口	新住民故事館（舊鄉長宿舍）、五條港安西府、臺西海園觀光區。
	崙背鄉	布嶼西堡	悠紙生活館（榮星紙業觀光工廠）、酪農專區（牛乳，畜牧之鄉）、苦瓜、阿火肉圓、曾記屋豆干。
	麥寮鄉	麥仔簝	麥寮拱範宮、臺塑六輕廠、濁水溪濕地、風力發、火力發電廠。
	斗六市	斗六街(門)	臺灣寺廟藝術館、柚子藝術館、魔羯魚祈福館（佛教文化藝術）、大同醬油黑金釀造館、汎歌保養品科技美學館、朝露魚舖觀光工廠、緹諾時尚生活館、斗六圓環、真一寺、雲旭樓（原雲林國中校舍）、斗六行啟記念館、斗六籽公園、三三文創聚落、斗六公正街196號、斗六糖廠糖業文化景觀、太平老街、斗六聖玫瑰堂、雲林生態休閒農場、湖山岩、文旦、斗六人文夜市。
	林內鄉	林內庄	濁水發電所、林內公園（林內神社）、小黃山、坪頂觀光茶園（茶葉推廣中心）、湖本生態村（八色鳥）、紫斑蝶季、木瓜。
	古坑鄉	庵古坑	蜜蜂故事館、福祿壽觀光酒廠、古坑國小舊舍、慈光寺、靈台山建德寺地母廟、劍湖山世界、草嶺風景區、華山咖啡園區、樟湖風景區、石壁生態休憩區、石壁村木馬古道、情人橋、萬年峽谷、五元二角社區遊憩綠廊、珍粉紅城堡－水漾森林教室、銘傑交趾陶、古坑綠色隧道公園（芒果樹）、古坑咖啡、柳丁。
	莿桐鄉	莿桐巷	原莿桐公學校木造宿舍、饒平國小舊宿舍、三汴頭林家古厝、若瑟天主堂（改建華山基金會）、高香珍糕餅、軟枝楊桃、蒜頭（品質T1）。
	西螺鎮	西螺社	西螺延平老街文化館、丸莊醬油觀光工廠、振文書院、西螺大橋（紅龍）、福興宮、七崁雕塑公園、西螺七崁（阿善師－劉明善）、廣興教育農園、濁水溪米、西瓜、醬油。
	二崙鄉	布嶼東堡	二崙故事館（原二崙派出所）、詔安客家生活文化體驗館、來惠古厝、二崙分駐所眷舍、二崙自然步道、西瓜（方形西瓜）。

縣市	鄉鎮（市）區	舊地名	特色
雲林縣	北港鎮	笨港	笨港文化藝術中心（田園藝廊）、北港遊客中心、北港春生活博物館、古笨港遺址、朝天宮、義民廟、集雅軒、北港水道頭文化園區、女兒橋（北港溪復興鐵橋）、北港農校校舍、北港地政事務所舊舍、神社社務所暨齋館、顏思齊登陸笨港開拓臺灣紀念碑、北港糖廠、蔡復興客棧、新街蔡家古厝、蔡然標古厝、甕牆、振興戲院（巴洛克藝文特產館）、武德宮（開臺財神爺）、媽祖景觀公園、麻油、醱酵餅（凸餅）、日興堂喜餅、花生、蠶豆（東興）。
	水林鄉	水燦林	黃金蝙蝠生態館、番薯厝順天宮、甘薯節。
	口湖鄉	尖山堡口湖庄象鼻湖	口湖鄉老人生活文化館、馬蹄蛤主題館、臺灣鯛生態創意園區（觀光工廠）、口湖下寮萬善同歸塚、鄭豐喜故居（汪洋中的一條船）、文生天主堂、成龍溼地、牽水狀文化祭（水難祭儀）、蚵田、番薯（雲林番薯控窯樂）（大溝）、芋仔冰、祥益米粉、巧味芽龍鬚菜、烏魚子、鰻魚。
	四湖鄉		農漁村生活文化館（原三條崙教育農園）、三條崙海水浴場（鄭成功文物展示館）、蘇磨國術紀念館（順武堂）、三條崙漁港、箔子寮漁港、海清宮（包青天祖廟）、防風林自行車步道、箔子寮神仙3D彩繪村、蒜頭（產量第一）。
	元長鄉	元掌莊	西莊（庄）番仔井、鰲峯宮（保生大帝軟身雕像）、落花生。
嘉義縣	嘉義縣（諸羅）　　　　縣花－玉蘭花；縣樹－臺灣欒樹；縣鳥－藍腹鷴		
	番路鄉	蕃仔路	半天岩（巖）紫雲寺（祈福步道）、嚴禁匠民越界私墾碑、琴山河合博士旌功碑、阿里山國家風景區管理處（含阿里山、梅山、竹崎及番路四鄉）、仁義潭水庫（長堤）、觀景亭、阿里山古道、天長·地久橋（情侶最愛）、情人橋、百年茄苳樹、童年綠野渡假村、東洋高爾夫球場、柿子節、土窯雞。
	梅山鄉	梅仔坑	農村文化館、梅間屋梅子元氣館、太平風景區、太和風景區、瑞里風景區（燕子崖、蝙蝠洞）、梅山公園、野薑花溪步道、瑞太古道、安靖古道、雲潭瀑布、大窯觀日台、太平雲梯、綠色隧道（竹杉林）、碧湖觀光茶園、高山茶、竹筍、愛玉、梅果。
	竹崎鄉	竹頭崎	奮起湖（畚箕湖）車站、奮起湖車庫、奮起湖風景區（老街、四方竹）、竹崎車站、觀音瀑布風景區、竹崎親水公園、水社寮風景區（四方竹林）、石棹自然生態保育區（高山茶）、奮瑞古道、獨立山古道、吳鳳故居、德源禪寺、愛玉、山葵、火車餅、草仔粿、阿良鐵支路便當。

縣市	鄉鎮（市）區	舊地名	特色
嘉義縣	阿里山鄉（山12）	吳鳳鄉	阿里山賓館、樹靈塔、原臺灣總督府氣象臺阿里山觀象所、阿里山林業暨鐵路文化景觀、沼平車站、受鎮宮、阿里山國家森林遊樂區、達娜伊谷（自然生態保育公園）、一葉蘭自然保留區、茶山部落生態公園、觸口牛埔子草原、高山茶、山葵、竹筍。
	中埔鄉	埔羌林	吳鳳廟、吳鳳紀念公園（漢德寶教授規劃）、獨角仙農場、詩情花園渡假村、綠盈牧場、石硦天林（石硦林場）。
	大埔鄉	後大埔	螢火蟲生態主題館、西拉雅大埔旅遊資訊站、嘉義農場（生態渡假王國）、坪林風景區、歐都納山野渡假村、曾文水庫（全臺最大水庫）、林本中藥舖（竹管厝，漂流木裝置創意中心）、內葉翅吊橋、射免潭吊橋、草蘭溪吊橋、大埔拱橋、情人瀑布、湖濱公園、大壩景觀、跳跳休閒農場、山豬島（山豬）、黑鳶（老鷹）、阿婆灣柑仔店。
	水上鄉	水崛頭	北回歸線天文廣場（太陽館—天文主題館）、北回歸線紀念碑、水上機場、頂塗溝蝴蝶村、顏思齊墓、南靖糖廠、南靖火車站、大崙社區。
	鹿草鄉	鹿仔草	中寮安溪城隍廟、海豐舉人故居、嘉義監獄、瓜苗嫁接培育場、水稻、西瓜、日和製冰部（鳳梨雪泥冰）。
	太保市	溝尾庄	國立故宮博物院南部院區（亞洲藝術文化博物館）、品皇咖啡博物館、魚寮遺址、縣治特區、水牛公園（牛將軍廟）、高鐵太保站。※因王得祿受封太子太保而得名。
	朴子市	樸仔腳	刺繡文化館、梅嶺美術館（朴子藝術公園內）、東石郡役所、配天宮、德興里老厝、船仔頭休閒藝術村（東石、朴子、六腳三鄉市交界）、牛挑灣埤生態公園、鐵支路公園、檳榔掃把、朴子永久花枝丸。
	東石鄉	蚊港（魍港）	余順豐花生觀光工廠、笨港口港口宮（媽祖）、東石漁人碼頭（海鮮、搭觀光漁筏看沿海生態）、鰲鼓溼地、福靈宮（鐵嘴將軍）、牡蠣、魚產。
	六腳鄉	六腳佃	王得祿墓園、蔗埕文化園區（蒜頭糖廠）、甘蔗、灣內花生。
	新港鄉	新南港	新港文化館（25號倉庫）、香藝文化園區、古笨港陶華園（交趾陶，謝哲東）、新港鐵路公園（嘉北線鐵路—五分仔車）、奉天宮（大媽）、水仙宮、大興宮、六興宮（三媽）新港飴、鹽酥花生、花果酥、新港手工饅頭。

縣市	鄉鎮（市）區	舊地名	特色
嘉義縣	民雄鄉	打貓	國家廣播文物館、嘉義縣表演藝術中心、穀盛酢香文物館、卡普秀醫美研發中心、臺灣菸酒公司嘉義觀光工廠（嘉義酒廠）、永勝小丸子健康工廠、民雄金桔觀光工廠、熊大庄森林主題觀光工廠、中正大學（互動式地震博物館）、嘉義大學、大士爺廟、鬼屋（劉家古樓）、虎頭崁碑、旺萊山鳳梨文化園區、民雄肉包、小時候大餅、金桔、鵝肉街（正太郎鵝肉之家、鵝肉亭）。
	大林鎮	大埔林	大林糖廠、老楊方城市觀光工廠(老楊方塊酥)、卡羅爾銅管樂器觀光工廠、三疊溪明華濕地生態園區、南華大學、昭慶禪寺、萬國戲院、泰成中藥行、大林排骨大王、大林臭豆腐。
	溪口鄉	雙溪口	開元殿（178m 鄭成功大神像地標）、鳥仔餅（明祥、永芳餅店）。
	義竹鄉	義竹圍庄	翁清江宅、修緣禪寺（濟公）、漁塭、賽鴿苓、花跳魚。
	布袋鎮	布袋嘴	好美寮自然保護區、布袋漁港（觀光漁市、賞夕陽）、布袋遊艇港、潮間帶休閒館（布袋觀光漁筏）、新塭嘉應廟（衝水路、迎客王）、布袋鹽場、好美彩繪村、高跟鞋教堂、蚵田、海鮮、蚵仔、菜脯、高麗菜乾、豆花老店（城隍廟旁）。
嘉義市	市花、市樹－艷紫荊		
嘉義市	東區		史蹟資料館（日治文物）、嘉義市立博物館、嘉義市交趾陶館、陳澄波二二八文化館、祥太文物館、獄政博物館（嘉義舊監獄）、動力室木雕作品展示館、嘉大昆蟲館、蕭萬長文物館（嘉義大學圖書館內）、阿里山森林鐵路車庫園區（火車生態博物館）、月桃故事館、原嘉義農林學校校長官舍、蘇周連宗祠、阿里山鐵路北門驛、道爺圳糯米橋、八獎（掌）溪義渡、原嘉義神社暨附屬會館、嘉義營林俱樂部（阿里山林場招待所）、王祖母許太夫人墓、葉明邨墓、城隍廟、仁武宮、彌陀寺、九華山地藏庵、雙忠廟、嘉義百年公園（史蹟資料館、射日塔、孔廟、福康安紀念碑、震災紀念碑、阿里山森林鐵道老火車頭－21號蒸汽火車頭）、中央噴水池、森林之歌、二二八紀念公園、蘭潭風景區、嘉義檜意森活村（森林文創園區）、樹木園（隸屬臺灣省林業試驗所）、農業試驗分所、行嘉吊橋、文化路夜市、恩典方塊酥、錦魯鱔魚、林聰明砂鍋魚頭、正義蚵仔麵線、火雞肉飯（郭家、劉里長）、南門圓環杏仁茶、方櫃仔滷味、郭家文化路豆奶攤。

縣市	鄉鎮（市）區	舊地名	特色
嘉義市	西區		嘉義文化創意產業園區、希諾奇臺灣檜木博物館、嘉義火車站、菸酒公賣局嘉義分局、嘉義西門長老教會禮拜堂、太師府（巧聖先師魯班）、鐵道藝術村、埤子頭植物園、嘉油鐵馬道（橫跨嘉義市區及水上鄉）、北回歸線標誌（全球第十處）、嘉樂福夜市、中正公園形象商圈、福義軒手工蛋捲、老楊方塊酥、真味珍肉鬆香腸、西市米糕、福源肉粽店、江味軒日本料理、火雞肉飯（噴水、呆獅）、香菇肉羹（民生北路 60 年老店）。
屏東縣	縣花－九重葛；縣樹－可可椰子；縣鳥－紅尾伯勞		
屏東縣	屏東市	阿猴（緱）	旅遊文學館、阿猴（緱）地方文化館、排灣族雕刻館、屏東鄉土藝術館（邱家古宅忠實第）、屏東美術館（公所舊址）、原住民文化會館、將軍之屋（族群音樂館）、屏東糖廠（屏東糖廠文物館）、下淡水溪鐵橋（高屏溪舊鐵橋）、宗聖公祠、屏東書院、崇蘭蕭氏家廟、阿緱城門（朝陽門）、縣長官邸、原日本第八飛行聯隊隊長官舍、原屏東師範學校校長官舍、高雄區農業改良場之農業資料館、阿緱糖廠辦公廳舍、屏東（阿猴）公園、慈鳳宮、海豐濕地、瑞光夜市、屏東夜市、文德食品行、屏東肉丸（蒸的）。
	三地門鄉（山 13）	山豬毛	三地門文化館、三地門藝術村、地磨兒傳統生活工藝園區、賽嘉航空園區、莎卡蘭口社村、安坡部落、青葉部落（魯凱族）、馬兒青山觀光自行車道、大津瀑布、山川琉璃吊橋、排灣族石板屋、排灣三寶（琉璃珠、陶壺、青銅刀）。
	霧台鄉（山 14）	霧台社	魯凱族好茶舊社、小鬼湖、霧台石板聚落、伊拉部落、谷川大橋（最高之橋）阿禮部落的頭目家屋、基督長老教會、櫻花季（山櫻花、八重櫻）、櫻花王、魯凱族（雲豹的傳人）豐年祭、神山愛玉冰。
	瑪家鄉（山 15）	瑪家社	臺灣原住民文化園區、涼山瀑布、笠頂山登山步道、瑪家桃花源、禮納里部落、舊筏灣部落（石板屋）。
	九如鄉	九塊厝庄	三山國王廟（九塊厝）、龔家古厝、蘭花蕨鐵馬道。
	里港鄉	阿里港	雙慈宮、陳氏宗祠、藍家古厝、河堤公園、隘寮河堤車道、薰之園香草休閒農場、里嶺大橋（里港至嶺口）、餛飩（扁食）。
	高樹鄉	高樹下	鍾理和故居、高樹元氣館、大路觀主題樂園、津山觀光休閒農園、大路關石獅公信仰、加蚋埔平埔夜祭、泰山鳳梨。【右堆】
	鹽埔鄉	鹹埔莊	大鴕家觀光休閒農場。

縣市	鄉鎮（市）區	舊地名	特色
屏東縣	長治鄉	長興庄	萬寶祿酵素品牌文化館、天明製藥農科觀光藥廠、六堆抗日紀念公園（火燒庄之役）、農業生物科技園區、高雄區農業改良場、喬本生醫－牛樟芝培育雲端工廠、單車國道（長治－麟洛）。【前堆】
	麟洛鄉	麟落庄	濕地公園、運動公園、自行車景觀橋、麟洛自行車道、柚園生態農場、剝殼椰子、六堆客家美食。【前堆】
	竹田鄉	頓物庄	客家文物館、六堆忠義祠、竹田驛園（竹田火車站）、池上一郎博士文庫（二戰軍醫）、竹田自行車道。
	內埔鄉	內埔庄	臺灣菸酒（股）公司屏東觀光酒廠、龍泉觀光酒廠（青島啤酒）、六堆客家文化園區、六堆天后宮、新北勢庄東柵門、昌黎祠（唯一專祀韓愈，1827）、東望樓、排灣三寶工藝館、古流坊。【中堆】
	萬丹鄉	社皮	鯉魚山泥火山、萬丹紅豆節。
	潮州鎮	潮庄	屏東戲曲故事館（舊潮州郵局）、朝林宮（寺廟）、林後四林平地森林園區、潮州市民農園、八大森林遊樂園、明華園歌仔戲、年街。
	泰武鄉（山16）	泰武社	萬安親水公園、吉貝木棉林、比悠瑪部落、佳平部落、佳興部落、大武山自然保留區（南大武山）、北大武山（祖靈居住地－聖山）、大武山休閒農場（舊武潭部落）。
	來義鄉（山17）	來義社	來義鄉原住民文物館（排灣族五年祭儀文物）、丹林瀑布群（丹林吊橋）、喜樂發發森林公園、古樓部落 maljeveg 五年祭（竹竿祭）。
	萬巒鄉	蠻蠻	萬金天主教堂（萬金聖母聖殿）、萬金綠色隧道、五溝水社區（第一個文化資產法指定客家聚落）、五溝村劉氏宗祠、五溝水鍾氏祠堂潁川堂、吾拉魯滋（新赤農場，泰武鄉居民八八風災重建永久屋）、櫻花渡假村、安巒山莊休閒農場、加匏朗夜祭趒戲、天主教萬金聖母遊行、萬巒豬腳街（海鴻飯店）。【先鋒堆】
	崁頂鄉	崁頂庄	崁頂生態公園、崁頂鄉自行車道。
	新埤鄉	新埤頭	怡然居螢火蟲生態館、建功庄東柵門、龍潭寺、新埤鄉綜合休閒公園（花海）、建功森林親水公園、芒果。【左堆】
	南州鄉	溪洲	南州糖廠、蓮霧。
	林邊鄉	林仔邊庄	鮮饌道海洋食品文化館黑珍珠、福記古厝、苦伕寮公園、黑珍珠（蓮霧）、海鮮。

縣市	鄉鎮（市）區	舊地名	特色
屏東縣	東港鎮	東津	東港漁業文化展示館、大鵬灣原日軍水上飛機維修廠、東港天主堂、大鵬營區日治時期軍事設施及建物、東隆宮（王船祭－燒王船）、朝隆宮（媽祖）、鎮海公園（王船祭「請水與送王」之地點）、大鵬灣國家風景區、大鵬灣國際賽車場、青州遊樂區、鵬灣跨海大橋（鵬灣橋）、大鵬環灣車道、漁獲拍賣市場（華僑市場）、黑鮪魚、櫻花蝦、油魚子（東港三寶）、雙糕潤（邱家）、海鮮街（光復路）、肉粿（林記、葉記）。
	琉球鄉	剖腹嶼 小琉球	琉球遊客中心、碧雲寺、三隆宮、靈山寺、白沙尾觀光港區、烏鬼洞風景區、美人洞風景區、山豬溝風景區、蛤板灣風景區（貝殼砂沙灘）、杉福漁港（杉福生態廊道）、大福漁港、海子口、肚仔坪（潮間帶）、厚石群礁、白燈塔（琉球嶼燈塔）、竹林生態溼地公園、珊瑚礁岩（花瓶石、紅番頭石、鸚鵡石、望海觀音石）、秘密沙灘、中澳沙灘、龍蝦洞、小琉球海底觀光潛水船、小琉球迎王平安祭典、麻花捲。
	佳冬鄉	茄苳腳 茄藤港	楊氏宗祠、蕭宅、西隘門、防空洞。【左堆】
	新園鄉	新園庄	赤山巖、新惠宮。
	枋寮鄉	枋寮庄	北勢寮保安宮、石頭營聖蹟亭、浸水營古道起點、枋寮漁港、枋寮藝術村、枋寮F3藝文特區（枋寮火車站3號倉庫）、水底寮古厝群。
	枋山鄉	崩山	恆春半島山線自行車道、鯨魚園休閒農場、國堡渡假遊樂區、愛文芒果（枋山愛文芒果嘉年華會－太陽果）、洋蔥。
	春日鄉（山18）	春日社	排灣族 Tjuvecekadan 老七佳部落石板屋聚落（臺灣現存最完整石板屋群）、忘憂谷、力里登山步道、大漢山休閒農場、士文自然休閒農場。
	獅子鄉（山19）	獅子頭社	獅子鄉文物陳列館、雙流國家森林遊樂區、內文部落、里龍山步道、枋山車站、楓港紫竹林龍峰寺、山蘇菜。
	車城鄉	柴城	國立海洋生物博物館、車城福安宮（東南亞最大土地公廟）、後灣、保力林場（屏東科大實驗林場）、四重溪溫泉遊憩區（清泉日式溫泉會館）、琉球藩民墓（牡丹社事件）、海口港、海口沙漠、洋蔥、鹹鴨蛋。
	牡丹鄉（山20）	牡丹社	牡丹水庫、石門古戰場（「澄清海宇還我河山」紀念碑）、石板屋遺址、旭海草原、旭海溫泉、阿朗壹古道、東源森林遊樂區、哭泣湖畔自然生態園區、佳德谷原住民植物生活教育園區、四林格山、牡丹公園。

縣市	鄉鎮（市）區	舊地名	特色
屏東縣	恆春鎮	瑯嶠（琅𤩝）	恆春民謠館（原恆春醫院舊宿舍）、瓊麻工業歷史展示區、墾丁國家公園管理處（遊客中心）、恆春古城、恆春漂浮城牆、恆春石牌公園、墾丁國家森林遊樂區、墾丁高位珊瑚礁自然保留區、貓鼻頭公園、鵝鑾鼻公園（鵝鑾鼻燈塔、鵝鑾鼻史前文化遺址、台灣最南點意象標誌）、社頂自然公園（梅花鹿復育區）、後壁湖遊艇港、恆春生態休閒農場、龍坑生態保護區、龍鑾潭、南灣、白砂灣、關山夕照、墾丁牧場、香蕉灣生態保護區、砂島生態保護區、龍磐公園、出火特別景觀區、風吹砂、水蛙窟、紅柴坑、船帆石、萬里桐、墾丁青年活動中心、墾丁大街、阿嘉的家（《海角七號》電影）、恆春老街、恆春搶孤及爬孤棚。
	滿洲鄉（平5）	蚊蟀埔	敬聖亭、南仁山生態保護區、佳樂水風景區（海蝕平台、棋盤岩、珊瑚礁岩）、九棚大沙漠、臨海瀑布、里德橋賞鷹（灰面鵟）、滿州港口吊橋、門馬羅山（「摸無路山」諧音，中央山脈最南端丘陵地形）、滿州花海（全國最大的花海）、白榕園（林業試驗所恆春分所港口工作站內，未正式對外開放）、港口茶。
臺東縣	縣花－蝴蝶蘭；縣樹－樟樹；縣鳥－烏頭翁		
臺東縣	台東市（平6）	寶桑街	國立臺灣史前文化博物館、臺東美術館、臺東故事館、臺東表演藝術館、臺東大學圖書資訊館、山地文物陳列室、鐵道藝術村、寶町藝文中心（臺東市長官舍建築群）、卑南遺址、臺東縣議會舊址、天后宮、天主教知本天主堂、天主教白冷外方傳教會、專賣局臺東出張所宿舍、臺糖臺東糖廠（含中山堂）、中華會館、知本農場第5村28莊、國本農場、玉豐窯業（蛇窯）、市長公館、縣長公館、臺東舊站機關車庫、中華會館、卑南文化公園（卑南遺址）、夢幻湖、富岡漁港、加路蘭（小野柳）、黑森林、琵琶湖、鯉魚山、海濱公園（國際地標－歐亞板橋末端）、豐源國小、元宵節炮轟寒單爺（流氓財神）、南王部落除喪年祭、老臺東米苔目、釋迦、楊記家傳地瓜專賣店。
	綠島鄉	火燒島、雞心嶼	綠島燈塔、柚子湖聚落遺址、綠島遊客服務中心、綠洲山莊（國防部感訓監獄）、將軍岩、綠島監獄、綠島人權紀念公園（綠島小夜曲）、牛頭山&青青草原、海參坪（睡美人、哈巴狗）、柚子湖、楠子湖、觀音洞、朝日溫泉（硫磺泉）、大白沙、綠島公園、小長城步道、公館與柴口（人權紀念碑、望夫岩）、孔子岩、帆船鼻、火燒山、南寮港（南寮灣）、樓門岩、潛水、海鮮。

縣市	鄉鎮（市）區	舊地名	特色
臺東縣	蘭嶼鄉（山21）	紅頭嶼	蘭嶼飛魚文化館、蘭嶼氣象站（紅頭嶼測候所、蘭嶼測候所）、雅美族野銀部落傳統建築、朗島部落傳統領域、拼板舟、船祭、紅頭岩、坦克岩、雙獅岩、兵艦岩、雙獅岩、情人洞、五孔洞、東清村（全島最大村落）、東清灣（全島風景最美）、椰油村（全島最繁榮）、開元港（對外海運交通門戶）、核能廢料儲藏場（紅頭部落）、達悟族（雅美族）飛魚祭、熱帶雨林生態資源、蝴蝶蘭之島。
	延平鄉（山22）	巴喜告（Pasikau）	紅葉少棒紀念館、鸞山森林博物館、舊鹿鳴吊橋（舊鹿鳴鋼索吊橋）、紅葉村臺東蘇鐵自然保留區、布農部落休閒農場、武陵親水公園、武陵吊橋、武陵水壩、鸞山湖、鹿鳴蝴蝶谷、七里香樹園區、鹿鳴橋、布農部落、紅葉溫泉、紅葉溫泉親水公園、紅葉部落（紅葉少棒的故鄉）、水蜜桃。
	卑南鄉（平7）	埤南	舊檳榔火車站、東興火力發電廠、利吉流籠遺址、巴蘭遺址、卑南巨石文化遺址、四格山、知本森林遊樂區、知本溫泉、白玉瀑布、利吉月世界、小黃山（斷崖景觀）、富山漁業資源保育區（原杉原海水浴場）、清覺寺、初鹿牧場、臺東原生應用植物園、利嘉林道、達魯瑪克部落（東魯凱族，鞦韆祭）、知本圳親水公園、卑南猴祭、狩獵祭、豐年祭、炮炸寒單、釋迦（與臺南歸仁分庭抗禮）。
	鹿野鄉（平8）	務祿台	鹿野庄（區）牧場、龍田村邱宅、龍田國小日式校長宿舍及托兒所、永昌游泰端宅、武陵綠色隧道（樟樹）、高台飛行傘區（熱氣球嘉年華）、高台觀光茶園、鹿野溫泉（鹿野溪）、雷公火泥火山、日本移民村（龍田村）、永安芬蘭原木屋、武陵綠色隧道（武陵監獄、武陵幽谷）、二層坪月世界暨新良親水公園、龍田崑慈堂、鹿野大圳馬背調整池水利公園、福鹿茶、福鹿米、紅甘蔗、鹿野土雞。
	關山鎮（平9）	里壠	關山鎮里壠官舍、關山大圳五雷震水碑及泰山石敢當、關山鐵路舊站宿舍、關山舊火車站、環鎮單車道（山水林野）、環保親水公園、關山大圳水利公園、天后宮、米國學校（體驗米食文化，關山鎮農會舊碾米廠）、關山米。
	海端鄉（山23）	海多端王社	布農族文物館、天龍橋風景區、霧鹿峽谷（霧鹿溫泉）、霧鹿古炮台、加拿瀑布、埡口—大關山隧道口（南橫公路最高點）、向陽森林遊樂區、新武呂溪魚類保護區、龍泉瀑布、利稻斷崖、初來抗日紀念碑、水蜜桃。

縣市	鄉鎮（市）區	舊地名	特色
臺東縣	池上鄉（平10）	新開園	池上飯包博物館、稻米原鄉館（原池上農會肥料倉庫）、池上鄉農會觀光工廠金色豐收館、池上浮圳（池上圳第六支圳盛土圳）、萬安磚窯廠、萬安老田區文化景觀、大坡池風景區、臺糖牧野渡假村、臺東農場、池上蠶桑休閒農場、杜園（杜俊元為紀念父母親教養恩澤之作）、三號運動公園、環圳自行車道、金城武大道、伯朗大道、天堂路、米鄉竹筏季、萬安有機米、池上米、池上飯包（佳豪、東池、悟饕）、油菜花。※貢米之鄉
	東河鄉（平11）	大馬武窟都蘭莊都蘭鄉	都蘭紅糖藝術文化館、都蘭遺址、東河舊橋（吉田厝）、都蘭新東糖廠（新東糖廠文化園區）、都蘭山、月光小棧（都蘭林場，電影《月光下，我記得》拍片場景）、都蘭水往上流奇觀、東河橋風景區、東河部落、金樽遊憩區、登仙橋休憩區、加母子灣、泰源幽谷、東河休閒農場、泰源國小（職棒搖籃－張泰山1000安打）、東河肉包。
	成功鎮（平12）	麻荖漏→新港	臺東縣自然史教育館、國立臺東海洋生物展覽館、阿美族民俗中心、成廣澳天后宮（又叫小港天后宮，後山地區最早的天后宮）、小馬天主堂（聖尼各教堂）、新港教會會館（菅宮勝太郎宅）、宜灣長老教會、宜灣天主堂（和平之后堂）、都威舊橋、廣恆發商號和溫家古厝、泰源隧道（小馬隧道）、三仙台（跨海大橋）、比西里岸（阿美族白守蓮部落）、石雨傘、東部海岸風景區管理處、新港（彩虹）瀑布、新港漁港、柴魚、海鮮。
	長濱鄉（平13）	加走灣	八仙洞遺址（長濱文化，舊石器時代）、加走灣遺址、白桑安遺址、樟原橋、八仙洞遊客服務中心（史前文化遺址展示中心）、石門長濱自行車道、舊樟原橋遊憩區、樟原基督教長老教會（全臺最美的諾亞方舟）。
	太麻里鄉（平14）	大貓狸大麻里打馬	舊香蘭遺址、多良車站、金針山休閒農業區、金崙溫泉風景區、千禧曙光紀念園區、三和海濱公園、金針花、荖葉。※旭日之鄉
	金峰鄉（山24）	金崙鄉金山鄉	大武山自然保留區、原生民俗植物園區、正興村（甕的故鄉）、新興部落、洛神花季（嘉蘭村）、漂流木創作。
	大武鄉（平15）	巴塱衛	大武山自然保留區、大武國家森林步道、金龍湖、山豬窟休閒農業園區、北隆宮。
	達仁鄉（山25）	阿塱衛社	大武事業區臺灣穗花杉自然保留區、阿朗壹部落生態旅遊服務中心、阿朗壹古道、南田觀海亭、南田海岸親水公園、森永觀海亭、森永露德聖母堂、排灣族竹竿祭、台坂國小（體操，排灣族小選手）、土坂吊橋、土坂綠色隧道、五年祭、南田石雕、毛蟹。

縣市	鄉鎮（市）區	舊地名	特色
花蓮縣			縣花－蓮花；縣樹－菩提樹；縣鳥－朱鸝
花蓮縣	花蓮市（平16）	洄瀾港	花蓮文化中心（石雕博物館、圖書館、美術館、演藝堂）、蔡平陽山地木雕藝術館、郭子究音樂文化館、香又香便當調查局、臺灣菸酒公司花蓮觀光酒廠、檢察長宿舍，花蓮臺肥招待所、花蓮舊監獄遺蹟、美崙溪畔日式宿舍、花蓮港山林事務所、花蓮港區（江口良三郎紀念公園）、鯉魚潭、美崙公園、蓮花團圓-石來運轉噴泉廣場（花蓮火車站舊址）、自由廣場（原花蓮舊監獄）、美崙溪畔公園、曙光橋、北濱及南濱公園、石藝大街、松園別館、舊鐵道文化商圈、慈濟文化園區（慈濟大學、靜思堂、慈濟醫院）、大理石工藝品、蛇紋石、曾記麻糬、羊羹、液香扁食、筒仔米糕、周家蒸餃、公正包子店、番薯餅、芋頭餅。
	新城鄉（平17）	哆囉滿	柴魚博物館、臺龍寶石博物館、新城神社舊址、七星潭風景區（月牙灣）、曼波園區、德燕漁場、三棧玫瑰谷、原野牧場、花崗山、東淨禪寺、靜思精舍（心靈故鄉）、新城天主堂。
	秀林鄉（山26）	士林鄉	富世遺址、太魯閣遊客中心、太魯閣國家公園、關原雲海（關原森林步道）、布洛灣遊憩區、新白楊服務站、白楊步道（水簾洞）、天祥風景區、大禹嶺、小風口、綠水合流步道、西寶國小、慕谷慕魚生態廊道、龍溪壩（龍潤管制區內）、文山溫泉、九曲洞、游信次石雕園、太魯閣峽谷音樂節。
	吉安鄉（平18）	七腳川竹腳宣	慶修院（日式－吉野村遺留）、勝安宮（王母娘娘廟）、花蓮吉野開村紀念碑、橫斷道路開鑿紀念碑、佛興禪寺、君達休假世界、柏家花園、阿美文化村。
	壽豐鄉（平19）	鯉魚尾	壽豐鄉文史館（日本移民豐田村歷史）、吳全城開拓紀念碑、東華大學、鹽寮和南寺、池南國家森林遊樂區、米棧古道、荖溪、白鮑溪親水園區、立川漁場（黃金蜆的故鄉）、豐田移民村（菸樓）、月眉山步道、鯉魚山步道、怡園渡假村、花蓮海洋公園、鯉魚潭。
	鳳林鎮（平20）	馬里勿	林田山林業文化園區（文物展示館）、鳳林客家文物館、鳳林藝文中心、林田山(MORISAKA)林業聚落、鳳凰谷、新兆豐休閒農場、鳳林公路花園、鳳林菸樓、校長夢工廠、滿妹豬腳。
	光復鄉（平21）	馬太鞍社	花蓮糖廠廠長宿舍、花蓮糖廠招待所、花蓮糖廠製糖工場、花蓮糖廠、阿美族太巴塱祖屋、馬太鞍部落、太巴塱部落、吉利潭、大農大富平地森林園區、馬太鞍濕地生態園區。

縣市	鄉鎮（市）區	舊地名	特色
花蓮縣	豐濱鄉（平22）	貓公（Fakon）	月洞（鐘乳石、石筍、蝙蝠群、伏流等）、石梯坪、石門海濱、磯崎海灣、港口部落（阿美族）、新社部落（噶瑪蘭族、阿美族）、加魯灣渡假村、女媧娘娘廟。
	瑞穗鄉（平23）	水尾	掃叭遺址、瑞穗溫泉、舞鶴風景區、北回歸線地標、富源國家森林遊樂區、秀姑巒溪泛舟中心、紅葉溫泉、瑞穗牧場、富興步道、富源步道、鶴岡文旦觀光果園、奇美部落（阿美族）、鶴岡紅茶、天鶴茶。
	萬榮鄉（山27）	馬里巴西（Maribashi）	萬榮鄉平林遺址、紅葉部落（太魯閣族）、大加汗部落（太魯閣族）、碧赫潭。
	玉里鎮（平24）	璞石閣	協天宮、玉泉寺、鐵份瀑布、赤柯山、安通溫泉（安通濯暖）、八通關古道終點、八通關越道鹿鳴吊橋步道、安通越嶺道西段步道、協天宮（關聖帝君）、廣盛堂羊羹。
	卓溪鄉（山28）	卓溪山	玉山國家公園管理處、南安瀑布、瓦拉米步道、崙天遊憩區、玉里野生動物保護區。
	富里鄉（平25）	公埔	東里村邱家厝、公埔遺址、農村漁牧景觀、豐南村吉哈拉艾文化景觀、羅山瀑布、羅山遊憩區、小天祥、六十石山金針花、豐南部落（阿美族）。
宜蘭縣	宜蘭縣（蛤仔難、噶瑪蘭）　縣花－國蘭；縣樹－臺灣欒樹；縣鳥－彩鷸		
	宜蘭市	五圍	宜蘭縣史館（宜蘭設治紀念館）、臺灣戲劇館、菌寶貝博物館、橘之鄉蜜餞形象館、亞典蛋糕密碼館、臺灣菸酒公司宜蘭酒廠觀光工廠、開蘭進士楊士芳旗杆座、獻馘碑（中山公園內）、宜蘭濁水溪治水工事竣工紀念碑、宜蘭磚窯、碧霞宮、昭應宮、舊宜蘭菸酒賣捌所、蘭陽女中校門暨傳達室、宜蘭醫院樟樹群、昭應（天后）宮、碧霞宮、孔廟、城隍廟、文昌廟、五穀廟、南興廟、縣立文化中心、中山公園（宜蘭演藝廳）、河濱公園、宜蘭三寶（蜜餞、鴨賞、膽肝）、牛舌餅－宜蘭餅（老元香）、阿茂米粉羹。
	頭城鎮	頭圍	蘭陽博物館、頭城鎮史館（原頭城公醫館）、河東堂獅子博物館、龜山島文物館、盧纘祥故宅（含前池塘）、十三行街屋（和平街）、南北門福德祠、老紅長興（街屋）、新長興樹記（街屋）、舊草嶺隧道、舊大溪橋、舊大里橋、大埔永安石板橋、慶元宮、慶雲宮（大里天公廟）、開成寺（吳沙紀念祠）、烏石港舊址（烏石港遊客中心）、龜山島（活火山，賞鯨）、草嶺古道-虎字碑吳宅、陳春記商號、頭城老街（和平街）、金面山碉堡群、雪山隧道、臺鐵頭城站、金盈瀑布（大佛谷瀑布）、北關海潮公園（蘭城公園）、頭城海水浴場、北關休閒農場（螃蟹博物館）、搶孤（中元節普渡活動、隱含布施十方遊魂之意）。

縣市	鄉鎮（市）區	舊地名	特色
宜蘭縣	礁溪鄉	礁坑	金棗文化館、武暖石板橋、協天廟（關帝廟）、金車生物科技中心、溫泉區（礁溪溫泉公園）、五峰旗風景區（瀑布）、大塭觀光休閒養殖區、開蘭吳（沙）宅、二龍村扒龍船、食光寶盒蔬食主題館、溫泉蔬菜、麻糬、蜜餞、金棗、肉羹、十六結魚丸、甕仔雞。
	壯圍鄉	民壯圍	壯圍游氏家廟追遠堂、蘭陽野鴨保護區、蘭陽溪口水鳥保護區（壯圍鄉、五結鄉）、哈密瓜。
	員山鄉	圓山	金車威士忌酒廠、員山周振東武舉人宅、宜蘭酒廠阿蘭城集水井、深溝水源地、福山植物園（亞洲最大植物園）、雙連埤野保區、哈盆自然保留區、蜜棗、楊桃酒、阿添魚丸米粉。
	羅東鎮	老懂	勉民堂、羅東聖母醫院耶穌聖心堂、東聖母醫院北成聖母升天堂、羅東林場（羅東林業文化園區）、坪林臺灣油杉自然保留區、羅東運動公園、羅東夜市、太平山林場、福蘭社（全島最悠久北管社團之一）、公正國小（體操—翻滾吧！男孩）、震安宮、慈德寺、包心粉圓、林場肉羹、市場水餃。
	三星鄉	溪州堡	員山深溝淨水場（水源生態教育園區）、蘭陽發電廠、青蔥（T1）、卜肉（天送埤味珍香）、上將梨。
	大同鄉（山29）	眠腦 太平	寒溪神社遺蹟、明池森林遊樂區、太平山國家森林遊樂區（翠峰湖）、多望溪（仁澤溫泉）、樓蘭森林遊樂區、大地檜木小學堂步道、思源啞口雲海（與臺中市石岡區交界）、南湖大山（北峰）、玉蘭茶、清水地熱。
	五結鄉	利澤簡	冬山河親水公園、博士鴨觀光工廠、玉兔鉛筆工廠、利澤簡廣惠宮、利澤簡永安宮（走尪文化）、大埔永安石板橋（羅東往利澤簡古道必經的橋樑）、二結農會穀倉、利生醫院、國立傳統藝術中心（福泰冬山厝）。
	冬山鄉	冬瓜山	丸山遺址、梅花湖、香格里拉休閒農場、冬山素馨茶、冬山山藥、山水梨。
	蘇澳鎮	港口（東港）	白米木屐文化館、宜蘭餅發明館、蠟藝彩繪館、蘇澳砲台山及金刀比羅社遺蹟、蘇澳港、南方澳漁港、南方澳陸連島（岩岸地景）、烏石鼻東澳灣、蘇澳冷泉、武荖坑風景區、武荖坑綠色博覽會、南天宮、砲台山、冷泉、羊羹。
	南澳鄉（山30）	大南澳	南澳闊葉樹林自然保留區、烏石鼻海岸自然保留區、觀音海岸、神祕湖（鬼湖）、東澳國小、毛蟹、南興冰店（60年老店）。

縣市	鄉鎮（市）區	舊地名	特色
澎湖縣			縣花－天人菊；縣樹－榕樹；縣鳥－澎湖小雲雀；縣魚－玳瑁石斑
澎湖縣	馬公市	媽宮	澎湖縣文化局海洋資源館及科學館、澎湖開拓館、澎湖生活博物館、澎湖故事妻美術館、二呆藝術館、武林石藝館、雅輪文石陳列館、朱盛文物紀念館、張雨生紀念館、媽宮黑糖糕觀光工廠、媽宮古城、馬公金龜頭砲臺、馬公風櫃尾荷蘭城堡、蔡廷蘭進士第、施公祠（施琅）及萬軍井、四眼井、台廈郊會館、第一賓館、高雄關稅局馬公支關、鎖港南北石塔，乾益堂中藥行、順承門、天后宮、馬公城隍廟、文澳城隍廟、觀音亭、水仙宮、文石書院（孔廟）、澎湖國家風景區管理處、澎湖地質中心、山水沙灘（黃金沙灘）、中央一街（澎湖第一街）、馬公商圈、馬公摸乳巷、蒔裡海水浴場、桶盤玄武岩、漁人碼頭、篤行十村（眷村紀念館，臺灣地區最早的眷村）風櫃聽濤、風櫃尾（溫王殿）燒王船、西瀛虹橋、蛇頭山遊憩區、青灣情人海灘、海上花火節、石敢當、澎湖四寶（文石、珊瑚、海樹、貓公石）、蘆薈、風茹茶、海鮮、花生糖、黑糖糕、正一奶油花生（紅）酥、紫菜、西衛手工麵線、仙人掌冰、燒酒螺。
	西嶼鄉	漁翁島	竹灣螃蟹博物館、小門地質館、西嶼燈塔（漁翁島燈塔，臺灣地區最古老的燈塔）、西嶼東臺、西嶼西臺古堡、二崁陳宅（陳嶺邦紀念館）、西嶼彈藥本庫、西嶼內垵塔公塔婆、黃氏宗祠、西嶼東鼻頭震洋艇格納庫、二崁聚落保存區（全村姓陳，其祖先來自金門）、五孔頂砲台、小門嶼、鯨魚洞、大菓葉柱狀玄武岩、清心飲食店、仙人掌冰（小門鯨魚洞附近）。
	望安鄉（八罩島）	網垵	綠蠵龜觀光保育中心、望安花宅聚落（漢人街庄，古厝）、望安島綠蠵龜產卵地保護區、東吉嶼燈塔、花嶼燈塔、天台山（文石）、貓嶼海鳥保護區、望安嶼、鴛鴦窟、潭門港。
	七美鄉（七美嶼）	大嶼	大嶼常民生活文物館、雙心石滬、七美嶼燈塔、七美水庫、大獅風景區、望夫石、七美人塚、牛姆坪、魚月鯉灣遊憩區、南護碼頭。
	白沙鄉	頂山	吉貝石滬文化館、吉貝文物館、澎湖水族館（原澎湖水產試驗所）、澎湖跨海大橋（跨白沙、西嶼兩大島）、目斗嶼燈塔（39.9m，為臺灣地區塔高最高的銑鐵燈塔）、石滬文化景觀－吉貝石滬群、白沙小赤村石硓古宅、玄武岩自然保留區、赤崁碼頭（北海遊客服務中心）、講美國小（棒球）、通樑古榕（樹齡已逾300年）、中屯風力發電廠、岐頭親水公園、吉貝嶼、吉貝沙嘴、澎澎灘、赤崁珊瑚貝殼沙灘、丁香魚、海菜。

縣市	鄉鎮(市)區	舊地名	特色
澎湖縣	湖西鄉		莊家莊民俗館（全國首家收藏澎湖民俗文物）、拱北砲臺、龍門裡正角日軍上陸紀念碑、林投日軍上陸紀念碑、菓葉灰窯、菓葉觀日出、玄武岩自然保留區、林投公園、虎頭山（七星塔）、青螺沙嘴濕地、隘門沙灘、奎壁山地質公園、尖山發電廠（七彩煙囪）、馬公航空站、雞善嶼、錠鉤嶼。
金門縣（浯州，浯江）			縣花－四季蘭；縣樹－木棉　（縣鳥：戴勝）
金門縣	金沙鎮	沙美	西園鹽場文化館、陳禎墓（父）、陳建墓（子）、官澳龍鳳宮、慈德宮、黃宣顯六路大厝、大地吳心泉宅、浦邊周宅、西山前李宅、西山前李氏家廟、東溪鄭氏家廟、陳禎恩榮坊、觀德橋、黃汴墓、黃偉墓古蹟群、城隍廟、靈濟古寺、模範街、浯江書院、金門文化園區、浯江新莊、山后民俗文化村（十八間大厝）、永昌堂暨浯陽小學校、馬山觀測所、金門縣林務所、陽翟老街（軍中樂園電影）、張璋滿古厝、象山金剛寺、沙美老街。
	金湖鎮	滄湖	八二三戰史館、金門陶瓷博物館、瓊林蔡氏祠堂、瓊林一門三節坊、海印寺、石門關、邱良功墓園、陳顯墓、蔡攀龍墓、太武山（毋忘在莒）、擎天廳、中央隧道、魯王新墓、太武山烈士公墓、中正公園、瓊林聚落、陳景蘭洋樓、顏氏節孝坊、呂克平古厝、光華園酒窖、風獅爺。
	金寧鄉	古寧頭	古寧頭戰史館、金門碉堡藝術館、許丕簡古厝、楊華故居、李光顯故居及墓園、古龍頭水尾塔、金門國家公園管理處遊客中心、古寧頭戰場（大捷）、古龍頭振威第（廣東水師提督李光顯故居）、李光前將軍廟、忠烈祠(私人廟宇)、三眼井、北山古洋樓、北山播音牆、慈湖、蔣經國紀念館、金門酒廠金寧廠（總公司）、金門高粱。
	金城鎮	珠浦、金門城	金門酒史館（葉華成故居）、陳金福號貢糖觀光工廠、金門縣水產試驗所（鱟）、水頭黃氏西堂別業、邱良功母節孝坊、浯江嘯臥碣群（俞大猷）、金門朱子祠、文臺寶塔、豐蓮山牧馬侯祠、將軍第、陳詩吟洋樓、盧若騰故宅及墓園、清金門鎮總兵署、北鎮廟(北極玄天上帝)、漢影雲根碣（明末魯王）、文應舉墓、莒光樓、邱良功古厝、小西門模範廁、燕南書院暨太文巖寺舊址、明遺老街、金城老街、後浦16藝文特區（陳氏宗祠）、模範街（原自強街）、水頭村聚落（頂界十八間）、珠山聚落、水頭57地號洋樓（僑鄉文化展示館）、茅山塔、金水國小（第一座西式學堂）、得月樓、北門城、西門城、金門酒廠（金城廠）、翟山坑道、金城坑道、稚暉亭（吳稚暉）、金城海濱休閒公園、高粱酒（58度）、砲彈鋼刀（金永利、金合利）、一條根（原生藥用作物）、金門麵線、貢糖、酒糟黃牛肉、風獅爺陶瓷藝品、牛家莊美食。

縣市	鄉鎮（市）區	舊地名	特色
金門縣	烈嶼鄉	小金門	烈嶼鄉地方文化館、湖井頭戰役博物館（廣播電臺）、吳秀才厝、東林宋代東井、八達樓子、烈女廟、陵水湖、四維坑道、鐵漢寶、國姓井、黑面風王（北風爺）、野生黃魚。
	烏坵鄉		烏坵燈塔、大膽、二膽（大擔、二擔）戰地文化景觀、鴛鴦湖。
連江縣（馬祖）　　縣花－紅花石蒜（螃蟹花）			
連江縣	南竿鄉	南竿塘	馬祖民俗文物館、金板境天后宮、馬祖天后宮、津沙聚落、牛角聚落　、馬祖國家風景區管理處及遊客中心、枕戈待旦紀念公園、經國先生紀念堂、北海坑道、鐵堡、勝天公園（海濱公園）、大漢據點、印地安人頭岩、馬祖酒廠、媽祖巨神像、福清自行車道、雲台山軍情館、山隴蔬菜公園、白馬文武大王廟、西尾夕照、福澳港、馬祖擺暝（排夜）祭、大麵、小魚干、馬祖老酒（八八坑道窖藏高粱）、馬祖酥、迷你糕、芙蓉酥、繼光餅（紀念戚繼光，餅中穿孔易攜帶）。
	北竿鄉	北竿塘	戰爭和平紀念公園主題館（12 據點）、芹壁聚落（閩東建築群）、馬祖機場、北竿遊客中心、戰爭和平紀念公園、螺山自然步道、后澳村、白沙港、碧園。
	莒光鄉	白犬列島	東莒（犬）燈塔、大埔石刻、大埔聚落、熾坪隴遺址、福正聚落、莒光遊客中心、青帆港、魚路古道、西牛嶼（潮間帶）、神祕小海灣、蛇島（燕鷗保護區）、黑嘴端鳳頭燕鷗（神話之鳥）、陳將軍廟、海瓜子（花蛤）、紫海膽、佛手、海鋼盔、紫菜、蠑螺。
	東引鄉	東湧	東湧燈塔、東引遊客中心、安東坑道、燕秀潮音、擂鼓石、烈女義坑、一線天、中柱島、感恩亭、國之北疆（國境最北）、羅漢坪、東海雄風、東引酒廠、東引酒窖（惠民坑道）、清水澳、中柱港、和尚看經（西引島二六據點的一座巨石）、東湧陳高（酒）。

※臺灣地區目前有 6 個直轄市山地原住民區，24 個山地鄉，共 30 個山地區鄉；25 個平地原住民鄉(18)鎮(5)市(2)。

※W 代表世界；T 代表臺灣。

附錄六　台灣大事年表

西元	紀年	大事記要
50000~15000年前		• 進入舊石器時代晚期。 • 出現最早的台灣人。 • 澎湖原人、長濱文化、左鎮人，均是舊石器時代最重要的遺留。
7000~5000年前		• 進入新石器時代早期。 • 橫越海洋移入台灣的大坌坑文化，是台灣境內南島語系民族的祖先型文化源頭。
5000~3500年前		• 進入新石器時代中期。 • 人們逐漸長久定居，也開始發展具有地方特色的文化，圓山文化是其代表，最大特色是貝塚及仰身直肢葬，走向穀類農業文化。另有芝山岩文化、牛罵頭文化、牛稠子文化等。
3500~2000年前		• 進入新石器時代晚期。 • 史前人類的農業更加進步，聚落的規模也逐漸擴張，並產生多元化的適應。 • 「卑南文化」是其代表，已有大型聚落、石棺埋葬等。另有營埔文化、大湖文化、麒麟文化等。
2000~400年前		• 開始金屬器時代。 • 生產工具與武器均有長足的進步。 • 人們以農為主，也擴展貿易，十三行文化是其代表。另有番仔園文化、蔦松文化、阿美文化等。
1120	北宋宣和二年	• 已有福建移民定居澎湖（平湖），但尚未納入中國行政體系中。
1171	南宋乾道七年	• 汪大猷在澎湖遣將屯軍，開始擁有主權。 • 移居澎湖的農民，或已到其近鄰台灣進行交易。
1264~1294	南宋景定五年～元朝至元三十一年	• 在澎湖設巡檢司，盡遷其民至福建漳、泉二州。
1387	明洪武二十年	• 廢澎湖巡檢司。
1543	明嘉靖二十二年	• 葡萄牙商船赴日貿易，航經台灣東岸之太平洋，見山川青蔥翠綠，有如海上翡翠，讚嘆不自主讚嘆 Ilha Formosa 美麗之島（台灣因此得名）。
1557	明嘉靖三十六年	• 明廷開始清剿海盜。
1567	明隆慶元年	• 海上貿易合法化。
1574	明萬曆二年	• 首次出現「東番」。 • 以澎湖為據點之廣東籍海盜林鳳被明軍追擊，逃至今嘉義縣一帶。
1590	明萬曆十八年	• 日本豐臣秀吉大舉入侵高麗，中國憂慮倭寇問題再起，重新實施海上貿易禁令，其間倭寇也數次入侵台灣。
1593	明萬曆二十一年	• 豐臣秀吉派原田喜佑衛門（一作原田孫七郎），往呂宋勸西班牙人入貢，並攜帶「高山國招降文書」，諭高山國王輸誠納貢，但未被接受。
1598	明萬曆二十六年	• 西班牙以馬尼拉為據點，由呂宋（島）出發，偵查福爾摩沙海岸，計畫伺機占領基隆港，因氣候因素，未能達成。
1602	明萬曆三十年	• 荷蘭人在印尼爪哇成立東印度公司（荷屬）。
1603	明萬曆三十一年	• 明廷派沈有容驅逐在台（澎湖）倭寇。 • 陳第作《東番記》。　【德川家康成立江戶幕府（1603-1867 年）】

西元	紀年	大事記要
1604	明萬曆三十二年	• 荷蘭人入侵澎湖，經沈有容面諭離開，此即沈氏「諭退紅毛番韋麻郎等」事件，並以花崗石立碑為記。
1609	明萬曆三十七年	• 有馬晴信奉德川家康密令，派兵入侵台灣，為葡王所阻。 【荷蘭在日本九州平戶建商業產地】
1616	明萬曆四十四年	• 日本再度謀取台灣。 • 由長崎代官村山等安帶領艦隊企圖占台，為颱風暴風雨所阻，僅一艘抵台灣，為日本官方首次侵台活動。
1618	明萬曆四十六年	• 荷蘭人在爪哇建巴達維亞(Batavia)，即今印尼首都雅加達。
1624	明天啓四年	• 荷蘭人為明朝軍隊所逐，並在中國的同意下轉向「大員」。 • 荷蘭人建立台灣第一個政權（最早政權）。 • 鄭成功於日本九州平戶千里濱誕生。
1626	明天啓六年	• 西班牙人占領淡水港並建防禦工事（聖薩爾瓦多）。
1628	明崇禎元年	• 日人濱田彌兵衛因商業糾紛，先挾持荷蘭大員長官納茨，事後迫荷蘭當局引渡其至日本受審監禁，史稱「濱田彌兵衛事件」。
1629	明崇禎二年	• 荷蘭人初攻淡水，潰敗。
1642	明崇禎十五年	• 荷蘭人將西班牙人趕出北台灣。
1644	明崇禎十七年	• 荷人為實現其統治、抽稅之目的，本年開始進行戶口調查工作。
1652	明永曆六年	• 郭懷一抗荷失敗，荷蘭人大肆屠殺在台漢人。
1659	明永曆十三年	• 鄭成功攻打南京，大敗退回廈門，決定以台灣為根據地。
1661	明永曆十五年	• 鄭成功帶來 25000 名軍隊，漢人人口數首度超過原住民（漢人主體社會誕生）。 • 鄭成功率軍進攻台灣，荷蘭東印度公司大員的長官揆一隔年投降。 • 明鄭乃漢人第一次在台建立的政（主）權。
1662	明永曆十六年	• 鄭成功正式建立第一個漢人政權：鄭成功驅荷復台（漢人最早政權）。 • 鄭經在台嗣位，改東都為「東寧」。 【西班牙人在菲律賓屠殺華人】
1665	明永曆十九年	• 台灣最早之孔廟：諮議參軍陳永華向鄭經倡建先師聖廟（今臺南孔子廟），故稱「全臺首學」。
1674	明永曆二十八年	• 鄭經響應「三藩之亂」出兵攻占福建廈門（東寧消耗衰敗）。
1683	清康熙二十二年	• 鄭成功部將水師提督施琅（靖海將軍、靖海侯）領清兵滅東寧鄭氏王國，施琅以「陳台灣棄留利害疏」向康熙力主將台灣納入中國版圖（台灣棄留爭論）。
1684	清康熙二十三年	• 清廷決定將台灣納入版圖，設台灣府及三縣（台灣縣、鳳山縣、諸羅縣），隸屬福建省，設府治於台灣府城（今台南市）。 • 改天興州為諸羅縣；萬年州分為台灣、鳳山二縣，台灣縣為台灣府附郭。 • 清廷頒布渡台禁令，渡台者不准攜眷，且嚴禁惠州、潮州之民渡台。
1685	清康熙二十四年	• 設台灣府儒學於臺南孔子廟。 • 蔣毓英纂修《台灣府志》，為台灣最早之地方志。
1709	清康熙四十八年	• 陳賴章墾戶拓墾台北盆地。
1719	清康熙五十八年	• 施世榜闢建八堡圳，為清代台灣最大埤圳。
1721	清康熙六十年	• 朱一貴（鴨母王）抗清事件起，清廷派水師提督施世驃及南澳總兵藍

西元	紀年	大事記要
		廷珍來台平定朱一貴之亂，現以中性之詞稱「朱一貴事件」。
1723	清雍正元年	• 增設彰化縣、淡水廳。
1727	清雍正五年	• 改台廈道為台灣道，增設澎湖廳。
1740	清乾隆五年	• 印尼巴達維亞的華人被屠殺。
1750	清乾隆十五年	• 林成祖入墾擺接（今板橋）一帶。
1782	清乾隆四十七年	• 彰化、諸羅（今嘉義）發生大規模漳泉械鬥。
1786	清乾隆五十一年	• 林爽文、莊大田等抗清事件起，清廷派乾隆愛將福康安率軍來台始平。 • 天地會林爽文事件歷經二年，官軍 1788 年平定之。（最大反抗）
1787	清乾隆五十二年	• 因林爽文事件規模之大震驚全台，諸羅縣軍民忠心助官軍平亂有功，乾隆為嘉獎其義行，乃詔改諸羅縣為嘉義縣。
1792	清乾隆五十七年	• 開八里坌港通蚶江（泉州）、五虎門（福州）。
1796	清嘉慶元年	• 吳沙率漢人入墾蛤仔難（今宜蘭縣），先築頭圍（今頭城）。
1798	清嘉慶三年	• 荷蘭終止荷屬東印度公司（VOC）。
1806	清嘉慶十一年	• 清廷派台籍南澳總兵王得祿回台剿海盜蔡牽。
1810	清嘉慶十五年	• 閩浙總督方維甸奏請將蛤仔難地方收入版圖，清廷乃於嘉慶 16 年增設噶瑪蘭廳。
1823	清道光三年	• 竹塹（今新竹）鄭用錫進士及第，為開台後台灣當地首位進士。
1826	清道光六年	• 彰化地區發生嚴重的閩粵械鬥事件。
1838	清道光十八年	• 鳳山知縣曹謹於下淡水溪（今高屏溪）興築水圳，灌溉農田，始稱「曹公圳」。
1840	清道光二十年	• 中、英鴉片戰爭爆發、英軍犯台。
1853	清咸豐三年	• 美艦在培里(Perry)率領下至浦賀迫日本開港通商，日本史稱「黑船事件」。
1855	清咸豐五年	• 英商與台灣道協商互市。
1858	清咸豐八年	• 清廷與英、美、法、俄簽訂天津條約，開台灣安平、打狗、滬尾與雞籠等四港口對外通商。
1860	清咸豐十年	• 台灣正式開港通商洋行紛紛成立，傳教士亦先後到來（西方文化入台）。 • 淡水開港，大稻埕興起。
1862	清同治元年	• 八卦會（天地會）戴潮春（戴萬生）事件，歷經五年餘，1867 年才平定。（歷時最久反抗）
1866	清同治五年	• 英國人陶德(John, Dodd)引進福建安溪茶（寶順洋行，台灣茶葉興起）。
1867	清同治六年	• 德記洋行在安平開設分行。 【日本末代幕府德川慶喜在京都二条城「大政奉還」，明治天皇掌權，旋推動「明治維新」。】
1868	清同治七年	• 英領事 John Gibson 因「教案」舊恨及「樟（梓）腦糾紛」新仇，率砲艦擊安平（古堡）軍裝局，翌日台灣紳商付四萬兩。
1871	清同治十年	• 琉球人因風漂流至八瑤灣（今屏東縣滿州鄉九棚村），誤入牡丹社，五十四人被當地原住民殺害，十二人經當地紳民楊友旺之助生還。
1874	清同治十三年	• 日本藉口琉球難民被牡丹社原住民殺害派兵侵台，史稱「牡丹社事件」（西鄉從道、樺山資紀、佐久間左馬太等）。 • 欽差大人（欽差辦理台灣等處海防兼理各國事務大臣）沈葆楨奏請「開山撫番」。清廷開始積極治台。 • 沈葆楨籌建「二鯤鯓礮台」（億載金城）。
1875	清光緒元年	• 清廷廢除渡台禁令及進入山區禁令，增設台北府（轄淡水縣、宜蘭縣、新竹縣）及恆春縣。

西元	紀年	大事記要
1879	清光緒五年	• 清廷增設新竹縣。 • 基督教長老教會牧師馬偕回加拿大募款建「偕醫館」，最大捐款人與其同名為馬偕。　【日併琉球，改為沖繩縣】
1883	清光緒九年	• 中法因越南問題引起戰爭。 • 翌年的台灣戰役，法軍攻基隆、滬尾（今淡水）並封鎖台灣。【伊藤博文留歐返國（日本）】
1884	清光緒十年	• 清法（中法）戰爭，法占基隆攻淡水，幸被劉銘傳擊退（俗稱走西仔反）。
1885	清光緒十一年	• 清廷諭令台灣建省，派劉銘傳為首任巡撫（福建台灣巡撫）。 • 省會訂於彰化縣橋孜圖（今台中市）。【伊藤博文為總理】
1886	清光緒十二年	• 劉銘傳實施清賦，清丈田畝，新訂賦則。
1887	清光緒十三年	• 劉銘傳開辦台灣郵政，設總局於台北，並設各處分局及郵站，為台灣郵政之始。 • 清廷命邵友濂為「台灣布政使」，掌管行政及財政，俗稱「藩台」。 • 劉銘傳奏准在台興築鐵路。 • 全省劃分為三府（台灣、台南、台北），一直隸州（台東），三廳（埔里社、澎湖、基隆）及十一縣。（台灣單獨建省）
1888	清光緒十四年	• 彰化施九緞為清賦起事抗官。（抗丈圍城事件） • 劉銘傳設全台撫墾總局。
1891	清光緒十七年	• 邵友濂接任為台灣巡撫。 • 台北至基隆間的鐵路通車，為台灣鐵路之始。 • 清廷派唐景崧為台灣布政使。
1893	清光緒十九年	• 邵友濂任內台北至新竹的鐵路完工。
1894	清光緒二十年	• 邵友濂移省會於台北。 • 清廷派唐景崧為台灣巡撫。 • 因朝鮮東學黨之亂，引發中日甲午戰爭。
1895	清光緒二十一年 明治二十八年	• 清軍戰敗，中日簽訂馬關條約，將台灣、澎湖割讓與日本。 • 唐景崧宣布台灣獨立，並就任台灣民主國總統。 • 日軍進入台北城，舉行始政典禮。 • 劉永福離開台灣，台南城陷落，台灣民主國滅亡。 • 台灣南島語族明確且系統性的「族群」分類開始：平埔族原住民大約分成七至十二群，高山族共分九族。 • 日本任命海軍大將樺山資紀為治台首任總督。
1896	明治二十九年	• 公布「台灣公醫規則」。 • 頒布「台灣紳章條規」。 • 「雲林大屠殺」。 • 日本國會通過有如台人賣身契，及授權台灣總督集行政、立法大權於一身的六三法（日治時期桎梏）。
1897	明治三十年	• 頒布「台灣鴉片令」，實施鴉片專賣，採漸禁方式。【朝鮮改名韓國】
1898	明治三十一年	• 兒玉源太郎就任第四任台灣總督，後藤新平任民政長官。 • 頒布「保甲條例」。　　　　　　【戊戌變法；廢科舉】 • 設置「台灣臨時土地調查局」。 • 實行「匪徒招降令」。
1899	明治三十二年	• 柯鐵（虎）投降【美國提出對中國採門戶開放(Open Door Policy)】 • 「總督府醫學校」創立，是台灣第一所正規的醫學院。 • 黃玉階組織台北天然足會。 • 台灣銀行開業。

西元	紀年	大事記要
1900	明治三十三年	• 發現阿里山大森林。 • 發生廈門事件。　　　　　【八國聯軍入北京】 • 公布「台灣度量衡條例」。 • 三井財閥投資之「台灣製糖株式會社」成立。（高雄橋頭糖廠為第一座新式糖廠）
1901	明治三十四年	• 公布「台灣公共埤圳規則」。 • 新渡戶稻造提出〈糖業改良意見書〉。
1902	明治三十五年	• 「櫟社」成立。 • 制定「糖業獎勵規則」。 • 伊能嘉矩出版《台灣志》。
1903	明治三十六年	• 總督府公布「戶籍調查令」。 • 「鹽水港製糖株式會社」成立。
1905	明治三十八年	• 進行全台人口調查。　　　【中國派五大臣出國考察憲政】 • 橋仔頭製糖會社設置火力發電所。 • 彰化銀行正式開業。
1907	明治四十年	• 1月1日「三一法」開始實施。 • 爆發新竹北埔事件。
1908	明治四十一年	• 公布「官設埤圳規則」。 • 縱貫鐵路完工通車，在台中舉行通車典禮。（台中雙子亭）
1909	明治四十二年	• 台北至台南通電話。
1912 (民國元年)	大正元年	• 黃朝發動「土庫事件」。 • 明治天皇歿，大正天皇即位。　【中華民國及國民黨成立】
1913	大正二年	• 公布「台灣產業組合規則」。 • 爆發苗栗事件，羅福星受中國革命影響而來台串聯抗日，後被捕處死。 　【國民黨新任內閣總理宋教仁上海被刺殺】
1914	大正三年	【板垣退助組「台灣同化會」】
1915	大正四年	• 爆發噍吧哖（西來庵）事件，余清芳、江定、羅俊為首謀。日軍屠殺台南玉井居民，虎頭山橫屍遍野。（台人最大反抗）
1916	大正五年	• 頒布「台灣醫師令」。【袁世凱在中國稱帝：中華帝國洪憲元年】 • 桃園大圳開始施工。 • 台北圓山動物園落成起用。
1917(民國六年)	大正六年	【中國胡適發表《文學改良芻議》，啟動文學革命】
1918	大正七年	【日本發生「米騷動」事件，各地婦女搶米】
1919	大正八年	• 頒布「台灣教育令」。　　　　　　　　【威爾遜民族自決】 • 朝鮮發生「三一獨立」運動。 • 成立台灣電力株式會社。 • 東京台灣留學生組成「啟發會」。
1920	大正九年	• 「新民會」成立，《臺灣青年》創刊，設置州市街庄協議會。 • 台灣地方制度改制（設五州二廳），地名大改變。
1921	大正十年	• 蔣渭水為謀台灣文化之向上，號召成立「台灣文化協會」，由林獻堂出任總理。（台灣啟蒙運動） 　【中國周口店發現北京人】【印度甘地倡不合作運動】
1922	大正十一年	• 桃園大圳完工。 • 頒布新「台灣教育令」。 • 《台灣青年》改為《台灣》。

西元	紀年	大事記要
1923	大正十二年	• 「台灣議會期成同盟會」成立。　　　【日本關東大地震】 • 《台灣民報》創刊於東京。 • 「台灣中華會館」成立。 • 第一次台灣議會設置請願。 • 發生「治警事件」，逮捕蔣渭水、蔡培火等 49 人。
1924	大正十三年	• 治警事件一審判決，所有被告獲判無罪。 　【中國國民黨第一次全國代表大會在廣州】 　【成立黃埔軍校，蔣中正任校長】
1925	大正十四年	• 「二林蔗農組合」、「鳳山農民組合」成立。 • 二林事件，李應章醫師被捕並遭刑求。
1926	昭和元年	• 全島性的「台灣農民組合成立」。 • 台南運河竣工。　　【蔣中正成為國民革命軍總司令，開始北伐】 • 台灣總督伊澤多喜男為「蓬萊米」命名。 • 「大東信託株式會社」成立。
1927	昭和二年	• 台灣文化協會分裂。 • 組織「台灣機械工友會」。 • 蔣渭水、林獻堂、蔡培火等人在台成立「台灣民眾黨」（台灣第一個政黨）。 • 眾友會成立。首屆「台展」舉行。
1928	昭和三年	• 「台灣工友總聯盟」創立。 • 台北帝國大學（今台灣大學）創校。 • 「台灣共產黨」成立。 • 謝雪紅成立「台灣共產黨台灣支部」。 • 日本在台設特高警察（負責思想控制）。
1930	昭和五年	• 嘉南大圳主體工程完工。 • 由賽德克族馬赫坡社頭目莫那魯道率領之霧社事件發生，日人以飛機投毒瓦斯報復。（原住民最大反抗）
1931	昭和六年	• 「第二次霧社事件」。 • 有「台灣孫中山」之稱的蔣渭水歿，大眾葬。 　【日本發動九一八事變占中國東三省，隔年成立偽滿州國溥儀復辟】
1934	昭和九年	• 日月潭水力發電所竣工，開始發電。（電力帶動） • 鄉土音樂訪問團組成。 • 「台陽美術協會」成立。
1935	昭和十年	• 蔡淑悔被捕。　　　【中共遵義會議，毛澤東確立領導地位】 • 廢除州、市協議會、改設州、市會。 • 公布台灣自治制，並辦理街庄市議員半數民選。 • 在台北舉辦為期 50 天的始政四十年紀念博覽會（台史上最大展)，陳儀時任福建省主席曾來台參觀。
1936	昭和十一年	• 「台灣拓植（殖）株式會社」成立。
1937	昭和十二年	• 廢除公學校漢文科及傳統書房。 • 皇民化運動開展不久即爆發中日戰爭（七七盧溝橋）。 • 總督府命令解散「台灣地方自治聯盟」。 　【12 月 13 日，日軍於南京大屠殺】
1938	昭和十三年	• 總督府推行「獎勵儲蓄運動」。
1941	昭和十六年	• 「皇民奉公會」成立，總督府積極推展「皇民化運動」。 • 日本偷襲珍珠港，太平洋戰爭爆發，美正式參戰（日盛衰分水嶺）。 • 國民政府也正式向日本宣戰。

西元	紀年	大事記要
1942	昭和十七年	• 第一梯次陸軍特別志願兵入伍。 • 成立拓南戰士訓練所。
1943	昭和十八年	• 實施六年制義務教育。實施海軍特別志願兵制。 • 台灣新文學之父賴和逝世。 • 美、英、中三國舉行開羅會議，發表開羅對日作戰宣言。 　【日本艦隊總司令山本五十六被美機炸死】
1944	昭和十九年	• 美軍轟炸台灣。 • 成立「台灣農業會」。 • 大東信託株式會社改為「台灣信託株式會社」。
1945	昭和二十年 民國 34 年	• 開始實施全島徵兵制。 • 取消皇民奉公會及保甲制度。 • 國民政府設「台灣省行政長官公署」，派陳儀任行政長官。 • 台北帝國大學接收完畢，改制更名為「國立臺灣大學」。 • 台灣選舉參議員。 • 10 月 25 日台灣光復。 　【美國原子彈投於日本廣島（8 月 6 日）及長崎（8 月 9 日）】
1946	民國 35 年	• 國民大會在南京三讀通過〈中華民國憲法〉。（憲政初露曙光）
1947	民國 36 年	• 爆發二二八事件。　【1 月 1 日公布中華民國憲法】 • 陳儀免職，台灣省行政長官公署改制為台灣省政府，魏道明為首任省主席（台灣再度建省）。
1948	民國 37 年	• 國民大會 4 月 18 日在南京通過〈動員戡亂時期臨時條款〉，總統不受連任一次之限制（凍結憲法適用）。 • 5 月 20 日蔣中正、李宗仁就職中華民國行憲後第 1 任總統、副總統。
1949	民國 38 年	• 實施三七五減租（台灣社會趨於安定德政）。 • 陳誠宣布台灣地區戒嚴（台灣進入軍管）。 • 幣制改革，發行新台幣（解決通貨膨脹）。 • 中華民國政府遷台，首都從四川成都，遷到台灣台北。 　【荷蘭退出印尼】【10 月 1 日中華人民共和國在北京成立】
1950	民國 39 年	• 蔣中正在台灣恢復總統職權。（復行視事） • 6 月 25 日韓戰爆發，美國第七艦隊協防台灣。（台灣轉危為安） • 台灣正式實施地方自治。　【10 月 25 日中共抗美援朝】
1951	民國 40 年	• 實施公地放領。 • 美國對台援助開始，後又成立「美軍顧問團(MAAG)」，由陸軍少將威廉‧蔡斯任首任團長。 • 舊金山對日和約，日本宣布放棄對台主權（台灣地位未定）。
1952	民國 41 年	• 中日和平條約簽定。 • 中國青年反共救國團成立。
1953	民國 42 年	• 「實施耕者有其田條例」公布施行，後由台灣省政府公布「耕者有其田」實施辦法，土地改革經由三七五減租、公地放領，逐步達成「耕者有其田」之理想。 • 橫跨濁水溪之西螺大橋竣工通車。
1954	民國 43 年	• 1 月 23 日一萬四千名反共義士由韓抵台。 • 「中美共同防禦條約」簽訂（台灣安全保障）。 • 本年度開始實施大專聯考（公平社會流動）。 • 台灣省議員直接民選，省主席維持官派。
1955	民國 44 年	• 發生孫立人事件，總統府參軍長孫立人因部下郭廷亮為匪諜而被免職。 • 9 月 3 日中共炮擊金門。

西元	紀年	大事記要
1956	民國 45 年	• 廖文毅於東京成立台灣共和國臨時政府（流亡海外建國）。 • 12 月 18 日本加入聯合國(UN)。
1958	民國 47 年	• 爆發八二三炮（砲）戰。 • 台北文獻會在台北縣八里鄉觀音山麓發現大坌坑文化遺址。 • 中部橫貫公路通車。
1959	民國 48 年	• 八七水災，中南部十三縣市受害。　【李光耀任新加坡總理】
1960	民國 49 年	• 蔣介石當選中華民國行憲後第 3 任總統，陳誠連任副總統。 • 《自由中國》社長雷震被捕。 • 實施獎勵投資條例。 • 雷震組中國民主黨未成功而被逮捕入獄（大陸菁英組黨）。
1962	民國 51 年	• 中研院院長胡適心臟病逝，埋骨台北南港中央研究院園區內。 • 台視開播（台灣有線電視）。 • 《傳記文學》創刊。
1964	民國 53 年	• 彭明敏因準備發表「台灣人民自救宣言」被捕（首度提出一中一台主張）。 • 石門水庫竣工。（副總統兼行政院長陳誠親臨主持啓用）
1965	民國 54 年	• 開始設置加工出口區。　　【3 月 7 日美軍介入越戰】 • 美國停止對台經濟援助（美援停止）。
1966	民國 55 年	• 台灣第一個加工出口區（楠梓加工出口區）在高雄成立（勞力密集）。 　【中國開始文化大革命】
1967	民國 56 年	• 7 月 1 日台北改為院轄市。　【5 月 6~27 日香港九龍大暴動】
1968	民國 57 年	• 國民義務教育延長至九年（國小 6 年；國中 3 年）。 • 開始實施節育政策。　【中共國家主席劉少奇被免職】
1969	民國 58 年	• 中央民代立法委員及國大代表增、補選。（黨外運動興盛） 　【3.19 中俄邊界衝突－珍寶島事件】
1970	民國 59 年	• 黃文雄、鄭自才在美國刺殺訪美的蔣經國未遂而被捕。
1971	民國 60 年	• 中華民國退出聯合國（因聯合國擬通過阿爾巴尼亞所提 2758 號決議，排我納共）。 • 澎湖跨海大橋完成通車典禮。　　　【釣魚台事件】
1972	民國 61 年	• 美國總統尼克森訪問中國，發表「上海公報」。 • 中華民國與日本斷交。【9 月 25 日日本首相田中角榮訪中國】
1973	民國 62 年	• 行政院長蔣經國宣布展開十大建設（計畫經濟）。 　【中共人民日報楊榮國開始批孔】
1974	民國 63 年	• 李光輝在印尼叢林中被發現。 • 美國廢除 1955 年的〈台灣決議案〉。
1975	民國 64 年	• 總統蔣中正去世，嚴家淦繼任總統職位（過渡性質總統）。 　【南越被北越合併】
1976	民國 65 年	• 十大建設之台中港正式啓用通航。 　【周恩來、毛澤東先後過世，其間發生唐山大地震】
1977	民國 66 年	• 作家彭歌在聯合副刊開批，掀起「鄉土文學論戰」文學主流之爭。 • 爆發「中壢事件」。　　　　　　　【中共鄧小平復出】
1978	民國 67 年	• 蔣經國當選中華民國行憲後第 6 任總統，謝東閔為副總統。 • 中華人民共和國與美國簽訂「八一七公報」。 • 中山高速公路全線通車。 • 中華民國與美國斷交。（隔年 68 年 1 月 1 日正式生效）

西元	紀年	大事記要
1979	民國 68 年	• 美國國會通過「台灣關係法」。 • 中共提出三通四流，我方政府以三不政策回應（中共積極統戰）。 • 高雄市升格為院（直）轄市。 • 國際人權日黨外人士在高雄爆發美麗島（高雄）事件。（在野世代更迭） 　【韓國總統朴正熙被情報部長金載圭刺殺】
1980	民國 69 年	• 林義雄家發生滅門血案。 • 新竹科學工業園區揭幕。（產業升級） • 北迴鐵路通車。 • 台灣大學考古團隊展開卑南遺址挖掘工作，板岩石棺即由此地出土。
1981	民國 70 年	• 確立「三民主義統一中國」目標，對中共採取三不立場。
1982	民國 71 年	• 中共科學家李根道、飛行員吳榮根先後來台投奔自由，翌年有孫天勤和王學誠駕機起義來歸，三年後又有蕭天潤駕機投奔自由。 　【日本文部省竄改歷史教科書，引發亞洲國家不滿】
1984	民國 73 年	• 高雄旗津過港隧道全線貫通。 • 勞基法施行（70 年代已施行國家賠償法，保障勞工）。 • 蔣經國當選中華民國行憲後第 7 任總統，李登輝為副總統。 • 一清專案掃黑行動。
1985	民國 74 年	• 蔡辰洲十信金融弊案。 • 楊逵病逝，享年 80 歲。
1986	民國 75 年	• 9 月 28 日民主進步黨成立，第一任黨主席為江鵬堅（律師）。 • 彰化鹿港反杜邦設廠抗爭。
1987	民國 76 年	• 解除戒嚴（台灣自由開放）。 • 開放台灣人民赴中國探親。 • 放寬外匯管制。 • 成立行政院環保署。
1988	民國 77 年	• 1 月 1 日解除報禁。 • 總統蔣經國去世，副總統李登輝繼任（本土政權出現）。 • 修正證券交易法。 • 發生五二〇農民運動。
1989	民國 78 年	• 推動實質外交。 • 鄭南榕為言論自由在雜誌社自焚殉道。 　【中國大陸發生六四天安門事件】【11 月 9 日柏林圍牆倒塌】
1990	民國 79 年	• 發生三月學運。（野百合學運） • 召開國是會議，確定政治改革方向。 • 民營銀行首次成立，以台澎金馬名義加入 GATT。 • 李登輝當選中華民國行憲後第 8 任總統，李元簇為副總統。
1991	民國 80 年	• 頒布「國家統一綱領」。 • 李登輝廢除動員戡亂時期臨時條款。 • 結束動員戡亂時期，回歸憲政。（自由民主憲政） • 第一屆立委和國代全部退職。　【12 月戈巴契夫讓蘇聯解體】
1992	民國 81 年	• 台灣「海基會」與中國「海協會」就兩岸交流原則進行接觸和談判。 • 第二屆立法委員選舉，結束萬年國會，國會全面改選。 • 修正刑法一百條，不處罰預備犯，終結思想犯。 • 實施「兩岸人民關係條例」。
1993	民國 82 年	• 新黨從國民黨分裂出來。 • 兩岸交流事務會談在新加坡召開（辜汪會談）。

西元	紀年	大事記要
1994	民國 83 年	• 四一○教改運動（第一次教改街頭運動，發起人：台大數學系教授黃武雄）。 • 首次直選省長。 • 宋楚瑜當選首任民選省長（自由民主憲政）。
1995	民國 84 年	• 李登輝代表政府向二二八家屬致歉。 • 3月1日全民健保開始實施（全民納保）。
1996	民國 85 年	• 首次全民直選總統及副總統，由李登輝及連戰當選中華民國行憲後第9任正、副總統（開創總統由人民直選之先河）。 • 中國以飛彈恐嚇台灣，反成李登輝最佳助選力量。
1997	民國 86 年	• 北、高兩市產業總工會成立。 • 國民中學開始實施「認識台灣」教學。
1998	民國 87 年	• 台灣省虛級化（凍省），將省移除「地方自治團體」地位，為行政院之派出機關；台灣省議會也改制為「台灣省諮議會」（中央權力上升）。
1999	民國 88 年	• 反失業大遊行。 • 南投縣集集地區發生7級規模大地震，傷亡損失嚴重（九二一地震）。
2000	民國 89 年	• 李登輝發表兩國論；親民黨成立。 • 民進黨陳水扁當選中華民國行憲後第10任總統，副總統為呂秀蓮，政權和平轉移（首度政黨輪替）。 • 陳水扁總統提出「四不一沒有」。
2001	民國 90 年	• 台灣團結聯盟（台聯）成立。 • 行政院客家委員會成立。　【美國發生911恐怖攻擊事件】
2002	民國 91 年	• 中華民國以「台澎金馬個別關稅領域」加入世界貿易組織（WTO，參與經貿組織）。 • 廢除聯考制度，實行大學入學指定科目考試。
2003	民國 92 年	• 1月25日南部科學工業園區管理局正式成立。 • 全台爆發嚴重SARS疫情。 • 通過〈公民投票法〉，成為東亞第一個採行公民投票的國家。 • 兩岸春節包機直航。
2004	民國 93 年	• 「228百萬人手牽手護台灣」，全島串連，表達捍衛台灣的決心。 • 319槍擊案（影響總統大選）。 • 陳水扁續任中華民國行憲後第11任總統，呂秀蓮續任副總統。 • 國家台灣文學館於台南市成立（現改名國立台灣文學館）。 • 12月31日當時世界第一高樓台北101正式完工啟用。
2005	民國 94 年	• 廢除國民大會，國民大會正式走入歷史。 • 3月26日護台灣大遊行，抗議中國通過〈反分裂國家法〉。 　【3月14日中國通過反分裂國家法】
2006	民國 95 年	• 施明德發起「百萬人民反貪倒扁運動」（紅衫軍運動）。 • 廢除「國統綱領」，國家統一委員會終止運作。 • 國務機要費－陳水扁總統夫人及其幕僚被起訴（紅衫軍倒扁）。
2007	民國 96 年	• 台灣高速鐵路正式啟用，台灣西部一日生活圈。 • 首長特別費案，前台北市長馬英九被訴（衝擊總統選情）。
2008	民國 97 年	• 馬英九當選中華民國行憲後第12任總統，蕭萬長為副總統，政黨再次輪替。　【從美國開始，引發全球金融海嘯（風暴）】 • 實施大三通，是台海兩岸直接「通郵」、「通商」、「通航」。
2009	民國 98 年	• 莫拉克風災（88風災），高雄縣（市）甲仙鄉（區）小林村滅村。

西元	紀年	大事記要
2010	民國 99 年	• 陳水扁因龍潭購地弊案判刑入監服刑，第一位入監之國家元首。 • 新北市（台北縣）、台中縣市、台南縣市、高雄縣市於 12 月 25 日合併升格直轄市。 • 6 月 29 日海峽兩岸簽訂 ECFA（兩岸經濟合作架構協議生效實施，兩岸經貿合作開始）。 【茉莉花革命，又稱阿拉伯之春，從突尼西亞直選總統肇始】
2011	民國 100 年	• 中華民國百歲生日，舉辦一系列百大慶祝活動。 • 日本 311 大地震引發海嘯，造成福島核災，台灣捐款救助世界第一，感動不少日本人。　【日本 311 福島核災】
2012	民國 101 年	• 馬英九當選中華民國行憲後第 13 任總統，吳敦義為副總統。
2013	民國 102 年	• 洪仲丘事件發生，引爆白衫軍運動，由公民 1985 行動聯盟發起，公民力量覺醒。 • 通過《軍事審判法》修正案，非戰時期之現役軍人犯軍刑法之罪移由普通法院偵審，軍事監獄走向幕後。 • 12 月 30 日國道計程收費(ETC)正式啟用，22 座收費站走入歷史。
2014	民國 103 年	• 因《海峽兩岸服務貿易協議》爭議，引爆 318 太陽花學運，世代覺醒。 • 頂新集團劣質油品事件，引發消費者人心惶惶。 • 實施 12 年國民教育免試入學制度。 • 7 月 31 日高雄市發生氣爆事件，引發都市工業安全的覺醒與重視。 • 桃園縣升格為直轄市。 • 無黨籍柯文哲醫師就任台北市市長。
2015	民國 104 年	• 1 月 25 日時代力量(New power party)成立。 • 1 月 27 日澎湖原人的發現，將台灣歷史推至距今 45 萬~19 萬年前。 • 6 月 27 日發生八仙樂園塵爆事件，造成近 500 人燒燙傷。 【尼泊爾強震及 IS 的破壞，讓世界文化遺產蒙塵】 【中東及南韓等地區爆發 MERS 傳染疫情，引起恐慌】
2016	民國 105 年	• 1 月 16 日舉行第 14 屆總統及第 9 屆立法委員選舉，民進黨主席蔡英文以 689 萬票當選台灣史上首位女總統，陳建仁為副總統。同時民進黨亦首次取得立法院絕對多數權，實現第三次政黨輪替及民進黨第一次施政上完全執政。 • 5 月 20 日蔡英文就職中華民國行憲後第 14 任總統，陳建仁為副總統。 • 2 月 6 日美濃凌晨發生芮氏規模 6.6 地震，造成 117 人死、551 人傷、數棟建築受損，災情主要發生在台南市維冠金融大樓。 • 7 月 19 日陸客團火燒車案。台灣司機預謀自殺，在駕駛遊覽車時縱火自焚並拉乘客陪葬，火災導致車禍，全員 26 人燒死，包括大陸遼寧省旅行團 24 人。 • 8 月 1 日蔡英文總統代表政府向原住民道歉。象徵著政府必定努力實現承諾，回復原住民族應有權利。原住民族代表則致贈總統各族共同的傳統作物－小米，象徵共同期許政府落實原住民族歷史與轉型正義，在這塊土地生根發芽。 • 10 月 16 日台中都會區鐵路高架捷運化計畫第一階段工程、台中新站正式啟用，宣告台中鐵路邁入高架新紀元 • 11 月 26 日台灣之光陳彥博，成為亞洲首位世界四大極地超級馬拉松巡迴賽大滿貫總冠軍。 • 12 月 25 日行政院「亞洲‧矽谷計畫執行中心」（ASIA SILICON VALLEY DEVELOPMENT AGENCY;ASVDA）揭牌典禮正式啟動，在桃園高鐵青埔站國際金融雙星。

西元	紀年	大事記要
2017	民國 106 年	• 2 月 13 日蝶戀花遊覽車翻覆事故，造成車上 33 人喪生，引起台灣輿論大規模討論旅遊巴士司機的過勞問題。 • 5 月 15 日台灣著名節目主持人豬哥亮逝世。 • 5 月 24 日司法院大法官釋憲，指出禁止同性婚姻有違憲法，要求 2 年內修訂法例，保障同性婚姻權利，使台灣成為同性婚姻合法化地區的，如 2 年內沒完成修法，就可依民法親屬編的婚姻相關規定，直接去戶政事務所辦理結婚登記。 • 6 月 10 日《看見台灣》導演齊柏林在拍攝紀錄片《看見台灣 II》時，於花蓮縣長虹橋附近山區，疑因漏油迫降不成起火墜機罹難，享年 52 歲。 • 6 月 13 日巴拿馬與中華民國斷交，與中華人民共和國建交。 • 6 月 30 日台灣行動網路 2G 走入歷史。 • 815 全台大停電，因中油誤關天然氣供氣管線的關斷閥，發電量頓時少 438.4 萬瓩，全台各地傳出停電消息；經濟部長李世光因停電事故請辭獲准。
2018	民國 107 年	• 5 月 1 日多明尼加政府宣布與中華人民共和國建立大使級外交關係，並與我國斷交。 • 5 月 24 日非洲布吉納法索宣布與中華民國斷交。中華民國邦交國總數剩餘 18 國。 • 8 月 23~24 日中南部地區（雲林以南）爆發八二三水災，以嘉南平原最為嚴重。 • 10 月 21 日台鐵普悠瑪 6432 次列車在宜蘭蘇澳鎮新馬車站旁發生翻覆意外，共有 18 人死亡、215 人輕重傷。 • 11 月 3 日～2019 年 04 月 24 日台中世界花卉博覽會正式展開，展期將長達 173 天。 • 11 月 24 日中華民國地方公職人員選舉，新任縣市長將於 12 月 25 日就職。此次選舉結果民進黨只在 6 個縣市中勝出，高雄市結束了 20 年的民進黨執政歷史。
2019	民國 108 年	• 1 月 1 日實施大型餐飲業如連鎖速食店等，內用將禁止提供塑膠吸管的規定。 • 2 月 8 日中華航空機師罷工，為台灣交通史上首度發生航空機師大罷工。 • 5 月 17 日立法院三讀通過同性婚姻專法《司法院釋字第七四八號解釋施行法》，並自 5 月 24 日施行，為亞洲同性婚姻法制化首例。 • 6 月 17 日中華民國蔡英文政府修法《公投法》三讀通過，2020 年公投不綁總統大選。2021 年起創制、複決與選舉、罷免（公民的四種政權）脫鉤。 • 6 月 23 日反親中媒體大遊行。 • 7 月 10 日長榮空服員罷工創下了台灣航空史五大紀錄，分別是「罷工天數、取消航班、參與人數、影響客次、營運損失」。 • 7 月 18 日台鐵表示，台北車站年底將改為 LED 電子化時刻表。仿效自早年航空登記資訊時刻表，使用了卅年機械翻牌式時刻表將確定「退役」移到國立臺灣博物館鐵道部館。 • 8 月 1 日教育部實施 108 年課綱，正式進入「十二年國民基本教育」的時代。 • 8 月 6 日柯文哲成立台灣民眾黨。 • 10 月 1 日南方澳跨海大橋發生斷橋事故，造成 6 人死亡，12 人受傷，以及三艘漁船與一台油罐車損毀。

西元	紀年	大事記要
2019	民國 108 年	• 10 月 2 日第三大航空公司－星宇航空，正式發表航空全制服 JX Style 系列與座艙設計及機艙裝置。2020 年 1 月 23 日正式開業。 • 10 月 28 日第三大星宇航空首架 A321neo 客機編號 B58201(星宇一號機)，由董事長張國煒親自駕回。 • 11 月 30 日最大球體造型購物中心，京華城正式吹熄燈號。 • 12 月 12 日台灣第四大航空公司－遠東航空，正式宣布於明日起暫停營運。 • 12 月 16 日桃園機場耗資十二點七億元興建更高、更多席位的新塔台高度達六十五公尺，正式啓用。由法國團隊以野柳女王頭概念設計造型，可望成為桃機新地標。 • 12 月 22 日經濟部宣布補償蘭嶼達悟族人 25.5 億元，以彌補政府未告知即核定興建核廢料貯存場所造成的傷害。
2020	民國 109 年	• 1 月 2 日空軍 UH-60 黑鷹直升機於新北市烏來山區墜毀，8 人罹難，5 人受傷。 • 1 月 9 日接獲中國大陸通知法定傳染病，病原體初步判定為新型冠狀病毒（SARS-CoV-2）。 • 1 月 15 日衛生福利部公告，新增「嚴重特殊傳染性肺炎」為第五類法定傳染病。 • 1 月 21 日，台灣出現首例境外移入 COVID-19 確診個案。 • 1 月 31 日交通部宣布廢除遠東航空民用航空運輸業許可證。遠航成為台灣航空史上首家因無預警停飛遭廢證的公司。 • 3 月 3 日中華郵政公司宣布，實施新制「3+3 郵遞區號」，前 3 碼「行政區編碼」維持不變，後 3 碼「投遞區段碼」由原來的 2 碼增為 3 碼。 • 5 月 20 日第 15 屆總統就職典禮，總統蔡英文發表就職演說，針對兩岸情勢重申「和平、對等、民主、對話」八個字，賴清德為副總統。 • 5 月 31 日臺北首家 24 小時營業的誠品書店敦南店，位於國泰集團起家厝的敦南金融大樓，租約到期正式吹熄燈號。 • 6 月 6 日高雄市市長韓國瑜罷免案投票，結果同意票 939,090 票，不同意票 25,051 票，為台灣史上首次直轄市長罷免案與成功罷免。 • 7 月 1 日中華民國行政院振興三倍券正式開放預購及綁定。 • 7 月 30 日前總統李登輝因敗血性休克及多重器官衰竭，以 97 歲高齡病逝於台北榮民總醫院。 • 10 月 28 日發生長榮大學馬來西亞外籍生命案。 • 12 月 25 日立法院三讀通過民法修正案，法定成人年齡將由現行 20 歲下修為 18 歲，2023 年 1 月 1 日生效。
2021	民國 110 年	• 1 月 10 日美國國務院宣布解除對台灣所有交往限制，美國聯邦行政部門與中華民國政府官方互動不再受禁令制約。 • 1 月 16 日桃園市第七選舉區市議員王浩宇罷免案投開票，台灣史上第一位被罷免的直轄市議員。 • 2 月 1 日國立交通大學與國立陽明大學合併為國立陽明交通大學。 • 3 月 17~18 日日本迴轉壽司連鎖店壽司郎的宣傳活動演變成「鮭魚之亂」。 • 3 月 23 日台灣所屬長榮海運公司貨輪長賜號蘇伊士運河阻塞事件。 • 4 月 2 日太魯閣號列車在花蓮縣秀林鄉脫軌事故，49 人死亡、200 多人受傷。 • 5 月 19 日 COVID-19 全國的疫情警戒提升至第三級。 • 7 月 27 日~8 月 7 日 COVID-19 疫情警戒降至二級，部分開放是謂微解封。

❀ 綜合參考資料 ❀

一、專書

連橫撰：《臺灣通史》，台北：眾文圖書，1979。（1994 一版二刷）

林衡道 主編（盛清沂、王詩琅、高樹藩編）：《臺灣史》，台北：眾文圖書，1990。（1996 一版五刷）

台美文化交流基金會：《島國顯影【第四輯】》，台北：創意力文化事業，1999。

安倍名義：《台灣地名研究》，台北：武陵，1998 二版。

吳密察、陳雅文撰文，耿柏瑞等英文翻譯：《台灣史 10 講－認識台灣歷史精華讀本（上）》，台北：新自然主義，2005。

李永熾教授六秩華誕祝壽論文集編輯委員會：《東亞近代思想與社會》，台北：新自然主義，1999。

李筱峰：《台灣史 100 件大事（上、下冊）》，台北：玉山社，1999，。

周婉窈：《台灣歷史圖說（史前至一九四五年）》，台北：聯經出版公司，1989 年 10 月 2 版 6 刷。

林淑珺：《吾土吾史－台灣－四百年風雲史》，台北：下課文化出版，2005。

林衡道編著：《臺灣歷史民俗》，台北：黎明文化，2001 年三版。

洪英聖：《情歸故鄉－台灣地名探索（壹）－總篇》，台北：時報文化，1995。

洪麗完等編著、高明士主編：《臺灣史》，台北：五南，2006.4。

若林正丈、劉進慶、松永正義：《台灣百科》，台北：克寧出版社，1993。

翁佳音：《異論臺灣史》，台北：稻鄉，2002 初版一刷。

高賢治主編：《臺灣宗教》，台北：眾文，1995。

國分直一著、邱夢蕾譯：《台灣的歷史與民俗》，台北：武陵，1998 年 9 月二版一刷。

張炎憲、李筱峰、戴寶村：《台灣史論文集（上）（下）》，台北：玉山社

張炎憲、陳美蓉：《臺灣史與臺灣史料：臺灣史料評析講座紀錄（一）》，台北：自立晚報，1993。

張勝彥、吳文星、溫振華、戴寶村：《台灣開發史》，國立空中大學，2001 年 2 月 7 刷。

郭大玄：《臺灣地理－自然、社會與空間圖像》，台北：五南，2005。

陳支平主編：《臺灣文獻匯刊第七輯第七冊－臺灣民間契約文書（一）（二）》，九州出版社、廈門大學出版社。

陳正茂：《台灣史綱》，台北：新文京開發，2003。

陳正祥：《臺灣地名辭典》，台北：南天，1993。

陳聰明主編：《台灣文獻第五十六卷第四期》，南投：國史館臺灣文獻館，2005 年 12 月。

陳聰明主編：《臺灣文獻別冊》，南投：國史館臺灣文獻館，2005。

陳鴻圖：《臺灣史》，台北：三民，2004。

葛永光：《政治變遷與發展：臺灣經驗的探索》，台北：幼獅文化公司，1989。

楊彥騏：《臺灣百年糖紀》，台北：貓頭鷹出版，2001。

楊新一：《台灣的主權－過去、現在、未來》，台北：胡氏圖書出版社，2000。

經典雜誌社編著：《臺灣慈善四百年》，台北：經典雜誌，2006。

孫震：《孔子新傳：尋找世界發展的新模式》，台北：天下文化，2021。

二、期刊專論

台灣文化研究所學報第 2 期，國立台南大學台灣文化研究所，2005 年 1 月。

歷史月刊第 18 期，歷史月刊雜誌社，1989 年 7 月。

歷史文物月刊第 8 卷第 12 期，國立歷史博物館，1998.12。

故宮文物月刊第 3 卷第 7 期（總編號第 31 期），國立故宮博物院，1985 年 10 月。

國魂第 548 期，新中國出版社，1991 年 7 月。

臺灣博物季刊 22 卷第 4 期（總編號第 80 期），國立臺灣博物館，2003 年 12 月。

大地雜誌（94 已停刊）

世界地理雜誌第 145 期，世界地理雜誌社，1994 年 9 月。

台灣社會研究季刊第 1 卷第 1 期，1988 年 2 月。

天下雜誌（雙週刊）345 期，天下雜誌出版社，2006 年 5 月 3 日。

當代第 34 期，合志文化事業，1989 年 2 月。

南方第 7 期，南方雜誌社，1987 年 5 月。

台灣文學館通訊 12 期（季刊），2006 年 9 月。

台灣文學研究學報編輯委員會：《台灣文學研究學報第 1 期（半年刊）》，台南：國家台灣
　　文學館籌備處，2005 年 10 月。

聯合文學第 107 期，聯合文學雜誌社，1993 年 9 月。

文星第 102 期（復刊 4 號），文星雜誌社，1986 年 12 月。

e 代府城－台南市刊。

王城氣度，財團法人台南市文化基金會。

南瀛新象第 9 期，台南縣政府，2006 年 1 月。

台灣空中文化藝術學苑－學員通訊 1~12 期（月刊，已停刊），財團法人台灣省文化基金
　　會，2000.12～2001.11。

台灣空中文化藝術學苑－美麗福爾摩沙 13~23 期（月刊，已停刊），財團法人台灣省文化
　　基金會，2002.2～2002.12 。

藝術家雜誌 241 期，藝術家雜誌社，1995 年 6 月。

台灣旅遊誌季刊（冬春夏秋）11 期，上新文化，2007 年 1～3 月。

台灣美術期刊。

Taiwan 中英雙語綜合服務月刊第 34 卷第 2 期，華宇商信服務股份有限公司，2007 年 2
　　月。

戴文鋒：民俗臺灣（池田敏雄等）導讀；台灣風俗誌書摘（片岡巖）。

蔡錦堂：台灣宗教研究先驅增田福太郎與台灣。

松尾直太：華麗島顯風錄與華麗島民話集（西川滿）的導讀大綱。

陳梅卿：現代台灣宗教的諸相；日本的海外神社。

再現世界歷史 1～100 冊，莎士比亞文化事業出版，2009 年 1 月。

再現台灣 1～100 冊，莎士比亞文化事業出版，2008 年 4 月。

三、影音著作

《歷史的臺灣 1～4》，連震東文教基金會，2005。

《打拼－台灣人民的歷史 1~8》，公共電視，2007。

《台灣 荷蘭 鄭家軍－荷蘭時期台灣圖像紀錄片》，公共電視。

《大明國姓爺（全 22 集）》，弘恩文化事業發行。

《中影金獎經典名作（第二套）－林投姐；雲深不知處（保生大帝）；客途秋恨（戰後日人遣返問題）等 15 部》，中央電影事業公司製作發行。

《世界遺產名錄（典藏版）－中國檔案－孔廟、孔林、孔府等》，智匠影音出版。

《古文明遺蹟大觀(5)-巨石文化》，台元多媒體股份有限公司。

《台南市觀光旅遊（修訂二版）》，台南市政府計畫室執行；台南市政府文化局、觀光課資料提供；九福科技製作。

《台南社區大學英語課成果展－古蹟英語導覽紀錄片－赤崁樓》，1.12.2003

《台灣人文系列影集（參）－台灣傳統戲劇大全 81-90；台灣人台灣情 91-103；永遠的部落 104-112；臺北新故鄉 113》，公共電視授權、故鄉出版。

《台灣人文系列影集（壹）－大自然請客 1-32；原生者 33-40》，公共電視授權、故鄉出版。

《台灣文學作家劇場（瞎子阿木；在室男；春雨；結婚；黑皮與白牙；葫蘆巷春夢；三春記；告密者；第八節課；金水嬸；清水嬸回家；春成的賠命錢；不歸路；十殿閻君)》，民間全民電視公司製作發行。

《台灣自然系列影集（參）－台灣地平線 77-102》，公共電視授權、故鄉出版。

《台灣自然系列影集（壹）－綠色殿堂 1-13；台灣瑰寶 14-26；奇妙的昆蟲 27-39》，公共電視授權、故鄉出版。

《台灣自然系列影集（貳）－台灣民俗十二月令篇 41-52；戀戀茶香 53-64；藝陣傳奇 65-75；流離島影 76-80》，公共電視授權、故鄉出版

《台灣自然系列影集（貳）－福爾摩沙大地 40-56；我們的島 57-76》，公共電視授權、故鄉出版。

《台灣博物館（系列 1～12）》，台灣地理旅遊雜誌社製作，遠東數位科技發行。

《府城風華－台南觀光導覽》，台南市政府，July,2003。

《美哉台灣系列》，翰林出版事業股份有限公司。

《康熙大帝》，基林企業發行。多媒體 DVD。

《探索福爾摩沙－台灣鄉鎮市資料庫》，翰林出版事業股份有限公司。

《清宮祕檔－大清盛世 1～7：康熙統一台灣》，家群文化事業。

《第二次世界大戰系列（日本百年－100Years Of Japan）》，桎福國際有限公司。

《臺南風華四百年紀錄片》，台南市政府。

《臺灣民主化之路》，社團法人臺北市台灣綜合政策協進會製作，台視文化事業發行。

《廟會（上下集)》，寶通影音出版社。

四、工具書

許雪姬總策畫：《臺灣歷史辭典》，台北：文建會，2004。

王執明等導讀撰文：《寶島全覽圖－Formosa》台北：大地地理，1998。

朱浤源主編：《撰寫博碩士論文實戰手冊》，台北：正中書局，1999。

呂理政主編：《早期臺灣歷史文獻研究書目》，台北：南天書局，2006。

李永熾監修、薛化元主編：《臺灣歷史年表－終戰篇 II (1966-1978)》，台北：業強出版社，1994。

李永熾監修、薛化元主編：《臺灣歷史年表－終戰篇 III (1979-1988)》，台北：業強出版社，1992。

李永熾監修、薛化元主編：《臺灣歷史年表－終戰篇 IV（索引）》，台北：業強出版社，1991。

李永熾監修、薛化元主編：《臺灣歷史年表－終戰篇 I (1945-1965)》，台北：業強出版社，1993。

穀光宇編著：《中華傳統民俗辭典》，台北：黎明文化，1991。

施榮章：《實用國臺語寶鑑》，桃園：作者自版，2006。

陳國強主編：《文化人類學辭典》，台北：恩楷，2002。

楊碧川：《臺灣現代史年表》，台北：一橋出版社，1996。

楊碧川：《臺灣歷史年表》，台北：自立晚報社，1988。

楊碧川、石文傑合編：《活用歷史手冊》，台北，遠流，1987。

蔡相輝、許育銘、王文裕、許世融：《臺灣史重要文獻導讀》，台北：空大，2006。

薛化元主編：《臺灣歷史年表一～四冊》，台北：國家政策研究中心，1991。

王健全等撰文，張瑩瑩總編輯：《Taiwan Discovery 福爾摩沙大百科》，台北：野人文化出版，遠足文化發行，2006。

五、人物著作

楊雲萍：《臺灣史上的人物》，台北：成文出版社，1981。

王詩琅：《台灣歷史故事》，台北：玉山社，1999。

王詩琅著、張良澤編：《臺灣人物表論》，台北：海峽學術，2003。

吉田莊人著、彤雲譯：《從人物看臺灣百年史》，台北：武陵，1997。

李筱峰：《二二八消失的台灣精英》，自立晚報社，1990。

李筱峰：《台共改革派主幹－王萬得》，收錄於張炎憲等編＜台灣近代名人誌＞第二冊，台北：自立晚報社，1987。

李筱峰：《台灣革命僧林秋梧》，台北：自立晚報社，1991。

李筱峰：《台灣戰後初期的民意代表》，台北：自立晚報社，1993 修訂版 1 刷。

李筱峰：《林茂生、陳炘和他們的時代》，台北：玉山社，1996。

林衡道口述、洪錦福整理：《臺灣一百位名人傳》，台北：正中書局，1984（2000 第七印）。

林衡道等：《重修臺灣省通志－卷九人物志、人物傳、人物表篇全一冊》，省政府文獻會，1998。

翁佳音：《最後武力抗日三豪傑－余清芳、羅俊、江定》，收錄於張炎憲、李筱峰、莊永明編〈台灣近代名人誌〉第二冊，台北：自立晚報社，1987。

財團法人公共電視文化事業基金會策劃：《台灣百年人物誌 1、2》，台北：玉山社，2005。

張炎憲、李筱峰、莊永明：《臺灣近代名人誌（一～二冊)》，台北：自立晚報社，1987 年 1 月。

張炎憲、李筱峰、莊永明：《臺灣近代名人誌（三～四冊)》，台北：自立晚報社，1987 年 12 月。

許倬雲：《從歷史看人物》，台北：洪建全基金會，2005。

葉榮鐘：《臺灣人物群像》，台中：晨星出版，2000。

廖忠俊：《台灣地方派系及其主要領導人物》，台北：允晨文化，2000。

蔣渭水著、王曉波編：《蔣渭水全集增訂版（上、下冊)》，台北：海峽學術出版社，2005。

戴寶村：《臺灣全志－卷十職官志文職表》，南投：國史館臺灣文獻館，2004。

戴寶村：《臺灣全志－卷十職官志武職表》，南投：國史館臺灣文獻館，2004。

戴寶村：《駐台傳教一甲子－巴克禮》，收錄於張炎憲、李筱峰、莊永明編〈台灣近代名人誌〉第二冊，台北：自立晚報社，1987。

六、台灣俗語

吳瀛濤：《臺灣諺語》，台北：台灣英文出版社，1988。

莊永明：《臺灣好言吉句－台灣諺語淺釋（一）～（四)》，台北：時報文化，1995。

陳延輝：《台語俚諺精選》，台中：朱美英發行。

陳主顯著：《台灣俗諺語典，卷一‧人生哲理》，台北：前衛，1999。

陳主顯著：《台灣俗諺語典，卷二‧七情六慾》，台北：前衛，1999。

陳主顯著：《台灣俗諺語典，卷三‧言語行動》，台北：前衛，1999。

陳主顯著：《台灣俗諺語典，卷四‧生活工作》，台北：前衛，1999。

陳主顯著：《台灣俗諺語典，卷五‧婚姻家庭》，台北：前衛，1999。

陳主顯著：《台灣俗諺語典，卷六‧社會百態》，台北：前衛，1999。

陳主顯著：《台灣俗諺語典，卷七‧鄉土慣俗》，台北：前衛，1999。

陳主顯著：《台灣俗諺語典，卷八‧常識見解》，台北：前衛，1999。

陳主顯著：《台灣俗諺語典，卷九‧應世智慧》，台北：前衛，1999。

陳主顯著：《台灣俗諺語典，卷十‧重要啟示》，台北：前衛，1999。

陳瑞隆：《台灣府城‧安平諺語智慧》，台南：世峰，2006。

管梅芬：《台灣諺語全集》，台南市：文國，2005。

戴寶村、王峙萍：《從台灣諺語看台灣歷史》，台北：玉山社，2004。

謝碧連：《府城俚諺耽奇》，台南：台南市政府，2000。

七、日文部分

矢內原忠雄著：《帝國主義下の台灣》，台北：南天書局，1997 年三刷。

《中國方志叢書－台南市讀本》，(據臺灣省教育研究會編，日本昭和 14 年排印本)，成文出版社。

丸井圭治郎：《臺灣宗教調查報告書》，1919。

井出季和太：《南進臺灣史考》，台北：南天書局，1995 年 1 月一版（1943 年 11 月東京初版發行）。

片岡巖：《臺灣風俗誌》，1921 出版，台北：南天，1994 重新發行。

伊能嘉矩：《臺灣文化志》，1928。

池田敏雄、金關丈夫等：《民俗臺灣》，台北：南天書局，1998。

竹越與三郎：《臺灣統治志》，台北：南天書局，1997 年 12 月二刷（1905 年 9 月東京初版發行）。

佐藤四郎、東鄉實：《臺灣植民發達史》，台北：南天書局，1996 年 8 月二刷（1916 年 4 月東京初版發行）。

林綺雲：《臺灣を語る－細說台灣(上、下冊)》，台北：致良，2003。

曾景來：《台灣宗教與迷信陋習》，1938。

增田福太郎：《臺灣的宗教》，東京：養賢堂，1939。

台灣觀光月刊 日本語版 第 464 號（介紹台灣高鐵及故宮特展等）台北：台灣觀光協會會刊，2007.2.1

My City（日文）台灣全國版，Vol.41（台灣及中華料理），台北：日僑文化事業股份有限公司，2007.2

八、英文部分

April C. J. Lin, Jerome F. Keating: ISLAND IN THE STREAM – A Quick Case Study of Taiwan's Complex History, Taiwan: SMC Publishing Inc., 2001.

Harry J. Lamly： The 1895 Taiwan Republic - A Significant Episode in Modern Chinese History, The Journal of Asian Studies, Vol. XXVII, NO.4.1968.

Peng Ming-Min: A Taste of Freedom: Memories of a Formosan Independent Leader, New York, Holt, Rinehart and Winston, 1972.

Shirley Hew, Shova Loh..ect.: TAIWAN-Cultures of the World, Singapore: Times Editions Pte Ltd, 1995, Reprinted 1998.

John Ross: FORMOSAN ODYSSEY, Taichung: Ji-Shen Printing Company, 2002.

Robert Storey: Taiwan, Malaysia: SNP Sprint(M) Sdn Bhd, 2001.(lonely planet)

John Robert Shepherd: Statecraft and Political Economy on the Taiwan Frontier 1600~1800, SMC publishing INC. Taipei 1995.

Gary Ferraro: Cultural Anthropology-An Applied Perspective (fourth edition), Thomson Learning Inc, United States of America, 2001。

Planned and edited by the Mainland Affairs Council, Executive Yuan: ACROSS THE TAIWAN STRAIT, Panray International Enterprise Co. Ltd, 2005(2nd Edition).

Third Department Directorate-General of Budget, Accounting and Statistics, Executive Yuan: Taiwan, Republic of China 2005 Statistics.

Chuang Fang-jung, Huang Su-chuan, Wu Shu-ying: HISTORICAL SITES OF THE FIRST RANK IN TAIWAN AND KINMEN, Council for Cultural Planning & Development, Executive Yuan, 1987.

九、研習手冊
臺南市政府主辦：《臺南市文化導覽解說員換證研習課程講義》，2012.7.16～8.2。
臺南市政府主辦：《臺灣文化大學－2012 夏季學校第一梯次課程講義》，2012.7.23～27。
臺南市政府主辦：《臺灣文化大學－2012 夏季學校第二梯次課程講義》，2012.7.30～8.3。
臺南市政府主辦：《2013 年臺灣文化大學夏季學校「考古學與臺灣－理論與田調並重研習課程」課程講義》，2013.8.2～6。
臺南市政府主辦：《2013 年臺灣文化大學夏季學校「文化資產」－循序漸進認識台灣特有文化資產課程講義》，2013.8.9～13。
臺南市政府主辦：《2014　臺灣文化大學夏季學校「歷史學與公眾臺灣」課程講義》，2014.8.7～11。
臺南市政府主辦：《2014 臺灣文化大學「文化中的身體」課程講義》2014.8.16～19。
國立成功大學博物館、文化部主辦：《價值與抉擇－2014 大學暨交通類博物館國際講座會議手冊》，2014.9.22～23。
嘉南藥理大學主辦：《「東亞電影的興起：從電影到微電影發展看國家品牌形象」研習手冊》2015.5.5。

用真情愛台灣
以客觀寫歷史

MEMO
IlhaFormosa

MEMO
IlhaFormosa

國家圖書館出版品預行編目資料

台灣通史/黃源謀編著. -- 四版. -- 新北市：新文京
開發出版股份有限公司, 2021.09
　　面；　　公分

　　ISBN　978-986-430-782-1（平裝）

　　1. 臺灣史

733.21　　　　　　　　　　　　　　　110015461

台灣通史（第四版）　　　　（書號：E272e4）

編　著　者	黃源謀
出　版　者	新文京開發出版股份有限公司
地　　　址	新北市中和區中山路二段 362 號 9 樓
電　　　話	(02) 2244-8188（代表號）
Ｆ　Ａ　Ｘ	(02) 2244-8189
郵　　　撥	1958730-2
初　　　版	西元 2007 年 07 月 01 日
二　　　版	西元 2011 年 02 月 28 日
三　　　版	西元 2015 年 09 月 20 日
四　　　版	西元 2021 年 09 月 20 日

New Wun Ching Developmental Publishing Co., Ltd.

New Age · New Choice · The Best Selected Educational Publications—NEW WCDP

新文京開發出版股份有限公司

NEW WCDP

新世紀‧新視野‧新文京 ─ 精選教科書‧考試用書‧專業參考書